f

Martin Stöhr

Dreinreden

Essays, Vorträge, Thesen, Meditationen

herausgegeben von
Klaus Müller und Alfred Wittstock

foedus

Umschlaggestaltung und Satz: hmd, Rheinberg
Druck und buchbinderische Verarbeitung:
Breklumer Druckerei Manfred Siegel
Printed in Germany
ISBN 3-932735-07-2

Die Deutsche Bibliothek - CIP-Einheitsaufnahme

Stöhr, Martin
Dreinreden : Essays, Vorträge, Thesen, Meditationen / Martin Stöhr.
Hrsg. von Klaus Müller und Alfred Wittstock. - Wuppertal : Foedus,
1997
ISBN 3-932735-07-2

Johannes Rau

Geleitwort

Zur Festgabe für Professor D. Martin Stöhr

Als ich am Rande einer Israel-Konferenz in Köln – ich glaube, es war im Jahr 1985 – von der Absicht erfuhr, der damalige Direktor der Evangelischen Akademie Arnoldshain strebe ein neues berufliches Aufgabengebiet an, habe ich mich über die Idee gefreut, ihn an die Universität-Gesamthochschule Siegen zu berufen. Zwischen Hessen-Nassau und dem Siegerland gibt es seit alters enge Verbindungen. Beispielsweise war im 17. Jahrhundert die Hohe Schule von Herborn, an der einst Johann Amos Comenius lehrte, während der Pestzeit vorübergehend nach Siegen ausgelagert. Zudem ist die Geschichte des Siegerlandes stets auch von Grenzgängern besonders geprägt worden. Jung-Stilling oder Gustav Heinemann sind neben anderen zu nennen.

Und ein Grenzgänger, das wußte ich, war Martin Stöhr. Ich kannte ihn von seiner Arbeit beim Kirchentag und aus dem christlich-jüdischen Gespräch. 1978 initiierte er den Arbeitskreis „Studium in Israel“, der Studentinnen und Studenten aus Deutschland die Möglichkeit gibt, ein Studienjahr in Jerusalem zu verbringen. In welchem anderen Land sind der kulturelle, religiöse und politische Reichtum aus Geschichte und Gegenwart so präsent wie in Israel? Und in welcher anderen Stadt ist der Grat des friedlichen Zusammenlebens von verschiedenen Völkern und Religionen so schmal wie in Jerusalem? „Dort weltfremd zu studieren, gelingt kaum“, hat Martin Stöhr einmal gesagt.

Wer Martin Stöhr kennt, merkt hier auf. Er, der kein Leben im Elfenbeinturm der Universität zu führen beabsichtigte, kam 1986 zunächst als Akademischer Direktor und später dann als Professor nach Siegen. Aber er blieb in seiner theologischen Arbeit der Welt zugewandt und verstrickte sich nicht in zeitlose Theorien, sondern bezog die Fragen der Zeit auf die Bibel, ohne Gottes Wort an die Zeit anzupassen. Viele Studentinnen und Studenten hat er so geprägt und begeistert.

Die in diesem Band zusammengetragenen Texte Martin Stöhrs sind beeindruckende Zeugnisse, politische Verantwortung aus biblischer Grundhaltung heraus abzuleiten; auch wer dabei – wie ich – den politischen Schlußfolgerungen im einzelnen nicht immer zustimmt, wird die theologischen Argumente des unbequemen Siegener Rufers dankbar hören. Ich wünsche Martin Stöhr, daß er auch über seine aktive Zeit als Hochschullehrer hinaus nicht aufhören wird, ungeduldig und beharrlich weiterzuwirken in Kirche und Gesellschaft, für Ökumene und Völkerversöhnung; nun freilich wieder aus dem Hessen-Nassauischen. Mir wünsche ich, daß ich noch oft Gelegenheit habe, seine Beiträge in der „Jungen Kirche", die für mich zur Pflichtlektüre gehört, zu lesen.

Shalom
und ein herzliches Glückauf!

D. Dr. h.c. Johannes Rau
Ministerpräsident des Landes Nordrhein-Westfalen

Vorwort der Herausgeber

Simon der Gerechte pflegte zu sagen: Auf drei Dingen steht die Welt: auf der Tora, auf dem Gottesdienst und auf der Wohltätigkeit.

Martin Stöhr wird 65 Jahre. Anlaß genug, auf sein bisheriges Arbeiten zurückzublicken, Zeugnisse dieses Arbeitens als vorläufige ‚Bilanz' erneut zu lesen und sie einer größeren Leserschaft zugänglich machen.

Arbeiten Martin Stöhrs – aus einem Zeitraum von über dreißig Jahren – gesammelt, ausgewählt, zusammengestellt, für diesen Band von uns, mit unseren Augen gelesen und neu geordnet, lassen auf spannende Weise etwas von einer ‚Werktreue' entdecken, die – wie wir meinen – trotz all der unterschiedlichen Kontexte, aus denen heraus die einzelnen Arbeiten entstanden sind, bei all der Themenvielfalt und der völlig verschiedenen Textgenres sie doch alle durchzieht: eine ‚Werktreue', die immer wieder versucht, das biblische Wort unter den Bedingungen dieser Zeit, dieser Gesellschaft, dieser Welt neu auszulegen, um gerade diese Lebensbedingungen daraufhin zu befragen, ob sie lebensbejahend sind oder verändert werden müssen. So gesehen wird für Stöhr Exegese dann immer auch „eine Frage nach dem Tun der Wahrheit", die gleichermaßen nicht in der Verfügungsgewalt des Auslegers und der Auslegerin liegt, aber ihr „Dreinreden" erfordert. Hierin liegt denn auch die Lebendigkeit der vorliegenden Arbeiten, die alle in einer bestimmten Zeit ‚gesagt', aus bestimmten Anlässen heraus formuliert, dennoch nichts an ‚Aktualität' verloren haben. Auch wenn manches wiederholt gesagt zu werden scheint, gewinnt es doch in neuen Kontexten neu an Brisanz und Kraft.

Hören auf biblische Texte, auf biblische Stimmen aus der Geschichte des einen Gottes mit seinem Volk Israel und in Jesus Christus dann auch mit den Völkern wird für Martin Stöhrs Weg – und Arbeit – bestimmend. Was die biblischen Traditionen initiieren, zielt auf „Leben lernen"; sie sind gleichermaßen Erkenntnisprinzip für ‚fehlgeleitetes Leben' wie auch Hoffnungsvorgabe auf Änderung, wenn es um „Nachfolge Christi" geht, die „Leben und Strukturen lebensdienend verändert ..., denn die Bibel rechnet damit, daß Menschen sich verändern, von falschen Wegen umkehren". In diesen Horizonten gibt es für Martin Stöhr denn auch keine ‚Grenzen', seien es Begrenzungen auf einen Arbeitsbereich oder eine Thematik, auf die eigene Kirche oder die eigene Gesellschaft oder das eigene Land.

‚Ökumenisch' ist die Ausrichtung eines solchen Denkens und Wirkens allemal. Gleichzeitig kann nur die ‚Ökumene' Korrektiv eigener Kirchen- und Gesellschaftanalyse sein, „weil sie den ganzen bewohnten Erdkreis ... ins Spiel bringt". „Brot und Himmel teilen" bilden Lebens- und Tateinheit in dieser einen Welt, als

Gabe und Aufgabe der Kirchen der „reichen, weißen, Ein-Drittel-Welt". Die vorliegenden Arbeiten spiegeln dies wider, ebenso wie die biographischen Kontexte, in denen und aus denen heraus sie entstanden sind, ob als Pfarrer und Seelsorger der Evangelischen Studentengemeinde an der TH Darmstadt, als Studienleiter an der Evangelischen Akademie Arnoldshain, als Synodaler ‚seiner' Landeskirche, der Evangelischen Kirche in Hessen und Nassau, oder in den letzten elf Jahren als Lehrender – er würde sagen: Lernender – an der Universität-Gesamthochschule Siegen. Bei aller Verschiedenheit der ‚Arbeitsplätze' läßt sich beobachten: Predigen stand und steht für Martin Stöhr immer im Vordergrund.

Predigten sind es denn auch, mit denen wir – die Herausgeber – die verschiedenen Themen- und Diskussionsbereiche des vorliegenden Bandes einleiten, sie gleichsam – ohne daß dies ursprünglich von Stöhr so konzipiert worden wäre – vorstrukturieren und zusammenbinden. Denn: ‚Zwiesprache' mit dem Text wird für Stöhr immer wieder zur Frage nach seinem urspünglichen ‚Sitz im Leben', seiner ‚Wirkgeschichte' und nach ‚unserer Gegenwart', deren Analyse die Widersprüche zu einem Leben nach den ‚Weisungen Gottes' nur allzuoft offenbart. Aus diesen Widersprüchen erwächst eine doppelte Konsequenz: So hat der „christlichen Aufgabe einer ecclesia semper reformanda . . . eine societas semper reformanda ..." zu entsprechen – kann die Kurzformel einer solchen Lebensaufgabe heißen – „Dreinreden" eben, wie wir es genannt haben – wohl wissend, daß dies Widersprüche evoziert, nicht nur in den eigenen kirchlichen Kontexten, sondern auch in anderen gesellschafts–politischen Zusammenhängen. Lautet(e) ein Vorwurf: „Glaube wird doch wohl mit solchen Ansätzen in Ethik aufgelöst", so tönte aus anderen Reihen: „Systemveränderer". Martin Stöhr redet, schreibt und handelt gegen einen Glauben, der „wie ein gefrorener Wasserfall in Dogmen, Lehrsätzen, Institutionen und Gewohnheiten erstarrt bleibt", er versucht vielmehr, im Hören auf den biblischen Text dessen Botschaft „im privaten, im intellektuellen, wie im politischen Alltag zu übersetzen ..."

Hören – auf den biblischen Text, auf Menschen seiner Zeit, zu denen er sprechen will, ebenso wie auf die Menschen unserer Zeit, unzeitgemäß, als manche solcher Stimmen von den meisten Zeitgenossen entweder noch gar nicht gehört oder aber geschmäht wurden und mit ihnen diejenigen, die sie ernst nahmen. Zu tief rührt Hören auf andere Stimmen an die eigenen, unbefragten Lebens- und Glaubensprämissen. Früh schon – und insbesondere aus der seelsorgerlichen Arbeit mit jungen Menschen heraus – tritt das christlich-marxistische Gespräch in den Blickpunkt, in einer Zeit, als Antikommunismus nur allzuoft an die Stelle des biblischen Credos getreten war. Auch die Kirchen in der Bundesrepublik ließen sich nur allzuleicht davon gefangen nehmen, für Stöhr und mit ihm auch für andere – wenige – Beispiel für die „Gefangenheit der Kirche durch selbstgewählte Anpassung". Am Beispiel des Gesprächs und der Auseinandersetzung mit dem Prager Theologen Hromádka, dessen Anfragen an die Christen ‚im Westen' nach ihrem Beitrag zur Verwirklichung der biblischen Hoffnung einer menschengerechten Gesellschaft er aufmerksam hört, statt als ‚marxistische Ideologie' abzutun, verweist Stöhr auf ein Vorgehen, welches für viele Handlungsfelder zu beobachten war und ist: „man hatte ihn eingeordnet, ehe man ihn angehört hatte ...“, und sich damit der Chance entledigt, die Ausformungen kirchlicher Denk- und politischer Handlungsstrukturen ideologiekritisch gemeinsam aufzuarbeiten, im Dienst der biblischen Hoffnungsgeschichte, die für alle Menschen gilt. Besonders wenn deren Stimmen Zeugnisse von Leid, Ausbeutung und Unterdrückung sind, ob in Bildern ‚zur Sprache gebracht‘, in poetischen oder ‚wissenschaftlichen‘ Formen – Stöhr geht auf all diese Formen ein, denn sie sind auch Zeugnisse menschlicher Vielfalt, die oft, in diesem Jahrhundert nur allzuoft, im Schrei der Verzweiflung alleingelassen wurden, gerade von denen, die aus biblischer Hoffnung heraus hätten handeln sollen.

Zur biblischen Hoffnungsgeschichte dürfen denn auch die „Konturen einer europäischen Schalom-Kirche“ gezählt werden, die, noch als „Traumprotokoll“ verfaßt, Stöhr auch als einen zeichnet, der das ‚prophetische Amt der Kirche‘ ernst nimmt und versucht durchzubuchstabieren. Dies gilt auch für seine eigene Person: mit einer ‚Leih-Aktie‘ als Kleinaktionär auf der Aktionärsversammlung einer bedeutenden, weil weltweit operierenden deutschen Großbank als „kritischer Aktionär“ aufzutreten und „Schuldenerlaß“ weltweit anzumahnen, nach Absage an Unterstützung des Apartheid-Regimes im damaligen Südafrika zu rufen, weil ethisch verwerflich, da unbiblisch und nicht verfassungskonform, da das Leben des ‚Gemeinwesens störend‘ – diese Zeichenhandlung ist nur ein Beispiel des Versuchs eines solchen ‚Durchbuchstabierens‘. Der vorliegende Band bietet weitere.

Juden und Christen – aus dieser mit dem Namen und Bekenntnis ‚Jesus Christus‘ gesetzten Lebensgemeinschaft mit dem jüdischen Volk wird die theologische Aufgabe abgeleitet, ein „Grundverständnis des christlich–jüdischen Verhältnisses zu erarbeiten“ (F.–W. Marquardt, Vom Elend und Heimsuchung der Theogie. Prologomena zur Dogmatik, München 1988, 374). Gegen einen mainstream der Theologiegeschichte, welche theoretisch und dann auch in ihrer praktischen Auswirkung eine antijüdische war und an den „Stricken des Todes“ mitwebte, wird die Erschütterung über die Auswirkungen dieser Unheilsgeschichte für Stöhr erkenntnisleitend bei dem fortwährenden Versuch, sich ihr zu stellen. Theologisch verantwortetes Reden von Juden und Judentum stellt sich einer doppelten Aufgabe: Zum einen wird Theologie in all ihren Disziplinen die Wurzeln christlichen Antijudaismus orten müssen, aus dem Erkennen heraus, daß auch die Exegese biblischer Texte ihre Wirkungsgeschichte zeitigt(e), die christlichen Antijudaismus mitverschuldete. Zum anderen ist gerade diese Wirkungsgeschichte ernst zu nehmen.

Auschwitz ist geschehen und wird zur Grund-Frage an Christinnen und Christen: Wo bist Du, adam, Mensch? Wie ein ‚cantus firmus‘ zieht sich durch die Arbeiten Stöhrs die Aufgabenstellung, ein theologisch verantwortetes Reden von Juden und Judentum zu konturieren. Daß dies nur im Gespräch mit Jüdinnen und Juden sich vollziehen kann, ist für Martin Stöhr eine frühe Grunderkenntnis mit weitreichenden Folgen für seine Arbeitsbereiche, ob im Kreis der „Arbeitsgemeinschaft Juden und Christen beim Deutschen Evangelischen Kirchentag", deren Vorsitzender er lange Jahre war und wo er auch harten, weil schmerzhaften Diskussionen um eigenes Selbstverständnis nicht aus dem Wege ging oder als Mitglied der Studienkommission Kirche und Judentum der EKD, als einer der Vorsitzenden des Koordinierungsrates der Christlich–Jüdischen Gesellschaften in Deutschland, als Präsident des International Council for Christians and Jews und als einer der Gründungs‚väter' des nun bereits zwanzig Jahre bestehenden Studienprogramms „Studium in Israel", eines Projektes, das Studierenden ein Studienjahr an der Hebräischen Universität in Jerusalem ermöglicht – eben: mit Jüdinnen und Juden in Israel zu leben und nicht über sie zu predigen oder besserwisserisch zu reden.

„Dreinreden" – „Worte gegen das Vergessen", dort wo eine Ideologie des ‚Schlußstrichs' und einer vermeintlichen Rückkehr zu nationaler Normalität die tiefsitzende Frage an die deutsche Geschichte abzuschütteln versucht: „Wo ist dein Bruder Abel?" Martin Stöhr öffnet Wege des Erinnerns, läßt nicht zu, daß die Opfer des Völkermordes auf dem Pfad des Vergessens ein zweites Mal zu Tode gebracht werden.

'pragma statt dogma' oder – unter Aufnahme der bekannten Geschichte von der Frage des Proselyten an zwei Rabbiner nach der Essenz der Tora, die mit dem Liebesgebot ihre Antwort findet – „Geh und lerne!, alles andere ist Erläuterung".

Dank – ein solcher Band ist, auch darin Martin Stöhrs Arbeits- und Lebensstil verpflichtet, Ergebnis von ‚Gemeinschaftsarbeit' und ‚Arbeitsteilung', denn ohne finanzielle Förderung wäre ein solches Projekt nicht denkbar, wobei sich darin auch die inhaltliche Nähe ausdrückt. Wir danken hiermit ganzlich herzlich Herrn Ministerpräsident Dr. Johannes Rau, der schnell und großzügig gehandelt hat. In der politischen Landschaft, gerade wenn sie auch Gegenstand der Kritik ist, keine Selbstverständlichkeit. Unser Dank gilt auch der spontanen Zusage und Unterstützung durch den Koordinierungsrat der Gesellschaften für Christlich-Jüdische Zusammenarbeit und der damit verbundenen Buber-Rosenzweig Stiftung mit ihrem Vorsitzenden Prof. Eckhard von Nordheim. Ebenfalls unbürokratisch und mit Freude gegeben haben der Evangelische Arbeitskreis Kirche und Israel in Hessen und Nassau mit ihrem Vorsitzenden Pfarrer Ulrich Schwemer. Unterstützung erfuhren wir auch durch die ‚Heimatkirche' Martin Stöhrs mit ihrem Kirchenpräsidenten Prof. Dr. Steinacker.

Besonderen Dank schulden wir dem foedus–Verlag unter Federführung von Jörg Schmidt. Mut, verlegerisches Risiko und zahlreiche Gespräche zur Gestaltung des Bandes verdanken wir ihm.

Wir grüßen Martin Stöhr zu seinem 65. Geburtstag, sagen ihm ein herzliches persönliches Dankeschön für all das viele Bereichernde und Wegweisende, das er für uns verkörpert, und wünschen ihm für die vor ihm liegende Zeit Schalom.

Pfingsten 1997
Klaus Müller, Heidelberg, *Alfred Wittstock*, Mainz

Inhalt

Gesellschaftliche Kontexte

Leben lernen

Ökumenische Horizonte

das Brot teilen – den Himmel teilen

Christlich-marxistisches Gespräch
Die nicht gelernte Weisung

Jüdisch-christliches Gespräch
Den Messias erwarten

Worte gegen das Vergessen
Wo ist dein Bruder Abel?

Geh und lerne!
Epilog

Gesellschaftliche Kontexte

Leben lernen

Leben lernen

Eine biblische Meditation – nicht nur zu Exodus 32 *

Kinder lernen von den Erwachsenen, wie man sich verhält. Da Selbsterkenntnis wenig verbreitet ist, wundern sich die Menschen oft über ihre Nachkommen, die ihnen überraschend als Spiegel ihres eigenen Verhaltens gegenüberstehen. Man schiebt dann gern die Verantwortung für dieses Produkt, für die Jugend von heute, auf die Zeit, auf die Umstände, auf schlechte Kameraden. Wie aber lernen die Erwachsenen selbst? Es gibt Wissenschaftler, die in vielen klugen Untersuchungen zu dem gleichen Ergebnis wie das Sprichwort kommen: Was Hänschen nicht lernt, lernt Hans nimmermehr. Erwachsene können nicht mehr lernen, ist ihre These. Lernen bezieht sich hier nicht auf das Erlernen neuer Sprachen, von Erdkunde oder Bürotechniken, von Autofahren oder Physik. So etwas kann man immer lernen. Es geht aber noch um eine andere Art von Wissen, um das Wissen, wie man sich zu Mitmenschen verhält. Ist er Konkurrent, vor dem man Angst hat? Wie verhält man sich zu den Mechanismen, Regeln und Strukturen unseres gesellschaftlichen Zusammenlebens? Hält man sie für unabänderlich wie Regen oder Sonnenschein, so daß nur Anpassung oder Unterwerfung übrigbleiben? Ein gelungenes Leben hängt davon ab, ob Menschen sich ändern können. Umkehren und Buße tun, nennt das die Bibel. Neue Einstellungen und Lebensweisen sich selbst und seinem Nächsten gegenüber sind wichtig zu lernen. „Menschen zu verwalten und zu töten, Menschen in den Griff zu bekommen" in Produktion, Verführung und Konsum, genauer: in dem durch sie attraktiv gewordenen way of life, das alles ist zu lernen. Institutionen stehen dafür zur Verfügung. Sie funktionieren, dank duldender und fungibel gemachter Menschen, über Generationen.

Zu der Frage, wie man sich zum Leben und zum Sterben – dem eigenen und dem fremden – verhält, gehört auch die Frage: Wo lernt der Mensch lieben, glauben, hoffen, Aktivitäten also, die ein Leben, und nicht nur meines, reich machen? Schulen dafür gibt es nicht. Dabei sind sie dringend notwendig, soll nicht das Wissen, das wir im Laufe einer eindrucksvollen Geschichte von Wissenschaft und Technik angehäuft und ausgebeutet haben, ziellos bleiben. Es könnte dann auf uns zurückfallen, wenn wir es nicht mit einem Wissen steuern und zum besten der Menschen einsetzen. Dieses Wissen „anderer Art" nennt die Bibel – wie andere Religionen – Weisheit. Sie fängt mit der „Furcht des Herrn" an, mit dem aufmerksamen Respektieren seiner Taten und Worte. Die Bibel ist das Buch, in dem diese Lebensweisheit aufgeschrieben ist, deren Geschichten immer wieder gelernt, gesungen, erzählt und ausgelegt wurden,

* Zuerst in: G. Müller (Hg.), Israel hat dennoch Gott zum Trost. Festschrift für Schalom Ben Chorin, Trier 1978, 100-107.

um ebenso oft wieder vergessen zu werden. Eine nie endgültig absolvierte Schule des Glaubens, des Hoffens, des Liebens, eine Schule, in der man es lernt, wie mit der Welt und ihren Menschen, der Geschichte und ihren Widersprüchen umzugehen ist.

Das Lied „When Israel was in Egyptland" thematisiert den Protest gegen Unfreiheit und Ausbeutung. Es erzählt die Geschichte Israels vom Auszug aus Ägypten. Sie enthält eine der Grundaussagen der Bibel: Gott befreit Menschen aus Sklaverei und Abhängigkeit, aus Angst und Schuld. So etwas muß weitergesagt werden. Befreiung muß gelernt werden, kann gelernt werden. So etwas kann man leben, erleben und vorleben, ansteckend für andere. Die Sklaven in Amerika, die dieses Spiritual zuerst gesungen haben, verstanden es ganz und gar nicht spiritualistisch. Sie protestierten hoffend gegen ihre Situation, in die sie als Ware, von Christen an Christen verkauft, geraten waren. Sie begriffen ihre Situation mit dieser alten Geschichte aus dem Nahen Osten. Die Geschichte wurde, wie alle biblischen Geschichten, erhellender, aufklärender Träger einer Botschaft: Menschen sollen frei sein! Sie mobilisiert Menschen in Richtung Freiheit und damit Kräfte gegen alle Unfreiheiten. Deshalb wird das Lied heute wieder gesungen: In Afrika, wo Afrikaner um ihre Unabhängigkeit ringen, in der Sowjetunion, wo Juden, Christen und unangepaßten Sozialisten die entscheidenden Menschenrechte fehlen. Die Erfahrung, daß Menschen sich mit dieser Einstellung auf eine befreiende Gestaltung ihres Lebens einlassen, machen immer neue Generationen. Diese Erfahrung tut gut. Kirchen und Synagogen sollten zu nichts anderem da sein, als diese Erfahrungen lebendig zu machen und sie nicht in Kirchen, Ritualen und Dogmatiken zu begraben, sondern neu auszulegen, kurz, zum Widerstand gegen Unrecht und Unfreiheit anzustiften. Daß der Weg in die Freiheit lang und beschwerlich ist, wird aus dem Fortgang der Geschichte deutlich: Im zweiten Mose-Buch wird berichtet, wie der Blick auf Fleischtöpfe, die man mäßig, aber regelmäßig gefüllt in Ägypten zurückließ, die Sehnsucht nach der abspeisend verwalteten Unfreiheit nährt.

Der Glaube verliert wie die Hoffnung zu schnell die Geduld. „Wir wissen nicht, was diesem Mann Mose widerfahren ist!", sagen eines Tages die Leute. Der Glaube leistet nichts; man sitzt in der Wüste. Mose ist weg. Der Sinai ist weit. Das Wort Gottes ist fern, scheint verklungen unwirklich zu sein. Man hält es nicht mit sich selbst aus. Das Volk schreit nach Autorität: Es muß doch etwas geschehen, jemand muß doch durchgreifen. Und immer findet sich jemand, der den starken Mann abgibt. Aaron steht sofort zu Diensten. Hier kann er liefern, was gefragt ist: schnell, greifbar, eindrucksvoll einem orientierungslosen Volk „einen Gott machen, der vor uns herzieht". Lieferant von vergnügten Mitläufern und handgreiflichen Leithammeln zu sein, ist eine lockende Versuchung für fromme und säkulare Führer des Volkes. Man muß nicht mehr lernen, nur noch gehorchen. Alles ordnet sich plötzlich, die Verhältnisse sind klar und simpel, man weiß, was man zu tun und zu lassen hat. Ein Standpunkt wird gratis und an alle geliefert. Der Zweifel, der Kampf, das Ringen des Mose mit Gott scheinen vorüber zu sein. Die lebendige Geschichte mit ihren Überraschungen, Zumutungen und Herausforderungen glättet sich zu einem einfachen Ritual von Unterordnung, das nur durch die heitere Ekstase des Tanzens und Singens um das goldene Kalb ihre lähmende Tödlichkeit zudeckt.

Rückfälle und Rückschritte gehören zu den regelmäßigen Stationen auf dem Weg in die Freiheit. Auch wer die Vergangenheit früher schlecht fand, verklärt sie in dem Augenblick, in dem Gegenwart und Zukunft uns herausfordern. Dann heißt es: „Früher waren die Kirchen voll. Unter Hitler hat es keine Anarchisten gegeben. Wir haben noch unseren Eltern gehorcht. Die Jugend von heute weiß ja nicht mehr, was Leistung ist." Beim Blick zurück, nicht nur in die ägyptischen Fleischtöpfe, fallen solche Bemerkungen. Die Vergangenheit wird zum Denkmal und nicht zur Lernschule. Sie hängt wie Blei an den Füßen derer, die in ihrer Kinder Zukunft weiterziehen.

Es ist erlaubt, den Weg des Glaubens als Weg in die Freiheit zu verstehen. Dieser Weg bringt Sicherungen mit sich und Verunsicherungen, er testet den Glauben und die Erfahrungen von gestern für das Leben von heute und von morgen. Der Glaube gibt nicht die steinernen Tafeln der 10 Gebote weiter, sondern die 10 Gebote, immer neu ausgelegt, als Weisung für heutiges Leben. Sie stellen den befreienden Gott vor, der nicht zuletzt dadurch befreiend wirkt, daß er Bilder und feste Vorstellungen von sich selbst zerschlägt und den Menschen als Menschen von Fleisch und Blut begegnet. Er spricht den Menschen an, zieht ihn in ein Gespräch mit sich und seinem Wort, anstatt ihn imponierend zu Boden zu werfen. Mose erlebt diese Freiheit. Er, ein halber Fremder, ein ganzer Mörder, kein religiöser Mensch, ein Mensch mit seinen Widersprüchen, auch mit seinen Widersprüchen gegen Gott, ist geeignet, im Dialog mit Gott Freiheit und Weisung, Zielsetzung und mühsamer Weg für andere Menschen zu sein. Er wird zum Mund Gottes, den man Prophet nennt, der die Stummheit Gottes widerlegt, der lebt und interpretiert, was Gott will. Er selbst wird das Ziel nicht erreichen. Es von ferne gesehen zu haben, genügt für ihn, genügt für viele, um ein sinnvolles Leben gelebt zu haben. Nicht erst die perfekt erfüllte Hoffnung gibt dem Leben Sinn. Stücke von ihr können schon helfen.

Vor diesem Hintergrund und angesichts der stierkultfrommen Umgebung erscheint es zunächst als Steigerung des Glaubens – so fromm wird es auch angekündigt –, wenn es heißt: „Auf, mache uns einen Gott, der vor uns herzieht!". Man möchte doch nicht gottlos erscheinen. Wenn Gottes Wort und Gottes Mund in der Gestalt des Mose verschwunden schienen, dann mußte man eben zur Selbsthilfe greifen. Irgendeinen Halt muß der Mensch ja schließlich haben. Irgendein „höheres Wesen" muß her. Der atheistische Philosoph Feuerbach käme voll auf seine Kosten: Der Mensch schafft Gott nach seinem Bilde. Der ohnmächtige Mensch flüchtet sich in die Gestalt von Potenz und Leistung, die er – damals als Stier üblich – selber modellieren kann. Daß Gott unsichtbar ist, ist schwer erträglich. Wo Juden und Christen beim biblischen Gott bleiben, haben sie immer den Vorwurf, Atheisten zu sein, auf sich gezogen. Sie haben es nicht nötig, seine Kraft und Eindrücklichkeit zu beweisen und leibhaftig darzustellen. Neben dem Druck auf die Minderheit, auf die Nonkonformisten, auf plan- und brauchbare Sklaven tritt der Legitimationszwang: Wo ist euer Gott? Wo macht ihr eure Hoffnung fest? – Fragen, die angesichts eines fruchtbaren Götterhimmels und einer von anbetungsbereiten Baalen strotzenden Erde nur den religionskritischen Fragen eines Feuerbach und Nietzsche zu vergleichen sind.

Das Gegenlied klingt auf:

„Warum sollen die Völker sagen:
Wo ist nun ihr Gott?
Unser Gott ist im Himmel,
er kann schaffen, was er will.
Ihre Götzen aber sind Silber und Gold,
von Menschenhänden gemacht.
Sie haben Mäuler und reden nicht;
sie haben Augen und sehen nicht;
sie haben Ohren und hören nicht;
sie haben Nasen und riechen nicht;
sie haben Hände und greifen nicht;
Füße haben sie und gehen nicht;
sie reden nicht durch ihren Hals.
Die solche machen, sind ihnen gleich,
und alle, die auf die sie hoffen." (Psalm 115, 2-8)

Die Produkte des Menschen wurden zu seinen höchsten Werten. Wer will denn verhindern, daß der Mensch sich und seinesgleichen nur noch in der Kategorie der „Ware" sehen und kalkulieren kann? Die zwischenmenschlichen Beziehungen schrumpfen zum Umsatz, der wenigen Gewinn, einer Anzahl Bedürfnisbefriedigung, vielen nicht einmal das bringt. Vorschüsse und Überschüsse an nicht kalkulierbaren und quantifizierbaren „Lebensmitteln" wie Vertrauen, Hoffnung, Liebe, Glauben und einer durch sie geschärften solidarischen Wachheit für Menschen und Geschichte verkümmern.

In Psalm 115 ist die Gewißheit gewonnen, in der Menschen sich befreiend darüber lustig machen, wie Menschen vor ihren eigenen Produkten kriechen und kuschen. Aber die Versuchung ist groß: Der Glaube wird schnell rückfällig, er fällt auf kindliche Stufen zurück, die nichts mit dem Jesuswort „so ihr nicht werdet wie die Kinder" zu tun haben. Solch „kindlicher" Glaube, dem das Reich Gottes gehört, grübelt nicht über Gegenleistungen, lebt spielend, aber ernsthaft hingegeben und nicht berechnend seinen Glauben. Ihn trägt das Urvertrauen Gottes zu den Menschen, das ein Urvertrauen der Menschen zu Gott und zu anderen Menschen ermöglicht.

Ein infantiler Glaube leistet etwas, läßt sich die Produktion und Ausstattung seines Gottes viel kosten. Die Leute opfern, so berichtet die Erzählung vom „Goldenen Kalb" weiter. Sie geben sich zwar nicht selbst her, aber sie geben viel von sich her, um etwas anbeten zu können. Aaron fordert Geld und Schmuck. Es kommt ein hübsches, vorzeigbares, greifbares Ergebnis zustande.

Gewiß, es ist verwechselbar mit anderen Götterbildern. Die Gläubigen unterscheiden sich von den anderen nicht mehr. Ein ängstlicher Glaube paßt sich an die üblichen Gottesbilder und Verehrungsgegenstände an. Aber es passiert noch mehr. Der Mensch betet sein eigenes Produkt an. Die Atmosphäre scheint gut zu sein, man singt und tanzt. Der Mensch bleibt bei sich und seinesgleichen. Die Idylle des religiösen Betriebes blüht auf. Die Schöpfungsgeschichte ist umgestülpt. Gottes Geschöpf betet nicht seinen Schöpfer an, es betet sein eigenes Geschöpf an. Und das hat Folgen.

Wo der Mensch vor seinen eigenen Produkten kniet, wo er anbetet, was er selbst gemacht hat, da holt er sich die Sklaverei wieder auf den Hals, aus der allein ihn der befreien kann, der die Menschen zu seinem Ebenbild und die Welt mit ihrem Reichtum in den Dienst des Menschen gestellt hat. Das Potential, sich selbst zu versklaven, ist so umfangreich wie die Schönheit und der Reichtum der Welt: unendlich! Es verwundert nicht, daß Menschen so reichlich Gebrauch davon machen. Dies Potential, sich nicht selbst zu versklaven, ist „der Herr, Dein Gott, ein Einziger Gott“. Ihn zu hören, mit ihm im Gespräch – und sei es im Streitgespräch – zu bleiben, bewahrt davor, vor Menschen und Menschenprodukten in die Knie zu gehen, anzubeten, was Bild und Produkt des Menschen ist.

Es ist aus der Übung gekommen, biblische Geschichten zu lesen und zu lernen. Es könnte sein, daß das damit zusammenhängt, daß die Weisheitsschule zu oft ausfällt, in der Menschen lernen, sich zu ändern, in der sie glauben, hoffen, lieben lernen. Wir mögen lächeln über die Produzenten und Verehrer des goldenen Kalbes. Sicher ist die rückschrittliche Stufe unseres Glaubens heute nicht ein Kalb. Aber Bilder von einem Gott, der einem moralischen Tyrannen gleicht, Bilder von einem Gott, der nur einschüchternde Verbote schleudert, Bilder von einem Gott, den ich in Bekenntnisformeln fassen, gießen und halten möchte – ist ein solcher Gott nicht auch ein Produkt unserer eigenen Kreativität und Angst? Bilder von einem Gott, der, im Gegensatz zu mir, nicht aus Kinderschuhen, aus Kinderbildern und aus Kinderbibeln herausgewachsen ist, also nicht mit mir seinen Lebensweg in Zuverlässigkeit und in wandelbarer Gestalt mitgegangen ist. Kommt ein solcher Gott unter uns nicht sehr häufig vor und geben einem solchen Gott nicht immer mehr Menschen ehrlich den Abschied? Gott ist lebendig, er ändert sich, er kommt zur Welt, wird Mensch, Wort und Tat. Er wandelt sich. Zorn, Reue, Barmherzigkeit werden in vielen Kapiteln der Bibel geschildert. Mose kommt mit den Gottestafeln zurück und sieht den Zauber. Die Tafeln zerbrechen an der Vitalität einer Frömmigkeit, die letztlich Selbstvergötzung angstgetriebener Menschen bedeutet. Der attraktive Gott, den man anfassen und sehen konnte, er wird verpulvert; die Menschen müssen schlucken, was sie selber produziert haben. Die Menschen bleiben übrig; sie schaffen ihren falschen Gott so beiseite, wie sie ihn hergeschafft haben.

Mose betreibt aber die Entgötzung des Glaubens ganz radikal: Auch die Tafeln zerschlägt er. Die Gegenwart Gottes steht nur noch in seinem Wort, in der

Gottesschrift. Nichts sonst soll da sein. Kein Bekenntnis und keine Bekenntnisbewegung, keine Kirche, die sich selbst als obersten Wert setzt und erhalten möchte. Nichts soll die Gier der Menschen anstacheln oder gar befriedigen, Gott in die Hände zu bekommen, Gott in den Griff zu bekommen; nichts darf anstelle Gottes treten, weil sonst menschliche Produkte, und seien es die frömmsten, angebetet werden anstelle des lebendigen Gottes.

Die Freiheit Gottes, in der er sich äußert, hat die Freiheit des Menschen zur Folge, daß er sich und seinen Glauben an keinen Äußerlichkeiten festmachen kann. Gott und der Mensch sind unterwegs, lernbereit und lernfähig, alte Erfahrungen neu zu verstehen und neue Erfahrungen zu machen. Mit der Erfahrung des Götzendienstes und der Selbstanbetung des Menschen schließt die Geschichte vom Goldenen Kalb nicht. Mose tritt bei Gott für sein Volk ein. Er bittet, daß Gott die „Versündigung des Volkes zudeckt". Folgenlos bleibt der Götzendienst nicht. Wenn der Götzendienst darin besteht, daß er Mittel zu Zwecken, Geschaffenes zum Schöpfer, Instrumente zum Sinn setzt und die Menschen verführt, so verführt er doch Gott nicht, mit den Menschen zu brechen. Er bleibt mit seinem Volk unterwegs. Er bleibt ihm treu. Er achtet darauf, daß es sich nicht selbst so erniedrigt, seinen eigenen Produkten – und die sind faszinierend viel und schön – zu dienen und zu leben. Leben zu lernen für Gott und für den Nächsten, das bleibt als universale Einladung und notwendige Möglichkeit gegen Ungeist und Unheil.

Der befreiende Gott

Zur biblischen Gottesvorstellung *

Ein Gott oder viele Götter? Das ist kein Prinzipienstreit. Hier geht es um eine lebenspraktische Frage. Ein Gott heißt: eine Menschheit, nicht aufgespalten in Weiße und Schwarze, Herren und Knechte, Satte und Hungernde. Ein Gott heißt: eine Geschichte für diese Welt und nicht den Fortschritt für die einen und den Stillstand für die anderen. Eine Geschichte für die ganze Welt heißt: der Horizont, die Wirklichkeit und die Menschen wahrzunehmen, ist nicht durch nationale oder soziale Grenzen beschränkt. Der eine Gott heißt: eine verbindliche Bindung ermöglicht Freiheit gegenüber allen anderen Bindungen.

Der eine Gott ist kein Moloch, dem Menschen oder Kinder geopfert werden müssen. Die Geschichte von Isaaks Bindung, also gerade die Nichtopferung Isaaks durch Abraham, zeigt: Dieser Gott will kein Menschenopfer. Nichts und niemand rechtfertigt ein Menschenopfer – wird der ernstgenommen, der alle Menschen schuf.

Der Glaube an den einen Gott verhindert, daß Menschen sich selbst zu Göttern machen oder machen lassen, was nicht nur in der Antike bei Pharao, Nebukadnezar oder Nero geschah, sondern auch in der Gegenwart geschieht. Halbgötter und Götter üben Macht über Menschen unkontrolliert aus.

Es wird von Generation zu Generation weiterberichtet – und am Passafest ist die älteste Generation der jüngsten Generation auskunftspflichtig: Welche realen Befreiungen von Hunger, Schuld, Unterdrückung und Gewalt wurden erlebt? Sie sind heute wieder zu erfahren!

I „Ist er denn verloren gegangen?“

Aber wie antwortet die Bibel auf den Verdacht der Neuzeit, dieser Gott sei abwesend, ja sogar tot? Friedrich Nietzsche erzählt von einem „tollen Menschen“, der am hellichten Tag mit einer Laterne umherrennt. Er sucht Gott. Unter großem Gelächter muß er sich anhören:

> „Ist er denn verloren gegangen? sagt der eine. Hat er sich verlaufen wie ein Kind? sagt der andere. Oder hält er sich versteckt? Fürchtet er sich vor uns? Ist er ausgewandert? – so schrien und lachten sie durcheinander.“

Und Nietzsche stellt radikal fest, was der Verlust, ja der Tod Gottes bedeutet:

> „Was taten wir, als wir diese Erde von ihrer Sonne losketteten? Wohin bewegen wir uns nun? ... Stürzen wir nicht fortwährend? ... Ist es nicht käl-

* Zuerst in : Junge Kirche 52 (1991), 271-276.

> ter geworden? Kommt nicht immerfort Nacht und mehr Nacht? Was sind denn die Kirchen noch, wenn sie nicht die ... Grabmäler Gottes sind?"

Nietzsche fragt, schon auf der Suche nach dem Übermenschen und dem Willen zur Macht:

> „Müssen wir nicht selber zu Göttern werden, um dieser Tat, Gott getötet zu haben, würdig zu erscheinen?"

Der Übermensch erschien als Herrenmensch. Eine jahrelange Mordnacht fiel über das jüdische Volk. Sterben mußte das Volk, das den befreienden Gott der Welt bekannt gemacht hatte. Der Mensch wurde zum „Risiko Gottes", wie der aus Marburg vertriebene Philosoph und Ethiker der Naturwissenschaft Hans Jonas schrieb. Gott ist nicht das Risiko und Problem des Menschen. Das zeigen Auschwitz und die menschliche Vernichtungskapazität auch heute. Das entscheidende Risiko Gottes ist der Mensch.

Aber zurück zur biblischen Geschichte. Die Bibel erzählt im 1. Könige-Buch von der spannungsvollen Auseinandersetzung des Propheten Elia mit den Anhängern der Götter für Fruchtbarkeit und Wachstum, z.B. Baal. Er war einer der zuständigen Lokalgötter Kanaans. Von seiner Verehrung versprach man sich wirtschaftliche Produktivität. Die Sehnsucht ist verständlich im dürren Land. Die Bibel leugnet nicht, daß andere Völker oder Kulturen andere Götter verehren. Wie geht sie damit um? Sie tritt in einen gelassenen Wettstreit um Gerechtigkeit und Recht, um Brot und Liebe für die Menschen.

Elia spottet (1 Kön 18, 27) über die tanzenden und hinkenden Angestellten des Baal:

> „Ruft doch lauter! Er ist ja ein Gott. Er ist wohl in Gedanken? Vielleicht ist er ausgetreten? Oder auf Reisen? Vielleicht schläft er?"

Wie in jenem Gelächter, das Nietzsches Gottsucher trifft, ist die abwesende Wirkungslosigkeit der Götter hier das Thema. Es ist derselbe Spott, der in Psalm 115 die Götter entzaubert. Es ist nutzlos, mit ihnen zu rechnen. Sie sind menschliche Produkte. Die Menschen schufen diese Götter nach ihrem eigenen Vorbild:

> „Sie haben einen Mund und können nicht reden. Sie haben Augen und können nicht sehen. Sie haben Ohren und hören nichts. Eine Nase haben sie und riechen nichts. Sie haben Hände und können nicht anpacken. Sie haben Füße und können nicht gehen. Ihre Kehle bleibt stumm."

II Der religiöse Sektor – die Domäne Gottes?

Hier wird nicht über Sein oder Nichtsein Gottes gestritten. In der Bibel geht es um Sein oder Nichtsein der Welt, um das Leben, Zusammenleben und Überleben der Menschen. Das ist die Gottesfrage.

Dahinter steht die strenge Auffassung: Nichts, was geschaffen wurde, darf zum letzten oder höchsten Wert werden. Der in Marburg um die Jahrhundertwende lehrende Philosoph Hermann Cohen weist auf das Bilderverbot hin.

Nichts Vorletztes darf Letztes, nichts Relatives zum Absoluten erhöht werden. Weder Sonne, Mond noch Sterne, weder Menschen oder Errungenschaften der Neuzeit, weder politische, wissenschaftliche, religiöse oder wirtschaftliche Macht darf Menschen unterwerfen. Alles ist für die Menschen da. Aber nicht die Menschen für das, was geschaffen ist. Diesen jüdischen Grundsatz formuliert auch Jesus von seinem biblischen Gottesglauben aus: Der Mensch ist nicht für die Institution, z.B. den Sabbat, da, sondern die Institution, jede Institution, ist für den Menschen da. Hermann Cohen macht auch darauf aufmerksam, daß die Quellen des Judentums in der Literatur, in poetischer Sprache, festgehalten sind. Das verführt weniger zur Anbetung des Vorhandenen, als es im Polytheismus der Fall ist. Dort sind die Götter in Plastiken fixiert. Der Gottesglauben ist viel stärker. Der nicht objektivierbare Gott stiftet Freiheit für den Menschen, weil er den Menschen nicht in Fixierungen und Institutionalisierungen seiner selbst zwingt.

Die jüdische Bibel beweist nicht die Existenz Gottes. Sie setzt Gott voraus. Die rabbinische Bibelauslegung beantwortet die Frage, warum die Zehn Gebote nicht am Anfang der Bibel stehen, mit einem Gleichnis:

> „Es kam einmal ein Mann in eine Provinz und sagte zu den Einwohnern: Ich will euer König sein! Da antworteten die Einwohner: Hast du uns denn etwas Gutes getan, das dir das Recht gibt, unser König zu sein? Was tat der Mann? Er baute eine Mauer um die Stadt, um sie gegen wilde Tiere zu schützen. Er legte eine Wasserleitung und hielt die Feinde fern. Dann kam er wieder und sagte: Ich will euer König sein. Jetzt erst sagten die Einwohner: Ja, ja! So tat es auch der Ewige. Er befreite Israel aus der Sklaverei in Ägypten. Er spendete Manna in der Wüste, damit die Menschen nicht verhungern und ließ Brunnen in der Wüste sprudeln, damit niemand verdurstet. Er verteidigte die Leute gegen ihre Feinde.“

Wer Gutes tut, hat etwas zu sagen. Die Welt ist voll von Autoritäten, Göttern und Menschen, die sagen, was Gutes getan werden müßte und könnte. In Wirklichkeit haben sie aber nichts zu sagen, weil ihnen die gute Tat nicht vorausging. Die Gotteserfahrung Israels ist nicht theoretisch und abstrakt. Israel antwortet auf die Selbstvorstellung Gottes. Und er stellt sich nicht in Begriffen oder Bildern, sondern in Wirklichkeiten und Wirkungen vor.

Die Schöpfung ist seine erste Wohltat: Siehe, sie ist sehr gut! Und sie bleibt gut. Obwohl sie durch Haltungen beschädigt wurde und ständig beschädigt wird, die zerstörerisch wirken: Adam und Eva zeigen, wie man Verantwortung von sich wegdrückt. Kain und Abel zeigen die tödliche Gefährdung, die der Mensch für den Menschen selber bedeutet. Und die Geschichte vom Turmbau zu Babel zeigt, wie menschliche Grenzenlosigkeit zu Unverstand und Verständnislosigkeit führt.

Gott wird als jene lebendige Wirklichkeit verstanden, die in der Geschichte und am Ende der Geschichte zu allem, was geschieht oder unterlassen wird, sagt: Schau an: sehr gut!

Das bedeutet aber, daß Schöpfer und Geschöpf streng unterschieden bleiben.

Sich mitteilen, nicht mit sich selbst allein bleiben, kann nur ein Lebewesen, das ein unverwechselbares Ich ist. Martin Buber hat von diesem Gedanken des göttlichen Ich aus seine Ich-Du-Philosophie und Pädagogik entwickelt. Hier ist der Mensch ein eigenes Subjekt, ein eigenständiges Ich, zu dem Gott du sagt. Was nicht identisch ist, tritt zueinander in eine Beziehung des Vertrauens, der Liebe, der Verantwortung. Das gilt zwischen dem Ich Gottes, der den Menschen zu seinem Du, zu seinem Partner macht, und das gilt für die Beziehungen unter den so verschiedenen Ichs der Menschen.

Angesprochen ist jeder und jede. Auch wer auf den Anruf Gottes oder des Nächsten nicht ausdrücklich antwortet, hat damit geantwortet. Verweigerung heißt das Stichwort bei Buber: sich dem Dienst des Menschseins zu verweigern.

Dementsprechend ist die Welt Gottes, wie er sie sich gedacht hat, das Reich Gottes also, nach Martin Buber das Reich des Menschen, wie es einmal werden soll. Es ist keine göttliche Privatveranstaltung und kein religiöser Sektor neben oder jenseits der Erde.

Aus diesem Grund gehört zu diesem Gott ein konkretes Volk eben auf dieser Erde, Israel.

Seine Erwählung hat nichts mit seiner Größe oder Engelhaftigkeit zu tun. Beides ist nicht gegeben. Es ist angesprochen, um den Namen und das Weltkonzept Gottes bekanntzumachen. Deswegen liebt er es. Der Gedanke des Bundes Gottes mit diesem Volk hat keinen anderen Inhalt: Die Tora, das Wort, die Weisung seines Gottes, der auch der Gott aller Völker ist, zu hören und zu leben. Deshalb heißt das zentrale Glaubensbekenntnis Israels:

> „Höre Israel, der Herr ist unser Gott, der Herr ist einzig. Und du sollst ihn lieben, den Herrn, deinen Gott, mit deinem ganzen Herzen, mit deiner ganzen Seele und deiner ganzen Kraft."

So steht es im 5. Mose-Buch. So wird es als tägliches Gebet gesprochen. So wird es im Alten Testament verknüpft mit dem zentralen Gedanken der Nächstenliebe. Gegen jede Vergötzung von Menschen oder Dingen wird hier in der Einzigkeit und Einheit Gottes die Freiheit des Menschen gesichert.

Wo in diesem Credo das Wort „der Herr" steht, steht im Hebräischen der Name Gottes, oft und falsch ausgesprochen als Jahve, verballhornt zu Jehova. Dieser Name macht Gott unverwechselbar wie die Geschichte, die sich mit diesem Namen verbindet. Er wird der Gott Abrahams, Isaaks und Jakobs genannt. Jeder dieser Väternamen vergegenwärtigt ganze Geschichten von Müttern, Vätern und Kindern, die ihre Erfahrungen mit Gott, ich kann auch sagen ihre Erfahrungen der Gerechtigkeit, der Befreiung oder der Kritik, gemacht haben und weitergeben, damit immer wieder neue Generationen diese Erfahrungen machen können.

Das ist keine Flucht in die Vergangenheit. Das hat mit der Gegenwart und mit ihren realen Problemen zu tun. Der italienische Chemiker und Auschwitzüberlebende Primo Levi erzählt, wie jüdische Widerstandskämpfer Orientierung suchten und fanden:

> „Wir kamen im Turnsaal der Talmud-Tora-Schule zusammen und brach-

ten uns gegenseitig bei, wie man in der Bibel Recht und Unrecht und die das Unrecht besiegende Kraft wiederfindet."

Wer ist heute der Unterdrücker? Wo wird heute Recht gebeugt? Gerechtigkeit verweigert oder verletzt? Freiheit und Menschenwürde mit Füßen getreten? So setzt sich die Frage nach dem Gott der Geschichte in die Geschichte von heute und morgen fort.

Die biblischen Geschichten vom Auszug aus Ägypten und von der Übergabe der Gebote am Sinai machen das deutlich. Die erste Befreiungsgeschichte der Weltgeschichte beginnt an einem Dornbusch in der Wüste, der vom Feuer nicht verzehrt wird. Mose, der als Nomade die Schafe seines Schwiegervaters Jetro hütet, wird vom Dornbusch aus von Gott angerufen. Gott selber nennt sich zuerst Gott Abrahams, Gott Isaaks und Gott Jakobs. Dann heißt es:

„So laß dich nun von mir zum Pharao senden und führe mein Volk, die Israeliten, aus Ägypten heraus. Da sprach Moses zu Gott: Wenn ich aber nun zu den Israeliten komme und ihnen sage: Der Gott eurer Väter hat mich zu euch gesandt, und sie fragen mich: Was ist sein Name? Was soll ich ihnen dann sagen? Da sagte Gott zu Mose: Ich bin, der ich bin."

So fragt Mose nach dem Namen Gottes, den er den Sklaven und den Sklavenhaltern an den Nil bringen soll. Und wie heißt Gott? Er heißt, so hörte Mose: „Ich werde dasein, als der ich dasein werde." Das versklavte Volk wie Mose hätte nichts von einem theologischen oder philosophischen Satz gehabt, der Gottes Existenz behauptet. Die Gottesfrage ist: Wird dieser sich so vorstellende Gott wirksam und hilfreich sein?

Der hat etwas zu sagen, der etwas Hilfreiches und Befreiendes getan hat. So begründen sich nicht nur die Zehn Gebote, sondern alle Worte Gottes. Da ist zu lesen:

„Ich bin der Herr, dein Gott, der ich dich aus Ägypten, aus der Sklaverei, herausführte. Deshalb mache dir von Gott und von den Menschen keine Bilder, deshalb töte nicht, deshalb treibe mit Gottes Namen keine Magie, deshalb respektiere Ehre, Mitmensch und Eigentum deines Nächsten. Deshalb gönne aller Kreatur einen Sabbat und verwerte weder Zeit noch Eigentum nach deinen egoistischen Interessen. Sie gehören Gott."

So wie Gott nicht ein Problem der Religionen ist, so wie im biblischen Denken der Glaube nicht auf religiöse Fragen antwortet, sondern auf Fragen, die sich jedem Menschen stellen, so ist Gott kein Problem der religiösen Menschen. Der in Kassel geborene jüdische Theologe Franz Rosenzweig schreibt 1913:

„Die Einteilung der Menschen in religiöse und nichtreligiöse zieht nicht. Es handelt sich gar nicht um eine besondere Veranlagung, die man hat oder nicht hat, sondern um Fragen, die an jeden Menschen gerichtet werden und denen wir uns nur dadurch entziehen können, daß wir entweder allem Handeln ein Ende machen ... oder, daß wir unseren eigenen Verstand aufgeben und ihn blindlings irgendjemand – sei es einem Menschen, sei es einer Mode, sei es unseren Trieben, sei es dem gesellschaftlichen Milieu – unterordnen."

III Die Geheimnisse des Himmels oder das Alltägliche?

Der biblische Gott zielt nicht auf Religion, sondern auf menschliches Leben, sucht keine religiösen Bedürfnisse zu wecken oder zu befriedigen. Die biblische Gottesvorstellung hat es mit Gerechtigkeit und Liebe, Freiheit und Recht, mit Menschenwürde und Frieden bzw. mit deren Fehlen oder Unterdrückung zu tun. Religionen und Religiosität haben in alten und neuen Angeboten heute Konjunktur. Aber Gerechtigkeit oder Frieden müssen jenseits von Mode und Esoterik, jenseits von Gleichgültigkeit und Privatleben verwirklicht werden. Verwirklichung – das ist bei Buber und Rosenzweig ein entscheidendes Wort.

Es ist jener Begriff, der die Wirklichkeit Gottes voraussetzt, wie es die Bibel tut, und zugleich dessen Wirkungen ins Alltagsleben hineinzieht. Der amerikanische Philosoph und Rabbiner Abraham J. Heschel, aus Berlin 1938 vertrieben, Freund und Mitstreiter Martin Luther Kings, charakterisiert den Unterschied zwischen antiken und biblischen Gottesvorstellungen:

> „Plato sagt einmal in einem Anflug von Melancholie: Die menschlichen Angelegenheiten sind es kaum wert, daß man sich im Ernst mit ihnen beschäftigt, und dennoch müssen wir es tun: eine beklagenswerte Notwendigkeit zwingt uns dazu ... Die Götter kümmern sich um große Dinge, die kleinen beachten sie nicht, erklärt Cicero. Aristoteles zufolge kümmern sich die Götter überhaupt nicht um die Verteilung von Glück und Unglück oder um äußerliche Dinge."

Heschel verdeutlicht an vielen Beispielen die Praxis und Menschenorientierung der biblischen Gottesauffassung. Er schreibt:

> „Für den hebräischen Propheten jedoch gibt es nichts, das der Beachtung so wert wäre wie die mißliche Lage des Menschen. Ja, Gott selbst wird als einer beschrieben, der über die Not des Menschen nachdenkt und nicht ewige Dinge betrachtet ... Die Lehre des Judentums ist die Theologie des alltäglichen Handelns. Die Bibel betont immer wieder, daß Gott sich um das Alltägliche, um die Kleinigkeiten des Lebens kümmert. Die Sorge des Propheten gilt nicht den Geheimnissen des Himmels oder dem Glanz der Ewigkeit, sondern den Schäden der Gesellschaft und den Geschäften des Marktes. Er wendet sich z.B. an jene, die den Bedürftigen zertreten, den Getreidepreis erhöhen, falsche Gewichte benutzen und den Abfall des Korns verkaufen ..."

Das alltägliche Leben ist ein Sich-Sorgen um das Heil, der Kampf auch um wirtschaftliche Gerechtigkeit ist „schon auf der gleichen Ebene ein Kampf um das Heil", sagt der jüdische Philosoph Emmanuel Lévinas aus Paris. Wo das vergessen wird, entsteht jene Religion, die Napoleon als bequem, ja für Machtverwaltung und Menschenführung unentbehrlich begrüßt:

> „Die Religion entrückt die Idee der Gleichheit in den Himmel, was verhindert, daß die Reichen von den Armen massakriert werden ... Wie soll man in einem Staat ohne Religion die Ordnung aufrecht erhalten? Die Gesellschaft kann nicht ohne eine Ungleichheit der Vermögen, und die

> Ungleichheit der Vermögen kann nicht ohne die Religion auskommen. Wenn ein Mensch vor Hunger stirbt, während sein Nachbar im Überfluß schwelgt, dann ist es ihm unmöglich, für diesen Unterschied Verständnis zu finden, wenn es nicht eine Autorität gibt, welche ihm sagt: Gott will, daß es so ist: es muß Arme und Reiche in der Welt geben; aber in der Ewigkeit schließlich wird alles ganz anders verteilt werden."

Hinter dieser Auffassung steht ein Menschenbild, das Religion oder Gott zum Bedürfnis degradiert, das für die Einteilung der Menschen in Übermenschen und Untermenschen die Religion benötigt, ein Menschenbild also, das eine Welt rechtfertigt, die nicht so ist, wie sie sein soll. Solche Religiosität erzieht zur Anpassung.

Es läßt sich nicht leugnen, daß das Judentum und viel mehr noch das Christentum sich gerne verführen ließen, diese Aufspaltung der Wirklichkeit zu akzeptieren. Eine solche Aufspaltung garantiert ein gutes Auskommen und Einkommen. Wie aber bricht der biblische Glauben aus solchen Verfestigungen wieder aus? Franz Rosenzweig gibt 1923 in einem Aufsatz das „Neue Denken" eine bedenkenswerte Antwort: Judentum und Christentum haben eine gemeinsame Glaubensvorstellung:

> „Die Sonderstellung von Judentum und Christentum besteht gerade darin, daß sie, sogar wenn sie Religion geworden sind, in sich selber die Antriebe finden, sich von dieser Religionshaftigkeit zu befreien ... und aus ihren Ummauerungen wieder in das offene Feld der Wirklichkeit zurückzufinden. Alle historische Religion ist von Anfang an spezialistisch, d.h. gebunden, gestiftet. Nur Judentum und Christentum sind spezialistisch erst, und nie auf die Dauer geworden und nie gewesen. Sie waren ursprünglich etwas nur ganz Unreligiöses ..."

Das ist gegen jede frömmelnde Religiosität gesagt, aber auch gegen jede Religionskritik, die zwar jene Religiösität kritisiert, sich selbst aber überhaupt nicht den Fragen der alltäglichen Wirklichkeit stellt.

IV Die letzte Pforte, durch die der Messias eintreten kann

Die jüdische Bibel und ihre Gottesauffassung sind nicht zu trennen von ihrer Fähigkeit, Versteinerungen ihrer selbst aufzubrechen, den Wirklichkeitsverlust des Glaubens zu kritisieren und wieder unreligiös zu werden. Es muß an dieser Stelle daran erinnert werden, daß Dietrich Bonhoeffer den biblischen Glauben in dem Doppelwort „Beten und Tun des Gerechten" zusammenfassen konnte. Zur gleichen Zeit verlangt er vom Christentum, wieder alttestamentlicher zu werden. Er hat die sogenannte nichtreligiöse Interpretation der biblischen Botschaft versucht und sie selbst durchlebt, durchlitten und durchdacht.

Selbstkritik und Erneuerung, Wachheit für das, was dran ist, Mut zur Veränderung vertreten die Propheten. Was aber ist das Prophetische? Die Propheten sind keine Wahrsager. Sie öffnen gegen alle Scheuklappen immer eine doppelte Perspektive. Sie erinnern an den Bund Gottes mit Israel, an die Erfahrungen von Befreiung, Recht und Gerechtigkeit. Und sie erinnern an das, was einmal sein wird. Gottesreich oder die Erneuerung des Himmels und der Erde, eine neue Schöpfung. Wenn Israel und alle Völker nach Jerusalem ziehen, um Got-tes Weisung nicht nur zu hören, sondern zu tun. Eine solche Hoffnung wird zur Aufgabe, die sehr genau in den Alltag hineinspricht. Da heißt es z.B. bei den Propheten (Micha 4,3f):

> „Und Gott wird Recht sprechen zwischen Völkern und Weisung geben starken Nationen bis in die Ferne. Und sie werden ihre Schwerter zu Pflugscharen schmieden ... sie werden den Krieg nicht mehr lernen. Sie werden ein jeder unter seinem Weinstock und unter seinem Feigenbaum sitzen, ohne daß einer Angst hat. Niemand wird einen frühen Tod sterben."

Dann wird aus der vorausgesetzten Existenz Gottes das Wissen und die Alltagserfahrung seiner Gegenwart. Die ungerechte Verteilung von Brot, Eigentum und Macht gerät in dieser prophetischen Perspektive unter die kritische Sonde des Weltkonzeptes, das Gott für seine ganze Kreatur vorgesehen hat. Hier hat auch die messianische Hoffnung ihren Grund im biblischen Gottesbild. Die Erwartung eines messianischen Reiches rechnet jederzeit mit der Veränderung von Unheil zum Heil, von Unrecht zum Recht, von Gewalt zum Frieden. Sie rechnet nicht nur damit, sie arbeitet dafür. In einer so vorhandenen Zukunft ist, so sagt es Walter Benjamin, jede Sekunde die kleine Pforte, durch die der Messias eintreten kann.

Diese Weltbezogenheit und Zukunftsoffenheit ist den christlichen wie den nichtchristlichen Gesellschaften oft verlorengegangen. Womit hängt das zusammen? Vielleicht damit, daß die Größe der Gottesauffassung im Judentum fremd blieb? Diese Größe kennzeichnet Elie Wiesel mit einem Ausspruch des Meisters Jizchak von Berditschew:

> „Man kann Jude sein mit Gott, in Gott oder sogar gegen Gott; aber nicht ohne Gott."

Gottesrecht – Menschenrechte *

I

Israel und die Kirche sind die zwei Zeugen Gottes in der Welt, für die er seinerseits zuverlässiger Zeuge seiner Wahrheit und ihres Dienstes ist. Die Kirche ist für die Völker durch Jesus, den sie als den Gesalbten Gottes – durch Israels Hoffnungen inspiriert – glaubt, in diesen Zeugendienst berufen. Sie hofft – wie Israel – auf die kommende Präsenz des Reiches Gottes. Ihrer beider Hoffnung ist aktiv. Im folgenden ist von der Kirche und ihren Gaben und Aufgaben die Rede: Gottesrecht als Menschenrecht zu lernen und zu leben.

Die biblische Botschaft orientiert Christen und Kirchen für ihr ganzes Leben. Gottes gerechter Wille, das Versöhnung stiftende Leben Jesu Christi und der befreiende Heilige Geist ermöglichen, erleuchten und erneuern das Leben und Zusammenleben der Menschen. Diese lebendigen Prozesse geschehen zum einen durch den Dienst der Christen und Kirchen über die Grenzen der Kirchen hinaus. Auf der anderen Seite hat Gott aber auch Mitarbeiter und Täter seines Willens außerhalb der Kirchen, die die Kirchen beschämen (Mt 25, 31-46; Mt 21, 28-32). Gottes Recht für alle liegt in den Händen vieler Menschen. Die Zusammenarbeit mit Menschen anderer Glaubensweisen und Ideologien (auch atheistischer) ist deshalb in gegenseitig-kritischem Vertrauen möglich und geboten.

Das Ziel darf nicht aus den Augen verloren werden: „Gott will, daß alle Menschen gerettet werden und zur Erkenntnis der Wahrheit kommen" (1 Tim 2, 4). Gottes universaler Heilswille gilt allen Menschen. Die Erkenntnis seiner Wahrheit fördert Gerechtigkeit und Versöhnung, Befreiung und Frieden in der Welt. Seine Wahrheit rettet Menschenleben, nicht nur Christenleben, sie ist also kritisch gegen alle (auch religiösen) Mächte und Interessen, die Unrecht und Trennung, Unfreiheit und Unfrieden fördern, dulden oder legitimieren. Deshalb ist es verständlich, aber nicht hinzunehmen, wenn Mächte und Interessen (auch die religiösen!) sich oft gegen das authentische Evangelium und seine Präsenz in dieser Welt wenden: Sie haben Angst vor der Macht der Ohnmächtigen, wie Herodes und Pontius Pilatus vor der Ohnmacht und Vollmacht Jesu Christi Angst hatten (Mt 2, 13-18; Joh 19, 6-16).

Die Bibel sensibilisiert das Gewissen der Christen und Kirchen durch ihre einseitige und tendenziöse Grundhaltung zugunsten der Mühseligen und Beladenen, der Armen und Schwachen, der Kinder und der gesellschaftlich Diskriminierten. Sie akzeptiert keine Gesetze, die das Recht des Stärkeren gegenüber dem Schwächeren begründen wollen oder die die Menschen in wertvollere und

* Zuerst in: H.-G. Geyer u.a. (Hg.), „Wenn nicht jetzt, wann dann?" Aufsätze für Hans-Joachim Kraus zum 65. Geburtstag, Neukirchen 1983, 497-505.

wertlosere Mitglieder der Gesellschaft einteilen. Haltungen aus dem makroethischen Bereich, (z.B. Gewalt, Abschreckungsdoktrin) vergiften im mikroethischen Bereich der Erziehung, der Arbeitswelt, des Asylrechts oder des Umgangs von Autoritäten mit Individuen das Leben und Zusammenleben der Menschen (und umgekehrt). Christen und Kirchen vertreten alternative Haltungen zu den Spielregeln, die Macht und Mammon setzen. Dadurch wird verhindert, daß Macht und Mammon (politische, ökonomische und militärische Gewalt) sowie ihre Instrumente zu Zwecken werden; sie bleiben menschliche Mittel in den Händen der Menschen.

II

Der Singularität Gottes entspricht die Singularität des Menschen – sowohl der Gattung „Mensch" wie auch des Individuums „Mensch" im Kosmos. Jeder Mensch ist Gottes Ebenbild. Jeder ist beauftragt mit dem *dominium terrae* (Ps 8; 1 Kor 3, 21f). Jeder ist talentiert, die Schöpfung und die Geschichte zu verwalten, zu erhalten und zu gestalten im Sinne Gottes, zusammen mit anderen Menschen und für alle Menschen.

Jedes Ebenbild Gottes hat in jedem Exemplar einen einmaligen und unersetzbaren Wert. Je massenhafter der Mensch heute vorkommt (5 Milliarden!), um so sorgfältiger ist darauf zu achten, daß nicht ein einziges Ebenbild Gottes billig, beleidigt, verletzt, instrumentalisiert oder getötet wird. Dementsprechend schließt das Erste Gebot alle anderen Gebote ein. Wo Gott nicht geehrt wird, wird auch sein Ebenbild verachtet. Damit Christen und Kirchen nicht hochmütig werden, gehört in diesen Zusammenhang auch die Aussage: Wo Gottes Ebenbild verachtet wird, da wird auch der Schöpfer, Erlöser und Erhalter der Welt und der Menschheit verachtet (1 Joh 2, 3-11).

Der realistisch in der Bibel geschilderten menschlichen Praxis widerspricht Gottes Praxis, die Menschen zu neuem Verhalten führt: Kaum gibt es mehrere Menschen (Gen 4), die einander Gewalt antun können, zeigt sich Gott als Advokat des Menschenrechts auf Leben: Der Mörder Kain steht unter dem Schutz Gottes und damit auch der Menschen. Böses und Gewalt werden durch Liebe und Solidarität begrenzt, ja überwunden: Kain darf leben – jenseits von Eden, aber leben! Er braucht nicht mehr gewalttätig zu sein (Gen 4, 15f).

Hier beginnt die Feindesliebe, die in der Bergpredigt weiter ausgelegt wird, nicht zuletzt als Verantwortung für die Lebenschancen des Gegners. Will schon Adam (der Mensch also) den Weg und die Liebe zum Tod, so liebt Gott gegen alle Nekrophilie Wege zum neuen Leben. Der Mensch ist weder total biologisch ferngesteuert noch sozial konditioniert, noch ohnmächtig, diese Wegweisung und Liebe zum Leben bei sich und anderen zu blockieren. Das gilt erst recht, seit ein „neuer Adam" in Christus „für alle Menschen Gerechtigkeit, die Leben gibt" (Röm 5, 18) als reale Chance unter die Völker brachte.

Christen und Kirchen sind dazu da, „ihres Bruders Hirte“ zu sein, auch wenn dieser selbst ein Hirte ist (Gen 4, 9). Der Mensch kann wissen, wenn er wissen will, was zum Leben, Zusammenleben und Überleben notwendig zu wissen ist, denn er ist von Gott angesprochen und gefragt. Sensibel wissen zu können und mit der Praxis des Lebens Antwort zu geben, gehört zur Menschlichkeit eines jeden Menschen. Kains Antwort auf Gottes Frage nach dem Bruder „Ich weiß nicht“ ließ Gott schon damals nicht als Ausrede gelten, als der Mensch „nur“ über seine zwei natürlichen Augen verfügte. Wie wenig gilt die Ausrede in einer Zeit, in der Technik und Massenmedien die Sehfähigkeit des Menschen multipliziert haben – sie allerdings auch durch den Mißbrauch der vielen Instrumente manipulieren können. Es gibt – nicht nur zwischen Jerusalem und Jericho – tausend Notwendigkeiten und verständliche Blindheiten, den Lazarus und seine zusammengeschlagenen und hilflosen Geschwister zu übersehen (Lk 10, 25ff und 16, 19-31). Christen und Kirchen leben, um sensibel und tapfer sich und andere Menschen von solchen Notwendigkeiten und Blindheiten zu befreien.

Es gibt eine eindeutige Priorität des Lebendigen gegenüber den Dingen, und unter den Dingen hat Gottes Schöpfung wieder eine eindeutige Priorität gegenüber den Dingen, die der Mensch selbst geschaffen hat. Gottes Schöpfung ist dem Menschen anvertraut. Er darf sie weder anbeten noch vernichten, sie gehört den Menschen aller Zeiten und aller Regionen dieser Erde. Aber: Was der Mensch gemacht hat, möchte er auch gerne anbeten – oder in der Sprache von heute: Die zweite Natur, also die vom Menschen als Wissenschaft, Technik und Industrie geschaffene Natur, ohne die der Mensch ebensowenig leben kann wie ohne die erste Natur, möchte ihr Recht auf den obersten Platz in der Prioritätenliste des Respekts haben. Die Versuche sind so alt wie das Goldene Kalb (Ex 32, 1-6), der Turmbau zu Babel (Gen 11, 1-9) oder die lächerliche Eigenproduktion von letzten Autoritäten, eben Götzen, wie Ps 115 sie schildert: Götzen, die nichts helfen, sondern nur dazu dienen, daß der Mensch seinen eigenen Produkten hörig wird.

Die heutigen Gestalten dieser Versuche sind vielfach und neu: Wissenschaft und Technik sind die entscheidenden Kräfte zur Veränderung von Gesellschaft und auch der Kirche. Zur Expansion des Wissens und seiner Verwertung gehören nicht automatisch das Existenzwissen, die Weisheit, damit umzugehen. Die biblische Botschaft bedeutet solches Existenzwissen, solche Weisheit, eine Aufklärung, die rettet.

Die Versuchungsgeschichte (Mt 4, 1-11) erzählt vom Sieg Christi gegen die Nihilierung oder Relativierung des Ersten Gebotes: Brot, Macht und die Beherrschung der Naturgesetze sind nicht letzte Werte, nicht Gott ähnlich. Sie verdienen keine letzte Verehrung durch den Menschen. Das stellt Christus in der Versuchungsgeschichte klar. Der Mensch ist ihnen nicht zu unterwerfen, sondern hat sie sich zu unterwerfen, fungibel und nicht dominant zu halten, sie gerecht auf dieser Erde zu teilen und zu verteilen. Wird die Schöpfung verehrt, wird der Schöpfer und sein Ebenbild entehrt. Werden die Geschöpfe des Menschen verehrt, kippt die Schöpfungsgeschichte um. Aus Instrumenten werden Ziele, die einen letzten Sinn versprechen, ihn aber nicht geben können. Dann ersticken Menschen am Brot, während andere verhungern. Menschliche Macht verlangt dann letzten Respekt und respektiert sich bloß selbst, aber nicht die Ohnmächtigen. Und der Fortschritt um des Fortschritts und nicht um des Menschen willen wird zum Sinn der Geschichte. Der Tod verdoppelt sich – bei den Tätern und bei den Opfern.

Die europäische Geschichte des Christentums ist voll von falschen Ehen zwischen Staaten und Kirchen. Einzelne Christen und Gruppen, oft unter einer falschen Verabsolutierung ihres Anspruchs, haben seit der Zeit von Konstantin dem Großen bis in die Gegenwart Einspruch gegen die Verstaatlichung und Vergesellschaftung des Christentums erhoben. Mennoniten und Quäker, Franz von Assisi und die Waldenser, Hussiten und Klöster haben oft als einsame Rufer in der Wüste daran erinnert, daß die Christenheit sich nicht selbst aufgeben darf, wenn sie sich mit Macht und Einfluß verbindet, wenn sie sich stärker auf die Macht der Privilegien des Staates stützt als auf Gottes Macht. Die modernen Menschenrechte wurden von den nonkonformistischen Gruppen und Christen gelebt und erkämpft – und zwar oft gegen die Mehrheit der großen Kirchen und gegen die Mächtigen in der Gesellschaft. Wenn die Kirche Salz und Licht in der Welt ist, so sind innerhalb der Kirche die Gruppe der Propheten, der Heiligen, der Klöster, der innovativen Minderheiten und der authentischen Märtyrer noch einmal Salz und Licht für Christen und Kirchen. Ihr Recht ist das Recht der Zeugen – auch, ja gerade wenn sie auf Feindschaft und Mißtrauen stoßen. Sie halten den biblischen Gedanken wach, daß Christen und Kirchen nicht konform mit den Strukturen und Mächten dieser Welt, die vergänglich sind, leben.

III

Die biblische Botschaft rechnet damit, daß gleicherweise alle Menschen Sünder sind. Daraus eine pessimistische Anthropologie abzuleiten, die legitimiert, daß der unvollkommene Mensch der Führung durch Autoritäten und der Abschirmung vor schädlichen Einflüssen bedarf, ist unbiblisch. Die biblische Botschaft rechnet damit, daß im Blick auf ihre Lebenschancen und deren Wahrnehmung alle Menschen gleich sind, daß also nicht einige durch mehr Macht, Eigentum, Recht, Freiheit, Expertise oder Informationen anderen Menschen die Erfahrung der Ohnmacht und Unfreiheit, des Unrechts und der verweigerten Partizipation an Informations- und Entscheidungsprozessen in der Gesellschaft oder in der Kirche vermitteln. Die Frage „Wozu lebe ich? Was folgt an Segen und Fluch (von Menschen heute verantwortet!) aus meiner Generation, ihrem Tun und Unterlassen, in die Generationen meiner Kinder und Enkel?“ darf nicht delegiert werden an die angebliche Eigengesetzlichkeit von Produktion und Konsum, von Gewalt und Gegengewalt, von Autorität und Gehorsam oder von Politik und Ökonomie. Das Leben der Christen und Kirchen ist gekennzeichnet durch eine doppelte Loyalität: Einmal und zuerst gegenüber dem Dreieinigen Gott, seinem Wort und seinem Wirken. Zum andern gegenüber den vorletzten Größen des Staates, der Wirtschaft und der Kultur. Sie sind weder gottgleich noch gottlos. Sie haben als Gaben oder Dienerinnen Gottes ihre begrenzten, ständig zu verbessernden Funktionen und sind in dem vernünftigen Gottesdienst (Röm 12, 1f) und in der Nächstenliebe (Röm 13, 9f) der Christen und Kirchen einbezogen und eingegrenzt.

Die biblische Botschaft sät Mißtrauen gegen die Omnipotenz des Staates und der Mächtigen – nicht prinzipiell, wohl aber im aktuellen Hören und Bekennen des Evangeliums, in dem es heißt: „Man muß Gott mehr gehorchen als den Menschen" (Apg 5, 29). Daniel und Jeremia beugten ihre Knie ebensowenig vor göttergleichen Potentaten wie Elia und Paulus, Johannes der Täufer und Johannes, auf Patmos gebannt. Aber Gottes Volk ist der Gewalt der Anpassung wie der Anpassung durch die Gewalt oft erlegen. Es erliegt diesen Gefahren immer wieder, wenn es nicht Gott und Jesus Christus als *kyrios* (Kol 1; Phil 2; Röm 10, 9) gegen alle Mächte und Menschen bekennt, die auf Kosten Gottes und auf Kosten der Menschen gerne selber *kyrioi* sein wollen. Die Einheit und die Einzigkeit des Herrn garantiert die Freiheit derer, die an ihn glauben, und gewinnt dadurch Bedeutung für die Freiheit derer, die in Unfreiheit leben.

IV

Die ganze Bibel, des Alten und des Neuen Testamentes, überholt die falsche Alternative individueller oder struktureller Menschenrechte. Das „Ich" z.B. der Psalmen, „Adam" und „Eva" meinen auch Kollektive. Abraham, Isaak und Jakob und ihre 12 Söhne meinen auch soziale Gruppen. Gegen den gedachten Gott der Philosophen (B. Pascal) steht der Gott Abrahams, Isaaks und Jakobs, der Gott eines bestimmten, nicht auswechselbaren Volkes. Gott redet sein Volk an und über seine Tradition, d.h. Auslieferung und Weitergabe Jesu Christi an die Völker, eben alle Völker. Sein Wort meint das Leben der Menschen, d.h. also auch die Lebensbedingungen der Menschen. Die Gebote ebenso wie das „Vater unser" reden Individuen und die Kirchen an und bewegen sie beide zu Wort und Tat. Sein Wort gilt erneuernd und verändernd der ganzen personalen und transpersonalen Wirklichkeit der Menschen. Die Bibel berichtet in ihren Geschichten und Gebeten, in ihren Klagen und Lobliedern vom Recht, das Gott allen seinen Menschen eröffnet. Sie stiftet Christen und Kirchen an, Geschichten und Gebete, Klagen und Loblieder in den Bedingungen der Gegenwart laut werden zu lassen, d.h. in der Praxis und in den Strukturen des Alltags zu leben. So bringt sie Gottes Recht als Menschenrecht unter die Leute und in ihre Lebensverhältnisse. Beide werden neu. Vergißt die Kirche das Alte

Testament, die Hebräische Bibel, vernachlässigt sie die strukturelle und materielle Dimension des Evangeliums.

Christen und Kirchen durchbrechen mit ihrem Leben Kausalketten, die oft Menschen, Völker und Rassen fesseln. Christen und Kirchen sind zuverlässig für Menschen da, die unter Gesetzen und Strukturen leiden, wenn diese Gesetze und Strukturen (durch ihre Verwalter) mit aller Gewalt erwarten oder durchsetzen, daß die Menschen für die Gesetze und Strukturen da sind, statt umgekehrt alle Gesetze und Strukturen für die Menschen dienstbar zu machen („der Sabbat ist für den Menschen da und nicht der Mensch für den Sabbat"; Mk 2, 27). Dann wird Feindschaft nicht mit Feindschaft beantwortet, sondern durch Versöhnung abgebaut: Der Gang zum Altar (Mt 5, 23-26) feiert dann in der Eucharistie das Glück der Versöhnung und bezeugt das versöhnende Leben Christi. Das Heilige Abendmahl (1 Kor 11, 17ff) stiftet dann wirkliche Gemeinschaft zwischen Armen und Reichen und lobt Gott durch ein Leben, das Niedrige erhöht, Gewaltige vom Thron stößt und Hungrige satt macht (Lk 1, 46-56). So wird Gottes Barmherzigkeit und Gerechtigkeit geteilt unter die, die sie entbehren, aber – dank Jesus Christus und seinen Nachfolgern – nicht entbehren müssen. Wort, Sakrament und Praxis der Kirche enthalten noch unausgeschöpfte Ansatzpunkte für Menschenrechte.

Fremde stehen unter dem Recht und Schutz Gottes (Ex 22, 21; 23, 9) – und damit auch unter dem Recht und Schutz der Mitarbeiter Gottes, die er durch Christus in seinen Dienst gerufen hat, damit sie in seinem Heiligen Geist gegen jeden Ungeist der Menschenverachtung eintreten und eine Geistlosigkeit nicht hinnehmen, die die Menschen zu bloßen Arbeitskräften instrumentalisiert, zu Bürgern zweiter Klasse macht oder zu Befehlsempfängern erniedrigt. Zum Menschen gehören seine Familie und seine kulturelle Identität, seine politische Partizipation und die Freiheit seines Glaubens.

Die Rechte des Menschen werden nicht erst verletzt, wenn er materiellen Schaden erfährt. Das Töten beginnt schon mit dem Verurteilen, mit dem Entwurf, dem Propagieren und dem Dulden von Feindbildern und mit der Übertragung von Kategorien des Alltags (z.B. Antikommunismus) in die Praxis von Kirchen und Christen (Mt 5, 21f). Andere Menschen zu definieren, verletzt ihre Würde dadurch, daß ich ihr Selbstverständnis nicht von ihnen selbst hören will und nicht durch sie selbst zur Geltung bringen lassen will, sondern es selber formuliere und vertrete. Das Recht, sich selbst auszudrücken – religiös, politisch, künstlerisch, in Arbeit und Freizeit – ist nur durch die Rechte anderer, aber nicht durch die Macht anderer Menschen und Institutionen begrenzt. Nach den Erfahrungen des Kirchenkampfes in der Zeit des Nationalsozialismus ist darauf zu achten, daß Christen und Kirchen erst ein Recht haben, für ihr eigenes Recht einzutreten, wenn sie für die Rechte anderer stehen. Glaube lebt und glaubt nicht im eigenen Interesse.

V

Frieden auf Erden ist eine biblische Kernbotschaft, die Befreiung und Gerechtigkeit in ihren spirituellen und materiellen Dimensionen einschließt. Die babylonische Sicherheitsdoktrin ist zur Sicherheitsdoktrin der modernen Staaten und Staatenbündnisse geworden: Sie haben wie die Hure Babylon eine Meinung (Offb 17, 13), sie suchen zu oft die Absicht der babylonischen Turmbauer zu verwirklichen: Konzentration und Uniformierung der menschlichen Macht und des menschlichen Denkens, dazu kommt die Erhöhung des eigenen Prestiges (Gen 11, 4). Menschlicher Machtanspruch expandiert „bis in den Himmel", tangiert also Gottes Macht und Gottheit, verletzt damit aber nicht Gottes Größe, wohl aber des Menschen Würde. Menschen und ihre staatlichen, wirtschaftlichen oder ideologischen Konstruktionen machen sich zu Konkurrenten Gottes, zu letzten Autoritäten. Ihre staatlichen, wirtschaftlichen und ideologischen Apparate verlieren ihren menschlichen Sinn, Instrumente und Funktionen zu sein und damit menschliches Maß zu halten. Sie eignen sich Herrschaftsattitüden an. Sie verlangen und benötigen ihre eigenen Instrumente, von denen die modernen Kriegsmaschinerien und Massenvernichtungsmittel am deutlichsten alle Kennzeichen der Gottes- und Menschenverachtung zeigen, auch wenn christliche oder juristische Rechtfertigungen dafür ausgesprochen werden. Ein globaler Mord und Selbstmord sind zur realen Möglichkeit der Menschen, ihrer Staaten und Kriegsmaschinerien geworden.

Die Gabe und die Aufgabe des Friedens, der Befreiung und der Gerechtigkeit bleiben gültig, auch wenn der einzelne Christ oder die Kirche in ihrer Praxis damit scheitern. Gottes Wort, Leben und Leib Christi und die Energie des Heiligen Geistes werden nicht durch die Schwäche und den Ungehorsam der Christen und Kirchen außer Kraft gesetzt, wohl aber ernsthaft desavouiert.

Christen und Kirchen schaffen in ihrer Arbeit für Befreiung, Gerechtigkeit und Frieden die atmosphärischen und strukturellen Voraussetzungen für die Menschenrechte: Sie stiften Vertrauen durch Vertrauensvorschuß, sie suchen Entspannung statt Konfrontation. Sie beteiligen sich am Abbau von Feindbildern und an der Suche nach Gesellschafts- und Wirtschaftsordnungen, die weniger Unfreiheit, weniger Unrecht und weniger Gewalt ermöglichen. Sie selbst sind mit keiner Wirtschafts- oder Gesellschaftsordnung „verheiratet".

Die Aufgabe der Christen und Kirchen ist es, vergessene oder an den Rand des Interesses oder der Macht geratene Gaben Gottes zu leben und öffentlich zu vertreten: Gerechtigkeit, wenn „nur" von Frieden, Befreiung, wenn „nur" von Gerechtigkeit, Gerechtigkeit, wenn „nur" von Freiheit etc. die Rede ist. Im reichen Kosmos der Gaben und Aufgaben Gottes gibt es zwar Prioritäten (je nach der notwendigen Konkretion in der jeweiligen Zeit und Region) und auch Arbeitsteilungen, aber keine eindimensionale Verdrängung der einen Gabe zugunsten einer anderen.

1. *Versöhnung* und *Frieden* sind durch die Massenvernichtungsmittel ebenso bedroht wie durch die Exklusivität, in der Staaten und Gesellschaftssysteme ihre Absolutheit lieben und vertreten. Abgrenzung und Feindbilder sind dann die Folge solcher Absolutheitsträume, die weder Koexistenz noch Proexistenz als Ausdruck der einen, menschlich lebensfähigen, aber auch menschlich zerstörbaren Welt fördern wollen. Erst wenn die Sicherheit vom ersten Platz staatlicher, politischer Ziele zugunsten von Frieden, Gerechtigkeit und Befreiung verbannt ist, haben die Menschenrechte eine größere Chance.

2. Die *Befreiung* des Menschen von Armut und Fremdbestimmung ist in der Bibel an die entscheidenden Taten des Einen Gottes gebunden. Er führt sein Volk aus Ägypten. Er weckt Jesus Christus von den Toten auf und eröffnet in ihm eine neue Lebensgeschichte (1 Kor 15, 20-23; Kol 1, 15-18; Offb 1, 5), die Hoffnung für alle Menschen gibt, die unter dem Tod und seiner ganzen „Verwandtschaft", wie z.B. Not, Unterdrückung, Ohnmacht, Friedlosigkeit, Haß und Gewalt, leiden. Dieser lebendige Gott befreit von Schuld und Hoffnungslosigkeit und nimmt Menschen mit in seine Bewegung, die zur Erneuerung von Himmel und Erde und zur Ablösung aller Reiche und Potenzen durch Gottes Reich führt. Was kommen wird – keine Tränen in den Augen der Menschen, kein Sterben, kein Leid, kein Schreien, kein Schmerz (Offb 21, 4) –, ist dort schon präsent, wo Christus geglaubt und im Gottesdienst innerhalb und außerhalb der Kirche gelebt und gefeiert wird.

3. Die *Gerechtigkeit* ist als Eigenschaft und Tat Gottes in vielen Gestalten allen Menschen gewidmet. Gott teilt sich selber mit (Phil 2). Er bleibt nicht bei sich und bringt uns durch seine Inkarnation in Bewegung auf die hin, die darunter leiden, daß Macht und Brot, Arbeit und Lebenschancen, Information und Partizipation so ungerecht verteilt sind, wie sie heute verteilt sind. Rechtsstaatlichkeit wie eine gerechtere, neue Weltwirtschaftsordnung gehören deshalb in den Verantwortungshorizont von Christen und Kirchen.

4. Die *Arbeit* ist im biblischen Verständnis nicht zuerst mit Mühsal, Schmerz und Entfremdung verbunden, sondern analog zur Kreativität Gottes zu sehen: seine Welt, die die Welt der Menschen ist, aufzubauen, auszubauen und sie schön als irdisches Zuhause für die jetzigen und die kommenden Menschen zu erhalten (1 Kor 3, 5-17). Alle Menschen haben ein Recht auf Arbeit, die Anteil gibt an Gottes Schöpfer- und Erhaltertätigkeit. So gewiß mit der Arbeit seit dem Garten Eden auch die negative Erfahrung der Entfremdung von Gott, vom Nächsten und von sich selbst verbunden ist, so gewiß dürfen Menschen nicht durch Arbeit oder Entzug von Arbeit bestraft werden. Eine ungerechte Verteilung der Arbeit ist sowohl in der Arbeitslosigkeit wie in der Straf-Arbeit zu sehen. Die Arbeit wird knapper, die Arbeitsplätze sind ungerecht verteilt. Gründe dafür sind u.a. die fortschreitende Automatisierung, die Ausbeutung der Dritten Welt, die überwiegend nur Rohstofflieferant sein darf, die notwen-

digerweise immer restriktiver werdenden Grenzen eines nur ökonomischen Wachstums und das Wachstum der Weltbevölkerung. Das Recht auf Arbeit zu verwirklichen, verlangt eine Veränderung der Wirtschafts- und Herrschaftssysteme in Richtung auf mehr Gerechtigkeit und Partizipation.

VI

Weil die Welt Gott gehört, gehört sie nicht in die Verwaltung der Kirchen, wohl aber haben die Kirchen und die Christen – trotz aller historischen Schuld in ihrer eigenen Geschichte – ein göttliches Recht und die Pflicht, das Evangelium zu leben und öffentlich bekanntzumachen. Es ist allein Gott, der urteilt, was von ihm stammt oder nicht. Keine religiöse, staatliche oder wirtschaftliche Macht hat das Recht, Menschen für ihren Glauben zu schlagen oder zu töten. Aber „für den Namen Jesu Schmach zu leiden und geschlagen zu werden" (Apg 5, 41f) kann Christen „erfreuen" und ihr Zeugnis glaubwürdig machen – gibt aber keiner religiösen oder staatlichen Autorität die Legitimation, diese „Freude" zu produzieren. Was faktisch vorkommt, nämlich Verfolgung der Christen, ist nach biblischer Auffassung nie durch ihr Vorkommen normativ oder legitimiert. Es ist eine Sache, wenn Christen selbst ihr Leiden positiv deuten. Es ist eine andere Sache, wenn Christen oder Nichtchristen gegen Ursachen und Gestalt solcher Leiden eintreten. In allen Verfassungen Europas ist deshalb das Recht der Glaubens- und Meinungsfreiheit garantiert. Diese Verfassungsgarantien sind eine lebendige Erinnerung an die letzte Autorität Gottes und die nur vorletzte Macht aller menschlichen Autoritäten: „Sollte dieses Vorhaben oder dieses Werk (d.h. die freie Verkündigung und die freie Praxis des Evangeliums) von Menschen stammen, so wird es zunichte werden; stammt es aber von Gott, so werdet ihr sie nicht vernichten können. Ihr möchtet sonst sogar als solche erfunden werden, die gegen Gott streiten" (so der Pharisäer Gamaliel in Apg 5, 38f).

Die Kirche inmitten der gesellschaftlichen Probleme der Welt *

Die Bibel kennt den Begriff der „Gesellschaft“ nicht. Das ist erfreulich. Wir sind damit einer Notwendigkeit enthoben: Wir brauchen den Begriff „Gesellschaft“ nicht zu definieren, sein Wesen nicht zu umschreiben und auch nicht die biblische Ableitung seit Adam und Eva vorzulegen. Wenn wir hier schweigen können, weil auch die Bibel an diesem Punkt schweigt, dann ist sicher Jakobus mit uns einverstanden. Denn das „kleine Glied der Zunge“ wird nicht nur zum Lügen und Lästern mißbraucht, sondern auch zu leicht zum Definieren und Analysieren. Unnötig würden wir dadurch von der Tat ferngehalten. Vor allem aber kann uns der Zwang zur Analyse und Definition die Freiheit gegenüber dem definierten und analysierten Gegenstand rauben. Wir werden z.B. der Gesellschaft erlauben, uns die Fragestellung vorzuschreiben oder gar die Gesetze des Handelns.

I Diagnose oder Diakonie?

Jakobus hilft uns noch weiter als „Wegweiser zur rechten Gesellschaftskritik“ (Hans Ehrenberg). Seine Warnung vor dem „toten Glauben“ ist zugleich eine Warnung vor allen Definitionen und Analysen, die das „königliche Gesetz der Freiheit“ beschneiden und sich an die Stelle oder vor die „Werke“ schieben könnten. Was ist denn „toter Glaube“ anderes als ein unverbindliches Bescheidwissen über Wesen und Zustand der Welt? Dann weist man sich selbst und den anderen, Gott und den Menschen die Sitzplätze an, wo man sich zur Ruhe setzen kann. Das wäre der Stillstand des wandernden Gottesvolkes und die Mumifizierung seiner geschichtlichen Wahrheit zur toten Richtigkeit und der Bruch zwischen Glauben und Werken.

Hierher gehören auch alle biblischen Warnungen vor dem Richten, dem Urteilen und Verurteilen, ja im letzten Grunde wohl das Bilderverbot. Die Diagnose und das Beurteilen der Welt steht eindeutig bei Gott. Marx zählt den christlichen Glauben zu den nur interpretierenden Philosophien. Das sollte uns sehr zu denken geben. Er sucht mit Recht etwas, das die Welt verändert. Das geschieht nicht durch ein Welt- oder Gesellschaftsbild, am wenigsten durch ein christliches, sondern durch Gottes neue Welt. Deswegen weist Gott selber der Kirche ihren Platz in der Gesellschaft an. Die Kirche kann es nicht selbst tun durch Unterscheiden von „christlich“ und „nichtchristlich“ in der Gesellschaft.

* Zuerst in: M. Stöhr/R. Tietz (Hg.), Dimensionen des Friedens. Kirche – Staat – Gesellschaft, Hamburg 1961, 44-52.

Wenn ihr Herr Marcion und nicht Christus hieße, könnte sie das tun. Aber die Kirche darf sich auch nicht von der Gesellschaft ihren Platz anweisen lassen. Die Gesellschaft versucht das mit Freuden. Sie käme sich im „Christlichen Abendland" ohne Kirche unvollkommen vor. Es würde ihr die Institution für metaphysischen Versicherungsschutz, private Feierlichkeit, persönliche Erbauung oder das moralische Alibi fehlen.

Es ist gut – und das wäre der positive Ertrag der theologischen Diskussion um Staat und Obrigkeit – daß man von Alfred de Quervain (Ethik 2, 1945, 1) gelernt hat, darauf zu verzichten, den Staat wesensmäßig zu definieren. Statt dessen fragt man nach seinen Funktionen und denen der Kirche. Das gleiche gilt der Gesellschaft und ihren Problemen gegenüber. Es ist nicht abstrakt nach dem Platz der Kirche in der Gesellschaft zu fragen. Wichtig ist nur die Frage nach der Aufgabe und dem Dienst der Kirche in der Gesellschaft. Und hier heißt die Antwort nicht Diagnose (hier kann Bultmanns Frage nach dem Selbstverständnis zu einem folgenschweren Fehlansatz führen), sondern Therapie. Oder sagen wir es mit dem biblischen Ausdruck: *Diakonie*. Nach 2 Kor 5, 18-21 liegt die diakonia der Versöhnung inmitten der durch Christus versöhnten Welt in unseren Händen. Der Dienst Christi nimmt uns in Dienst. Vom Kinderevangelium (Mt 19, 13ff) bis zur Fußwaschung (Joh 13, 1ff) wird deutlich: Der Dienst Christi und unser Dienst setzen auch neue gesellschaftliche Maßstäbe. Es ist überflüssig, darüber nachzudenken: Wie weit geht der Dienst Christi, das Reich Gottes in dieser Welt? Welche Bezirke in dieser Welt sind außergöttlich, gegengöttlich oder dem Geschehen des Reiches Gottes gegenüber neutral? Diese Fragen fressen viel Kraft und Zeit der Kirche. Sie sind aber völlig anachronistisch, seit Christus seine Weltherrschaft durch die Weltversöhnung (Kol 1, 15ff) angetreten hat.

II Die Freiheit der Kirche

Damit ist uns der Welt und also auch der Gesellschaft und jeder ihrer Erscheinungsformen gegenüber eine unvergleichliche Freiheit gegeben. Sie besteht u.a. auch darin, die Gesellschaft anders, ja besser zu verstehen, als sie sich selbst versteht. Gottes Meinung, als Schöpfer und Erlöser, im Blick auf die Gesellschaft (wie auf den einzelnen und die Schöpfung) ist immer besser als die beste Meinung, die die Gesellschaft von sich selber hat.

Auf Golgatha versuchte die Gesellschaft in der besten Absicht, den Mann loszuwerden, der gesellschaftliche Tabus zerbrach. Er hatte das Weltbild, in dem Gott und Mensch, Arm und Reich, Freund und Feind, Heide und Jude, Leib und Geist, Gesundheit und Krankheit ihren festen Platz hatten, mit seinem Dienst zerbrochen. Der Herr der Welt und der Gesellschaft sowie der Mensch, der in der Welt und in der Gesellschaft leidet, sie sind eine Person geworden. In Jesus Christus trennt sie keine Grenze mehr. Damit ist die Dynamik Gottes in alle gesellschaftliche Statik eingebrochen.

Weil die Kirche von und mit dieser Dynamik Gottes lebt, ist sie frei, frei allen gesellschaftlichen Ordnungen und Strukturen gegenüber, die die Menschen versklaven möchten, obwohl die Kirche selbst Anteil an ihnen hat und ohne ihre Bauelemente nicht leben kann und somit auch in die Gefahr der Versklavung gerät, ja oft genug geraten ist. Sie steht in vorderster Linie der Gefährdung und hat deshalb für andere mitverantwortlich und wachsam zu beobachten (was die sachliche Information an Rang über Analyse und Definition hebt) und ihre eigene Freiheit dorthin zu schenken, wo Menschen mit den Ketten sakrosankter Traditionen, unabänderlicher Naturgesetze oder anonymer Eigengesetzlichkeit eingefangen zu werden drohen. Nur durch solche Diakonie, die hilfreich ist durch die Souveränität des der Kirche und Gesellschaft Freiheit schenkenden Christus und die bescheiden macht durch die Solidarität der Gefährdung, geschieht Freiheit in Kirche und Gesellschaft.

III Konkretion in der Menschlichkeit Gottes

Das Leben in dieser Freiheit führt „automatisch" (Apg 12, 20), wie bei der Befreiung des Petrus aus dem Gefängnis, zum Veralten und Zerbrechen dieser Ketten. Maßstäbe und Ordnungen, die die Gesellschaft von sich aus setzt, werden hinfällig. Dazu sind keine Programme notwendig, weil der Heilige Geist aktueller als Programme ist. Das „Programm" der Diakonie wird durch ihn sofort konkret, wie der Ruf „Ecce homo", der Ruf zum Gekreuzigten und Auferstandenen, zeigt, der die Bewahrung vor einer Flucht in eine angeblich alles regulierende Zukunft oder vor einem schweifenden Idealismus bedeutet, und zwar indem dieser Mensch uns zum Dienst der Menschlichkeit Gottes und der Menschlichkeit des Menschen an jeden Menschen weist. Das ist mehr, als nur Gewissen der Gesellschaft zu sein. Das Gewissen kann man kaufen oder betäuben, wie die Kirchengeschichte lehrt. Es ist der Einbruch des Reiches Gottes in seine Welt. Es ist die Mobilisierung der Gerechtigkeit gegen die Ungerechtigkeit, des Friedens gegen den Krieg, der Versöhnung gegen den Haß, des Heils gegen das Unheil, der Freiheit gegen die Unfreiheit. Das kann der Gesellschaft nur vorgelebt, nicht deklamiert werden; und zwar nicht nur in den privaten Bezirken, sondern auch in den gesellschaftlichen Gegebenheiten und Verhältnissen. Die Kirche, die heute oft, dabei letztlich egoistisch und possessiv denkend, sagt, sie habe im 19. Jahrhundert die Arbeiter verloren, wobei übersehen wird, daß der Verlusttragende und –leidende nicht die Kirche war, sondern eben gerade die Arbeiter; sie konnte ihnen nicht darstellen, daß ihr Wort vollgeladen mit Tat ist. Liest sie aber nicht in der Bibel, daß Wort und Tat als „davar" eins sind, wie es der Logos von Johannes 1 endgültig an den Tag gebracht hat? Welch eine materialistische Fülle umfaßt der Begriff schalom = soteria als Inbegriff der Gaben Gottes an seine Menschen! Die Länge, Breite, Höhe und Tiefe des „Friedens" sollten wir viel tapferer und freudiger auszuschreiten versuchen!

In der Bibel ist diese wache Freiheit allen gesellschaftlichen Gegebenheiten gegenüber herrlich vorhanden. Sie kann ja sagen zur Jahwisierung allgemeinorientalischer Rechtsordnungen (und damit auch Gesellschaftsordnungen). Und sie kann nein sagen zu Sakral- und Zeremonialordnungen, die ja wiederum Teile einer Gesellschaftsordnung sind. Amos (z.B. in Kap. 5) bekämpft nicht nur Menschensatzungen, sondern Ordnungen, die im Recht des Alten Bundes mit aller Verheißung und Autorität versehen waren. Das gleiche wiederholt sich in der Verkündigung Jesu. Er will kein Jota der alttestamentlichen Bundessatzung zerstören, die ja auch in gesellschaftlichen Strukturen ihren Niederschlag gefunden hatte. Zugleich aber überschreitet Christus souverän heilige gesellschaftliche Schranken. Er heilt am Sabbat, nimmt Frauen und Kinder in sein Reich, ißt mit Zöllnern und Sündern, öffnet dem kanaanäischen Weib, dem römischen Hauptmann, dem Kapitalverbrecher und dem Samariter sein Reich. Dort, wo die Gesellschaft durch irgendwelche Mauern des Gesetzes, der Gewohnheit, der Tradition, der Ordnungen, der öffentlichen Meinung Menschen ausschloß, degradierte oder fesselte, dorthin ging Christus in und mit seiner Freiheit. Dort, wo das Menschsein des Menschen, das niemand so kennt und hüten möchte wie Christus und das weit über Seelen- oder Völkerfrieden hinausgeht, bedroht ist, dort hat der Dienst der Kirchen zu geschehen. Paulus war so frei, die Institution der Sklavenhaltung nicht anzutasten. Wir sind heute so frei, nein dazu zu sagen. Das alles ist gleichweit entfernt von allem weltverbessernden Fortschrittsglauben, aber auch von altem resigniertem Glauben an die Eigengesetzlichkeit der Welt. Es sind Stücke der neuen Kreatur (2 Kor 5, 17). Gott ist einzig und allein mit seinem Volk Israel und seiner Kirche verheiratet, aber mit keiner Gesellschaftsordnung, die alle nur dazu da sind, daß in ihnen das gegenwärtige Herrsein Christi und die jeweils anderen und neuen Aufgabenstellungen durch den Heiligen Geist an die Christen von den Christen nicht versäumt werden.

IV Gott stellt die Aufgabe

Die Frage nach der Gesellschaft und ihren Problemen hat die Kirche also nicht aus Gründen missionarischer Taktik, gesellschaftlicher oder staatlicher Achtung oder gar assimilierender Modernität zu stellen. Die Frage hat ihr Gott in dem Augenblick gestellt, in dem er ja zum Menschen und zu seiner Welt sagte. Dieses Ja hat er in der Auferstehung Christi mitten in die Welt gestellt. Es impliziert zugleich das schärfste Nein zum Menschen und seiner Welt, das Gott aber im Kreuz als seine Last auf sich nahm. Wieder wird die Freiheit der Kirche Gottes sichtbar, als Abglanz der Freiheit Gottes zu existieren im österlichen, sieghaften Ja zur Gesellschaft und zugleich im leidenden, kreuztragenden Nein zur Gesellschaft.

Diese Freiheit geht sofort verloren, wenn wir das Ja subjektiv auf den einzelnen Menschen und das Nein allein auf die Institutionen und Verhältnisse der

Gesellschaft beschränken oder zu ihnen gar keine Stellung beziehen. Damit verinnerlichen wir den Glauben. Er betrifft dann ausschließlich die menschliche oder christliche Persönlichkeit. Die Gesellschaft ist ihrer Eigengesetzlichkeit überlassen. Die Kirche wird häretisch, wenn sie die Realisierung des „Evangeliums des Friedens" (Eph 6, 15) in den sozialen Dimensionen vergißt.

Hans Joachim Iwand führt mit Recht alle hier lauernden Gefahren zurück auf den idealistischen Gegensatz von Geist und Natur, in dem die Kirche, dieser falschen Alternative erliegend, meinte, sich für den Geist entscheiden zu müssen.

Diesen Gefahren ist die Kirche in einem heute erst sichtbar werdenden Ausmaß verfallen. Sie war blind den ins Gigantische anwachsenden gesellschaftlichen Fragen gegenüber. Die Schöpfung hatte ihren Bezug zur Erlösung verloren. Das ist in unserer Zeit doppelt gefährlich, in der die Schöpfung sich in einer vorher nie gekannten Weise in immer zahlreichere Bereiche zerteilt. Alle sind sie von der Sucht nach Totalität und Autonomie besessen.

V Schöpfung – Erlösung – Gesellschaft

Sichtbar wird das an einer Folgeerscheinung der Schöpfung und des Schöpfungsbefehls: an dem heute so schillernden Gebilde der Gesellschaft. Die Kulturkritiker bemühen sich heftig und weithin pessimistisch um sie. Als letzte Rettung preisen sie eine flüchtende oder insulare Existenz des auf seine Innerlichkeit reduzierten Menschen an. Die Soziologen, oft verliebt in Soziometrie und Statistik, halten sich weithin bei den Erscheinungsbildern der Gesellschaft auf. Sie drohen infolgedessen einen nicht minder gefährlichen Positivismus zu fördern. Wir wollen beider Bemühungen nicht verächtlich machen. Sie helfen die heutige Gesellschaft klarer zu sehen, die in der modernen Industrie und Technik, in großen Organisationen und der Macht der Bürokratie hervorragende Kennzeichen hat. Zu nennen sind weiter – ohne Anspruch auf Vollständigkeit – die Ausweitung des Raumes ins Makrokosmische und ins Mikrokosmische, die Ausweitung der Zeit in nie geahnte Weiten der Geschichte, die Expansion von Technik und Industrie über den ganzen Globus hinweg, die ungeheure Vermehrung der Menschen und das geschichtsmächtige Auftreten vieler neuer Völker, die global informierende und meinungsbildende Macht von Presse, Film, Funk und Fernsehen.

Das alles ist auf keinen Fall in einer negativen Wertung zu sehen. Alle diese Dinge sind *Folgen des Schöpfungsbefehls* Gottes: Macht euch die Erde untertan. Aber der Zusammenhang mit diesem Befehl und mit dieser Verheißung ist verlorengegangen. Die Arbeitsteilung legt den Menschen immer engere Scheuklappen an. Die industrielle Produktion zwängt den Menschen in Ordnungen, die für Sachen erdacht waren. Die Arbeit, die ein Grundelement seines Menschseins ist, wurde ein immer winzigeres Bruchstück im Vollzug des göttlichen Schöpfungsbefehls. Es kommt hinzu, daß gleichzeitig die menschliche Gesellschaft sich immer stärker aufgliederte. Die Abhängigkeit und die Distanz vom Mitmenschen wuchs. Alles das engte den Lebensbereich des Menschen so ein, daß ihm der Blick aufs Ganze verlorenging und der Blick zum Ursprung des Ganzen. Die Menschen begnügen sich mit Teilen der Schöpfung, statt sich von Gott die ganze Schöpfung aufschließen zu lassen. Unfreiheiten und Unmenschlichkeiten der Gesellschaft wurden dem Menschen zum Halt, weil sie ihm angeblich anbieten, Entscheidung und Denken abnehmen zu können. Körperliche Müdigkeit schlägt gern um in geistige und seelische Müdigkeit. Muß man bei der Arbeit nur Objekt einer großen Maschinerie oder Bürokratie sein, ist man es auch allzu leicht in der Freizeit. Wo bleibt die Kirche, die von der Tatsache weiß und lebt, daß Gott Mensch wurde, damit auch der Mensch Mensch werde? Freiwillig oder unfreiwillig sind die Menschen gefesselt von der Gesellschaft. Folgen des Schöpfungsbefehls, wie Industrie oder Bürokratie, werden zu Mächten und Gewalten, die den Menschen beherrschen, statt ihm zu dienen. Das alles geschieht, obwohl die Botschaft und die Tat der Freiheit von allen Mächten und Gewalten in aller Schwäche und in aller Realität im Leib Christi, der Kirche, mitten in der Welt anwesend sind. Muß hier nicht von Schuld gesprochen werden? Womit zugleich das Hoffnungszeichen der Vergebung und des Neuanfangs gesetzt wäre.

VI Realismus

Vor einem möglichen Mißverständnis muß hier gewarnt werden.

Der Glaube der Kirche ist an diesem Punkt ein so pessimistischer Realismus, als sie nichts von sich selbst erwarten kann, sondern alles von dem wiederkommenden Herrn. Er ist aber zugleich von einem derart optimistischen Realismus, als sie von dem österlichen Sieg Christi über die Welt herkommt. Hans Joachim Iwand fragte: „Was passiert mit und in der Gesellschaft, wenn deren falsche Herren sich auf einmal solchen freien, durch Gott selbst freigesprochenen Menschen gegenüberstehen?!"

Damit ist klar, daß nicht die Gesellschaft und ihre Probleme die Kirche in Marsch setzen. Sonst strandeten unsere Fragen sofort bei Methodenfragen oder bei Antworten, die eine Gesellschaft uns mit ihrer Fragestellung suggeriert. Wie anders kann sich die Kirche davor bewahren, Hüterin oder fünfte Kolonne eines Gesellschaftssystems zu sein, als in strenger Bindung an den, dessen Kommen „Friede auf Erden" (Lk 2, 14) bedeutet? Einzig und allein Gottes Tat, der die Welt und damit die heutige Gesellschaft so liebt, daß er seinen eingeborenen Sohn für sie hingab (Joh 3, 16). Von dieser Grundlage und Wirklichkeit aus redet und handelt die Kirche. So wie die alttestamentlichen Propheten nur auf Grund des einmaligen Faktums der Erwählung des Volkes Gottes zu politischen, gesellschaftlichen und wirtschaftlichen Fragen Stellung bezogen. Die gleiche Tatsache, verschärft durch die Universalität des neuen Bundes, ist die Unruhefeder, die das Volk Gottes in Bewegung setzt und hält.

Der Dienst der Kirche Christi in dieser Welt liegt also jenseits aller Moral und jenseits aller individualistischen Heilsgewißheit in ihrer Existenz als Zeuge Jesu Christi in dieser Welt begründet.

Aber was das bedeutet, ist schwer zu begreifen. Wie sieht das denn eigentlich bei Menschen aus, die bei ihrer Arbeit weithin in ein Sachsystem eingeordnet sind, das ihr Menschsein mehr und mehr reduziert, wo z.B. das Wort (Gal 6, 2) „Einer trage des anderen Last" in diametralem Gegensatz steht zu den Gesetzen des Fließbandes, der Produktion, der Betriebsordnung (H. Freyer)? Würde seine Befolgung nicht diese Gesetze völlig untergraben? Oder kann man das Wort einfach außer Kraft setzen? Darf der Arbeiter hier auf die Hilfe der Kirche hoffen? Was ist vom Dienst des einzelnen und was vom Dienst der Kirche zu erwarten? Hier muß die Gemeinde „mündig" werden, und zwar in dem Sinn, daß sie den Mund auftut für die Menschen, die unter den „Stoicheia" der Gesellschaft, freiwillig oder unfreiwillig, leben und leiden. Denn, „die Kirche ist nur Kirche, wenn sie für andere da ist" (D. Bonhoeffer).

VII Thesen

1. Die Aufgabe der Kirche in der Gesellschaft ist nicht die Diagnose, sondern die Diakonie. Sie entspricht damit dem Dienst ihres Herrn (Mt 20, 28).

2. Der Dienst Christi besteht in der Versöhnung der ganzen Welt (Kol 1, 20) und in seiner Herrschaft über die ganze Welt (Eph 1, 20-23).

3. Unter diese Herrschaft sind alle Mächte und Ordnungen der Welt, also auch die der Gesellschaft, gestellt. Somit gibt es keinen Bereich in Welt und Gesellschaft, wo nicht der Dienst des Leibes Christi im Gehorsam gegen das Haupt Jesus Christus zu geschehen hätte.

4. Am Dienst Christi wird deutlich, daß unser Dienst Ordnungen und Mächte der Gesellschaft anerkennen und sprengen kann. Sprengen immer dann, wenn es um die Rettung des von Gott geliebten Menschen geht. Damit setzt die Kirche durch ihr Glauben und Leben Stücke oder Modelle neuer, guter Gesellschaftsordnungen, ohne einem Gesamtgesellschaftsbild verbunden zu sein.

5. Der Dienst der Kirche gilt zuerst den Menschen, die unter den Ordnungen und Verhältnissen der Gesellschaft leiden, die außerhalb oder unterhalb der Gesellschaft leben. Die Kirche ist vor Gott und Menschen der Mund der Unmündigen und Entmündigten, der helfende Arm der Hilflosen und Entrechteten.

6. Der Dienst geschieht also nicht in der klerikalistischen Absicht, die Gesellschaft und ihre Ordnungen zu verchristlichen oder in der subjektivistischen Bemühung um die christliche Persönlichkeit in der Gesellschaft. Dieser Dienst ist lediglich ein Ernstnehmen der neuen Kreatur in Christus (2 Kor 5, 17).

7. Damit sind keine neuen Ideen oder Programme in die Welt gesetzt, wohl aber eine neue Wirklichkeit: Das Reich Gottes. Weil es bereits da ist, ist der Kirche alle Eigenmächtigkeit, weil es kommen wird, alle Resignation verboten.

8. Seit der Anwesenheit dieses Reiches in Jesus Christus in dieser Welt sind alle Grenzen und Tabus, Ordnungen und Mächte, die die Gesellschaft setzt und formt, zwar nicht vergangen, wohl aber zu besiegten, vorletzten Größen geworden. Ihnen gegenüber ist die Kirche frei, ja oder nein zu sagen.

9. Dieses freie Ja oder Nein erwächst nicht aus Taktik oder aus Bindung an irgendwelche Gesellschaftsformen. Es erwächst aus dem ungeteilten Hören der Kirche auf ihren Herrn und dem (um den eigenen Bestand) unbesorgten Leben als Leib dieses Herrn.

10. Weil die moderne Gesellschaft eine Folge des göttlichen Schöpfungsbefehls ist: Macht euch die Erde untertan!, den die Menschen eigenwillig befolgten, hat sie ein Anrecht auf den göttlichen Dienst der Versöhnung und Erlösung durch die Kirche, die als Erstling der neuen Schöpfung bereits davon lebt. Der Dienst der Kirche zielt auf die Heimkehr des göttlichen Eigentums zu seinem Herrn (Röm 8, 19f).

Barmen V
Kirche, Staat und Gesellschaft *

I

1933 eroberte in Deutschland eine Ideologie den Staat, die nicht die Theorieförmigkeit des Marxismus und seiner Gesellschaftsanalyse mit ihren vielen Kontroversen hatte. Der Nationalsozialismus war ein Konglomerat aus vielen Traditionen. Das Neue an ihm war die Konzentration, Verstaatlichung und Bewaffnung von Theorieelementen, die alle aus der vornationalsozialistischen Zeit stammten:

- Antisemitismus und Rassismus
- Demokratieverachtung und Obrigkeitsstaat
- Nationalismus
- Militarismus
- Antikommunismus

Alle diese Elemente waren Scheinantworten auf reale Probleme, stark waren sie nur in einer Koalition. Der Antisemitismus suchte Sündenböcke für ökonomische Schwierigkeiten. Die Demokratieverachtung rationalisierte das Mißtrauen der Mächtigen gegen eine Partizipation der Bürger. Der Nationalismus sorgte für eine kollektive Identität durch Herabsetzung anderer Völker. Der Militarismus dachte nur die ultima ratio, statt kreativ nach alternativen Instrumenten zur Konfliktregulierung zu suchen. Der Antikommunismus war – fast immer mit Antisemitismus verbunden – eine Ersatzreligion, die Christen und Nichtchristen erlaubte, soziale Probleme nicht zu sehen.[1]

1. „Die damals weit verbreitete, auf dem Hintergrund des zweiten Satzes aber nicht zu haltende Lehre vom Staat als einer nicht aus der Schrift, sondern aus der Vernunft und aus der Geschichte abzulesenden göttlichen Schöpfungs-

* Erstveröffentlichung. Zuerst gehalten als Vortrag beim International Symposium – University of Washington, Seattle: „A Half-Century After Barmen: Religion, Totalitarianism and Human Freedom in the Modern World“, 23. – 28. April 1984.

1 Zum Problem der Kontinuität in der deutschen Geschichte vor 1933 und nach 1933 vgl. Kurt Dietrich Bracher, Die Auflösung der Weimarer Republik, Villingen [5]1971; Fritz Fischer, Bündnis der Eliten. Zur Kontinuität der Machtstrukturen in Deutschland 1981 – 1945, Düsseldorf 1979; Klaus Scholder, Die Kirchen und das Dritte Reich 1: Vorgeschichte und Zeit der Illusionen – 1918 – 1934, Frankfurt a. M./Berlin/Wien 1977; Hagen Schulze, Weimar: Deutschland 1917 – 1933, Berlin 1982.

ordnung, die (im Text sogar ausdrücklich erwähnte) Lehre vom totalen Staat, die Lehre von der Indifferenz der Kirche und der Christen gegenüber dem Leben des Staates, die Lehre vom Aufgehen der Kirche im Staat" – alle diese Versuchungen der Kirche sind durch die Bindung von Barmen V an Barmen II nach Karl Barth nicht möglich.[2]

Während K. Barth noch davon spricht, daß „von den entscheidenden Elementen einer gesunden Lehre vom Staat keines fehlt" (4, 15) zieht Hans Joachim Iwand vehement gegen die These zu Felde, Barmen enthalte eine christliche Lehre vom Staat. Er befürchtet, daß eine solche Sicht die Kirchen, wie so oft in ihrer Geschichte, blind macht für die gesellschaftlichen Probleme. Dann „beginnt sie zu schweigen, wo Gott möchte, daß wir reden, zu Krieg und Frieden, zu sozialer Gerechtigkeit und menschlicher Freiheit, zu Ehe und Arbeit, zu Geld und Besitz".[3]

Damit hat H. J. Iwand die Themen genannt, die er in Barmen vermißt.

Der frühere sozialdemokratische Justizminister Jürgen Schmude vermißte 1983 in Barmen V Menschenrechte als individuellen Freiheits- und Minderheitenschutz; Gefahrenabwehr gegenüber Zerstörung durch Krieg und gegenüber einer irreversiblen Zerstörung der Natur.[4]

Dem jetzigen CDU-Minister Friedrich Vogel „fehlen in der Erklärung ... alle Hinweise auf Demokratie und ihre Verantwortung für Freiheit und Rechtsstaat", ebenso wie Hinweise auf Freiheits- und Menschenrechte.[5]

Der Marburger Sozialethiker Wolfgang Huber bemerkt kritisch:[6]

a) die starke Tradition einer Staatstheorie aufgrund der Zwei-Reiche-Lehre,
b) das Fehlen der Menschenrechte und der Wohlfahrtsaufgaben des Staates,
c) keine Reflexion der Gestalt eines demokratischen Staates,
d) neue Grenzen des Staates durch irreversible Prozesse, die er in Gang setzt,
e) keine Problematisierung des staatlichen Gewaltmonopols,
f) ein Schweigen zum Widerstandsrecht.

In der Beschränkung auf die Eindämmung eines totalen Staates, zu dessen Legitimität auch auf der Barmer Synode soviel Erschreckendes gesagt wurde, sieht Iwand einen entscheidenden Grund für die Niederlage im Kirchenkampf. Der Kirchenkampf endete „nicht als Sieg, sondern – auf die Breite gesehen – als Niederlage".[7] Kirche und Gesellschaft mit ihren Menschen und Subsyste-

2 Karl Barth, Barmen, in: Bekennende Kirche. Martin Niemöller zum 60. Geburtstag, München 1952, 15.

3 Hans Joachim Iwand, Kirche und Gesellschaft, in: Bekennende Kirche. Martin Niemöller zum 60. Geburtstag, München 1952, 116.

4 Wilhelm Hüffmeier/Martin Stöhr (Hg.), Barmer Theologische Erklärung 1934 – 1984. Geschichte – Wirkung – Defizite (Barmen Symposion Arnoldshain), 1984, 218.

5 epd-Dokumentation 13/83, 3.

6 Wolfgang Huber, Folgen christlicher Freiheit. Ethik und Theorie der Kirche im Horizont der Barmer Theologischen Erklärung, Neukirchen-Vluyn [2]1985, 102ff.

men sind „von Gott her aufeinander bezogen, sie stehen offen füreinander und müssen offen füreinander stehen, bis daß Er kommt. Das ist die evangelische Regel für das Verhältnis der beiden Größen zueinander".[8] Die Kirche muß es dabei auf sich nehmen, sagt sie Gottes Botschaft zu den genannten Themen, „das Ärgernis des Evangeliums auch als gesellschaftliches Ärgernis zu tragen".[9]

Die eine Stimme des Evangeliums zu hören, macht die Kirche stärker nonkonformistisch und dissident, als wenn sie den vielen Stimmen der Versuchung und der Gewalt sich beugt. Das Darmstädter Wort des Reichsbruderrates der Bekennenden Kirche 1947 nannte im Rückblick auf den Kirchenkampf – Barmen und das Stuttgarter Schuldbekenntnis 1945 konkretisierend – folgende Defizite im Verhalten der Kirchen und Christen: Sie wurden schuldig

a) durch den Traum von einer nationalen deutschen Sendung statt den „Dienst an gemeinsamen Aufgaben der Völker" wahrzunehmen;

b) durch Vertrauen auf einen starken Staat nach innen und militärische Machtentfaltung nach außen;

c) „wir haben das Recht zur Revolution verneint, aber die Entwicklung zur absoluten Diktatur geduldet und gut geheißen";

d) durch die Produktion und Duldung von Freund-Feind-Schemata,

e) durch eine Blindheit für die Anfragen des Marxismus: Warum wird nicht „die Sache der Armen und Entrechteten gemäß dem Evangelium von Gottes kommendem Reich zur Sache der Christenheit?"

Es ist symptomatisch für eine noch tiefere Blindheit, daß die Frage nach den theologischen und politischen Wurzeln der Judenfeindschaft wie in Barmen 1934 auch in Stuttgart 1945 und in Darmstadt 1947 nicht ausgesprochen wurde.[10]

2. H. J. Iwands Lehre aus dem Kirchenkampf knüpft an Schleiermachers Versuch an, der Kirche die Probleme der modernen Gesellschaft deutlich zu machen.[11] Es ist eine resolute Absage an den Weg des deutschen Idealismus, der in G. F. W. Hegel und F. J. Stahl eine religiöse Staatsphilosophie lieferte, die sich nahtlos mit einer lutherischen konservativen Staatsmetaphysik verbinden konnte.[12] Hier stehen sich der Staat als Organ öffentlicher und die Kirche als Organ privater Interessen statisch gegenüber. Die konkreten Menschen und ihre Bedrohungen werden dann schnell übersehen und bedeutungslos.

Gegenüber der Faszination durch den Staat als Gegenüber der Kirche unterstreicht H. J. Iwand, daß gerade „seit dem Aufkommen des Parlamentarismus"

8 Hans Joachim Iwand, ebd.

9 Hans Joachim Iwand, a.a.O., 113.

10 Joachim Beckmann (Hg.), Kirchliches Jahrbuch 1945 – 1948, Gütersloh 1950, 220f.

11 Hans Joachim Iwand, Nachgelassene Werke 2, München 1966, 338-355.

12 Ernst Wolf, Barmen. Kirche zwischen Versuchung und Gnade (1957), München ^{3}1980, 141ff; Horst Zilleßen (Hg.), Volk – Nation – Vaterland. Der deutsche Protestantismus und der Nationalismus, Gütersloh 1970.

der „Staat zur Exekutive der jeweils herrschenden, von gesellschaftlichen Zielsetzungen bestimmten Partei (wird), wie er einst als Exekutive der Kirche galt".[13] Der Staat wird als Apparat verstanden, der von gesellschaftlichen und wirtschaftlichen Prozessen und von Ideen in Besitz genommen wird. Hier ist die Kirche aufgerufen, frei und souverän eine kritische Instanz zu sein. „Das Evangelium ist Angriff!"[14]

Ernst Wolf betont,[15] daß Barmen V keine neue „Theologie des Staates" aufstellte. Angesichts der im Protestantismus verbreiteten Staatsfrömmigkeit war das eine „zunächst wohl auch peinliche Ernüchterung",[16] eine Entmythologisierung. Sie redete nicht mehr ontologisch vom Staat, sondern funktional. Diese theologische Erkenntnis wurde später von Ernst Käsemann exegetisch untermauert:[17] Römer 13 spricht wie Barmen V von den Aufgaben und nicht vom Wesen des Staates. E. Wolf betont den radikalen theologischen Bruch mit der von ihm noch einmal beschriebenen traditionellen Beziehung zwischen Staat und Kirche. Barmen signalisiert „Gnade" – zum Neuanfang und „Versuchung", in die alten Gleise zurückzugehen.

III Gegen den totalen Staat

Um Barmen V zu verstehen, muß man alle sechs Thesen auf explizite und implizite Aussagen über das Verhältnis der Kirche zur Gesellschaft befragen. Antworten ergeben sich schon bei der Frage nach den Funktionen des Staates: Wie dient er dem Menschen?

Negativ ist zunächst gesagt, daß der Staat wie die Kirche in der noch „unerlösten Welt" arbeiten. Beide dürfen sich nicht mit dem Reich Gottes identifizieren. Die Erneuerung von Himmel und Erde steht noch aus, auch wenn Gottes Reich schon kritisch und heilsam gegen die alte Welt mitten in der noch bestehenden Welt zu wirken begonnen hat. Staat und Kirche dürfen nicht die spezifischen Aufgaben des jeweils anderen ausüben. „Wir verwerfen die falsche Lehre, als solle und könne der Staat über seinen besonderen Auftrag hinaus die einzige und totale Ordnung menschlichen Lebens werden und also auch die Bestimmung der Kirche erfüllen." Um diese Kritik zu verstehen ist folgendes zu erwähnen. Der christliche Publizist Wilhelm Stapel greift die von Ernst

13 Hans Joachim Iwand, Kirche und Gesellschaft, 106.

14 Hans Joachim Iwand, ebd.

15 Ernst Wolf, Barmen. Kirche zwischen Versuchung und Gnade (1957), München [3]1980, 137ff; ders., Volk, Nation, Vaterland im protestantischen Denken von 1930 bis zur Gegenwart, in: Horst Zilleßen (Hg.), Volk – Nation – Vaterland. Der deutsche Protestantismus und der Nationalismus, Gütersloh 1970, 172ff.

16 Ernst Wolf, Volk, Nation, Vaterland, 195.

17 Ernst Käsemann, Grundsätzliches zu Römer 13, in: Exegetische Versuche und Besinnungen 2, 1964, 204-222.

Forsthoff und Carl Schmitt entwickelte Idee des „totalen Staates" auf: „Die Grundsätze, auf denen der Hitler-Staat beruht, sind Totalität und Aktivismus des Staates, Hierarchie der Staatsträger, Artgleichheit der Staatsbürger, Volksgemeinschaft ... Der totalen Privatisierung des Staates von einst steht die totale Verstaatlichung des Privatlebens von heute gegenüber".[18] Der Rechtsphilosoph und Jurist Carl Schmitt (während der Nazi-Zeit in Bonn und Berlin) verstand Politik als Entscheidung über Freund und Feind. Seine Geschichtsphilosophie interpretierte den Staat des 18. Jahrhunderts als absoluten, den des 19. Jahrhunderts als neutralen und den des 20. Jahrhunderts als totalen Staat.[19] Das Wort vom neutralen Staat war in der Polemik gegen die Weimarer Republik unter dem Stichwort einer „Trennung von Staat und Kirche" wie unter dem Stichwort „gesinnungsloser Staat" bei vielen Gegnern der Weimarer Republik in Umlauf – auch in der Kirche.

Die Vorstellung vom totalen Staat wird von Hans Asmussen, als er der Barmer Synode die theologische Erklärung vorlegte, positiv, wenn dann auch eingrenzend aufgegriffen: „Totaler Staat , das kann nur heißen: ein Staat, der sich bemüht, innerhalb der von Gott gesetzten Grenzen das gesamte Leben des Volkes zu umfassen. Wollen die Deutschen Christen eine Umfassung über diese Grenze hinaus, dann verleugnen sie die Realität und die Aktualität des göttlichen Gebotes".[20]

Der Begriff des „totalen Staates" soll von Asmussen noch gerettet werden – gegen seine eigenen Voraussetzungen. Die Beobachtung zeigt, wie attraktiv die wissenschaftlichen und publizistischen Ideen der Vordenker des Nationalsozialismus waren. Mit ihnen einen partiellen Konsens zu suchen, erlaubt es dann, kritischer gegen die Deutschen Christen vorzugehen, ohne in den Verdacht der Feindschaft zum nationalsozialistischen Staat zu geraten.

Einige Thesen der Deutschen Christen, gegen die sich Barmen V richtet, heißen (Richtsätze der Glaubensbewegung Deutsche Volkskirche vom 18. 11. 1933):

„1. Wir erstreben eine einheitliche Deutsche Volkskirche auf der Grundlage eines wirklich artgemäßen Deutschen Christentums nach dem Grundsatz: Ein Volk, ein Reich, ein Glaube.
2. Wir bekennen uns zu der Gottesoffenbarung der in Blut und Boden wurzelnden Volksgemeinschaft ...
4. Für die Kirche gelten restlos die gleichen Lebensgesetze wie für den Staat:

18 Wilhelm Stapel, Die Kirche Christi und der Staat Hitlers, Hamburg 1933, 14.

19 Carl Schmitt, Staat, Bewegung, Volk. Die Dreigliederung der politischen Einheit, Hamburg ^{2}1933, 44ff.

20 Hans Asmussen, Vortrag über die Theologische Erklärung zur gegenwärtigen Lage der Deutschen Evangelischen Kirche (am 30. 5. 1934), in: A. Burgsmüller/R. Weth (Hg.), Die Barmer Theologische Erklärung. Einführung und Dokumentation, 55.

Dienst an unserem Volk ist Gottesdienst. Mitglied können nur Volksgenossen werden, die arischer Abstammung sind ..."
(Dritte Richtlinien der Deutschen Christen vom 21. 12. 1933):
„9. Gott stellt den Menschen in die Lebensordnungen von Familie, Volk und Staat. Darum erkennt die Volkskirche im Totalitätsanspruch des nationalsozialistischen Staates den Ruf Gottes zu Familie, Volk und Staat".[21]

Die Versuchung des Staates ist eine doppelte: Er tendiert dazu, die einzige und die totale Ordnung des menschlichen Lebens sein zu wollen. Er, mit seinen Apparaten und Legitimationen und seinen Funktionen, für Recht und Frieden zu sorgen, überschätzt seinen eigenen Auftrag, wenn er meint, hierfür ein Monopol oder eine göttliche Qualität zu haben. Fordert er das, macht er Partizipation, Veränderung und Kritik zum Sakrileg. Er überschätzt sich auch, wenn er meint, allzuständig zu sein für Sinngebung und Praxis, Organisation und Gewalt, für Recht und für Frieden. Die Menschen, regierende und regierte, werden zu Nichtsen, wenn der Staat total wird. Es ist nicht zu vergessen, daß die Quellen des Unfriedens, des Unrechts und der Rechtslosigkeit in der menschlichen Gesellschaft zahlreich sind. Der Staat ist nur ein Instrument, gegen sie aktiv zu werden. Und er selbst ist zugleich auch ein Instrument, Unrecht, Rechtlosigkeit und Friedlosigkeit zu produzieren.

IV Unterwegs zur Freiheit der Kirche

1. Hans Asmussen wehrte sich gegen jeden Verdacht, die Theologische Erklärung von Barmen sei gegen den Staat gerichtet. Er weiß, daß man die bekennenden Christen „kirchlich unmöglich machen" kann, wenn man sie „als Rebellen verdächtigt", ihnen nicht glaubt, daß sie „gute Staatsbürger" sind. Die Bekennende Kirche lebt „im Gehorsam und in der Treue gegen Volk und Staat durch ein göttliches Gebot gehalten".[22] Die „von Gott gebotene Liebe zu Volk und Vaterland" verneinen wir nicht.[23] Das Recht, das bedroht ist, ist das Recht nur der Kirche,[24] das Bekenntnis der Kirche wird von den Deutschen Christen und ihren Hintermännern in Partei und Staat angetastet. Asmussen erliegt dem Zwang, Kirche und Staat und ihre Aufgaben symmetrisch zuzuordnen. Jeder wird ihm zustimmen, so meint er, daß der Staat kein „Ewiges Reich", kein „Ewiges Gesetz" und keine „Ewige Gerechtigkeit" propagieren darf, obwohl viele Deutsche damals davon träumten. Die Rede vom „Tausendjährigen Reich" und vom „Dritten Reich" und die Rituale dieses „Reiches" verlangen

21 A. Burgsmüller/R. Weth (Hg.), Die Barmer Theologische Erklärung. Einführung und Dokumentation, Neukirchen-Vluyn 1983, 38.

22 A. Burgsmüller/R. Weth (Hg.), a.a.O., 54.

23 A. Burgsmüller/R. Weth (Hg.), a.a.O., 44.

24 A. Burgsmüller/R. Weth (Hg.), a.a.O., 43.

aber genau diese pseudotheologischen Attribute. Das kritisiert Asmussen mit Recht. Aber wieso kommt eine Kirche dazu, die gerade bekennt, Verantwortung für das ganze Leben der Menschen zu haben und an „Gottes Reich, Gebot und Gerechtigkeit" (Barmen V) erinnern zu müssen, zu meinen, daß sie nicht „die Gerechtigkeit einer menschlichen Gesellschaft" zu verkündigen habe?

Gewiß, es wird mit Recht abgelehnt, als sei eine bestimmte Gesellschaftsform aus der biblischen Tradition ableitbar. Aber: Nimmt die Kirche ihre Botschaft von Frieden und Gerechtigkeit, auch von Freiheit und Menschenwürde aller Menschen ernst, dann hat sie doch kritische Maßstäbe, die die Frage nach „der Gerechtigkeit einer Gesellschaftsforrn" nicht dem Staat überlassen.

Zur Eröffnungssitzung der Barmer Synode hatte Präses Koch, der in der Weimarer Zeit zur rechtskonservativen Deutsch-Nationalen Volkspartei gehörte, erklärt, alle helfen mit, „daß Deutschland seinen schweren Weg zu einem glücklichen Ende gehen kann".[25] In seiner Rede auf der Barmer Synode bescheinigte der Reichsgerichtsrat Wilhelm Flor (Leipzig) dem nationalsozialistischen Staat: „der neue Deutsche Staat ist Rechtsstaat". Diese Erklärung kam nach der Verhaftung der jüdischen, kommunistischen und sozialdemokratischen Reichstagsmitglieder, nach dem Judenboykott am 1. 4. 1933 und vier Wochen vor den Morden des Röhm-Putsches. „Daß Berufungen auf den Nationalsozialismus in fast jedem Referat auf der Barmer Synode zu hören waren, zeigt lediglich, wie ... man zu dieser Zeit noch bemüht war, zwischen Deutschen Christen und Nationalsozialismus zu differenzieren, ja eine vermeintliche nationalsozialistische Rechtsauffassung gegen die Praktiken des deutsch-christlichen Kirchenregiments auszuspielen".[26] Asmussen versuchte mit Appellen an das traditionelle Staatsethos die Synode für die theologische Erklärung zu gewinnen: „Wenn wir protestieren, dann protestieren wir nicht als Volksglieder gegen die jüngste Geschichte des Volkes, nicht als Staatsbürger gegen den neuen Staat, nicht als Untertanen gegen die Obrigkeit." Wir protestieren gegen eine Verwüstung, die seit 200 Jahren durch „geschichtliche Ereignisse oder aber die Vernunft, die Kultur, das ästhetische Empfinden, den Fortschritt oder andere Mächte mit Größen" die Kirche in falsche Bündnisse, in eine Art civil religion gebracht hat. Liberalismus und Säkularisierung erscheinen wichtiger als die 6 Millionen Arbeitslose, als Nationalismus und Staatsvergötzung. Gegen jenen blinden Klerikalismus hatte Karl Barth schon 1933 die Kirche heftig kritisiert: „Man kann nicht Gott dienen und mit Teufel und Welt solche Rückversicherungen eingehen. ... eine solche Kirche kann in keinem Wort ihrer Weihnachts- und Oster- und Sonntagspredigt glaubwürdig sein. Wenn sie ‚Jesus Christus' sagt, muß und wird man, und wenn sie es tausendmal sagte, ihre eigene Sattheit und Sicherheit hören und sie soll sich nicht wundern, wenn sie mit allem ihrem ‚Jesus Christus' in den Wind, an der wirklichen Not der wirkli-

25 Kurt Meier, Der evangelische Kirchenkampf 1: Der Kampf um die „Reichskirche", Göttingen 1976, 176.

26 Kurt Meier, a.a.O., 187.

chen Menschen vorbeiredet".[27] Der spätere Bruch Asmussens mit Barth zeichnet sich früh ab.

Gott hat den Staat wie Könige, ob sie nun Heiden, Juden oder Christen sind, instrumentell eingesetzt. So betont es Barmen V. Römer 13 zu zitieren, war nach dem exzessiven Gebrauch dieser Bibelstelle für einen Untertanengehorsam nicht mehr möglich. Aber auch das 1. Gebot oder das Wort „Man muß Gott mehr gehorchen als den Menschen" (Apg 5, 29) wurde nicht benutzt. Warum? Klang es zu sehr nach Rebellion, nach Widerspruch, ja nach Widerstand gegen Amtsautoritäten? Gewalt hat der Staat von Gott geliehen bekommen, ist also bei ihrer Androhung und Ausübung einmal an Gottes Willen gebunden und zum anderen an die Aufgaben, die er als Staat hat: Für Recht und Frieden zu sorgen. Das bedeutet: Nicht jedes Mittel ist recht. Das Erste geschieht – so wird die Kirche mit dem Staat konfrontiert – durch das Wort der Kirche, mit dem sie „an Gottes Reich erinnert, an Gottes Gebot und Gerechtigkeit und damit an die Verantwortung der Regierenden und Regierten". Die drei Kriterien sind umfassend, kritisch und weltoffen: Gottes kommendes Reich wird zum mitbestimmenden Faktor in der Gestaltung des menschlichen Zusammenlebens, ebenso seine Gebote und seine Gerechtigkeit. Die Verantwortung liegt keineswegs nur bei den Regierenden. Auch die Regierten tragen für die Erfüllung der staatlichen Aufgaben Verantwortung.

2. Demgegenüber wird die Kirche in ähnlicher Weise gemahnt, nicht „Staat" spielen zu wollen: „Wir verwerfen die falsche Lehre, als solle und könne sich die Kirche über ihren besonderen Auftrag hinaus staatliche Aufgaben und staatliche Würde aneignen und damit selbst zu einem Organ des Staates werden" (Barmen V).

Die beiden Verwerfungssätze reden völlig symmetrisch von Staat und Kirche, als sei die Beziehung oder Abgrenzung zwischen beiden das entscheidende Problem.

Kritiker und Befürworter von Barmen V stimmen (negativ und positiv) darin überein, daß hier die stärksten Überreste einer traditionellen Staatslehre im Rahmen einer Zwei-Reiche-Lehre zu finden sind. Die Gefahr der Zwei-Reiche-Lehre ist eine doppelte: Einmal trennt sie die privaten Lebensbereiche, die der Verantwortung des privaten Christen unterliegen, von den öffentlichen. Letztere gehören mit all ihren Problemen in den Verantwortungsbereich des Staates. Gewiß, eine unverzichtbare Pointe der Zwei-Reiche-Lehre ist die Abwehr jeder Form von Cäsaropapismus, von Theokratie und Klerikalismus.

Die zweite Gefahr besteht darin, daß der Reichtum an sozialen Bewegungen und sozialen Problemen übersehen bzw. in das Prokrustesbett der Kategorien „Staat" und „Kirche" eingefangen werden.

27 Karl Barth, Quousque tandem? (1930), in: Der Götze wackelt. Zeitkritische Aufsätze, Reden und Briefe von 1930 bis 1960, hg. v. Karl Kupisch, Berlin [2]1964, 31.

3. Welche Elemente sprengen in der Barmer Theologischen Erklärung diese fatale Symmetrie und eröffnen eine Perspektive für die vielen Dimensionen des gesellschaftlichen Lebens, in denen sich die Kirche bekennend zu bewähren hat?

Christoph Barth[28] macht im Vergleich der Entwürfe zu Barmen V (vom 15. und 16. Mai 1934) mit dem Entwurf vom 30. Mai deutlich, daß die beiden ersten Fassungen

a) von Gottes „überlegenem" Reich sprechen, also jede Symmetrie zu vermeiden suchen;

b) daß die Freiheit „der Kirche in der Bindung an ihren Auftrag" betont wird;

c) daß in der Verwerfungsformel nicht symmetrisch von Staat und Kirche und ihren spezifischen Versuchungen geredet wird. Als Versuchung der Kirche wird hier mit dem hochpolitischen Begriff (aus der Alltagspraxis der Jahre 1933 und 1934!) benannt, daß sich „die Kirche mit ihrer Botschaft und Gestalt einer bestimmten Staatsform gleichzuschalten habe".

d) Ch. Barth[29] und K. Barth[30] weisen mit Recht darauf hin, daß der Frankfurter Entwurf vom 16. 5. 1934 im Verwerfungssatz von V sich unmittelbar auf den Verwerfungssatz von I bezieht. Dort heißt es: „Wir verwerfen den Irrtum, als könne und müsse die Kirche außer und neben dieser Offenbarung auch noch andere Ereignisse und Mächte, Gestalten und Wahrheiten als Gottes Wort hören, anerkennen und verkündigen". Hier wird deutlich, daß die „Irrtümer" die Kirche „verwüsten" und „ihre Einheit sprengen" (Einleitung zur Theologischen Erklärung), die von den Deutschen Christen und der gegenwärtigen Reichskirchenregierung vertreten werden, und nicht nur Übel des Staates sind. Sie kommen aus den Irrlehren der Kirche *und* aus den Eingriffen der Regierung. Natürlich ist die Regierung mit dem Hinweis auf die Reichskirchenregierung gemeint. Ihre Eingriffe, z.B. bei den Kirchenwahlen am 23. 7. 1933; der Druck, den Arierparagraphen einzuführen; die Ernennung des Reichsbischofs Müller am 27. 9. 1933 waren direkte staatliche Eingriffe in die Kirche. Leonore Siegele-Wenschkewitz macht darauf aufmerksam, daß die Nationalsozialisten sowohl die in Deutschland von Liberalen vertretene, aber wenig zum Zug gekommene Position einer Trennung von Staat und Kirche benutzen konnten, um gegen die Kirche vorzugehen, als auch die ideologisch, politisch und rechtlich stärkere Tradition des Staatskirchentums. So kamen z.B. 1930 in Thüringen und Braunschweig die ersten nationalsozialistischen Landesminister in die Regierungen. Von ihnen wurden die 1918 abgeschafften

28 Christoph Barth, Bekenntnis im Werden. Neue Quellen zur Entstehung der Barmer Erklärung, Neukirchen-Vluyn 1979, 62.

29 Christoph Barth, a.a.O., 14.

30 Karl Barth, Barmen, in: Bekennende Kirche. Martin Niemöller zum 60. Geburtstag, München 1952, 15.

Die erste, fortschrittliche Tradition[31] erlaubte eine Abschiebung der Kirche in eine politikfreie Zone, wo sie zur Sekte verkümmern konnte. Die zweite Praxis ermöglichte ihre Fesselung. Beiden Positionen kamen theologische Traditionen entgegen: Auszug der Kirche aus der Welt und Arrangement der Kirche mit der Welt. Im Nationalsozialismus wurden schon früh „Trennungsgedanken artikuliert, eine kirchenfeindliche Einstellung des Nationalsozialismus sichtbar, die Unvereinbarkeit erkannt; das alles trat aber in bestimmten Phasen der Entwicklung der NSDAP völlig zurück. Daneben wurden von den Nationalsozialisten Vorstellungen über das Verhältnis von Staat und Kirche propagiert, die sich aus taktisch-propagandistischen Motiven im Hinblick auf die zu gewinnende Wählerschaft, an Grundbegriffen der Staatskirchenhoheit orientierten".[32]

V Ansätze einer neuen Sozialethik in Barmen I – VI

Wenn es richtig ist, daß die Formulierung von Barmen V dadurch mitbestimmt ist, daß ein Kompromiß nicht nur zwischen lutherischen, reformierten und unierten Christen in Deutschland möglich wird, sondern auch ein Kompromiß zwischen Demokraten und konservativen Nichtdemokraten, dann darf Barmen V nicht von den anderen Sätzen der Theologischen Erklärung isoliert werden. Ich versuche also, den Text der Barmer Erklärung darauf hin zu lesen, wo hinter der Abwehr der deutsch-christlichen Positionen Grundaussagen zu gesellschaftlichen Problemen stecken. Hier zeichnen sich Elemente einer Sozialethik ab, die weit über eine Verhältnisbestimmung von Staat und Kirche hinausgehen. Ich nenne einige:

1. Theorie und Praxis der Deutschen Christen und der staatlichen Eingriffe in die Kirche werden in Barmen I nach Joh 10, 1. 9 mit der Praxis von Mördern und Dieben verglichen. Die richtige Entscheidung, zu der die Kirche aufgerufen ist, ist eine Frage auf Leben und Tod. Es geht um Menschenleben. Isoliere ich Barmen V aus dem Kontext, so verharmlose ich Barmen V zur traditionalen Staatsethik.[33]

2. Das Ensemble der gesellschaftlichen Wirklichkeit und nicht nur die Beziehung Staat – Kirche ist auch in der Verwerfung von Barmen I angesprochen:
– „Ereignisse", im Sinne von historischen Ereignissen, die die Qualität einer Offenbarung beanspruchen;

31 Leonore Siegele-Wenschkewitz, Nationalsozialismus und Kirchen. Religionspolitik von Partei und Staat bis 1935, Düsseldorf 1974, 56.

32 Leonore Siegele-Wenschkewitz, a.a.O., 59.

33 So Martin Honecker, Zur gegenwärtigen Bedeutung von Barmen V, in: Zeitschrift für Evangelische Ethik 16 (1972), 207-218.

– „Mächte", im biblischen Verständnis alle jene Potenzen und Baalim, Strukturen und Gewaltapparate wirtschaftlicher, staatlicher und ideologischer Art;
– „Gestalten", die, wie Adolf Hitler, sich jeder Kritik entziehen, also göttergleich wirken wollen, Obermenschen, die notwendigerweise dann Untermenschen zu ihrer Verfügung produzieren. Aber auch an „christliche" Gestalten, wie an den Großinquisitor aus Fjodor Dostojewskijs Roman „Die Brüder Karamasoff" (1879) und an den Antichrist aus Wladimir Solowjows „Die Erzählung vom Antichrist" (1899) ist hier zu denken: Die dialektische Theologie verdankt Fjodor Dostojewskij viel. Das Buch von W. Solowjow, von der Gestapo verboten, zirkulierte ab 1933 in Kreisen der Bekennenden Kirche. Beide Bücher[34] illustrieren, daß die politische Gefahr auch aus der Kirche selbst entstand.
– „Wahrheiten" meint jene in Universitäten und Schulen, in Industrie und Militär, in Kirche und Staatsapparat, in Kultur und Kunst z.B. durch den Arierparagraphen zur Geltung gebrachten Anthropologien, Rassismen, Feindbilder und Judenfeindschaften. Dann werden Juden zu Untermenschen, Deutsche zu Herrenmenschen, Kommunisten werden – metaphysisch begründet – zu Feinden, der Sozialdarwinismus avanciert zur Staatsräson, nach der der Stärkere recht hat, nach der die Menschen für den Staat da sind, nicht aber der Staat für die Menschen. Wird die kritische Offensive und Distanz der Kirche aufgegeben, dann wird der Staat zur totalitären Zwangsjacke aller gesellschaftlichen Kräfte. Die Problemlösungen laufen dann nur nach seinen Vorstellungen.

3. Die souveräne Freiheit der Christen und Kirchen wird in Barmen II ausgesprochen: Von „gottlosen Bindungen" frei zu werden, ist das erklärte Ziel des 1. Gebotes. Keine anderen Götter – daß sie existieren, bezweifelt die Bibel nicht – haben über Kirchen und Christen Macht, weil Gottes Volk aus der ideologischen, ökonomischen und politischen Unterdrückung aller „Pharaos" befreit ist. Obwohl Barmen erstaunlicherweise keine Zitate aus dem Alten Testament bringt (die Deutschen Christen werden sich gefreut haben!), werden aus dem Neuen Testament Stellen zitiert, die von der Einzigartigkeit und Allmacht Gottes sprechen.

4. Menschen zu marginalisieren und auszugrenzen aus der Gesellschaft, ist gegen den universalen Willen Gottes zur Gerechtigkeit und zum Leben aller Geschöpfe Gottes. So wie das ganze Leben (das politische, wirtschaftliche, kulturelle und intellektuelle Leben) des Menschen unter Gottes Freispruch von Passivität und Schuld stehen und gleichzeitig unter dem Anspruch, nach Gottes Weisung gelebt zu werden, so arbeiten Christen im Dienst für alle Menschen. Alle sind als seine Ebenbilder von Gott geschaffen (Barmen II).

34 Vgl. dazu die Arbeit von Ernst Thurneysen, Dostojewskij, [3]1925 sowie Karl Barth in der Kirchlichen Dogmatik III/4.

Als nach der Befreiung vom Nationalsozialismus in Deutschland gefragt wurde: Warum konnten fromme, kultivierte, intellektuelle, vernünftige Zeitgenossen tun oder zulassen, was geschah, da gab es verschiedene „Rechtfertigungen". Sie traten an die Stelle der „Rechtfertigung" und „Heiligung" des Lebens durch Gott: Menschen hatten sich z.B. durch den Eid als Beamte oder Soldaten dem Vaterland und dem Führer „geweiht". Gerechtfertigt hatten sie sich durch den Hinweis: Wer befiehlt, rechtfertigt mein Tun, ich selbst bin nicht frei. Ein Arzt, beteiligt an der Euthanasieaktion, sagte nach 1945: „Einfach ist es mir nicht geworden (zu töten), aber was sollte ich denn machen? Ich hatte den Befehl ... ich sehe heute, daß er nicht richtig war – mir ist immer gesagt worden: Die Verantwortung tragen die Professoren aus Berlin".[35] Rechtfertigung wurde abgeleitet aus den Abhängigkeiten und Heteronomien – seien sie durch Geld, Karriere, Angst oder Konformismus gesetzt (Albert Speer: „Ich konnte es nicht ertragen, in Differenz zur Mehrheitsmeinung meiner Umgebung zu leben").

Eine zweite Rechtfertigung von Unrecht und Unfreiheit wurde durch pseudoreligiöse „Heiligungen" des Volkes, der Rasse, der Nation geschaffen. Das Gefühl, zur richtigen Rasse, zu einem besonderen Volk und zu einer überlegenen Nation zu gehören, heiligte und rechtfertigte Unrecht und Gottlosigkeiten. Daß die Gesellschaft säkular und der Staat weltanschaulich und religiös neutral zu sein hat, ist implizit eine polemische und politische Forderung von Barmen II.

5. Barmen III und IV enthalten in Ansätzen eine neue Ekklesiologie. Hatte die Reformation in Deutschland die Ordnung der Kirche den Landesfürsten überlassen, so ist zum ersten Mal nach 1918 in Barmen theologisch von der Ordnung der Kirche die Rede. Die ihr aufgetragene Botschaft *und* die von ihr freigewählte Ordnung verkündigen den Willen Christi. Weil Strukturen der Kirche auch Gottes Willen predigen oder verleugnen, sind sie nicht gleichgültig. Die Dahlemer Synode, die zweite Synode der Bekennenden Kirche, schafft konsequent ein eigenes Notrecht und Notorgan der Kirche – ein Weg, der nach 1945 nicht eindeutig fortgesetzt wurde. Der Verzicht auf eine eigene Gestalt der Kirche war nicht das Ergebnis einer Säkularisierung der Kirche, wie Rechtsanwalt Eberhard Fiedler auf der Barmer Synode meinte, sondern verdankt sich der theologischen Inkonsequenz der lutherischen Reformation.[36]

Das „Führerprinzip" war wie das Regiment der Landesfürsten und das Staatskirchentum eine Form, die die Kirche freiwillig übernommen hatte. Die Modelle hatten gesellschaftliche und staatliche Kräfte, nicht aber die Kirche selbst geliefert. Auf dem Weg vom Wort zur Struktur hatte sich die Kirche sich selbst entfremdet, ja verloren.

35 Martin Stöhr, Das Gedächtnis nicht verlieren, in: (Hg.) Ev. Arbeitskreis Kirche und Israel in Hessen und Nassau, Die Reichskristall-Nacht. Eine Arbeitshilfe für Unterricht und Gemeindearbeit, Frankfurt a. M. 1978, 74.

36 Kurt Meier, Der evangelische Kirchenkampf 1, 183.

Die ganze christliche Gemeinde (Barmen IV) bestimmt ihre eigene Ordnung selbst, damit sie ihren Auftrag erfüllen kann. Die hierarchischen Modelle von Staat und Gesellschaft mit ihrem „oben" und „unten" haben keine Gültigkeit. Die Rückbindung an ihren eigenen Herrn verbietet es der Kirche, sich selbst in den Dienst „irgendwelcher eigenmächtig gewählten Wünsche, Zwecke und Pläne zu stellen" (Barmen VI). Gustav Heinemann wird das Recht auf Selbstorganisation, Selbstrepräsentation und Koalitionsfreiheit als entscheidende Elemente einer synodal verfaßten Kirche darstellen.[37]

Die parlamentarische Demokratie, in der alle Gewalt vom Volk ausgeht, ist eine Analogie, aber kein Modell. Karl Barth wird im Blick auf Demokratie und Rechtsstaat diese Linie von Barmen, wo er einer der wenigen Sozialdemokraten unter vielen Konservativen war, die antiparlamentarische Gesellschaftsvorstellungen vertraten, später ausziehen. Seine aktuellen Beiträge zu sozialen und politischen Problemen sowie seine beiden Schriften „Rechtfertigung und Recht" (1938) und „Christengemeinde und Bürgergemeinde" (1946) führen diese Gedanken weiter. Heinemann benennt den Unterschied so: Die Kirche ist „das Organ der göttlichen Rechtfertigung des Menschen, der Staat hingegen das Organ des menschlichen Rechts".[38]

VI Eine unpolitische Kirche ist auch politisch

Die Frage, ob Barmen politischer Widerstand gegen den Staat oder innerkirchliche Opposition war, läßt sich nur differenziert beantworten. Einmal, weil meine Darlegungen deutlich zu machen versuchten, daß das Gegenüber Staat und Kirche zur Beschreibung des souveränen Auftrags der Kirche ein zu enges Kategoriensystem bietet. Zum anderen, weil in der Hochschätzung des Staates – bis in die Reihen der Barmer Synodalen hinein – die entscheidenden Defizite kirchlichen Handelns lagen. Von Martin Niemöller wird das Wort berichtet: „Als die Nazis die Kommunisten holten, habe ich geschwiegen; ich war ja kein Kommunist. Als sie die Sozialdemokraten einsperrten, habe ich geschwiegen; ich war ja kein Sozialdemokrat. Als sie die Katholiken holten, habe ich nicht protestiert; ich war ja kein Katholik. Als sie mich holten, gab es keinen mehr, der protestieren konnte." Der Kampf um eine demokratische Gesellschaft war vor 1933 verloren worden, als zu wenig Demokraten vorhanden waren, als zu wenig Demokraten Widerspruch einlegten und widerstanden, als Antisemitismus, Demokratieverachtung, Nationalismus, Militarismus und Antikommunismus sich in allen Subsystemen und in vielen intellektuellen, vulgären, religiösen und alltäglichen Erscheinungen manifestierten.

37 Gustav Heinemann, Das Verhältnis von Synode und Parlament, in: E. Lomberg (Hg.), Emder Synode 1571, Neukirchen-Vluyn 1971, 185.

38 Gustav Heinemann, a.a.O., 192.

Auf die Frage, ob die Opposition der Bekennenden Kirche in der Gesellschaft des nationalsozialistischen Deutschland eine politische Qualität, etwa die des Widerstandes, gehabt habe, kann ich nur eine dreifache Antwort geben:

1. Ja, in nuce. Dietrich Bonhoeffer, der sehr früh zum politischen Widerstand gefunden hatte, schrieb kurz vor der Barmer Synode (28. 4. 1934) aus London an einen Freund: „Phantasten und Naive wie Niemöller glauben immer noch, die wahren Nationalsozialisten zu sein – und es ist vielleicht eine gütige Vorsehung, die sie in dieser Täuschung bewahrt, und es liegt vielleicht im Interesse des Kirchenkampfes ... (aber) die Fronten liegen ja ganz woanders. Und obwohl ich mit vollen Kräften in der kirchlichen Opposition mitarbeite, ist es mir doch ganz klar, daß diese Opposition nur ein ganz vorläufiges Durchgangsstadium zu einer ganz anderen Opposition ist, und daß die Männer dieses ersten Vorgeplänkels zum geringsten Teil die Männer jenes zweiten Kampfes sind".[39] Bonhoeffer spricht davon, daß die Theologie Karl Barths und Emil Brunners dieses „Widerstehen bis aufs Blut", das er als notwendig kommen sah, zugleich „verzögert haben – und gewiß auch ermöglicht haben".[40]

Wenige gingen den Weg des „zweiten Kampfes" bis zum politischen Widerstand. „Barmen war ein Ruf nach Vorwärts", schreibt Karl Barth dem konsequenten Martin Niemöller zum 60. Geburtstag.[41] Wie stellt sich Barth diesen Weg „nach Vorwärts" vor? Es gibt einige weiterführende Überlegungen, auch von Karl Barth selbst. Friedrich-Wilhelm Marquardt berichtet über Barths Konsequenzen, die er 1958 in einer handschriftlichen Notiz zu Barmen V aus Anlaß der Kampagnen der Bruderschaften gegen die atomare Bewaffnung der Bundesrepublik formulierte: „Dankbarkeit für das Evangelium Jesu Christi schließt für alle und jeden in sich die tätige Verantwortlichkeit für die Aufrichtung und Durchführung einer dem Chaos entgegenwirkenden Rechtsordnung ein".[42] Der Verwerfungssatz dazu heißt 1958: „Es gibt keine in dieser Dankbarkeit zu verantwortende Staatsordnung, die ihren Sinn in sich selber, deren Macht statt dem menschlichen Recht ihrem eigenen Bestand zu dienen hätte, deren Bestand also durch jedes, auch durch ein dem Chaos Tür und Tor öffnendes Machtmittel zu schützen wäre".[43] Tritt die Aufgabe, Recht zu setzen, gegenüber der Gewaltfunktion des Staates zu sehr in den Hintergrund, dann darf der Staat nicht alle Mittel verwenden, sich zu schützen, da er sonst Chaos statt Recht schafft. Später fügt Barth zu den Aufgaben des Staates nach Barmen V noch „das Gemeinwohl" und die „Freiheit" hinzu. Aber er darf sich nicht

39 Dietrich Bonhoeffer, Gesammelte Schriften 1, hg. v. E. Bethge, München 1958, 40.

40 Dietrich Bonhoeffer, ebd.

41 Karl Barth, Barmen, 17.

42 Friedrich-Wilhelm Marquardt, Staatsbejahung oder Staatskritik? Über den Gebrauch von Barmen V, in: Volkmar Deile (Hg.), Zumutungen des Friedens. Kurt Scharf zum 80. Geburtstag, Reinbek 1982, 86.

43 Friedrich-Wilhelm Marquardt, a.a.O., 86f.

„jedes verfügbaren Mittels bedienen“. Gustav Heinemann sieht in Barmen V eine Selbstbesinnung im Protestantismus eingeleitet, die „als Gewissenskonflikt mit der eigenen Staatsgewalt“ begann.[44]

2. Die zweite Antwort sagt: Ja, de facto. Die Kirche, die in Barmen deutsch-christlichen Irrlehren widersprach, widerstand de facto einer Gesellschaft, die diese Irrlehren nicht nur stützte, sondern (in religiöser und säkularer Fassung) selbst vertrat und mit allen Mitteln des Staates durchzusetzen versuchte. Die Theologische Erklärung wurde zu Recht bald Barmer Bekenntnis genannt: Aktuelles Bekennen der Tat und explizites Bekennen des Glaubens entfalteten sich daraus. Gehe ich von dem Grundsatz aus: Auch eine unpolitische Kirche ist ein politisches Faktum, auch ein nichtpolitisches Verhalten ist eine politische Stellungnahme, dann wird zwar nicht die Unterscheidung, wohl aber die Trennung zwischen „Bekenntnis der Tat“ und einem „Bekenntnis des Glaubens“ obsolet. Wenn auch „nur“ Irrlehren im Barmer Bekenntnis verworfen wurden, so war doch deutlich, daß es dabei nicht um Orthodoxie allein ging, es ging auch um die Orthopraxie: „Gottes Wahrheit will immer auch getan werden“, erklärte 1945 der Reichsbruderrat der Bekennenden Kirche. „Pfarrer und Gemeinden haben ihr Bekenntnis nicht nur als Zeugnis ausgesprochen, sondern auch mit der Tat und mit dem Leiden erhärtet ... Gottes Wahrheit will immer auch gelebt werden“.[45]

In der Ökumene hat Willem Visser't Hooft, dem das Barmer Bekenntnis sehr wichtig war, 1968 in Uppsala erklärt: „Es muß uns klar werden, daß die Kirchenglieder, die in der Praxis ihre Verantwortung für die Bedürftigen irgendwo in der Welt leugnen, ebenso der Häresie schuldig sind, wie die, welche die eine oder andere Glaubenswahrheit verwerfen“.[46]

Barmen I und II sagen massiv, daß es beim Bekennen um Leben und Tod der Menschen geht. Eine Spiritualisierung ist hier nicht möglich. Der Lutherische Weltbund hat gegen die Apartheidregierung in Südafrika bei seiner Vollversammlung 1977 in Dar Es Salam den status confessionis ausgerufen. Die Gegenposition wird mit zwei gewichtigen Stimmen in der Bundesrepublik Deutschland vertreten: Im Zusammenhang mit der Erklärung des reformierten Moderamens gegen die Stationierung von Cruise Missiles in der Bundesrepublik hat 1982 die Vereinigte Evangelisch-Lutherische Kirche Deutschlands erklärt, sie könne „nicht zustimmen, politische Entscheidungen – selbst solche auf Leben und Tod – zu Bekenntnisfragen der Kirche zu erklären“. Der Rat der Evangelischen Kirche in Deutschland gab bekannt: „Fragen des innerweltlichen Überlebens, so wichtig sie sind, dürfen nicht mit Fragen des Glaubens verwechselt und zu Bekenntnisfragen gemacht werden“.[47]

44 Gustav Heinemann, Das Verhältnis von Synode und Parlament, 187.

45 Joachim Beckmann (Hg.), Kirchliches Jahrbuch 1945 – 1948, Gütersloh 1950, 75.

46 Willem Visser't Hooft, Der Auftrag der Ökumenischen Bewegung, in: Bericht aus Uppsala, Genf 1968, 337.

Schon 1980 hatte der Ratsvorsitzende der EKD in seinem Rechenschaftsbericht sich auf Barmen V berufen, um Demonstranten zu kritisieren, die gegen die Bundeswehr, ihre Verteidigung oder gegen Nuklearanlagen demonstrierten. Sie wahrten „die gebotene Unterscheidung zwischen kirchlichem Dienst und staatlichem Auftrag nicht immer". „Niemand ist berechtigt, Widerstand gegen staatliche Anordnungen damit zu rechtfertigen, daß er ein angeblich höheres Recht für eigene Vorstöße gegen das Recht in Anspruch nimmt. Evangelische Predigt, aber auch evangelisches Handeln haben deshalb auszulegen und anzuwenden, was die Barmer Theologische Erklärung über den Auftrag des Staates lehrt".[48]

3. Die dritte Antwort heißt: Nein. Karl Barth hatte schon Ende 1933 geschrieben, und es war nicht nur Taktik: „Ich widerstehe einer heute beim Nationalsozialismus ihre Zuflucht suchenden Theologie, nicht aber nationalsozialistischer Staats- und Gesellschaftsordnung ... Würde ich dabei auch nur nebenbei politische Opposition meinen und machen, so würde ich unter umgekehrtem Vorzeichen genau das tun, was eben den Deutschen Christen vorzuwerfen ist. Gerade das kann und darf man nicht tun! Und gerade in dieser Hinsicht möchte ich im Ausland genau so verstanden sein, wie ich es tatsächlich meine und halte."[49] „Viel näher hätte es mir ja gelegen, endlich auch einmal ein deutliches Wort zur Staatspolitik zu sagen. Spätere Zeiten werden es mir sicher einmal vorwerfen, daß ich das nie getan habe, sondern mich auf das Feld der Kirche beschränkt habe".[50]

Die Bilanz nach dem Kirchenkampf sieht auch für Karl Barth rückblickend anders aus; für ihn hätte eine sehr starke und sehr lebendige Kirche damals mehr sagen und tun müssen. „Ein Bußwort an den nationalsozialistischen Staat war der Satz (Barmen V) nur indirekt, eine Gerichtsverkündigung gar nicht ... aber: immerhin ein ungeheuerlicher Widerspruch".[51]

47 epd-Dokumentation 45/82, 16f.

48 Eduard Lohse, Bericht vor der EKD-Synode Osnabrück 1980, Protokoll Hannover 1981, 113.

49 Aus dem Vorwort zu Karl Barths Schrift „Die Kirche Jesu Christi", in: Theologische Existenz heute 5, München 1933, 8f.

50 Aus einem Brief Barths an den Verleger Albert Lempp vom 18. 8. 1934; zitiert in: Karl Barth, Kommentar zur Barmer theologischen Erklärung (Fragment), in: Ev. Theologie 36 (1976), 570.

51 Karl Barth, Barmen, 14.

„Denn ich bin der Herr, dein Arzt“

Gedanken zur Pathologie der Geschichte *

I

Als wir uns vor 35 Jahren kennenlernten, versuchten wir nach dem Zweiten Weltkrieg zum ersten Mal, niederländische und deutsche Studenten zusammenzubringen. Innere Barrieren und Vorbehalte trennten die Nachkommen von Opfern und Tätern tief. Millionen einzelner Menschen und viele Völker waren verletzt, zerstört, bluteten aus tausend Wunden. Das Leiden in der Geschichte hatte bis früher unvorstellbare Ausmaße angenommen. Nie wieder ist mir der Zusammenhang von Seelsorge und Politik so deutlich geworden wie damals. Die Ratlosigkeit war groß.

II

Mit Werbung könnte ich beginnen. Wie der Papst mit Boris Becker für den Tennisschläger Puma wirbt, so könnte ich Arzneimittelwerbung zitieren, seitenlang, mir verwundert die Augen reibend, warum es überhaupt noch Kranke und Ratlose gibt, warum die private wie die soziale Geschichte der Menschheit heute voller Leiden steckt. Offen und versteckt wird gelitten, millionenfach. Warum hilft das „Vita – Gerin – Geistlich – Therapie für Körper und Geist“ nicht? Es wird eben überall angeboten. Gerade noch am Bahnhof sprach's mich an. Es kommt so schön ganzheitlich daher, Körper und Geist sind verbunden – auch noch mit dem Geistlichen. Hilft es auch Geistlichen? Auch solchen, deren Vita sich einem geriatrisch einschlägigen Lebensalter nähert? Oder wird hier vermarktet, was nicht ernsthaft beantwortet wird: der stumme oder laute Schrei von Leidenden? Wird ihre Welt nicht mit Reklametapeten, modern gestylt oder in Blümchenmustern, zugekleistert? Der Tapetenwechsel erfolgt immer rascher. Umwelt wie Innenwelt aber sind krank.

Wie helfen? „Rezepte schreiben ist leicht, aber im übrigen sich mit den Leuten zu verständigen, ist schwer“, schreibt Franz Kafka in „Der Landarzt“. Sich verständigen, das bedeutet Abbrucharbeit am babylonischen Turm, dem Symbol des menschlichen Unverstandes und des Nichtverstehens. Oft ist er durch Medizin und Kirche, Gesundheitswesen oder Dogmatik mitgebaut. Abschreckend, voller Imponiergehabe, sich selbst genug, stehen diese Türme da, gebaut und geeignet, daß Menschen sich einen Namen verschaffen, einen Sockel, zu sein wie Gott. Wie verstehen sich Menschen, die weit weg voneinander sind?

* Reinhard Miethner zum 60. Geburtstag; zuerst in: Junge Kirche 51 (1990), 479-489.

III

Kafka berichtet in seiner Erzählung von einem Traum. Die Nachtglocke ruft ihn zu einem Patienten. Es ist schwer, zu ihm zu kommen. „Als der Landarzt die blutige Wunde des Jungen sieht, weiß er, was der Junge auch fürchtet: Da ist nichts mehr zu machen. Aber er holt Medikamente und Instrumente aus der Tasche. Er wird aktiv. Schon das beruhigt. Die Familie ist glücklich, sie sieht mich in Tätigkeit." Aber: „‚Wirst du mich retten?‘, flüstert schluchzend der Junge ... So sind die Leute in meiner Gegend. Immer das Unmögliche vom Arzt verlangen. Den alten Glauben haben sie verloren, der Pfarrer sitzt zu Hause und zerrupft die Meßgewänder, eins nach dem anderen; aber der Arzt soll alles leisten".

Das Gegenbild von Allmacht und Leistung schießt durch den Traum des Landarztes. „Verbraucht mich zu heiligen Zwecken"! Er sieht sich selbst im Sarg liegen. Die Familie, die Dorfbewohner und der Schulchor mit dem Lehrer an der Spitze stehen vor dem Haus. Der Chor singt eine äußerst einfache Melodie auf den Text:

„Entkleidet ihn, dann wird er heilen,
und heilt er nicht, so tötet ihn!
's ist nur ein Arzt, 's ist nur ein Arzt."

Man legt ihn zu dem Sterbenden ins Sterbebett. „Ich bin durchaus gefaßt und allem überlegen und bleibe es auch." Dann aber versucht er, vor dem Sterbenden zu fliehen, obwohl sein überlegenes Experten-Selbstgefühl erhalten bleibt. Aber er ist nicht viel anders dran als der alte Pfarrer mit seinem alten Glauben, hilflos, ratlos, neben dem Elend des Leidenden, zerzupft Habit und Habitus der Berufsrolle. Die Kinder vom Beerdigungschor singen, obwohl er schon flüchtet und nicht standhält:

„Freuet euch, ihr Patienten,
der Arzt ist euch ins Bett gelegt!"

Ihn plagt der Alptraum: „Niemals komme ich so nach Hause; meine blühende Praxis ist verloren: ein Nachfolger bestiehlt mich ... Keiner aus dem beweglichen Gesindel der Patienten rührt den Finger." Hilflos und ratlos sind Hilfsbedürftige und Helfer.

IV

Zu weit ist der Weg von einem zum anderen. Die Beobachtung macht auch Heinz-Jürgen Harder in der Psychiatrie:

„Als Jesus mich fragte
‚Willst du hier raus?‘
errichtete ich eine Klagemauer:
So und so
viele Jahre gekränkt.

Ich habe keinen Menschen,
der mir auf die Beine hilft.
Jesus sagte:
‚Nun los, steh auf!
Nimm das Bett deiner
Verzweiflung und geh!'
Wie soll ich aufstehen,
wenn keiner mich hochzieht?
Ich hin gelähmt vor lauter Angst."

V

Gelähmt, voller Angst – an der Grenze dieser Verzweiflung bewegt sich Sören Kierkegaard. Er kennt die Krankheit zum Tode. „Wenn der Tod die größte Gefahr ist, hofft man auf das Leben." Das Leben soll doch gelingen. Aber es gibt eine "entsetzliche Gefahr": Daß das Leben so elend ist, „daß der Tod die Hoffnung geworden ist, dann ist Verzweiflung die Hoffnungslosigkeit, nicht einmal sterben zu können." Die Krankheit zum Tode läuft auf den Suizid zu – in der einen Form. In der anderen als ein Leben gelähmt, voller Angst, gelähmt durch Abblendtechniken, die ängstlich vermeiden, „woher" und „wozu" zu fragen. Ich werde gelebt. Ich bin nicht mehr ich, Leben erfolgt im Passiv, in der Leidensform.

„... sich selbst nicht loswerden zu können – und sich selbst loszuwerden ... schrecklichste Form der Verzweiflung." Die Verzweiflung, nicht ich selbst sein zu können, ist so schlimm wie die, sich nicht loszuwerden. Meditiere ich die Psalmen, so sind sie für die persönliche und gesellschaftliche Wirklichkeit ein Sensitivity Training. Sie machen mich (bei mir und bei anderen) aufmerksam auf Symptome dieser Krankheit zum Tode.

Kierkegaard nimmt den Ausdruck von der „Krankheit zum Tode" aus der Geschichte in Johannes 11. Den über die Todkrankheit ihres Bruders Lazarus erschrockenen Schwestern Maria und Martha sagt Jesus, zur heilenden Rettung gerufen: „Diese Krankheit ist nicht zum Tode, sondern sie dient zur Ehre Gottes, damit der Sohn Gottes durch sie verherrlicht wird" (11, 4).

Das ist eine andere Logik als die der Freunde Hiobs, die den Menschen aus dem System der kalten Kalkulation, sei sie religiös oder naturwissenschaftlich programmiert, nicht herauslassen. In dieser Logik hatten die Jünger Jesus gefragt (Joh 9, 1ff): „Rabbi, wer hat gesündigt, dieser oder seine Eltern, daß er blind geboren ist? Und Jesus antwortete: Weder hat dieser gesündigt noch seine Eltern, sondern die Werke Gottes sollen an ihm offenbar werden."

Hier werden weder Krankheit noch Sünde instrumentalisiert, damit Gott groß herauskommt. Kein Argument von der Allmacht Gottes soll uns Menschen den Mund stopfen, uns klein machen und die Hände lähmen. Uns muß nur immer wieder die Praxisperspektive Gottes deutlich gemacht werden. Biblisch eindeutig ist, daß Krankheit und Schmerzen, Tränen und Krieg, Hunger und Schuld, Unterdrückung und Gewalt, Einsamkeit und Angst nicht sein sollen. In der Schöpfung waren sie nicht von Gott vorgesehen, geschweige denn geschaffen. In der Neuen Schöpfung, dem Neuen Himmel und der Neuen Erde, von denen wir schon jetzt und hier Stücke hoffend und glaubend, arbeitend und betend uns herunterholen können in fremde und eigene Pressionen und Depressionen, wird Gott selber alle Tränen von den Augen der Menschen abwischen. Der Tod ist vergangen, kein Leid, kein Geschrei, kein Schmerz wird mehr sein.

In der Neuschöpfung werden sie überwunden sein. Sie gehören zur Realität der Geschichte, der individuellen und sozialen Geschichte der Menschheit. Aber sie haben angesichts von Gottes Konzept seines Reiches keine raison d'être. Nichts rechtfertigt sie. Sie sind zu überwinden, zu verhindern, soweit es geht. Ziel ist eine heile Welt; und die liegt nicht in der Vergangenheit. Die heillose Welt liegt vor aller Augen. Das faktische Dasein von Leid legitimiert es so wenig wie die Gewöhnung und Resignation, persönliche und überpersönliche Leiden, ihre Ursachen und Erscheinungsformen zu bekämpfen und zu überwinden. Die Arbeit an der Befreiung vom Bösen, worum die Christen im Vaterunser beten, soll gerade nicht eine Analogie zu dem Sarkasmus von Karl Kraus sein, wonach die Psychoanalyse die Krankheit ist, für deren Heilung sie sich hält. Sündenerkenntnis, Sündenbekenntnis und Vergebung sind nicht die Krankheit, für deren Überwindung sie sich halten. Die Bibel ist realistisch. Es gibt Leid, und es gibt ausbaufähige Beispiele geglückter Überwindung von Leid.

Auf die Frage „Unde malum?" (Woher kommt das Böse?) gibt die Bibel nicht nur aus erkenntnistheoretischen Gründen keine hinreichende Antwort. Die Bibel hat keine Theorie des Bösen und auch nicht des Leidens. Sie stellt fest, daß es Leiden gibt, daß es von Gott kommen kann oder aus menschlicher Bosheit, aber auch Leiden, das schuldlos Unschuldige trifft.

Völlig eindeutig ist die Tatsache, daß Gott Leiden und Böses nicht hinzunehmen bereit ist, seine Gemeinde also auch nicht. Seine Kennzeichnung als Arzt, als Retter, Erlöser, Befreier, Heiland und die Unzahl konkreter Tätigkeitsworte, die seine Befreiungstaten benennen, machen deutlich, daß er das Faktische weder normativ setzt noch rechtfertigt, sondern auf Neues und Besseres hin überwinden will.

Lukas 9, 1 faßt Botschaft und Praxis Jesu und seiner Gemeinde zusammen: „Er sandte sie aus, das Reich Gottes zu verkünden und zu heilen." Heil und Wohl gehören zusammen; das eine ist eine Gestalt des anderen. Die Antrittspredigt Jesu in Nazareth (Lk 4) bündelt die psychosomatische, die private und die politische Befreiungsbotschaft Jesu mit den Worten der Hebräischen Bibel: „Der Geist Gottes ruht auf mir, weil er mich gesandt hat; er hat mich gesandt, den Armen frohe Botschaft zu bringen, den Gefangenen Befreiung zu verkünden und den Blinden das Augenlicht, die Zerschlagenen zu befreien und zu entlassen, ein angenehmes Jahr des Herrn zu verkündigen."

Das sind genau die Worte, die schon in Jesaja 58 und 61 stehen und dort nicht nur Zukunft ansagen, sondern eine Gemeinde und Sozialordnung schaffen; dort in der miesen, armseligen Situation der aus Babylon zurück nach Jerusalem befreiten Leute. In der jüdischen Almosenordnung und im 18-Bitten-Gebet der jüdischen Gemeinde tauchen genau diese Gaben und Aufgaben Gottes wieder auf. Christliche Fürbittgebete und diakonische Praxis setzen in alltägliches ora et labora um, was Teil der großen Hoffnung ist: Das Reich Gottes, das Zerrissenheit und Risse heilt, Haarrisse und Abgründe der Entfremdung schließen kann.

Die Irdischkeit des Reiches Gottes begann als seine Schöpfung sehr gut, wurde menschlich korrumpiert, mit Leid und Schmerz gefüllt. Luthers Kleiner Katechismus erinnert in der Auslegung der Bitte um das tägliche Brot an die oft kleinen, aber lebenswichtigen Elemente der Neuschöpfung. Brot heute bedeutet privat und politisch, spirituell und ökonomisch *Lebensmittel* (im umfassenden Sinn) für alle Menschen: „Alles, was zur Leibesnahrung und Notdurft gehört, als Essen, Trinken, Kleider, Schuh, Haus, Hof, Acker, Vieh, Geld, Gut, fromm Gemahl, fromme Kinder, fromm Gesinde, fromme und getreue Oberherren, gut Regiment, gut Wetter, Frieden, Gesundheit, Zucht, Ehre, gute Freunde, getreue Nachbarn und dergleichen."

Die altmodische und paternalistische Sprache verdeckt nicht die therapeutische und politische Revolution, die Christen einleiten, wenn sie das Vaterunser beten und leben – als Gebet, das die Welt und die Geschichte im Inneren und im Äußeren umspannt und gestalten kann.

VI

Aber ist eine solche Vorstellung nicht eine Allmachtsphantasie, die entweder Neurosen oder Zynismus auslöst? Der Arzt Gottfried Benn greift genau diese Verzweiflung zum Tode auf, die er selbst zynisch und ehrlich bearbeitet. Dem Altersgenossen von Sören Kierkegaard, dem jungen Friedrich Hebbel, leiht er seine Worte:

> „Ich bin mir noch so fern,
> aber ich will ich werden! ...
> Meine Mutter ist eine arme Frau,
> daß ihr lachen würdet, wenn ihr sie sähet,
> wir wohnen in einer engen Bucht
> angebaut an des Dorfes Ende.
> Meine Jugend ist mir wie ein Schorf:
> eine Wunde darunter,
> da sickert täglich Blut hervor,
> davon bin ich so entstellt."

Gottfried Benn beschreibt in sehr präzisen Sätzen eine proletarische Jugend. Frühkindliches und mütterliches Leid formen die persönliche und die soziale Geschichte Hebbels und unzähliger Leidensgenossen. Gibt es Hoffnung in diesem materiellen und seelischen Elend? Gott ist fern. Ich bin mir selber fern.

Der physische und psychische Tod sind mir nahe. Und diesem Tod singt Benn in der Fortsetzung des Gedichtes „Ein Affenlied". Er schreibt den Tod an, der in vielen Arten nach dem Menschen greift, indem er ihn marginalisiert, ihm jedes Selbstwertgefühl raubt und ihm die Lebensgrundlagen stiehlt:

„Du zerspritzt nur den Dreck deiner Pfütze
und trittst einen Wurmhügel nieder,
wenn du uns zertrittst.
Wir sind und wollen nichts sein als Dreck.
Man hat uns belogen und betrogen
mit Gotteskindschaft, Sinn und Zweck
und dich der Sünde Sold genannt.
Uns bist du der lockende Regenbogen
über die Gipfel des Todes gespannt."

Die Nekrophilie feiert sich hier als romantische Heldenpose. Der Regenbogen wird zur Brücke, aus der sinnlosen Welt in den Tod zu fliehen. Er ist nicht mehr die bunte Erinnerung daran, wie Gott die Welt einmal gedacht hat, und wie sie werden wird.

Spricht Benn nicht gegen eine kirchlich tief verwurzelte und weit verbreite Tradition, die im Evangelischen Kirchengesangbuch zu lesen ist:

„Es kann und mag nicht anders werden:
alle Menschen müssen leiden.
Was webt und lebet auf Erden,
kann das Unglück nicht vermeiden.
Des Kreuzes Stab schlägt unsre Lenden
bis ins Grab, da wird sich's enden.
Gib dich zufrieden!" (Paul Gerhardt EKG 295/EG neu 371, 13).

Friedrich Schillers Lehrer in Stuttgart an der Karls-Akademie, Karl Friedrich Hartmann (1743-1815), dichtet (EKG 305):

„(2) Unter Leiden prägt der Meister
in die Herzen, in die Geister
sein allgeltend Bildnis ein ...
(3) Leiden bringt empörte Glieder
endlich zum Gehorsam wieder,
macht sie Christo untertan,
daß er die gebrochnen Kräfte
zu dem Heiligungsgeschäfte
sanft und still erneuern kann.
(4) Leiden sammelt unsre Sinne,
daß die Seele nicht zerrinne
in den Bildern dieser Welt,
ist wie eine Engelwache,
die im innersten Gemache
des Gemütes Ordnung hält.
(6) Leiden fördert unsre Schritte.

Leiden weiht die Leibeshütte
zu dem Schlaf in kühler Gruft;
es gleicht einem frohen Boten
jenes Frühlings, der die Toten
zum Empfang des Lebens ruft.
(7) Leiden macht das Wort verständlich,
Leiden macht in allem gründlich" ...

Ich verstehe sehr gut, daß Schiller in seinem ersten Stück die Widmung „in tyrannos" mobilisiert, um die vereinigten Obrigkeiten des Staates und der Kirche und die sie beide überwölbende theologische Ideologie zu kritisieren, eine Ideologie, die sich mit dem Leiden statt mit dem Leidenden versöhnt und damit neues Leiden schafft und bestehendes rechtfertigt.

Bis in unserer Gegenwart Hans Ehrenberg, Helmut Gollwitzer und Ernst Bloch Hiob neu interpretierten, stellten viele Autoren Hiob als den stillen Dulder dar. Warum? Sein Protest war weder tolerant noch still. Er kroch nicht zu Kreuze. War die Erziehung vor dem Gekreuzigten und Leidenden eine Erziehung, die den Schmerzensmann vom standrechtlich durch Rom hingerichteten Unruhestifter, weil Freund der Mühseligen, Beladenen und Ausgegrenzten, zum Inbegriff der Ergebenheit machte? Eine schwarze Pädagogik wuchs dann auf dem Hintergrund eines furchteinflößenden Gottesbildes und einer Erziehung zum Dulden. Glaube als Hilfe zur Weltbewältigung verdünnte zu oft zum Entwurf einer Idee neben der Welt und außerhalb der Geschichte. Die Opfer waren die, die auf Beistand und Befreiung von Leiden warteten.

VII

Dietrich Bonhoeffer besteht in seinen Gefängnisbriefen auf der Irdischkeit des Glaubens. Er macht das am Segen deutlich. Segen hat nach seiner Meinung etwas zu tun mit „Gesundheit, Glück und Kraft" (Brief vom 28. Juli 1944). Nicht ein magisches Denken treibt Paulus dazu, im Zusammenhang mit dem Abendmahl von Krankheit und Tod zu sprechen, wenn das Abendmahl „unwürdig" genommen werde. Das hat auch nichts mit speziell protestantischen Skrupeln zu tun, die dem Drang entstammen, sich selbst den Glaubenspuls zu fühlen und an seinem subjektiv natürlich defizitären Glauben zu leiden oder zu verzweifeln.

Es hat mit dem asozialen Verhalten der Gemeinde zu tun. Der ökonomische Riß teilt Arme und Reiche, Satte und Hungrige, Einkommenssichere und Einkommenslose, Starke und Schwache in der Gemeinde, teilt auch den Leib Christi. Die Besitzenden beschämen nicht nur die, die nichts haben (1 Kor 11, 22), sondern verachten durch ihr Verhalten auch Gott. Sie sind satt auf Kosten der Armen. Aber haben sie mit den Armen nicht doch die Gemeinschaft des heiligen Geistes und den Anteil am Leib Christi? Das Anteilhaben am Leib Christi ohne das Teilen der Lebensmittel verurteilt sich selbst. Deshalb rät Paulus, aufeinander zuzugehen, aufeinander zu warten, damit alle etwas zum Leben und vom Leben haben. Während er von den theologischen Auseinandersetzungen schreibt, daß sie sein müssen, dürfen die wirtschaftlichen Risse nicht sein. Sie sind pathogen, Ursachen und Leiden zum Tode der Mühseligen und Beladenen. Wird kirchlich auch noch gerechtfertigt, daß es Kranke und Arme immer geben müsse, so wird dem Glauben an das alles erneuernde Reich Gottes der Abschied gegeben.

Aber gibt es nicht doch ein Leiden, das Menschen auf sich zu nehmen haben? Ja. Dietrich Bonhoeffer spricht in dem schon erwähnten Brief, neun Monate vor seiner Ermordung, davon, daß auch das Leiden „ein Weg zur Freiheit" sein kann. „Die Befreiung liegt im Leiden darin, daß man seine Sache ganz aus den eigenen Händen geben und in die Hände Gottes legen darf. In diesem Sinne ist der Tod die Krönung der menschlichen Freiheit. Ob die menschliche Tat eine Sache des Glaubens ist oder nicht, entscheidet sich darin, ob der Mensch sein Leiden auch als eine Fortsetzung seiner Tat, als eine Vollendung der Freiheit versteht oder nicht." Leiden anzunehmen, kann ein Ziel des therapeutischen Gespräches sein, wenn es nicht die Welt vergißt, in der unser von Gott angenommenes Leben stattfindet. Ich muß jetzt, an den Text von Paul Gerhardt denkend, noch einmal fragen: Ist es nicht ein bißchen unfair, das 17. und 18. Jahrhundert mit seiner völlig individualisierenden Leidensrechtfertigung, seiner Erfahrung ohne Widerstand, seiner kompensatorischen Flucht vor der leidvollen Erde in den leidlosen Himmel mit Bonhoeffers nüchternen Überlegungen zu kontrastieren? Gebietet nicht die völlige Ohnmachtserfahrung in einem Jammertal, das für Paul Gerhardt (im Gegensatz zu seinen Nachfahren) keine Metapher war, sondern die exakte Beschreibung zerstörter Dörfer, Städte und Menschen im 30jährigen Krieg, nur Ergebenheit im Kreuz zu leben?

Kirchlich und politisch wirksam wurde jene vertröstende Rolle der Ergebenheit. Die Wirksamkeit der Bonhoefferschen Gedanken haben wir noch zu lernen. Er läßt Leiden nur dann eine Station auf dem Weg zur Freiheit sein, wenn es ein Leiden der Glaubensentscheidung ist, die menschlich und politisch, geistlich und intellektuell versucht hat, dem Leiden und Opfer produzierenden Rad in die Speichen zu greifen. Leiden ist dann Fortsetzung der eigenen Geschichte, des eigenen Glaubens, der eigenen Tat und kein Ausdruck von Passivität, Flucht oder Tatenlosigkeit. Nur dieses Leiden ist „gerechtfertigt", das sich mit dem göttlichen Lebenswillen hier auf dieser Erde verschränkt: „Tatenloses Abwarten und stumpfes Zuschauen sind keine christlichen Haltungen, den Christen rufen nicht erst die Erfahrunen am eigenen Leib, sondern die Erfahrungen am Leib der Brüder, um deretwillen Christus gelitten hat, zur Tat und zum Mitleiden."

VIII

Zur selben Zeit, als die von mir zitierten Ergebenheitslieder gelernt wurden, schreibt ein Flüchtling, der den Kelch des Leidens bis zum Bittersten hat auskosten müssen, bis zum Verlust der Familie und dem Ende seiner Kirche, zur Friedenskonferenz von Breda 1667: „Da wir, die christliche Welt in Europa, nicht die gesamte Menschheit umfassen, sondern es daneben noch Hunderte von Nationen gibt, zerstreut über der ganzen Erde, und es nicht genug ist, daß Christus der Heiland etlicher sei, sondern daß er das Licht und das Heil Gottes für alle Nationen bis an das Ende der Welt sei [Jes 49, 6 – diesen Vers zitiert Columbus als Begründung seiner Eroberungsfahrten nach Westindien], so ist es angebracht, darüber nachzudenken, auf welche Weise wir Christen der ganzen übrigen Welt und allen Nationen Heil, Frieden und Licht bringen könnten, nachdem wir untereinander Frieden geschlossen haben. Denkt man darüber tiefer nach, so kann man gar nicht im Zweifel sein, ob die europäischen Seefahrten in ferne Länder mehr Gutes oder Böses eingebracht haben. Es ist offensichtlich, daß wir zwar an Vermögen, an verschiedenen Raritäten und auch Delikatessen reicher, an schlimmsten Bosheiten aber schlechter geworden sind ... Es ist absolut notwendig, mit dem Trachten nach Seemacht Schluß zu machen, ja sogar der Streit um ein Vorrecht wäre da wohl ungerecht. Denn der Schöpfer hat allen dasselbe Recht über die Meere gegeben ... Das sei auch dir gesagt, Amsterdam, dir, London, dir, Lissabon und dir, Venedig: die Zeit wird kommen, da euer Hurenlohn mit allen Königreichen der Welt an Gott zurückkommt; ... so daß in Zukunft nicht einfach Privatleute ihre Schätze zu eigenem Nutzen sammeln werden, sondern daß alle, die vor dem Herrn auf Erden wohnen, essen und trinken und sich wohl kleiden und freudig den Herrn aller Erde loben.“ So schreibt J. A. Comenius, Pädagoge, Bischof der untergehenden böhmischen Brüderkirche.

Offensichtlich können ohnmächtige Christen und Minderheitenkirchen, die ihre Ohnmacht jeden Tag erfahren, kräftiger sein, die Realität der Leidenden außerhalb der eigenen Region wahrzunehmen. Sie verstehen die Bibel besser, weil ihre Diagnose radikaler, ehrlicher und gesellschaftskritischer ist.

Wachstum und Akkumulation von Reichtum in den Händen weniger werden kritisiert. Die Grenzen der wachstumsreichen, traditionell christlich induzierten Länder liegen in der Notwendigkeit zu teilen. An Vermögen können und werden wir in unserem Teil der Gesellschaft immer reicher. Die Metastasen des Wachstums wuchern als vergiftete Böden und Luft, als verseuchtes Wasser, als ausgerottete Arten und unwiederbringlich verbrauchte Ressourcen, kurz als eine menschlich verursachte Krankheit für Menschen und Natur weiter.

Es ist mir ebenso bitter wie verständlich, daß aus der siegreichen christlichen Tradition eine Geschichte der Betäubung und der Taubheit wurde. Opium des Volkes ist nach Karl Marx die Religion. Marx hat dieses Psychopharmakon angesichts des Elends von Millionen Menschen durchaus verstanden. Den Leuten blieb nichts anderes übrig, als sich so zu betäuben. Bei ihm ist auch die Erinnerung nicht verschwunden, daß Religion eigentlich mehr hätte sein können, in prophetischen und urchristlichen Zeiten mehr war als ein Psychopharmakon. Sie mußte damals nicht zu den Philosophien gezählt werden, die die Welt nur verschieden interpretierten. Sie hat sie durchaus verändert, worauf es bekanntlich ankommt. Aber das ist vorbei, denkt Marx. Die Menschen haben Opium nötig wie der Indio, der Kokablätter kauen muß, um Hunger und Elend zu betäuben – und zu vergessen. Das Christentum, in dem Marx erzogen war, ist ihm zugleich Ausdruck des wirklichen Elends und des Protests gegen das wirkliche Elend. Mehr als eine Problemanzeige bleibt hier nicht. Das Christentum hätte mehr sein können, als es wurde. Obwohl die christliche Alternative gelehrt wurde, sie wurde kaum wahrgenommen und zu wenig ausprobiert. Nach dem Herborner Studenten, Johann Amos Comenius, nun der Herborner Jurist und Theologe Johannes Althusius (1557-1638). Er hat 1603 seine „Arznei gegen die Tyrannei“ geschrieben. In ihr erlaubt er jenen „Widerstand ... wodurch die Ephoren (Volksvertreter) mit Wort und Tat die Tyrannei des Summus Magistratus verhindern und ihn absetzen oder aus ihrer Mitte entfernen, wenn er nicht zur Vernunft gebracht werden kann, und sie auf andere Weise die Gemeinschaft nicht gesund und unversehrt erhalten und den Staat von Übeln befreien können.“ Widerstand und Überwindung aller Übel ist mit dem Reich Gottes angesagt. Weniger nicht. Das hat therapeutische und politische Konsequenzen: nicht hinzunehmen, was es an Übeln gibt.

IX

Die Bibel ist sehr konkret und vielsprachig in der Beschreibung der Krankheiten. Körperliche und seelische Krankheiten sind ihr gleich schlimm. Heilung beschreibt die Bibel ebenso konkret und vielseitig. Gibt es in Babylon und Ägypten schon Anfänge einer medizinischen Spezialisierung, die die Chirurgen zu den Handwerkern und die Internisten zu den Priestern rechnet, so ist im biblischen Israel davon nichts zu spüren. Es gibt Wundärzte und Propheten, die heilen, Heilkundige und Familienangehörige, Charismatiker und Apotheker. Gott traut allen Menschen heilende Kapazitäten zu. In Jesus Sirach (38, 1-15) wird ausführlich auf zwei Berufsgruppen, Ärzte und Apotheker, eingegangen.

„Ehre den Arzt seinen Diensten gemäß,
denn auch ihm hat Gott sein Teil zugewiesen.
Von Gott ist der Arzt unterrichtet,
und vom König erhält er Geschenke.
Das Wissen des Arztes erhöht sein Haupt,
und bei Fürsten hat er Zutritt.
Gott bringt aus der Erde Heilmittel hervor,
und ein verständiger Mensch verschmäht sie nicht.
Durch sie beruhigt der Arzt den Schmerz,
der Apotheker bereitet die Mischung.
Mein Sohn, in der Krankheit säume nicht,
bete zu Gott, denn er macht gesund.
Fliehe den Frevel und reinige die Hände,
von allem Bösen reinige dein Herz.

Spende Weihrauch und ein Gedächtnisopfer,
mache reichlich die Gabe, so gut du vermagst.
Doch auch dem Arzt gewähre Zutritt,
nicht soll er weichen, denn auch er ist nötig.
Denn es gibt Zeiten, da hat seine Hand Erfolg,
denn auch er betet zu Gott,
daß er ihm die Untersuchung gelingen lasse
und die Heilung zur Erhaltung des Leibes.
Wer gegen seinen Schöpfer sündigt,
der fällt in die Finger des Arztes."

In die Hände von Heilbringern zu fallen, kann offensichtlich auch eine Strafe sein. Die Korrespondenz mit dem Schöpfer ist für Patient und Therapeut wichtig. Sie hilft, auch mit der Natur als Gottes Schöpfung zu korrespondieren.

Die therapeutischen Möglichkeiten Gottes gehen nicht auf Kosten der therapeutischen Möglichkeiten der Menschen. Es gilt, alles zu tun, als ob es Gott nicht gäbe, und zu glauben, daß alles an Gott liegt. Gott dankt nicht ab, wenn Menschen heilend und helfend am Werk sind.

Keine Therapie ist garantiert. Es gibt Grenzen des Helfens. Schmerzlich wissen wir das. Vielleicht ist schon viel gewonnen mit dem Prozeß, den Alexander Mitscherlich einmal seinem Freund Jürgen Habermas beschreibt: „Die Therapie erreicht oft nicht mehr als die Verwandlung von Krankheit in Leid, das den Rang des homo sapiens erhöht, weil es seine Freiheit nicht vernichtet." Von dieser Würde der Menschen wie von der Würde, Leid zu tragen (ohne es zu verklären!), spricht die Bibel in ihrem umfassenden Verständnis von zerrissener Schöpfung, lebensgefährlicher Geschichte und schmerzvoller Krankheit der Menschen.

Psychogene Erkrankungen und Verhaltensstörungen nehmen schnell zu. Ein Buch wie das von Heinz Schepank („Psychogene Erkrankungen der Stadtbevölkerung", Berlin/Heidelberg 1987) zeigt ein erschreckendes, weil typisches Bild einer süddeutschen Großstadt. Die Erziehung zu produktions- und konsumfähigen Menschen hat Vorrang vor der Erziehung zu kommunikationsfähigen Menschen. Wo beginnt Leid, das die Freiheit des homo sapiens vernichtet?

X

Gottes Art, Arzt zu sein, ist umfassend: „Wenn du der Stimme Gottes, deines Herrn, gehorchst, und das tust, was in seinen Augen recht ist, und auf seine Anweisungen lauschst und alle seine Satzungen beachtest, dann will ich dir keine der Krankheiten auferlegen, die ich Ägypten auferlegt habe, denn ich bin Gott, der Herr, dein Arzt" (Ex 15, 26). Die Befreiungstradition der Exodusgeschichte durchbricht die Monologstruktur von Herrschaft und Gewalt, bezieht einen zuhörenden und sprechenden Gott, lauschende und sprechende und Gottes Willen tuende Menschen in ein Gespräch ein.

Die Heilsbotschaft und Kraft Gottes gelten auch den Nichtglaubenden. Naeman der Syrer wird vom Aussatz geheilt wie die syrophönizische Frau von ihrer Krankheit. Als die Engel im Himmel, so erzählt der Talmud, über Israels Rettung von den ägyptischen Plagen und Krankheiten laut jubeln, entdecken sie einen traurigen Gott im Himmel, der nicht mitfeiert. Wie könnte er, so sagt er, da doch seine Kinder, die Ägypter, ertranken?

XI

Georg Büchner fragt: „Warum leide ich? Das ist der Fels des Atheismus." Daran macht manche Absage an Gott sich fest, nach Auschwitz und Hiroshima mehr denn je. Ein theistischer Schluß gegen eine atheistische Konsequenz ist nicht möglich, intellektuell und praktisch nicht. Bei den Leidenden präsent zu sein, könnte eine Möglichkeit sein, neue Antworten zu suchen. Rabbi Nachman von Bratzlav erzählt eine Geschichte vom Truthahn: „Es geschah einmal, daß der Königssohn in Wahnsinn verfiel und behauptete, er sei ein Truthahn. Als Truthahn hatte er den Drang, nackt unter dem Tisch zu sitzen und Krumen und Knochen aufzulesen. Alle Ärzte verzweifelten an der Aufgabe, ihm zu helfen und ihn davon zu heilen. Der König war darüber in großer Sorge. Bis ein Weiser kam und ankündigte: ‚Ich nehme es auf mich, ihn zu heilen.' Er zog sich ebenfalls nackt aus und setzte sich unter den Tisch neben den Königssohn und pickte mit ihm nach Krumen und Knochen. Der Prinz fragte ihn: ‚Wer bist du und was suchst du hier?' Er antwortete: ‚Und was suchst du hier?' Der Prinz sagte ihm: ‚Ich bin ein Truthahn.' ‚Und ich', sagte der Weise, ‚bin auch ein Truthahn.' So saßen die zwei dort einige Zeit zusammen, bis sie sich aneinander gewöhnt hatten. Dann, auf ein Zeichen des Weisen, warf man Hemden hinunter. Da sagte der Truthahn-Weise zum Königssohn: ‚Du denkst, daß ein Truthahn nicht in einem Hemd gehen kann? Man kann ein Hemd tragen und trotzdem Truthahn sein.' Und beide zogen sich Hemden an. Nach einiger Zeit gab er wieder ein Zeichen, und man warf ihnen Hosen hinab. Und der Weise sagte dem Prinzen wie oben: ‚Du denkst, daß man in Hosen kein Truthahn sein kann?' usw., bis sie die Hosen anzogen und alle anderen Kleidungsstücke. Und später gab er wieder ein Zeichen, und man reichte ihnen menschliche Nahrung vom Tisch hinunter. Und er sagte ihm: ‚Du denkst, wenn man gute Speisen ißt, sei man schon kein Truthahn mehr? Man kann essen und auch Truthahn sein.' Und sie aßen. Danach sagte er: ‚Du denkst, daß ein Truthahn unbedingt unter dem Tisch sein muß? Man kann als Truthahn auch am Tisch sitzen.' So verfuhr er mit ihm, bis er ihn ganz geheilt hatte."

Das Heilen beginnt mit der Solidarität und Solidarität mit Erniedrigung. Unterm Tisch, nackt, von Krümeln und Abfällen lebend, die von der Reichen Tisch fallen, Kleider und Lebensmittel teilend – vor allem das geschichtliche Leiden teilend; und den Leidenden nicht dazu zwingend, sich mir, dem Mächtigen oder der Mehrheitsgesellschaft anzupassen. Er soll und kann bleiben, was er ist. Dort zu sein, wo die Menschen leiden, dort auch, wo sie verrückt zu werden drohen über die ungerechte Verteilung von Mangel und Überfluß, von Leiden und Gleichgültigkeit, von Elend und Macht, von Unglück und Glück.

XII

In der böhmischen Reformation der Brüder-Unität gibt es die Rede vom nudus Christus, vom nackten Christus. Seine Nacktheit besteht darin, daß er sich aller Göttlichkeit, ihrer Privilegien und Schutzmöglichkeiten entäußert hatte. Nichts hält ihn zurück, im Elend bei seinen Menschen zu sitzen, nicht passiv, im Gegensatz zu Hiobs Freunden nicht geschwätzig, sondern zuhörend, Kleider und Krümel, Elend und Tiefe, Brot und Unglück mit den Elenden und Erniedrigten teilend. Ich finde hier den Gedanken ausgesprochen, den Dietrich Bonhoeffer mehrfach in seinen Gefängnis-Briefen festhält, daß nur ein leidender und ohnmächtiger Gott helfen könne. „Gott läßt sich aus der Welt herausdrängen ans Kreuz. Gott ist ohnmächtig und schwach in der Welt, und gerade auch nur so ist er bei uns und hilft uns." Jede normale Religiösität redet von der Allmacht Gottes. Vielleicht nur um davon zu träumen, selbst ein Stück daran teilzuhaben.

„Menschen gehen zu Gott in seiner Not,
finden ihn arm, geschmäht, ohne Obdach und Brot,
sehn ihn verschlungen von Sünde, Schwachheit und Tod,
Christen stehen bei Gott in seinem Leiden."

Gottes Erniedrigung, sein Weg zu den Menschen – das sind biblische Grundgedanken. Der göttliche Arzt ist auch ein menschlicher Patient. Erstaunt wird er gefragt: Wo haben wir dich nackt, hungrig, gefangen, krank gesehen? Und er wird ohne Umschweife antworten: in den geringsten aller Schwestern und Brüder.

Und dann versucht er mit ihnen durch uns, soweit es möglich ist, den Exodus aus Unterdrückung und Angst, aus Depression und Krankheit, aus Leiden und Hunger, aus Obdachlosigkeit und Gefangenschaft, aus Schuld oder Arbeitslosigkeit.

XIII

Noch einmal Heinz-Jürgen Harder:

„Sie behaupten also,
der Sohn Gottes zu sein,
und trügen im Irrenhaus
die Sünden der Welt?
Weiterhin erklären Sie,
Gott wäre hier zwangseingewiesen?

hielt er nächtliche Sprechstunden
im Schlafsaal?
Sie müssen vernünftig werden,
packen Sie ihre Halluzinationen ein,
dann können wir sie entlassen
- aber ohne den Heiligen Geist."

Arbeiten wir weiter, entlassen zu den Leidenden und Schwachen, Ratlosen und Hungrigen innerhalb und außerhalb der Krankenhäuser. Aber auf den Heiligen Geist können wir nicht verzichten.

Menschliche und künstliche Intelligenz

Notizen auch für eine Tagesordnung des jüdisch-christlichen Gespräches *

I Widerworte 1

„Dummheit ist ein gefährlicherer Feind des Guten als die Bosheit. Gegen das Böse läßt sich protestieren, es läßt sich bloßstellen, es läßt sich notfalls mit Gewalt verhindern, das Böse trägt immer den Keim der Selbstzersetzung in sich ... Soviel ist sicher, daß sie [die Dummheit] nicht wesentlich ein intellektueller, sondern ein menschlicher Defekt ist. Es gibt intellektuell außerordentlich bewegliche Menschen, die dumm sind, und intellektuell sehr Schwerfällige, die alles andere als dumm sind ... Dabei gewinnt man weniger den Eindruck, daß die Dummheit ein angeborener Defekt ist, als daß unter bestimmten Umständen die Menschen dumm gemacht werden, bzw. sich dumm machen lassen ... Die Macht der einen braucht die Dummheit der anderen ... Es wird wirklich darauf ankommen, ob Machthaber sich mehr von der Dummheit oder von der inneren Selbständigkeit und Klugheit der Menschen versprechen."[1] Nach 10 Jahren Naziherrschaft notiert 1943 im Gestapogefängnis Dietrich Bonhoeffer, ermordet im KZ Flossenbürg am 9. 4. 1945, diesen Text seiner „Bilanz". Es ist zugleich der Protest eines Intellektuellen gegen intellektuelle Servilität im Dienst einer mörderischen Dummheit und für eine menschliche Seite der natürlichen wie der künstlichen Intelligenz. Sollen beide nicht nur instrumentell, sondern intentional sein, bedürfen beide jenes „Aktes der Befreiung", der allein die klügste Dummheit in die Schranken der Menschlichkeit weist.

II Widerworte 2

„Die jeweils dem fortgeschrittensten technischen Entwicklungsstand angemessenen Verhaltensweisen beschränken sich nicht auf die Sektoren, in denen sie eigentlich gefordert sind. So unterwirft Denken sich der gesellschaftlichen Leistungskontrolle nicht bloß dort, wo sie ihm beruflich aufgezwungen wird, sondern gleicht seine ganze Komplexion ihr an. Weil nachgerade der Gedanke in die Lösung von zugewiesenen Aufgaben sich verkehrt, wird auch das nicht Zugewiesene nach dem Schema der Aufgabe behandelt. Der Gedanke, der Autono-

* Zuerst in: Aus zweier Zeugen Mund. Festschrift für Pnina Navè Levinson und Nathan Peter Levinson, hg. v. Julius H. Schoeps, Gerlingen 1992, 117-128.

1 Dietrich Bonhoeffer, Widerstand und Ergebung. Briefe und Aufzeichnungen aus der Haft, hg. v. E. Bethge, Neuausgabe, München 1970, 16f.

mie verlor, getraut sich nicht mehr, Wirkliches um seiner selbst willen in Freiheit zu begreifen ... Während der Gedanke verlernt hat, sich selbst zu denken, ist er zugleich zur absoluten Prüfungsinstanz seiner selbst geworden. Denken heißt nichts anderes mehr als in jedem Augenblick darüber wachen, ob man auch denken kann. Daher das Erstickte noch jeder scheinbar unabhängigen geistigen Produktion, der theoretischen nicht weniger als der künstlerischen. Die Vergesellschaftung des Geistes hält sich überdacht, gebannt, unter Glas, solange die Gesellschaft selber gefangen ist ... Intelligenz ist eine moralische Kategorie." So schreibt Theodor W. Adorno 1945 in seinen Minima Moralia.[2]

Methoden und Instrumente moderner Wissenschaft prägen Verhalten und Normen. Die beliebte Formel, alles sei ambivalent, was der Mensch auch erfinde oder anfasse, ob Küchenmesser oder Computer, Nuklearenergie oder Automobil, alles könne zum Guten oder Bösen benutzt werden, greift zu kurz. Nichts ist nur Werkzeug, nichts nur Prothese, schon gar nicht die Systeme künstlicher Intelligenz. Sie schaffen rückkoppelnd in den Hirnen und Händen derer, die sie ersinnen und anwenden, Verhaltensmuster und Werte, die ihrerseits gern mit der Rationalität und Normativität auftreten, die im Prozeß ihrer wissenschaftlichen und technischen Entwicklung maßgebend waren, nicht aber in der Motivation ihrer Genesis oder Benutzung. Sie schaffen Ethiken, formen Anthropologien, die aus der Praxis stammen und die Praxis über den Bereich der Anwendung und Experten hinaus wieder bestimmen. Eine technizistische oder technokratische Ethik ist auch eine Ethik.

Im Gegensatz dazu fliehen Menschen in vermeintliche Nischen – den Wegweisern „zurück zur Natur" oder „gedankenlos stillgestanden" folgend. Die Flucht löst kein Problem. Die durchaus vernehmbaren Stoßseufzer von Geisteswissenschaftlern oder Künstlern, glücklicherweise in „folgenlosen" oder „fortschrittslosen" Wissenschaften oder Künsten zu arbeiten, täuschen sich. Ehrliche Reflexionen über das doch real „beschädigte Leben" zeigen auch die destruktiven Beiträge von angeblich „folgenlos" Gedachtem und Gemachtem. Alle sind „Macher". Und sie sind überall, und es sind nicht nur die Techniker oder Naturwissenschaftler. Der oft mißbrauchte Traum von einem oder vielen Reichen der Freiheit praktiziert keine Denkblockaden, sondern entwirft Intentionen, transformiert die Intelligenz zu einer moralischen Kategorie, was sie von Natur aus nicht ist. Die Fragen „Wozu? Warum?", nach Motiven und Zielen müssen beantwortet werden. Der Ausbruch aus der Unfähigkeit, „sich selbst zu denken" und damit aus der „absoluten Prüfungsinstanz seiner selbst", gelingt nur, wenn die bannenden „Überdachungen", die die Sektoren der Wissenschaft nicht nur voneinander trennen, sondern auch gemeinsam gefangen nehmen, aufgebrochen werden. Und dann tauchen Menschen auf.

2 Theodor W. Adorno, Minima Moralia. Reflexion aus dem beschädigten Leben, Frankfurt a. M., 1969, 261f.

III Kränkungen

Siegmund Freud hat in seinen „Vorlesungen zur Einführung in die Psychoanalyse“[3] mehr beiläufig bemerkt, daß der Mensch in der Neuzeit drei entscheidende „Kränkungen“ hat hinnehmen müssen. Sie rissen ihn aus seiner von ihm geschätzten, weil stabilisierten, unterschiedlich begründeten Sonderrolle als Mittelpunkt der Natur. Verhaltenssicherheit gaben feste Elemente von Weltbildern.

Bezeichnenderweise hängen alle drei Kränkungen mit neuen naturwissenschaftlichen Erkenntnissen und ihren Umsetzungen zusammen. Das heliozentrische Weltbild des Kopernikus nahm den Menschen mit seiner Erde aus seinem seit Jahrhunderten festgeschriebenen Zentrum heraus. Darwins Forschungen gliederten ihn in die Reihe der Lebewesen und ihrer Evolutionen ein. Freud selbst zeigte, wie wenig das Unterbewußtsein dem Menschen erlaubt, Herr im eigenen Hause seines Denkens und Verhaltens zu sein.

Es gibt nicht wenige Zeitgenossen, die angesichts faszinierend schneller und leistungsfähiger Computer, ihrer Datenspeicher und Vernetzungen, angesichts des rapiden Ausbaus der Informatik und ihrer Anwendungen, angesichts oft machtvoller Erfasser und machtloser Erfaßter, angesichts der Rede und der Wirklichkeit von „künstlicher Intelligenz“ (die eine allgemein anerkannte Definition und Abgrenzung noch nicht gefunden hat) eine vierte Kränkung des Menschen befürchten. Sie wird deswegen als demütigender empfunden, weil sie den „homo sapiens“ als „Geistwesen“ trifft, dessen Vernunft, Intelligenz, Bewußtsein, Selbstbewußtsein, Phantasie – was immer das alles sei – ihn gerade aus der Reihe imponierender künstlicher und natürlicher Kreaturen hervorhebt, ihn von einengenden oder manipulierenden Kräften und Interpretationen seiner Wirklichkeit und seines Selbst kritisch befreien kann und oft genug auch befreit hat.

Ist die Wissenschaft heute so erfolgreich, daß der Mensch kurz davor steht, daß seine Produkte ihn mit ihren Kapazitäten und Kompetenzen überholen, und nicht nur mit ihren Geschwindigkeiten und technischen Fähigkeiten? Warum sind sie mehr als Werkzeuge und Prothesen? Was sind sie? Was leisten sie?

Hinter solchen Fragen sofort Technikfeindlichkeit zu wittern – obwohl es sie in kruder oder simpler Form gewiß gibt –, greift zu kurz. Es ist nicht zu vergessen, daß die drei „Fortschritte“ sich selbst sehr schlecht dagegen schützen konnten, von anderen zu „Weltanschauungen“ ausgebaut zu werden. Hier soll im Blick auf die Geschichte nicht spekuliert werden, ob Kopernikus, Darwin oder Freud für die menschlichen und sozialen Folgen und Ideologisierungen ihrer Entdeckungen verantwortlich sind. Heutige Wissenschaftler können sich nicht von den Erfahrungen der Wissenschaftsgeschichte dispensieren, daß alle Wissenschaften mißbrauchbar waren und sind. Diese „Aufklärung“ durch die Geschichte der Wissenschaften wurde von vielen Opfern bitter bezahlt. Sie

3 Siegmund Freud, Studienausgabe 1, Frankfurt a. M. 1969, 283f.

muß noch vielen zu einem Exodus aus „selbstverschuldeter Unmündigkeit", zu einem Ausgang aus Elfenbeintürmen spezialistischer Abblendung und damit asozialer Existenz verhelfen.

Kopernikus, Darwin und Freud haben es – wie andere Wissenschaftler – erleben müssen, daß Menschen z. B. als quantités négligeables, weil kosmische Stäubchen, vernachlässigt und aus dem Leben gefegt wurden. Zum Sozialdarwinismus wurden wissenschaftliche Erkenntnisse ausgebaut, die legitimierten, den Menschen einem Recht des Stärkeren und der Selektion durch die selbsternannten Tüchtigen zu unterwerfen. Und die Psychoanalyse konnte privatistisch und banalisiert den Menschen mit seinen Beschwerden – wie ein Werkstück der Werkstatt – einer Psychotechnik zuführen, die sich Staat, Werbung und Propaganda auch zur Disziplinierung und zur Erzeugung wünschenswerter Verhaltensweisen zunutze machen konnte. Die Geschichte der Wissenschaften ist in ihren reflektierten und unreflektierten Folgen ein noch kaum aufgeschlagenes, geschweige denn bearbeitetes Lehrbuch der Ethik, Anthropologie und der sozialen Praxis – gerade auch da, wo die Wissenschaften keine Ethik, keine Anthropologie und keine Sozialität entwerfen und bestimmen wollen.

IV Tabus?

Hans Jonas erinnert an geschichtliche Erfahrungen, wenn er fordert: „Wir müssen wissen, daß wir uns weit vorgewagt haben, und wieder wissen lernen, daß es ein Zuweit gibt. Das Zuweit beginnt bei der Integrität des Menschenbildes, das für uns unantastbar sein sollte ... Wir müssen wieder Furcht und Zittern lernen und, selbst ohne Gott, die Scheu vor dem Heiligen. Diesseits der Grenze, die es setzt, bleiben Aufgaben genug."[4]

Gibt es Tabus, auf die auch die Systeme der künstlichen Intelligenz und ihre Anwender zu achten haben? Welche? Es sind doch keineswegs – und das macht die Diskussion zwischen und in verschiedenen Wissenschaften kontrovers und notwendig – die „Geisteswissenschaften", die den „Naturwissenschaften" Tabuschilder im Jonasschen Sinne aufstellen. Die Fähigkeit, Daten zu erfassen, zu sammeln, zu kombinieren – bis hin zur Entscheidungsvorbereitung oder zur Delegation der Entscheidung an Systeme der künstlichen Intelligenz – verstärkt auf der einen Seite die Lust der Strategen, Militärs und Fahnder, wie es auf der anderen Seite ihre Menschlichkeit und Persönlichkeit und vor allem die ihrer Opfer gefährdet oder zerstört. Verschwindet der Mensch als ethisches Subjekt, weil er zur Prothese wird? Bedeutet informationelles Selbstbestimmungsrecht nicht weit mehr als Datenschutz?

4 Hans Jonas, Technik – Medizin – Ethik. Praxis des Prinzips Verantwortung, Frankfurt a. M. 1987, 218.

V Evolution als Befreiung

Hans Moravec[5] sieht dagegen den menschlichen Geist sich vom menschlichen Körper trennen. In der Entwicklung kreativer Denkmaschinen – denen gegenüber die jetzige Computergeneration roh und unterentwickelt wirkt – emanzipiert sich der menschliche Geist von seinen biologisch-materiellen Voraussetzungen. Der Geist befreit sich, die Evolution fortsetzend, von dem Menschen, der, selbst ein Produkt evolutionärer Befreiung, ihn sich erdachte, schuf und beherrschte. Er beherrschte ihn bis zu jenem Zeitpunkt, da diese Denkmaschine mehr kann als sein Erzeuger. Die von Moravec vorhergesagte und begrüßte Möglichkeit ist der Abnabelung der Kinder von ihren Eltern vergleichbar. Es ist ein Weg in die Freiheit. Hier wie dort müssen Eltern sich damit abfinden, daß ihre Erzeugnisse sie übertreffen. Wie sieht in diesem Fall ein Generationenvertrag zwischen den kreativen Eltern und ihren noch kreativeren Nachkommen aus? Bleibt den Vorfahren Produktivität oder Senilität nach den Regeln, die ihre Produkte aufstellen?

VI Bleibende Überlegenheit?

Ein Baby kann ein Gesicht erkennen, ein Computer nicht; auch einer jener Supercomputer nicht, in dem Tausende von Prozessoren parallel geschaltet sind und der in einer Sekunde rechnet, wozu ein Mensch mit einem Taschenrechner 2400 Jahre benötigt. So oder so ähnlich melden es die Zeitungen: Staunen mischt sich mit der erleichterten Feststellung, als Mensch – schon als Baby, dessen Milliarden Nervenzellen vielfältiger und leistungsfähiger verknüpft sind als die des besten Computers – doch noch Überlegenheiten gegenüber Maschinen verbuchen zu können. Als Fazit solcher Berichte wird oft formuliert: „Auch die Japaner mußten die Erfahrung machen, daß Maschinen nicht menschlich zu machen sind."[6]

Wird so komparativisch gedacht, werden Listen erstellt, was ein Computer kann, was nicht (noch nicht?), was ein Mensch kann, was er nicht kann (nicht mehr?) – so wird die begrenzte Kapazität menschlicher Gehirne zur Stärke: Sie setzt die Kriterien, an denen gemessen sie den Vergleich noch aushält. Sie nennt die Fähigkeit zur Liebe, Phantasie oder Hoffnung, die die künstliche Intelligenz nicht besitzt. Sie ist unfähig, die Fülle der gesammelten und verknüpften Daten in ihrer Komplexität und in ihren Folgen wahrzunehmen, geschweige denn zu entscheidungsfähigen und relevanten Alternativen zu gestalten. Sind Berechenbarkeit und Simulationsmöglichkeiten der Menschen größer als die Verarbeitungsfähigkeit des Menschen? Scheitert Moravec' Eman-

5 H. Moravec, Mind Children. Der Wettlauf zwischen menschlicher und künstlicher Intelligenz, (dt.) Hamburg 1990.

6 Die Zeit; 7. 10. 1988.

zipation der Computer am eben nicht grenzenlos informierbaren und emanzipierbaren Menschen? Schwäche als Stärke? Fehlerhaftigkeit als Proprium des Menschen – und der Menschlichkeit? Liebe und Witz des Menschen als Chance, sich selbst zu bewahren?

VII Dämonisierung, naturtrüb

Mit dem Überlegenheitsgefühl des Schriftstellers, des Vertreters der älteren Kultur, und dem Unterlegenheitsgefühl des medizinischen Naturwissenschaftlers macht Gottfried Benn die Schuldigen an der Misere aus. Es sind die „Erfinder", die er deswegen „asozial" nennt, weil sie die gesellschaftlichen Folgen ihrer Erfindungen nicht bedenken. Es sind die „besessenen Retortenchefs", jene Spezialisten, deren abblendendes Denken ihnen ein Maximum an wissenschaftlichen oder technischen Fortschritt beschert. Dieses Maximum, worauf unsere Zeit stolz ist, bedeutet jedoch nicht das Optimum für die Menschheit, ihre Kultur, ihre Wirtschaft, ihre Umwelt und schon gar nicht für die Armen der Weltgesellschaft. Aber die Spezialisten brauchen sich nicht zu grämen. Verantwortung ist ihnen nicht zuzumuten. Sie sind gewissermaßen naturgesetzlich „Fehltritte der Natur". Die Dynamik der Veränderung ist durchschaut und beschrieben – „aber sonst?":

„Der Gedanke –
anderthalb Meter reicht er,
eine Dose Daten erschleicht er,
aber sonst –?
Zum Beispiel Schafzucht,
ein Erdteil lebt davon,
dann kommen die Ersatzstoffe,
und die Moufflons sind k.o.
Ursache: die asozialen Erfinder,
besessenen Retortenchefs –
Fehltritte der Natur" (1953).[7]

Wissenschaft und Kulturwelt sieht Gottfried Benn nicht anders denn als Fehlentwicklung. Er folgt darin Oswald Spengler mit seinen Ideen vom faustischen Menschen und einer faustischen Technik. Ihre Größe besteht auch in ihrer Untergangsbereitschaft. Konrad Zuse, einer der ersten Konstrukteure einer programmgesteuerten Rechenmaschine, sieht seine Erfindung in der Tradition dieses faustischen Menschen. Die Faustdichtung „können wir als ein Symbol für unseren ganzen abendländischen Kulturkreis betrachten, wie es der große Geschichtsphilosoph Oswald Spengler in meisterhafter Weise getan hat. Der faustische Geist durchzieht unsere Zivilisation von der Gotik bis in die Gegenwart und wird sich auch für die Zukunft noch grundlegend auswirken.

7 Gottfried Benn, Das Hauptwerk; Bd. 1: Lyrik, Wiesbaden 1980, 365.

Die gotischen Kathedralen sind von demselben Gott durchdrungen wie unsere heutige Technik, die sich z. B. in der Weltraumfahrt, der Atomphysik und dem Computer ausdrückt. In uns allen, die wir als Pioniere oder Anwender an der Weiterentwicklung dieser Ideen arbeiten, steckt ein Stück der faustischen Seele."[8] Mephisto steht nach Zuse „grinsend dabei", der Teufel aber „steckt im Detail". Aber: „Wer immer strebend sich bemüht, den können wir erlösen". So tröstet sich und alle Konrad Zuse. Und dann erinnert er noch einmal – in indirektem Zitat – an den Geschichts- und Wissenschaftsfatalisten O. Spengler: „Es ist unsere Aufgabe, im Rahmen unserer Zivilisation auf dem uns zukommenden Posten zu stehen. Die Menschheit und die Gesellschaft braucht faustische Technik und auch den Computer. Ohne ihn sind die zukünftigen Probleme des Abendlandes nicht zu lösen."[9] Zieht K. Zuse aus einem ähnlichen Wissenschaftsbild optimistische Schlüsse, so O. Sprengler pessimistische: „Auf verlorenem Posten ausharren ohne Hoffnung, ohne Rettung, ist Pflicht. Ausharren wie jener römische Soldat, dessen Gebeine man vor einem Tor in Pompeji gefünden hat, der starb, weil man beim Ausbruch des Vesuv vergessen hatte, ihn abzulösen. Das ist Größe, das heißt Rasse haben."[10]

„In der Tat aber vermögen weder die Köpfe noch die Hände etwas am Schicksal der Maschinentechnik zu ändern, die sich aus innerer, seelenhafter Notwendigkeit entwickelt hat und nun der Vollendung, dem Ende entgegenruft." Die Geschichte von Wissenschaft und Kultur ist eine Tragödie. Der faustische Mensch endet: „Die Schöpfung erhebt sich gegen den Schöpfer: Wie einst der Mikrokosmos Mensch gegen die Natur, so empört sich jetzt der Mikrokosmos Maschine gegen den nordischen Menschen. Der Herr der Welt wird zum Sklaven der Maschine." Aber die Tragödie ist spannungslos. Sie verläuft nach Spengler absolut kalkulierbar, mit naturgesetzlicher Notwendigkeit. „Der gestürzte Sieger wird von dem rasenden Gespann zu Tode geschleift."

Der „steigende Wert der Führerarbeit weniger schöpferischer Köpfe, der Unternehmer, Organisatoren, Erfinder, Ingenieure" wird nicht mehr begriffen und gewürdigt – am wenigsten im Deutschland der Dichter und Denker. „Der alberne Satz: ‚Alle Räder stehen still, wenn dein starker Arm es will', umnebelt die Gehirne von Schwätzern und Schreibern. Das kann auch ein Ziegenbock, der ins Getriebe gerät. Aber diese Räder erfinden und beschäftigen, damit jener ‚starke Arm' sich ernähren kann, das vermögen nur wenige, die dazu geboren sind." Diese Elite, diese „Verhaßten, das Rudel der starken Persönlichkeiten, haben eine andere Psychologie. Sie kennen noch das Triumphgefühl des Raubtieres, das die zuckende Beute unter den Klauen hält, das Gefühl des Kolumbus, als am Horizont das Land erschien, das Gefühl Moltkes bei Sedan, ... solche Augenblicke, die Gipfel dessen, was ein Mensch erleben kann, sind die, in

8 Innovatio 7/8, Fribourg 1987, 20.

9 A.a.O., 20.

10 Oswald Spengler, Der Mensch und die Technik, München 1931, 89.

denen ... eine neu erfundene Maschine tadellos zu arbeiten beginnt."[11] „Aber das gehört zur Tragik dieser Zeit, daß das entfesselte menschliche Denken seine eigenen Folgen nicht mehr zu erfassen vermag ... Das Bild der Erde mit ihren Pflanzen, Tieren und Menschen hat sich verändert. In wenigen Jahrzehnten sind die meisten großen Wälder verschwunden ... damit Änderungen des Klimas eingetreten, welche die Landwirtschaft ganzer Bevölkerungen bedrohen, unzählige Tierarten sind ... ganz oder fast ausgestorben."[12]

„Für die Farbigen – die Russen sind hier immer inbegriffen – ist die faustische Technik kein inneres Bedürfnis ... Diese Maschinentechnik ist mit dem faustischen Menschen zu Ende ... Nur Träumer glauben an Auswege. Optimismus ist Feigheit."[13]

Die optimistische wie die pessimistische Konsequenz eines solchen Denkens hat eine gemeinsame Voraussetzung: Einen Positivismus, für den der Fortschritt naturwüchsig läuft, Moratorien oder Steuerungen von außerhalb seiner selbst widersprechen der Natur der Sache. Naturgesetze der Technik werden zu unabänderlichen Naturgesetzen für Kultur und Geschichte.

VIII Der fähige Meister und der unfähige Zauberlehrling

Warum nicht auf die Weisheit eines Goethe hören, der im Zauberlehrling die zum dienstbaren Roboter und Wasserträger gemachte Materie nicht mehr bändigen kann? Auch Gewalt hilft nicht mehr. Ihre Anwendung multipliziert und reproduziert noch mehr Roboter. Der alte Meister, der sich die dienstbaren Geister ausdachte, glaubte wohl an eine Nonproliferation dessen, was er genial erfunden und geschaffen hatte. Nur der Meister selbst kann zurückholen, was er schuf. Und wenn er das – auch eine Elite kann überfordert, partiell blind oder schlicht unwillig sein – nicht mehr schafft? Gilt hier auch, was Gert Becker, der Vorsitzende von Degussa, nach dem Nukemskandal forderte: „Die Handhabung von radioaktivem Material ist etwas so Kompliziertes, Unheimliches, technologisch so schwer Verstehbares, da muß Vertrauen an die Stelle von Verstehen treten"?[14] Eine solche autoritätsfixierte Einforderung von Vertrauen, also einer grundlegenden Kategorie im Verhältnis von Gott und Mensch und der Menschen untereinander, ist eine säkulare Variante von Fundamentalismus.

Das happy end des Gedichts vom „Zauberlehrling" glaubt an einen Fortschritt, dessen Folgen – tritt nur der „alte Meister" mit dem richtigen Wort auf – reversibel sind. Das Wort, über das er verfügt, begrenzt die Funktion auf den Zweck, den der Erfinder will und beherrscht: „Denn als Geister / ruft euch nur, zu diesem Zwecke / erst hervor der alte Meister."

11 A.a.O., 74f.

12 A.a.O., 78.

13 A.a.O., 87f.

14 Die Welt; 25. 2. 1988.

Schon im 11. Jahrhundert tauchte die Gestalt des Golem auf. Golem heißt „formlose Masse“, seelenlose Materie. Fromme Meister – am bekanntesten ist der Rabbi Löw aus dem Prag des 16. Jahrhunderts – bauen ihn. Wieder ist es so, wie in der jüdisch-christlichen Tradition der Schöpfungsgeschichte, daß das schöpferische und inspirierende Wort ihn ins Leben ruft und wieder stillstellt. Wie alles, was der Mensch schafft, ist auch dieses Produkt ambivalent: In schlimmen Notzeiten des jüdischen Volkes hilft der Golem. Aber er kann auch gewalttätig werden, sich selbständig machen und Menschen gefährden.

Mary Shelley schuf 1818 die Romanfigur Frankenstein; auch er kann Lebewesen machen, Monster zwar, aber zur Herrschaft über Menschen, also auch über ihre Schöpfer, fähig.

Alle diese Geschichten wenden sich gegen eine Gefahr. Ein Geschöpf der Menschen wird zum Herr des Menschen. Was auf dem Gebiet sozialer, staatlicher, ideologischer und wirtschaftlicher Konstrukte schon häufig passierte, daß die Menschen kommandieren, geschieht dann auch auf dem Gebiet naturwissenschaftlicher und technischer Konstruktionen: der Kreator unterliegt seiner Kreatur.

Schöpfersein und Herrsein, schaffen und bestimmen, fallen auseinander. Der Schöpfer wird zum Instrument, zum Ding, zum Objekt, zum Rädchen im Getriebe, zur Funktion von Apparaturen.

Die jüdisch-christliche Tradition beginnt ihre Bibel mit einer Schöpfungsgeschichte. In ihr wird den Menschen – allen! – das dominium terrae, die Herrschaft über die erste Natur, die der Schöpfer schuf, aufgetragen. Diese Geschichte hat zwei Pointen. Einmal entmythologisiert sie alles – auch die von Menschen oft vergötterten Macht-Menschen. Genau so deutlich aber auch die Vergötterung der Dingwelt. Die Dinge werden funktional gesehen. Sonne, Mond und Sterne sind wie Flüsse und Tiere und Menschen eben nicht zu vergöttern. Sie dürfen nicht letzte Werte werden. Sie werden funktional und von ihren Aufgaben her bestimmt. Kreator und Kreatur dürfen nicht ihre Rollen tauschen.

Ein solcher Gedanke verhilft nicht der „Wort“-, „Kultur“- oder „Geisteswissenschaft“ zur Rolle einer Kommando-Wissenschaft. Die Beispiele schrecken. Die anderen Wissenschaften wie die Religionen könnten aber den Naturwissenschaften und Ingenieurwissenschaften in einem ernstgenommenen Mitspracherecht helfen, Wissenschaftspluralismus und Fragehorizonte offenzuhalten. Mehr noch. Sie könnten das Mitspracherecht der außermenschlichen Natur, der Armen und Benachteiligten sowie der zukünftigen Generationen sichern helfen. Es ist gefährdet.

IX Grenzüberschreitung

Zum Gespräch mit einer Wissenschaft, ihren Grundproblemen und Anwendungen ist nicht nur jemand zugelassen, der zum Fach gehört. So unerläßlich das interne Fachgespräch einer Wissenschaft ist, so wichtig Sachkenntnisse der Nichtfachleute (und reichten sie nur zum Fragenstellen!) sind, so notwendig ist das Gespräch über die Grenzen einer Disziplin hinweg. Paul Tillich, der als Theologe, ehe er 1933 emigrieren mußte, an der Technischen Hochschule Dresden und der Universität Frankfurt Philosophie lehrte, nannte die Grenze den „eigentlich fruchtbaren Ort der Erkenntnis".[15] Das ist mehr als die häufig beschworene, selten praktizierte Interdisziplinarität, obwohl ich die These vertrete, daß Entwicklung und Anwendung vieler Zweige der Computertechnologie wie keine Wissenschaft und Technik sonst die Interdisziplinarität gefördert hat und noch weiter fördern wird. Mathematiker und Mediziner, Germanisten und Informatiker, Ingenieure und Biologen, Bibelwissenschaftler und Talmudgelehrte, Künstler und Computerexperten entwickeln Sprachen, Fragestellungen und Problemlösungen gemeinsam.

Zum Gespräch zwischen verschiedenen Wissenschaften untereinander in sowie mit der Öffentlichkeit gehört es, verschiedene Horizonte der Wirklichkeit zu bedenken. Horizonte begrenzen die Wirklichkeit nicht. Zu den Erfahrungen der Wissenschaften, der Kunst oder der Religion gehört auch die Erfahrung, daß die Wahrnehmung dieser Horizonte entgrenzt. Neue Dimensionen der wissenschaftlichen Arbeit, des künstlerischen Ausdrucks, der religiösen Verwirklichung werden möglich. Die Zeiten sind (hoffentlich!) vorbei, in denen eine Religion, eine Wirtschafts- oder Politiktheorie, Kunst oder eine Wissenschaft – jeweils durch politische, wirtschaftliche oder ideologische Bindungen und Interessen machtförmig geworden – sich ein Monopol der Wirklichkeitsinterpretation oder –gestaltung zuspricht oder zusprechen läßt. Die Versuchung des Macht- oder Interpretationsmonopols ist einer neuen Bescheidenheit gewichen. Oder ist diese Bescheidenheit nur die positivistische Haltung derer, die eine hochspezialisierende Arbeitsteilung dankbar als Einladung begreifen, nicht nach dem Wozu und Warum, nicht nach kulturellen und sozialen Aus- und Nebenwirkungen zu fragen? Ist die neue Bescheidenheit Selbsterlaubnis und Chance, zum Komplizen ganz unbescheidener Machtfaktoren zu werden? Führt ein privatistischer Ohnmachtskult nicht genau so zu einer verantwortungslosen Gesellschaft wie eine eindimensionale Bedürfnisbefriedigung in einer hochkommerzialisierten Trinität von Produktion, Konsum und Unterhaltung?

In einer arbeitsteiligen Gesellschaft, die Wissenschaft, Kunst oder Religion ihre Plätze anweist, ist der Weg auch zur Parzellierung der Verantwortung kurz, die Frage nach dem Ganzen mühsam, delegierbar an Philosophie oder Theologie oder an einige „Spezialisten fürs Ganze", wie C. F. von Weizsäcker, George Steiner, Y. Leibowitz, Karl Popper, Joseph Weizenbaum oder C. P. Snow.

Es ist an einen mehrfachen Horizont zu erinnern, der auch in der Frage nach Funktion und Auswirkung der Computertechnologie mit zu bedenken ist. Was im Wahrnehmungs- und Verantwortungsbereich menschlicher Intelligenz liegt,

15 Paul Tillich, Gesammelte Werke 12, Stuttgart 1971, 13.

liegt damit auch in dem der künstlichen Intelligenz. Hier ist die, gewiß unterschiedliche, aber reale Partizipation eines jeden homo sapiens als eines homo faber nötig. Drei Fragen fordern dazu auf:

X Gerechtigkeit?

Werden die Systeme der künstlichen Intelligenz die ungleiche Verteilung von Lebensmitteln, Verfügungsmöglichkeiten über Kapital, Wissen, Energie und Arbeitsplätze zwischen den Industrieländern und den sogenannten Entwicklungsländern noch verstärken? Werden Entwicklung, Produktion, Vertrieb und Besitz von Hardware und Software – gerade in ihren Spitzenprodukten – mehr oder weniger das Privileg von 20 % der Weltbevölkerung bleiben, die sowieso schon über 80 % der Rohstoffe und Energie der Welt fur sich verbrauchen?

1959 löste C. P. Snow eine langanhaltende Diskussion über „Die zwei Kulturen“ aus, die literarische und die naturwissenschaftliche.[16] Sein Motiv lag nicht in erster Linie in den Verständigungsschwierigkeiten zwischen beiden Kulturen, sondern: „Ich erhoffte mir ..., daß erstens auf dem Gebiet des Erziehungswesens etwas geschähe, und zweitens – denn ich selbst hielt immer den zweiten Teil des Vortrages für dringlicher – die reichen und privilegierten Gesellschaften sich mehr Gedanken über die weniger glücklichen machen.“[17]

XI Veränderung ohne Interpretation und Partizipation?

Mit seiner bis zum Überdruß zitierten 11. Feuerbach-These hat Karl Marx den Philosophen vorgeworfen, bisher die Welt „nur interpretiert“ zu haben. „Es kommt aber darauf an, sie zu verändern“. Die Veränderung dachte er sich vor allem im Bereich politischer und ökonomischer Strukturen. Rasant verändert aber wurde die Welt (bei noch immer unangemessen unverändert gebliebenen politischen und ökonomischen Strukturen) durch die zweite und dritte wirtschaftliche und industrielle Revolution. Verlangen diese Veränderungen z.B. durch Nuklearwissenschaft, Biotechnologie oder Kommunikationstechnologien nicht, endlich einmal – besser: vielmals – interpretiert zu werden? Was hat sich wirklich geändert? Welche Auswirkungen für das Erziehungs- und Bildungswesen sind zu bearbeiten? Hechelt es, sowieso mit dem nicht zu beschleunigenden Tempo seit Adams und Evas Kinder ausgestattet, nicht hinter wissenschaftlich und technisch ausgelösten Mutationen hinterher? Sind Partizipation und Verteilungsstrukturen nicht weltweit noch immer, ja immer stär-

16 Die Diskussion ist dokumentiert in: Helmut Kreuzer (Hg.), Die zwei Kulturen. Literarische und naturwissenschaftliche Intelligenz. C. P. Snows These in der Diskussion, München (dtv 4454) 1987.

17 A.a.O., 69.

ker in die archaischen Ungleichgewichte zwischen Armen und Reichen eingezwängt? Nach dem Scheitern des verstaatlichten Marxismus scheint das westliche, marktwirtschaftliche Wirtschaftskonzept alternativlos zu sein. Alternativloses Denken ist die bedrohlichste Gefährdung von Freiheit und Demokratie und damit von Wissenschaft und Gerechtigkeit – in dieser Konstellation kommunizierender Röhren.

Wissenschaftlich wie gesellschaftlich fördert alternativloses Denken und Handeln Fundamentalismen. Die Debatte um die Grenzen des Wachstums hat zweierlei gezeigt: Einmal die Gefahr, wie die Fortsetzung eines bestimmten Pfades von Innovation, Produktion und Reproduktion in verheerende Sackgassen führen kann. Der Fortschritt plündert seine Basis. Zum anderen, wie schwer politische und wirtschaftliche Neuorientierungen sind.

Die Systeme der künstlichen Intelligenz können das Durchdenken und Entwickeln von Alternativen vorantreiben. Es wäre paradox, gerade diese Instrumente nur für die bereits eingeschlagenen Pfade bei der Verteilung von Gütern, Konzepten und Kapazitäten der Erde, bei der Sicherung des Friedens und beim Erhalt der Schöpfung einzusetzen. Joseph Weizenbaum spricht von einem „Kurs auf den Eisberg".[18] Nur ein Wunder könne uns retten. Und Wunder ist nicht ein Mirakel. Darüber verfügen Gaukler und Götter, Teufel und Dämonen. Wunder bestehen (nach theologischer Auffassung) im Denken und Praktizieren von bisher Undenkbarem und Unmöglichem. Auschwitz und Hiroshima gehören zu den negativen Wundern (auch der Wissenschaft) der Neuzeit. Nachdem das Undenkbare gedacht und gemacht worden ist, eröffnen solche Wunder neue Möglichkeiten des Grauens. Sie könnten aber auch Denk- und Entwicklungswege umkehren und ihnen neue Ziele setzen. Sie könnten dazu führen, bisher Undenkbares zu denken und bisher aus Mangel an alternativer Phantasie nicht Versuchtes endlich zu versuchen – im positiven Sinne. Bleibt wissenschaftliches wie soziales Denken und Handeln alternativlos, so bleiben den wachsenden Menschenzahlen in der Zweidrittelwelt nur die wissenschaftlichen und industriellen Konzepte des Nordens als Angebote von Kopien und Blaupausen eines ungeheueren wissenschaftlichen, technischen und industriellen Fortschritts. Wird auch in Zukunft die Welt in wissenschaftliche und technische Innovateure und Besitzer von politischer und wirtschaftlicher Macht auf der einen Seite und Almosen- und Blaupausenempfänger auf der anderen Seite zerfallen? Die Sackgasse ist programmiert: Die armen Länder streben den Lebensstandard der reichen an. Dieses Ziel ist nicht zu verwirklichen, weil weder die natürlichen Ressourcen noch die Energie ausreichen. Moratorien oder ein verlangsamtes Wachstum sind in den reichen Ländern nicht durchsetzbar, obwohl sie nötig sind. Diese erklären aber auch nicht offen ihre Absicht, an einem Konzept von zwei Welten festzuhalten, das deren Distanz wenn schon nicht ausbaut, so doch auf Dauer stellt.

18 Joseph Weizenbaum, Kurs auf den Eisberg, Zürich 1984; ders., Die Macht der Computer und die Ohnmacht der Vernunft, Frankfurt a. M. 1985.

Breiten sich Wissenschaft und Industrie naturwüchsig in Form von Töchtern und Filialen der High-Tech-Zentren aus? Oder erlauben sie Emanzipationen, Alternativen und Konkurrenzen als Ausdruck einer Freiheit der Andersdenkenden auch dann, wenn diese ohnmächtig und arm sind?

XII Zur Schizophrenie der unterschiedlichen Tempi

Der Physiker und Pazifist Albert Einstein kennzeichnet 1932 auf einer Abrüstungskonferenz die Rüstungswissenschaft und –industrie als Vorreiter der modernen Wissenschaft und Technik: „Was uns der Erfindergeist der Menschen in den letzten hundert Jahren geschenkt hat, vermöchte das Leben sorglos und glücklich zu gestalten, wenn die organisatorische Entwicklung mit der technischen hätte Schritt halten können. So aber nimmt sich das mühsam Errungene in der Hand unserer Generation aus wie ein Rasiermesser in der Hand eines dreijährigen Kindes ... Am schlimmsten wirkt sich der technische Fortschritt da aus, wo er die Mittel zur Vernichtung von Menschenleben und mühsam erzeugten Produkten der Arbeit liefert ... Noch schrecklicher als die Vernichtung dünkt mich die unwürdige Knechtschaft, in die der einzelne durch den Krieg hineingerissen wird. Ist es nicht furchtbar, durch die Allgemeinheit zu Handlungen gezwungen zu werden, die jeder einzelne als verabscheuungswürdige Verbrechen empfindet?“[19] Einstein sieht eine mehrfache Gefährdung der Verantwortung. Er will es nicht als selbstverständlich für die Menschheit wie für Wissenschaft und Technik hinnehmen, daß eine wie auch immer begründete humane Ethik durch die Ethik eines Staates, einer Gruppe, einer Gesellschaft oder einer Institution ab- oder aufgelöst wird. Das ethische Subjekt des einzelnen wird entlastet, ja zum Verschwinden gebracht. Was befohlen wird, was alle tun, ist dann richtig. Der Spezialist in einer arbeitsteiligen Gesellschaft entlastet sich durch den Verweis auf andere: Fortschritt, Wachstum, Politik, Konkurrenz, Markt oder Staat. Wenn wir es nicht tun, tun es andere, ist ein weiterer Mechanismus, der zu ethikfreien Zonen nicht nur bei Individuen, sondern auch in Institutionen führt.

Ein ethisches Nullsummenspiel könnte sich abzeichnen, das analog zum Glauben an die Selbstheilungskräfte oder die „invisible hand“ des Marktes denkt. Sie verteilen Güter und Chancen gerecht. Nach diesem Glauben sorgen kybernetische Regeln im Spiel von try and error, challenge and response dafür, daß Wissenschaft, Technik und Industrie für jedes von ihnen aufgeworfene Problem eine Lösung suchen und finden wird.

Problemverursachung und Problemlösung liegen dann monistisch in einer Hand. Eine Diskussion über Ziele erübrigt sich ebenso wie die Beteiligung aller Betroffenen. Sie sind weder ethische noch handelnde Subjekte. Sie sind Objekte der Entwicklung. Das zu übersehen erleichtert die Angebotsflut der Unter-

19 Albert Einstein, Mein Weltbild, Berlin 1955, 60f.

haltungsmedien und ihrer Industrie. Werbung und Technologiepolitik buhlen um Akzeptanz, nicht um Kritik und Partizipation.

Aber die Ethik gerät auch durch die Spaltung der Entwicklungstempi in Gefahr. Der Prozeß wissenschaftlicher und technischer Innovationen läuft schneller als der Prozeß ihrer organisatorischen ethischen, sozialen, pädagogischen und rechtlichen Bewältigung. An dem ersten Prozeß ist eine relativ kleine Zahl von Menschen kreativ beteiligt, an dem zweiten Prozeß sollten viele, möglichst alle kreativ beteiligt sein. Das Gegenteil ist der Fall – im Widerspruch zu einer Anthropologie, die gerade in ihrem jüdisch-christlichen Entwurf wie im Grundgedanken der Demokratie mit der Fähigkeit eines jeden Menschen rechnet, an den Planungs- und Entscheidungsprozessen der Gesellschaft im großen wie im kleinen teilzunehmen und teilzuhaben. Vorkritisches und postmodernes Bewußtsein könnten sich, da es auf dem Globus ja asynchron vorkommt, zusammentun und das Hinnehmen alles dessen betreiben oder legitimieren, was erfunden und auf den Markt gebracht wird.

Die Würde des Menschen als eines eigenen Subjektes und eines „offenen Systems" wäre zutiefst gefährdet. Er geriete ständig in die Hinterwelt seiner selbst, bliebe in einer Ausstattung höchster Modernität zugleich regressiv hinter sich selbst zurück. Eine Schizophrenie zerreißt ihn wie die Weltgesellschaft, deren unterschiedliche Entwicklungsstadien hier wie dort Menschen zerstören: Hier die unreife Infantilität des Dreijährigen der über modernste Instrumente verfügt. Dort die Armut der Zweidrittelwelt im Kontrast zum Überfluß des anderen Drittels. Die unantastbare Würde eines jeden Ebenbildes Gottes ist antastbar. Die biblische Tradition und ihre Träger stehen sichtbar auf der Seite eines jeden sichtbaren imago des Unsichtbaren, wohl aber Hörbaren.

Von der Notwendigkeit verstärkter Friedensarbeit und von der Notwendigkeit der Selbstkritik *

I Vorwort Juni 1991

Die folgenden Grundgedanken gehen auf eine Thesenreihe zurück, die bei der Jahresversammlung von Aktion Sühnezeichen/Friedensdienste am 26. April 1991 zur Diskussion gestellt wurden. Sie sind um einige Überlegungen erweitert worden, weil das Stichwort von einer „Niederlage der Friedensbewegung" von mir wiederholt wurde. Ich bleibe bei dieser auf einem Symposium für Willy Schottroff am 17. Januar 1991 ausgesprochenen Analyse. Ich lade zu einem streitbaren Gespräch in der Friedensbewegung ein. Einen Beifall von der falschen Seite kann ich gut überstehen. Er kommt von denen, die noch nicht begriffen haben, daß Krieg kein Mittel der Politik mehr sein sollte, und – was ihre Argumente kümmerlich schwach macht - die in keinem Solidaritätskomitee für Kurden oder an Aktionen gegen Rüstungsexporte und Giftgasindustrien langfristig mitarbeiten.

In meinem ersten theologischen Semester in Bonn hat der Theologe Hans Joachim Iwand für uns Studenten zum ersten Mal vom Scheitern der Bekennenden Kirche gesprochen: Ein Schock – und eine Befreiung. Ein Schock, weil die Bekennende Kirche eine Kirche war, mit der wir uns teilweise identifizieren konnten, eine Kirche, die angesetzt hatte, aus der Entfremdung staatlicher und wirtschaftlicher Rollenzuschreibung auszubrechen, eine Kirche, die versuchte, Kirche für andere zu sein. Es war aber auch eine Befreiung, weil viele Erben der Bekennenden Kirche teilweise auch an Machtpositionen der Volkskirche bauten, die, zumindest in der alten Bundesrepublik, zur Restauration alter Einbindungen der Kirche in Staat, Finanzsystem und Gesellschaft führten, die also eine Erneuerung der Kirche verhinderten.

Es war das Verhältnis zum jüdischen Volk, an dem theologisch und politisch die Bekennende Kirche gescheitert war. Ich will und darf den Vergleich nicht zu weit treiben und erst recht nicht in repressionsfreieren Zeiten als Richter auftreten. Aber aus der Geschichte zu lernen, heißt auch, eigene Urteile zu fällen. Ihre Richtigkeit ist nicht garantiert, aber ein Verzicht auf heutige Urteile über „besser" und „weniger gut" in politischen Problemen ist erst recht nicht erlaubt. Ein Orientierungs- und Handlungsverzicht wäre die Folge, der eine Politik des Zuschauens, der Mitläufer, des „Weiter so" und damit des Genozids durch Massenvernichtungsmittel oder Hunger förderte. Die Konversion zu

* Zuerst in: Junge Kirche 52 (1991), 600-608.

einer Entmilitarisierung, einer Gerechtigkeit, die Millionen Hungertote nicht mehr hinnimmt, des Rechtes (der Natur wie der Menschen) ist dann unmöglich. Dazu muß ich mir aber auch die Frage gefallen lassen: Lassen sich die Defizite in der Friedensbewegung nicht exemplarisch genau an derselben Frage festmachen wie in der Bekennenden Kirche: an der Vergeßlichkeit gegenüber dem jüdischen Volk?

H. J. Iwand hatte das Scheitern der Bekennenden Kirche damit begründet, daß auch sie
– sich zu stark um sich selbst gedreht habe,
– für eigene Rechte und Freiheiten und nicht für die anderer gefochten habe,
– über ihre instabile und diffuse Anhängerschaft nicht hinausgekommen sei,
– den notwendigen Streit in sich selbst zu wenig geführt habe,
– eine politisch unausgewogene Parteinahme für besonders gefährdete Gruppen (Juden, Roma, Sinti, Demokraten, Linke, Homosexuelle, etc.) zugunsten genereller Aussagen kaum riskiert habe.

Auf dem Kirchentag fiel mir auf, daß der Beifall für Bekundungen von allgemeinem Friedenswillen – das ist auch schon viel! – größer war als der Applaus, der querliegenden Fragen, den verflixten Details oder der Benennung vieler (statt einer) Ursachen und Fakten folgte.

II Thesen und Fragen

1. Unhistorische Generalisierungen

Was für einen Teil unserer Großeltern in Deutschland der jüdische Viehhändler, der jüdische Bolschewik, der jüdische Kapitalist waren, ist für einen Teil der heutigen Bevölkerung, also auch der Friedensbewegung, die Palästinenserpolitik der jetzigen israelischen Regierung. Einzelne Fakten und Personen gab es und gibt es in bekannten negativen Beispielen. Aus Opportunismus sie zu verdrängen, belastete die deutsch-israelisch-jüdisch-christlichen Beziehungen mit Tabus. Es darf auf keinen Fall vergessen werden, daß aus Einzelfakten negative Urteile und Haltungen in generalisierender Weise gegenüber den Juden entwickelt werden. Sie produzieren tödliche Unmenschlichkeit und entschuldigen zugleich ausgebliebene Mitmenschlichkeit.

Antijudaismus, Antisemitismus und Antizionismus leben aber nicht von ihren „Belegen“. Sie suchen sich ihre Belege und finden sie auch. Was es gibt, wird als symptomatisch für die Juden, den Zionismus, den Staat Israel gesetzt. Historische Fakten werden zu wenig zur Kenntnis genommen – z.B.: Warum gibt es heute eine so oft empörende Besatzungspolitik eines von der UNO gegründeten, von den Nachbarn – bis auf Ägypten – aber bis heute nicht anerkannten jüdischen Staates? Warum gab es eine überragende Beteiligung von Juden an der Arbeiterbewegung im Kampf für Demokratie und Liberalität, für Emanzipation und Menschenrechte, für Sozialarbeit und Wissenschaft? Warum und mit welchen Programmen entstanden die verschiedenen zionistischen und palästinensischen Befreiungsbewegungen? Warum sind sie, wie andere Emanzipationsbewegungen (z.B. der ehemaligen Kolonien, der Kirchen, der Arbeiter, der Friedensarbeit) nicht davor geschützt zu erstarren? Warum gab es im christlichen Abendland über Jahrhunderte Berufsverbote für Juden außerhalb des Handels und des Geldgeschäftes? Hat das Nachwirkungen? Welche Bilder über Juden und „typisch" jüdisches Verhalten laufen religiös und säkular um? Solche Fragen sind besonders kritisch in einem Land zu stellen, in dem empirische Umfragen zeigen, daß mindestens 25 % der Bevölkerung irgendeine Spielart einer offenen Fremden- und Judenfeindschaft vertreten.

Nicht zu vergessen ist, daß die meisten Argumente des Antizionismus transformierte oder wiederbelebte Argumente des Antisemitismus sind. Ich kritisiere damit eine Denkfigur, die in der schlichten Gedankenfolge besteht: Irgendwie sind Juden selber schuld an ihrem (und für viele: an manchem anderen) Unglück. Der Grünen-Politiker Ströbele hat sich dieser Denkfigur bedient, die von Rechts bis Links, von Nord bis Süd (zunehmend auch in der Zweidrittelwelt) stark verbreitet ist: Die Angriffe der Scud-Raketen auf Israel sind irgendwie die logische Konsequenz der israelischen Palästinenserpolitik. Wenn es Israel nicht gäbe, oder wenn es die Palästinenser anders behandelte, gäbe es den Nahostkonflikt sozusagen nicht.

2. Israel-Verdrängung

Ich kritisiere aber mit dieser Denkfigur weniger einen offenen Antisemitismus, den es in der vielgestaltigen Friedensbewegung in der Tat kaum gibt. In diesem Kausalitätsdenken sehe ich aber die tiefsitzende Begründung für das, was ich Israel-Vergessenheit oder Israel-Verdrängung nenne. Das jüdische Volk wie der Staat Israel werden an die Ränder der jeweiligen Weltbilder und Strategien abgedrängt. Berührungsängste werden sichtbar: Mit Israel möchte man nicht allzuviel zu tun haben. Die „Süddeutsche Zeitung" hat am 4. Januar 1991 diese Israel-Vergessenheit erschreckend eindeutig kommentieren können: Auf die Frage, zu welchen Staaten das „neue" Deutschland bis zum Jahr 2000 auf Distanz gehen sollte, wurde von einer eindrücklichen Mehrheit Israel auf den 1. Platz gesetzt. Israel geriet auf den letzten Platz bei den Nationen, zu denen wir mehr Kontakte haben sollten. Ich weiß sehr wohl, daß es beeindruckende Mehrheiten, auch in der Friedensbewegung, gerade im Januar und Februar 1991, für das Selbstverteidigungsrecht Israels gab und gibt. Aber Unausgesprochenes, mag es noch so selbstverständlich sein, baut keine Brücken zu denen, die zum zweiten Mal in einer Generation (diesmal mit deutschen Gasmasken) vor deutschem Gas Angst haben.

Eine distanzierende Unterströmung hat viele Fundamente unterspült, auf denen in den vergangenen Jahrzehnten nach 1945 zum ersten Mal Brücken der Verständigung zwischen Deutschen und Israelis, zwischen Juden und Christen gebaut worden waren. Ich spitze die These noch zu und sage: Dieses Verdrängungsbedürfnis ist nicht besser als das der Stammtische, der historisierenden Historiker im Historikerstreit und der Schlußstrich-Politiker, die die Vergangenheit ruhen lassen wollen, obwohl sie in Opfern, Tätern, Zuschauern und Folgen noch gegenwärtig ist.

3. Mühsame Analysen gegen tödliche Prinzipien

Nonkonformismus ist wie Solidarität eine Frage des Datums, nicht des Prinzips. Die Friedensbewegung unterschied sich im großen und ganzen vom August 1990 bis Februar 1991 nicht (in der Struktur ihrer Argumentation!) von dem Durchschnitt der Bevölkerung: Wie von verantwortlichen Politikern, von der exportorientierten Industrie oder einem Großteil der zensierten Medien wurden häufig Prinzipien hochgehalten. Im Falle der Friedensbewegung halte ich die meisten für richtig. Aber man kann auch dadurch vom richtigen Weg abkommen, daß man immer nur geradeaus geht. Wird aus der in der Tat unaufgebbaren Aufgabe „Frieden schaffen ohne Waffen“ (oder „Krieg darf nach Gottes Willen nicht sein“) ein Prinzip, so ist die damit genannte Aufgabe tot, das damit genannte Ziel aus Mangel an konkreten Schritten zur toten Richtigkeit geworden. Die Friedensarbeit hat sich mit Recht einen langen Weg vorgenommen. Dazu gehört ein langer Atem. Gleichzeitig ist kurzfristig und in jedem neuen Kairos neu zu formulieren, was denn die bleibende Aufgabe „Frieden schaffen ohne Waffen“ in einer Situation bedeutet, in der mit vielen Waffen (nicht zuletzt aus unserem Lande) längst Krieg geschaffen wurde: Durch den Aggressor Saddam Hussein, der versuchte, mit seinen Raketenangriffen Israel nicht nur in den Krieg hineinzuziehen, sondern auch – wie oft angekündigt – zu vernichten, ja zu vergasen.

In dieser Situation nur den Ruf „Kein Krieg am Golf“ oder „Kein Blut für Öl“ zu wiederholen, bedeutet die Verabschiedung sowohl aus der Ethik wie aus der Politik und damit aus der Wirklichkeit. Patriot-Raketen gegen einen Gasangriff zu verweigern, heißt, einem Ertrinkenden, der sich dem Tode nahe fühlt, zu antworten: Wir sind gegen die Ausgabe von Rettungsringen (gleich Patriots). Wir arbeiten nur am langfristigen Programm, daß alle Menschen schwimmen lernen, so daß niemand mehr ins Meer geworfen wird und ertrinkt. Das langfristige Programm ist und bleibt richtig. Die manchmal zu beobachtende Diskussion aus unserem ungefährdeten, aber gefährdenden Land, ob denn die Ertrinkungsgefahr wirklich real bestünde, ist makaber.

Ich frage aber, wie ich Opfern nicht nur helfe, sondern Tätern auch in die Speichen ihrer Todesmaschinerie greife. Diebstahl, Mord, Ehebruch oder Krieg sollen „nach Gottes Willen“ gewiß nicht sein, aber doch passieren sie. Also muß ich mich neu verhalten und einstellen, wenn es bereits Opfer gibt – in Kuwait, im Irak, unter den Kurden, unter den Schiiten, in Israel, in der Natur. Reicht die klassische Antwort von der Legitimität eines Widerstandsrechts? Reicht die ökumenisch oft gegebene Antwort (z.B. gegenüber den

Befreiungsbewegungen), daß die Duldung von Unrecht oder Gewalt das größte Unrecht sein kann? So gewiß Transparente, Poster und Mahnwachen im Januar und Februar in vielen Städten auch konkreter wurden, auch zugunsten Israels, so gewiß fehlte den Zielen die Begleitung einer mühseligen Analyse und Auseinandersetzung um Ursachen und konkrete Schritte. Mit dem Kriegsende bleiben sie bloß im Schoß der alten, kleinen Friedensgruppen. Sind dauerhaft neue Aktivisten in der Friedensbewegung nur durch neue Analysen und Schritte zu gewinnen, zeigt ihr Ausbleiben dann nicht eine tiefe Krise in der Friedensbewegung an, über die ich mich auch nicht dadurch hinwegtrösten kann, daß ich auf die noch viel größere Gleichgültigkeit in der Politik, in der Wissenschaft und in den Medien hinweise?

4. Instrumentalisierung innerjüdischer Kritik

Es gibt eine Denkfigur, die sich selbst nicht stellt, die zu wenig selbständig denkt, die sich eine Autorität ausleiht. Umso besser, wenn es eine jüdische Autorität ist. Die Rolle der Bezugsautorität für die Linke spielte in den 60er Jahren Henryk Broder, in den 70er Jahren war es Nahum Goldmann, der Präsident des jüdischen Weltkongresses und ein Kritiker der damaligen israelischen Regierungen. Für den mittelöstlichen Kirchenrat (MECC) ist es heute der jüdische Befreiungstheologe Marc Ellis. In diesen Tagen ist es Ernst Tugendhat mit seinem guten Artikel in der „Zeit" (22. 2. 1991), der allerdings urbi et orbi rechts und links die gern gehörte Absolution von „israelischer Erpressung" kundtut. BILD-Boenisch tat es zuletzt beim Kanzler-Besuch in Israel. Und zu allen Zeiten ist und bleibt es der frühe Zionist und Zionismuskritiker Martin Buber, von dem Nachdenkliches zu zitieren ist.

Ich wende mich nicht gegen alle Inhalte, die diese Autoren vertreten (Boenisch ausgenommen). Sie sind mir weithin sympathisch. Es geht um die Instrumentalisierung von Personen und Argumenten. Auch hier gibt es peinliche Vorläufer dieser Denkfigur. Alfred Rosenberg sagte in seinem „Mythos des 20. Jahrhunderts" genüßlich, schon Amos und Hosea kritisierten Israel. Wenn selbst Juden so etwas sagen, dann muß die Kritik doch berechtigt sein? Oder: Die Kritik des Juden Jesus an Juden aus der Pharisäergruppe, des Juden Paulus am Juden Petrus wurde durch Entjudung und Verchristlichung des Paulus und des Jesus zu Argumenten gegen die Juden, gegen „jüdische Gesetzlichkeit, Heuchelei oder Gewalt".

5. Weiterentwicklung des Völkerrechts und seiner Institutionen

Der Satz „Frieden schaffen ohne Waffen" versteht sich als eine Station im Lernprozeß, der aus der deutschen Geschichte, aus dem totalen Ausrottungskrieg gegen das jüdische Volk und aus dem Zweiten Weltkrieg zu lernen versucht. Das führt unweigerlich zu der Frage, wie denn die Alternativen zum Krieg und zum Genozid heute aussehen. Es ist ein sehr langer Prozeß, in dem hier gelernt werden muß (schwimmen lernen ...). Dazu gehört auch, die winzigen positiven Rechtsregelungen, die sich später als internationale Abkommen von Genf oder Den Haag ergaben, auszubauen. Es sind Regelungen, die die Folgen von Gewaltanwendung, vor allem für die Zivilbevölkerung, für Gefangene und Verletzte zu mindern suchen. Wenn wir bei dieser These bleiben – und ich bleibe dabei –, daß Krieg kein Instrument der Politik mehr sein kann, dann muß eine ungleich höhere Bemühung einsetzen, Alternativen zu entwickeln. Dann muß die Friedensbewegung sich um eine völkerrechtliche und menschenrechtliche Kompetenz bemühen, die sie zur Zeit noch nicht hat. Das kann nur bedeuten, sich für die Weiterentwicklung des Völkerrechts, der Menschenrechte und einer internationalen Gerichtsbarkeit einzusetzen. Dann muß auch die Frage beantwortet werden, welche Sanktionen den ersten Ansätzen eines schon entwickelten und weiterzuentwickelnden internationalen Rechtes zur Verfügung stehen. Recht ohne Sanktionsmöglichkeiten, d.h. auch ohne Gewalt, liefert das Recht in die Hände von Mächtigen. Dann verliert es seine Funktion, Minoritäten, bedrohte Gruppen und Völker bzw. deren Rechte und Freiheiten zu schützen.

Wie entwickeln wir internationale Gerichtshöfe wie in Den Haag oder internationales Recht wie im Nürnberger Prozeß? UNO-Truppen, sicher nicht befehligt von den Großmächten, sondern von Demokratien und kleineren Nationen, denen endlich Gleichberechtigung in der internationalen Völkergemeinschaft (ökonomisch im Internationalen Währungsfonds sowie in der Weltbank und politisch im zu erweiternden Sicherheitsrat) zu gewähren ist, sind weitere, neu aufzugreifende Konsequenzen und Aufgaben. Das heißt: Auf unserer Tagesordnung steht auch ein engagiertes Votum für eine Reform der UNO. Die Demokratisierung muß beim Sicherheitsrat einsetzen, dessen fünf Mitglieder als Großmächte 80 % der militärischen Ausrüstung an den Irak lieferten, den sie dann, zwar im Auftrag der UNO, aber unter Führung nur einer Großmacht, niederkämpften. Hier sind logische und ethische Absurditäten zutage getreten, die langer Nacharbeit bedürfen.

6. Theologische Verantwortung für Israel

Wie in der ökumenischen Diskussion war auch in der deutschen Diskussion der letzten Monate zu beobachten, daß das Feld der politischen Analyse und Erklärungen sich fast vollständig abgekoppelt hatte von dem Feld der theologischen Bemühungen, auf dem sich die Kirchen um Neuansätze in ihrer eigenen Theologie und Praxis und um eine Erneuerung der Beziehungen zwischen Kirche und Israel bemüht hatten. Was politisch geschwiegen oder gesagt wurde, war in Genf beim Ökumenischen Rat der Kirchen und im Vatikan fast nie durch eine theologische Reflexion gegangen und umgekehrt. Was theologisch erarbeitet worden war, scheute sich, auf dem Feld der Politik konkret zu werden. Hier geht es mir vor allem um drei Punkte:

a) Da wir wissen, wie rasch theologisch oder religiös sich begründende Vorurteile auch säkularisierbar sind, kann die Verantwortung religiöser oder theologischer Rede und Einstellung nicht hoch genug bewertet werden. Obwohl in Europa, kulminierend im deutschen Vernichtungsprogramm gegen das jüdische Volk und die Roma und Sinti, das Zusammenleben zwischen den Völkern und dem jüdischen Volk gescheitert ist, sind andere Länder mit christlicher oder islamischer Prägung der Bevölkerung und Gesellschaftsstruktur keineswegs dagegen gefeit, negative Einstellungen gegenüber dem Alten Testament, der Tora, einer heilsgeschichtlichen Kontinuität des jüdischen Volkes bis heute, den Pharisäern, einer Zusammengehörigkeit von Exodustradition, Bundesschluß und Landverheißung zu vertreten. Ebenso wenig sind sie immun gegen Argumente säkularer Judenfeindschaft oder einer „zionistischen Weltverschwörung". Die von der zaristischen Polizei einst gefälschten Protokolle der Weisen von Zion erleben nicht nur in Europa, sondern auch in arabischen Ländern heute häufige Neuauflagen; Rom und Genf haben noch nicht begriffen, was es heißt, die Bibel des jüdischen Volkes, die Bibel Jesu, als Gottes Wort gemeinsam mit denen zu lesen, denen sie zuerst galt und bis zum Ende der Zeiten gilt.

b) Die Beziehung Kirche – jüdisches Volk ist nicht ein Unterfall der Beziehungen der Kirche zu anderen Religionen. Zwischen Kirche und Israel gibt es eine singuläre Beziehung, sowohl im Blick auf die Geschichte wie auf die Gegenwart, die zur Begründung einer besonderen Verantwortung wird. Damit sind nicht die Notwendigkeiten verneint, die ebenso spezifischen Beziehungen zu anderen Religionen, allerdings unter Verzicht auf einen Absolutheitsanspruch des Christentums, endlich zu bearbeiten. Absolut allein ist Gott; jede Rede von ihm, auch das Christentum, ist relativ. Die Verbindlichkeit des Glaubens ist in seiner Gewißheit etwas anderes, vor allem, weil sie von dem befreienden Auftrag Gottes an Israel und in Jesus von Nazareth an die Christenheit und von der Verwirklichung seines Willens nicht zu trennen ist.

c) Die Lektüre der jüdischen Bibel darf nicht selektiv in der Aneignung enteignend geschehen. Das heißt: Integral zum Selbstverständnis des jüdischen Volkes und zum Verständnis dieses Volkes durch die Kirche gehört eine unauflösbare Beziehung von Volk – Bund – Land. Wer sich nur die Exodustradition oder ein paar Psalmen- und Prophetenstellen herauspickt, zerstört sowohl die konsistente Architektur der jüdischen Bibel als auch ihre universale Perspektive. Wer für Schalom und Gerechtigkeit arbeitet und die erste Adresse, Israel, dieser alle Völker betreffenden Hoffnung vergißt, arbeitet ungenau. Solche Ungenauigkeit kostet Opfer. Im Alten Testament gibt es Erfüllung und Verheißung, Evangelium und Gesetz, wie es im Neuen Testament Gesetz und Evangelium, Verheißung und Erfüllung gibt. Das verhindert jede Verhältnisbestimmung der Kirche zum jüdischen Volk, die auf der

Figur „vorläufige Verheißung und endgültige Erfüllung" beruht. Das Judentum ist, gemessen an seiner bleibenden Erwählung und der ausstehenden Erlösung der Welt, gegenüber dem Christentum, gemessen an dessen Berufung und der ausstehenden Erlösung der Welt, nicht defizitär. Beide erhielten Gottes Gaben als Aufgaben.

7. Ehrlicher Dialog mit dem Islam

Auch in der Beziehung zum Islam gibt es ein singuläres, auch eigenständig zu bestimmendes Verhältnis, das aber nur zu haben ist, wenn die Singularität der Beziehungen zwischen Kirche und Israel nicht vergessen oder aus opportunistischen Gründen hintan gestellt wird. Der leider erst heutzutage beginnende Dialog mit dem Islam, der zu Recht gefordert und zu wenig betrieben wird, hat zur Grundvoraussetzung eine radikale Ehrlichkeit, die das Besondere, das Gemeinsame und das Unterscheidende gleichzeitig benennt und bearbeitet. Ich beobachte gelegentlich einen sublimen Rassismus, der von „arabischer Rhetorik" spricht, die man nicht so ernst nehmen dürfe, oder eine Schonhaltung, die kritische Fragen zu wenig stellt, z.B. die Frage, ob ein corpus islamicum Juden, Christen, Bahai, Kurden, Dissidenten oder ethnischen und kulturellen Minderheiten in seiner Mitte Recht und Freiheit gibt. Die Frage muß diskutiert werden, auch wenn die Christenheit angesichts eigener Theokratieversuche und Kreuz-züge nicht von der Position des Rechthabens aus fragt. Genauso offen ist aber den Versuchen konservativer Militärs und Christen zu widersprechen, nach dem Verschwinden kommunistischer Staaten nun den Islam oder „den Süden" als Gegenstand neuer Feindbilder oder militärischer Abschreckungstheorien aufzubauen.

8. Angstbewegung und die ungelösten Probleme

Eine Analyse der nur für wenige Wochen sichtbaren Angstbewegung, die nicht zu einer Friedensbewegung wurde, sondern mit dem Ende des Krieges auseinanderlief, ist selbstkritisch notwendig. Ich beurteile Angst als ein menschliches Signal für Menschlichkeit positiv. Genau dieses Verständnis aber führt mich zu der scharfen Frage: Schien nur das eigene Menschsein in Deutschland, evtl. durch Massenvernichtungsmittel oder ökologische Katastrophen, gefährdet? Wie kam es zu diesem provinziellen Gefühl? Trieb nur die Angst Menschen auf die Straßen und zum Hamstern in die Supermärkte? Für mich besteht die Niederlage der Friedensbewegung (in all ihren unterschiedlichen, ja gegensätzlichen Zweigen auch unterschiedlich) darin, daß die Aufklärung der Angst weder im voraus noch im nachhinein gelungen ist. Die intellektuelle und emotionale Mühsal für langfristige Arbeits- und Politisierungsprozesse stieß – bis heute – auf wenig Resonanz. Die Friedensbewegung machte, verarbeitete aber kaum die erschreckende Erfahrung, für wenige Wochen auch (nicht nur!) Mitläufer gehabt zu haben, die sich mit dem Ende des heißen Krieges wieder verliefen.

Die kleinen Gruppen der Friedensbewegung sind heute so klein wie vorher. Sie sind aber noch notwendiger als vorher. Denn in allen Generationen, besonders an den Hochschulen und Schulen, läuft der Prozeß der Privatisierung und damit Entpolitisierung des Lebens. Ein emotionaler, unaufgeklärter Schub im Januar/Februar 1991 brachte hier keine Wende. Wie die Wende in Osteuropa den Westen nicht stimuliert zu neuem Denken, sondern konfirmierte und affirmierte, so hat der zweite Golfkrieg für viele, als er vorüber war, die Fortsetzung des industriellen, politischen und völkerrechtlichen Status quo freigegeben.

Dabei sind die Probleme nach dem zweiten Golfkrieg noch schwieriger zu lösen: Syrien hat den Libanon annektiert; es vertritt, wie der Iran, gegenüber Israel dasselbe Programm wie der Irak. Diese drei Länder sind ausgerüstet von denselben Lieferanten aus dem Osten, Westen und der Zweidrittelwelt. Die Hochrüstung der Golfregion geht weiter. Das palästinensiche Volk ist dem dringend notwendigen Selbstbestimmungsrecht keinen Millimeter näher gekommen. Die Anerkennung eines gesicherten Lebensrechtes für Israel wird in den arabischen Staaten weiter verweigert, Ägypten ausgenommen. Menschenrechte und Minoritätenrechte sind, wie die Demokratie, die es im Mittleren Osten und in Israel gibt, auf der Verliererseite. Eine Verteilungsgerechtigkeit durch eine neue Weltwirtschaftsordnung ist ferner denn je. Kurden, assyrische Christen und Schiiten sind im Irak, in Syrien und in der Türkei gefährdet, ja schon zu Tausenden ermordet worden. CDU, FDP und SPD lehnen gemeinsam eine Untersuchungskommission des Bundestages zu deutschen Waffenlieferungen ab. Die Friedensbewegung ist und wird nicht arbeitslos. Neu anfangen aber muß sie.

9. Komplexität und monokausale Erklärungsmuster

Eine kritische Aufarbeitung der friedenspolitischen Aktivitäten der letzten Monate zeigt auf allen Seiten ein Defizit an präzisen historischen Kenntnissen der Vorgeschichte des Golfkonfliktes, eine erschreckende Neigung, bekannte Interpretationsmuster zu verwenden. Ebenso stark war die Unkenntnis z.B. über die völkerrechtliche Fundierung der Existenz Israels, über die Frage, wie es zu einer Lösung der verschiedenen Konflikte kommen könnte, welche Argumente in der israelischen Gesellschaft vorhanden sind, welche Positionen Exilgruppen und Oppositionsgruppen der Golfländer oder der Palästinenser vertreten.

An manchen Orten war zu beobachten, daß die politischen Interpretationsmuster mangels Information über die Vielschichtigkeit sowohl der politischen, religiösen, ökonomischen und kulturellen Konfliktschichten am Golf als auch im Blick auf den Konflikt Israel – Palästina, dazu führten, daß monokausale Erklärungsmuster Konjunktur hatten. Es gab zu viele Zwangseinweisungen des Konfliktes in das alte Ost-West-Schema oder in das von unserer Politik und Gesellschaft massiv verdrängte Nord-Süd-Schema.

Die Nachrüstungsdebatte war im wesentlichen one-issue-movement, eine Ein-Punkt-Bewegung. Das erleichterte die Bündnisfähigkeit der beteiligten unterschiedlichen Gruppen und die politische Orientierung. In der Analyse des zweiten Golfkrieges, und damit in der Zielbeschreibung, mußten viele Konflikte berücksichtigt und unterschiedliche Adressaten angesprochen werden. Dabei erwies es sich auch als notwendig, die einzelnen zu verfolgenden Ziele mit Prio-ritäten zu versehen: Der Stop eines Aggressors, eine gerechte Verteilung des ungeheuren Reichtums einiger arabischer Länder und Feudalschichten, die Sicherung Israels gegen lange und mehrfach angedrohte Vernichtung, die Sicherung des Selbstbestimmungsrechtes des palästinensischen Volkes und das Ende der Besatzung in der West-Bank und im Gazastreifen, die Stärkung der UNO, die Rettung von religiösen oder ethnischen Minderheiten, der Abbau der Hochrüstung, die Durchsetzung von Demokratie, Völkerrecht und Menschenrechten. Was ist wie zu erreichen? Wo sitzen friedensgefährdende Potentiale, wo Bundesgenossen?

10. Ungelöste Spannung: neu anfangen in der Friedensbewegung

Es ist eindeutig klar: Der Ausbruch eines Krieges ist das Versagen nicht nur des menschlichen Intellekts und der Politik, sondern auch des menschlichen und zwischenmenschlichen Ethos. Es ist ebenso klar, daß der Krieg hätte vermieden werden können, wenn der Irak nicht über zehn Jahre lang ein hofierter Bündnispartner des Ostens und des Westens (zum großen Teil gegen den Iran und gegen die Kurden) gewesen wäre, wenn der Irak nicht seinen Platz auf der USA-Liste der terroristischen Staaten, den er 1979 bis 1982 innehatte, aus bündnisopportunistischen Gründen verloren hätte, wenn nicht eine nur am Profit orientierte Ausrüstung mit Industriegütern und Waffenfabriken erfolgt wäre, wenn der Verletzung von Völkerrecht und Menschenrecht im ersten Golfkrieg (sowohl gegen den Iran wie gegen die Kurden) genauso große Aufmerksamkeit zuteil geworden wäre wie der Aggression und den Menschenrechts- und Völkerrechtsverletzungen ab dem 1. August 1990. Aber hier geht es nicht mehr nur – und das wäre die schlechteste Position der Friedensbewegung – darum, auf Punkte hinzuweisen, an denen „wir" recht gehabt haben. Unser Protest gegen Waffenexporte, die zu 90 % legal durch unsere Politik und durch die Internationalisierung von Produktion und Export gedeckt waren, unser Protest für eine gerechte Verteilung der ungeheuren Ölressourcen, unsere Proteste für die Minderheiten, z.B. die Kurden, sowie unsere Kritik an Sicherheitskonzepten, die nur in militärischen Kategorien denken, waren nicht von gleichrangigen Protesten für das Existenzrecht Israels begleitet.

In der konkreten Situation des Jahres 1990/91 zeigte sich, daß aus den beiden richtigen Aufgabenstellungen eines großen Teils der Friedensbewegung:

„Nie wieder Auschwitz" und „Nie wieder Krieg" schnell Prinzipien geworden waren. Die notwendige Spannung zwischen beiden unaufgebbaren Zielen wurde zu oft spannungslos aufgelöst zugunsten der zweiten Aussage. Dabei gibt es nach 1945 nicht nur Kriege, sondern durch ungerechte Wirtschaftsstrukturen und Hunger und durch Kriege auch Genozide. Einige kritische Historiker hielten deshalb zu Recht dagegen: „Seit Auschwitz wissen wir, daß es Schlimmeres als Krieg gibt." Auch dieser Satz kann zum Prinzip werden, das dann als tote Richtigkeit etwas legitimiert, was nicht zu legitimieren ist: Krieg. Um der Konkretheit eines menschlichen und solidarischen Handelns willen muß es nötig sein, Prinzipien zu zerbrechen, um menschlich und politisch handlungsfähig zu bleiben. Im Kern der Friedensbewegung, die hier und da daran zerbrach, wurde dieser schmerzliche Riß auch stark empfunden.

Wo es um der Prinzipientreue willen zu einer Israelvergessenheit oder Israelverdrängung kam, wo sie geduldet wurde, waren da nicht wichtige Einsichten aus Bonhoeffers Ethik vergessen worden? Er, der Pazifist und Gewalt nicht ausschließende Widerstandskämpfer, hatte in seiner Ethik formuliert: „Wenn Kant aus dem Prinzip der Wahrhaftigkeit heraus zu der grotesken Folgerung kommt, ich müsse auch dem in mein Haus eingedrungenen Mörder seine Frage, ob mein Freund, den er verfolgt, sich in mein Haus geflüchtet hat, ehrlicherweise bejahen, so tritt hier die zum frevelhaften Übermut gesteigerte Selbstgerechtigkeit des Gewissens dem verantwortlichen Handeln in den Weg." Bonhoeffer erinnert daran, daß die Weigerung, Schuld auf sich zu nehmen (und ohne Schuld ging es für alle Beteiligten im Golfkrieg nicht ab), die Nächstenliebe verrät. Die Nächstenliebe setzt sich dann in Widerspruch zu „meiner in der Wirklichkeit begründeten Verantwortung". Allzu oft wurde mir das Wort von Matthias Claudius zitiert: „S' ist Krieg, und ich begehre, nicht schuld daran zu sein." Auf welchem Rang in der Hierarchie ethischer und menschlicher Ziele ist die Schuldfreiheit angesiedelt?

Wenige in der Friedensbewegung bestritten das Selbstverteidigungsrecht Israels, genauso wenig wie die Einsicht, daß Befreiungsbewegungen Gewalt nicht immer ausschließen können. Ebenso viele wehrten sich mit Recht dagegen, aus diesen Einsichten wieder zu einer Lehre vom gerechten oder gar heiligen Krieg zu kommen. Aber von diesen abstrakten Einsichten bis zur praktizierten, menschlich ausgedrückten Solidarität ist es oft ein weiter Weg. Für viele bedrohte Menschen blieb der Weg unerkennbar lang. Andere mögen darüber zur Tagesordnung übergehen. Die Friedensbewegung darf es nicht. Wir müssen neu anfangen. Vielleicht zuerst einmal in einem internationalen Austausch mit Vertretern und Vertreterinnen der niederländischen, US-amerikanischen und israelischen Friedensbewegung und darüber hinaus mit denen der Bürgerrechtsbewegungen aus der CSFR und der ehemaligen DDR.

Protestantisches Profil in einer multikulturellen Gesellschaft *

I Protestantisches Profil

1. Freiheit und Recht für andere

Als die Berliner Universität 1830 den 300. Jahrestag des 1. protestantischen – des Augsburger – Bekenntnisses feierte, bestand der Philosoph Hegel darauf, dies sei ein Festakt der ganzen Universität. Er selber hielt die Festrede, in der er sagte: „Die bürgerliche Freiheit und der öffentliche Rechtszustand ist einzig und allein die Frucht der durch die Reformation wiedererrungenen Freiheit in Gott."

Ist das heute nachvollziehbar: Die Freiheit in Gott hat Auswirkungen auf Recht und Freiheit unserer Gesellschaft – nicht nur in der deutschen, sondern auch in der Weltgesellschaft? So sehr wir auch kritisch die Grenzen gerade der deutschen Reformation und bürgerlichen Gesellschaft sehen, so bleibt aus dieser Rede doch ein Stachel in jedem protestantischen Fleisch von heute sitzen. Von der Freiheit in Gott wissen wir großartig zu singen und zu glauben. Gelingt ein Transfer dieser Freiheit in die Ökumene, den bewohnten Erdkreis, so daß dort Unrecht und Unfreiheit weniger werden?

Sind Freiheit und Recht nur *meine* Freiheit und nur *mein* Recht? Treiben Unfreiheit anderswo und das Recht der Rechtlosen die Protestanten heute zu einem weniger privaten Freiheits- und Rechtsverständnis? Ist Luthers Frage „Wie kriege ich einen gnädigen Gott?" nicht allzuoft heilsegoistisch – das Ich betonend – verstanden worden? Als Martin Niemöller aus dem Konzentrationslager zurückkam, war er fest entschlossen, die andere Seite dieser Frage zu predigen: „Wie kriege ich einen gnädigen Nächsten?" Das ist die biblische Perspektive der Menschen, die „zwischen Jerusalem und Jericho unter die Räuber" gefallen sind. Das ist auch die Frage der 38 Abschiebehäftlinge in deutschen Abschiebehaftanstalten – gewesen! –, die sich das Leben nahmen, obwohl sie weder zum Tod noch zu Haft verurteilt waren. Sie kamen aus gnadenlosen Verhältnissen in unser Land und wurden von manchmal ungnädigen Menschen und gnadenlosen Regelungen dazu verurteilt, in ihre gnadenlosen Verhältnisse zurückgeschickt zu werden.

Die protestantische Freiheit stirbt, wenn sie nur zur privaten Freiheit wird und nicht Freiheiten schafft für Unfreie. Die Rechtfertigung wird zur dogmati-

* Erstveröffentlichung. Zuerst als Vortrag gehalten vor der Synode der Evangelischen Kirche in Hessen und Nassau; Frankfurt/Main, 1. Juli 1995.

schen Floskel, wenn sie nicht Recht *anfertigt* für die, deren Recht bedroht oder zerstört ist. Jesus hat bekanntlich die Frage „Wer ist mein Nächster?“ umgekehrt: „Wem bin ich der Nächste?“ Wenn ich so frage, dann bleibt nur, hinzugehen und das gleiche zu tun wie der von der Kerngemeinde und ihren Funktionären so verachtete Außenseiter es tat (Lk 10). Es ist eine Umkehrung, die beliebige Ausreden und beliebte Unzuständigkeiten wegschiebt.

2. Glauben und Leben drängen auf Rechtsgestalt

Hierzu gehört ein weiteres protestantisches Erbe, auf das Martin Luther King aufmerksam gemacht hat. Er verweist darauf, daß die Straße von Jerusalem nach Jericho umgebaut werden muß, wenn dort immer wieder Leute unter die Räuber fallen. Eine wahre Flüchtlingshilfe bestünde also darin, die Flüchtlinge nicht abzuschrecken oder abzuschieben, sondern, wenn sie hier sind, aufzunehmen. In den Herkunftsländern wäre so zu helfen, daß die Fluchtursachen beseitigt werden. Das verlangt eine Neuorientierung der deutschen Außen- und Wirtschaftspolitik. In diesem Jahr „feiern“ wir 30 Jahre Ostdenkschrift der EKD. Es war das letzte Beispiel, in dem die Kirche frei und offensiv half, eine notwendige Neuorientierung unserer Politik einzuleiten. Die Flüchtlingsproblematik und die dahinter stehenden Probleme von Ungerechtigkeit und Gewalt verlangen ähnliche Schritte heute.

Zum protestantischen, zum christlichen Profil gehört es, Liebe und Versöhnung nicht nur als helfende Beziehung zwischen Personen zu verstehen. Sie suchen auch Strukturen sowie Umsetzung in Politik und Recht. Es war konsequent, daß Einrichtungen wie Krankenhäuser, Diakonie, Herbergen zur Heimat oder Kindergärten entstanden. Die dem Protestantismus aufgetragene und an kein Lehramt abgetretene Wahrheitsfrage führte zur Einrichtung von Schulen, zur Forderung, daß alle Menschen lesen und schreiben können. Henri Dunant war nicht nur an der Gründung des CJVM beteiligt, sondern auch am Entwurf der Haager Landkriegsordnung. Hugo Grotius bemühte sich um ein Völkerrecht, das auch Frieden und Recht zwischen Christen und Nichtchristen ermöglichte, Recht in einer multikulturellen Welt. Der fromme britische Anwalt Peter Benenson gründete 1961 Amnesty International. Der frühere Herborner Student und letzte Bischof der Böhmischen Brüdergemeinde, Jan Amos Comenius, ein Flüchtling, schlug neben seinen pädagogischen Reformen eine Weltregierung auf der Basis der Toleranz der verschiedenen Religionen vor. Versöhnung wurde in der Ostdenkschrift (1965) zur Grundlage einer neuen Politik mit Polen. Die Freiheit des Gewissens wurde in Gesetze z.B. der Kriegsdienstverweigerung und der Grundrechtskataloge gefaßt, die weniger dem deutschen, wohl aber dem angelsächsischen Protestantimus zu verdanken sind. In allen Beispielen ist Kirche nicht für sich Kirche gewesen, sondern „Kirche für andere“, wie sie nach Dietrich Bonhoeffer auch nur Kirche sein kann.

3. Protestantismus arbeitet an einer permanenten Reformation

Ich predige mit dem Hinweis auf diese Ereignisse keinen protestantischen Stolz, sondern weise hin auf die unabgeschlossene Reformation. Zum protestantischen Profil gehört, daß sowohl Kirche wie Gesellschaft *semper reformanda sunt* (immer zu erneuern sind). Nur Fundamentalisten oder Diktatoren halten sich und ihre Strukturen für perfekt.

Die aus der Enge des deutschen landesherrlichen Kirchenregiments in die USA vertriebenen oder geflüchteten Täufer, Pilgerväter, Puritaner, Mennoniten und die Millionen Wirtschaftsflüchtlinge aus Europa, schufen in den USA eine um Demokratie und Menschenrechte bemühte Gesellschaft. Die Völkerwelt und eine winzige Minderheit in Deutschland selber brauchten zwei Weltkriege, um in Deutschland der Demokratie und den Menschenrechten eine Startchance zu erkämpfen. Zum negativen protestantischen Profil gehört in seiner obrigkeitsfrommen Fassung die Verachtung, ja Ausschaltung derer, die sich für Bürgerrechte, soziale Gerechtigkeit und Demokratie einsetzten.

Obwohl wir für das teuer bezahlte Geschenk der Freiheit dankbar sind, wissen wir alle, daß wir noch Lehrlinge der Freiheit sind. Wo bleiben Mut, Freiheit und Frechheit, notwendige Schritte heute zu tun, die Recht verfertigen gegen Unrecht, die Strukturen und Gesetze für mehr Freiheit und Versöhnung schaffen, wo sich Gleichgültigkeit und ökonomische Eigengesetzlichkeiten ausbreiten? Wenn der biblische Glaube auf Rechtsgestalten drängt, wie verändert das unsere heutige Kirche? Ein Beispiel: Was wurde aus dem winzigen Gebot, den Sabbat zu heiligen? Alle sieben Jahre Sklavenfreilassung, ein Ruhejahr für den Boden und ein Erntejahr für Arme, eine Wiederherstellung der Lebensgrundlagen, über den Boden zu verfügen, der die Großfamilie ernähren kann. Und alle sieben mal sieben Jahre ein Erlaßjahr der Schulden.

Daraus wurde hierzulande ein Standesprivileg für Hochschullehrer, alle sieben Semester ein Freisemester haben zu dürfen. Wenn wir mit dem Auslegen und Ausleben der Bergpredigt einmal ernst machen, mit ihrer „intelligenten Feindesliebe" (C. F. v. Weizsäcker), mit ihrer Gewaltlosigkeit, mit ihrer Praxis der Gerechtigkeit, dann würden wir die notwendige Reformation nicht nur des Protestantismus ein Stück weitertreiben. Innerhalb der Bibel gibt es eine Selbstauslegungsdynamik, die uns mit der Bibel gegeben ist. Angesichts der Probleme unserer Zeit sind – mit Luther und Bonhoeffer – „neue Dekaloge" zu entwickeln. Die alten sind nicht abzuschaffen, sondern tapfer sind Konsequenzen aus ihren Grundoptionen zu ziehen. Thomas Mann nannte die Zehn Gebote „das Ewig-Kurzgefaßte". Sie sind aber keine Endfassung, sondern der Anfang, die in immer neues Leben zu vergegenwärtigen sind. Warum bleibt diese Aufgabe zu oft liegen?

Sind wir vielleicht zu stark damit beschäftigt, das Erbe der Mütter und Väter zu verwalten statt für unsere Enkel und Antipoden heute ein lebensförderndes Erbe zu gestalten? Haben wir uns an eine gesellschaftliche Arbeitsteilung gewöhnt, die gerade den Kirchen und sozial engagierten Gruppen und Einrichtungen die Sorge für die Opfer der Gesellschaft zuschiebt, eine Arbeit, die diese bis zur Selbstausbeutung überlastet und die die Mehrheitsgesellschaft sowie die ökonomisch und politisch Mächtigen entlastet oder zu puren Machern degradiert? Es ist ein Skandal, wie selbstverständlich die Parteienfinanzierung funktioniert und wie schwer es viele Aktions- und Selbsthilfegruppen haben, Unterstützung zu bekommen.

Die Demokratie hat mit dem Protestantismus den Grundgedanken gemeinsam, daß alle Menschen in der Lage und fähig sind, an der Gestaltung des Ganzen teilzunehmen. Im Protestantismus ist das in den Gedanken vom allgemeinen Priestertum aller Gläubigen gefaßt worden. Der Braunschweiger Physiker Klaus Müller übersetzte diesen Gedanken ins Weltliche und sprach vom allgemeinen Expertentum aller Betroffenen.

Damit wir uns nicht mißverstehen: Es geht nicht um eine Allzuständigkeit aller für alles. Wohl aber geht es darum, daß von den Aufgaben der Gegenwart jede und jeder ein Stück übernimmt. Und zwar die Politiker auch ein Stück Kirchenasyl oder Mahnwachen für Abschiebestop. Die Unternehmer und Manager, die vor Jahrzehnten begannen, Arbeitskräfte für unseren Wohlstand anzuwerben, haben eine Verantwortung für die Wohnsituation der Ausländer, für arbeitslose Flüchtlinge. So sinnvoll eine Arbeitsteilung im technischen und organisatorischen Bereich einer Gesellschaft ist, so sehr zerstört sie im sozialen Bereich unser Grundgesetz und seine Verwirklichung.

4. Befreiung von Angst, Befreiung zur Sensibilität

Protestantisches Profil heißt, die Produktion und Ausbreitung der Angst nicht mitzumachen, heißt, sein Leben nicht als Reaktion auf ein Klima der Angst zu entwerfen. Sorge um die Zukunft ist gewiß angebracht, aber niemand hat das Recht, Angst zu machen. Und doch geschieht es. Da werden angeblich extreme Kriminalstatistiken zu Ungunsten der Ausländer veröffentlicht, da werden Überfremdungsängste geschürt, wenn davon gesprochen wird, es gelte die Einwanderungsflut einzudämmen. Da wabert der Gedanke von nationaler Einheit und ethnischer Reinheit in Gestalt eines neuen Nationalismus nicht nur durch die neue Rechte. Da wird von einer Sonderrolle des gewachsenen Deutschland in der Welt gesprochen und nur an militärisches Eingreifen gedacht, statt die sehr normale Rolle des vorzüglichen Grundgesetzes unserer Republik voll auszuspielen: Grundrechte zu sichern, die Würde des Menschen, nicht nur der Deutschen, weniger antastbar zu machen – hier und anderswo – und die Sozialpflichtigkeit des Eigentums zu realisieren. Das sind völlig unerledigte Aufgaben in einer der reichsten Kirchen und in einer der reichsten Staaten der Welt. Hier ist endlich eine „besondere“ Rolle zu spielen, die die brutale Ungerechtigkeit zu korrigieren versucht, daß wir zu der reichen Minderheit von 20 % der Weltbevölkerung gehören, die 80 % aller Energien und Rohstoffe verbraucht. Die wachsende Wut der Armen über die Ausplünderung des Südens, über dorthin exportierte Armut und Umweltverschmutzung, führt zu wachsenden Konflikten und hierzulande zu ausbeutbarer Angst. Die rentiert sich. Die Industrieländer verdienen durch Waffenlieferungen – die auch Arbeitsplätze bedeuten –, so daß wir die Gründe für Haß und Kriege heute produzieren, die wir morgen erleben werden. 1980-1990 verdienten die sieben reichsten Industrieländer des Nordens 333 Mrd. $ an der sogenannten Entwicklungshilfe. Die armen Länder des Südens zahlten sie als Zinsen und Tilgungen an uns zurück. Unser Finanzminister rechnet für dieses Jahr mit einer Einnahme von 2 Mrd. DM aus den armen Ländern. Jede Stunde fließen 22 Mio. $ aus dem Süden in den Norden (Quelle: OECD).

Niemand von denen, die im Wahlkampf, am Stammtisch, am Familientisch oder in Schulen, Hochschulen und Medien Ängste vor Ausländern schüren, schmiert selber an die Wand „Ausländer raus!" Niemand von ihnen zündet eine Synagoge oder ein von Türken bewohntes Haus an. Aber immer finden sich Menschen, die das tun und dabei das Gefühl haben: Wir tun etwas, was viele insgeheim oder öffentlich wollen, aber zu tun sich nicht trauen. Hinter den Brandstiftern sitzen Biedermänner und Biederfrauen. Die Gewalt der Reden über Ausländer und Asylanten füllt Brandflaschen, schwingt Baseballschläger und kippt den spät gelernten Satz unseres vorzüglichen Grundgesetzes „Politische Flüchtlinge genießen Asylrecht". Er wird fast bis ins Gegenteil verkehrt durch die dazu erlassenen Regelungen von sicheren Drittstaaten und durch die Verkürzungen des Rechtsweges.

Protestantisches Profil heißt, sich der Anfänge der Reformation zu erinnern. Ein Angstklima gegenüber Himmel und Hölle beherrschte die Menschen damals. Gott und die Weltordnung schienen nur bedrohlich zu sein. Mit Angst konnten Politik, Gottesdienst und Geschäfte gemacht werden, mit Angst panzerten sich Frömmigkeit, Status quo und Leistung. Die reformatorische Befreiung zerschlug dieses Klima der Angst und setzte darauf, daß mit der Praxis Jesu und seiner NachfolgerInnen auf dieser Erde diese Angst zu bannen sei. Die Freiheit der durch ihn Befreiten tritt an die Stelle der Angst und führt Freiheit für andere auf den Plan.

5. Der *eine* Gott liebt die Fremden

Die Rechtfertigungspredigt hat einen sehr aktuellen Sinn. Sie spricht von einem Gott, der die fremden Menschen liebt und gleichzeitig fremden Göttern ihre Autorität bestreitet. „Einen Fremdling sollst du nicht bedrücken. Ihr wißt, wie dem Fremdling zumute ist; seid ihr doch auch Fremdlinge in Ägypten gewesen" (Ex 23, 19). Wer die fremden Menschen „liebt", hat an einem Befreiungsprozeß teil. Das Erste Gebot, „Du sollst keine anderen Götter neben mir haben", steht im Zusammenhang einer Befreiungsgeschichte: „Ich habe dich aus Ägypten, aus der Sklaverei, befreit." Der *eine* Gott ist die Bedingung der menschlichen Freiheit allen Autoritäten gegenüber. Weder Staat noch Kirche, weder mein Ich noch die Wirtschaftsordnung, weder Vaterland noch Selbstverwirklichung dürfen göttergleich verehrt, an oberste Stellen gesetzt oder angebetet werden. Sie haben keine letzte Anspruchsgewalt gegenüber Menschen. Sie sind vorletzte Größen, die gerade deswegen darauf angewiesen sind, daß das Letzte, nämlich die in ihnen *nicht* steckende, wohl aber bei Gott zu findende Gerechtigkeit und Befreiung, Liebe und Frieden in ihr alltägliches Spiel eingebracht wird. Die so verankerte Freiheit des Gewissens will nicht sich selbst sichern, sondern andere.

6. Protestantismus als Kritik und Gestaltung (Paul Tillich)

Der Protestantismus ist sich bewußt, daß er eine kritische und eine konstruktive Aufgabe in der Gesellschaft hat. Kritisch ist er, weil er in der Nachfolge Christi, eines Juden, eines Asiaten, an die Spielregeln des Reiches Gottes erinnert und an ihnen selbst orientiert ist. An jedem Tag wird darum gebetet, daß „Dein Wille geschehe", daß seine Spielregeln realisiert werden – im Himmel wie auf Erden. Daß sie im Himmel verwirklicht werden, ist nicht unsere Sorge, wohl aber, daß sie hier auf Erden Realität gewinnen. Den „Namen Gottes zu heiligen" und zu beten „Dein Reich komme" ist die tägliche Erinnerung daran, daß wir mitten im alltäglichen öffentlichen und privaten Leben einer Orientierung verpflichtet sind, die nicht „von dieser Welt ist", wohl aber in dieser Welt und für diese Welt lebt und gut ist – wenn sie nicht bloß behauptet, sondern gelebt wird. Es ist nicht die Haltung der „Besserchrissis", die manchmal die Schlechtigkeit der Welt so eindrücklich beklagen können, die ihren Glauben zum Maßstab für andere machen. ChristInnen sind in einem doppelten Sinne frei – sich selbst und anderen gegenüber: „Ein Christenmensch ist ein freier Herr über alle Dinge und niemandem untertan. Ein Christenmensch ist ein dienstbarer Knecht aller und jedermann untertan." So spitzte Luther 1520 die reformatorische Botschaft zu.

Diese Freiheit führt dazu, daß eine protestantische Kirche immer das schlechte Gewissen der Gesellschaft ist und die Gesellschaft in der sie lebt, immer das schlechte Gewissen der Kirche ist. Eine doppelte Bremse gegen Anpassung und gegen Weltflucht ist damit genannt. Zugleich aber auch ein doppeltes Motiv, der Wirklichkeit nicht auszuweichen, weder den schönen Seiten von Gottes schöner Welt noch dem Unheil und dem heillosen Elend, das – gegen Gottes Weltkonzept – Menschen Menschen antun können, das Menschen wegschauend übersehen oder gleichgültig hinnehmen.

II Multikulturelle Gesellschaft

1. Die Unersetzlichkeit der anderen

Der christliche Glaube wurde stark als es ihn nicht allein gab, sondern als er in einer multireligiösen und multikulturellen Welt lebte. Er verdorrt, wenn er sich staatliche oder sonstige Gewalt borgt, und er sich selbst genug ist und nur sich selber kennt. Die multireligiöse und multikulturelle Gesellschaft ist der erste und prägende Kontext des Christentums gewesen. Wollen wir uns einigermaßen dem biblischen Niveau annähern, dann müssen wir die kritische Souveränität wieder erlangen, uns durch fremde Kulturen nicht ängstigen, sondern einladen oder herausfordern zu lassen, nicht bei uns selber zu bleiben. Nicht bei sich selbst zu bleiben heißt, den eigenen Glauben in der Nachfolge Christi zu leben. „Es gilt ein frei Geständnis in dieser unserer Zeit, ein offenes Bekenntnis in allem Widerstreit." Geständnis und Bekenntnis sind Lebensvollzüge im Alltag, ebenso schöne wie notwendige Arbeiten, praktisch und intellektuell sich an der Auslegungsdynamik der biblischen Überlieferung zu beteiligen.

Als Martin Buber in Heppenheim 1933 – er hatte gerade mit Paul Tillich seine Professur in Frankfurt verloren – über den Schock der jüdischen Kinder nachdachte, die plötzlich im eigenen deutschen Mutterland Fremde geworden waren, hält er zwei Beobachtungen fest. Die Kinder waren durch den Sieg der Judenverachtung in der mit Mehrheit gewählten Naziregierung plötzlich Fremde geworden. „Die Welt ist unzuverlässig geworden." Das ist die Erfahrung des Fremdseins. Und die zweite Erfahrung war die höhnische Bemerkung aus der Mehrheitsgesellschaft: „Hast du dir etwa eingebildet, ich machte mir wirklich etwas aus dir?"

Auch wenn eine solche Haltung nur gedacht wird, so hat sie doch praktische Folgen. Sie macht aus Geschwistern Fremde. In diesem Vorgang spricht die Sprache der Gleichgültigkeit am Anfang, und am Ende schreit das Blut Abels zum Himmel. Gleichgültigkeit ist der Extremismus der Mitte, der genauso gefährlich ist wie der Extremismus der Rechten.

Als wir vor dem Hungermarsch der Roma und Sinti vor einigen Jahren am Düsseldorfer Landtag saßen, da machten wir den Politikern den Vorschlag, über Abschiebungen erst zu entscheiden, wenn man ein paar Dutzend Lebens- und Leidensgeschichten von Flüchtlingen, vor allem von den Kindern, z.B. aus dem Kosovo, aus Rumänien oder aus Ghana sich angehört habe.

Warum? In der Singularität des biblischen Gottes ist die Einzigkeit eines jeden Menschen verankert. Gegen den Augenschein und gegen die Praxis unserer Zeit ist kein Mensch überflüssig oder auswechselbar. Die Würde dieses Unikates Mensch wird angetastet, wenn ich, wenn wir als Deutsche, als ChristInnen uns zum Maßstab setzen, um andere zu beurteilen. Schon wenn Eltern gegenüber ihren Kinder, schon wenn Industrieländer gegenüber sogenannten Entwicklungsländern sich zum Erziehungs- oder Entwicklungsstandard setzen, verletzen sie die Würde der anderen und das Bilderverbot. Dieses sichert die Freiheit und Unverfügbarkeit Gottes wie die seiner Ebenbilder. Diese Freiheiten dürfen nicht beschädigt werden, indem ich von Gott, von Religion, vom Christsein, vom Moslemsein, vom Türkesein, von den jungen Leuten oder von Entwicklungsländern mir Bilder mache, nach denen ich sie forme, behandle und beurteile.

Das Anderssein der anderen zu achten, darauf kommt es an. Der schwarzafrikanische Dichter Dombekai Dempster hat es in einem Gedicht so ausgedrückt:

„Ich bin nicht du – doch du willst mir nicht meine Chance geben,
willst mich nicht ich sein lassen ...
Gott schuf mich Ich. Er schuf dich Du. Um Gottes Willen laß mich ich sein."

Die Verse sind aus Ghana ausdrücklich „an Europa" gerichtet.

2. Risiko und Bereicherung in der Begegnung

Wenn wir z.B. über Mission nachdenken und streiten, dann können wir das ehrlich nur tun, wenn wir die Kolonialgeschichte mitbedenken. Die eigene Geschichte mit den Augen der Nachbarn zu sehen, seien es Polen oder Türken, Franzosen oder Niederländer, seien es die aus derselben Straße oder im Container nebenan, heißt die Geschichte von unten sehen. Die Opfer der Geschichte, nicht nur die der staatlichen Gewalt, des Nationalismus, der wirtschaftlichen Expansion, sondern auch die einer falschen Theologie, einer auftrumpfenden Kirche oder eines sich überlegen fühlenden Christseins haben ein Recht darauf, daß ihre Sicht auf die Wirklichkeit und ihre Erfahrungen ernstgenommen werden. Die Opfer haben darüberhinaus ein Mitspracherecht, wenn wir heute die abgegriffenen Begriffe Mission oder Dialog benutzen (oder auf der politischen Ebene Integration oder Sicherung der eigenen Identität). Meinen wir mit den beiden letzten Begriffen Anpassung oder Distanz zu den anderen? Mit welchen Mitteln sichern wir unsere eigene Identität? Was ist das überhaupt? Beim Wort Mission und Dialog denken viele Juden nicht nur an eine Variante einer gewalttätigen Mission, sondern auch an die Zwangsdisputationen des Mittelalters, die oft mit Folter und Tod des jüdischen Dialogpartners endeten. Das kollektive Gedächtnis der Opfer ist länger. Das hilft unserer Sprache, unserem Gedächtnis und Gewissen, empfindsamer zu werden.

Als Dietrich Bonhoeffer 1943 zehn Jahre des brutalsten Apartheidstaates Nazi-Deutschland bilanzierte, notierte er: „Es bleibt ein Erlebnis von unvergleichlichem Wert, daß wir die großen Ereignisse der Weltgeschichte einmal von unten, aus der Perspektive der Ausgeschalteten, Beargwöhnten, Schlechtbehandelten, Machtlosen, Unterdrückten und Verhöhnten, kurz der Leidenden sehen gelernt haben".

Vielleicht entstehen neue Formen des alten biblischen Zeugnisses, wenn wir resolut alte mißbrauchte oder verbrauchte Worte weglegen. Die biblische Botschaft vom Asylrecht, von der Feindesliebe, von Recht und Gerechtigkeit – gerade auch im wirtschaftlichen Bereich – sind wahrhaftig noch nicht ausgeschöpft und kaum ausprobiert.

Das führt uns zu einer sehr schwierigen Frage. Wir müssen unterscheiden lernen, welche Linien der Bibel wir weiterverfolgen und welche nicht! Einige biblische Stellen sind nach dem Gebrauch durch Christen und Kirchen heute nicht mehr zu gebrauchen – z.B. das Wort des Paulus in seinem ersten Brief nach Saloniki. Dort vertritt er die antike, vorchristliche Judenfeindschaft: „Die Juden sind Gottes und der Menschen Feinde." Diese Judenfeindschaft krönt er mit der Behauptung, die Juden hätten den Herrn Jesus und die Propheten getötet und deshalb treffe sie das Zorngericht Gottes. Dieser Vorwurf hat blutige Geschichte gemacht. Die Konsequenz muß heißen: Diese Paulusstelle lassen wir liegen und beginnen die bis Auschwitz überlesenen Stellen z.B. aus Röm 9-11 oder weite Teile der hebräischen Bibel neu zu lernen.

Die Beziehung zwischen Juden und Christen ist die Geschichte einer christlicherseits produzierten Fremdheit. Um die Christusbotschaft heller leuchten zu lassen, mußte das Judentum in den dunkelsten Farben gemalt werden. Die Geschichte des Christentums ist *auch* eine Geschichte, andere zu Fremden zu machen und dann mehr als befremdlich zu behandeln. Die für die Juden tödliche Geschichte signalisiert eine christliche Entfremdung von der eigenen Wurzel. Dulden wir nicht die Anfänge einer solchen doppelten Entfremdungsgeschichte gegenüber denen, denen wir die Nächsten sind, den Fremden.

Sich auf eine Begegnung mit anderen Glaubensweisen einzulassen, heißt, sich darauf einzulassen, aus der Begegnung verändert hervorzugehen: bereichert oder infragegestellt, gestärkt oder auch – nicht zu vergessen – enttäuscht. Im Gesicht eines jeden anderen schaut mich Gott an. Dem Gesicht von Menschen standzuhalten meint, sich Gott auszusetzen. Er hat keine Angst, mir in fremden Gesichtern und mir in fremden Kulturen zu begegnen.

Die stärkste Veränderung entsteht bei Begegnungen dadurch, daß ich mich über meinen christlichen Glauben intensiver informieren muß, als wenn ich begegnungslos lebe. Das kommt dem Glauben zugute. Die zweite Veränderung besteht darin, daß ich über Kultur, Religion und Alltagsleben der anderen mehr wissen muß. Das kommt der Menschlichkeit zugute. Aber Wissen allein genügt nicht. Verstehen und Begegnung sind mehr als Wissen.

3. Verbindlichkeit statt Absolutheitsanspruch

In einer multikulturellen Gesellschaft zu leben, ist nicht einfach. Da gibt es schwere Probleme. Gewalt, Unverstand, Konkurrenz auf dem Arbeits- und Wohnungsmarkt, Kulturschocks auf beiden Seiten, Diskriminierung und Enttäuschung. Nicht zu vergessen ist die kritische Frage nach der Rolle der Religion. Wird sie zur Brücke, zur Mauer oder gar zur Waffe? Es gibt einen oberflächlichen Umgang mit den Problemen des Multikulturellen und damit mit dem Problem von Flüchtlingen und AusländerInnen.

Einmal schätzt man die kulinarische Erweiterung der deutschen Koch- und Restaurantkultur durch Italiener, Türken, Chinesen oder Jugoslawen.

Zum anderen verhindert weithin die virtuelle Realität, die Scheinwelt der elektronischen Medien, die Wahrnehmung sowohl der menschlichen wie der unmenschlichen Realitäten. Es ist eine internationale Wirklichkeit in Bild und Musik zu sehen und zu hören, die ich genauso konsumieren kann wie Döner Kebab oder Pizza. Allzu viel wird Unterhaltung. Religion hat längst das Monopol verloren, Opium – Trost- und Beruhigungsmittel – des Volkes zu sein.

Dagegen singe ich lieber mit unserem rheinhessischen Landsmann Carl Zuckmayer das hohe Lied der Völkervermischung. Es beschreibt die Realität unseres Landes, auch unseres Kirchengebietes (in: „Des Teufels General") sehr genau. „Da war ein römischer Feldhauptmann, ein schwarzer Kerl, braun wie 'ne reife Olive, der einem blonden Mädchen Latein beigebracht. Und dann kam ein jüdischer Gewürzhändler in die Familie, das war ein ernster Mensch, der ist noch vor der Heirat Christ geworden und hat die katholische Haustradition begründet. – Und dann kam ein griechischer Arzt dazu, oder ein keltischer Legionär, ein Graubünder Landsknecht, ein schwedischer Reiter, ein Soldat Napoleons, ein desertierter Kosak, ein Schwarzwälder Flözer, ein wandernder Müllerbursch vom Elsaß, ein dicker Schiffer aus Holland, ein Magyar, ein Pandur, ein Offizier aus Wien, ein französischer Schauspieler, ein böhmischer Musikant – das hat alles am Rhein gelegen, gerauft, gesoffen und gesungen und Kinder gezeugt – und – und der Goethe, der kam aus demselben Topf, und der Beethoven, und der Gutenberg, und der Matthias Grünewald, und – ach was, schau im Lexikon nach. Es waren die Besten, mein Lieber! Die Besten der Welt! Und warum? Weil sich die Völker dort vermischt haben."

Die deutsche Gesellschaft ist in sich multikulturell und multireligiös. Sie muß sich als solche annehmen. Verweigert sie das, gefährdet sie, außer den Menschen anderer Kulturen noch mehr: eine parlamentarische Demokratie, die Gleichheit vor dem Recht, die zeitgenössische Mobilität und Kommunikation. Sie alle erlauben keinen Absolutheitsanspruch eines politischen Konzeptes, einer Ideologie oder einer Glaubensweise.

Die Alternativen zu meinem Glauben, zu meinem politischen oder ökonomischen Konzept gedanklich, durch Macht oder durch Mehrheit nicht zuzulassen, schafft Fundamentalismus und verrät das protestantische Grundprinzip der Freiheit. Hier haben wir auch die Reformation weiter zu reformieren. Pluralistische Toleranz war nicht ihre Stärke – im Gegensatz zu den USA, Holland oder Skandinavien.

Die unchristlichen Ausgrenzungen damals von Juden, christlichen Dissidenten und Türken aus der Koexistenz und dem Diskurs des Abendlandes – gegen R. Lullus, Nikolaus Cusanus, Jan Amos Comenius oder Gotthold Ephraim Lessing – gehen von einem Bild religiöser, ideologischer oder ethnischer Geschlossenheit in einem bestimmten Gebiet aus. Dieses Projekt des reinen Blockes wurde von Hitler und Stalin noch einmal en gros zu verwirklichen versucht. En détail beobachten wir im ehemaligen Jugoslawien den Versuch, es noch einmal zu probieren. Eine „durchmischte und durchrasste Gesellschaft" (E. Stoiber) ist die menschlichere Alternative. Im Blick auf das Christentum bedeutet das: Gott allein ist „absolut", unser christliche Glaube ist (1 Kor 12, 12; 2 Kor 4, 7) „Stückwerk". Das bedeutet nicht, auf Verbindlichkeit zu verzichten. Die „Sprache der Liebe" ("Die oder keine!" – „Den oder keinen!") spricht die Sprache der liebenden Gewißheit, nicht der behauptenden Sicherheit.

4. Elemente einer neuen Wirtschaftsordnung

In der Weltgesellschaft fehlt der Mehrheit vieles, was zu einem menschenwürdigen Leben notwendig ist.

1 Mrd. Menschen leben unter der Armutsgrenze. 40 Mio. verhungern jährlich. Die Verteilung von *Lebensmitteln* funktioniert schlechter als die Verteilung von Todesmitteln, alias Waffen.

Ein Drittel der Weltbevölkerung hat kein sauberes *Wasser* oder zu wenig. Sich selbst oder die Kinder ausreichend mit *Kleidung* und Schutz zu versorgen, gelingt bei weitem nicht allen.

75 Mio. Menschen sind auf der *Flucht*, 25 Mio. davon sind Flüchtlinge jenseits des eigenen Landes. Die ärmsten Länder haben die größte Zahl von Flüchtlingen aufnehmen müssen; die reichen ziehen ihre Mauer aus Gesetzen, Kontrollen, Nachtsichtgeräten, Schäferhunden und Deutschmark oder Dollar höher. Auf der nächsten Stufe wird der Stacheldraht bewaffnet werden. Die Zahl der *Gefangenen* nimmt zu. Folter, Vergewaltigung und Menschenraub werden zu Waffen der Auseinandersetzung im Verteilungskampf um die größer werdende Menschenzahl und die geringer werdende Zahl der Lebenschancen.

Krankheiten, die heilbar sind, raffen Millionen Menschen dahin, vor allem Kinder unter 5 Jahren. In Deutschland gibt es mehr Kosmetikfabriken als Arzneifabriken in ganz Afrika.

Zur Charakterisierung der Weltgesellschaft habe ich jene sechs Elemente benutzt, nach denen Jesus die „Schafe von den Böcken scheidet". „Habt ihr mir Brot, Wasser, Kleidung, ein Zuhause, Solidarität mit Gefangenen und Krankenheilung zukommen lassen? Was ihr einem der geringsten Geschwister getan habt, das habt ihr mir getan. Was ihr einem der geringsten Geschwister nicht getan habt, das habt ihr mir nicht getan" (Mt 25). Das Gleichnis vom Endgericht nennt die basic needs der Bedürftigen, die in der Zwei-Drittel-Welt der Mehrheit der Menschen fehlen. In der Ein-Drittel-Welt, also in den reichen Industrieländern, rückt die Zahl der Armen, der Arbeitslosen und Obdachlosen auf ein Drittel der Bevölkerung zu.

In diesem wirtschaftlichen Bereich fällt nach Christus die Entscheidung darüber, ob christlicher Glaube christlicher Glaube oder nur ein Geschrei „Herr, Herr!" ist. In der messianischen Zeit, so heißt es Hes 47, 22f, wird das Land unter Israel *und* die Fremden verteilt. „Die Fremden sollen euch wie eingeborene Israeliten gelten." Wir nennen uns die Messianischen nach dem Messias, dem Christus. Wir muten damit uns und allem, was sich christlich nennt, mehr zu, als wir bisher geleistet haben. Wir wecken zugleich Erwartungen auf eine der Bibel vorstellbare und vielen Menschen fehlende Gerechtigkeit. Sie arbeitet an der gerechten Verteilung der Güter dieser Erde. Die vielen Kulturen sind schon verteilt. Daß sie sich zur Verteilungsgerechtigkeit der Lebenschancen mitteilen, ist erst ansatzweise geschehen.

III Anzettelung zur Auseinandersetzung

1. Änderung des Staatsangehörigkeitsgesetzes, das die Staatsangehörigkeit nicht mehr auf Blut und Abstammung, sondern auf das Territorium bezieht.

2. Leichter und rascher Zugang zur deutschen Staatsangehörigkeit für die zweite und dritte Generation der unter uns lebenden AusländerInnen.

3. Kommunales Wahlrecht für AusländerInnen, nicht nur für EU-EuropäerInnen, damit nicht eine erneute Spaltung Europas geschieht.

4. Ein Einwanderungsgesetz, das nicht nur an den Bedürfnissen der deutschen Industrie und Gesellschaft, sondern an den Nöten von Flüchtlingen orientiert ist.

5. Überprüfung der Drittstaatenregelung (läuft zur Zeit in Karlsruhe) und Wiedereinführung eines Rechtweges mit mehr als einer Instanz.

6. Veröffentlichung der Firmennamen durch Medien und Kirchen, die Waffen, vor allem Landminen, herstellen oder exportieren.

7. Unterstützung von Kirchenasyl.

8. Religionsunterricht in allen öffentlichen Schulen nach den Grundsätzen der jeweiligen Religionsgemeinschaften. Religion ist zu gut und zu gefährlich, als daß sie der Unbildung, der Halbbildung oder der Unkenntnis überlassen bleiben könnte.

9. Arbeit an einer gerechteren Wirtschaftsordnung der Welt, durch faire Preise in einem fairen Handel, durch gleichberechtigte Partizipation der Länder des Südens und durch Öffnung unserer Märkte für Produkte der Zweidrittelwelt.

10. Verzicht darauf, die Nation oder das Nationale als eine Möglichkeit zur eigenen Identitätsfindung zu gebrauchen. Recht und Gerechtigkeit (und ihr Scheitern) als unsere Geschichte genügen zur Identitätsfindung.

Thesen
Zur politischen Verantwortung der christlichen Gemeinde *

1. Gestalt, Wort, Praxis und Geist Jesu Christi sind eine *öffentliche* Angelegenheit.

2. Sie betreffen den Menschen zugleich als Einzelperson und als soziales Wesen. Diese Reihenfolge stellt keine Zeit- oder Wertfolge dar, wie es in der Geschichte der Kirche in Europa zugunsten des Individualismus verstanden wurde.

3. Sie betreffen die geistigen und materiellen Aspekte des menschlichen Daseins in gleicher Weise. Das „Heil" des Menschen ist nach biblischem Verständnis verklammert mit dem „Heil" der Welt. Privates Heil verliert sich selbst, wenn es nicht auf öffentliches Heil ausgerichtet ist.

4. Sowenig die Bibel ein Rezeptbuch für menschliches Verhalten ist, sowenig ist sie ein geschlossenes Lehrsystem über Gott, Mensch und Welt. In ihren Geschichten erzählt sie, deutet sie: Gott als den Herren der Welt, den Menschen als sein Ebenbild; die Welt als Arbeitsfeld, zu verwalten im Sinn des Herrn; die Geschichte nicht als absurd, sondern als hinzielend auf einen neuen Menschen, eine neue Welt.

5. In diesen biblischen Geschichten werden Tendenzen sichtbar, die den Umgang des Menschen mit dem Menschen, mit der Welt, mit der Geschichte prägen. So hat die Welt etwas Neues zu hoffen; sie ist nicht zu lähmen durch den Satz von ihrer Unveränderlichkeit; die universale Liebe will ausgelegt werden gegen das „natürliche" Verhalten der Selbstbehauptung und des Egoismus; der einzelne zählt unabhängig von seiner Leistung als „Kind Gottes". Das bedeutet: Mut zu einem sinnvollen Leben, das Neuanfang und Vergebung kennt; Gerechtigkeit und Versöhnung, die Unrecht und Krieg zersetzen.

6. Das Instrument der Verwirklichung dieser Tendenz ist der Leib Christi, die christliche Gemeinde.

* Erarbeitet im Auftrag der Hochschulkommission (bestehend aus J. Azzola, U. Albrecht, G. Jung und M. S.) der Evangelischen Studentengemeinde in der Bundesrepublik und Berlin (West), Dezember 1967.

7. Sie deckt die Wirklichkeit der Welt nicht mit einem lediglich interpretierenden Überbau, sondern stellt sie in Frage, hält sie prinzipiell in jedem Bereich für veränderbar im Sinne der Tendenzen der Bibel.

8. Dazu gehören exakte Kenntnis und Analyse der Wirklichkeit. Die Experten werden hierbei leicht ihre Grenzen überschreiten und das Faktische für normativ erklären. Die Christen werden leicht ihre Grenzen überschreiten, indem sie den Appell an den guten Willen (Gottes und der Menschen) für die Tat setzen.

9. Christlicher Glaube hat immer eine politische Dimension. Gerade da, wo er sich unpolitisch versteht und verhält, ist er politisch wirksam: er sanktioniert jeweils die gewohnte Praxis und die bestehenden Verhältnisse.

10. Christlicher Glaube hat eine kritische, ja zersetzende Funktion. Immer wieder etabliert sich falsches Bewußtsein über den Umgang mit Minderheiten jeder Art; über den asozialen Charakter von Huren, Hirten, Aussätzigen, Proletariern, Homosexuellen, Juden und Marxisten, über die Unzulänglichkeit des einzelnen gegenüber dem Fachmann; über die Neigung christlichen Denkens zur Autoritätsgläubigkeit.

11. Das Evangelium bzw. der christliche Glaube als kritische Sonde für die Beurteilung der bestehenden Verhältnisse setzt sich dem Verdacht des nur Negativen aus. Biblische Beispiele lehren, daß in der Haltung prophetischer Kritik und prophetischen Protestes die Negation sich immer versteht als Position für den Menschen (z.B. Sabbatgebot).

12. Tendenzen der Bibel, die durch die Gemeinde gegen andere Tendenzen menschlicher Theorie und Praxis ins Spiel gebracht werden müssen, treten immer ein für das wahre Interesse der Welt und des Menschen.

13. Christlicher Glaube liefert keinen Gesamtentwurf vom Menschen, der Gesellschaftsordnung oder vom Geschichtsablauf. Das schließt eine kritische Haltung gegenüber allen Religionen, Weltanschauungen und Ideologien ein und macht frei zur Zusammenarbeit mit den über „christliche Unchristlichkeit" enttäuschten, säkularisierten Vertretern biblischer Grundgedanken der Gleichheit, Freiheit, Brüderlichkeit oder der sozialen Gerechtigkeit.

14. Christlicher Glaube steht demnach nicht über allen Fronten. Er muß „parteilich" werden. Unterlassene Parteinahme bedeutet Unterstützung der etablierten Herren, Mächte und Verhältnisse.

15. Christlicher Glaube orientiert seine Parteilichkeit an Tendenzen der Bibel. Sein sensibel gewordenes Gewissen registriert Unrecht und macht sich zum

Anwalt der Gerechtigkeit, sieht Lieblosigkeit und praktiziert Liebe, entdeckt Haß und Krieg und stiftet Frieden, läßt der Schuld nicht das letzte Wort, sondern lebt Vergeben.

16. Christliche Parteilichkeit wird in der Gemeinde korrigiert – nicht neutralisiert. Den Streit um die rechte Praxis des Glaubens kann keiner mit sich, seiner Bibel oder seinem Gewissen allein austragen. Er findet statt im Prozeß der demokratischen Meinungs- und Willensbildung in der Gemeinde.

17. Christlicher Glaube erwartet die Erneuerung der Welt nicht als Ergebnis der Summe von Veränderungen der Individuen, die äußere Veränderung nicht als Konsequenz innerer Bekehrung, sondern er versteht den Ruf zur Umkehr immer als Ruf zur Erneuerung der ganzen Welt. In diesem Prozeß muß ständig durchdacht werden, wie christliche Liebe, Gerechtigkeit und Versöhnung durch Strukturen wirksam werden.

18. Politische Verantwortung läßt sich grundsätzlich nicht aufteilen. Probleme eines gesellschaftlichen Teilbereichs, wie z.B. der Hochschule oder der Sozialfürsorge, bleiben untrennbar verknüpft mit weltweiten sozialen, wirtschaftlichen, kulturellen und machtpolitischen Zusammenhängen. Daraufhin deutet die These C. F. von Weizsäckers, daß nationalstaatliche Weltaußenpolitik von einer übergreifenden „Weltinnenpolitik“ abgelöst werden muß.

Ökumenische Horizonte

das Brot teilen – den Himmel teilen

Das Brot muß man teilen

Predigt am Erntedankfest zu Jesaja 58, 6-12 *

Lied (koreanisch gesungen) und Lesung des deutschen Textes.

> „Das Brot ist der Himmel.
> Wie du den Himmel nicht allein haben kannst,
> mußt du das Brot mit den anderen teilen.
> Das Brot ist der Himmel.
> Kommt das Brot in deinen Mund hinein,
> nimmt dein Körper den Himmel auf.
> Das Brot ist der Himmel.
> Ja, das Brot
> muß man teilen."

Liebe Zuhörerinnen und Zuhörer,
vom Brot singt das Lied des koreanischen Dichters Kim Chi Ha. Das Lied vom Brot, das der Himmel ist, hat die koreanische Musikerin Byong Ok Kong vertont und gesungen. Der Himmel, das meint in respektvoller Umschreibung Gott, den Lebendigen. Brot, das bedeutet: Hungernde haben etwas zu essen. Entgegen allen Unterstellungen ist es dem Himmel nicht gleichgültig, ob sich das Brot bei wenigen häuft und bei vielen fehlt. Für alle Menschen ist Brot die Grundlage eines sinnvollen Lebens: Das Brot des Lebens hat der Himmel auf Erden allen zugedacht in vielerlei Gestalten: zum Beißen, zum Bearbeiten, zum Glauben, zum Hoffen, zum Lieben. Ohne dieses Brot und seine vielen Ausgaben sterben Menschen viele Tode.

Gerade weil das Lied aus Korea mich daran erinnert, habe ich heute Schwierigkeiten, Erntedankfest zu feiern. Es ist mir zu wenig, wenn meine Gründe zur Dankbarkeit nur davon leben, daß ich meine heutige Situation mit der Zeit um 1945 oder mit der Hungersnot in Kalkutta vergleiche. Aber dieser Vergleich läuft in vielen Familien so: Die ältere Generation hat Hunger noch am eigenen Leib erlebt, im Krieg, im Lager, in der Nachkriegszeit. Die nächste Generation bekommt manchmal mit dem drohenden Unterton zu hören: Das müßtet ihr einmal erlebt haben, dann würdet ihr vielleicht etwas dankbarer für alles sein, was ihr habt. Ihr wißt ja nicht, wie gut es euch geht. Wie ein Strafzettel wird der Wohlstand unserer Überflußgesellschaft präsentiert, in den wir uns alle – behaglich oder unbehaglich – eingepaßt haben. Ein anderer Vergleich zieht die

* Radiopredigt 1979 im Hessischen Rundfunk; zuerst veröffentlicht in: Junge Kirche 41 (1980), 354-358.

Hungernden aus fernen Ländern herbei. Sie werden zur dunklen Wand, vor der unsere gedeckten Tische stehen, überladen, aber nicht einladend.

Entsteht bei diesen Vergleichen Dankbarkeit oder nur ein schlechtes Gewissen? Was immer sich da meldet, der Gedanke läßt sich nicht unterdrücken, daß unser Wohlstand mit der Armut anderer zusammenhängt. Das Brot für die Welt ist nicht gerecht verteilt.

Was wir zuviel haben, fehlt anderen. Es ist eine Selbsttäuschung zu sagen: Wir müssen mehr produzieren und wachsen, damit wir mehr verteilen können. Wir leben auf Kosten anderer. Oder kann ich etwa sagen: Es ist meine Tüchtigkeit, die Tüchtigkeit meiner Landsleute, der wir es verdanken, daß wir nicht hungern? Antworte ich auf diese Frage mit „ja", dann errichtet jedes Erntedankfest einen Altar mit den Produkten meines Fleißes und meiner Mühen. Ich bete mich letztlich selber an, klopfe mir auf die Schulter. Wenn ich mit der Situation vor 30, 40 Jahren oder mit den Menschen in der Dritten Welt vergleiche, kann ich schnell in die Nähe jenes Gebetes geraten, das Jesus so gotteslästerlich findet: Gott, ich danke dir, daß ich nicht so bin wie jene – nicht so wie unser Volk in seiner eigenen Hungerzeit, nicht so wie die Menschen in Kambodscha oder Bangla Desh. Ich bin, Gott sei Dank, in der Lage, von meinem Überfluß abzugeben. Ich bin, Gott sei Dank, entwickelt – im Gegensatz zu vielen Unterentwickelten.

Die radikale Ehrlichkeit uns selbst und unserem Leben gegenüber darf nicht umschlagen in Klage und Anklage, die in Selbstentmutigung oder nur in Beschuldigung anderer endet. Deshalb ist es gut, die Stimmen von Menschen zu hören, die an den Widersprüchen unserer Welt nicht nur leiden, sondern sie mit Gottes Ermutigung auch zu überwinden versuchen und dadurch Hoffnung stiften. Zu ihnen gehört der jüngere Jesaja, ein Prophet, ein Mensch also, der sieht, was ist, und sagt, was sein kann. Es war eine merkwürdige Zeit, in der er lebte, ungefähr 500 Jahre vor Christus. Man schaute zurück auf die Zeit des Krieges, auf die Zeit der Zerstörungen Jerusalems und des Tempels. Den Wiederaufbau der Stadt und des Landes hatte jeder miterlebt, ja mitgestaltet. Ein Grund, stolz zu sein. Die Feiertage waren alle fest im Kalender vermerkt. Sie gehörten zum Ablauf des Jahres, selbstverständlich wie Tag und Nacht, wie Arbeit und Freizeit, wie Essen und Trinken.

Zu dieser Festzeit gehörte auch der Fastentag. Er war und ist ein Signal, nicht alles selbstverständlich hinzunehmen, nicht alles gedankenlos einzunehmen, was Markt und Küche bieten, nicht ständig zuzunehmen – in Produktion und Konsum. Er war nicht nur ein Erntedanktag, sondern auch ein Erntedenktag. Der Prophet Jesaja formuliert zunächst eine Kritik: Auf der einen Seite läuft alles weiter, trotz der Feiertage. Er stellt fest:

> „An eurem Festtag geht ihr euren Geschäften nach und treibt eure Arbeiter an. Siehe, ihr fastet zum Zank und Streit und zum Schlagen mit brutaler Faust. Ihr begeht die Feier des Fastens nicht so, daß eure Stimme in der Höhe gehört wird."

Auf der anderen Seite verbreitet dieser Tag aber lähmende Müdigkeit, Verlegenheit und Resignation. Jesaja fragt seine Zeitgenossen:

„Ist das ein Fasten, das mir gefällt, ein Festtag, an dem der Mensch sich quält? Daß man den Kopf hängen läßt wie die Binse und in Sack und Asche sich bettet?
Soll das ein Fasten heißen und ein Tag, der dem Herrn gefällt?“

Die Verlegenheit ist groß und alt. Wie begehen wir Festtage im Alltag, Festtage, die uns an die Welt erinnern, die nach Gottes Willen sein könnte und sein soll? Festtage, die auf der Suche nach Gottes Schöpfung sind, von der es heißt: Siehe, sie ist sehr gut. Wie feiern wir mitten in der Welt, die noch lange nicht so ist, wie Gott sie haben will – im Jahre 500 v. Chr. wie im Jahre 1979 nach Christus; in einer Welt, in der Brot, Freiheit und Heimat unzähligen Menschen fehlen? Aus Hungrigen will er Satte, aus Obdachlosen will er Menschen mit einem Zuhause machen, aus Gefangenen – und wie viele Spielarten der Gefangenschaft gibt es! – will er freie Leute werden lassen. Er braucht Zuhörer und Mittäter dazu. Hören Sie bitte einmal hin. Bei Jesaja heißt es im Kapitel 58, dem Predigttext von heute, unmittelbar im Anschluß an die vorhin gehörten Worte über das Fasten:

„So spricht Gott der Herr: Ist das nicht ein Fasten, wie ich es liebe:
daß du ungerechte Fesseln öffnest, die Stricke des Joches löst?
Daß du Mißhandelte freiläßt und jedes Joch zerbrichst?
Daß du dem Hungrigen dein Brot brichst und Arme, Obdachlose in dein Haus führst?
Wenn du einen Nackten siehst, daß du ihn kleidest
und dich den Brüdern nicht entziehst?
Dann wird dein Licht hervorbrechen wie die Morgenröte,
und deine Heilung eilends sprossen:
deine Gerechtigkeit wird vor dir hergehen,
und die Herrlichkeit des Herrn wird deinen Zug schließen.
Wenn du dann rufst, so wird der Herr antworten;
wenn du schreist, so wird er sprechen: Siehe, hier bin ich.
Wenn du das Joch entfernst aus deiner Mitte,
nicht mehr mit Fingern zeigst und aufhörst, verantwortungslos zu reden,
wenn du dem Hungrigen dein Brot darreichst und die gebeugte Seele sättigst;
dann wird dein Licht aufstrahlen in der Finsternis
und dein Dunkel werden wie der helle Mittag.
Der Herr wird dich immerdar leiten und in der Dürre deines Lebens sättigen,
und deine Gebeine wird er stärken.
Du wirst sein, wie ein wohlbewässerter Garten und wie ein Wasserquell, der nie versiegt. Dann werden deine Söhne die Trümmer der Vorzeit wieder bauen,
und Fundamente früherer Geschlechter wirst du aufrichten.
Da wirst du genannt werden: ‚Rissevermaurer, der Trümmer wieder wohnlich macht‘.“

Einen Zuhörer haben Gott und sein Prophet in Kim Chi Ha gefunden. Dieser Christ hat Zeit, die Bibel zu lesen und für sich und andere auszulegen. Er hilft mir auch, Jesaja zu verstehen. Er ist der bekannteste Schriftsteller seines Landes. Obwohl er seit Jahren Tuberkulose hat, sitzt er in Südkorea, anfangs zum Tode verurteilt, jetzt lebenslänglich, im Gefängnis. Der südkoreanische Geheimdienst hat ihn, wie in diesen Tagen die Mitarbeiter der Christlichen Akademie in Seoul, mit vielen Christen und Nichtchristen inhaftiert. Bischof Scharf konnte einige von ihnen vor wenigen Wochen besuchen.

Die Berichte über Folterungen sind schlimm. Sie stehen in denselben Zeitungen, die in ihren Wirtschaftsteilen davon berichten, daß der Internationale Währungsfonds Südkoreas solide Wirtschaftspolitik lobt. Es ist kreditwürdig. Multinationale Konzerne schätzen den Industriestandort Südkorea als gewinnbringend und ruhig. Allgemein lobt man das Wirtschaftswunder in Südkorea. Auf der anderen Seite beginnt ein Experte des südkoreanischen Geheimdienstes das Verhör und die Folterung eines Mitarbeiters der Christlichen Akademie mit dem Satz: „Für uns gibt es kein Gesetz. Wir können jeden Hochverräter wie dich einfach umbringen. Du hast die Wahl: Gestehe oder laß dich totschlagen!" (DAS, 9. 9. 1979).

Eingekerkert wurden sie alle, weil sie ernstnehmen, was Kim Chi Ha mit vielen Christen die biblische „Religion der Propheten und die Religion der Liebe" nennt. Kim Chi Ha schreibt aus dem Gefängnis: „Diese Religion der Liebe, der ich mich verpflichtet fühle, bringt das Bewußtsein des entmenschlichten Volkes in Bewegung, um alles Menschliche und Himmlische zu einem stürmischen Ausbruch wachzurütteln. Es ist das Geheimnis der Auferstehung; es ist die Revolution. Sie versetzt die Menschen in die Lage, sich ihrer eigenen Würde bewußt zu werden. Diese Würde ist in der Tatsache begründet, daß die Menschen nach dem Bilde Gottes geschaffen sind. Sie verwandelt ihr Elend und ihre Selbstschändung in Hoffnung ... dieses Wunder der Auferstehung geschieht durch die Entscheidung des Glaubens und durch die innere geistige Wiedergeburt des Menschen."

Bei den Propheten hat Kim Chi Ha gelernt, mutig für Gerechtigkeit einzutreten, sich nicht mit gegebenen Verhältnissen abzufinden, Hoffnung auch im selbsterfahrenen Todesurteil nicht aufzugeben, die Liebe nicht zu verraten, auch wenn Haß und Gleichgültigkeit sie zu ersticken drohen. Er weiß: Der Himmel bleibt nicht oben, Gott nicht bei sich selbst. Er geht zu den Menschen. Das Brot gehört nicht nur denen, die oben sitzen, sondern gehört dorthin, wo es fehlt. Gott teilt sich aus. Der Himmel verschenkt sich. Das heilige Abendmahl sagt nichts anderes: Kommt das Brot in deinen Mund hinein, nimmt dein Körper den Himmel auf.

Das Brot ist der Himmel. Dieses Lied aus dem Gefängnis in Korea hilft mir, die biblische Botschaft besser zu verstehen. Den Himmel, Gott also, kann ich nicht allein und nur für mich kennen. Brot ist zum Teilen da. Wie der Anblick der Sterne gehört Brot allen. Und was ist Brot?

Das Vaterunser redet Gott als den Vater aller Menschen an. Er hat seinen Reichtum und den Reichtum der Erde allen Menschen zugedacht. Das Vaterunser spricht nicht in der Ich-Form. Es spricht vom Wir. Es bittet: Unser täglich Brot gib uns heute, nicht: gib mir mein tägliches Brot heute. Unser tägliches Brot, das erklärt Luther im Kleinen Katechismus so: Tägliches Brot – in allen Kontinenten – heißt alles, was zur Leibesnahrung und Notdurft gehört, wie Essen, Trinken, Kleider, Schuhe, Haus, Hof, Acker, Vieh, Geld, Gut, also Produktionsmittel, treue Eheleute, Kinder und Mitarbeiter, anständige und verantwortungsbewußte Regierungen und Behörden, gutes Wetter, Frieden auf Erden, Ordnung, also Rechtssicherheit, ein guter Ruf, gute Freunde und zuverlässige Nachbarn. Dies alles versteht Luther unter dem täglichen Brot, das für alle Menschen zu erbitten und zu erarbeiten ist.

Christen beten im Vaterunser also um eine neue Weltwirtschaftsordnung, eine neue Ordnung des Zusammenlebens, eine neue Ordnung des Teilens. Sie steht im Gegensatz zur alten jetzt gültigen Ordnung. Sie soll alles, was alle Menschen brauchen, gerechter zuteilen. Was wir erbitten, erwarten wir auch. Gott rechnet mit den Betern, daß ihre Worte nicht folgenlos bleiben. Weder unser Gebet noch unsere Religion sind Privatsache, wie Kritiker des Glaubens und glaubende Menschen oft in seltsamer Übereinstimmung meinen. Brot für alle Welt ist eine persönliche und eine öffentliche, eine private und eine politische Angelegenheit. Es kommt nicht zusammen aus dem schlechten Gewissen der Satten, und es kommt nicht aus dem Betteln der Armen. Es bedarf der mutigen Hoffnung, die nicht zuläßt, daß Gottes Gerechtigkeit hinter menschlicher Angst und Ohnmacht, hinter Abgrenzung und Egoismus verschüttet wird. Der Bibeltext aus dem Propheten Jesaja öffnet den Weg aus dieser Enge und Müdigkeit, in der wir uns oft vorfinden.

Lied: Das blaue Kleid (koreanisch gesungen)

Das Lied ist das Lied eines Gefangenen. Kim Chi Ha, der koreanische Christ und Schriftsteller, schrieb es. Er leidet im Gefängnis. Sein Leiden aber läßt ihn nicht um sich selbst kreisen. Es macht ihn empfindlich für die Leiden anderer. Seine Empfindlichkeit kann uns anstecken. Er trägt das blaue Kleid, die Gefängniskleidung, mit dem roten Viereck, dem Zeichen, daß ihm Kommunismus vorgeworfen wird. Er gilt als politischer Gefangener wie Dietrich Bonhoeffer, der seinen Glauben ernstnimmt und damit den Machthabern gefährlich wird. Wer mit Gott in Frieden lebt, lebt mit der Welt, wie sie ist, in Spannung (Jüngel). Wer Gott ernstnimmt in allen Bezirken des Lebens und nicht nur in seiner Seele, den nehmen auch die Menschen ernst. Die etwas zu verlieren haben, bedrängen solche Menschen, verdrängen sie, sperren sie schließlich ein. Die Brot, Freiheit und Heimat brauchen, hoffen auf solche Stimmen. Hören wir dieser Stimme einer lebendigen Hoffnung noch einmal zu. Sie kann uns zur Entscheidung des Glaubens und zur inneren geistigen Wiedergeburt, wie er sagt, helfen. So heißt das vorhin gesungene Lied vom blauen Kleid auf deutsch:

„Wäre ich doch ein Vogel,
ein Wasser oder auch ein Wind.
Mein nackter, ausgezehrter Körper, gefangen im blauen Kleid.
Wär das Blau das Meer,
könnt das Meer sogar in meinem kurzen Traum scheinen.

So tief ins Herz mir eingeschnitten, schmerzlich blutend,
hart geronnen, o du rotes eingebranntes Viereck-Mal!
Wärst du nicht, wärst du nicht,
wär ich bereit zu sterben.
Auch wenn mein Leben sich in Asche verstreut.

In müden Augen, die
in langen dunklen Nächten sich
glühend gesehnt nach Morgenröte.
In überquellenden reinen Tränen
könnt doch einmal scheinen die klare Gestalt der Lilie
und der Sonnenstrahl.

Unter dem blauen Himmel,
der in jedem Traum aus dunklen Wolken bricht.
Im Strahl der Morgensonne:
Könnt ich dort nur einmal stehen,
wär ich zu sterben bereit im blauen Kleid.

Wär es doch wahr,
wär es doch jetzt,
würd es doch nie und nimmer verdunkelt ...
Ich wär bereit zu sterben."

Wo solche Hoffnung sich mitten in der Hoffnungslosigkeit ausspricht, da wird Gott gedankt. Da läßt man nicht den Kopf hängen. Da läßt man sich von Gott bewegen. Das sind Feiertage, sagt Jesaja, die dem Herrn wohlgefallen. Es sind Stationen auf dem Weg zum Sattwerden, zur Freiheit und zur Heimat. Es ist erstaunlich, wie eng die Bibel diese Grundlagen des Lebens zusammen sieht. Dem Hungrigen Brot brechen, Mißhandelte freilassen und Arme, Obdachlose in dein Haus führen – solche Erntedanktage machen Freude. Ich bin froh, daß mir ein Christ aus Korea, von dem ich nur ein paar Lieder und Briefe kenne, geholfen hat, die Bibel ein wenig zu verstehen. Jesaja faßt zusammen und sagt: Es geht darum, gebeugte Seelen zu sättigen. Anders übersetzt: Geducktes Leben wieder aufleben zu lassen – das alles gehört zum Verantwortungsbereich aller Menschen. Keiner ist überfordert, nicht jeder soll alles tun. Aber erst recht ist keiner unterfordert zu sagen: Das geht mich nichts an. Ich kann doch nichts tun. Wozu haben wir denn eine Regierung? Die da oben werden es schon richten! Und die anderen, die Nachbarn um die Ecke oder jenseits unserer Landesgrenzen, die sollen doch erst einmal selber anfangen.

Die Suche nach Ausreden oder den Rückzug auf sich selbst überwindet der biblische Glaube mit sehr leisen, aber nachdrücklichen Anfragen. Da werden Menschen gesucht.

Erinnern Sie sich bitte, liebe Zuhörer, an den Schluß des Textes von Jesaja. Da werden Berufe angeboten, für die nie Arbeitslosigkeit eintreten kann. Da werden Lebenschancen eröffnet, die geben, was viele Berufe verweigern: Freude und Sinnerfüllung. Da werden Ausbildungsgänge angeboten, die auf keiner Schule, in keiner Werkstatt und Universität zu lernen sind, aber dort sehr wohl hingehören: „Da wirst du genannt werden: 'Rissevermaurer, der Trümmer wieder bewohnbar macht'." Davon leben wir doch heute noch, daß es Menschen gab, die nach 1945 die Trümmer wieder aufbauten, die die Hand zur Versöhnung reichten, die Vergebung trotz erlittenen Unrechts praktizierten. Es ist unvorstellbar, wenn der Haß, das Mißtrauen und die Gewalt hemmungslos hätten weiter wuchern können.

Ich bin immer neugierig auf Menschen, die sich ihren Mitmenschen nicht entziehen, die nicht mit Fingern auf andere zeigen und Unverantwortliches über andere reden. Das war offensichtlich schon zu Jesajas Zeiten ein Problem: Menschen empfindlich zu machen für Gefangene, auch wenn uns nichts mit ihnen verbindet; Menschen empfindlich zu machen für Hunger, auch wenn er fern ist; Menschen empfindlich zu machen für Heimatlosigkeit, wenn nicht ich, sondern die Ausländer unter uns davon betroffen sind.

Solche Menschen sucht Gott, mehr noch: Er kennt sie. Er rechnet mit ihnen. Gott ist kein Pessimist, der die Suche danach aufgegeben hätte. Er sagt zu: „Der Herr wird dich immerdar leiten in der Dürre deiner Lebenszeit, er wird dein Leben sättigen und deine Gebeine wird er stärken. Du wirst sein wie ein wohl bestellter Garten und wie ein Wasserquell, der nie versiegt. Wenn du rufst, so wird der Herr antworten."

Das alles sind große Worte, fromme Sätze, schöne Bilder. Doch lassen wir uns nicht täuschen. Menschen leben buchstäblich davon, daß aus diesen Worten und Bildern Wegweiser und Orientierungen werden. Ohne solche Orientierung ist mit den „Dürrezonen" im Leben nicht fertigzuwerden. Dann werden wir gestärkt, weiter zu gehen, als wir uns selbst zutrauen. All die poetischen Bilder des Propheten Jesaja erinnern die Menschen an ihre Größe, die geschlagenen Menschen und die, die davon wissen. Sie sind einmalig und unersetzlich als Gefangene und als Befreier, als Satte und als Hungrige, als Eigenheimbewohner und als Heimatlose. Vielleicht hilft uns das Erntedankfest, daß wir den uns anvertrauten Reichtum an Brot, an Freiheit, an Geborgenheit neu entdecken, ihn aktivieren und ihn nicht mit tiefgefrorenem Glauben auf Eis legen, sondern ihn teilen. Er vermehrt sich dabei. Es gibt Menschen, die darauf warten, die davon leben, die sonst sterben. Die Stimme eines Wartenden schließt unsere Morgenfeier. Es ist die Stimme eines Heimatlosen und eines Arbeitslosen, eines Koreaners in Deutschland. Er heißt Kwang Duk Kong. Sein Lied bittet um Heimat. Heimat ist mehr als Wohnsitz. Das Lied ist ein Gebet für alle Gefangenen, Heimatlosen und Hungernden. Es verläßt sich wie Jesaja auf die Zusage: „Der Herr wird dich immerdar leiten." Der Mensch will zu Hause sein auf dieser Erde, nicht allein, sondern mit seinen Mitmenschen.

> „Ich will in die Heimat.
> Gehen will ich in die Heimat.
> Leben will ich in meiner Heimat.
> In meine Heimat, wo die Volksseele begraben liegt
> und dämmert,
> will ich zurückkehren.
> Auf das verwüstete, leblose, gefrorene Heimatland
> will ich meinen Samen streuen.
> Ich will in die Heimat."

Die Menschwerdung

Solidarisch mit fremdem Glauben *

Das Verhältnis des Christentums zu den anderen, nichtchristlichen Religionen ist ein sehr komplizierter Vorgang von gegenseitigem Nehmen und Geben, von wechselseitiger Abgrenzung und Inspiration, von Herrschaft und Unterwerfung. Keine Religion schwebt über den Widersprüchen ihrer jeweiligen Zeit. Keine blieb reine Idee. Alle werden sie auch bestimmende Faktoren. Was aber bestimmen sie? In welcher Richtung wirken sie – zum Guten oder zum Bösen? Tragen sie zur Menschwerdung des Menschen bei oder blockieren sie humane und humanisierende Entwicklungen? Seit den Anfängen der biblischen Literatur, also seit fast 3000 Jahren, wird über das Verhältnis des biblischen Glaubens zu den Glaubensweisen anderer Völker und Epochen nachgedacht. Eine letzte Antwort läßt sich nicht geben, sie wäre platt und nichtssagend. Denn sie wäre zugleich ein letztes Wort über den Menschen. Letzte Worte über den Menschen sollte man aber vermeiden. Dies an die Adresse von frommen und unfrommen Dogmatikern, die Wahrheiten nur noch verwalten, statt sie zu suchen, die Wirklichkeiten nur dann akzeptieren, wenn sie auf Begriffe zu bringen sind, die Werte nur dann schätzen, wenn sie sich in klingender Münze auszahlen.

Das Thema Religion ist heute keineswegs abgeschlossen. Es müssen neue Antworten auf alte Fragen gesucht werden. Wer über eigenen und fremden Glauben nachdenkt, denkt nicht an die Bewältigung der Vergangenheit, sondern an die Bewältigung der Gegenwart und der Zukunft der Menschen.

Wenn von Menschwerdung die Rede ist, dann verstehe ich Religion und religiös verstandenes und geformtes Leben zuerst als way of life, als eine Art zu leben, wozu auch das Sterben gehört. Dann geht es nicht nur um Lehrsysteme und Glaubenssätze. Sie sind die intellektuelle Seite einer Praxis, die ihren Reichtum gerade der Tatsache verdankt, daß sie keinen Aspekt der Wirklichkeit des Lebens abzublenden versucht. Hier greift sie weiter als die Wissenschaften, die den Reichtum ihrer Ergebnisse und Anwendungen gerade der ungeheuer spezialisierenden Abblendung verdanken.

Wer auch nur ein wenig die Welt der Religionen und der Weltreligionen kennt, weiß, wie wenig gedankenlos, wie wenig bewußtlos diese Art zu leben geschieht. Da wird meditiert, gebetet, nachgedacht, Theologie und Philosophie getrieben. Das Erwachen des menschlichen Geistes ist historisch nicht ohne die Religionen zu erklären. Die Frage, woher der Mensch komme und woraufhin er lebe, welchen Sinn und Inhalt er seiner Arbeit und seiner Freizeit gebe,

* Vortrag im Hessischen Rundfunk am 9. Juni 1974; zuerst veröffentlicht in: Emuna 10 (1975), 9-14.

alle Versuche, die Welt zu verstehen und zu gestalten, erwachsen aus den Religionen. Ich verstehe sie als Deutungs- und Wertsysteme, die dem Menschen Sinn und Handlungsorientierung geben. Unter diesem Gesichtspunkt gehören auch Systeme zu den Religionen, die, wie bestimmte Spielarten des Buddhismus oder wie der Marxismus, sich atheistisch verstehen. Was den Menschen unbedingt angeht, das bewahren in Fragen und Antworten die verschiedenen Religionen auf verschiedene Weise auf. Verstummen diese Stimmen, bleibt der Mensch sich selbst ausgeliefert bzw. den Mächtigsten unter seinesgleichen. Damit ist aber über die Wahrheitsfrage noch nichts gesagt. Sie ist nicht durch Definitionen zu lösen – weder dadurch, daß der Marxismus sich wissenschaftlich nennt, noch dadurch, daß sich das Christentum einen Absolutheitsanspruch anlegt, noch dadurch, daß der Islam seinen strengen Monotheismus als Gipfelpunkt religiöser Entwicklung der Menschheit begreift.

Alle so verstandenen Religionen stellen Fragen, die über Essen, Trinken und Arbeiten hinausgehen. Sie denken weiter, als es den jeweiligen Machthabern lieb sein kann. Damit sind ihre Gemeinsamkeiten aber auch schon erschöpft, wenn man diese Liste nicht um einen Negativkatalog ergänzt, der noch mehr Gemeinsamkeiten nennt: Alle Religionen haben sich von der Macht verführen lassen, die Menschen über Menschen ausüben können. Alle Religionen haben der Macht von Waffen und Geld oft mehr vertraut, als der Gewalt ihrer Gedanken, Worte und Taten. Alle konnten sie, auch der Marxismus, Überbau und Opium des Volkes werden, sich also lösen vom Elend und von den Widersprüchen der menschlichen und sozialen Verhältnisse und in die Welt der feiernden Reden und Beschwörungen auswandern, wo alles stimmt, solange man innerhalb der abgedichteten Tempel und Kader bleibt. Sie alle illustrieren sehr exakt die Fähigkeit des Menschen, alles, was ihm in die Hände fällt, zu mißbrauchen und in Bruchstücke der einen Wirklichkeit zerfallen zu lassen. Verletzend und tödlich wirken solche Scherben der Wirklichkeit, wenn sie für das Ganze ausgegeben werden und alle Menschen, die sich diesem Totalitätsanspruch nicht beugen, als dumm oder böswillig dargestellt und entsprechend behandelt werden. Herrschende Religionen, werden sie zur Religion der Herrschenden, haben das im Umgang mit Minderheiten diese immer wieder spüren lassen. Juden und Marxisten im christlichen Abendland, Christen und Marxisten im Islam, Moslems unter Hindus, Christen und Juden im marxistischen Herrschaftsbereich könnten ein Lied davon singen, wenn es ihnen nicht schon im Halse stecken bliebe. Jede Religion steht, wie jede Wissenschaft, vor der Möglichkeit, sich mißbrauchen zu lassen oder sich als Bewegung für den Menschen und gegen Menschenverachtung zu verstehen und zu verwirklichen. Es gilt, daß die Religionen im so verstandenen Sinne oft mehr Fragen aufwerfen, als sie selbst beantworten können. Die Ketzer an ihren Rändern spüren das sensibel. Sie formulieren früh, wofür sie oft exekutiert werden, was andere dann zwei Generationen später als beruhigenden Common sense statt als beunruhigende Minderheitsmeinung zu schätzen wissen. Reformatoren und Revisionisten kommen immer zu früh, und doch wirken sie immer zu spät.

Die Religionen sind die Grenzüberschreitungen des Menschen und machen Menschen zu Grenzüberschreitern. Sie inspirieren und befähigen Menschen, das Vorfindliche, den Status quo, zu transzendieren. Das ist ihnen allen gemeinsam, auch wenn sie den abstrakten Begriff der Transzendenz völlig verschieden verstehen. Dazu gehört vor allem, daß der Mensch selbst über sich hinausgeht.

Den anderen als Reichtum zu empfinden, ist die Marxsche Formulierung des jüdisch-christlichen Gebotes von der Nächstenliebe. Die asiatischen Hochreligionen tun es auf eine ganz andere, weniger aktivistische Art und Weise als die gläubigen und ungläubigen Erben der biblischen Botschaft von der Erneuerung der Welt und des Menschen.

Nun muß man sagen, daß es erst in unserer Zeit, in der moderne Kommunikationssysteme die Erde haben kleiner und bekannter werden lassen, zu einer intensiveren Begegnung verschiedener Religionen kam. Die Herausforderung an die Christen ist ebenso groß wie die an den etablierten Marxismus oder Islam, sich den Befragungen und den Infragestellungen durch andere Glaubensweisen, die sich sowohl als verschiedene Lebensweisen wie als theoretische Durchdringung verstehen, zu stellen. Abschirmung wird mehr geschätzt, weil sie Stabilität für Individuen wie für Gesellschafts- und Glaubenssysteme zu garantieren scheint.

An dieser Stelle ist es notwendig, der Frage nachzugehen, wie denn der christliche Glaube sich zu anderen Glaubensweisen verhält. Drei verschiedene Verhaltensmuster lassen sich deutlich aufzeigen:

1. Es gibt einen selbstverständlichen Austausch von Gedanken und Vorstellungsweisen. Am Anfang der Bibel stehen Schöpfungsberichte, die ihre Verwandtschaft mit altorientalischen Erzählungen über die Entstehung des Kosmos und des Menschen nicht verleugnen. Paulus benutzt im Neuen Testament ganz selbstverständlich ethische Ratschläge, die er der jüdischen oder hellenistischen Ethik seiner Zeit entnahm. Beide Vorgänge sind jedoch auch dadurch charakterisiert, daß aus dem übernommenen Material ein eigener Beitrag wurde. Aus der interkulturellen und interreligiösen Begegnung erwuchs etwas Neues, etwas Eigenes. Es wurde in den Dienst der biblischen Gottes- und Christusvorstellung übernommen. Damit blieb es einerseits gemeinsames Sprach- und Verständigungsmaterial; andererseits wurde es dadurch etwas Neues, daß es zur Profilierung eben des Glaubens an den biblischen Gott oder an Jesus Christus führte. Die Renaissance der asiastischen Religionen in unserer Zeit ist ohne die inhaltliche Herausforderung des Christentums nicht zu denken.

2. Dann ist eine zweite Form der Begegnung zwischen den verschiedenen Glaubensweisen zu nennen: die Polemik, das abgrenzende Bekenntnis. Der biblische Glaube setzt der Verehrung des puren Wachstums und der schieren Vitalität im Fruchtbarkeits- und Baalskult die Anbetung eines unsichtbaren Gottes entgegen. Er kappte den Gedanken der optimierenden Effizienz des menschlichen Tuns durch die Priorität von Gerechtigkeit und Barmherzigkeit,

von Ruhetagen und Schuldenerlaß, von Tieropfern anstelle von Menschenopfern. In der frühchristlichen Zeit wiederholte sich die scharfe Abgrenzung des Glaubens an den einen Gott in der Absage an den Kaiserkult. Ziviler Ungehorsam gegen den göttlichen Kaiser, oft mit dem Leben bezahlt, bekannte sich zu dem in Christus Mensch gewordenen einen Gott als letzter Instanz. Ihm sollte man mehr gehorchen als den Menschen.

3. Eine andere Linie zieht sich deutlich durch die Geschichte des biblischen Glaubens: Gott will das Heil aller Menschen, will, daß alle zur Erkenntnis der Wahrheit kommen. Er schließt am Anfang der Weltgeschichte mit Noah einen Bund, in dem dieser universale Aspekt ausgesprochen wird. Aller Partikularismus, der sich in der Erwählung Israels und in der Berufung einer Kirche zeigt, ist umfangen von dem Universalismus, der auf Gerechtigkeit und Frieden, Wahrheit und Befreiung, Liebe und Erneuerung für alle Menschen und ihre Lebensverhältnisse zielt. Man muß diesen universalen Zug gerade auch im christlichen Missionsgedanken durchhalten, der ja die Christen nicht als die Besserwisser, als die Richter und Verwalter ewiger Wahrheiten in eine heidnisch oder gottlos genannte oder gedachte Welt schickt. Der Missionsbefehl am Ende des Matthäusevangeliums, in alle Welt zu gehen und die Völker zu lehren und zu taufen, steht unter der Voraussetzung, daß Christus dort überall schon präsent ist, wo Christen hinkommen: in anderen Religionen, Herrschaftsbereichen und Kulturen. Das Christuswort „Mir ist gegeben alle Gewalt im Himmel und auf Erden“ oder ähnliche Texte der Bibel sprechen deutlich davon. Die Warnung ist unüberhörbar, die Grenzen Israels oder der Kirche als Grenzen des Glaubens zu setzen. Es gibt viele Menschen, die Gottes Willen tun, ohne ihn zu kennen.

Diese drei Arten des Dialogs im lernenden Austausch, in der Position bekennender Polemik und im Durchhalten eines universalen Lebens sind nie die selbstverständlichen Seiten des Christentums gewesen. Vor allem seit jenem Zeitpunkt nicht, als es Staatsreligion wurde. Die Zugehörigkeit zum Christentum war definiert als Zugehörigkeit zum christlichen Abendland. Die damit verwirklichte großartige Tradition kannte durchaus auch den Dialog mit fremdem Glauben. Trotz der Kreuzzüge kam es, wie vorher mit der römischen und hellenistischen Kultur und Philosophie, zu einem lebhaften Austausch mit dem arabischen Kulturkreis. Auf der anderen Seite verstand sich das abendländische Christentum als Normalfall christlicher Realisierung. Juden, Türken und Heiden blieben Anachronismen der Heilsgeschichte, Randerscheinungen einer europazentrisch gedachten christlichen Welt, die über die Macht verfügte.

Die Mission der orthodoxen Kirchen in Osteuropa nach Sibirien hinein sowie der vorderasiatischen Kirchen nach Asien und Nordafrika hinein blieb unbemerkt. Der Export des westlichen Christentums in westlichen Zivilisations- und Kulturformen setzte sich durch und setzte sich absolut.

Heute, wo Schwarzafrika nicht zuletzt durch die unbeabsichtigte Anziehungskraft der afrikanischen, von Europa unabhängigen Kirchen kurz davor steht, ein fast völlig christianisierter Kontinent zu sein, erschrecken viele westliche und weiße Christen. Sie entdecken, daß ihre Lebens- und Glaubensformen zerbrechen, weil die Lebens- und Glaubensformen der Weißen diskreditiert sind durch ihre Bindung an Europa, das ja nicht die Heimat des Christentums, wohl aber die Heimat der Kolonialmächte ist. Das Christentum stammt aus Asien. Es ist wieder dabei, sich in Form von schwarzer Theologie, afrikanischer Theologie oder asiatischer Theologie seine eigenen Lebensformen in der Übernahme einheimischer Denk- und Verhaltensweisen zu schaffen. Christus ist nicht länger weiß. Die Enteuropäisierung des Christentums ist ein Befreiungsprozeß des Christentums, die Wiederherstellung seiner Universalität. Ähnliches gilt von den Erneuerungsbewegungen in anderen Religionen.

Als zum ersten Mal eine Vollversammlung des Ökumenischen Rates der Kirchen in Indien stattfand, 1961, deutet der indische Theologe Devanandan die Aufgabe des Dialogs mit anderen Religionen so: Er spricht vom Wiedererwachen der asiatischen Religionen. Sie sei nicht zuletzt eine Antwort auf die Herausforderung der christlichen Mission und der westlichen Zivilisation. „In diesen tiefen inneren Bewegungen des Menschengeistes regt sich eine Antwort auf das Schöpferwirken des Heiligen Geistes." Gott ist gleichermaßen an der Erlösung anderer Menschen wie an uns gelegen, „an der Erlösung der Menschen, die vielleicht nicht ganz dasselbe Verständnis von Gottes Wesen und seinem Plan für die von ihm erschaffene Welt wie wir haben. Unsere Unkenntnis der um uns lebenden Religionen schirmt uns gegen ihren Einfluß nicht ab, unsere Gleichgültigkeit ihnen gegenüber schaltet ihren Anspruch auf uns nicht aus." Devanandan fährt fort, daß Gott nicht durch völlige Zerstörung der anderen Religionen, als vielmehr durch völlige Erneuerung dessen, was uns wertvoll ist, seine Kraft erweise. Gott sei schon im Leben der Menschen und Religionen wirksam, längst ehe Christen mit dem Evangelium dorthin kommen.

Damit ist eine Haltung angedeutet, die sich durch genaues Hinhören und Ernstnehmen auszeichnet, die die Position der Besserwissenden verlassen hat, die aber genau so wenig der Möglichkeit einer interreligiösen Verwaschenheit das Wort redet, die meint: In allen Religionen gehe es im Grund doch um dasselbe. Daß dem nicht so ist, zeigt die unterschiedliche gesellschafts- und kulturprägende Kraft, z.B. im Vergleich zwischen Ägypten, USA, Polen, Indien oder China. Die Stellung der Frau, die Haltung der Weltflucht oder der Weltverantwortung, die Haltung gegenüber der Zeit oder der Politik zeigen deutliche Unterschiede. Andere Menschen sagen: Man nehme am besten aus allen Religionen das Beste. Was aber ist das Beste? Nicht möglich erscheint eine Haltung, die etwa, um einen katholischen und einen evangelischen Theologen, Daniélou und Karl Barth, zu zitieren, in den Religionen nur glänzende Laster sehen kann, in denen der Mensch zu Gott gehe, während im Offenbarungsglauben der Christen Gott zum Menschen komme. Eine solche Haltung wird von ihren beiden Vertretern selbst dadurch kritisch in Frage gestellt, daß sie selbst daraufhin weisen, wie das Christentum immer wieder in die Form von Religion, also von Menschenwerk und Menschenleistung zerfällt.

Aber noch zwei weitere Mißverständnisse sind abzuwehren, ehe ich zu der Frage komme, was denn Menschen von Religionen für die Menschwerdung des Menschen lernen können.

Man kann oft hören, daß die Religionen in einer Zeit des Materialismus zusammenstehen müßten gegen jeden Atheismus und Kommunismus. Man schließt hier die theistischen Religionen gegen materialistische Religionen, wie sie sich als bestimmte Entwicklungsformen des Marxismus oder auch des Buddhismus finden lassen, aus. Wieder aber würden Religionen Kampfinstrumente. Das andere Mißverständnis sieht in einer Welteinheitsreligion die Lösung aller Probleme. Der Verzicht auf Auseinandersetzung und Polemik wird angeraten mit der schönen Legende vom Blinden, der um einen riesigen Elefanten geht. Er steht für die Wahrheit. Faßt der Blinde ein Stück vom Fuß, vom Rüssel, vom Bauch oder vom Schwanz, immer wird er eine andere Aussage über die Wahrheit machen. Als Ganze ist sie nicht zu sehen, nicht zu fassen, nicht auszusagen. Also habe jede Aussage recht. Den letzten Satz werden die meisten Vertreter der meisten Religionen nicht sagen können. Obwohl die Wahrheit, die Sinn und Handlungsorientierung des Lebens geben kann, nicht total erkennbar ist, ist die leidenschaftliche Suche nach ihr und der eindeutige Versuch, sie zu fassen und zu leben, Menschen aufgetragen. Nur eine billige Toleranz drückt sich um die Frage, was denn wahr, was denn gut für den Menschen ist. Der Versuch, die Wahrheit zu suchen, verwirklicht sich nicht im Skeptizismus, daß man nichts wissen, nichts hören, nichts glauben könne. Glauben, Liebe, Hoffnung oder Gerechtigkeit, Befreiung und Heil sind in einer Welt möglich und nötig, auch wenn wir mit der Bibel sagen müssen, daß unser Wissen Stückwerk ist, daß wir den Schatz der Wahrheit in irdenen, zerbrechlichen Gefäßen haben und nur wie in einem trüben Spiegel erkennen können, was wir gerne klarer sehen würden, um klarer handeln und leben zu können. Nur wer ein eigenes Gesicht zeigt, kann fremde Gesichter erkennen und lieben lernen. Dialoge können nur die miteinander führen, die sich wirklich etwas zu sagen haben. An Monologen von Lautsprechern ist kein Mangel, wohl aber an Zwiegesprächen zwischen Menschen und Religionen, die Verschiedenes glauben und verschieden leben. Die Begründung ergibt sich nicht aus dem Diktat einer Mode des Dialogs, sondern aus der Notwendigkeit einer gemeinsamen Verantwortung gegenüber einer gemeinsamen Gefährdung des Menschseins für uns und für unsere Kinder. Die Voraussetzungen für einen Dialog sind gegeben, aber kaum wahrgenommen. Der Islam ist heute zur zweitstärksten Religion in der Bundesrepublik geworden, allerdings weitgehend beschränkt auf die Schicht der Gastarbeiter, die in der Arbeitshierarchie unserer Gesellschaft ganz unten stehen. Der soziale Konflikt wie in Nordirland ist damit auch für uns angelegt. Die Juden hat unser Volk weitgehend ausgerottet oder ausrotten lassen. Den Marxismus hält man durch seine Realisierung in der DDR für widerlegt. Die asiatischen Hochreligionen kommen in seltsamen Erscheinungsformen von Weltflucht und Innerlichkeit in unserer Gesellschaft vor. Das Christentum ist weithin dialogunfähig, weil es Angst hat um sich, um seine Substanz oder vor dem Vorwurf des Synkretismus. Ängstliche aber suchen Halt in starken Worten und Abgrenzungen.

Ich schließe mit einer sehr persönlichen Auswahl von Lernstücken, die mich dem christlichen Glauben gerade dadurch enger verbinden können, daß ich sie von anderen Religionen lerne und dadurch auf die Quellen der eigenen Glaubensweise zurückverwiesen werde.

Die afrikanischen Naturreligionen, gerade auch in ihrer Prägung des afrikanischen Christentums, können uns dazu helfen, die Einheit von Leib und Geist, von Materie und Seele neu zu entdecken. Heil, als Überwindung von Unheil und Heillosigkeit betrifft den inneren und den äußeren Menschen, fragt nach Brot, wie nach Glauben, wie nach Identität und Hoffnung. Von dem erneuerten Buddhismus Japans möchte ich die kräftige Kritik an westlichen Wirtschafts- und Gesellschaftsformen lernen, der Kapitalismus und Kommunismus in gleicher Weise als Ausdruck westlicher Zivilisation und ihrer Defizite trifft. Er erinnert uns an die Selbstverständlichkeit biblischer Grundaussagen, daß sie nämlich mit keiner bestimmten Gesellschafts- und Wirtschaftsform notwendigerweise verknüpft sein müssen. Bei Aussagen über das Weltbild gestehen wir das gerne zu. Spitzt sich diese Erkenntnis aber zur Kritik an unserer herkömmlichen Gesellschaftsform zu, reagieren wir allergisch. Hier aber ist Erneuerung unserer Wertschätzungen in unseren Gesellschaften des Westens möglich. Vom Zen-Buddhismus möchte ich lernen, was ich weiß, aber vergesse, daß der Glaube aus dem Hören kommt. Stille ist rar, aber notwendig. Ehrfurcht vor dem Leben könnten Christen von den Hindus lernen, wenn sie es schon in der Bibel überlesen. Heilige Kühe ideologischer und gesellschaftlicher Art, die die Lebensmöglichkeiten in der dritten Welt einschränken, ja verweigern, stehen in unseren reichen hochindustrialisierten Ländern mehr herum als in der leibhaftigen Art in Indien. Ermöglicht unser Verhalten das Leben der nach uns Geborenen und fern von uns Geborenen?

Unser Verhältnis zum Judentum führt ebenfalls zu einer Bereicherung unseres christlichen Glaubens. Das Judentum legt die Betonung auf die Verantwortung des Menschen im Diesseits. Die Begegnung mit ihm bewahrt mich als Christen vor der Haltung der Weltflucht.

Von den Moslems zu lernen, daß die Hingabe an Gott auch die gesellschaftlichen Strukturen durchdringen sollte, könnte der Neigung zur Weltflucht bei den Christen wie der Neigung zur Theokratie bei den Moslems ein kritisches Korrektiv sein. Den Marxismus führe ich in dieser Reihe auch auf. Sein Insistieren auf soziale Gerechtigkeit ist nicht dadurch erledigt, daß er hinter selbstgesteckten Zielen zurückbleibt. Er versucht ohne Gott, was die Christen mit Gott viel zu halbherzig und geistlos liegen ließen. Die Verwirklichung der Gerechtigkeit, die vor allem den Mühseligen und Beladenen hilft.

Die Solidarität mit fremdem Glauben ist eine Solidarität derer, die hinter ihren Aufgaben zurückbleiben. Es ist eine Solidarität derer, die als Menschen sowohl Wolf wie Bruder des Menschen sein können. Solidarität mit fremdem Glauben heißt, Gott bei sich und bei anderen soviel Dynamik zuzutrauen, daß er meine Resignation und Ichbezogenheit überwindet, heißt, ihn größer und wirksamer zu sehen als nur bei mir und meinem Glauben, heißt also auch, auf sein Ebenbild sehr sorgfältig zu achten. Je massenhafter der Mensch vorkommt, um so sorgfältiger haben die Religionen darauf zu achten, daß keiner verachtet oder zertreten wird.

Konturen einer europäischen Schalom-Kirche

Ein Traum-Protokoll *

Wie sieht unsere Kirche im Jahre 2000 aus? Ein Tagungsbericht über eine Akademie-Tagung an Pfingsten im Jahre 2000 kann Auskunft geben.

1983 war vorüber. Die Mittelstreckenraketen aus Europa waren abgezogen – aus Ost und West. Viele Kirchenstrukturen waren an der Bemühung um den Frieden zerbrochen, nicht der christliche Glaube. Die Optionen vieler Gemeinden (Ortsgemeinden und Aktionsgruppen, Werke und Verbände) für den Ökumenischen Rat der Kirchen und seine zeitgenössische Tagesordnung der Welt für die Christenheit von heute und morgen hatten sich gegen bestimmte westdeutsche Sondertraditionen der EKD durchgesetzt. Dabei war die Funktionslosigkeit vieler kirchlicher Strukturen an den Tag gekommen.

Nach dem Missionarischen Jahr 1980 war es ebenso offenbar geworden, daß zu viele hauptamtliche Kirchenleute mit Geld und Koordination zu tun hatten, jedoch kaum noch mit Nichtchristen zusammenkamen. Es ließ sich nicht halten, Kirchenbeamte zu bezahlen, die als Referenten riesige Bereiche eines christlichen Zeugnisses heute verantworten sollten, ohne selbst Kindergottesdienst oder Schule zu halten, ohne selbst Entwicklungspolitik oder Erwachsenenbildung zu betreiben, ohne selbst Diakonie oder Zivildienst zu leisten.

Die Mehrheit der Weltchristenheit lebte in Lateinamerika, Afrika und Asien in Ungerechtigkeit und Hunger. Die Bundesrepublik Deutschland gehörte mit den reichen Industrieländern zu den privilegierten Staaten, die eine neue Weltwirtschaftsordnung in der UNO immer ablehnten, da damit eine Umverteilung wirtschaftlicher Macht und ein Mitspracherecht der Mehrheit aller Nationen an den Entscheidungen der Minderheit aller Industrienationen verbunden waren. Davor fürchtete man sich.

Die Industrieländer hatten gelernt, statt über Rüstung, Wirtschaftskonzentration und Landwirtschaftspolitik erfolgreich über den Abbau der zwischen ihnen herrschenden Konkurrenzsituationen zu beraten. Damit konnte ein Haupthindernis beseitigt werden, das notwendige Strukturreformen und einer Begrenzung des rigoros betriebenen Realisierungsprozesses im Wege stand. Mehr Arbeitsplätze entstanden durch einen Dezentralisierungsprozeß in Wirtschaft und Verwaltung, im Bildungs- und Gesundheitssektor, im Verkehrs- und Kulturbetrieb.

Durch das Engagement vieler Gemeinden und Christen für eine gerechte Verteilung von Brot, Energie und Arbeitsplätzen auf dem ganzen Globus, für mehr Partizipation an Planungs- und Entscheidungsprozessen, für eine sorg-

* Zuerst in: Volkmar Deile (Hg.), Zumutungen des Friedens. Kurt Scharf zum 80. Geburtstag, Reinbek 1982, 175-190.

fältigere Erhaltung der natürlichen Lebensbedingungen waren die Optionen für mehr Gerechtigkeit und Menschenrecht in aller Welt eindeutiger geworden. Da die Bürokratie der EKD sich an den notwendigen Optionen nur durch Versuche zu deren Bündelung, aber nicht durch eigene Beiträge beteiligte, wurde sie bedeutungslos. Damit endete nicht die evangelische Kirche in der Bundesrepublik Deutschland. Sie war so lebendig, daß sie neue Strukturen – keine geschichtlich wirksame Bewegung kommt ohne sie aus – suchen mußte und finden konnte. Es entstand ein nationaler Kirchen- und Christenrat, der den mühsamen, aber lohnenden Versuch machte, einen kommunikativen und konziliaren Umgang zwischen kleinen und großen (Baptisten, Katholiken, Protestanten, Methodisten z.B.) Kirchen einzuüben, damit sich christliches Zeugnis in diesem Land frei entfalten konnte. Wie viele aus der Zeit der Landesfürsten stammende Kirchen-Strukturen konnten viele kirchliche Gremien und Apparate nur eine kurze Zeit funktionslos überleben. Die Spannungen zu Genf, dem konziliaren Treffpunkt der Weltchristenheit, wurden abgebaut, die Einheit der Kirche gefördert.

Der Berichterstatter empfindet diesen Wechsel auf der europäischen Kirchenszene auch als eine späte Frucht mancher Ansätze in der Bekennenden Kirche, Ansätze, die 1945 nicht hatten zum Zuge kommen können, da man sich – wie weiland Luther den sowieso herrschenden Landesfürsten – aus ekklesiologischem Leichtsinn den sich neu formierenden Staats- und Wirtschaftsstrukturen in Westdeutschland angepaßt hatte.

Kurt Scharf gehörte zu denen, die in der Weimarer Zeit, in der Nazizeit und in der Aufbauphase nach dem Zweiten Weltkrieg in Liebe zum Herrn der Kirche nach einer neuen Kirche suchten. Dafür ist ihm auch mit diesem Tagungsbericht von Pfingsten 2000 zu danken.

Der Heilige Geist war eingeladen und um die Tagungsleitung gebeten worden. Er hatte auch zugesagt – wie immer seit biblischen Zeiten. Von sich aus hatte er noch nie abgesagt, auch wenn er sich in den Jahrtausenden der Kirchengeschichte manchmal ausgesperrt fühlte.

Als die Tagung Pfingsten 2000 stattfand, war auch das Jahr 1984, durch George Orwell bekannt, vorüber. Ein Jahr, vor dem bekanntlich viele Leute Angst gehabt hatten, denn zu diesem Zeitpunkt sollte man sich daran gewöhnt haben, daß Krieg Frieden, Unrecht Gerechtigkeit, Haß Liebe heißen und daß Menschen Menschen ohne Liebe und zum Verbrauch machen konnten. Dieses Jahr 1984 hätte eintreten sollen, war schon lange vorher leise oder brutale Wirklichkeit geworden. Die Worte deckten nicht, was sie meinten. Auch in der Kirche nicht. Die Menschen wurden gelebt und lebten nicht selbst. Der Große Bruder, der alle bewachte, liebevoll und streng beobachtete, hatte bei dem einen das selige Lächeln satter Säuglinge auf dem Gesicht hinterlassen und eine Gleichgültigkeit, die der Welt ihren Lauf ließ. Bei den anderen hatte er die Angst verbreitet, manipuliert und dressiert zu werden. Man hatte festgestellt, daß es schon vor 1984 ein Oben und Unten gegeben hatte, daß da Menschen im Schatten lebten und andere im Licht, aber es war behauptet worden, daß alle, die unten sind, und alle, die im Schatten sitzen, natürlich auch die Chance haben, nach oben ins Licht zu kommen. Die Armen, die Behinderten, die Arbeitslosen, die „Unterentwickelten", die Sonderschüler – sie alle stehen (so hieß es) am Anfang einer Leiter, deren krönendes Ende allen zugänglich ist. Die Leute waren so beschäftigt, daß sie gar nicht merkten, wie ihr Leben verstrich. Sie vergaßen, daß das Licht am Ende der von ihnen anfangsweise bestiegenen Leiter inzwischen irgendwohin und irgendwie verschwunden war. Man konnte leicht übersehen, wie viele von der Leiter fielen. In jedem Jahr verhungerten so viele Menschen wie Großbritannien Einwohner hat. In Deutschland entvölkerten sich durch Suizid und durch Verkehrsunfälle jährlich zwei Kleinstädte von jeweils 15 000 Einwohnern. Wie gesagt: Die Wende 1984, von George Orwell und Aldous Huxley beschrieben, war keine Zukunftsmusik, sondern schon lange Vergangenheit und Gegenwart.

Die Entdeckung der Tatsachen, an die man sich gewöhnt hatte, führte schlagartig zu einer Änderung der kirchlichen Verkündigung. Alle Prediger, die in breiten schwarzen Pinselstrichen die Schlechtigkeit der Welt ausgemalt hatten, um das Evangelium als Antitoxin den Leuten schmackhaft und einleuchtend zu machen, wie auch alle, die die Angst vor der Zukunft ausgenutzt hatten, um Schäfchen in Hürden zu treiben, unterließen nun das Geschäft mit der Angst. Sie hatten plötzlich freie Kapazitäten, die sie nutzten, um die Welt, in der sie lebten, genauer wahrzunehmen. Die europäischen Christen fingen wieder an, in der Bibel und zugleich in der sie umgebenden Wirklichkeit zu lesen.

Referenten gab es bei der Tagung Pfingsten 2000 nicht. Es war eine mündige Gemeinde versammelt, die sogleich in Arbeitsgruppen auseinanderging. Ich mache es mir im folgenden sehr einfach, indem ich nämlich lediglich die Arbeitsgruppenberichte dieser Tagung wiedergebe.

Die erste Arbeitsgruppe beschäftigte sich mit dem Thema *„Konfession, Kirchenstruktur und Gemeinde"*. Man war der Meinung, daß eine einheitliche Gemeinde, eine Einheitsform der Kirche, wie man lange im Aufbruch der Ökumene gemeint hatte, gar nicht notwendig sei. Jedenfalls sei sie nicht so notwendig, wie viele meinten, denen das Wort Einheit so leicht über die Lippen kam. Wie bei Kraftwerken, Gesamtschulen, Krankenhäusern und sogar bei Großkonzernen hatte man auch in der Kirche die dezentralisierten kleineren Lebensformen wiederentdeckt. Ein Schock war die Information aus einer kleinen Kirche, wie etwa der Westberliner evangelischen Kirche, wo man festgestellt hatte, daß die Zahl der sonntäglichen Gottesdienstbesucher ungefähr genauso groß war wie die Zahl der hauptamtlich angestellten Christen. Da mußte irgend etwas nicht stimmen. Und andere, die aus sehr geprägten Konfessionsfamilien stammten, berichteten, daß sie eigentlich den Reichtum ihrer eigenen konfessionellen Traditionen durch Öffnung zu anderen wiederentdeckt hatten. Sich abgrenzen zu müssen, war über Jahrhunderte die dynamisch-verschwendende Praxis der europäischen Kirchen, Konfessionen und Konfessionsfamilien. Doch die eigentliche Chance hieß: im Leben mit dem anderen durch den anderen sich bereichern lassen, statt sich durch ihn bedroht zu fühlen. Das war deswegen für die Christen, die bis fast zur Jahrtausendwende in einer Mehrheitssituation in Europa zu leben meinten, eine tröstliche und eine sehr kritische Erfahrung, hatten sie doch die Minderheiten, mit den Juden angefangen, dadurch vertrieben oder gefährdet, daß sie sich von ihnen negativ absetzten. Eine Kriegstheologie konnte in Europa nur entstehen, weil man die Träger einer anderen Bibel-, besonders Bergpredigtauslegung vertrieben und verdrängt hatte: die Historischen Friedenskirchen.

Interessante Berichte kamen von Basisgemeinden aus Frankreich, Italien und Ungarn. Diese erzählten von der Unsicherheit der Hierarchie, mit solchen Gemeinden umzugehen. Fokolarini und Schalom-Gemeinden waren beispielsweise Gemeinden, die keinen größeren Anspruch erhoben, als ihre Mission durch ihre leibhaftige Präsenz zu leben und nicht bloß verbal zu behaupten. Sie wirkten der Zerspaltung des modernen Lebens dadurch entgegen, daß sie eine Einheit des Lebens in der Freizeit-, Glaubens- und Arbeitswelt suchten. Jede Gruppe in diesen Gemeinden stellte sich eine konkrete Aufgabe. Die konkrete Aufgabe bewahrte sie davor, Phantasie und Arbeit, Engagement und Lernprozesse nur für sich selbst zu suchen. Sie diskutierten, wie sie Umwelt-Bürgerinitiativen, Friedens-Gruppen oder „Dritte Welt"-Gruppen und -Läden unterstützen oder sich selbst als solche aktivieren könnten. Ständig wurde auch im Gottesdienst darüber nachgedacht, ob eigentlich die Parteien in unserer Stadt oder in unserem Dorf, die Gewerkschaftsorganisationen, die Gesangvereine und die kulturellen Vereinigungen genügend Aktive haben. Weg war die Diskussion aus vielen Ortskirchengemeinden, ob sich genügend Kandidaten für Kirchenvorstands- und Presbyterwahlen finden. Zuerst, so dachten solche Basisgemeinden, sind alle Ämter und Ehrenämter in der Kommune gut zu besetzen. Es ging also weniger um Selbstversorgung als um Hilfe für andere.

Darüber hinaus standen, um sich gegen ein provinzielles Bewußtsein zu wappnen, Besuche in anderen Ländern und Kirchen regelmäßig auf dem Programm. Man traf sich. Solche Häuser und Einrichtungen wie die Akademien wurden sehr wichtig als Reisestationen, Begegnungszentren und Meditationszentren, wo man dann, an schwierigen Themen gemeinsam und intensiv arbeiten konnte. Es gab zu wenig Klöster und Akademien und zu viele große, schlecht genutzte Kirchen. Es gab Straßenatlanten und Gemeindeverzeichnisse, die in diesen Basisgemeinden zirkulierten. Dort war zu lesen, wo man hingehen, bleiben und etwas lernen konnte. Das hatte den seltsamen Effekt, daß die Ortsgemeinden, die Jahrhunderte lang Maßstab für alle „außergemeindliche" Arbeit waren und die an dieser Überforderung gestorben waren, nun durch solche Basisgemeinden wieder lebendig wurden. Hausgemeinden entstanden überall. Theologen, bisher als Theologen unterfordert, wurden jetzt als Theologen gefordert. Viele von ihnen waren nebenamtlich tätig – ein Ergebnis der Theologenschwemme der achtziger und neunziger Jahre. Die einen arbeiteten als Gärtner, Journalisten oder Schreiner, andere in Produktionsbetrieben oder Behörden. Die Auslegung der Bibel und ihrer Wirkungsgeschichte wurde eine Sache der Gemeinde als ganzer; der Theologe war dabei nur ein spezieller

Fachmann. Man entdeckte im Epheserbrief (4, 11ff) neu, daß die Pfarrer und Lehrer dazu da seien, „um die Heiligen (d.h. alle Christen) für das Werk des Dienstes zuzurüsten für die Auferbauung des Leibes Christi". Dazu benötigte man Fachtheologen und nicht, um Leute zu beerdigen, zu taufen oder eine Gemeinde in Betrieb zu halten. Die Gemeinden ähnelten eher Judenschulen, wo man miteinander sprach und zusammensaß, um zu fragen, was denn Gottes Wille heute sei. Denkschriften wurden nicht mehr von Kammern verfaßt, sondern es setzten sich Vertreter der christlichen Gemeinden von Seveso, Hoechst, Manchester und vom Baikal-See (der ökologisch umgekippt war) zusammen und arbeiteten Denkschriften für die Verantwortung der christlichen Gemeinden in der Ökologie-Frage aus. Alle Spezialdienste, etwa Theologie, Diakonie oder Telefonseelsorge, die oft aus den Gemeinden ausgewandert waren, kehrten dorthin zurück.

Schulen und Krankenhäuser waren nur dann in kirchlicher Trägerschaft geblieben, wenn sie wirklich ein alternatives medizinisches oder pädagogisches Konzept hatten. Man erinnerte sich an die Erfahrungen der mittelalterlichen europäischen Kirchen, die schon einmal gewagt hatten, durch die Einrichtung von Klöstern, Krankenhäusern und Musterhöfen „Liebe in Strukturen" zu übersetzen, Bemühung um Gerechtigkeit und Ringen nach Wahrheit durch die Einrichtung von Schulen und Universitäten, um Lernprozesse und Institutionen auch für die Gesamtgesellschaft und gegen eine christlich-kirchliche Privatisierung durchzusetzen.

Die zweite Arbeitsgruppe hatte das Thema *„Gottesdienst"*. Zwei Fragen standen im Mittelpunkt der Arbeit: Zunächst das Gebet. Es wurde von baptistischen Gemeinden aus der Sowjetunion berichtet, in welch hohem Maße hier das Gebet, das Lob Gottes und die Fürbitte gepflegt wurden. In den baptistischen Gottesdiensten zwischen Moskau und Wladiwostok wurden Zettel durch die Reihen nach vorn zum Altar gereicht; darauf standen Informationen über die Gemeinden und Bitten, man möge doch für diesen oder jenen beten – für Kranke, für Mutlose, für eine Gemeinde, die ein neues Gemeindehaus bauen wolle und dafür die Fürbitte aller anderen Gemeinden brauche. Es wurde auch berichtet von der Praxis der Quäker, schweigend zu beten und schweigend zusammenzusitzen. Man habe dabei erlebt, wie es die Menschen mit sich selbst überhaupt nicht mehr ausgehalten hätten und schreiend hinausgelaufen seien, wenn sie eine halbe Stunde schweigend dasitzen sollten, um über sich, die Nächsten, die Fernsten und Gott nachzudenken. Sie hatten Angst, sich selbst zu nahe zu treten, wenn sie fürbittend den Nächsten nähertraten.

Eine Gruppe aus der Schweiz berichtete, daß in den Gebeten der Agenden so wenig konkrete Gebete stünden. Sie berichtete von Versuchen, Gebete und Zeitungen nebeneinander zu lesen, um ins Gebet die Realitäten einzubeziehen und die Politikverachtung, Verachtung der Bemühungen um Leben, Zusammenleben und Überleben der Menschen, die bei Christen besonders ausgeprägt war, zu überwinden.

Der zweite Themenschwerpunkt in dieser Arbeitsgruppe „Gottesdienst" bestand in Bemühungen, das Glaubensbekenntnis neu zu bedenken und zu formulieren. Die Diskussion um den Ersten Artikel war besonders heftig. Ich zitiere aus dem etwas mühsamen Versuch einer neuen Formulierung:

> „Ich glaube an Gott, den Allmächtigen, den Schöpfer des Himmels und der Erde, der uns die Erde und den Kosmos wie den Garten Eden gegeben hat, zu pflegen und zu bebauen, damit er wohnlich und schön für die nächsten Generationen ist. Deshalb gibt es bei der Frage nach dem Leben, Zusammenleben und Überleben der Menschen ein Mitbestimmungsrecht der Natur, ein Mitbestimmungsrecht unserer Enkel und ein Mitbestimmungsrecht der Dritten Welt, wenn es heute um unseren Umgang mit Luft, Wasser, Rohstoffen, Energie und politischer Macht geht."

In diesem Zusammenhang des Ersten Artikels erinnerte man sich an das Erste Gebot und fragte, ob es denn nicht in Verachtung des Ersten Gebotes und des Ersten Artikels zu einer Anbetung von anderen Göttern gekommen war, die Effizienz, Wachstum, Leistung hießen. Wir dürfen doch nicht alles, was wir können. Und wir glauben nicht – so wurde negativ formuliert – an den Satz, daß Wachstum bei uns sein muß, damit wir mehr von dem verbrauchen und verteilen können, was wir mehr produzieren. Dieser Satz wurde als Irrlehre entlarvt. Wir verletzen auch das zweite Gebot, wenn wir uns in Europa Bilder machen, wie die Bevölkerung und die Entwicklung außerhalb Europas weitergehen sollen, wenn wir uns selbst als Modell für andere Kontinente und Regionen verstehen. Wir im Westen haben uns als Europäer zu lange als Normalfall von Kirche, Staat und Gesellschaft gegenüber Osteuropa gefühlt. Wir haben uns in Europa als Normalfall und Modellfall gefühlt gegenüber der Dritten Welt, wenn es um Entwicklung, Wirtschaftssysteme und Wissenschaftsfolgen ging. Wir haben uns als Eltern zu Bildern für die nächste Generation gemacht. Wir haben uns zum Bild für die anderen gemacht und damit diese zu einem Bild, das wir nach uns formten, statt ihnen die Chance zu lassen, in eigener Freiheit Gottes Ebenbild zu sein.

Weiter ist diese Arbeitsgruppe nicht gekommen. Vielleicht denken Sie darüber weiter nach.

Die dritte Arbeitsgruppe beschäftigte sich mit den *„Sakramenten"*. Es hatte sich herausgestellt, daß die Erwachsenentaufe in vielen Gemeinden mehr und mehr an Stelle der Kindertaufe üblich geworden war. Hier hatte sich der Einfluß Karl Barths, des Neuen Testaments und der Baptisten ausgewirkt, und man versuchte, auch von der jüdischen Tradition zu lernen. Könnte man nicht an Stelle der Kindertaufe so etwas wie eine „Darbringung im Tempel" der Gemeinde, eine Vorstellung des Kindes in der Gemeinde, eine Art Erntedankfest, Dank an Gott für neues Leben, feiern? Wie wird die christliche Erziehung durch Eltern und Paten ernster genommen? Es wurde berichtet, einen großen Aufschwung in allen Akademien und Begegnungszentren hätten Kurse für Väter und Mütter zum Lernen und Erzählen der biblischen Geschichte und Erzieherkurse genommen. Gegen die im 20. Jahrhundert weitverbreitete Kinderfeindlichkeit wirkte sich die Erziehung der Erzieher sehr wohltuend für die Kinder aus. Aus den baltischen, lutherischen und den niederländischen reformierten Kirchen übernahmen viele protestantische Gemeinden das Konfirmationsalter von achtzehn Jahren.

Die Eucharistie wurde dadurch höhergeschätzt, daß sehr viel bewußter und besser vorbereitet Erstkommunion und Kinderabendmahl gefeiert und üblich wurden. Das geschah nicht nur in den Gemeinden, sondern auch in den Familien. Es wurde in der Arbeitsgruppe gefragt, ob nicht für diese Entwicklung nach dem verunglückten „Jahrhundert des Kindes", das das 20. hatte sein sollen, in diesem Jahrhundert auch andere Faktoren maßgebend waren, z.B. der Schock über viele kinderfeindliche Exzesse in unseren Ländern oder das Erschrecken darüber, daß in den Todesfabriken von Auschwitz und Treblinka mehr als eine Million Kinder nur deshalb verbrannt wurden, weil sie als Juden oder Sinti geboren waren. Hatte das durch maßloses Wachstum des Wohlstandes in den Industrieländern mitverursachte und verlängerte Leiden der Kinder in Kambodscha, Vietnam, El Salvador oder in den Slums von Kalkutta zum Nachdenken geführt? Man war sich nicht einig, wie es dazu kam, daß Kinder nicht mehr im Zusammenhang mit der „Bevölkerungsexplosion" (dieses militärische Wort geriet in Vergessenheit) angesehen wurden, sondern daß man über die Unfähigkeit nachdachte, die reichlich vorhandenen Ressourcen gerecht zu verteilen.

Das Abendmahl wurde verstanden und gefeiert als Ermöglichung und Ermutigung zur Gemeinschaft, Einheit und Gerechtigkeit unter den Menschen. Man wandte sich in der Arbeitsgruppe diesem Verständnis des Abendmahls zu, nachdem der Diskussionsleiter mit Schmunzeln an die Arnoldshainer Abendmahlsthesen von 1958 erinnert hatte, die es seinerzeit endlich erreicht hatten, die Streitigkeiten in der reformierten und lutherischen Tradition der Christen zu überwinden und wenigstens diesen beiden Konfessionsfamilien den gemeinsamen Zugang zum Tisch des Herrn zu ermöglichen. Was für ein Kleinglaube Christus gegenüber und was für ein Großglaube der eigenen theologischen Tradition gegenüber hatte sich darin ausgesprochen!

Bestürzt dachten die Teilnehmer darüber nach, warum neben der schwierigen theologischen Arbeit, die in den Gesprächen des Ökumenischen Rates der Kirchen, der konfessionellen Weltbünde, der Konferenz Europäischer Kirchen und des Vatikans über das Verständnis von Eucharistie, Amt und Gottesdienst geschieht, eigentlich die Erfahrungen vieler Menschen vor zwei Generationen überhaupt keine theologische Relevanz hatten. Was bedeutet die Erfahrung, daß in Konzentrationslagern Polen, Deutsche, Rumänen, Holländer und Russen aus ganz verschiedenen Konfessionen gemeinsam das Abendmahl gefeiert hatten? Die Frage wurde von anderen ergänzt durch Berichte aus Gefangenenlagern in Rußland, Deutschland, Frankreich und Vietnam: Katholiken, Protestanten und Orthodoxe waren dort zum Tisch des Herrn, der als Tisch oft nicht da war, geladen; aber der Herr war offensichtlich da.

Ein anderer erzählte eine Geschichte aus der Bibel von der Gemeinde in Korinth: Wenn man dort zusammenkam, hatte das Abendmahl auch die Funktion von Armenspeisung, eine Art Quäkerspeisung der Urgemeinde. Paulus mußte die entsetzte Feststellung treffen, daß man vollgegessen und schon betrunken war, wenn die wirklich Armen zum Abendmahl kamen – erst später, weil sie solange arbeiten mußten. In diesem Zusammenhang sagte er: „Spaltungen müssen sein", denn es geht ja um Positionen, die bezogen werden müssen. Aber ihr könnt gelassen sein bei eurem Streit zwischen Fundamentalisten, Ökumenikern, Dialogikern, zwischen modernen, liberalen und konservativen Theologen, Theologien und Frömmigkeitstypen. Das ist alles überhaupt nicht aufregend. Skandalös und aufregend sind die sozialen Spannungen, die die Gemeinde zerreißen: daß Leute, die viel Zeit und viel Geld zur Verfügung haben, Essen und Trinken mitbringen und nur unter sich verteilen, weil die Hafenarbeiter, Bettler, Schuster und Teppichknüpfer länger schuften müssen und festgehalten werden durch die Zwänge des Alltags. Es wurde geteilt in der Gemeinde: die Reichen unter sich und die Armen unter sich. Was bedeutet dann die Einheit im Herrn? (Vgl. 1 Kor 11, 17ff). Paulus kommt zu dem radikalen Vorschlag: Dann laßt doch lieber das Abendmahl sein, wenn ihr soziale und wirtschaftliche Spaltungen in der Kirche nicht überwindet – nicht in einer Gemeinde, nicht in einem Kontinent und auch nicht zwischen den Kontinenten. Aus der Eucharistie, dem Gotteslob und der Gemeinschaft, war die Schande einer Dyscharistie geworden, die Gemeinschaft war zerbrochen, und der Dank klang scheel und schrill nach der Parole: „Gott, ich danke dir, daß ich nicht so arm bin wie jene in der Dritten Welt". Beim kritischen Bedenken dieser Beobachtungen blühte die Theologie neu auf.

Seit das Christentum keine bewußtlose Mehrheits- oder Machtposition in Europa mehr war, war seine Urkunde, die Bibel und ihre Wirkungsgeschichte, interessant und gefragt. Aus der Bundesrepublik wurde berichtet, daß sich vor Jahren der Bundespräsident und der Bundeskanzler an der öffentlichen Auslegung der Bergpredigt – wenn auch schlecht informiert – beteiligt hatten. Solche Beteiligungen wurden gelobt. Man hatte entdeckt, daß die biblische Wahrheit, um die es im Christentum ging, nicht eine Wahrheit nur des Lehrens und des Reflektierens ist, sondern eine Wahrheit, die getan wird. Man arbeitete auf, wie die Christen früher lebten. Man war neugierig auf andere Modelle aus anderen Ländern des Christseins. Man untersuchte, warum denn staats- und eigentumskritische, ja kommunistische Linien in den Schriften der Kirchenväter zur Eigentumsfrage verlorengegangen oder unterdrückt worden waren.

Die Zentralkomitees aller Parteien und Kirchen waren anfangs sehr unglücklich. Das verlor sich, weil sie merkten, daß verkrustete Strukturen aufgebrochen wurden. Und zu den „Christen für den Sozialismus" stießen plötzlich „Sozialisten für das Christentum". In Italien wurde ein Julio-Girardi-Institut eröffnet, in Paris die George-Casalis-Akademie, in Prag das Josef-Hromádka-Institut, und in Sagorsk gründete man ein Forschungsinstitut, um nachzulesen, was Nikolai Berdjajew denn eigentlich als Zeitgenosse Lenins gelernt und gesagt hatte.

Damit bin ich bei dem Bericht der vierten Arbeitsgruppe *„Theologische Wissenschaften"*.

Die Theologischen Fakultäten – daran erinnerte sich der Senior in dieser Gruppe – waren in den siebziger Jahren des vorigen Jahrhunderts unter Druck geraten. Sie hatten zu wenig Studenten und zu viele Lehrstühle, so daß in Heidelberg ein alttestamentlicher Lehrstuhl an die Medizinische Fakultät ging und in Münster ein Lehrstuhl für Neues Testament in einen für Geriatrie umgewidmet wurde. Immer häufiger kam es zu Protesten namhafter Professoren und Assistenten anderer Fakultäten. Diese forderten die Theologen auf, sich endlich nicht nur mit dem Neuen Testament, dem Alten Testament, der Kirchengeschichte oder der Dogmatik zu beschäftigen, sondern das, was sie dort gelernt und gearbeitet hatten, doch einmal in das Gespräch der Fakultäten einzubringen. Damit blühte auch die lange verachtete Geschichtswissenschaft auf: Wie kam es, daß Christen am Judenmord beteiligt waren, daß sie für autoritäres Denken anfällig waren? Warum neigten Christen zur Weltflucht? Hatte nicht schon Einstein gesagt, daß die Mittel immer perfekter und die Ziele immer verworrener werden? Wer konnte bei der Formulierung von Zielen helfen? Sicher nicht nur die Theologen, aber auch sie.

Das Starnberger „Max-Planck-Institut zur Erforschung der Lebensbedingungen der wissenschaftlich-technischen Welt" öffnete wieder seine Tore und stellte gleich ein Dutzend Theologen an. Es wurde berichtet, daß bei den ersten Sitzungen der Fachkommissionen Theologieprofessoren den Gesichtsausdruck von Theologiestudenten bei der Graecum-Prüfung gezeigt hätten. Aber es zeigte sich dann doch, daß sie im Laufe der Jahre – verstoßen aus dem Ghetto der Nur-Fachwissenschaft – gesprächsfähig wurden. Die Mediziner hatten sehr massiv gefragt: Was bedeutet denn humanes Sterben? Wie richtet man Krankenhäuser ein? Warum nehmen die psychischen Erkrankungen und Verhaltensstörungen so enorm zu? Es lag ein Forschungsergebnis vor, daß 70 % aller Krankheiten seelischen Ursprungs seien. Selten waren Theologie und Kirche so provoziert. Es setzte dann eine Massenflucht der Ärzte ein aus Deutschland in andere Länder Europas, als hierzulande beschlossen wurde, nicht mehr die Krankheit, sondern die Gesundheit zu honorieren.

Die Juristen wollten Genaueres wissen, was denn Recht, Schuld, Resozialisierung, Begnadigung oder Verurteilung bedeuten könnten. Die Theologie nahm einen ungeheuren Aufschwung dadurch, daß sie nicht für sich blieb, sondern zu anderen ging und sich fragen ließ.

Die fünfte Arbeitsgruppe beschäftigte sich mit dem Thema *„Frieden"*. Auch diese Gruppe begann ihre Arbeit mit einem breiten Erfahrungsaustausch. In Bayern und in Niedersachsen kam es, angeführt von „Pax Christi" und „Aktion Sühnezeichen/Friedensdienste", inspiriert durch die amerikanische Friedensbewegung zu einem Steuerzahlungsboykott, weil die Regierungen beider Länder beschlossen hatten, aus dem Förderungsfonds für die „Deutsche Gesellschaft für Friedens- und Konfliktforschung" auszutreten. Die Begründung dieses Steuerzahlungsboykotts evangelischer und katholischer Christen war, daß nur

11 Millionen DM für die Friedensforschung, aber 14 Milliarden DM für Rüstungs- und Militärforschung ausgegeben würden. Dieses Verhältnis erschien vielen Leuten im wachsenden Maße ungerecht. Die Bayerische Staatsregierung gab schließlich nach, als sich die Bischöfin (es war die erste, die jemals auf einem deutschen Bischofsstuhl saß, Dorothea Blumhardt, eine Urenkelin des berühmten Christoph Blumhardt) diesem Boykott anschloß. Sie verwies dabei auf urchristliche Zeiten, auf die Bergpredigt, aber auch auf Martin Luther King, auf Albert John Luthuli, auf den Früchteboykott der Evangelischen Frauenarbeit und auf Forschungsergebnisse der Evangelischen Studiengemeinschaft in Heidelberg über Kirche und Militarismus. Aus diesen Untersuchungen ging hervor, daß es einen Zusammenhang von orthodox-dogmatischen christlichen Einstellungen mit militaristischem national-chauvinistischem Denken gibt. Das hatte viele Christen zum Nachdenken gebracht und zu einer Intensivierung der Friedensarbeit in vielen Gemeinden und Kirchen geführt.

Keine Einigung gab es in dieser Arbeitsgruppe über die Strategien: Sollte man SALT VIII noch fördern? Es ging dabei um die Begrenzung der Laserstrahl-Stationen im Weltraum von 800 auf 700 solcher Stationen, von denen schon zehn einen Kontinent bestreichen und zu Tode bestrahlen konnten. Andere meinten, es lohne nicht mehr, sich darum zu mühen. Man solle endlich völlig einseitig Schritte der Abrüstung tun. Diese Frage wurde nicht ausdiskutiert. Stark unterstützt fühlte sich die zweite Gruppe vom Vatikan und vom Ökumenischen Rat der Kirchen, die sich entschlossen hatten, zur urchristlichen Praxis zurückzukehren und Soldaten, Verteidigungsminister und Marketenderinnen zu exkommunizieren. Die Friedensgruppen blühten auf. Man studierte die europäische Situation und entdeckte, daß der Preis für den Nicht-Krieg in Europa die vielen Stellvertreterkriege in der Dritten Welt waren. Christen und Kirchen schlugen sich im Loyalitätskonflikt eher auf die Seite ihrer Antipoden als auf die Seite des eigenen Kontinents. Sie waren vaterlandslose Gesellen, dafür aber Weltbürger, die sich zu Hause engagierten. Deshalb waren die Christen Selbstverpflichtungen eingegangen, nicht am modernen Massentourismus teilzunehmen, weil damit Kultur und Identität vieler Länder zerstört wurden. Sie führten statt dessen gegenseitige Besuche bei Gemeinden des jeweils anderen Blocks und Lagers durch.

Ich komme zum Bericht der sechsten Arbeitsgruppe, die sich mit dem sogenannten *„Nord-Süd-Konflikt"* beschäftigte.

Europas Kirchen hatten sich vor etwa 30 Jahren, anfangs sehr stark durch den Staat ermuntert, für mehr entwicklungspolitisches Bewußtsein eingesetzt. Später waren sie deshalb gescholten worden, weil doch die Sicherung des Friedens und der Entspannung in Europa Vorrang vor allen Entwicklungsfragen habe. Die Kirchen hatten sich aber diesem Ansinnen des Staates, doch wieder eurozentrisch zu denken, nicht gebeugt. Sie waren der Meinung, Anwälte der Mühseligen und Beladenen gerade auch anderer Kontinente bleiben und noch stärker werden zu müssen. Brot, Bildung, Arbeit, Macht, Naturschätze sind vom Schöpfer allen Menschen zugedacht. Das hatte Europa in einer langen

Geschichte des Kolonialismus und Neokolonialismus vergessen. Einige Rückkehrer, die in dieser Arbeitsgruppe mitarbeiteten und lange Jahre in Kalkutta und Abidjan gearbeitet hatten, berichteten davon, daß ihnen erst in der Dritten Welt aufgegangen war, wie Europa und die Europäer dort gewirkt hatten. Europa hatte sich für den Mittelpunkt der Welt gehalten. Dieser Gedanke war schwer zu überwinden. Hans Asmussen hatte 1951 erklärt: „Christus, das Wort im Fleisch, geht durch die Welt, deren Mittelpunkt Europa ist." Er fand damals keinen Widerspruch. Ungläubiges Gelächter packte die ganze Arbeitsgruppe, als jemand das Wort der EKD zu den Europawahlen von 1979 zitierte, daß „aus Europa das Evangelium seinen Weg in alle Welt genommen" hätte. Jeder wußte doch, daß Jerusalem, der Zion und Bethlehem in Asien liegen und daß von dort das Evangelium seinen Weg in alle Welt genommen hatte. Selbstkritisch gaben viele in der Arbeitsgruppe zu, daß die europazentrierte Optik noch keineswegs überwunden sei.

Beschämt sprach man sich darüber aus, daß die 1975 schon versprochenen 0,7 % des Bruttosozialprodukts für die Entwicklungshilfe erst jetzt erreicht wurden. Freude herrschte darüber, daß eine neue Weltwirtschaftsordnung durchgesetzt worden war. Sie gab all den Ländern (und das sind – außer sechzehn Industrieländern – alle anderen Länder der Welt), die finanziell schwächer sind als die zehn größten multinationalen Konzerne, ein wirtschaftliches und politisches Mitbestimmungsrecht. Die Länder Asiens, Afrikas und Lateinamerikas entschieden, wo investiert werden sollte, kontrollierten ihre Schätze und die Arbeit der Multis. Erfreut war man darüber, daß Asania, früher Südafrika, 1995 unabhängig geworden war. Dem Frauenboykott hatten sich schließlich die Deutsche Bank, VW und Siemens angeschlossen, weil die in diesen Firmen arbeitenden Christen von ihren englischen und holländischen Kollegen bei der AMRO-Bank und Polaroid gelernt hatten, doch einmal mit ihren Firmenchefs darüber zu sprechen, was die Firma in ihren Niederlassungen in Südafrika tue und daß die schwarzen Christen den weißen Christen hier doch näherstünden als die eigene Firma. Die EKD hatte eine alternative Strategie zum Antirassismusprogramm entwickelt. Sie war Aktionärin bei wichtigen, in Südafrika tätigen Firmen. Ihre bekannte Position, daß Rassismus Sünde sei, vertraten die Ratsmitglieder jetzt auf Aktionärsversammlungen statt auf Synoden und in Kammern.

Eine breite Bewegung von Menschen aller Glaubensrichtungen in Europa war entstanden, die den Begriff „Tut Buße" neu bedacht hatten, und sie fragten, wie es mit der Konversion, mit der Bekehrung einer rüstungsorientierten Wirtschaft zu einer friedens- und ökologisch orientierten Wirtschaft stünde. Denn der Wahnsinn, daß 1000 Milliarden DM jährlich für Rüstung ausgegeben wurden und 500 000 Wissenschaftler in der Rüstungs- und Militärforschung in West und Ost, Nord und Süd tätig seien, wollten sich viele Christen und Nichtchristen nicht mehr länger gefallen lassen. Der Slogan wurde Mode: „Bekehrt euch nicht nur privat, sondern bekehrt euch mit eurer Wirtschaft und ihrem System."

Die Arbeitsgruppe sieben wandte sich den *„Ost-West-Beziehungen“* zu. Glücklicherweise war in dieser Arbeitsgruppe eine Reihe von Christen aus sozialistischen Ländern. So gab es naturgemäß eine harte Diskussion um die Einschätzung der marxistischen Theorie. Es wurde sehr bohrend gefragt und unterschiedlich geantwortet: Gehört der Atheismus wesensnotwendig zur marxistischen Theorie? Gehört der Atheismus aber in einer praktischen, militanten oder sublimen Fassung nicht auch zu jenem Glauben des Kapitalismus, der an die Selbstheilungskräfte in Wirtschaft, Naturwissenschaft und Technik glaubt? Zustimmung und Widerspruch fanden die Beiträge lateinamerikanischer Christen, französischer Studenten und italienischer Jesuiten, die sagten: Wir Christen müssen die Linie durchhalten, daß Marxismus eine sozialwissenschaftliche Methode ist, um Wirtschaftsgesetze zu analysieren und zu gestalten. Sofort kam die Gegenfrage: Wie verhalten sich Christen zum real existierenden Sozialismus, der vieles von seiner stalinistischen Früh- und Spätform hatte hinter sich lassen können? Was geschah durch die „Verstaatlichung“ des Sozialismus? War das ein ähnlicher Sündenfall wie der, das Christentum zu verstaatlichen, Repression, Scheiterhaufen und Ketzer produzierend? Was will die Menschenrechtsbewegung aus Christen, Juden und unangepaßten Sozialisten? „Nur“ die Humanisierung und Demokratisierung des Sozialismus und nicht einfach das Gegenmodell des Westens? Andere wiesen sehr nachdenklich darauf hin, daß der Sozialismus noch immer mit Nichtanerkennung zu rechnen habe. Er fühle sich ängstlich und eingekreist und reagiere von daher aggressiv. Noch immer wären seine Staaten als Saisonstaaten eingeschätzt, die irgendwann doch wohl wieder verschwinden müßten.

Ein Teilnehmer aus der DDR zitierte eine alte These des Kirchenbundes der DDR, in der es heißt: „Wir sehen uns vor die Aufgabe gestellt, den Sozialismus als eine Gestalt gerechteren Zusammenlebens zu verwirklichen, gerade und deshalb, weil wir es unterlassen haben, die Sache der Armen und Entrechteten zur Sache der Christenheit zu machen.“ Dies ist ein Zitat aus dem Darmstädter Wort des Bruderrates von 1947, das sich als eine Konkretisierung des Stuttgarter Schuldbekenntnisses aus dem Jahre 1945 versteht. „Die christlichen Bürger“, so heißt es in dieser offiziellen Kirchenerklärung, „wirken beim Aufbau des sozialistischen Staates mit.“ Der Rat der EKD hatte auf einer Sitzung 1984 sich diese These zu eigen gemacht und in jedes Komitee zur Bekämpfung der Berufsverbote ein Ratsmitglied entsandt.

Zehn Punkte als Zusammenfassung:

1. Nur Gemeinden, die in reicher Vielfalt und Unterschiedenheit für andere da sind, können einen Beitrag zum europäischen Christentum leisten.

2. Als Gottesdienst wird nur der Gottesdienst leben, der das ganze Leben, Zusammenleben und Überleben aller Menschen und des ganzen Menschen klagend und lobend, bedenkend und handelnd aufnimmt.

3. Die Sakramente schaffen schuldüberwindende und befreiende Gemeinschaft zwischen Gott und Mensch; sie werden getestet in der Überwindung der sozialen Spannungen der Menschen.

4. Rationalität und Wissenschaft sind ein europäisches Erbe, das durch die Frage, wem sie dienen, humanisiert, d.h. vom Zweck zum Mittel verwandelt werden muß.

5. Angesichts des in Europa versammelten Potentials an Innovationen und Know-how, der Waffentechnik und der Wirtschaft gibt es eine besondere Verantwortung, den Frieden nicht nur für sich, sondern auch für andere zu suchen und zu sichern. Sonst bleibt es beim Nichtkrieg hier und beim Krieg anderswo.

6. Seinen Reichtum verdankt Europa nicht seiner Tüchtigkeit, seinem Klima oder dem Christentum, sondern seiner Welteroberung, die alles, auch das Christentum, in Dienst nehmen konnte. Nur Europas Bekehrung von der Dominanz zur Partnerschaft, was nicht ohne Verzicht abgeht, sichert die Existenz und Identität anderer Völker.

7. Die nur europäische Verwirklichung des Sozialismus gibt noch keine negative Antwort auf die Frage der DDR-Kirchen, ob der Sozialismus mit menschlichem Angesicht nicht ein gerechteres Zusammenleben der Menschen sichert.

8. Es sind Minderheiten in Europa, die die Lebensfähigkeit, die Menschlichkeit und die Glaubwürdigkeit des europäischen Lebens und der europäischen Wirtschaftsformen einem Härtetest unterziehen.

9. Die Christen haben, nachdem sie gegen den Mißbrauch und die Hybris nationaler Macht so wenig kritisch und menschlich waren, gegenüber den multinationalen Blockbildungen Europas das Recht zur Auflehnung gegen Machtzusammenballung und Machtmißbrauch im Interesse der Schwachen und Armen einzuüben und wahrzunehmen.

10. Der Traum von einem europäischen Christentum lebt von der Hoffnung, daß wir nicht nur einer Erneuerung von Himmel und Erde entgegengehen, sondern auch an einer Erneuerung der Christenheit nicht zu verzweifeln brauchen.

Ethik und Spiritualität im Umgang mit der Schöpfung *

I

1. Tschernobyl steht für zwei wichtige Realitäten der Gegenwart:
a) für die grandiosen Erfolge der menschlichen Wissenschaft und Technik;
b) für die grandiosen Gefahren der menschlichen Wissenschaft und Technik.

Dabei geht es nicht nur um das Kernkraftwerk Tschernobyl. Wenn ich über Tschernobyl nachdenke, denke ich über die Grundprobleme menschlicher Arbeit nach, also über das, was Menschen alltäglich arbeiten, was sie kulturell, wissenschaftlich, technisch, ökonomisch oder industriell leisten. Und ich denke gleichzeitig darüber nach, ob wir alles tun dürfen, was wir tun können. Wir können heute mehr, als den Menschen und dem ganzen Kosmos morgen gut ist. Blutet der Kosmos nicht aus tausend Wunden wie die Menschheit?

Unsere Zeit ist dadurch gekennzeichnet, daß wir alle in unterschiedlichen Geschwindigkeiten leben. Die Ergebnisse der wissenschaftlichen Arbeit im naturwissenschaftlich-technischen Bereich werden mit dem Tempo von Düsenflugzeugen vorgelegt und wirksam. Alle zwei Jahre verdoppeln sich die Erkenntnisse in der Genetik und in der Biologie. Ihre Folgen pädagogisch zu bewältigen, benötigt aber dieselbe Zeit wie in der Epoche von Adam und Eva. Auch die ethische, spirituelle, politische oder juristische Bewältigung geht sehr langsam. Albert Einstein sprach schon 1932 davon, daß sich das wissenschaftlich „mühsam Errungene in der Hand unserer Generation ausnimmt wie ein Rasiermesser in der Hand eines dreijährigen Kindes“. Die ethische Frage ist mehr als die Frage, ob wir nur akzeptieren wollen, was entwickelt wird. So zu fragen, macht uns passiv. Es geht um die Frage, was dem Menschen und der Schöpfung gut tut. Als Pontius Pilatus Jesus verhörte, fragt der Römer zynisch: „Was ist Wahrheit?“ (Joh 18, 38) Gibt es überhaupt Wahrheiten, für die zu leben und sich einzusetzen lohnt? Gibt es Wahrheiten, die Leben verändern, fördern oder zerstören? Menschen, die Macht haben, gehen mit der Wahrheit zynisch um. Sie haben Angst vor einem Verständnis von Wahrheit, das eine menschliche Dimension hat, das also mehr ist als die Wahrheit = Richtigkeit 2 x 2 = 4. Die Wissenschaften lügen, wenn ihre Wahrheiten Menschen gefährden oder töten.

2. Ich denke über alle diese Fragen von einem religiösen Standpunkt aus nach. Das ist eine Entscheidung, die ich intellektuell und moralisch verantwor-

* Erstveröffentlichung. Zuerst als Vortrag gehalten auf einer Konsultation in Minsk vom 2. bis 5. Mai 1996.

ten muß. Ich muß sagen, worauf ich mich beziehe, wenn ich die Welt analysiere, sie zu verstehen und sie zu gestalten versuche, also frage, welchen Sinn und welche Ziele ich verfolge. Diese Fragen müssen auch jene Menschen intellektuell und moralisch beantworten, die *nicht* darüber nachdenken oder die von einem nichtreligiösen Standpunkt aus sich damit beschäftigen. Ich nehme die Wirklichkeit, ihre Schönheit und ihre Gefahren, nur dann wirklich wahr, wenn ich keinen Weg verbiete oder verachte, der sie zu verstehen und zu gestalten versucht. Die Vielfalt der Ziele und Methoden ist ein notwendiges Element der Freiheit. Ich darf weder den wissenschaftlichen noch den ästhetischen noch den religiösen Zugang zur Wirklichkeit geringschätzen. Keine Theorie und keine Wissenschaft hat ein Monopol, Zugänge zur Wirklichkeit zu erschließen. Ästhetische, religiöse, emotionale Wege sind andere, legitime Zugänge zur Wirklichkeit. Sie nicht zu realisieren, macht die Wirklichkeit ärmer und auch die Menschen, die sich in und zu dieser Wirklichkeit verhalten.

Wenn es sich um menschliche Grundprobleme handelt, ist Gleichgültigkeit nicht erlaubt, weil diese Haltung dann auch Gleichgültigkeit gegenüber dem menschlichen Leben, besonders gegenüber dem menschlichen Leiden bedeuten würde.

Damit verschließe ich uns zwei Fluchtwege: Einmal kann ich nicht sagen: diese oder jene wirtschaftlichen und wissenschaftlichen Probleme gingen die Religion nichts an. Sie befasse sich doch nur mit dem Leben *nach* dem Tode oder mit dem Leben und dem Heil der Seelen. Nein, Religion, vor allem die auf der biblischen Botschaft aufbauenden Religionen von Judentum, Christentum und Islam befassen sich mit dem Leben *vor* dem Tode. Dabei geht es nicht nur um das Leben der Seele oder des inneren Menschen. Es geht auch um die Körper und um das materielle Leben und Glück, um das Leben in all seiner Vielfalt. Der Mensch ist eine geistige, seelische und körperliche Ganzheit und Einheit. Es geht auch nicht nur um den Menschen, es geht auch um den Kosmos, um die ganze Schöpfung.

Zum anderen ist neben der Gleichgültigkeit auch ein anderer Ausweg ausgeschlossen: Die Ohnmacht und die Resignation. Beide können sehr bescheiden und manchmal sehr fromm (und doch verlogen!) daherkommen und sagen: Wer bin ich denn, daß ich an der Wirklichkeit der Welt etwas ändern könnte? Auch die Religionen lügen, wenn sie ihre Gläubigen von der Wirklichkeit fernhalten.

Der Rabbiner und große Gelehrte Chajim Wolozyner (1749-1841) hat gegen diese Haltung Stellung genommen. 1824 wurde postum ein Buch dieses großen Lehrers aus Woloshin veröffentlicht: „Nefesch Chajim" (Seele des Lebens/der Welten). Dort vertritt der Gelehrte, dessen Yeschiva mit so vielen Gemeinden und Millionen ihrer Menschen von den nazideutschen Truppen zerstört wurden, die These: „Die Welten versinken ins Nichts, wenn Gott sich aus ihnen zurückzieht." Es ist dieselbe Sorge, die Friedrich Nietzsche erschreckte, als er feststellte, daß in unserer Zeit Gott tot sei, die Welt also sich von der Sonne des Lebens losgekettet habe und in immer eisigere Tode stürze. Nein, Gott ist leidenschaftlich daran interessiert, daß die von ihm geschaffenen Welten gelingen. Und wenn die Menschen sich aus der Verantwortung für diese Welten, in denen sie leben, zurückziehen, dann entziehen sie diesen Welten den Geist ihres Got-tes und Schöpfers. Die Gegenwart Gottes in allen Welten gibt den Welten Sinn, macht ihre Spiritualität aus. Sein Geist ordnet das Chaos zum Kosmos und will verhindern, daß Menschen aus dem Kosmos wieder ein Chaos machen. Die Menschen sind Mitarbeiterinnen und Mitarbeiter Gottes, diese Welten zu heiligen in seinem Sinne.

Rabbi Wolozyner begründet seine Position so: „Daß um Gottes willen niemand in Israel sage: Was bin ich denn schon, und was kann ich schon durch meine bescheidenen Taten in der Welt erreichen? Daß jeder, im Gegenteil, begreife, daß er wisse und sich in seinem Denken folgendes einpräge: Nicht die geringste Kleinigkeit seiner Taten, seiner Worte und seiner Gedanken in jedem Augenblick geht verloren. Alles steigt wieder zu seiner Wurzel empor, um in der höchsten Höhe, in den Welten zu wirken ... Der besonnene Mensch, der das in seiner Wahrheit begreift, wird Furcht empfinden und in seinem Herzen zittern, wenn er daran denkt, bis wohin seine schlechten Taten reichen und welches Verderben und welche Zerstörung selbst eine leichte Schuld bewirken kann."

Ich entdecke hierin wichtige Gedanken: Niemand ist so unbegabt oder so unwissend, daß er nicht seinen Teil zur Heiligung der von Gott geschaffenen Welt beisteuern könnte. Heiligen heißt: die Wahrheit und den Geist Gottes zu konfrontieren mit der Wahrheit und mit den Lügen der Wissenschaften, der Ökonomie, der Industrie, des Alltags – aber auch mit den Lügen der Religionen. Ihre Mitglieder sind zwar Gottes Ebenbilder, verfügen aber nicht wie er über die reine Wahrheit, sondern verfälschen, verleugnen, verraten, vergessen oder verdrängen sie oft – oder versuchen, sie ernstzunehmen. Daß Tausende von Kindern an Leukämie erkranken, daß Chromosomen bei Menschen und Tieren irreversibel geschädigt sind, daß der Boden radioaktiv verstrahlt ist, das ist nicht Gottes Strafe. Das ist die Folge von unmenschlichem und zugleich menschlichem Handeln. Wir müssen scharf unterscheiden zwischen Leiden, das Menschen verursacht haben und Leiden, das aus Naturkatastrophen stammt, wofür also Menschen nicht verantwortlich sind. Auschwitz, Hiroshima, die Gulags und auch Tschernobyl sind von Menschen gemacht.

Was wir tun, was wir nicht tun – nichts bleibt folgenlos. Auch Passivität hat Folgen, ist also eine Form der Aktivität, die vor allem negative Auswirkungen auf meine Mitmenschen und auf meine Umwelt hat. Lasse ich die Geschichte der Menschen laufen, wie sie läuft, dann sind aktive Subjekte der Geschichte nur wenige anonyme Institutionen (der Staat, die Wissenschaft oder der Markt z.B.) oder wenige mächtige Menschen. Verantwortung für die Mitmenschen und die Schöpfung aber haben alle Menschen. Diese sind oft gefährdet, wenn ich mich passiv verhalte. Die Folgen unseres gegenwärtigen guten oder bösen Tuns treffen die Generationen nach uns. Das biblische Zeitmaß ist asymmetrisch und asynchron.

Im zweiten Gebot (Ex 20, 4) wird den Menschen verboten, sich Bilder von Gott oder von geschaffenen Dingen zu machen und Geschaffenes als höchste und letzte Werte anzubeten. Weder Wissenschaft noch Menschen, weder Geld noch Karriere, weder mein Ich noch irgendeine Autorität verdienen es, daß ich meine Knie und mein Rückgrat vor ihnen beuge, daß ich mein Gewissen deformiere oder anpasse. Wo das geschieht, werden böse Folgen für drei bis vier Generationen sich einstellen. Geschieht es nicht, wird also Freiheit von aller Anpassung, Angst und Verantwortungslosigkeit dadurch erreicht, daß ich nur eine Bindung (religio) eingehe, an den einen Gott glaube, dann hat das positive Auswirkungen bis in tausend Generationen.

3. Die Singularität des einen Gottes steht auch für die singuläre Kostbarkeit der einen Schöpfung und eines jeden Menschen. Diese Einsicht ist gleich am Anfang der Bibel aufgeschrieben worden und zwar zu einer Zeit, als das Volk Israel nach Babylon deportiert worden war (587 v. Chr.). Dort war ein großer Reichtum an Autoritäten und Religionen vorhanden. Der König (also ein Mensch!), Sonne, Mond, Sterne und alle möglichen Tiere, also alle Kreaturen wurden als Götter verehrt. Israel erschrickt auf der einen Seite diesen vielen Autoritäten gegenüber, die imponierend die Welt bestimmten. Kann ihr unsichtbarer Gott, der nur durch das Wort und seinen Geist wirkt, etwas ausrichten? Auf der anderen Seite begann Israel zu lachen (Jes 44; 45; Ps 115). Sie lachten, weil sie merkten, daß sich die Menschen dadurch versklaven, daß sie Kreaturen, also Geschaffenes, Menschen, Sonne Mond und Sterne, verehrten. Religionskritik gibt es lange vor Voltaire und Marx – in der Bibel! Die Propheten und Jesus praktizieren sie.

Die Schöpfungsgeschichte berichtet nicht davon, *wie* Gott die Welt schuf, sondern daß er sie schuf, daß er an ihrem Ursprung und an ihrem Ziel steht. Woher kommt die Welt? Wohin geht sie? Von Gott zu Gott? Welchen Gesetzen folgt sie? Welcher Logik? Der Logik, daß die Mächtigen oder die ökonomischen Interessen bestimmen, was gemacht wird? Oder aber regiert die Logik, daß Recht und Gerechtigkeit, Freiheit und Liebe, Hoffnung und Aktivität das Leben aller Menschen bestimmen? Wie behandeln wir unsere Welt, die Gottes Welt ist?

4. Das macht die Würde eines jeden Menschen aus: Er ist Ebenbild Gottes. Ihm ist die Welt anvertraut. Er ist kreativ wie Gott. Er schafft in der und zu der ersten Natur, die Gott geschaffen hat, eine zweite Natur in Kunst und Kultur, in Wissenschaft und Technik; sie ist voll faszinierender neuer Wirklichkeiten. Und dabei steht der Mensch sofort vor der Frage: Von welchem Geist läßt er die von Gott und von Menschen geschaffene Wirklichkeit bestimmen?

Seine Würde ist es, nach Gottes Willen die Welt nicht nur zu verwalten, sondern auch kreativ zu gestalten. Er hat Verantwortung für die ganze Welt, nicht nur privat für sich selbst, nicht nur für Familie und Nachbarschaft. Ihm ist Gottes Willen gesagt: Tora, Weisung, Gottes Wort. Juden und Christen haben durch die Offenbarung davon erfahren. Die Kette der Generationen hat dies mal gut, mal schlecht weitergegeben. Und Gottes Willen und Geist wollen gestalten und erhalten, was Gott geschaffen hat.

Nachdem die Bibel davon erzählt hat, daß Gott die Welt schuf, daß er den Menschen als Mann und als Frau geschaffen hat, nach dem Bilde Gottes, heißt es dann: „Gott segnete sie und sprach zu ihnen: seid fruchtbar und mehret euch, füllet die Erde und macht sie euch untertan“ (Gen 1, 28).

Im biblischen Bild des Gartens Eden wird genauer beschrieben, was es heißt, sich die Erde untertan zu machen. Es heißt, die Erde zu pflegen, sie zu bewahren und sie zu bebauen. Das schließt sofort die Fragen ein: Wie gehe ich mit der Wirklichkeit um, die ich selber bin, mit der Wirklichkeit, die meine Mitmenschen und meine Welt ausmachen, in der ich lebe? Wie gehe ich mit der Zeit um, die ich habe? Ist sie begrenzt auf mein Leben? Habe ich für die kommenden Generationen nicht auch Verantwortung, so wie die Generationen vor mir für mich Verantwortung übernommen haben? Sie haben im Guten oder im Schlechten meine Gegenwart vorbereitet.

5. Die biblische Botschaft spricht hier von der Offenbarung Gottes in der Zeit, in der Wirklichkeit der Welt und der Menschen. Diese Offenbarung wird für das jüdische Volk in der Geschichte Israels, vor allem im Bund Gottes mit Abraham, im Exodus aus der Unterdrückung in Ägypten und am Sinai gegeben. Für die Christen bezeugt sie sich auch in der Geschichte Israels. Sie ist der erste und größere Teil der christlichen Bibel. Diese Offenbarung bezeugt sich für die Christen weiter in der Christusgeschichte, von der das Neue Testament berichtet.

Juden und Christen sind verbunden in dem gemeinsamen Glauben an den einen Gott, der Himmel und Erde gemacht hat, sie erhält und sie erneuert, indem er Unrecht und Unfreiheit, Haß und Gewalt, Verantwortungslosigkeit und Unheil in Recht und Freiheit, Liebe und Frieden, Verantwortung und Heil verwandeln will. Das tut er nicht ohne uns Menschen, auch nicht gegen uns Menschen. Er tut es durch uns Menschen. Was Juden und Christen unterscheidet, ist der christliche Glaube, daß Gottes neue Welt, die messianische Zeit, also „ein neuer Himmel und eine neue Erde“ (Jes 65, 17; 66, 22; Offb 21, 1) in Jesus Christus schon angefangen haben.

Was Juden und Christen unterscheidet, muß sie aber nicht trennen. Juden und Christen hoffen gemeinsam auf die Vollendung des Kosmos, in dem wir Menschen soviele Zerstörungen angerichtet haben. Er ist durch die Menschen korrumpiert. Heute sind die Menschen in der Lage, ihn endgültig zu zerstören. Die Schöpfungsgeschichte kann rückwärts gedreht werden. Von der Krone der Schöpfung, dem Sabbat aus, zurück auf den Nullpunkt des Chaos, biblisch gesprochen: zurück zum Tohuwawohu. Die Menschen mit den Tieren und Pflanzen können durch Gift im Wasser, in der Luft und im Boden ausgerottet werden. Fauna und Flora werden dem Tode ausgeliefert. In jedem Jahr des 20. Jahrhunderts verschwinden mehrere hundert Arten von Pflanzen und Tieren endgültig von dieser Erde. Das Leben auf der Erde selbst kann atomar, biologisch oder chemisch zerstört werden. Das ist neu. Das war in der bisherigen Geschichte der Menschheit noch nicht möglich. Gott ging den Weg vom Chaos zum Kosmos für seine Menschen. Er gibt seinen Geist in die Welt – gegen jeden Ungeist und gegen jede Geist-losigkeit. Er sagt, daß diese Welt, von ihm geschaffen, gut sei, der Mensch sogar sehr gut. Die Menschen heute aber sind in der Lage, den Weg rückwärts vom Kosmos zum Chaos zu gehen. Ob am Ende der „Geist Gottes" (Gen 1, 2) oder der „Ungeist des Menschen" übrigbleibt, können wir dann nicht mehr entscheiden. Wir hätten dann zerstört, was uns anvertraut war.

6. Vom Menschen wird auf eine doppelte Weise geredet:

a) Der Mensch ist als Ebenbild Gottes (Ikone) nahe bei Gott. Im Psalm 8, 5-7 heißt es von der Würde des Menschen:

> „Wenn ich den Himmel sehe, Deiner Hände Werk,
> den Mond und die Sterne, die Du geschaffen –
> was ist der Mensch,
> daß Du seiner gedenkst?
> Und des Menschen Kind,
> daß Du Dich seiner annimmst?
> Du machtest ihn wenig geringer als die Engel,
> mit Ehre und Hoheit hast Du ihn gekrönt.
> Du hast ihn gesetzt
> über das Werk Deiner Hände.
> Alles hast Du ihm unter die Füße gelegt."

Die Würde des Menschen ist es, mit den Werken Gottes so umzugehen, wie es dem Logos des Schöpfers, seinem Wort entspricht. Alles ist uns anvertraut: Das Leben und der Reichtum aller Kreaturen, die Möglichkeiten, in Frieden und Gerechtigkeit mit allen Kreaturen zu leben – oder sie zu verachten und zu zerstören.

Das Johannesevangelium beginnt so:

> „Im Anfang war das Wort (Logos),
> und das Wort war bei Gott, und Gott war das Wort.
> Dieses war im Anfang bei Gott.
> Alle Dinge sind durch dasselbe geworden, und ohne das Wort ist auch nichts geworden, was geworden ist.
> In ihm war Leben, und das Leben und das Licht für die Menschen.
> Und das Licht scheint in der Finsternis, und die Finsternis hat es nicht angenommen" (Joh 1, 1-5).

So wird die Schöpfungsgeschichte der Bibel zusammengefaßt. Das Wort Gottes ist Licht, es hat eine aufklärende, erhellende und erleuchtende Funktion. Es hat eine Leben schaffende Funktion. Es in der Alltagswelt zu überhören und zu vergessen, bedeutet also, Tod und Finsternis für die Menschen zu schaffen oder zuzulassen. Dieses Wort, der Logos, die Logik Gottes, ruft ins Leben, was nicht existiert. Das ist ein großartiger Text, der Hoffnung für uns Menschen schafft: Wir müssen uns nicht abfinden mit dem, was ist, sondern orientieren an dem, was aus den Menschen und der Welt werden kann! Es gibt Licht und Orientierung in der Welt!

b) Da gibt es eine zweite Aussage über den Menschen: Sie lehnen das Licht ab! Sie akzeptieren nicht, was ihnen angeboten wird. Die ersten Kapitel der Bibel erzählen davon, wie aus dieser Verweigerung des Menschen Mord und Totschlag unter den Menschen entsteht. Kain erschlägt den Menschenbruder Abel. Adam und Eva weisen die Tora zurück. Das führt zur Hybris und zum Turmbau zu Babel, mit dem Ziel: Die Menschen wollen sich einen Namen machen – und der Folge, daß sie sich nicht mehr verstehen. Die Freiheit von der Begrenzung durch Gottes Wort führt zur Gefährdung der ganzen Schöpfung (Sintflut).

7. Nicht nur die Menschen sehnen sich nach Erneuerung. Die ganze Schöpfung seufzt unter der Entfremdung, das nicht zu sein, was sie sein könnte: Gut und heil!

Paulus schreibt an die christliche Gemeinde in Rom zur Zeit des Tyrannen Nero, der Juden wie Christen blutig verfolgte:

Alle Kreaturen, die belebten und die unbelebten, warten darauf, daß die Kinder Gottes zu ihrer Würde und Herrlichkeit finden, daß die Welt vollendet wird. Und das bedeutet, daß das Negative in der Welt überwunden wird. Nicht nur die Menschen – „Die gesamte Kreatur seufzt und hat bis jetzt Angst ... und hofft auf Erlösung (Befreiung)“ (Röm 8, 19. 24).

Es ist also eine Dynamik in der Geschichte, die sich nicht abfindet mit den negativen Erfahrungen und Aktionen von Menschen, sondern die auf eine Erlösung hofft. Hoffen in der Bibel ist aber nichts Passives. Wer hofft, arbeitet für das Ziel, auf das er hofft und dem er entgegengeht.

Diese Hoffnung widerspricht einer Haltung, die von dem Menschen zu akzeptieren verlangt, was sich in der Welt vorfindet. Oder was von Menschen erfunden wird. Das ist das Ende jeder Ethik. Ich finde dies am besten beschrieben in F. Dostojewskijs „Aufzeichnungen aus dem Kellerloch“ (1864: Zabiski iz podpolja). Er beschreibt aus bitterer Erfahrung den Nihilismus, der ihm sowohl im Westen begegnete wie in der Intelligentsija und Gewaltherrschaft zu Hause: Der Mensch des 19. Jahrhunderts ist „moralisch verpflichtet ... ein im wahrsten Sinne des Wortes charakterloses Wesen zu sein“. Er steht gegen sich selber. Die Bibel rechnet aber damit, daß Menschen sich verändern, von falschen Wegen umkehren.

Der Mensch steht an der Wand seines Kellerloches, „an der letzten Wand“. Die Wand ist „das Unmögliche, die Unmöglichkeit, jemals noch ein anderer Mensch zu werden“. Es wird dem Menschen gesagt: Die Wand, das sind „die Naturgesetze, die Ergebnisse der Wissenschaft, der Mathematik ... Hören Sie mal, wird man Ihnen zuschreien, dagegen gibt es keine Auflehnung, das ist doch wie zwei mal zwei ist vier! Die Natur wird Sie nicht fragen, was gehen Ihre

Wünsche die Natur an, und ob die Naturgesetze Ihnen gefallen oder nicht! Sie müssen die Natur so nehmen, wie sie ist, und folglich alle ihre Gesetze nebst allen Resultaten. Die Wand bleibt eben eine Wand."

Da der Mensch bekanntlich nicht mit dem Kopf durch die Wand rennen kann, wird ihm Anpassung empfohlen. Dostojewskij beschreibt sehr präzise, wie die Verwalter die Menschen anschreien, die ihr Gefängnis als Totenhaus begreifen und doch in die Freiheit – mit Recht! – wollen und können. So schreien die Nihilisten die Hoffenden an, die wissen, daß Menschen an Menschen schuldig werden. Zugleich wissen sie aber, daß es Glaube, Liebe und Hoffnung gibt und daß es die Erfahrungen von Menschen gibt, daß Glaube, Liebe und Hoffnung nicht nur Vokabeln, sondern wirklichkeitsverändernde Realitäten sind. Schuld kann vergeben werden. Der Mensch kann neu anfangen, er kann umkehren. Die Bibel ist voll von dieser Dynamik der Hoffnung. Nichts muß so bleiben, wie es ist. Alles ist zu erneuern, der Mensch und seine Verhältnisse.

Dieser Realismus von F. Dostojewskij verdankt sich auf der einen Seite einer schonungslosen Analyse der Realität und auf der anderen Seite dem biblischen Erbe, das gerade bei den Kirchenvätern der orthodoxen Kirchen lebendig formuliert worden ist. Die alten Kirchenväter beschreiben die Würde des Menschen so: „Der Mensch ist himmlich und irdisch zugleich. Er ist ein wunderbares Geschöpf, der unter dem Gebot steht, göttlich zu werden." D.h. der Mensch ist mehr, als was Menschen anderen Menschen erlauben oder antun.

II

Welches sind nun die Orientierungen, die wir der biblischen Tradition entnehmen können?

Ich stelle zehn Thesen zur Diskussion auf:

1. Die Würde des Menschen, aller Menschen, besteht darin, die Welt kreativ nach den Gesichtspunkten von „Gerechtigkeit, Frieden und Freude im Heiligen Geist" (Röm 14, 17) zu gestalten. So entspricht er seinem Schöpfer und Befreier. Das sind Ziele und Sinngebung, die weder Politik noch Wissenschaft allein, absolut oder autoritär erkennen oder verordnen können. Träger von Gottes Geist und Gerechtigkeit, Friede und Freude sind Menschen und Gruppen, die sich aus religiösen oder nichtreligiösen Motiven hier engagieren. Sie wissen, wenn Menschen nicht verkörpern (im wahrsten Sinne des Wortes: Körper und Materie geben), was sie glauben, lieben und hoffen, dann verschwinden diese Ziele aus der Welt. Diese Ziele setzen sich nicht automatisch durch wie wissenschaftliche Erkenntnisse. Sie müssen oft gegen Widerstände vertreten werden. Galilei konnte ruhig abschwören. Die Gesetze der Planeten setzen sich von selbst durch. Recht und Gerechtigkeit nicht! Menschen müssen Gerechtigkeit, Recht und Frieden durchsetzen.

2. Wissenschaftliche Wahrheiten, technische Notwendigkeiten oder ökonomische Interessen vertreten keine letzten Wahrheiten. Sie sind keine höchsten Autoritäten. Sie sind der kritischen Frage unterworfen, ob sie dem Leben, Zusammenleben und Überleben der Menschen und ihrer Welt dienen.

3. Die Konzentration von Macht geschieht durch Wissen, Gewalt oder Geheimhaltung. Das hohe Gut der Wahrheit verlangt die öffentliche Wahrheit über alle Vorgänge, die das gegenwärtige und zukünftige Leben der Menschen bestimmen. 50 % der wissenschaftlichen und technischen Forschung unterliegt der staatlichen oder militärischen Geheimhaltung: So wird die Lüge institutionalisiert.

4. Wissenschaft verrät ihr Ziel, der Wahrheit zu dienen, wenn sie die Wahrheiten über ihre Forschungsergebnisse, deren Folgen und Probleme geheimhält und wenn sie die Wahrheiten über Ethik und Selbstverständnisse der Menschen nicht zur Kenntnis nimmt. Beispiel: Die Lügen der Regierung in Moskau nach dem 26. 4. 1986 *und* der Internationalen Atom-Energie-Kommission in Wien (10. – 12. April 1996) über Zahl der Opfer von Tschernobyl.

5. Der Kosmos gehört nicht nur einer Generation, sondern allen. Unseren Kindern und Enkeln haben wir die Welt weiterzugeben – in einem Zustand, daß diese darin leben und arbeiten können.

6. Der Kosmos mit seinem Reichtum und seiner Schönheit gehört nicht nur bestimmten Klassen oder Schichten der Gesellschaft, nicht nur einigen Völkern oder Rassen. Er gehört allen. Die Kluft zwischen Armen und Reichen ist nicht gottgewollt, sondern von Menschen gemacht, also nach Gottes Willen von Menschen auch zu überwinden.

7. Der biblische Glaube ist unterwegs von einem guten Anfang der Welt zu einer „neuen Schöpfung", einem neuen Himmel und einer neuen Erde. Wer sich an dieser biblischen Vorstellung orientiert, ist unzufrieden mit dem Zustand der Welt, versinkt nicht in Passivität und Resignation, sondern arbeitet an der Erneuerung der Welt – gerade im Interesse der Armen und Leidenden.

8. Die Würde des Menschen wird nicht von irgendwelchen irdischen Autoritäten großzügig gewährt. Alle Menschen haben sie als unverzichtbaren Teil ihres Menschseins.

9. Dazu gehört, daß alle Menschen fähig und berechtigt sind, an den Planungen und Entscheidungen über die Gestaltung der Erde, die Verteilung des Reichtums, über den Umgang mit Wirtschaft und Technik, Wissenschaft und Industrie mitzubestimmen. Hier liegt eine Verwandtschaft des biblischen Men-

schenbildes mit dem der Demokratie vor: die Gleichheit aller Menschen vor Gott hat Folgen. Alle Menschen haben Verantwortung für diese Welt.

10. Eine solche Einstellung hat Folgen: Die Inhaber von Macht und Expertise teilen die Macht und die Expertise ungern, weil sie diese dabei verlieren. Sie hören ungern auf die Menschen, vor allem auf die Leidenden und Armen, weil sie sonst teilen müßten, was sie selbst gerne als Besitz sich sichern möchten. Den Armen und Leidenden aber gilt die besondere Sorge Gottes und der Menschen in der biblischen Botschaft.

III

Wie komme ich zu einer Urteilsbildung?

1. Ich beschreibe und benenne möglichst genau das Problem.

2. Ich analysiere die Situation. Ich vergesse nicht, daß weder die Fachleute ein Monopol auf Sachkompetenz haben noch die Christen. Ich habe also viele Stimmen zu hören.

3. Ich prüfe die Alternativen, die sich aus der Situationsanalyse für das Handeln ergeben.

4. Ich benenne die Werte und Normen (z.B. Gerechtigkeit, Lebensqualität, Partizipation und Unumkehrbarkeit z.B. von atomaren Prozessen etc.). Die Traditionen der Religionen haben Bedeutung für die Gegenwart. Sie sind, analog zum englischen System der Rechtsschöpfung aus Einzelfallentscheidungen, in einem Dauergespräch über das Optimum für die Menschen und den Kosmos und nicht über ein Maximum für die Politik, die Wirtschaft oder eine religiöse Institution.

5. Ich verknüpfe Normen, Analyse und Handlungsanweisungen. Ich entscheide mich, das zu tun und jenes zu lassen.

6. Ich überprüfe noch einmal den ganzen Prozeß:

Die lateinamerikanische Befreiungstheologie formuliert den Prozeß der Urteilsbildung in drei Schritten: Sehen – Urteilen – Handeln.

IV

Ich schließe mit einer Passage aus der rabbinischen Literatur:

> „Bei der Schöpfung wurde nur ein einziger Mensch erschaffen, um dich zu lehren, daß, wenn jemand nur eine einzige Person vernichtet, die Heilige Schrift es ihm anrechnet, als hätte er eine ganze Welt vernichtet, und wenn jemand eine einzige Person am Leben erhält, die Heilige Schrift es ihm anrechnet, als hätte er eine ganze Welt am Leben erhalten.
> Auch geschah es um des Friedens unter den Menschen willen. Ein Mensch

soll nicht zum anderen sagen: ‚Mein Vater war größer als dein Vater.'
Auch damit die Ketzer nicht sagen, daß es mehrere Gottheiten im Himmel gebe.
Und endlich, um die Größe des Heiligen, gelobt sei Er, zu verkünden. Ein Mensch, der Münzen prägt, prägt viele Münzen mit einem Stempel, und die Münzen sind alle einander gleich. Aber der König aller Könige, der Heilige, gelobt sei Er, hat jeden Menschen mit dem Stempel des ersten Menschen ausgeprägt, und dennoch gleicht nicht ein Mensch dem anderen.
Daher muß auch jeder einzelne Mensch sagen: ‚Meinetwegen ist die Welt erschaffen worden'" (Mischna Sanhedrin 4,5).

Gerechtigkeit, Frieden und Bewahrung der Schöpfung:

Barmherzig handeln und Strukturen verändern *

I

Der sowjetische Schriftsteller Ilja Ehrenburg schrieb 1928 eine Geschichte, in der sein Held auch nach Rom kommt. Dort, im Zentrum der Christenheit – es könnte auch Genf, Wittenberg oder Siegen sein –, feiern die Christen, machen sich schön, schmücken ihre Kirchen und Christusbilder. Zum Fest gehört, daß der ärmste Jude der Stadt dreimal um die Stadt rennen muß. Kommt er zum Ziel, darf er leben. Ein Armer rennt ums nackte Leben, um das seiner Familie, seiner Kinder. Die Bürger, die Reichen, schauen zu. Die Christen vergnügen sich. Die Christusbilder funkeln im Goldglanz ihrer Schönheit. Was keiner vermutete, geschieht: Der Arme hält durch. Mitten im mörderischen Rennen ums schiere Überleben war ein anderer Jude aufgestanden, nachdem er sich, wie Ehrenburg schreibt, wegen seiner Christenheit im Grabe umgedreht hatte. Er mußte aufstehen. Jesus tritt an die Stelle des Armen. Er läuft, ausgepowert, als Armer um die reiche Stadt, durch die Welt, durch seine Christenheit. Die Bilder von ihm, die Leute, die sich nach ihm nennen, bleiben Zuschauer. Sein Lebenslauf – ein Leben für die Armen. Er läßt dem Tod keinen Triumph und der Zuschauerhaltung auch keinen.

Wir Christen sind als Kirche sein Leib. Rennen wir, Ballast abwerfend, für die Armen, Leben rettend? Sitzen wir redend, oft mitfühlend, ja erregt auf Zuschauerbänken, zu denen Kirchenbänke, Küchenstühle oder Kneipenhocker so rasch werden können?

II

In diesem Christus, der für die Armen aufsteht, hat Gott mit uns einen Bund geschlossen. Er teilt mit uns, mit Gerechten und Ungerechten, über denen er seine Sonne aufgehen läßt; er teilt, was er hat. Wir leben davon, daß Gott uns Gerechtigkeit schenkt, daß er uns nicht ohne Frieden läßt, daß er uns seine

* Überarbeitete Fassung der Ansprache auf der II. Ökumenischen Versammlung für Gerechtigkeit, Frieden und Bewahrung der Schöpfung vom 21. bis 23. November 1986; zuerst veröffentlicht in: „... solange es Tag ist." Entwicklungen und Perspektiven ökumenischer Theologie, hg. von dem Diakonischen Werk in Hessen und Nassau und der Evangelischen Kirche in Hessen und Nassau (Referat Mission und Ökumene), Frankfurt a. M. 1987, 138-149.

Schöpfung gibt, die erste Natur, die er selbst gemacht hat und die zweite, die wir mit den phantastischen Fähigkeiten von Wissenschaft, Kreativität und Organisation selbst gemacht haben. Großartige Gaben, die wir zum Tode oder zum Leben gebrauchen können. Sie sind ebenso große Aufgaben. Die Christenheit ist kein Betrieb, der auf Expansion seiner selbst noch auf beruhigende Selbstversorgung mit Frömmigkeit setzt. Jeder Gottesdienst und jedes Abendmahl vergegenwärtigen und bekräftigen Gottes Bund mit uns, mit seinen Bundesgenossinnen und -genossen. Was wir bekommen – seine Gerechtigkeit, seinen Frieden, seine Schöpfung –, bleibt uns nur, wenn wir teilen, austeilen, anderen Menschen heute und für morgen Anteil daran geben. Hamstern wir, verfault wie Manna, was für alle reicht. Diakonisches und ökumenisches Denken und Handeln verändert die Menschen und ihre Verhältnisse. Wird das bestritten, wird Gott kleiner gedacht als er ist.

III

Wenn das so ist, dann hat das Folgen für unser Kirchesein. Dann klagen wir nicht über leere Kirchen oder über sinkende Christenzahlen in unserem Land. Dann verändern wir die Kirche mit dem einfachen Recht derer, die auch Kirche sind. Niemand kann und darf uns das Recht nehmen, uns selbst zu verändern, folglich eine andere Kirche zu werden. Schließt Gott einen Bund mit uns, gibt er uns das Recht und die Freiheit, in eine neue Zukunft umzukehren, kirchlich, diakonisch, politisch, ökumenisch und menschlich. Die Volkskirche geht zu Ende. Sie hat aber in Gruppen, Werken und Gemeinden schon so viele neue Gestalten, daß wir ernsthaft die aktive Veränderung der Volkskirche anpacken müssen. Kirchenreform gehört nicht zu den Geschenken Gottes, sondern zu den Hausaufgaben seiner Hausbewohner. Und die sind dran. Aus der babylonischen Gefangenschaft trägt uns niemand in die Freiheit. Wir haben selbst zu gehen, wenn es Zeit ist. Und es ist Zeit. Kirchenreform könne man nicht machen, höre ich. Stimmt das? Exodus und Nachfolge beginnen nicht, wenn Pharao, seine Verwalter oder Hofprediger es erzwingen oder erlauben, sondern dann, wenn Schuld, Unterdrückung und Gewalt wie Abels Blut zum Himmel schreien. Es schreit. Was erwarten von den Christen 40 Millionen Hungertote bei gleichzeitigen EG-Überproduktionen? Mit über 1000 Milliarden Dollar Schulden sitzen die armen Länder in Geiselhaft der reichen, die ihrerseits noch einmal dieselbe Summe für Rüstung ausgeben. Minderheiten reichen aus, die Welt zu erhalten, wie eine andere Minderheit von Gewaltgläubigen ausreicht, sie zu zerstören.

Wir brauchen nicht nach einem neuen Luther oder Johannes XXIII., nicht nach großen Männern Ausschau zu halten. Die Schwestern und Brüder der ökumenischen Christenheit sind unsere Reformatoren. Sie sind sichtbar und hörbar. Sind wir aufmerksam und hörfähig? Die Erneuerer unserer Kirchen heißen Mary und José, Winni und Nelson, Kim und Miroslav, Monika und Dieter, Uarda und Ibrahim. Sie wohnen über den ganzen Erdkreis verstreut. Es sind kleine Leute, aber keine Namenlosen. Sie haben ihre Stimme, um uns etwas zu sagen. Die Ökumene ist die fünfte Kolonne der Kirchenerneuerung, weil sie den ganzen bewohnten Erdkreis und nicht nur die Kirchenprovinz Westdeutschland ins Spiel bringt. Diese Ökumene lebt in Gemeinden und Gruppen verbindlich, weil Gott sich mit ihnen verbündet hat, für Gerechtigkeit und gegen Unrecht sowie Menschenrechtsverachtung, für Frieden und gegen Feindbilder sowie gegen Gewalt, für die Erhaltung anstelle von Vergiftung und Verschwendung der Schöpfung.

Und zu den Erneuerern der Kirche gehören auch die, die nicht zuletzt wegen der Schläfrigkeit von Christen und Kirchen Opfer von Ungerechtigkeit, Krieg und Naturzerstörung wurden. Ob sie mit einem Fluch oder einem Gebet auf den Lippen starben, ihr Tod spricht: Nie wieder! Und das heißt: Fangt früher an nachzudenken! Handelt mit mehr Zivilcourage, nachdem ihr gesehen habt, wohin die Militärcourage mit ihren technologischen und industriellen Schubkräften führen kann! Liebt in Strukturen, sucht auch neue Institutionen und Ordnungen, die die Gerechtigkeit und den Frieden fördern und die Schöpfung erhalten! Entwickelt den Mut der alten Christen, die Strukturen für Nächstenliebe, Wahrheitsliebe und Gerechtigkeit in Form von Krankenhäusern, Schulen, Hochschulen, Rechtspflege und Genossenschaften z.B. in der Landwirtschaft entwickelten!

Neben den Toten stehen jene Erneuerer, die auch mit brutaler Gewalt stumm gemacht wurden und trotzdem laut schreien: D. Bonhoeffer, O. Romero, A. Delp, M. L. King.

Wir können als deutsche Kirchen nicht die Heiligen der Ökumene und Nazizeit feiern und ihnen Denkmäler in Form von Straßennamen, Briefmarken, Bucheditionen und gelegentlichen Zitaten setzen. Ihrem Glauben folgt nach, heißt es in der Bibel. Und das heißt doch, resolut dem nachzufolgen, für den sie lebten und starben.

IV

Die Gleichgültigkeit, mit der die Regierungen in den sogenannten christlichen Ländern des Westens den Protest und die Arbeit der christlichen Stimmen für Gerechtigkeit, Frieden und Erhaltung der Schöpfung zum Beispiel in den Fragen ziviler oder militärischer Kernenergienutzung, in der Frage Südafrikas oder der Asylbewerber überhören, erst recht aber die vielen eindeutigen Stimmen der Christen aus der Zweidrittelwelt locker wegstecken, das alles macht es notwendig, daß wir Christen die leichtfüßige Art aufzutreten endlich aufgeben – nicht um in ein Imponiergehabe starker Worte zu verfallen. Wir haben aber stärker als bisher den Spielregeln der Bergpredigt und anderer noch nicht ausprobierter Bibelteile zu folgen. Albert Schweitzer sagte in seiner Nobelpreisrede 1954: „So manche Wahrheit ist lange oder ganz unwirksam geblieben, allein deshalb, weil die Möglichkeit, daß sie Tatsache werden könne, nicht in Betracht gezogen wurde." Wir orientieren uns neugierig und intensiv an Praxis und Theologie jener bekennenden Christen in allen Ländern, die neue Formen der Kirche, der politischen Partizipation, der Weltwirtschaftsordnung und wirkliche Abrüstungsschritte vertreten. Vor aller nationalen oder Blockloyalität sind wir ihnen loyal verbunden. Das ist Ökumene, sie ist eine wirklich transnationale Größe.

V

Ehe die Menschen an Hunger, Waffen oder vergifteter Luft sterben, werden sie durch die Vergeßlichkeit oder Gedankenlosigkeit derer zum Tode verurteilt, die verdrängen, was war und wozu Menschen in der Lage sind. Optimismus ist das Parfum der Gedankenlosen, wie der Pessimismus als Snobismus der Feigen daherkommt. Wir sind Realisten. Irreal und Irrwitz ist es, die Wege einfach fortzusetzen, an deren Ränder schon so viele Opfer von Hunger und Krieg liegen.

Nein, wir gehen nicht konform mit Geist, Logik und Praxis der Abschreckung. Nein, wir gehen nicht konform mit der Haltung derer, die „noch" die Ausbildung in diesem Geist, in dieser Logik und in dieser Praxis für eine christliche Möglichkeit halten. Wir vertreten die Kriegsdienstverweigerung als das deutlichere Zeichen. Wir gehen nicht konform mit den wachsenden Rüstungsexporten aus unserem Lande, mit der Weigerung unserer Kirchen und unseres Kirchentages, die Konten bei der Deutschen und Dresdner Bank öffentlich zu kündigen, die Südafrikas Apartheid durch Kredite und Umschuldungsprozesse unterstützen. Wir steigen aber auch nicht aus, da es nicht nur um unsere private Moral, sondern auch um die Moral von christlichen und kirchlichen Institutionen geht. Wir bohren weiter. Im status confessionis suchen und erwarten wir Schritte des Bekennens auch im Blick auf Gehaltskonten und Bankverbindungen.

Wir gehen nicht konform mit der Pseudoliturgie vieler Wirtschaftsleute, Politiker und Medien, die berechenbar aufsagen können, was ihre Verantwortung unberechenbar macht:

1. Der Unfall ist nicht so schlimm.
2. Die Bevölkerung hat nichts zu befürchten.
3. Die Verantwortlichen haben das Problem fest im Griff.
4. Bei uns kann so etwas nicht passieren.
5. Der Mensch ist ein Restrisiko, wenn er nicht wie eine Maschine funktioniert.
6. Wenn wir es nicht machen, dann machen es die anderen.

Zu diesem staatstragenden Lied des Vertrauens in Obrigkeit und Expertokratie hat sich schon vor 130 Jahren Heinrich Heine seinen Vers gemacht:

> „Vertrauet eurem Magistrat,
> der fromm und liebend schützt den Staat
> durch huldreich hochwohlweises Walten
> euch ziemt es stets das Maul zu halten."

– weil die Regierung es doch gut mit uns meint,
– weil wir keine Experten sind,
– weil die Manager von Tschernobyl, Rheinstahl, Sandoz, Pershing II oder Bhopal und die Produzenten von Gift und Raketen mehr Gehör finden als die durch Gift und Raketen Bedrohten oder schon Umgebrachten. Mit diesen schließen wir einen Bund, weil Gott sich auf ihre Seite gestellt hat. Wir schauen nach unten. Das führt uns nicht zu einer gebückt servilen Haltung; nur die Benutzung des Gewissens, nicht seine Betäubung stärkt das Rückgrat. Nur die Wahrnehmung dessen, was alle wissen können, wenn sie es wissen wollen, macht das Gewissen wach. Wir lassen uns durch Informationsfluten nicht abstumpfen, die zum Opium des Volkes werden können. Wir fragen nach den Mühseligen und Beladenen.

VI

Mitläufertum hat sich immer damit begründet, daß ein falscher Bundesschluß zwischen der Macht und der Dummheit hergestellt wurde. „Die Macht der einen braucht die Dummheit der anderen“, schreibt Bonhoeffer 1943 im Gefängnis. Mitläufertum sagt: Auf mich kommt es nicht an, die Bäume werden schon nicht in den Himmel wachsen, nichts wird so heiß gegessen wie es gekocht wird, die Geschichte oder die Gesellschaft wissen schon, wann die Zeit reif ist, Krieg oder Apartheid zu überwinden. Der stärkste Bundesgenosse des Bösen ist das Zögern, Wegschauen oder Resignieren so vieler gutwilliger Menschen.

Deswegen kommen wir zusammen, um uns zu ermutigen, zu beraten und zu verpflichten. Wir nehmen die Aufforderung des Römerbriefes ernst (12, 1+2), der als Konsequenz des Evangeliums von den Christen und Kirchen erwartet, sich nicht dem Schema und den Verhaltensmustern dieser Welt gleichzustellen, sondern nach dem vernünftigen Gottesdienst innerhalb und außerhalb der Kirchenmauern zu suchen und kritisch zu prüfen, was heute der Wille Gottes ist. Südafrikanische Christen haben mit ihrem Kairos-Papier eine eindeutige Antwort gegeben. Sie haben den zum Handeln notwendigen Zeitpunkt ergriffen und darauf hingewiesen, daß Staats- und Kirchentheologie an ihr Ende gekommen sind, daß die Orientierung am Wohlverhalten politischer, kirchlicher und wirtschaftlicher Institutionen ein Fehlverhalten ist. Ein solcher prophetischer Glaube wird auch von uns erwartet. Er kann uns weiße Mitteleuropäer befreien: von Angst und Feigheit und aus goldenen Käfigen.

VII

Am Tag der Menschenrechte bekommt Eli Wiesel, ein Überlebender von Auschwitz und Buchenwald, den Friedensnobelpreis. Berta von Suttner, Nobels

Mitarbeiterin und Pazifistin, kann sich freuen. Wiesel sprach 1982 in New York auf einer großen Kundgebung der „Künstler für Abrüstung“: „Sage niemals, daß die Gesellschaft dies oder jenes nicht tun wird. Sie wird. Suche niemals Zuflucht in bequemen Vorstellungen, daß die Geschichte schon weiß, wo sie aufhören muß, damit sie sich nicht selbst zerstört. Sie wird es nicht wissen. Dies ist eine Lektion, die ich Jahre und Massaker zuvor gelernt habe. Obwohl der Holocaust allein die Juden betraf, hat er eine Auswirkung auf die ganze Welt ... einmal losgelassen, kennt das Böse keine Grenzen mehr ... früher glaubten wir an die absolute Wahrheit, jetzt sind wir gestraft durch den Besitz absoluter Waffen. Ich gehöre einer Generation an, die durch Massenmord traumatisiert wurde, der damals als etwas ganz Alltägliches angesehen wurde. Jeder, der ein Vernichtungslager gesehen hat, wird bezeugen, daß das Unmögliche möglich wird, das Undenkbare tritt ein. Es ist zu spät für die Toten. Ist es auch für die Lebenden zu spät? Es könnte sein. Es wird so sein, wenn wir vergessen.“

Die Geschichte, der Fortschritt, die Entwicklung, die Gesellschaft – sie wissen nicht, wann sie aufhören sollen, Vernunft und Kapital, Menschen und Wissen in eine tödliche Richtung zu treiben. Sie wissen es nicht, es sei denn, wir verkörpern ein Stück weit Gerechtigkeit, Frieden und eine neue Kreatur. Wer denn sonst, wenn nicht wir? Wir erheben keinen Alleinvertretungsanspruch, aber wir bestreiten den Alleinvertretungsanspruch der Politiker für Politik, der Wissenschaftler für die Wissenschaft, der Industriellen für die Industrie, der Industrieländer für die Industrialisierung der Restwelt, der Militärs für Waffen, der multinationalen Konzerne für die internationale Produktion und der Bischöfe für die Kirchen.

Nein, wir sind auch zuständig, wenn es um die Zukunft der Welt geht. Die Opfer von Auschwitz und Hiroshima, Opfer also von Politik, Wissenschaft, Industrie, Militär, Verwaltung, Hochschule und Kirche, sind nicht stumm. Wiesel hat recht: Die Haltung, die sie tötete, kann wieder Tote in Kauf nehmen. Die Schamschwelle ist gewaltig gesenkt. Mit jeder Mechanisierung und Verfeinerung der Tötungsinstrumente wurde die Tötungshemmung gedanklich und praktisch gelockert. Wiesel hat recht: Was einem Volk geschah, kann heute jedem Volk geschehen.

Deutschland hat 1945 eine totale Rüstungswirtschaft in eine totale Friedenswirtschaft konvertiert. Eine phantastische „Bekehrung“! Heute drängelt sich die BRD auf Platz 3 oder 4 der Bestsellerliste von Waffen. Das positive Beispiel einer Friedenswirtschaft ist ausprobiert. Getestet ist noch nicht ernsthaft genug die Frage: Verändert sich eine Gesellschaft nur nach 50 Millionen Toten eines Weltkrieges? Sind wir lernfähig durch die unvorstellbare Zahl von Megatoten des Hunger- und Nuklear-Krieges? Es wird dann zu spät sein, wenn wir vergessen, uns vergessen als die, die widerstehen, und wenn wir die Opfer von damals und heute vergessen.

VIII

Wer uns Wissenschafts- und Technikfeindlichkeit vorwirft, hat eine Grundmöglichkeit der Wissenschaft nicht verstanden: Innovation. Innovationen sind die wahren Herausforderungen an Wissenschaft und Technik, nicht das spurtreue Verfolgen bereits eingefahrener Gleise.

Wer z.B. über die Forderung nach einer atomwaffenfreien Welt bis zum Jahr 2000, nach einer Konversion der Rüstungsindustrie in eine Entwicklungsindustrie, nach einer Chemieproduktion in geschlossenen, also abfallfreien Abläufen spottet oder sie zur Seite schiebt, vermehrt Wissenschaftsfeindlichkeit und Politikverachtung, denn er spricht sich für die Fortsetzung des Gewohnten aus, hält für Fortschritt, was heute schon Menschenleben durch 130 Kriege nach 1945, durch täglich verhungernde Kinder, durch weltweit wachsende Zahlen von Arbeitslosen, durch Unrecht in den Welthandelsstrukturen, des Energieverbrauchs, der Apartheid und durch Eingriffe in die Erbanlagen der Menschen, durch Verschwendung von Rohstoffen und Vergiftung der Schöpfung kostet. Weigern sich die reichen Länder und Kirchen zu teilen, so inszenieren sie eine Teilung der Welt, an der Gottes Schöpfung und Menschheit verblutet.

Hier hilft kein Aberglauben an die Selbstheilungskräfte des Marktes und der Wissenschaft, die für die von ihr geschaffenen Probleme doch immer Lösungsmöglichkeiten gefunden hätten. Es geht nicht an, daß die Instrumente größer sind als die menschliche Fähigkeit, menschenfreundlich mit ihnen umzugehen. Es geht nicht an, daß wir irreversible Prozesse großtechnologisch einleiten, deren Folgekosten im nächsten Jahrtausend präsentiert werden. Hier eine menschliche Stimme des Zweifels, der Kritik, der Überprüfung, der Umkehr zum Leben zu erheben, heißt, auf die Freiheit und Innovationsfähigkeit der Wissenschaft und der Politik zu setzen. Die Handlungsfreiheit der Politik steht auf dem Spiel, wenn sie sich nur am Bruttosozialprodukt mißt. Die Freiheit der Wissenschaft steht auf dem Spiel, wenn sie allem und jedem zu Diensten steht. Unsere Geschichte hat gezeigt, Wissenschaft tut fast alles, wenn sie ordentlich bezahlt oder zum puren Spezialistentum abgedunkelt wird. Die 7000 US-amerikanischen Physiker, die sich weigern, an SDI mitzuarbeiten, sind freie Menschen im Gegensatz zu jenen, die in den vom Pentagon geförderten Instituten forschen. Diese dürfen nicht frei publizieren oder mit „feindlichen" Wissenschaftlern frei kommunizieren. Die Moral der Wissenschaft hat durch die Rüstungswissenschaft und den damit erzwungenen Verzicht auf Öffentlichkeit, Partizipation und Widerspruch tödliche Schläge bekommen. Die Zweidrittelwelt lebt von den Blaupausen, die wie Brosamen von den Tischen der Reichen und Mächtigen fallen. Wissen ist Macht, ihre rücksichtslose Verfügung schafft Ohnmacht. Nimmt Wissenschaft das hin, gerät sie in Widerspruch zur Menschlichkeit. Die Verteidigung der Freiheit beginnt woanders, als ihre Trompeter, auf Feindbildern, Giftgas und Bajonetten sitzend, vermuten.

IX

1. Im November 1957 erklärte der Verband der Ärzte Deutschlands: „Alarmierende Nachrichten, daß das Regenwasser ... eine Radioaktivität aufweise, die das erlaubte Maß um das 10-, ja das 100fache übertreffe, beruhen auf Untersuchungsmethoden, die einer wissenschaftlichen Kritik nicht standhalten ... Der Fehler derartiger Untersuchungen besteht darin, daß man die gesamte Radioaktivität des Regenwassers zwar zutreffend bestimme, aber aus dem Ergebnis falsche Schlüsse über die Gefährdung der Menschen ziehe." Am Ende des Artikels, nach einer exakten Beschreibung der Gefährlichkeit von Strontium 90 mit einer Halbwertzeit von 30 Jahren, heißt es: „Es wäre gut, wenn die teilweise allzu temperamentvoll geführte Diskussion in der Öffentlichkeit so lange unterbrochen würde, bis weitere exakte, mit einwandfreien Methoden gewonnene Zahlenunterlagen eine sachliche Beurteilung ermöglichen" (FAZ 23. November 1957).

Uns wird ein Moratorium im Nachdenken angeraten. Das können wir uns nicht mehr leisten. Leisten aber können wir uns ein Moratorium im Vergiften, im Investieren in Südafrika und beim Modernisieren, Stationieren und Testen neuer Waffen.

2. 1983 kommt Verteidigungsminister Wörner aus den USA zurück und beruhigt alle Bundesbürger so: „Ein Computerfehler, der einen Krieg auslösen könnte, ist absolut ausgeschlossen, weil es viele Kontrollstellen gibt." Solche Verteiler von rosaroten Brillen erinnere ich: Das modernste Schiff 1913, die Titanic, war als unsinkbar gebaut und angepriesen worden. Es sank auf seiner ersten Fahrt; oder: ein Fliegerkollege von Manfred Wörner wollte 1939 Meier heißen, wenn auch nur ein einziges fremdes Flugzeug über Deutschland erscheine. Das Undenkbare ist gedacht, das für unmöglich Gehaltene wurde Wirklichkeit. Wir halten die Fortsetzung von Ungerechtigkeit, Gewalt und Naturzerstörung für möglich. Wir halten aber auch das Gegenteil für möglich. Und dazu verbünden und beraten wir uns mit Christen und Nichtchristen und zuallererst mit den Opfern.

3. Eine kleine Geschichte: Ein Offizier hält vor der Schlacht die große Rede, redet von Blutopfern und Sieg über die Feinde, von Blutopfern und Niedertracht der Gegner. Er spricht vom Kampf Mann gegen Mann. Ein Soldat fragt ihn: Könnten Sie mir bitte meinen Mann vielleicht vorher vorstellen? Vielleicht könnte ich mich gütlich mit ihm einigen?

Gräfin Dönhoff schrieb in der ZEIT vom 14. 11. 1986, daß „die einzige Philosophie, die Reagans Regierung geistig kennzeichnet und beherrscht", der Antikommunismus sei. Das gilt auch für die ihn stützenden Konservativen des Westens. Wir aber bemühen uns, den Menschen kennenzulernen, gegen den zu denken oder zu schießen wir als Konsequenz der Abschreckungsdoktrin trainiert werden sollen. Wir sehen und respektieren Unterschiede der Kulturen und Gesellschaftsentwürfe. Aber wir sind fest davon überzeugt, daß wir uns mit gemeinsamer Sicherheitspolitik, Abrüstung, Entspannung und Vertrauensbildung „gütlich" einigen können.

4. Wohin Rüstung und Hochrüstung führen, haben zwei Weltkriege uns gezeigt. Wohin Waffenexporte aus Industrieländern führen, liegt zutage: Abhängigkeit und Rüstungsindustrie auch in der Zweidrittelwelt, die droht, ein riesiger Truppenübungsplatz und Waffenmarkt zu werden. Wohin ein rücksichtsloser Umgang mit Wasser, Luft und Boden führt, ist exakt zu messen. Die Welt ist zu klein und zu einmalig, als daß wir länger so ungeschwisterlich mit ihr und ihren heutigen und zukünftigen Bewohnern umgehen könnten.

5. Der Bund Gottes mit uns lädt uns ein, zu lachen und zu arbeiten gegen die toten Dogmen, vor denen noch so viele knien:
– Mehr Waffen schaffen mehr Sicherheit!
– Wenn unsere Wirtschaft wächst, können wir Reichtum und Arbeit besser teilen.
– Boykott schadet den Ärmsten der Armen.
– Eine Flut von Asylanten und Ausländern überschwemmt uns (um genau zu sein: Es sind noch nicht einmal 0,3 % der Bevölkerung Asylbewerber in der BRD). Ca. 20 Millionen Menschen sind heute Flüchtlinge. Im Sudan sind es 5 % der Bevölkerung. Aus Afghanistan sind 4 Milionen Menschen geflohen.

X

Von vielen altkirchlichen Konzilen heißt es, daß diejenige Gruppe der Christen sich durchsetzte, der es gelang, sich der Gunst des Kaisers zu vergewissern. Der mischte damals kräftig mit. Wir versuchen weiterzukommen, indem wir uns im konziliaren Prozeß der Gunst und dem Bund Jesu Christi anvertrauen. Die uns beschäftigenden Themen, zu denen wir unser Wissen und unsere Enttäuschungen mitbringen, verlangen, daß wir in alter Verbindlichkeit deutlich Stellung nehmen. Da es sich um die Wahrheit Gottes und um eine für Menschen menschlich lebbare Wahrheit handelt, schlägt man sie anderen nicht wie ein nasses Handtuch ins Gesicht, sondern hält sie ihnen wie einen hilfreichen Mantel hin. Die Deutlichkeit der Stellungnahme, die Absage an die Götzen Sicherheit, Wachstum und Konkurrenz bedeuten für uns, eine Minderheitsposition mehrheitsfähig zu machen. Das ist keine weltfremde Utopie. Auf der Konferenz der religiösen Sozialisten 1928 in Heppenheim hat Martin Buber gesagt:

„Es geht nicht an, das utopisch zu bezeichnen, woran wir unsere Kraft noch nicht erprobt haben. Welchen Raum Gott uns einräumt, können wir nur erfahren, wenn wir drauf losgehen. Dann werden wir erkennen, wieviel Schicksalsgenossenschaft es in unserer Welt gibt."

Jüdisch-christlicher Dialog und palästinensische Theologie

Ein notwendiger Streit in der Ökumene *

Meine Grundthese heißt: Der jüdisch-christliche Dialog ist kein Spezialthema christlicher Theologie, schon gar nicht des Westens, sondern ein Elementarthema aller christlichen Theologien, Frömmigkeitsstile und Kirchen. Er muß nicht an sie herangetragen werden, sondern jeder Predigttext, jede Katechese redet von Juden, predigt über Israel, jedes theologische Konzept interpretiert jüdische Texte; wer Psalmen betet, betet jüdische Gebete. Es muß klar bedacht werden, was es bedeutet, daß Christinnen und Christen keinen beliebigen, sondern diesen sprachlichen Wurzelgrund haben. Das ist der erste Kontext, der ernst zu nehmen ist. Die Worte Gott, Geist, Reich Gottes, Loben, Beten, Weisheit, Gerechtigkeit, Recht, Frieden, Befreiung oder Messias sind biblisch-jüdisch gefüllt, wenn sie nicht Allerweltsworte, also Schlagworte werden sollen. Zu dieser Grundthese gehört auch, daß es Gott gefallen hat, Israel zuerst und bleibend anzusprechen und nicht Buren, Deutsche, Amerikaner oder Russen. Die Worte und Namen Abraham, lsaak, Jakob, Mose, Hagar, Sara, Miriam, Jerusalem, Zion, Halleluja, Hosianna sprechen von nicht auswechselbaren Identitäten. Die Grundthese leugnet weder die religionsgeschichtliche Abhängigkeit Israels von anderen Religionen noch die Übersetzbarkeit seiner Botschaft in andere Sprachen und Kulturen, also in neue Kontexte. Beide Kontextualisierungen wollen ernst genommen werden. Das partikulare Idiom ist in eine universale Religionsgeschichte eingebettet, universal ausdrückbar und in seinem theologischen Kern (vgl. das biblische Schöpfungs- und Weltvollendungskonzept) universal auf die Völkerwelt, ja die ganze Kreatur ausgerichtet.

I Ein altes und gemeinsames Erbe

Die Predigt und Lehre der Judenverachtung ist auch ein Teil des Erbes der palästinensischen Theologie.

Wir „westlichen" Christen haben teil an der früh in Palästina entwickelten antijüdischen Theologie. Wir haben teil am frühchristlich beginnenden Prozeß der Judenverachtung. Durch unterschiedlichen Umgang mit der Macht sind westliche und östliche Christen heute getrennt. Die Wege zur Macht in Byzanz

* Erstveröffentlichung. Zuerst als Vortrag gehalten bei der Tagung „Das Volk Gottes und die Völker der Welt" vom 21. bis 23. 10. 1994 in der Ev. Akademie Berlin-Brandenburg; auch abgedruckt im Dokumentationsheft zur Tagung: Nach-Lese 8/1994.

und Rom und die Notwendigkeit, heute politisch die biblische Botschaft von Befreiung und Menschenwürde, Gerechtigkeit und Recht, Frieden und Weltverantwortung neu zu lernen, verbinden die westliche und die östliche Christenheit seit den Anfängen. Mitri Raheb, der evangelische Pfarrer von Bethlehem, würdigt die eigenen Traditionen der orientalischen Christenheit herab, wenn er schreibt: „Die Christen der ‚Dritten Welt' mußten für lange Zeit nur von dem leben, was von den Schreibtischen der Theologen aus der ‚Ersten Welt' abgefallen war ... Die Verabsolutierung der euroamerikanischen Theologie ging Hand in Hand mit der Eurozentrierung bzw. Amerikanisierung der Welt." Vielen Amerikanern und Europäern sei der Kontext ihrer Theologie, gerade im Westen, nicht bewußt. „Uns palästinensischen Theologen aber ist die Kontextualität unserer Theologie bewußt." Mitri Raheb beschreibt den Gegensatz so: „Jede kontextuelle Theologie entsteht aus einer tiefen Betroffenheit und ist dadurch von jeder kalten ‚Schreibtischtheologie' zu unterscheiden."

Schaue ich aber auf Schreibtische der orientalischen und der okzidentalen TheologenInnen, der predigenden und unterrichtenden, dann liegen dort die Texte und Zitate der Kirchenväter Melito von Sardes, von Justin dem Märtyrer, von Chrysostomos und Athanasius und vielen anderen mehr. Palästinensische Theologie ist keine Dritte-Welt-Theologie, sondern auch eine eigenständige Grundlegung der „westlichen" Theologie. Sie muß von den Erben bearbeitet werden, ob sie nun von der römischen, von einer der reformatorischen oder von einer der orientalischen Traditionen herkommt.

Ein paar Stichworte zu den Namen. Justin der Märtyrer wurde in Sichem, Nablus, geboren – das damals Neapolis hieß, um jede jüdische Konnotation zu tilgen. Durch die römisch oktroyierte Namensgebung „Palästina" sollte der Name „Judäa" oder „Israel" vergessen werden. Durch die römische Besatzungsmacht wurden nicht nur die Namen gelöscht, es wurden auch die Juden vertrieben.

Justin starb als Märtyrer 165 in Rom. Von ihm ist der früheste Dialog mit einem Juden überliefert, idealtypisch im wahrsten Sinne des Wortes. Das neue christliche Ideal begründet sich typologisch. Die Diskussion spiegelt die älteste erhaltene antijüdische Apologie des Christentums. Nach Justins Konstruktion hat die Botschaft der Kirche zwei Vorgeschichten, die beide nur auf die Kirche zuführen. Es ist die griechische Philosophie und es ist das Judentum.

Drei Grundgedanken lassen sich bei ihm feststellen. Einmal: Jesus Christus ist der verheißene Messias. An den in der Schöpfung präexistenten Logos glaubten schon vor Christus Sokrates, Heraklit und Plato. Abraham und seine Nachkommen markieren die andere Linie der Entwicklung auf Christus zu. Sie waren alle schon Christen. Wo in der Hebräischen Bibel das Tetragramm, der Name Gottes, steht, steht in der Septuaginta fast immer Kyrios. Der Titel wird dann natürlich christologisch gelesen. Die Position des Juden Tryphon wird so wiedergegeben: Jesus sei doch als Mensch von Menschen gekreuzigt worden. Er sei Jude, beschnitten, der Tora treu gewesen. Nach Dan 7 erscheine der Messias in Herrlichkeit und Größe. Das könne von Jesus nicht gesagt werden.

Dagegen wendet die christliche Argumentation ein: Er sei doch der, der in der Herrlichkeit des Himmels gekommen sei. Genau dieses bestreitet Tryphon mit dem Hinweis auf Dan 7, wo der Menschensohn kommen wird mit den Wolken des Himmels. Diese Ereignisse stünden noch aus. Die christliche Interpretation der jüdischen Bibel wird von ihm abgelehnt – auch schon mit Verweis auf die Wirkungsgeschichte. Die Juden aber, so heißt die Antwort Justins, lästern Christus und die Christen: „Ihr habt ja den Gerechten getötet und seine Propheten". Diese Argumentation bezieht sich auf das Weingärtnergleichnis (Mt 21, 33-46) und auf Paulus, der in seinem ersten überlieferten Brief (1 Thess 2, 13-16) diese These aufstellte (die er zum Glück nie wiederholt hat!), die Juden seien Christus- und Prophetenmörder.

Diese Denkfigur hat die christliche Exegese und Dogmatik bis auf den heutigen Tag beeinflußt. Das sogenannte Alte Testament hat keine eigene Stimme mehr, sondern nur eine Stimme als Resonanzboden der Christusbotschaft, eine von den Christen geliehene Stimme, die ihm die Israel konstituierende und erhaltende Qualtität absprechen will. Das Interpretationsmonopol liegt bei den Christen. Tora und Propheten sind zum einen typologisch verstanden, weisen also auf den Christus hin. Sie bilden ihn ab, nichts sonst. Tora zum anderen ist Strafe und Zwang. Justin sagt in diesem Dialog: „Ihr lest die Schriften, aber ihr versteht sie nicht."

Darüber hinaus werden die Propheten Israels herangezogen, um deutlich zu machen, daß die christliche Kritik an Israel, am jüdischen Volk, an der Tora mit der prophetischen Kritik übereinstimmt. Es wird nicht – und das ist ein entscheidender Unterschied zur Zeit Jesu, der Jünger und Apostel, der Autoren des Neuen Testaments – die Gültigkeit des Alten Testaments bestätigt (Röm 15, 8). Paulus z.B. bezeugt die Auferstehung „nach den Schriften" (1 Kor 15, 3f). Die Gültigkeit der jüdischen Schriftinterpretation wird bestritten. Was jüdische, israelitische Selbstkritik in der prophetischen Stimme ist, wird zur Kritik der Kirche an Israel. Wenn die Bibel, das Erste Testament, die Bibel Jesu, aber wirklich die Bibel der Christen ist, ist jede prophetische Kritik an Israel natürlich Kirchenkritik. Aus dieser, ich sage das sehr bewußt, alten palästinensischen, christlichen Tradition stammt der Gedanke, die Kirche sei das wahre Israel und die universale Weltreligion. Das nicht christusgläubige Israel sei, das ist die Kehrseite dieses Satzes, verworfen. Eine Bekehrungschance bis zur Parusie Christi bleibe, aber in der Gegenwart Israels seien die Juden durch „Gottlosigkeit" gekennzeichnet, sie seien „Gehilfen des Teufels". Jes 1, 7f wird von Justin wie jede Israelkritik der Propheten als Beleg für Gottes Strafwillen und Verwerfung zitiert. „Das wahre, das geistige Israel, die Nachkommen Judas, Jakobs, Isaaks und Abrahams – das sind wir!" Israel brach den Bund, die Strafe ist sichtbar in der Zerstörung Jerusalems.

Ein anderer, in Palästina geborener und aufgewachsener großer Gelehrter ist Eusebius, ca. 260 geboren, der in der Kirchengeschichtsschreibung eine große Rolle spielt. Er wird einer der Hoftheologen des Kaisers Konstantin, unter dem das Christentum Staatsreligion zu werden begann. Er ist der Vertreter der byzantinischen Hoftheologie. Auch er liest das Erste Testament typologisch. Juden haben Christus gekreuzigt, Gott strafte sie dafür. Auch der jüdische Historiker Josephus konnte – wie viele Juden – die Zerstörung Jerusalems als „Strafe" deuten: „Um unserer Sünden willen!" Was bei Josephus pädagogisch gemeint ist und die Hoffnung wie die Geschichte nicht aufhebt, wird in der christlichen Deutung ein endgültiges Urteil Gottes.

In seinem „Leben des Kaisers Konstantin" berichtet Eusebius von der Auseinandersetzung um die Festsetzung des Ostertermins. Er bringt als Argument, daß man hierbei doch nicht den Juden folgen könne, sie hätten ihre „Hände durch eine ruchlose Missetat befleckt" und seien darum „zurecht als Frevler mit seelischer Blindheit geschlagen ... Nichts soll uns also mit dem überaus verhaßten Judenvolk gemein sein".

Ich nenne als letzten in dieser Reihe, um die Stimmen unserer gemeinsamen universal-christlichen Tradition ins Gedächtnis zu rufen, Chrysostomos aus Antiochien (gest. 406), Bischof von Antiochien und Konstantinopel. Wegen seiner Konflikte mit der Kaiserin und mit Nachbarbischöfen wurde er verbannt. Er spricht seinen Haß gegen die Juden offen aus. Nicht zur Entschuldigung, wohl aber zum Verständnis ist dazu zu sagen, daß in seinem Umfeld offensichtlich die christlichen Gemeinden stark judenchristlich geprägt, den jüdischen Gemeinden gegenüber offen waren und jüdische Feste mitfeierten und noch ein lebendiger jüdisch-christlicher „Dialog" in Gang war. Neben den Gebetshäusern oder Kirchen der Christen standen die Synagogen mit ihren Gottesdienstbesuchern. Man hat sich wirklich noch gestritten, auch in schärfster Polemik bestritten. Was später passierte, war weitgehend ein Urteilen *über* die Juden und nicht mehr ein Streiten *mit* den Juden. Das ist eine qualitativ neue Situation.

Chrysostomos benutzt sehr stark das Neue Testament und seine Texte, die er immer wieder in Predigten auslegte, vor allem das Johannes-Evangelium, den Galaterbrief und die Apostelgeschichte. Im Johannes-Evangelium ist auf der einen Seite davon die Rede, daß das Heil von den Juden komme (4, 22). Historisch verstanden, kann sich diese Aussage mit jeder Substitutionstheorie verbinden. Auf der anderen Seite heißen die Juden (8, 44) „Teufelskinder", weil sie ihr Heil verspielt haben. Der Galaterbrief wird als die Grundlage einer dogmatisch immer festgelegteren Entgegensetzung von Gesetz und Evangelium und die Apostelgeschichte als eine Beschreibung der christlichen Siegesgeschichte von Jerusalem bis an die Enden der Welt verstanden. Das Neue Testament ist einer Hermeneutik unterworfen, die dem Ersten Testament die eigene Stimme raubt und Gottes befreiendes, orientierendes und kritisches Handeln an Israel für christlich überholt erklärt.

In einer Predigt heißt es, kein Jude bete Gott an. Synagogen werden mit Bordellen verglichen, sie seien Häuser des Satans, wo Götzendienst betrieben werde, Christen seien die Schafe, Juden sind die Wölfe. Der rhetorisch hochbegabte Prediger hat viele in die Tiefenschichten der christlichen Selbstverständigung eingedrungene Bilder geprägt, die lebendig blieben.

Am Ende dieses ersten Abschnittes steht für mich die Frage: Brauchen wir, um unseren christlichen Glauben in seiner Identität zu entfalten, eigentlich Abgrenzungen und Feindbilder? Gibt es so etwas wie eine feindbildlose Nachfolge Christi? Ist die gesamtökumenische Vergiftung durch Judenfeindschaft nicht schon an einigen Stellen im Neuen Testament angelegt (z.B. im Gleichnis von den bösen Weingärtnern, Mt 21, 33-46; in der Schilderung des Leidens Jesu oder in 1 Thess 2, 13-16)? Ist die ökumenische Aufgabe nicht eine neue Bibellektüre, die bedenkt, warum bestimmte negative Äußerungen in der allerseits üblichen Polemik zwischen Juden und Christen auf christlicher Seite gegen die Juden, Tora, Israel zu letzten Urteilen wurden, warum die Theologie- und Kirchengeschichte nicht nur eine „Heilsgeschichte" ist, sondern für Minderheiten und Ketzer eine blutige, entsetzlich früh beginnende „Unheilsgeschichte" ist?

II Kontextualität

Wir haben die biblische Botschaft nur in ihrem jeweiligen Kontext und kontextuelle Theologie ist analysierende Theologie. Sie analysiert zuerst sich selbst, die eigene Tradition, aber auch die gesellschaftlichen Situationen und die Bedingungen. Aber sie ist nicht ein letzter Maßstab, wenn es darum geht, Gottes Willen ernst zu nehmen.

Der anglikanische, palästinensische Dekan an der St. George Kathedrale, Naim Stifan Ateek, versteht seine Theologie (in dem Buch „Recht, nichts als Recht") als kontextuelle Theologie. Er fragt mit Recht nach den Bestimmungsfaktoren des Christseins in Israel und in den besetzten Gebieten. Nach Ateek, der sich auf die ökumenische Debatte bezieht, gehört dazu „die kritische Abschätzung dessen, was den Kontext im Lichte der Missio Dei wirklich wichtig macht. Es ist ... ein Sehen dessen, wo Gott am Werk ist und uns zur Teilnahme ruft." N. St. Ateek folgt seiner eigenen Aufgabenstellung nicht. Er fragt z.B. nicht, ob Gott in Israel, im Islam – das ist der die mittelöstliche Christenheit wahrhaftig bedrängende doppelte Kontext – am Werk sein könne. Wie? Wo? Wird dort derselbe Gott wie in der ökumenischen Christenheit angerufen? Was bedeutete das? Welche Kriterien helfen uns zu unterscheiden, wo dieser Gott Abrahams, Isaaks und Jakobs und der Vater Jesu Christi mißbraucht wird, Gewalt und Unrecht zu rechtfertigen? Wo bauen seine Anhänger in einer offenen Gesellschaft Brücken, wo wirken sie in Kooperationen für Menschenrechte, Gerechtigkeit und Frieden?

Kontextuelle Theologie heißt nach einer Definition der Vollversammlung des Ökumenischen Rates der Kirchen (Nairobi 1975) „eine lebendige Begegnung des universalen Evangeliums mit den Realitäten, denen sich die Menschen an ihren jeweiligen Orten gegenüber sehen." Was bedeutet es für die Christen, das Evangelium und die Realität des Ortes und der Geschichte wahrzunehmen? Gehört dazu nur die Gewalterfahrung der israelischen Armee? Gehören dazu nicht auch die Geschichte des hundertjährigen Konfliktes im

Nahen Osten, die Arbeit der Menschenrechts- und Friedensgruppen in Israel (die stärker sind, als es christliche Gruppen je in zwei Weltkriegen, in Nordirland oder im zerfallenen Jugoslawien waren)? Gehört dazu eine Diskussion über Demokratie und Minderheiten in der Umma, über die wirtschaftlichen und militärischen Interessen der Großmächte im Mittleren Osten? Die Bücher von Mitri Raheb und N. St. Ateek verlangen den Vergleich mit den Befreiungstheologien der Zweidrittelwelt und ihren unterschiedlichen Konzepten in Lateinamerika oder Südafrika, in der Minjung-Theologie in Korea oder der Dalit-Theologie in Asien. So verschieden diese kontextuell geprägten Theologien auch sind, sie haben alle gemeinsam, daß sie den Kontext, in dem sie leben, ganz ernst nehmen wollen, vor allem den ökonomischen und politischen. Hinter ihrer Kontextualität bleibt die palästinensische Theologie merkwürdig unkonkret. Sie kritisieren jeden universalen Anspruch einer bestimmten Form der Theologie, in der christlicher Glaube sich ausgedrückt hat. Damit verbunden ist die Kritik am Anspruch einer zeitlos gültigen christlichen Theologie und ihrer Formulierung, wie sie die römisch-katholische, orthodoxe oder protestantische Theologie oft einfordern.

Eine doppelte Hermeneutik, nämlich die Bibel in ihrem Kontext zu verstehen und den Kontext, in den hinein die biblische Botschaft ausgelegt und in dem sie gelebt werden soll, wird zurecht gefordert. Ich frage nur, ob die palästinensische Theologie ihrem eigenen Anspruch nach Kontextualität gerecht wird. Wird nur die gewalttätige Seite Israels (Militär, Siedler, Bibelmißbrauch für Großisrael-Konzepte) wahrgenommen, nicht aber deren Ursachen, nicht die Politiken aller im Mittleren Osten existierenden oder agierenden Staaten und Wirtschaftsinteressen? Die Mühe sozioökonomischer Analyse, wie sie z.B. die lateinamerikanische Befreiungstheologie betreibt, fehlt hier fast völlig. Es werden mehr Phänomene beklagt als Machtstrukturen aufgedeckt.

Das Stichwort Inkarnation, Menschwerdung Gottes und seines Wortes, bedeutet auch: Gott geht mit seiner Botschaft ein in die irdische Realitiät, ohne in ihr aufzugehen. Er bleibt ihr gegenüber frei. Das heißt, es darf die ökonomische, soziale, kulturelle oder nationale Situation keine Dominanz gewinnen über das, was christliche Identität ausmacht. Ich darf nicht, wie es in Deutschland lange gültig war, zuerst Deutscher und dann Christ, oder wie es der anglikanische Bischof Khoury (Amman) formulierte, zuerst Palästinenser und dann Christ sein.

An dieser Stelle ist zu fragen, ob für alle Kirchen und Christen die Kontextualität christlicher Existenz nicht leichter wahrzunehmen ist als eine nonkonformistische Existenz zu praktizieren. Wie in der antijüdischen Feindbildvergiftung stehen in dieser Verlegenheit, nonkonformistisch gegenüber dem Kontext zu sein, östliche und westliche Christen näher beieinander als vielen lieb ist.

Wird für die Christenheit überlegene Universalität beansprucht und Israel zugleich eine unterlegene Partikularität zugeschrieben, so wird übersehen, daß die Israelgeschichte wie die Christusgeschichte partikulär sind. Im Zimmermann aus Nazareth und in seinem Volk kommt Gott zur Welt. Trotz dieser extremen Partikularität verzichten beide nicht darauf, von Gottes Weltschöpfung zur Neuschöpfung unterwegs zu sein, verlieren beide nicht eine universale Perspektive, die das Heil aller Völker im Blick hat.

III Konziliarer Streit

Notwendig vor diesem skizzierten Hintergrund gemeinsamer Erbschaften und Aufgaben ist eine streitbare Konziliarität. Jeder Kontext enthält spezifische Chancen oder spezifische Gefahren. Selbstkorrektor der christlichen Gemeinde ist einmal die Bibel und zum anderen der konziliare Streit, in den die verschiedenen Traditionen christlicher Bibelauslegung und –verwirklichung sowie ihre Wirkungsgeschichten einander ziehen. Jüdisch-christlicher Dialog heißt dann zuerst ein kritisches Gespräch der Christen untereinander über die Bilder und Wahrnehmungen z.B. von Juden in der Bibel sowie in der Kirchen- und Theologiegeschichte. Zu dieser innerkirchlichen, befreiungstheologischen Arbeit gehört die beglückende Erfahrung unausgeschöpfter biblischer Reichtümer, z.B. in der Bergpredigt, in dem Konzept des Exodus oder des Sabbatjahres, in der Leidenschaft für die Armen im Lukasevangelium. Vor diesem innerchristlichen Klärungsprozeß ist es gewiß nötig und hilfreich, Juden (als die Fortsetzer derselben Bibel, die das Christentum fortsetzt) in die Bemühung einzubeziehen, nicht nur die Bibel, sondern auch die christliche Tradition eines Justin, Augustinus, Luthers sowie die rabbinische Tradition zu verstehen. Das bedeutet, daß wir uns an diesem Punkt sehr sorgfältig und gegenseitig kritisch fragen und befragen lassen, denn ökonomische und soziale, kulturelle oder nationale Bindungen fesseln, wenn sie nicht aufgebrochen werden durch Souveränität und Universalität des Ersten und des Zweiten Testamentes. Die Bibel durchstößt – und das ist die Relativierung jeder, auch der kontextuellen Theologie – jede Bedingung. Ernstgenommen erweist sie sich stärker als jede Konditionierung. Nicht die Leidenden haben deshalb recht, weil sie leiden, sie sind nicht deshalb Gottes Volk, weil sie arm sind, sondern weil sie Gottes Kinder sind, ist ihr Leiden, ihre Unterdrückung, ihr Hunger, ihr Sterben nicht hinzunehmen. Die biblisch wohlbegründete Option für die Armen ist das Ende jeder Ausgewogenheit, aber auch jeder Kontextualität, die dem Heiligen Geist nicht zutraut, zugunsten neuer Bedingungen aufgelöst zu werden. Die Reichen und die Mächtigen (wahrhaftig starke Kontexte!) sind wie Kamele vor die Nadelöhre zu stellen.

Ein konziliarer Streit zeigt auch, wie tief die Risse in der Christenheit sind. Es wird deutlich, daß nicht eine Kirche die Lehrmeisterin der anderen ist, sondern daß wir die gemeinsamen Erbschaften und Verlegenheiten ebenso zu bearbeiten haben wie die gemeinsamen Aufgaben der Gerechtigkeit, des Friedens und der Bewahrung der Schöpfung.

IV Die Wahrnehmung der Geschichte

Schaue ich in manche Texte der jüngsten Zeit, die in der Christenheit veröffentlicht wurden, so entdecke ich eine Idealisierung der christlich-islamischen Koexistenz. Die Tendenz ist angesichts des Minderheitsstatus der Christen im Mittleren Osten verständlich, jedoch ebenso falsch wie der Aufbau eines Feindbildes Islam in den christlich geprägten Ländern, das das Feindbild des Kommunismus ablösen soll. Religiöse wie politische Koexistenz ist zu lernen, soll nicht in jedem Konflikt die Möglichkeit einer zerstörerischen Eskalation explodieren.

Mitri Raheb (in seinem Buch „Ich bin Christ und Palästinenser", 1992) gehört zu den ganz wenigen, die auch eine kritische Analyse des islamischen Fundamentalismus, also ihres Kontextes riskieren. Oft geht eine Verharmlosung des Islam mit der Perhorreszierung des Staates Israel Hand in Hand. Dabei geht es noch immer darum, das Lebensrecht des jüdischen Volkes in Israel und das des palästinensischen Volkes zu sichern.

Wir sind dankbar, daß der Friedensprozeß in Gang gekommen ist, wir hoffen, daß Gewaltakte auf beiden Seiten aufhören. Überleben werden beide Völker nur in einer Koexistenz, die in Kompromissen auszuhandeln ist. Hier bleiben Fragen, wenn ich die Kontextbeschreibungen palästinensischer Christen sehe. Nehmen sie die gesamte geschichtliche Wirklichkeit wirklich ernst? Warum beginnt erst 1988 auf Seiten der palästinensischen Befreiungsorganisation (und der Kirchen!) eine zaghafte „Realpolitik", die Israels Existenz anerkennen will? War – oder ist diese Überlegung ganz falsch? – die israelische Besatzungsmacht nicht die einzige, die durch Verhandlungen nach 1967 (bis 1977) ablösbar war? War man 1988ff nicht wieder da, wo die UNO-Beschlüsse, also das Völkerrecht von 1947 über die Teilung des Landes zwischen Arabern und Juden schon einmal gewesen war – nach einem vierzigjährigen Krieg? War der vierzigjährige Krieg seit der Unabhängigkeitserklärung zugunsten aller Bewohner des Landes vermeidbar? Sind das nur spekulative Fragen oder nicht auch Einsichten in Recht und Unrecht beider Seiten, Einsichten, die zu einem Kompromiß, statt zu Vernichtungsdrohungen oder zum Expansionsdrang hätten führen müssen?

Statt dessen waren aus den mittelöstlichen Kirchen vor allem jene Stimmen zu hören, die sich vom politischen Kontext nur durch ihre fromme Sprache unterschieden. Beispielhaft ist der Brief von vier Vertretern verschiedener Kirchen vom 17. 6. 1967. Damals schrieben George Khodre, inzwischen Metropolit in Libanon, Samir Kafeety, inzwischen Bischof der anglikanischen Kirche in Jerusalem und der syrisch-katholische Theologe F. J. Carbon sowie der juristische Vertreter der griechisch-orthodoxen Kirche Laham: „Abgesehen von der Revolte des Jahres 135 hat ihre (der Juden) Gegenwart dort nie ein Problem dargestellt." Ich frage: Wieso waren oder hätten nur die Juden das Problem sein können? Wieso wird hier die Perspektive der römischen Besatzungsmacht gegenüber den aufständischen Juden übernommen? Waren es nicht die Christen, die 70 und 135 n. Chr. nicht am Aufstand gegen die Römer beteiligt waren? Gehört zur christlichen Tradition die Verweigerung, am Befreiungskampf teilzunehmen und zur jüdischen Tradition, daß eine solche Teilnahme Probleme schafft? Ich lese weiter in diesem Brief: „Mit Ausnahme der Verfolgungen des 7. Jahrhunderts in Hedschas hat die arabische Welt des Nahen Ostens keinen Antisemitismus gekannt. Auf der anderen Seite ist der gewalttätige Antisemitismus seit dem Mittelalter eine Tatsache in den christlichen Staaten Europas vom Atlantik bis zum Ural gewesen." Über solche Analysen der geschichtlichen Selbstinterpretation muß diskutiert werden. Es ist die angesichts der weltweiten Herausforderungen heute notwendige Diskussion über die politische Verantwortung von Kirchen und Christen.

Es ist unbestreitbar, daß die jüdisch-islamisch-christliche Koexistenz im Nahen Osten über weite Strecken humaner verlief als die christlich-jüdische Koexistenz in Europa. So gewiß der Genozid am jüdischen Volk ein singuläres Ereignis der deutschen Geschichte in der europäischen Geschichte war, so gewiß ist zu fragen, ob der Zionismus als Rassismus (wie es in dem Papier der vier Christen heißt), vergleichbar dem marxistischen Messianismus, richtig beschrieben ist. Hatte Philip Potter nicht recht, wenn er nach dem ähnlich klingenden Beschluß der UNO 1974 darauf hinwies, daß der Zionismus „die Befreiungsbewegung des jüdischen Volkes" sei? Wie verhalten sich zwei Befreiungsbewegungen zweier Völker, die konkurrierende Rechte verfolgen? Ist nicht Israel, bei allen theokratischen Versuchungen, der von diesen Christen geforderte pluralistische demokratische Staat, der Palästina noch werden muß (und hoffentlich bald werden wird), aber nicht durch die Zerstörung Israels werden kann?

Ich wundere mich beim Weiterlesen in solchen Texten, daß Rafik Khoury 1993 bei einer Konsultation des Ökumenischen Rates (gemeinsam mit dem Vatikan und dem Lutherischen Weltbund in Genf) ein ungebrochenes Verhältnis zum konstantinischen Machtstaat vortrug, der als Corpus Christianum Machterhalt forderte und Machtkritik verbot. Die Machtkritik wird an Israel geübt, nicht an Machtversuchungen, die es christlich im Libanon und islamisch oder säkular in allen arabischen Ländern gibt.

Die Eroberung Jerusalems durch den Islam wird im Grunde als eine friedliche Einnahme dargestellt. Friede war, so sagt es Khoury, erst unter Konstantin. „Erst danach konnte Jerusalem die Rolle einer Mutter der Kirche übernehmen." Herodes sei der Tyrann, so heißt es. Ich frage nach den Kriterien zur Beurteilung der Geschichte. Die Antwort darauf ist deswegen wichtig, weil die Geschichte mit ihren Gewaltpotentialen für die Zukunft Kriterien für einen besseren, menschlicheren Verlauf dringend braucht. Dagegen sagt Mitri Raheb von der konstantinischen Wende: „Aus Verfolgten wurden Verfolger". Die Kirche wird eingebunden in die Realität des Imperiums und seiner politischen Ideen. Es setzte die Einheit als eine politische Idee gegen die heidnisch geprägte Welt durch. Es brauchte eine Einheitsreligion, wozu das Christentum sich hergab. Symphonia nannte Justinian I (527-567) das, was später in der griechischen, oder noch deutlicher in der russisch-orthodoxen Tradition zum Cäsaropapismus wurde.

Byzanz war ein Militärstaat, als die Araber ihn als einen „Staat der Ungläubigen" zu zerschlagen begannen. Eckart Otto beschreibt in seinem Buch „Jerusalem – die Geschichte der Heiligen Stadt" (1980) das Ende so: „So gingen die Ostprovinzen mit den Ursprungsorten des Christentums auch verloren, weil die christliche Herrschaft im Orient, nicht Freiheit, sondern Unterdrückung, Ausbeutung, Verfolgung Andersgläubiger bedeutete." Ich sage das nicht mit dem hämischen Ton dessen, der wünscht, daß auf der Sünderbank möglichst viele Nationen und Kirchen auch noch Platz nehmen, weil es sich dann leichter auf der Bank der Sünder sitzt, wenn ich auf Komplizen hinweisen kann. Ich sehe die Geschichte der Christenheit, im Orient und im Okzident, vielschichtiger als sie in aktuellen Verlautbarungen erscheint. Darüber sollten Kirchen und Christen untereinander heftiger diskutieren.

Der erste Kreuzzug war eine bewaffnete Pilgerfahrt. Er wurde nicht unterschieden von den Pilgerfahrten, die seit Konstantin möglich waren. Auf dem Markt in Bethlehem wurden die ersten Kreuzfahrerritter begeistert empfangen von den christlichen Bewohnern. Die Christen galten als unzuverlässig. Bei der Belagerung Jerusalems 1099 waren sie vertrieben worden. Die Juden wurden in der Hauptsynagoge verbrannt, ein Blutbad – in ihrer Erinnerung – wie unter Titus.

Ich frage, ob die Beschreibung, die der britische Kirchenrat nach einer Reise durch die besetzten Gebiete gegeben hat, mit der historischen Wirklichkeit übereinstimmt. Dort lese ich: „Die Kreuzfahrer schlachteten Muslime und einheimische Christen gleichermaßen ab." Die palästinensischen Christen wie Juden und Muslime halten die Kreuzzüge zurecht nicht in ehrenvoller Erinnerung, einige von ihnen glauben den gleichen Geist in den westlichen Kirchen des 19. und 20. Jahrhunderts erkennen zu können. Schonungslose Ehrlichkeit im Blick auf die jeweils eigene Geschichte ist verboten.

Ich bewege mich zwischen Geschichte und gegenwärtiger Interpretation, weil im Nahostkonflikt Deutungen der Geschichte zu den Instrumenten gehören, die entweder die Konflikte verschärfen oder verringern.

1989 heißt es bei Mitri Raheb vorsichtig: „Noch ist der Friede weit entfernt von unserem Land, noch hat sich die Sintflut nicht zurückgezogen. Das palästinensische Volk hat vor einem Jahr eine Taube aus seiner Arche fliegen lassen." (Das war 1988, als Yassir Arafat ein erstes Signal der Anerkennung Israels aussandte). „Mit seiner Zweistaatenlösung wollte es ein Zeichen setzen, daß die Zeit zu einem gerechten Frieden nun gekommen sei. Seitdem wartet die Taube wieder zu sehen, wie sie ein Ölblatt in ihrem Schnabel trägt." Jetzt wird der in Gang gekommene Friedensprozeß von der christlichen Minderheit in Palästina und im Staate Israel begrüßt.

V Die Wahrnehmung der Bibel

Der anglikanisch-palästinensische Theologe N. St. Ateek hat die Errichtung des Staates Israel so beschrieben: „Sie hat mein Verständnis der Bibel negativ beeinflußt. Was bisher unbefragt galt, gilt nicht mehr ... Der bis dahin rettende und befreiende Gott wird von Palästinensern nun als parteiischer und diskriminierender Gott abgelehnt." Ähnliches lese ich bei Mitri Raheb. Was christliche Geschichte, was biblische Helden wie Mose oder David bedeuteten – davon erzählt er sehr eindrucksvoll in der Erinnerung an seinen Religionsunterricht und an die Sonntagsschule –, das sind sie nun nicht mehr. Jetzt waren es „Helden der Juden". Es störte ihn als Kind überhaupt nicht, daß Goliath ein Philister und David ein Jude war. „Es waren", so Ateek, „unsere Leute. Goliath und David waren für uns keine politischen, sondern geistliche Figuren. Vor der Schaffung des Staates Israel wurde das Alte Testament als wesentlicher Bestandteil der Heiligen Schrift betrachtet, weil es auf Jesus verweist und ihn bezeugt. Seit der Errichtung des Staates haben einige jüdische und christliche Interpreten das Alte Testament im großen und ganzen als einen zionistischen Text gelesen, was dazu geführt hat, daß es für uns palästinensische Christen nichts mehr sagt."

Wenn ich Raheb und Ateek richtig verstehe, dann bedeutet das Erscheinen der real existierenden Juden und nicht nur der geistlichen, gedachten, aus der Bibel bekannten Juden eine Erschütterung des Glaubens. Hier spricht sich eine Erfahrung aus, die die europäische Christenheit auch gemacht hat. Die Wahrnehmung der real existierenden Juden ist etwas völlig anderes als die Bilder der Juden, wie wir sie aus Paulus, Johannes, Augustinus oder Luther in der christlichen Tradition uns vorgestellt haben. Zur Wahrnehmung der Geschichte gehört eine neue Wahrnehmung der Bibel. In der biblischen wie in der nachbiblischen Geschichte sind Juden eben Juden und nicht nur geistliche und das heißt doch spirituelle, also nicht wirkliche Figuren, sondern Typen. Ateek und Raheb schließen in ihren Überlegungen über die Bibel und ihre veränderte Wirklichkeit sehr steil die Gottesfrage an. Es war eine Schockerfahrung, die gelernten und gepredigten Juden der Bibel nun als Nachbarn und Mitmenschen im selben Land, ja mit Recht auf dasselbe Land zu erleben. Und sie auch als Bibelleser zu erfahren, die sich auf die Bibel bezogen – ob sie nun in der Friedensbewegung sagten, der Frieden sei mehr wert als das Land und Gerechtigkeit gehöre zur Sicherheit, oder ob sie die Bibel in einer nationalistisch-expansiven Weise lasen. Wie gehen wir mit dieser dreifachen Möglichkeit um, die Bibel zu lesen? Fordert sie Frieden, Gerechtigkeit und Leben? Kann ich diese biblischen Werte haben, ohne sie mit den Nachbarn zu teilen? Welcher Mißbrauch gefährdet diese Werte? Oder ist sie für die alltägliche Auseinandersetzung belanglos?

Warum, so fragt Mitri Raheb, steht jetzt die Bibel contra nos statt pro nobis? „Sie war für mich keine tröstende und ermutigende Botschaft mehr, sondern ängstigendes Wort. In ihr ging es nicht mehr um meine und der Welt Erlösung, sondern um mein Land, das von Gott Israel zugesprochen worden war und in dem ich keine Lebensberechtigung mehr hatte, es sei denn als Fremdling." Die Gottesfrage verbindet sich mit dem Bibelverständnis und dem Verständnis der politischen Wirklichkeit. Ist diese richtig beschrieben? Keine Erlösung, keine Lebensberechtigung mehr? Nur noch Fremdling? Das Land von Gott nur Israel zugesprochen? Ist Gott nur denkbar für eine und gegen die andere Seite? „Was ernsthaft infrage gestellt wird, sind das Wesen und der Charakter Gottes. Wie“, so fragt Ateek, „ist Gott wirklich? In welchem Verhältnis steht Gott zum neuen Staat Israel? Ergreift Gott nur Partei für die Juden? Ist er ein Gott der Gerechtigkeit und des Friedens? Gottes Charakter steht zur Debatte, Gottes Integrität in Frage.“ Hier geht es nicht in erster Linie um die Frage nach Mißbrauch oder richtigem Gebrauch der Bibel, sondern um das Verständnis Gottes, seiner Menschenfreundlichkeit und seiner Weltzugewandtheit – in Israel, in der Kirche und im bewohnten Erdkreis außerhalb von beiden. Ateek fragt: „Wie kann die Kirche, ohne irgendeinen Teil der Bibel zu verwerfen, den Kern der biblischen Botschaft – ihren Gottesbegriff – angemessen auf die Palästinenser beziehen?“ Kann er diese Frage biblisch und offen beantworten, wenn er sie insgeheim im voraus beantwortet hat durch den Satz: „Der Kanon dieser Hermeneutik für palästinensische Christen ist kein geringerer als Jesus Christus selbst.“

Wenn das die alleinige Interpretation des Ersten Testamentes ist und bleibt, dann hat diese christliche Theologie keinen Platz mehr für die Israelgeschichte als einen Teil der Geschichte Gottes mit seiner ganzen Welt. Das hat zur Konsequenz, daß, wie am Anfang der palästinensischen Theologie, in der heutigen palästinenschen Theologie und in vielen Teilen der weltweiten christlichen Theologien eine Definitionsmacht über Israel diesem Volk Gottes seine biblische Selbstdefinition nicht zugesteht.

Die Prophetie wird zur Warnung gegen Israel und zur bestätigenden Verheißung für die Christen. Dann beruft sich Ateek auf die klassische abendländische Theologie und einen ihrer Sprecher, C. H. Dodd, der zustimmend zitiert wird: „Jesus Christus behauptete mit einem Vertrauen, das dem ängstlichen Traditionalismus seiner Zeit als gotteslästerlich erschien, er kenne den Vater, und er war bereit, andere an dieser Kenntnis teilhaben zu lassen“. Mitri Raheb ist insofern eine gute Ausnahme, als er den Erwählungsstatus von Israel als Israels Selbstverständnis akzeptiert.

VI Die Wahrnehmung Israels

„Der Begriff Israel wird in der deutschen Theologie sehr oft gebraucht. Aber was ist damit gemeint? Meint man damit etwa das Israel der vorstaatlichen Zeit oder etwa das Nordreich Israel? Ist da eine politische, soziale, ethnische oder theologische Größe gemeint?“ (epd 15/89). Raheb verweist mit Recht auf den vielschichtigen Gebrauch des Wortes im Ersten und im Neuen Testament. Dort heißt es je nach Situation verschiedenes, wobei aber hinzuzufügen wäre, daß es eines nie heißt, daß nämlich die Kirche das neue Israel sei. Spricht hier der Wunsch nach definitorischer Eindeutigkeit, der Wunsch, das christliche Interpretationsmonopol, was Israel sei und zu sein habe, aufrecht zu erhalten? Raheb will differenzieren und jüdisches Selbstverständnis ernstnehmen. Muß er dann nicht die Kontinuität des Volkes Gottes in den vielen Gestalten und Selbstverständnissen des jüdischen Volkes akzeptieren? Wie nehme ich Israel wahr? Mitri Raheb schreibt: „Noch mehr empört war ich über jene Theologieprofessoren, die solche Lehren verbreiteten. Für sie war Israel in erster Linie ein heiliges, geheimnisvolles, ein leidendes und von allen Völkern unterdrücktes Volk, das ums Überleben bangt, doch wunderbar seine mächtigen Feinde vernichtet." Welche Professoren reden so von Israel? Meint er R. Rendtorff?, H. Gollwitzer?, F.-W. Marquardt?, P. von der Osten-Sacken?, die EKD-Studie Christen und Juden?, die Stellungnahmen der Katholischen Kirche?

Allerdings muß ich sagen, daß ein Bild von Israel weit verbreitet ist, das Israel nur als ein leidendes Volk und seine Geschichte nur als eine Leidensgeschichte darstellt. Die Geschichte der Selbstbehauptung und des Überlebens gehört aber auch zu diesem Volk. Für Christen und Nichtchristen ist die Opferrolle leichter zu handhaben.

Auf der anderen Seite gibt es die sogenannten christlichen Zionisten, für die ein mächtiges Israel, wie früher das leidende Israel, ein Indikator für ihre endzeitlichen Spekulationen ist, also wieder instrumentalisiert wird, um Gottes Allmacht zu beweisen.

Es dient dem ökumenischen Streit nicht, wenn solche pauschalen Urteile gefällt werden. Könnten wir uns nicht genauer mit der Wirklichkeit Israels beschäftigen, gerade auch in Anwesenheit von Juden aus Israel und aus der Diaspora? Sonst verheddern wir uns in der Bilderflut der christlichen Traditionen.

Wieder handelt es sich nicht nur um ein Problem der palästinensischen Christen. In der anglikanischen Kirche in Neuseeland wurden vor vier Jahren aus dem Gebetbuch die Ausdrücke Zion, Jakob und Israel zugunsten von „unser Volk" gestrichen. Bischof Booth begründete das Vorgehen so: „Der Gebrauch der Psalmen im christlichen Gottesdienst ist ziemlich unterschieden von der Lektüre der anderen Bibelteile. Die Bibel selbst hat immer einen größeren historischen Kontext. Aber die Psalmen werden unsere Worte und unser Lob und unser Glaubensausdruck. Wir lassen also die gewalttätigen Stellen weg, es sind liturgische Texte, wir ersetzen also keine Bibelübersetzungen, wenn wir ‚Gottes Volk' statt ‚Israel' sagen. Manchmal ist Israel rein historisch gemeint, dann lassen wir es stehen. Doch manchmal benutzt der Psalmist das Wort Israel, um sich auf die zu beziehen, die heute den Psalm zitieren. Und dann ist es gewissermaßen unpassend, wenn wir als Christen diesen Ausdruck uns aneignen". Wenn wir christliche Gebetbücher daraufhin anschauen, welche Verse aus bestimmten Psalmen oder aus Predigttexten weggelassen werden, dann finden sich diese Vorgehensweisen weiter verbreitet als gedacht.

Noch einmal sei die Frage gestellt: Was bedeutet für Christen die Erwählung Israels? Ist sie Teil unseres christlichen Glaubensbekenntnisses? Wo führt Aneignung des biblischen Erbes zu einer Enteignung Israels? Wie lernen wir, am biblischen Reichtum Anteil zu haben, ohne den ersten Adressaten zu diskriminieren?

Halten wir die Souveränität und Freiheit Gottes aus, die es im Blick auf Israel der Christenheit nicht erlaubt, daß Israels „Heilsgeschichte" außer Kraft gesetzt ist, die sagt, das Erscheinen Jesu bedeute das Ende einer spezifischen, partikularen Berufung? Die schon zitierten Sprecher der mittelöstlichen Christenheit hatten 1967 auch gesagt: „Das Ende der politischen Existenz des jüdischen Volkes ist ein Zeichen des ersten Kommens des Menschensohns und der Ankunft des Reiches. In gleicher Weise wird das Ende der irdischen Reiche die Ankunft des Menschensohnes und das Ende der Welt anzeigen". Hier wird jener christliche, historische Materialismus ausgedrückt, der sich der Beendigung der Geschichte Israels sicher ist und damit die Möglichkeiten des Handelns Gottes einschränkt. Ich schließe diesen Abschnitt mit einem positiven Beitrag von Mitri Raheb: „Der Glaube an die Erwählung Israels und die Befreiung der Palästinenser müssen sich nicht widersprechen". Untheologisch formuliert heißt das doch, daß es um das Leben beider Völker geht, ohne daß die spezifischen Geschichten eingeebnet werden.

VII Gemeinsame Aufgaben

1. Es gibt eine gemeinsame ökumenische Tagesordung der ganzen Christenheit, die sich dem im Neuen Testament zeigenden und in der frühen Kirchengeschichte ausbildenden Antijudaismus verdankt. An der Überwindung dieser Feindbilder und christlichen Monopolansprüche müssen alle Kirchen und Theologien arbeiten. Gleichzeitig gibt es auf dieser gemeinsamen Tagesordnung auch spezifische Prioritäten. Die Christen in Deutschland haben bei dieser Prioritätenliste die Erfahrung der Vernichtung des jüdischen Volkes an die oberste Stelle zu setzen: Warum war dies in Deutschland möglich? Sie haben nicht von den Christen Japans, Israels, Ghanas oder Brasiliens zu verlangen, daß diese Auschwitz als erste Priorität auf ihre Tagesordnung setzen, wohl aber doch jene universalen christlichen antijüdischen Denkmuster, die in Europa und in Deutschland Auschwitz möglich gemacht haben. Ebenso haben wir in Europa die brennenden Punkte der Menschenrechtsverletzungen, des Hungers, der Ungerechtigkeiten und der Kriege wegen Auschwitz nicht von unserer Tagesordnung zu streichen.

2. Die Einheit der Bibel ernstzunehmen, bedeutet, die Singularität der Beziehungen zwischen Juden und Christen zu sehen. Die Beziehungen zwischen Judentum und Christentum sind nicht einzuordnen in die Beziehungen zwischen Christentum und anderen Religionen, sondern hier gibt es eine Beziehung, die es zu sonst keiner anderen Weltreligion, auch nicht zum Islam, gibt. Das bedeutet keine Abwertung der anderen Weltreligionen, wohl aber die Bearbeitung dieser spezifischen, aufgrund der gemeinsamen Bibel, dem Ersten Testament, gegebenen Gemeinsamkeit. Am Beispiel der Beziehung Judentum – Christentum haben die Christen den Verzicht auf jeden Absolutheitsan-

spruch zu lernen, wollen sie die Absolutheit des einen Gottes nicht mit ihren menschlichen oder religiösen Systemen und Institutionen verwechseln.

3. Die Begegnung mit dem Judentum ist als Begegnung mit dem lebendigen Judentum zu gestalten. Es genügt also nicht die Beschäftigung mit dem historischen Judentum oder mit dem Alten Testament. Dessen Fortsetzungsgeschichte im nachbiblischen Judentum gehört für jene dazu, die sich als Christen zu einer anderen, eben der christlichen Fortsetzungsgeschichte des Ersten Testamentes bekennen.

4. Die Selbstkritik der Kirchen und christlichen Theologien muß analysieren, warum Kirchen und Christen im Nahostkonflikt nicht zu den Friedensbauern gehört haben. Es gab und gibt religiöse und säkulare kleine Gruppen, die sich um Frieden, Gerechtigkeit und Menschenrechte bemühen. Carol J. Birklands Buch „Unified in Hope" (WCC, Genf 1987) ist hier zu nennen. Darin findet sich die bittere Erkenntnis, daß Christinnen und Christen in Israel und Palästina kaum Beiträge zur Entschärfung der Konflikte geleistet haben.

5. Erst wenn wir Christen realisieren, daß wir auch eine Minderheit sind wie das jüdische Volk in der Welt, werden wir in der Lage sein, kritischer mit unseren politischen, ökonomischen oder kulturellen Abhängigkeiten umzugehen.

6. Die palästinensische Theologie ist eine Theologie wie jede andere. Sie ist wie jede Theologie geprägt durch das gemeinsame christliche Erbe. Sie versucht, wie jede christliche Theologie und Kirche, sich der schwierigen Frage der nationalen und kulturellen Identität und Loyalität zu stellen, ohne das Christsein und Kirchesein zu beschädigen. Es ist die Gratwanderung auf dem biblischen Pfad, die Anbetung des einen biblischen Gottes nicht einer Anbetung der Götzen von Macht, Angst, Sicherheit oder Nation zu opfern oder mit ihr zu verwechseln.

7. Daß Juden bessere Juden, Christen bessere Christen, Muslime bessere Muslime werden, geschieht nicht dadurch, daß ein Partner den anderen kritisiert, zu seinem Erzieher oder Erneuerer wird, sondern dadurch, daß Selbstkritik und die Erneuerung des eigenen Hauses als die zentrale Aufgabe begriffen wird. Das Zusammenleben auf der einen gefährdeten Erde aber setzt ein Mitspracherecht aller bei allen voraus. Das bedeutet zugleich: „Alle sind herausgefordert. Auf der einen Seite durch das gemeinsame biblische Erbe und auf der anderen Seite durch die Hungrigen, die Ermorderten, die Vergessenen dieser Welt" (Lévinas). In den Worten Jesu und seiner Zielvorgabe einer von uns zu verantwortenden besseren Welt (Mt 25) dient die biblisch-theologische Neuorientierung zu nichts anderem, als daß Hungrige Brot erhalten, die, die kein Wasser haben, Wasser bekommen, daß Flüchtlinge ein Zuhause finden, Nackte gekleidet werden, Gefangene Freiheit und Solidarität erfahren wie die Kranken. Das ist die Ökonomie der neuen Ökumene.

Die jüdisch-christliche Dimension der Christologie in der ökumenischen Debatte

Beobachtungen und Beispiele *

1. Eine antijüdische Vergiftung der christlichen Glaubenstradition ist eine ökumenische und nicht nur eine europäische oder deutsche Problematik.

2. Das Thema „jüdisches Volk" taucht in der ökumenischen Debatte seit 1948 (abgesehen von den Arbeiten der CCJP, die allerdings in den Leitungsgremien nie diskutiert oder attackiert wurden) unter den Stichworten auf
– Antisemitismus, der immer abgelehnt wird,
– Judenmission, von der man bald schweigt, deren christologische Begründung aber bleibt,
– Nahostkonflikt, zu dem in den Kategorien Unterdrücker und Unterdrückte geredet wird.

3. Von lebendigen, gegenwärtigen Juden ist die Rede, wenn die Beobachter der großen Weltreligionen aufgezählt werden: Hindus, Muslime, Buddhisten, Sikhs, Juden. Sie sind dabei, sie sprechen mit; oder wenn vom Staat Israel gesprochen, der immer (im Gegensatz zum Vatikan bis 1993) vom ÖRK anerkannt war, aber in einer Reihe mit anderen Konfliktherden in politischen Stellungen auftaucht, ohne daß die theologischen Implikationen seiner und der Christentumsgeschichte reflektiert werden.

4. Das Alte Testament, explizit und schon immer, und der Staat Israel zunehmend, aber implizit, prägen die christlichen Sichtweisen von heute auf das jüdische Volk.

5. Israel als das Volk Gottes droht zur bloßen Metapher zu werden, die, weil durch Christus entnationalisiert, auf die Kirche, auf die Marginalisierten, die Armen übertragen werden kann.

6. Viele Bibelarbeiten auf ökumenischen Konferenzen folgen wie die Gottesdienste der liturgischen Dramaturgie „Verheißung – Erfüllung", die den, der der biblischen Verheißung treu bleibt und auf Erfüllung wartet, in eine defizitäre und apologetische Position bringt.

* Erstveröffentlichung. Thesen zu einem Seminar an der Universität – Gesamthochschule Siegen, 2. Juli 1996.

7. Die Antrittspredigt Jesu in Nazareth (Lk 4) wird als der Anfang der vollen messianischen Zeit und damit der Realisierung der messianischen Hoffnungen betrachtet, die sich z.B. in Jes 58-65 aussprechen. Die nur partikulare Realisierung dieser Hoffnungen (z.B. in der Rückkehr aus Babylon und im Handeln Jesu und seiner Nachfolgegruppe) wird nicht als Einladung verstanden, sich dem ebenfalls unterwegs seienden Volk Gottes positiv (im Ringen um die bessere Gerechtigkeit) zuzuordnen, sondern verstärkt den Abgrenzungsaufwand, der sich vor allem in einer hohen Christologie ausspricht.

8. Die ökumenische Diskussion belegt den Befund von den Anfängen des Christentums: Es gibt keine einheitliche Christologie, was seinerseits zur Voraussetzung hat, daß es weder in der Hebräischen Bibel noch in der rabbinischen Literatur eine einheitliche Vorstellung vom messianischen Reich gibt noch im Neuen Testament eine einheitliche Rede- und Bekenntnisweise, von Jesus als dem Messias zu sprechen.

9. Wenn die christliche Bibel eine ist, dann sind die Propheten nicht nur Wahrsager, sondern auch kritische und tröstende Wahrheitssager in der Kirche. Wenn Israel und Kirche in gleicher Weise auf Gottes Weltvollendung und Weltherrschaft hoffen, ist dann nicht die jüdische Verstehenstradition konstitutiv *die* biblische und kritische Dreinrede in jede christliche Verstehens- und Realisierungstradition? (so wie es die historischen Friedenskirchen gegenüber den Großkirchen in der Frage, die Tora der Bergpredigt ernstzunehmen, doch auch sind?).

10. Die erste Bitte des Vaterunsers – „Dein Name werde geheiligt“ – wird, im Gegensatz zur zweiten und dritten Bitte, nicht thematisiert, weil dann nicht mehr gesagt werden könnte, was über die Exklusivität des Namens Jesu gesagt wird. Das Erste Gebot tritt in Konkurrenz mit einem „Christomonismus“ (Apg 4, 12), der leicht aus einem Christusbekenntnis einen abgrenzenden dogmatischen Satz macht. Die dogmatische Abgrenzung konkurriert mit der Christusnachfolge.

11. Sowohl aus Asien und Afrika wie aus Europa selbst wird die Hellenisierung der frühen christlichen Theologie als Spiritualisierung und Individualisierung kritisiert (Gegenstimme: Metropolit Geevarghese: „Wenn der Autor des vierten Evangeliums Angst vor Synkretismus gehabt hätte, dann hätte er nicht den hellenistischen Logos-Begriff übernommen und reichhaltiger gemacht.“). Die Korrektur wird kaum in einer Hebraisierung gesucht.

12. Die praeparatio messianica, von Maimonides positiv dem Christentum und dem Islam zugeschrieben, wird vom Christentum schon früh (z.B. bei Justin dem Märtyrer) den griechischen Weisen und dem Alten Testament zugestanden. In der kontextuellen Theologie erlaubt dies eine positive Würdigung

vorchristlicher, asiatischer, afrikanischer oder indianischer Religionen und Kulturen und zugleich das selektive Aufnehmen von eher folkloristischen Elementen dieser Traditionen, verbunden mit einem definitiven Abschließen ihrer jeweiligen Geschichte (D. Bonhoeffer: Der Jude hält die Christusfrage offen! Auch die Weltreligionen?).

13. Es wird nicht einmal in Erwägung gezogen, ob in einer jüdischen Perspektive und vor allem in der jüdischen Erfahrung mit dem Leib Christi Jesus nicht in die Reihe der „falschen" Messiasse (Bar Kochba, Sabbatai-Zwi, Jakob Frank, R. Schneerson) gehören könnte. Die selbstkritischen Schuldbekenntnisse im Blick auf eine gewaltsame Kirchengeschichte schweigen im Blick auf das jüdische Volk.

14. Die Diskussion im konziliaren Prozeß für Gerechtigkeit, Frieden und Bewahrung der Schöpfung hat deutlich gemacht, daß die biblischen Überlieferungen des Bundes diesseits der Todeslinie, in der Mitte des Lebens, zu realisieren sind. Hebraisierung ohne Israel!?

15. Da das Christentum das Erste Testament als den größten Teil seiner Bibel gleichberechtigt anerkennt, ist darauf hinzuarbeiten, daß es in keiner theologischen Denkfigur als „Gesetz", als „nur" Verheißung oder als andere Gottesvorstellung herabgewürdigt wird.

16. Das wirft die Frage auf: Wie erkennen wir die nur Israel gegebenen Gebote an (Beschneidung, Reinheitsvorschriften), ohne die Tora als ganzes Wort Gottes herabzuwürdigen. Gibt es im Neuen Testament Beispiele (etwa Ehelosigkeit bei Jesus und Paulus, Eigentumsfrage nach Apg 8) eines ähnlichen Ausscheidungsprozesses, wie er in der jüdischen Tradition z.B. mit dem Tempelopfer geschah?

17. Das explizite Gespräch mit dem jüdischen Volk ist nicht nur wegen der Verfolgungsgeschichte notwendig. Die Umkehr von Kirche und Theologie ist umfassend nur möglich, wenn sie sich der vollen Wirklichkeit, also der Fortsetzung des Ersten Testamentes im jüdischen Volk und in den Kirchen lernend stellt.

Die Rolle der religiösen Traditionen beim Aufbau einer Gemeinschaft vor, während und nach Konflikten

Hundert Jahre Weltparlament der Religionen *

I Die Botschaft der Kritik und die Botschaft der Religionen

Als einer der großen Religionswissenschaftler und Initiatoren der Ökumenischen Bewegung, der schwedische Erzbischof Nathan Söderblom, 1931 starb, sagte er: „Ich weiß, daß Gott lebt. Ich kann es beweisen durch die Religionsgeschichte." Söderblom hat recht. Gott spricht in vielen Sprachen. Sein Licht leuchtet in vielen Lichtern. Und Gott allein ist ihr lebendiger Ursprung.

Aber die Religionsgeschichte zeigt auch: Die Religionen der Erde und ihre Vertreter bestreiten oft de facto die Wahrheit und Liebe Gottes durch Lügen und Lieblosigkeit. So gefährden sie das Leben seiner Kreatur; sie übersehen, leugnen oder legitimieren Unrecht und Gewalt.

Da Gott nicht a-pathisch ist, nicht empfindungslos, leidet er durch seine Menschen und mit seinen Menschen. Wird sein Ebenbild verachtet oder geschlagen, wird er selbst verachtet oder geschlagen. Die Anhänger aller Religionen können aus den Lichtstrahlen des Ewigen, mit denen er die Welt erleuchtet, wärmt und heilt, gefährliche Strahlen machen. Das geschieht, indem sie die göttlichen Strahlen nur im Brennglas ihrer eigenen Interessen und Institutionen bündeln. Was für alle gedacht ist, kommt dann nur wenigen zugute. Dadurch soll das göttliche Licht die eigene Religion in ein gutes Licht setzen, aber viele andere in ein verzehrendes, ein verbrennendes Licht.

Mahatma Gandhi erinnert alle religiösen Menschen selbstkritisch daran, „daß Millionen Menschen den Namen Gottes in den Mund nehmen und in seinem Namen zahllose Greuel begehen. Ich weiß, daß auch Wissenschaftler oft im Namen der Wahrheit Grausamkeiten begehen." Deshalb verdoppelt sich die Aufgabe der religiösen Menschen und Gemeinden: Neben der Selbstkritik werden sie die Aufgabe nicht los, Wissenschaft, Wirtschaft, Medien und Politik auch kritisch zu begleiten.

Alles, was den Menschen intellektuell, spirituell und materiell anvertraut ist, kann destruktiv gegen die Menschen und die Menschlichkeit benutzt werden. Es kann sich an die Stelle Gottes setzen. Statt den Menschen zu dienen, werden Menschen zu Sklaven. Jesus erinnert an die alte jüdische Weisheit, daß das,

* Erstveröffentlichung. Zuerst als Vortrag gehalten beim Kongreß in Bangalore vom 18. bis 23. August 1993.

was geschaffen ist, für den Menschen da ist. Der Mensch aber ist nicht Sklave der Dinge, der Strukturen und der Institutionen – und seien es die einflußreichsten oder heiligsten der Welt (Mk 2, 27).

Die Religionskritik spiegelt das Versagen der Religionen zurück. Sie sagt: Religion schmückt die Ketten der Unfreiheit und des Unrechts nur mit Blumen. Religionen gehören als Vormund in die Kindheit oder Frühgeschichte der Menschen. Die Evolution hat sie überholt. Andere sagen, die Religionen hätten ihre inspirierende und erleuchtende Rolle an die Wissenschaften abgetreten. Andere machen eine negative Bilanz auf und behaupten, die schlimmen Auswirkungen von Religion seien stärker als ihre positiven Folgen.

Wichtiger aber als jede theoretische Religionskritik ist die praktische Religionskritik, die uns aus jeder menschlichen Lüge, aus Armut und Krieg anruft. Ich will das positiv formulieren:

Wie verschieden die Religionen auch sind, wie intensiv sie auch untereinander friedlich um die bessere Gerechtigkeit streiten müssen, sie haben eines gemeinsam: sie stehen bei jener türkischen Familie, der man in Deutschland das Haus anzündet, und nicht bei den Brandstriftern und deren geistigen und politischen Wegbereitern. Sie stehen dem hungrigen Kind in Zaire näher als einer korrupten Regierung. An der Seite von Salman Rushdie sind sie zu finden und nicht an der Seite seiner Verfolger. Sie sind Advokaten aller Opfer von Waffen und nicht stumme Zeitgenossen der Produzenten, Exporteure und Praktiker der Waffen. Religionen bauen Brücken im ehemaligen Jugoslawien, in Irland, im Nahen Osten, in Ahodja, in Angola, im Sudan, in Guatemala, in Sri Lanka oder Armenien und Aserbaidschan. Ich muß hinzufügen: was selbstverständlich zu sein scheint, bleibt die Ausnahme.

Weil religiöse Menschen der Macht Gottes vertrauen, sind sie kritisch gegenüber jeder Macht von Menschen über Menschen. Die Menschen dürfen nicht in zwei Gruppen zerfallen. Die einen mit Macht werden zu Obermenschen, die anderen in Ohnmacht zu Untermenschen. Machtkritik ist deswegen so wichtig, weil zu keiner Zeit der menschlichen Geschichte die Instrumente der Macht so groß, tödlich und perfekt waren wie heute. Die Macht der Medien, der Waffen, der Ökonomie agiert weithin ohne eine menschliche Ethik.

Der atheistische Humanist Albert Camus wandte sich 1948 leidenschaftlich an die Christen, aber ich denke, an alle Religionen, als er sagte: „Wir können es vielleicht nicht verhindern, daß die Schöpfung eine Welt ist, in der Kinder gefoltert werden. Aber wir können die Zahl der gefolterten Kinder verringern. Und wenn Sie uns dabei nicht helfen, wer soll uns dann helfen?“

Jedes verhungerte Kind, jeder durch Gewalt oder Gleichgültigkeit getötete Mensch ist eine schärfere Kritik an den Religionen als alle theoretischen Entwürfe der Religionskritik von Epikur bis Feuerbach und Popper.

Ich warne davor, die Religionsgeschichte leicht zu nehmen. Alle Religionen der Welt tragen neben ihrer authentischen Botschaft auch deren Karikatur und Verrat in die Welt. Die Geschichte der Glaubwürdigkeit hat als ständige Weggefährtin eine Geschichte des Scheiterns und der Unglaubwürdigkeit. Wir sind zusammengekommen, um die Chancen der Glaubwürdigkeit in einer Welt voller Konflikte zu verbessern. Und die Welt beginnt in mir, mit mir und in meiner Nachbarschaft zu Hause, aber sie endet dort nicht.

II Zwölf Gedanken über konkrete Aufgaben der Gläubigen

1. Die Religionen sind nicht für sich selbst da, sondern für Gott und seine ganze Kreatur. Sie kämpfen nicht zuerst um ihre Macht, Selbstbehauptung und Rechthaberei. Das ist ihre größte Versuchung. Sie stehen zuerst für Wahrheit, Gerechtigkeit und Frieden Gottes und der Menschen.

2. Als Sprache bedienen sie sich nicht nur der Worte und der Gebete, sondern des ganzen Lebens. Was nicht gelebt wird, ist nicht in der Welt. Die Ziele der Wahrheit, Gerechtigkeit und des Friedens sind auch die Wege. Fragen, die den Menschen wichtig sind, müssen den Religionen auch wichtig sein. Sie drücken die Erfahrung aus, wie sehr Gottes Welt, und damit die Menschen, beschädigt sind, wie sehr also Gott leidet in seinen Menschen: unter Hunger, Armut, Unterdrückung, Arbeitslosigkeit, Umweltzerstörung, Krieg, Haß, Rechtlosigkeit, Fremdsein, Vorurteilen.

3. Die Geschichte zeigt, daß meistens nur Minderheiten in den verschiedenen Religionen Brücken bauen und Konflikte überwinden helfen. Der Hauptstrom verschärft dagegen die Konflikte. Mut zum Nonkonformismus ist also auch gegenüber der eigenen Tradition und ihren konservierenden Neigungen nötig.

4. Dietrich Bonhoeffer, Mahatma Gandhi, Martin Luther King, Oscar Romero und Chris Hani mußten ihre Aufträge zuerst kritisch der eigenen Tradition gegenüber vertreten, ehe sie zum Segen für ihre Gemeinschaft wurden. Gandhi sagte: „Ich weiß auch, daß ich Gott nie erkennen werde, wenn ich nicht gegen das Böse ankämpfe, wenn nötig auch unter Einsatz meines Lebens".

5. Gott will mit allen Menschen vier Elemente seines unausschöpflichen Reichtums teilen: Für alle Menschen sind alle Güter der Erde bestimmt. Hier sind wir noch weit von jeder Gerechtigkeit entfernt. Nicht nur, daß wir für die gegenwärtigen Menschen den (a) Reichtum sowie Reis und Brot der Erde ungerecht verteilen. Unseren Enkeln haben wir große Stücke ihres Anteils durch die Zerstörung der Schöpfung schon jetzt gestohlen. Millionenfache Arbeitslosigkeit zeigt wie ungerecht (b) Arbeit und damit Lebenschancen verteilt sind. Dasselbe zeigt sich bei der ungerechten Verteilung von (c) Macht und (d) Wissen auf unserem Globus. Millionen Menschen haben keinen Anteil an dem, was Menschen wissen, produzieren und können. Der religiöse Glaube ist der göttliche Widerspruch gegen diese Quelle aller Ungerechtigkeiten und Konflikte bei der Teilung der göttlichen und menschlichen Ressourcen.

6. Die Religionen allein verfügen über Weisheiten, das Leben zu bewältigen. Sie sind unterschiedlich. Ihnen ist ein revolutionäres Wissen des Lebens anvertraut, mit dem Wissen, über das Wissenschaften, Technik, Handwerk und Industrie verfügen, menschlich umzugehen. Das ist Weisheit. Wissen und Macht folgen Fakten der Logik des Maximierens. Der Glaube folgt der Logik des Optimierens des menschlichen Lebens, Zusammenlebens und Überlebens. Lernen wir das nicht, dann bleiben Politik, Medien, Wirtschaft und Wissenschaft ohne Ethik. „Man kann nicht soziale, wirtschaftliche, wissenschaftliche, politische und rein religiöse Arbeit schön getrennt voneinander in verschiedenen Abteilungen führen. Ich kenne keine Religion, die von der menschlichen Fähigkeit abgesondert ist. Sie gibt allen anderen Fähigkeiten eine moralische Grundlage, die ihnen sonst fehlt."[1]

7. *Vor* dem Konflikt sind religiöse Menschen wachsam: Wo drohen Konflikte? Wo beginnt das Töten ganz früh durch Vorurteile und Feindbilder, durch Unkenntnis und Feigheit? Wo werden Konflikte in falschen Kategorien dargestellt? (Zum Beispiel waren im Kalten Krieg für den Westen soziale Proteste, Antiapartheidaktivitäten und Befreiungsbewegungen oft das Werk der Kommunisten; für den Osten waren sie das Werk der Imperialisten und Kapitalisten). Die konkreten Menschen und ihre Nöte verschwinden hinter Klischees.

8. Konflikte zu beginnen ist leichter als Konflikte zu beenden. Konflikte zu vermeiden ist leicht, wenn die Religionen ihre menschenfreundlichen Traditionen neu entdecken; es ist schwer, wenn sie sich von den Menschen und ihren Nöten abwenden. Ökonomische Interessen, Nationalismus und Fundamentalismus legitimieren am häufigsten Gewalt. Sie bedürfen am stärksten religiöser Supervision und Intervention. Sie widerstreben am heftigsten, sich der Wahrheit, der Gerechtigkeit und dem Frieden zu unterwerfen. Sie machen nationale Sicherheit, ökonomisches Wachstum, ethnische Reinheit, kulturelle Geschlossenheit oder kollektiven Egoismus zu Götzen.

Gegen diesen Unglauben haben die religiösen Menschen mit ihrem Glauben einen hohen Preis zu zahlen. Sarwapalli Radhakrishnan nennt ihn: „Der Verzicht auf Weltreiche, die Preisgabe einer Politik des wirtschaftlichen Nationalismus, die Neuordnung der Welt auf einer Grundlage rassischer Gleichberechtigung, Freiheit und Verantwortung für die Weltgemeinschaft". Dieser Friede fordert ein „revolutionäres Verlangen".

9. Erziehung zur Toleranz bedeutet, nicht passiv oder gleichgültig hinzunehmen, was geschieht oder was es gibt. Es bedeutet, die anderen Glaubensweisen genau kennenzulernen, auf Andersgläubige zuzugehen, mit den Menschen zu reden und nicht über sie; nicht nur nach Gemeinsamkeiten zu fragen, sondern

1 Mahatma Gandhi, Freiheit ohne Gewalt, Köln 1968, 132.

scharf auch die Verschiedenheiten herauszuarbeiten und dann zu respektieren, was anders ist. Dazu gehört die Frage: Habe ich dem anderen länger zugehört als ich selbst gesprochen habe? Mache ich mir Bilder, übernehme ich gängige Bilder von den anderen? Erziehung zur Toleranz bedeutet in den Medien und in den Schulbüchern, andere Religionen und Kulturen so darzustellen, daß die dargestellten ja sagen können zu Art und Inhalt, wie über sie informiert wird. Hat jede religiöse Tradition das Recht und die Freiheit, sich authentisch zur Sprache zu bringen?

10. Erziehung zur Toleranz bedeutet zu bejahen, daß mein Glaube durch die anderen nicht nur angefragt, sondern auch verändert oder bereichert wird. Differenzen sollen keine Angst oder Bedrohungen produzieren, sondern die Fragen und das Vertrauen vermehren. Kein religiöser und kein politischer Fundamentalismus gedeiht in einem Klima der Toleranz und des Pluralismus. Wahre Demokratie wächst an der Basis, wo Respekt vor anderen Überzeugungen lebt. Diese Praxis wird von dem buddhistischen Weisen Melinda (140 – 110 v.Chr.) berichtet. Er unterhält sich mit dem griechischen König Menander, der ihn fragt: „Ehrwürdiger, willst Du mit mir diskutieren?“ Melinda antwortet: „Wenn Eure Majestät als ein Weiser diskutieren will, ja! Aber wenn Du als König diskutieren willst, nein!“ Der König fragt zurück: „Wie diskutieren denn Weise?“ Melinda antwortet: „Wenn Weise eine Sache untereinander besprechen, dann gibt es ein Aufrollen, ein Enthüllen; der eine oder der andere wird eines Irrtums überführt und erkennt seinen Fehler dann an. Unterscheidungen werden vollzogen; und doch werden sie alle dadurch nicht zornig. So diskutieren Weise, oh König!“

11. Wenn ein Konflikt blutige Opfer fordert, dann gehören mit den Opfern auch die Religionen zu den Verlierern. *Im* Konflikt schrumpft die Macht der Religionen fast zur Ohnmacht. Ein paar Aufgaben bleiben: Nie verlernen, im „Feind“ den Menschen zu sehen; immer zu fragen, ob die Mittel der herrschenden Gewalt den Zielen entsprechen, ob die öffentlichen Äußerungen über die Feinde der Wahrheit entsprechen; sich für das Recht und das Leben der „Feinde“ interessieren; jederzeit bereit sein, sich mit dem Gegner zu treffen und zu verhandeln; Orte und Chancen der Begegnung suchen.

12. *Nach* dem Konflikt ist es nötig, die eigene Schuld am Konflikt zu analysieren und um Vergebung zu bitten; jeder Demütigung der unterlegenen Seite entgegenzutreten; die Chancen für ein Zusammenleben verbessern, das menschlicher ist als vor dem Konflikt; neue Brücken der Versöhnung bauen.

III Eintreten für ein Leben in Wahrheit, Gerechtigkeit und Frieden bedeutet die Bereitschaft zum Konflikt mit religiösen und säkularen Autoritäten.

Ich spreche aus einer christlichen und europäischen Perspektive. Ich bin froh, daß es nicht nur meinen Weg gibt, sondern daß viele religiöse und nichtreligiöse Menschen unterwegs sind zu Gott und zum Mitmenschen.

1. Meine Freiheitscharta ist die Bibel. Den größten Teil dieser Bibel teile ich mit dem jüdischen Volk, die Hebräische Bibel, das sogenannte Alte Testament. Auch die islamischen Schwestern und Brüder lernten aus dieser Bibel. Das ist ein Hinweis darauf: Kein Mensch, erst recht keine Religion, ist eine Insel, lebt isoliert ohne Eltern und Geschwister.

In der Bibel redet mich Gott auf eine dreifache Weise an:

a) Sie gibt meinem Leben Sinn und Orientierung. Sie sagt mir, woher ich komme: von Gott. Sie sagt mir, wohin ich gehe: zu Gott. Sie sagt: Als Ebenbild Gottes ist jeder Mensch ein unersetzbares, kostbares Element der ganzen Schöpfung. „Ich will leben inmitten von Leben, das auch leben will", so formuliert Albert Schweitzer seine daraus folgende Ethik einer Ehrfurcht vor dem Leben. Ich bin nicht allein unterwegs.

b) Die Bibel gibt nicht nur eine sinnvolle Orientierung. Sie ist auch realistisch. Sie erzählt ungeniert, wozu Menschen fähig sind. Das Böse ist kein eigenständiges Sein und kein Gegengott. Es geschieht als Tat des Menschen. Es ist menschliches Handeln gegen Gottes Ebenbilder und gegen die ganze organische und anorganische Kreatur. In der Geschichte meiner Religion sehe ich jene Ambivalenz: Auf der einen Seite ruft mich Gott und ich rufe Gott an. Auf der anderen Seite mißtraue ich ihm wie Adam und Eva; töte ihn in der Gestalt von Abel als Kain; will ihn in meiner Arroganz überflüssig machen wie die Turmbauer von Babylon; fliehe vor ihm wie Jona; verleugne ihn wie Petrus; verrate ihn wie Judas Ischariot. Die Kirchengeschichte illustriert die Gewalt des Bösen mitten in der Christenheit.

c) Ich bin unterwegs von meiner göttlichen Bestimmung zur Vollendung der Welt. Ein neuer Himmel und eine neue Erde wird Gott schaffen (Offb 21). Gott selber wird den Menschen die Tränen von ihren Augen abwischen, weil Tod und Leid, Angst und Schmerzen durch ihn überwunden werden. Gott erleuchtet alle Völker. Tempel und Kirchen, Religionen und Gottesdienste sind nicht mehr nötig. Gott selbst wohnt mitten unter den Menschen, so sieht eines der biblischen Bilder der Hoffnung aus.

Und Jesus macht immer wieder darauf aufmerksam, daß Gottes Urteile über die „wahre Religion" anders lauten als unsere menschlichen Urteile über unseren eigenen Weg. Seine Kriterien sind:

– Bekommen Hungrige Brot?
– Gibt es Wasser für alle unter Wasserlosigkeit Leidenden?

– Finden Heimatlose ein Zuhause?
– Haben Menschen etwas anzuziehen?
– Werden Kranke nicht alleingelassen?
– Erfahren Gefangene Solidarität und Befreiung? (Mt 25)

„Was ihr einem meiner geringsten Geschwister getan habt, das habt ihr mir getan" (Mt 25, 40), sagt Jesus. Wie Gott identifiziert er sich mit den Armen.

Die biblische Skizze einer neuen „Weltwirtschaftsordnung" ist die schärfste Kritik an der Christenheit, besonders der des Westens. Und sie ist eine Kritik an Politik, Wirtschaft und Wissenschaft. Auch sie sind gefragt, welche Beiträge sie liefern, damit alle Menschen Brot, Wasser, Kleidung, ein Haus, Solidarität und Freiheit haben, die *basic needs* der Gerechtigkeit. „Und das Werk der Gerechtigkeit wird Friede sein" (Jes 32, 17). In allen Religionen, darauf hat S. Radhakrischnan 1939 in seiner Auseinandersetzung mit Albert Schweitzer hingewiesen, gibt es die Neigung, egoistisch sein eigenes Heil zu suchen und aus der Welt zu flüchten. Aus Angst vor Konflikten überläßt man die Konflikte der Welt sich selbst. Das bedeutet aber auch: Die Menschen, die in Konflikten leiden, bleiben ohne Advokaten der Wahrheit, der Gerechtigkeit und des Friedens.

2. An dieser Stelle muß ich berichten, was ich von Dietrich Bonhoeffer zu lernen versuche. Das Beispiel könnte uns inspirieren, ähnliche Beispiele in unseren eigenen religiösen Traditionen zu suchen.

Dietrich Bonhoeffer überlegte 1932 und 1934, ob er nicht zu Mahatma Gandhi nach Indien fahren solle. Er wollte von diesem „nichtchristlichen Christen" lernen, was er im westlichen Christentum kaum fand: Gewaltfreie Formen des Widerstandes gegen die Gewalten des Nationalismus und des Krieges. Schließlich, so Bonhoeffer, käme das Christentum aus dem Orient. Er bekam von Gandhi 1934 eine freundliche Einladung. Und dann fuhr er doch nicht. Sein Platz war in Deutschland, in einem Land voller Gewalt und voller Gleichgültigkeit vor allem gegenüber den Juden. Sie waren zur Ermordung bestimmt wie die Roma und Sinti, die vor Jahrhunderten aus Indien nach Europa eingewandert waren. Aber auch oppositionelle Sozialisten und Christen wurden brutal verfolgt. Ein imperialistischer Krieg mit Hilfe von Militär und Industrie wurde vorbereitet. Die Arbeitslosen bekamen durch die Rüstung Arbeitsplätze. In diesem Land blieb Bonhoeffer. Er war bereit zu subversivem Widerstand, bald auch zu Tyrannenmord und Martyrium.

Der Konflikt innerhalb der deutschen Gesellschaft, auch innerhalb der Christenheit und dann gegenüber anderen Gesellschaften wurzelte in zwei Traditionen, die in Deutschland häufig religiös verstärkt, ja begründet worden waren:
– die eigene Nation, Kultur und Rasse galten gegenüber anderen Nationen, Kulturen und Rassen als überlegen.
– Demokratie und Menschenrechte wurden verachtet und statt dessen Gehorsam und militärisches Denken hochgeschätzt.

Der protestantische Theologe Dietrich Bonhoeffer gehörte von Anfang an zur winzigen Minderheit des Widerstandes. Im April 1945 wurde er mit britischen und russischen Mitgefangenen im KZ Flossenbürg gehängt. Bonhoeffer hat im März/April 1933 gegen Antisemitismus und Rassismus Stellung genommen. Er forderte seine, meine Kirche auf, im Interesse der Menschen sich gegen die politische, militärische und wirtschaftliche Macht zu stellen. Er verlangte drei Schritte:

a) Die Kirche hat die Autoritäten nach der Legitimität ihres Handelns zu fragen. Bonhoeffer hatte die Beobachtung gemacht, daß es Gesetze ohne Recht gibt, durch die Menschen diskriminiert oder verfolgt werden. Nicht alles, was legal ist, ist legitim – gemessen an göttlichem und menschlichem Recht.

b) Die Kirche hat allen Opfern zu helfen, nicht nur den Angehörigen der eigenen Religion, Nation oder Kultur.

c) Sie hat, damit nicht immer wieder neue Opfer entstehen, dem Rad der staatlichen Gewalt in die Speichen zu greifen, das heißt Widerstand zu üben im Interesse der „ärmsten Geschwister Jesu", wie Bonhoeffer an anderer Stelle die Unterdrückten und Armen nennt.

Religion ist für ihn „Beten und Tun des Gerechten": mit Gott in Verbindung zu bleiben und Recht und Gerechtigkeit auf der Erde zu befördern.

3. Schaue ich mir diese großen Aufgaben an, so kann ich uns alle nur mit Martin Buber den Mut zu einer aktiven Hoffnung zusprechen. Martin Buber erklärte 1928: „Es geht nicht an, das als utopisch zu bezeichnen, woran wir unsere Kräfte noch nicht erprobt haben. Wie viel Raum Gott uns einräumt, können wir nur erfahren, wenn wir drauf losgehen." Verfügen die Religionen nicht alle über Visionen und Energien, die überhaupt noch nicht ausprobiert sind?

Martin Buber sagte das 10 Jahre bevor er 1938 aus Deutschland vertrieben wurde. Es war dasselbe Jahr, in dem er Mahatma Gandhis Rat widersprach, eine jüdische Bewegung der Gewaltlosigkeit wie in Indien so in Deutschland auszurufen. Die indische Bevölkerung stand hinter Gandhi. Er konnte die Weltöffentlichkeit und die Medien benutzen. Das alles galt nicht für die kleine, vom Tod bedrohte jüdische Minderheit in Deutschland. Sie stand allein. Ihr blieb nichts als die Flucht – für Buber selbst die Flucht nach Palästina, wo die dort schon immer existierende jüdische wie arabische Gemeinschaft lernen muß, zusammen zu leben.

Ich lerne aus dem damals in Deutschland so radikal wie nirgendwo sonst gescheiterten jüdisch-christlichen Dialog und aus dem kurzen jüdisch-hinduistischen Dialog zwischen Gandhi und Buber, wie lang und mühsam der Weg ist, den Gläubige zu gehen haben, wenn sie Konflikte überwinden wollen. Er braucht Generationen. Er braucht Öffentlichkeit und gleiches Recht für alle.

Thesen
Zum Absolutheitsanspruch des Christentums *

I

1. Gott allein ist absolut – in den Taten und Worten seiner Liebe und Gerechtigkeit, seiner Freiheit und Versöhnung, seines Friedens und seines Rechtes.

2. Er hat sich exklusiv erschlossen in der Geschichte seines Volkes Israel und seines Messias Jesus von Nazareth.

3. Die ökumenische Christenheit hört wie Israel Gottes Ruf und ist unterwegs zum Neuen Himmel und zur Neuen Erde (Jes 65, 17; Offb 21, 1).

4. Unterwegs zu urteilen, wer „dazu" gehört und wer nicht, maßt sich Gottes letztes Urteil an (gegen Mt 7, 21; 21, 28-32; 13, 24-30; 25, 31-46).

5. Gott ist mehr als wir von ihm verstehen, leben und sagen.

6. Gott hat Mitarbeiterinnen und Mitarbeiter seines Reiches auch außerhalb der christlichen Gemeinden.

II

7. Zur Wirklichkeit der Welt gehören Menschen, Mächte, Götter, die Risse zwischen den biblischen Gott und seine Geschöpfe treiben (Urgeschichte; Röm 1+7).

8. Gottes Reich enthält die Botschaft von der Versöhnung – nicht mit dem Bösen, wohl aber mit den bösen und gottlosen Menschen.

9. Jesus von Nazareth glauben wir als den von Gott Gesalbten, der diese Botschaft durch Wort und Tat, durch Leben und Sterben, durch seinen Geist und seine Zeitgenossenschaft zu allen Zeiten verkörpert. In ihm ist Gottes Reich seinen Kreaturen nahe, deshalb ist Umkehr möglich und nötig.

* Erstveröffentlichung. Thesen zu einem Seminar an der Universität – Gesamthochschule Siegen, 26. 6. 1996.

10. Diese messianische Botschaft verpflichtet die Messianischen zur Nachfolge in allen Bereichen des Lebens. Hier fragt Gott nach Verbindlichkeit und nicht nach Absolutheit unseres Glaubens oder Lebens.

III

11. Ist Gott der Schöpfer, der die Welt ins Leben ruft, der Versöhner, der sie mit seinem Wort heilsam und kritisch begleitet, der Erlöser, der die Welt nach seinem Plan vollendet, so ist er auch der Herr der Religionen. Es gibt keine gott-losen Sektoren der Wirklichkeit.

12. Alle Religionen, das Christentum eingeschlossen, sind auch menschliche Schöpfungen, bedürfen also der ständigen Kritik, Erneuerung und endlich der Erlösung.

13. Wer das Reich Gottes mit einem Entwicklungsgedanken verwechselt, der konstruiert ein Weltbild (und damit ein Gottesbild!), das den Weg der Religionen von ihren primitiven Anfängen zur Spitze des Christentums malt. Wir sollen uns aber kein Bild machen – weder von Gott noch von seiner Welt.

14. Wie alle Menschen, so leben auch alle Religionen und Kulturen gleichzeitig zu Gott, der seine Sonne aufgehen läßt über Gerechte und Ungerechte. Ist er die Sonne, dann spiegelt sie sich auch im Glauben der Menschen, die anderen Glaubensweisen anhängen.

15. Die Beziehung des Christentums zu anderen Religionen und Weltanschauungen ist nicht einheitlich. Zu Israel besteht aufgrund der gemeinsamen Bibel ein einzigartiges Verhältnis; zum Islam aufgrund der Übernahme biblischer Geschichten und Gestalten wieder ein anderes (Abrahams Kinder).

16. Alle Religionen und Weltanschauungen reichen weder sich selbst noch anderen die Palme der Unfehlbarkeit. Sie stehen einzig vor der Frage, ob sie das den Menschen mitteilen, was durch Teilen sich vermehrt, was Gott mit uns geteilt und uns mitgeteilt hat: Liebe und Gerechtigkeit, Freiheit und Versöhnung, Frieden und Recht, Vertrauen und Hoffnung.

IV

17. Es gibt keine religiösen Probleme. Es gibt nur die Probleme, die alle Menschen haben: Wie werden wir mit Schuld und Leid, Lebensanfang und Lebensende, Reichtum und Armut, Macht und Ohnmacht, Erziehung und Verführung, Wissenschaft und Technik etc. fertig. Die Antwort fällt nicht auf der

Ebene der Lehre oder der Behauptung, sondern im Ringen um die „bessere Gerechtigkeit".

18. Unser christlicher Glaube hält es gut aus, sich ungeschützt durch staatliche, wirtschaftliche oder dogmatische Stützen an diese Gaben und Aufgaben Gottes und seines Messias zu machen.

19. „Ist nicht die individualistische Frage nach dem persönlichen Seelenheil uns allen fast völlig entschwunden? Stehen wir nicht wirklich unter dem Eindruck, daß es wichtigere Dinge gibt, als diese Frage (– vielleicht nicht als diese *Sache*, aber doch als diese *Frage*!?)? Ich weiß, daß es ziemlich ungeheuerlich klingt, dies zu sagen. Aber ist es nicht im Grunde sogar biblisch? Gibt es im AT die Frage nach dem Seelenheil überhaupt? Ist nicht die Gerechtigkeit und das Reich Gottes auf Erden der Mittelpunkt von allem? Und ist nicht auch Römer 3, 24ff das Ziel des Gedankens, daß Gott allein gerecht sei, und nicht eine individualistische Heilslehre? Nicht um das Jenseits, sondern um diese Welt, wie sie geschaffen, erhalten ist, in Gesetze gefaßt, versöhnt und erneuert wird, geht es doch. Was über diese Welt hinaus ist, will im Evangelium *für* diese Welt da sein"; Dietrich Bonhoeffer aus der Haft, 5. 5. 1944.

20. „Christen und Heiden
(1) Menschen gehen zu Gott in ihrer Not, flehen um Hilfe, bitten um Glück und Brot, um Errettung aus Krankheit, Schuld und Tod. So tun sie alle, alle Christen und Heiden.
(2) Menschen gehen zu Gott in Seiner Not, finden ihn arm, geschmäht, ohne Obdach und Brot, sehn ihn verschlungen von Sünde, Schwachheit und Tod. Christen stehen bei Gott in Seinen Leiden.
(3) Gott geht zu allen Menschen in ihrer Not, sättigt den Leib und die Seele mit Seinem Brot, stirbt für Christen und Heiden den Kreuzestod, und vergibt ihnen beiden"; Dietrich Bonhoeffer aus der Haft, Juli 1944.

Christlich-marxistisches Gespräch

Die nicht gelernte Weisung

Die nicht gelernte Weisung

Predigt zu Apg 2, 42-47 *

I

Lukas, ein Arzt nach altchristlicher Überlieferung, vielleicht der einzige Nichtjude unter den Autoren des Neuen Testamentes, hat sich in seinem Evangelium und in der Apostelgeschichte vorgenommen, „die Ereignisse zu erzählen, die sich unter uns zugetragen" haben, so der Anfang des Evangeliums; weiter will er das erzählen, „was Jesus zu tun und zu lehren begonnen hatte". Ich unterstreiche zwei Punkte: Das Tun Jesu wird zuerst genannt. Es wird zum anderen hinzugefügt: Sein Werk hat erst begonnen. Die Reise von Jerusalem zum Reich Gottes ist noch im Gang. Einer ist angekommen. Er sitzt zur Rechten Gottes; das ist der Sinn der Himmelfahrtsgeschichte. Ihm glückte das Leben, das vielen Menschen zerschlagen oder bedroht wird. Er ist vorausgegangen, dorthin, woher er kam: zu Gott. Uns bleibt die Nachfolge. „Ihr werdet meine Zeugen sein in Jerusalem, in ganz Judäa und Samarien und bis ans Ende der Welt".

Die Jünger gehen zurück zum Ölberg nach Jerusalem. Das erste, was sie tun, ist die Nachwahl für den Jünger, der aus der Schar der Nachfolger durch Verrat ausgeschieden war. Es wird Matthias gewählt. Die zwölf Stämme Israels werden so repräsentiert als die, von welchen aus Gottes Wort in die Welt geht. Ohne die zwölf Stämme Israels kennten wir Gott nicht, hätten wir keine Bibel, wüßten wir nicht, was Gott sich und uns unter Gerechtigkeit und Vergebung, unter Frieden und Befreiung vorstellt. Wir kennten Jesus, den Juden, nicht. Dieses Heil kommt von den Juden. Dieses Volk ist mit uns unterwegs und wir mit ihm. Um es zugespitzt zu sagen: Die Christenheit erreicht erst wieder das Niveau des Neuen Testamentes, wenn sie wie Jesus, seine Jünger und die Apostel die Bibel des jüdischen Volkes lesen, seine Auslegungen und seine Praxistraditionen wahrnehmen und als die Antworten des Volkes Gottes auf das Wort Gottes ernstnehmen. Vielleicht kann man mit diesen Worten auch den Versuch charakterisieren, ein Studium in Israel zu absolvieren, wenn es auch nur ein Jahr dauert.

„In der Apostel Lehre bleiben" heißt, allen biblischen Zeugen, also Propheten, Aposteln und Rabbinern, dem reichen Strom der schriftlichen und der mündlichen Überlieferung, zuzuhören. Sie erzählen von der Schöpfung und von Abraham, von Mose und vom Auszug aus Ägypten, von Heil und Heilung,

* Gehalten in der Jerusalemer Erlöserkirche im Eröffnungsgottesdienst beim Symposion anläßlich des zehnjährigen Bestehens von „Studium in Israel" an der Hebräischen Universität vom 17. – 21. Juli 1988, zuerst veröffentlicht in: M. Stöhr (Hg.), Lernen in Jerusalem – Lernen mit Israel. Anstöße zur Erneuerung in Theologie und Kirche (Veröffentlichungen aus dem Institut Kirche und Judentum 20, hg. von P. von der Osten-Sacken), Berlin 1993, 196-204.

von Kreuz und Auferstehung, Hoffnung und Kritik, Gebet und Geschichte sind bei ihnen zu lernen.

Jesus wird als der Mann vorgestellt, der „von Gott beglaubigt ist". Er ist verständlich. Die Pfingstgeschichte zählt die Völker, nennt die Namen, die gemeinsam mit Israel sich verstehen können, wenn sie nicht dem Geist des Nationalismus oder der Überheblichkeit – eine geisttötende Praxis allzuoft in der christlichen Tradition – gehorchen. Und was hören sie, wenn sie sich verstehen? Babylon, der Turmbau als Symbol grenzenloser Selbstverwirklichung, ließ Unverstand und Verständnislosigkeit unter Völkern und Menschen sich ausbreiten. Dem soll entgegengearbeitet werden. Die Völker hören „die großen Taten Gottes erzählen". Gott läßt seine Völker nicht geistlos und unaufgeklärt. Wozu wird erzählt? Die Menschen sollen und können umkehren. Sein Volk und die Völker bleiben hinter dem zurück, was möglich ist. Noch immer geht es um die Befreiung des Menschen von sich selbst, die Erlösung von Gleichgültigkeit, Ungerechtigkeit, Hunger und Krankheit, die Befreiung vom Zwang, andere zu hassen, totzuschlagen, auszugrenzen, zu unterdrücken oder zu übersehen, die Befreiung von der Angst, nicht akzeptiert zu sein, und die Befreiung von Schuld. Immer wieder bündelt Lukas die Taten Gottes und die ihnen entsprechenden Taten der Gemeinden:

– Am Anfang wird ein entscheidendes Zeichen des Reiches Gottes erzählt: Ein Toter ist auferweckt worden. Wird in der Bibel im Passiv geredet, ist der Autor Gott. Er setzt ein Signal der neuen Zeit; damit fängt die Apostelgeschichte an.

– Kranke werden geheilt, sofort nach unserem Predigttext wird die Heilung des Gelähmten an der Schönen Pforte des Tempels erzählt.

– Armen widerfährt Gerechtigkeit: Brot, Ehre und Lebenschancen werden mit ihnen geteilt. Wie ernst das Neue Testament die Frage nach der Brotverteilung und den Lebenschancen der Armen nimmt, zeigt die Geschichte, mit der das Hamstern von Lebensmitteln (Manna!) oder von Gütern kritisiert wird. Ananias und Saphira sterben in der wenige Kapitel später erzählten schrecklichen Geschichte, weil sie sich und ihr Vermögen den Armen entzogen haben.

– Gefangene werden befreit. Von Petrus und Johannes wird erzählt, wie sie in wunderbarer Weise aus dem Gefängnis freikommen.

Diese vier Innovationen passieren im banalen Alltag. Zugleich sind sie nach gesamtbiblischer Auffassung (Jes 58, Lk 4) Zeichen messianischer Erneuerung. Es wundert mich überhaupt nicht, daß Lukas von der Furcht, angesiedelt zwischen Ehrfurcht und Staunen, berichtet, die angesichts dieser Zeichen der Erneuerung über die Leute kommt. Sie enthält die Frage: Sind wir bereit, dementsprechend zu leben?

Eine quälende Frage war also nicht die sogenannte Wahrheitsfrage: Bekennst Du persönlich Jesus als einen persönlichen Messias? In diese falsche Formulierung hat die Christenheit ganz bald die Frage gebracht. Und als das Christentum 381 Staatsreligion wurde, war die Frage auch keine Frage mehr, sondern allein ihre christliche Antwort ein Stück Staatsgesetz.

Die biblische Wahrheitsfrage ist die nach der Praxis, nach dem Tun des Willens Gottes. Auf dieser Spur arbeitet auch Lukas. Er ist sicher. Der Mensch aus Nazareth, Jesus, ist wahr, glaubwürdig, er tut, was er glaubt, er lebt, was er sagt – bis ans Kreuz.

Und die Seinen? Seine Christen, als die „Messianischen", die messianischen Gemeinden? Lukas liegt alles daran, klar zu machen, daß sie auf dem Weg sind, und daß sie auf dem Weg bleiben. Deshalb erzählt er von den Gemeinden, wie sie leben und von den Aposteln, was sie tun. Die Apostelgeschichte heißt Praxis der Apostel und nicht Reden der Apostel, wie einige Kommentatoren besserwisserisch und das biblische Wort ermäßigend vorschlagen. Lukas hat die biblische Frage im Ohr: Ist das, was wir Christen lieben, von Gott? Jene fürchterliche christliche oder klerikale Sicherheit, die weiß, daß die Frage der biblischen Botschaft sich nur auf eine Person des Messias zuspitzt und die Antwort eines einzelnen als persönliche und dogmatische Lebenssicherheit verlangt, daß die Juden also verworfen und die Christen allein auf dem richtigen Weg sind, kennt Lukas noch nicht. Wohl aber kennt er eine biblische Zuversicht, die den einen Gott – ihm soll man mehr gehorchen als dem Menschen – und seinen Bevollmächtigten Jesus Christus als siegreichen Überwinder von Tod und Armut, Unfreiheit und Haß, Schuld und Hunger, Krankheit und Verachtung kennt, glaubt, weitersagt und zu leben versucht. Keine Dogmatik, kein unfehlbares Lehramt, keine überlieferten Formeln, keine Machtpositionen erlauben den Christen die Position des Rechthabens. Nur das Tun des Rechtes Gottes, des Grundgesetzes seines Reiches, sein Recht als Gabe und Aufgabe steht auf der Tages- und Lebensordnung. Als Petrus und Johannes – ein messianisches Zeichen – aus der Gefangenschaft freikommen, sagt der Pharisäer Gamaliel: „Laß die Leute gewähren. Sollte dieses Werk von Menschen stammen, so wird es zunichte werden, stammt es aber von Gott, so werdet ihr Menschen es nicht vernichten können, und ihr könntet sonst als Leute erfunden werden, die gegen Gott kämpfen."

Das ist eine großartige pharisäische Haltung. Sie vertraut auf Gott, fragt nach seinem Willen, immer wieder, zäh und genau, tut seinen Willen, legt ihn immer wieder für neue Situationen neu aus – und kann es doch gelassen Gott überlassen, was sich als göttliche Tat herausstellt und was als menschliche Erfindung vergeht. Daß Gamaliel nicht nur ein wenig Liberalität walten läßt (das auch), zeigt sein ernster Hinweis auf zwei falsche Propheten oder falsche Messiasse, Theudas und Judas den Galiläer. Die Liste selbsternannter oder falsch eingeschätzter Messiasse ist nicht klein in der jüdischen Geschichte. Das sollten wir Christen uns häufiger vor Augen halten. Auf Worte verläßt sich Gott nicht. Er fragt, ob nach seinem Gesetz, nach dem Gesetz des Reiches Gottes, wirklich gelebt wird. Ändert sich etwas in der realen Welt hier auf dieser Erde? Im Umgang mit Macht, Krankheit, Schuld, Geld, Wirtschaft, Brot? Gehorchen die Christen Gott mehr als den Menschen? Das sind die Fragen, die die Juden den Christen stellen, die Jesus als Messias glauben. Laßt ihr Gott Gott sein und in allen Lebenswirklichkeiten gelten? Die Frage wurde gestellt, als Juden und Christen noch in einer Gemeinde zusammensaßen und oft in einer leidenschaftlichen und kritischen Weise miteinander diskutierten. Das waren noch Bibelstunden!

Die Christen meinten die Frage losgeworden zu sein, als sie sich von der jüdischen Gemeinde und die jüdische Gemeinde von ihnen getrennt hatte. Die Christen begaben sich auf den Weg nach Rom. Es wurde sehr bald nach der Verchristlichung des Staates oder nach der Verstaatlichung des Christentums auch ein Weg der Mitläufer. Zu einer Kirche als Heilsanstalt oder zum Corpus Christianum zu gehören, verbilligte die Kosten der Nachfolge. Für die Juden als die ersten und bleibenden Zeugen Gottes blieb oft genug nur der Weg in die Verfolgung durch die, die sich die „Messianischen" nannten. Was die Christen in ihren Anfängen wie die Juden bei der Obrigkeit verhaßt machte, war die Tatsache, daß sie nur eine letzte Autorität, nämlich die Gottes, gelten ließen und mit ihrem Engagement für die Armen eindrucksvoll ein alternatives Leben gegen die Pax Romana lebten. Diese war nicht auf Recht und Ordnung, sondern auch auf Gewalt aufgebaut, wie wir aus dem Umfeld der neutestamentlichen Zeit wissen. Gewalt wiederum schrieb die Ungerechtigkeit der Güter- und Machtverteilung, d.h. der Lebenschancen, fest. Zum Beispiel war die römische Provinz Africa das Eigentum von sechs Großgrundbesitzern. Vielleicht haben die Christen das Wort „pharisäisch" deshalb zum Schimpfwort werden lassen, weil sie die Gelassenheit des Pharisäers Gamaliel nicht aushielten, die die Gelassenheit des einen und ewigen Gottes ist. Er schaut nicht nach denen, die „Herr, Herr!" sagen und den Willen Gottes des Herrn nicht tun, sondern nach denen, die seinen Willen tun – auch wenn es gesellschaftlich unpassend und persönlich unbequem ist –, vielleicht sogar ohne jemals „Herr, Herr" zu sagen.

II

Deshalb konzentriert sich Lukas für die in der Völkerwelt sich langsam ausbreitende christliche Gemeinde auf die wesentlichen Punkte:

1. Sie bleiben in der Apostellehre. Das ist nicht nur die Geschichte von Kreuz und Auferstehung Jesu. Es wäre eine Verarmung nicht nur der neutestamentlichen, sondern der gesamten biblischen Botschaft. Wenn ich wissen will, was der Apostel Lehre ist, so muß ich mir nicht nur die Predigten zum Beispiel von Petrus, Stephanus oder Paulus in der Apostelgeschichte ansehen. Ich muß mir klarmachen, daß Jesus wie die Apostel keine andere Bibel lasen und auslegten als die Hebräische Bibel: Es ist die Erzählung der Heilsgeschichte und des Heilsgeschehens von der Schöpfung über den Bundesschluß bis in seine Gegenwart. Hier liegen unendlich viele unentdeckte Schätze. Mit der Verachtung der Juden ging einher eine Verachtung des Wortes Gottes. Deshalb blieben sie immer im Tempel – wie Jesus und Paulus. Deshalb kamen sie in Hausgemeinden zusammen. Dort wurde gebetet und die Über-

lieferung weitergegeben. Dort war die ältere Generation der Jugend gegenüber auskunftspflichtig: über Abraham und Mose, über Joel und Jesus.

2. Sie bleiben zusammen in der Gemeinschaft, beim Brotbrechen, das heißt im Abendmahl und im Agapemahl. Das war eine Mahlzeit, bei der die Armen und die sozial Ungesicherten wirklich satt werden konnten. Das soziale Netz trug, so klein die Gemeinde war, ein mehrfaches an Leuten. Aus dem ersten Brief des Paulus nach Korinth wissen wir, wie früh die Versuchung sich in der christlichen Gemeinde eingenistet hatte, die geistliche Gemeinschaft über die Gemeinschaft des wirtschaftlichen Teilens zu setzen. Da blieb der Heilige Geist für alle, das Brot für wenige und nicht für die, die 14 Stunden am Tage schuften mußten. Wir wissen aus der Versuchungsgeschichte Jesu, wie Jesus sich weigert, auf mirakulöse Weise (und sei es unter Mißbrauch des Heiligen Geistes oder des Wortes Gottes!) aus Steinen Brot zu machen. Nein, es ist eine menschliche Gabe und Aufgabe, daß Menschen Menschen sättigen. Gott hat sein Teil dazu getan. Ich werde in diesem Zusammenhang nie die Fragen los, die ich von vielen Mitchristen aus Lateinamerika oder Schwarzafrika höre: Ob die Christenheit denn nicht durch die Spaltung in reiche oder arme Christen viel tiefer gespalten sei als durch konfessionelle Grenzen?

Warum leben wir noch immer so in der Tradition des römischen Rechtes, das nicht zu verachten ist, aber die Heiligkeit des Eigentums überbetont? Die biblische Korrektur geht aus von der Heiligkeit Gottes und seiner Ebenbilder. Kommen sie zu ihrem Recht? Eigentum ist für den Menschen da und nicht der Mensch für das Eigentum, so wie auch die Macht für den Menschen da ist und nicht die Menschen für die Macht. Das ist ein alter jüdischer Grundsatz, der bekanntlich von Jesus in die Grundgesetze der Christenheit hineingeschrieben wurde. Warum sind es vor allem die drei großen christlich geprägten Länder USA, Bundesrepublik und Großbritannien gewesen, die in der UNO immer wieder die Anträge der Länder der Dritten und Vierten Welt nach einer gerechteren Weltwirtschaftsordnung niedergestimmt haben? 20 % der Weltbevölkerung können doch nicht – wie es derzeit geschieht – 80 % der Energie und der Rohstoffe für sich behalten und verbrauchen. Die Wirklichkeit der Gerechtigkeit hängt in der Bibel aufs Engste mit der Wirklichkeit des einen Gottes zusammen. Wenn alle Menschen sein Ebenbild sind, dann müssen alle an dem, was der eine ewige Gott schuf, Anteil haben.

Es ist kein Zufall, daß die ökumenische Christenheit auf Druck der Kirchen der Dritten und Vierten Welt an die erste Stelle ihres derzeit laufenden Arbeitsprogrammes Gerechtigkeit gesetzt hat. Frieden ist die Frucht der Gerechtigkeit. Wo beide sind, wird die Schöpfung bewahrt. Mit den Stichworten Gerechtigkeit, Frieden und Bewahrung der Schöpfung dokumentiert die ökumenische Christenheit einen Lernprozeß, der die Wirklichkeitsnähe der Hebräischen Bibel neu entdeckt hat.

Was immer als „urchristlicher Kommunismus“ von marxistischen Theoretikern verstanden wurde, was kritisch gegen eine verbürgerlichte Christenheit durch die Erinnerung an bessere Zeiten des Urchristentums gewendet oder als christliche Erinnerung an eine oft idealisierte Frühzeit der Christenheit abgetan wurde, das ist nun noch ein wenig genauer zu bedenken. Ich stelle zunächst fest, daß eine ähnliche Praxis, wie sie hier zusammenfassend von Lukas geschildert wird, die jüdische Gemeinde von Qumran lebte. Sie war in die Wüste gezogen, um ihr alternatives Modell rein durchhalten zu können. Dazu gehörte die Abgrenzung der sich selbst so definierenden „Kinder des Lichtes" gegen die „Kinder der Finsternis". In einem starken Freund-Feind-Schema zogen sie sich aus dieser Welt zurück. Die Christen gingen – bis auf wenige Ausnahmen – nicht in die Einsiedelei der Wüste. Was die Essener in der Wüste vergruben und unter den Scheffel stellten, verloren die Christen auf dem Weg nach Rom.

Aber für Lukas ist es noch nicht soweit. Noch erzählt Lukas, wie die Gemeinde lebt. Wenn sie nicht so lebt, so kann sie es lernen. Die Christen öffnen sich, finden Wohlwollen beim ganzen Volk. Die Anziehungskraft besteht in der gelebten Praxis. Ihr Motiv steckt in der Überzeugung, daß in Jesus von Nazareth das Reich Gottes nahe herbeigekommen sei, ja angefangen habe.

Ich erinnere noch einmal an den Anfang der Apostelgeschichte, an den Anfang der Predigt. Es liegt Lukas alles daran, daß die Gemeinde der Bibel entsprechend lebt. Dort wird an vielen Stellen von den Zeichen des messianischen Reiches gesprochen. Jes 58 und 61 nennen zum Beispiel die Auferweckung von Toten, die Heilung von Kranken, die Gerechtigkeit gegenüber den Armen und die Befreiung von Gefangenen. Ebenso nennen Mt 25 (Gleichnis vom Endgericht) und viele Wundergeschichten des Neuen Testamentes diese Zeichen. Als Johannes der Täufer nicht nur im Gefängnis, sondern auch in einer abgrundtiefen Depression hockte, fragt er sich, ob er sich wohl getäuscht habe. War der widerliche Herodes nicht doch mächtiger als das von ihm so nahe geglaubte Reich Gottes? Konnte er ihn ausbooten? Waren seine Taufen, vor allem die eine Taufe Jesu, ein Irrtum? Er schickt zu Jesus und läßt fragen: Bist du der, der da kommen soll, oder sollen wir auf einen anderen warten? Jesu Antwort greift nicht zu einer Lehre über den Messias. Er verkündet keine Christologie. Er schaut sich nach Zeichen des Reiches Gottes um und nennt sie: Tote werden auferweckt – Kranke werden gesund – Armen widerfährt Gerechtigkeit – Gefangene werden frei. Im 18-Bitten-Gebet der jüdischen Gemeinde wird wieder um diese Realisierungen des Reiches Gottes gebetet. Die Almosenordnung der jüdischen Gemeinde folgt wieder diesen Vorgaben Gottes und der durch sie gestifteten Hoffnung.

Ja, so höre ich aber fragen, lösen Sie denn den ganzen Glauben nicht in Ethik auf? Ich antworte ja und antworte nein. Ja – ich löse ihn auf, verflüssige ihn, mache ihn liquide, versuche ihn in Umlauf zu bringen, damit er nicht wie ein gefrorener Wasserfall in Dogmen, Lehrsätzen, Institutionen und Gewohnheiten erstarrt bleibt. Dann bewegt er nichts und niemanden. Er kann aber beleben und vorantreiben. Nein – ich will den Glauben nicht auflösen im Sinne von Verdünnen und zum Verschwinden bringen. Ich höre Lukas zu. Ich höre dieser kleinen Gemeinde und der in ihr lebendigen biblischen Tradition zu, heute, am Sonntag, und versuche es im privaten, im intellektuellen wie im politischen Alltag zu übersetzen.

Was jemand nötig hat, das fordert den Glauben heraus und nicht ein Glaubenssatz, von dem behauptet wird, alle Welt habe ihn nötig. Und ich entdecke dabei mit Erschrecken, wie elegant und phantastisch Umleitungen entworfen wurden, um der Praxisnähe und Direktheit des Wortes Gottes zu entgehen. Es sind dieselben Mechanismen, die Bismarck und Helmut Schmidt zitieren, gestützt von einem Chor von Theologen, mit der Bergpredigt könne man nicht regieren.

Ich nenne drei Umleitungsversuche für die Bergpredigt und unseren Predigttext:

1. Es handele sich um eine einmalige und unwiederholbare Situation (Conzelmann), die man nicht verallgemeinern dürfe. Jetzt bin ich neugierig und schaue sofort in den Auslegungen zu Röm 13 nach, wo der erste Halbsatz heißt, der Obrigkeit untertan zu sein. Werden dort auch solche Umleitungen empfohlen werden? Kein Kommentar schlägt sie vor. Ich muß darüber nachdenken, warum eine derartige Singularität dieses Textes der Bergpredigt und der Apostelgeschichte behauptet wird; vielleicht, damit das Singuläre nicht geschieht? Konsequenz ist, da man das Wort Gottes ja nicht ganz zur Seite schiebt, daß es nur etwas für Ausnahmechristen und Ausnahmesituationen sagt, für Mönche oder für die Zeit, wenn das Reich Gottes voll da ist.

2. Immer wieder wird zur Apostelgeschichte 2 gesagt, was auch zur Bergpredigt und den Regelungen der Tora zum Sabbat und Halljahr im jüdischen Volk gesagt wird, also zur Befreiung aus der Schuldhaft, zur Brache für den Boden, zur Wiederherstellung gerechter Eigentums- und Freiheitsverhältnisse, damit nicht Schuldhaft und Ansammlung von Immobilien das Gesetz Gottes ablösen oder an die Seite schieben. Es wird gesagt, so etwas habe ja noch nie funktioniert. Dabei wird vergessen: Alle Gebote, die ganze Tora des Alten und des Neuen Testamentes, alle Regelungen im Volk Gottes und im Reiche Gottes sind zum Leben, zum Praktizieren und nicht zum Sterben und zum Zitieren da. Und wenn es bisher noch nicht verwirklicht wurde, dann ist lediglich die Frage zu stellen: warum nicht jetzt? Albert Schweitzer, als er den Friedensnobelpreis in Empfang nahm, sagte 1954 in Oslo: „So manche Wahrheit ist lange oder ganz unwirksam geblieben, allein deshalb, weil die Möglichkeit, daß sie Tatsache werden könnte, nicht in Betracht gezogen wurde."

3. Ein drittes Argument verweist auf die Tatsache, daß die Jerusalemer Urgemeinde, der Paulus treu bleibt, da er weiß, was für eine Bedeutung Jerusalem und Zion auch für die christliche Hoffnung haben, in Armut geraten sei, weil sie eine solche kommunistische Praxis eingeführt habe: Paulus mußte im Westen Kollekten sammeln, weil die Gemeinde sich selbst verarmt hatte. Sie arbeitete nicht effizient und fiel anderen zur Last.

III

Ein marxistischer Schriftsteller, Konrad Farner, der sich mit unserer Stelle in der Apostelgeschichte befaßt hat, schreibt: „Von den Geboten Jesu ist eigentlich nur das der Nächstenliebe im Sinne einer Teilnahme an fremder Not dem Gewissen von Millionen Christen eingeprägt; über die Fülle der anderen Forderungen wie Verzicht auf Reichtum, Macht, Ehre usw. geht der Mensch christlicher Konfession unbeschwert hinweg, obwohl jene Forderungen die genaue Absicht Jesu wiedergeben und nach Jesu und der Bibel Ansicht erfüllbar sind."

Lukas sagt uns eindeutig: Die Nachfolge Jesu ist möglich. Gottes Wort ist zum Leben da. Es ist gut für die Menschen – für die, die es tun und für die, mit denen und für die es getan wird. Gott ist mit seinen Menschen unterwegs. Auch mit uns.

Christentum und Marxismus

Dialog – Kooperation – Kritik *

Als Mitte der sechziger Jahre der christlich-marxistische Dialog aus der schmalen Tradition des christlichen Sozialismus, punktueller Kontakte und persönlichen Engagements herauszutreten begann, in jenem kurzen Augenblick, in dem er nicht modische Zutat einer ideologieskeptischen Zeit, Alibi im Kalten Krieg und auch noch nicht mit administrativer Gewalt zurückgedrängt worden war, da gab es für ihn und sein Gelingen eine Grundbedingung: Die Erfahrungen der Menschen und Völker mit der jeweiligen Verwirklichungsgeschichte von Christentum oder Marxismus durften nicht die entscheidenden hermeneutischen Schlüssel für ein offenes und Blockierungen öffnendes Gespräch sein. Die Diskussion drohte vor ihrer Vertiefung versandet zu sein, wenn Hexenprozesse und Inquisition als notwendige Konsequenzen der christlichen Verkündigung, Stalinismus und Straflager als automatische Abkömmlinge der marxistischen Theorie verstanden würden.

Diese stillschweigende Vereinbarung enthielt eine doppelte Gefahr: Einmal konnte das Gespräch sich von den Widersprüchen der Geschichte und den Inhumanitäten gesprächsloser Machtbehauptung abheben und in die reinen Höhen abstrakter Weltinterpretation erheben oder in die stillen Tiefen der Exegese klassischer Texte versinken. Man wird heute sagen müssen, daß dieser Gefahr der Dialog manchmal erlag. Auf der anderen Seite reagierten die jeweiligen „Hauptverwaltungen – Ewige Wahrheiten –“ (so Robert Havemann) gegen das subversive Potential eines marxistisch-kritisch aufgeklärten Christentums bzw. eines christlich-kritisch aufgeklärten Marxismus höchst empfindlich: Konrad Farner verließ seine kommunistische Partei, die KPF verließ Roger Garaudy. Beim Wort genommen, werden Christentum und Marxismus praktisch und brisant. Der Dialog schließt das Risiko der Veränderung ein. Die Ängstlichen und Machtverwalter scheuen ihn, weil der Umgang mit revolutionärem Potential Bewußtsein und Verhältnisse revolutionieren könnte. Camillo Torres wurde 1966 erschossen, im gleichen Jahr als die II. Consulta Latinoamericana de Iglesia y Sociedad in Chile Christen und Sozialisten (meistens in Personalunion) vereinte. Dies geschah ein Jahr bevor 15 katholische Bischöfe aus der Dritten Welt erklärten:

„Die Regierungen müssen sich für die Beendigung eines Klassenkampfes einsetzen, der, entgegen der üblichen Meinung, sehr oft von den Reichen ausgelöst und kontinuierlich gegen die Arbeiter geführt wird, indem sie durch unzureichende Löhne und unmenschliche Arbeitsbedingungen ausgebeutet

* Hanfried Krüger gewidmet; zuerst veröffentlicht in: Ökumenische Rundschau 24 (1975), 67-75.

werden. Das ist ein subversiver Krieg, den das Geld seit langem heimtückisch in aller Welt führt, wobei ganze Völker gemordet werden. Es ist Zeit, daß die armen Völker, unterstützt und geführt von ihren gesetzmäßigen Regierungen, ihr Recht zum Leben wirksam verteidigen. Jesus hat auf sich die ganze Menschheit genommen, um sie zum ewigen Leben fortzuführen. Dessen Vorbereitung auf Erden ist die soziale Gerechtigkeit, die erste Form der brüderlichen Liebe. Wie Christus durch seine Auferstehung die Menschheit vom Tode befreit, so führt er alle menschlichen Befreiungen zu ihrer ewigen Erfüllung."

Der Kampf um die gerechte Verteilung von Brot, Macht, Arbeitsplätzen, Rohstoffen und Bildungschancen beginnt erst. Die jetzt bestimmenden Industrienationen (sozialistischer und kapitalistischer Prägung) werden ihn gegen die Habenichtse der Dritten und Vierten Welt als Klassenkampf von oben führen, ob sie es wollen oder nicht. Sie werden in ihren eigenen Gesellschaften vor einer wachsenden Kritik derer stehen, die ihren Anteil an „Acker, Vieh und allen Gütern" nicht recht zugemessen finden, und derer, denen Empfindlichkeit für fernes Elend nicht abhanden kam. Die Neigung, eroberte Machtpositionen (auch und gerade wenn sie über die Sektoren Konsum und Produktion Eliten und Bürger in den Industrieländern verbinden und verbünden) zu verteidigen, wird den weltweiten Klassenkampf verschärfen. Öffentliche und veröffentlichte Meinung sowie die Administrationen reicher Gesellschaften werden immer kritischer gegen die vorgehen, die das jeweilige System zugunsten der Havenots verändern wollen.

Julio Girardi verlor in Rom seinen theologischen Lehrstuhl ungefähr zur gleichen Zeit wie in Prag Milan Machovec seinen philosophischen. Sicher macht es einen wesentlichen Unterschied, daß es hier ohne Panzer, dort mit Panzern ging, so wie es einen Unterschied macht, ob Christen a limine von bestimmten (z.B. pädagogischen oder philosophischen) Berufen in den sozialistischen Ländern weitgehend ausgeschlossen oder bestimmte Marxisten z.B. in der Bundesrepublik an der Übernahme in den öffentlichen Dienst (zum Teil auch der Kirche) behindert oder benachteiligt werden. Um die Unterschiede lohnt es auch zu streiten.

Nun hat sich gegenüber den Anfängen des Dialogs die Situation verändert. Es gibt in den Kirchen und über ihre Grenzen hinaus handlungsfähige und handelnde Gruppen, für die der Sozialismus entscheidende Methoden und Strategien bereitstellt, an dem biblischen Ziel der Gerechtigkeit kritischer, realititäsbezogener und in wirksameren Koalitionen arbeiten zu können. Es gibt Sozialisten, für die Christen unentbehrliche Weggenossen auf dem Weg zu mehr Brüderlichkeit und Gerechtigkeit sind. Arbeitsfelder solcher Kooperationen sind die Befreiungsbewegungen in der Dritten Welt, Arbeit mit und für Randgruppen und für Opfer in den kapitalistischen Ländern und oppositionelle Menschenrechtsgruppen in den Ländern eines verstaatlichten Sozialismus.

Aber es gibt noch andere, schmerzliche Veränderungen. Die Grenzgänger und Häretiker der jeweiligen Grundposition entdeckten Einschränkungen ihrer Praxis und Unabhängigkeit, deren Ausdruck die hier und da gegen sie ergriffenen administrativen Maßnahmen waren. Sie signalisierten ein tieferes Problem: Wieweit hat die Mehrheitsposition, wenn sie sich als solche in Partei oder Kirche verkörpert, in einem sozialistischen oder christlichen Staat überhaupt die Möglichkeit, anders zu reagieren als in dem oft penetranten Nachweis, man könne über die empirische Kirche oder über den realen Sozialismus sich nicht ohne weiteres hinwegsetzen. „Jeder sein eigener Papst" ist zwar ein protestantisch naheliegendes, höchst subjektives Postulat, verschweigt aber die Probleme einer Gestaltwerdung von Kirche und Zwängen nach Kontinuität und kollektiven Organisationsformen. Sozialismus ohne die genaue Frage (und eine praktische und praktikable Antwort) nach dem Träger der Veränderung im jeweiligen gesellschaftlichen, regionalen und historischen Kontext bleibt hinter sich selbst zurück oder fällt in die Leninsche Parteitheorie (Avantgarde des Proletariats) zurück, wenn er nicht auf Randgruppen in den Metropolen, Studenten oder Intellektuelle setzt. Sie sind es nicht. Der Freiheitskampf der Afrikaner in den portugiesischen Kolonien und in Algerien zeigt, daß Freiheitsbewegungen der Dritten Welt die bisher sichtbarste Antwort auf die Frage nach den Trägern der Veränderungsprozesse gegeben haben und intensivste Änderungen in ihren jeweiligen „Mutterländern" erzwangen. Sie stehen vor dem schwierigen Problem, wirklich Träger von permanenten Veränderungsprozessen zu bleiben. Der christlichen Aufgabe einer ecclesia semper reformanda entspricht eine societas semper reformanda. China scheint das Problem erkannt – wenn auch nicht gelöst zu haben. Die Sowjetunion tut sich schwer, nachdem man Trotzki vertrieben hatte. Die anfängliche reale Bedrohungssituation für revolutionäre Staaten und entsprechende Lehren der Geschichte lieferten zu rasch den Vorwand, den Status quo zum Garanten der neuen revolutionären Gesellschaft zu erklären. Kritik als Grundkategorie des Marxismus wurde nach außen gewandt, nach innen nicht gewünscht.

Karl Korsch, einer der wachsten und lebendigsten marxistischen Kritiker des Marxismus, schrieb 1938, was er schon früher geäußert hatte: „Mit dieser Entartung der marxistischen Theorien zu einer bloßen ideologischen Rechtfertigung dessen, was in seiner tatsächlichen Tendenz ein kapitalistischer Staat ist, ein Staat, der damit unvermeidlich auf der Unterdrückung der fortschrittlichen revolutionären Bewegung der proletarischen Klasse beruht, hat die erste Phase der Geschichte der marxistischen Ideologie in Rußland ihren Abschluß gefunden."[1] Korsch datiert den Beginn der Entartung schon auf 1921, die Ankündigung der „Neuen ökonomischen Politik" Lenins. Die Geschichte der Opposition in der Sowjetunion ist die unbeantwortete Frage nach der Alternative dieser sozialistischen Verwirklichung. CSSR 1968 und Chile 1973 markieren zwei gewaltsam ausgelöschte Antworten. Wo liegt die Grenze des „realen Sozialismus", hinter der er seine Relevanz für Humanisierungs- und Demokratisierungsprozesse verliert? Welche Rolle spielt der Kommunismusvorwurf in den kapitalistischen, der Kapitalismusverdacht mit

1 K. Korsch, Politische Texte, Frankfurt 1974, 258.

den entsprechenden Verschwörungstheorien für die jeweilige binnenpolitische Disziplinierung?

Die Christen beispielsweise, denen der Ausweg in einen spirituellen Kirchenbegriff so leicht offensteht wie den Marxisten der Weg in einen „Akademiker-Marxismus", entdeckten, wie stark die Beweislast ist, die Geschichte und Praxis der Kirchen aufhäuften: Ein ungeheures Arsenal in Widerlegungen gegen ein unbefangen sich in die Welt einbringendes Christentum. An zwei Punkten wurde es besonders deutlich: Die Gewalt des weißen Rassismus wurde nicht nur geduldet, sie wurde getragen, verharmlost, wenn nicht gar gerechtfertigt von christlichen Völkern und ihren Sprechern. Die „gnadenlosen Folgen des Christentums" (Carl Amery), gesetzt in einem „totalen Herrschaftsauftrag über den Rest der Schöpfung" sind das zweite Beispiel. Das Christentum „war erfolgreich in der Übermittlung selbstverständlichen Vertrauens in die Garantie der Genesis: qualitative Einzigartigkeit des Menschen, totale Profanität der Natur, ihre Verfügbarkeit als Ausbeutungsobjekt ..."[2]

Die Grenzen der Macht der Weißen stoßen sich jetzt an der erwachenden Macht der nichtweißen Welt. Die Grenzen des Wachstums sind durch das absehbare Ende (über die Zeiträume und Substituierbarkeit, nicht über das Faktum wird gestritten) der natürlichen Ressourcen an Boden, Luft, Wasser und Rohstoffen gebunden. Christentum und Marxismus sind hiervon in besonderer Weise betroffen, als sie (darauf haben Gogarten und C. F. v. Weizsäcker immer wieder für den christlichen Teil hingewiesen) in besonderem Maße jene emanzipatorische Kraft eines entmythisierten Naturbegriffs und einer damit verbundenen Expansion und Mission des europäischen Way of Life (der Wissenschaft, der Technik, des Christentums, der Kultur) in die anderen Kontinente wesentlich konstituierten. Der Kommunismus übernahm diese Grundhaltung einer aktiven Weltgestaltung, entkleidete sie ihrer theologischen Gegenkräfte (z.B. Askese, Hochschätzung des Individuums), die eine Totalisierung verhindern könnten, bündelt sie in besonderem Maße auf Bildungs- und Wirtschaftsexpansion und steht vor denselben „gnadenlosen Folgen" eines (in ihm total und resolut säkularisierten) Christentums. Gegenüber den Anfängen des Dialogs muß jetzt realistischer nach den faktischen Gestalten von Christentum und Sozialismus gefragt werden. Unterscheiden sie sich nur durch die unterschiedliche Länge ihrer jeweiligen Geschichte des Scheiterns? Wie sieht die reale Geschichte des Gelingens aus?

Wurde deutlich, daß das universal nicht nur agierende, sondern auch universal denkende und sich organisierende Christentum in den Ketten seiner partikularen Verwirklichungen, z.B. in Europa, hing, so entdeckten die kritischsten Geister der neuen Linken und die engagiertesten Sozialisten die Fesseln, die aus der Tatsache stammten, daß sich der Sozialismus 1917 zuerst in *einem* Land, und zwar in einem der rückständigsten Länder, durchsetzte. Dazu kommt, daß dieser Sieg sehr rasch mit zwanghaftem Modellcharakter und Führungsanspruch

2 Carl Amery, Das Ende der Vorsehung, Hamburg 1972.

gerade dieses „realen Sozialismus“ und seiner Einflußsphäre auftrat. Die Erfahrung der Verstaatlichung des Christentums in konstantinischer Größe oder protestantisch-landesherrlicher Parzellierung stellt sich auch dem Sozialismus. Sie stellt sich als entscheidender Widerspruch zu seinem Universalismus, der partikularen Aspekten und nationalstaatlicher Machtbehauptung unterworfen wird.

Was am Anfang des Dialogs zwischen Christentum und Marxismus notwendige Voraussetzung war, Dialog über Quellen und gemeinsame Ziele, konnte auf die Dauer nicht von der Wirkungs- und Verwirklichungsgeschichte absehen. Beiden ist die Praxis zwar nicht der einzige schlagende „Gottesbeweis“ oder die einzige Verifikationsinstanz. Aber an den Früchten und der Wirklichkeit sollten beide schon erkennbar sein. Der als Hilfskonstruktion eingespannte Hiatus zwischen der Gegenwart und ihren Widersprüchen und dem kommenden Reich der Freiheit darf nicht überstrapaziert werden. Keine Zukunft darf mit Gegenwart, d.h. mit ihrem Menschen, bezahlt werden. Der St. Nimmerleinstag gehört weder in den christlichen noch in den marxistischen Kalender. Diese Warnung hat nicht nur gegen eine materialistische Geschichtsauffassung ihr Recht, die sich des (oft nur monokausal gesehenen) Ablaufs und Antriebs der Geschichte absolut sicher zu sein scheint. Woraus man, wenn man an der ökonomischen und politischen Macht sitzt und zugleich über das Interpretations- und Informationsmonopol verfügt, die Geschichte (mit ihrer Gesellschaft und ihren Individuen) ableiten kann, sie zum Glück dieser ja durchschauten Bewegungsrichtung zu zwingen. Hat man nicht die entsprechende Macht, läßt sich aus dieser eindimensionalen Sicht ein Votum des Volkes destillieren, das mit ungeheurem Aufwand verbaler und theoretischer Art nicht mehr kann, als die herrschende Macht als die Macht der Herrschenden zu beklagen und alles Heil von der totalen Revolutionierung zu erwarten. Kritik als Beschwörung. Wozu sich noch in kleineren Schritten engagieren, wenn dergleichen doch nur Revision, also Modernisierung des bestehenden Systems, also Konterrevolution ist? Ein monokausales materialistisches Denken im Blick auf die Geschichte lähmt den, der nur die große Veränderung will: „Und wenn der Mann noch nicht entdeckt hat, daß, wenn die materielle Daseinsweise das primus agens ist, das nicht ausschließt, daß die ideellen Gebiete eine reagierende, aber sekundäre Einwirkung auf sie hinwiederum ausüben, so kann er doch unmöglich den Gegenstand begriffen haben, worüber er schreibt. Aber, wie gesagt, das ist alles zweiter Hand, und Moritzchen ist ein fataler Freund. Auch die materialistische Geschichtsauffassung hat deren heute eine Menge, denen sie als Vorwand dient, Geschichte *nicht* zu studieren.“[3]

Es wiederholt der Marxismus, setzt er sich durch, eine bittere Erfahrung des Christentums: Man bekommt Mitläufer, denen die praxis pietatis oder revolutionis wegen ihres theoriekritisierenden Zwangs zum Kompromiß und wegen

3 F. Engels am 5. Aug. 1890 an Conrad Schmidt, in: Marx – Engels Werke 37, Berlin 1967, 436.

ihres persönlichen Engagements nur Verachtung wie für Schwärmer oder Revisionisten entlockt.

Die Fundamentalisten einer simplen Basis-Überbau-Theorie schaffen wie alle Fundamentalisten neben den Rechtgläubigen die wachsende Schar der Mitläufer. Wer den Menschen als Gottes Ebenbildern Partizipation nicht ermöglicht, wer ihnen in jedem ihrer Unikate Anteil an den Gestaltungs- und Entscheidungsprozessen auf der Erde verweigert, der schafft für diese Erde eine diktatorische Verfassung, die sie aus der elenden Verfassung nicht retten wird, in die wir sie mit unseren bisherigen Versuchen, sie „uns untertan zu machen", gebracht haben. Christentum und Sozialismus wurden in ihren „revisionistischen" Formen wirksam. Die Verwirklichung depraviert, was helfende und kritische Energie zur Befreiung von Unrecht und Angst, Hunger und Krankheit, Krieg und Elend ist. Aber ihre Wirksamkeit besteht nicht nur in der Verwirklichung in den jeweils eigenen Kirchen, Parteien oder Staaten. Ebenso stark ist die prophetische Provokation zur humanisierenden Veränderung außerhalb des unmittelbar eigenen Bereiches. Krankenhäuser, Schulen, Hochschulen, Kindergärten, Behindertenarbeit gehören zu den Innovationen, die die Gesellschaft von christlichen Pionieren lernen mußte, wollte sie ein Minimum an Humanität schaffen. Marx' Analyse von Ausbeutung und Ungerechtigkeit, sein Insistieren auf sozialer Gerechtigkeit schuf verbesserte Lebensbedingungen gerade auch außerhalb des „sozialistischen Lagers", ja vor dessen Existenz. Die Welt sähe noch dunkler aus, hätte es Augustinus, Franziskus, Melanchton, Grotius, Dunant, M. L. King, Luthuli, Camara, Marx, Lenin, Mao, Dubček, Allende, Nyerere nicht gegeben. Die willkürliche Auswahl der Namen zeigt, daß der Reichtum der mit diesen Namen angedeuteten Bewegungen und Geschichte nicht einer idealtypischen Betrachtung geopfert werden darf, genausowenig wie ihre ebenfalls idealtypische Kehrseite einer Geschichte des bloßen Scheiterns.

Das Wort und Werk Christi sagten an und eröffneten das Reich Gottes. Die Taten waren nicht zu übersehen, die Worte nicht zu überhören. Die Kette der Nachfolger riß nicht ab. Wir leben davon. Wollte Christus die Kirchen in ihrer heutigen Gestalt und Aktivität? So zu fragen, heißt auf die lebendige und erneuernde Kraft des Evangeliums genauso wie auf die dringende Notwendigkeit zur Erneuerung der Kirchen hinzuweisen. Der Marxismus war ausgezogen, das Reich der Freiheit zu eröffnen, den Staat und die Verhältnisse des Zwangs absterben zu lassen. Der neue Mensch sollte hier wie dort auf den Plan treten. Wieder zeigt der Hinweis auf elementare Ziele elementare Defizite. Der Mensch, der den anderen Menschen „als Reichtum empfindet" (K. Marx), der dem anderen zum Nächsten wird, ist unterwegs, er lebt und arbeitet schon. Vielleicht kommt er noch schneller zu sich und zum anderen, wenn er in seiner christlichen Gestalt den Marxisten und in seiner marxistischen Gestalt den Christen als Reichtum entdeckt, als Mitarbeiter und – in einer akklamations- und konsumsüchtigen Zeit besonders notwendig – als Kritiker. Fehlen in den eigenen Reihen die mutigen Propheten, die kritisch und heilend die Finger auf die Wunden legen, so kann der andere nur zum Propheten werden. Es ist ja möglich, sich die Balken im eigenen Auge auch von den Augen derer zeigen zu lassen, die selbst nicht splitterfrei sind. Man könnte dann vielleicht folgende Thesen diskutieren:

1. Das Verhältnis von Sozialismus und christlichem Glauben wird zu einfach bestimmt, wenn der eigenen guten Theorie die schlechte Praxis der anderen Seiten gegenübergestellt wird. Beide Seiten sind sowohl „an ihren Früchten" zu erkennen wie nach der Wahrheit ihrer „Theorie" zu befragen. Zu diskutieren ist, was man gewollt *und* was man bewirkt hat.

2. Christentum und Sozialismus sind in ihrer verschieden langen Geschichte den Versuchungen der Macht erlegen, Herrschaft von Menschen über Menschen aufzurichten. Damit gewinnen sie den Charakter vom „Opium des Volkes", das ungute Verhältnisse erträglich machen oder verschleiern soll. Aber sie haben auch unersetzliche Beiträge geleistet, das Leben der Menschen auf der Erde menschlicher zu machen. Beide verloren nicht die Fähigkeit, „Protestation gegen das wirkliche Elend" zu sein.

3. Die Zielsetzung des Christentums finde ich beschrieben in dem Satz „Gott und den Nächsten zu lieben" (Mt 22, 37-39); die Zielsetzung des Sozialismus in dem „kategorischen Imperativ, ... alle Verhältnisse umzustoßen, in denen der Mensch ein erniedrigtes, ein geknechtetes, ein verlassenes, ein verächtliches Wesen ist."[4]

4. Die Verwirklichung der Ziele, die teilweise gleich sind, aber vom christlichen Glauben weiter gesteckt sind (vgl. 8 –10), erlaubt
a) teilweise Zusammenarbeit, wo man voneinander lernen kann,
b) die Frage nach den verschiedenen Schritten und Voraussetzungen der Verwirklichung: Wer ist handelndes Subjekt der Geschichte? Ist die Übertragung des Eigentums an Produktionsmitteln die zentrale Veränderung? Gehört der Atheismus wesentlich oder nur geschichtlich zum Sozialismus? Welchen analysierenden, erkenntnisleitenden und handlungsorientierenden Wert haben die biblischen Grundbegriffe Liebe, Gerechtigkeit, Freiheit?

5. Christen können von Marxisten lernen, was sie in ihrer Geschichte oft vergessen haben: die Gerechtigkeit, von der die Bibel spricht, ist mehr als eine Beschreibung der Eigenschaften Gottes und seiner Beziehung zu den Menschen. Sie ist auch die Beschreibung aller Grundbeziehungen der Menschen und menschlicher Gruppen, Rassen und Klassen auf dieser Erde nach Gottes Willen.

6. Christen können von Marxisten lernen, radikal, d.h. an die Wurzel gehend, zu fragen, woher und wie Ungerechtigkeit, Unheil, Krieg, Haß entstehen. Viele

4 So Karl Marx in der „Kritik der Hegelschen Rechtsphilosophie".

Dinge, die wir für Naturereignisse halten (Ausbeutung, rassische Ungleichheit, Krieg), sind Ergebnisse von Lebensverhältnissen, die Menschen geschaffen haben, also auch ändern können. Krankheit und Nichtausbildung wurden z.B. vom christlichen Glauben ebenso angegangen und durch Krankenhäuser und Schulen zu überwinden gesucht.

7. Christen können von Marxisten lernen, im Interesse einer besseren Zukunft die Gegenwart nicht nur kritisch zu betrachten, sondern auch kritisch zu verändern. Jeder kann vom andern lernen, der Zukunft zuliebe nicht die Gegenwart zu opfern.

8. Marxisten können von den Christen lernen, daß die Mittel auf dem Weg in eine bessere Zukunft (z.B. Revolution) nicht Selbstzweck werden dürfen, da immer alle Ordnungen und Instrumente des Handelns in dieser Welt (z.B. Macht, Revolution, Eigentum) für den Menschen da sind und nicht umgekehrt. Alles ist politisch, aber Politik ist nicht alles (G. Casalis).

9. Marxisten können von den Christen lernen, daß die Leugnung Gottes, eines „höchsten Wesens“ für den Menschen, die den Menschen selbst zum „höchsten Wesen“ setzt, den Menschen eines liebenden und gerechten Anwalts beraubt und damit den Weg ebnen kann, daß Menschen sich zu „Obermenschen“ setzen und andere zu „Untermenschen“ machen, daß Menschen nur sich selbst ausgeliefert bleiben.

10. Marxisten können von Christen lernen, daß der Mensch von Vertrauen, von Liebe und von Vergebung mehr lebt als von der Selbstverwirklichung, die ihn zum alleinigen Schöpfer seiner selbst und seiner Geschichte macht und ihn damit unter einen permanenten Rechtfertigungs- und Leistungsdruck setzt.

Erwägungen zum Thema Reformation und Revolution *

Das Stichwort Revolution trägt keine fremde, nur moderne Fragestellung an die Reformationszeit und an Luther heran. Die Moderne hat die Fragestellung nur verschärft. Die Reformation war eine Revolution, sofern man unter Reformation versteht „eine Bewegung, die eine Menschengruppe, eine Klasse, eine Gesellschaft, einen Staat oder ein Volk, welche bis dahin in einem anderen System lebten, an die Macht bringt. So läßt sich Revolution etwa durch folgende Charakteristika definieren: Plötzlicher Bruch der Legalität, Machtergreifung durch die Vertreter einer führenden Klasse, Änderung der wirtschaftlichen und kulturellen Zustände. Zwar sind nicht alle Elemente dieser Definition notwendig ... es ist aber unbedingt erforderlich, daß die Revolution eine wirkliche Veränderung herbeiführt ... sonst handelt es sich nur um einen Aufruhr“.[1]

Eugen Rosenstock-Huessy zählt folgerichtig die Reformation in seiner Skizze der europäischen Revolutionen auf.[2] Sie folgt der Revolution des Papstes gegen den Kaiser als Revolution gegen Papst und Kirchenfürsten, die von dem Fürstenadel als weltlicher Obrigkeit getragen wird. Es schließen sich an die Revolution in England, in der der niedere Landadel gegen die Obrigkeit steht, die Revolution des Bürgertums gegen den privilegierten Adel in der französischen Revolution, die Revolution des Proletariats, die das Ende der Bourgeoisie in Rußland herbeiführt. Aber es gibt noch andere Koordinaten, die zur Definition der Reformation als einer Revolution nötig sind. Im Anschluß an Rosenstock-Huessy verweist A. v. Leeuwen auf die letzte und stärkste Triebfeder der Reformation. „Das Ringen um die Freiheit und die Souveränität des Wortes Gottes und seine Befreiung aus kirchlichen Bindungen, der Kampf für das sola gratia gegenüber jedem menschlichen Verdienst ist nicht durch die besondere Situation des Tages bedingt, sondern bringt die prophetische Kirche selbst wieder zu neuem Leben. Insofern kann man in der Reformation eine Fortsetzung der ‚päpstlichen Revolution‘ im elften Jahrhundert sehen“.[3] Die christliche Freiheit in ihrer doppelten Gestalt – als Befreiung aus der Selbstverfallenheit des Menschen zur Freiheit, dem Nächsten als Diener zuzufallen – wirkt ebenso „zersetzend“ auf manche Struktur der Kirche und Gesellschaft,

* Zuerst veröffentlicht in: R. Schmidt (Hg.), Die Bedeutung der Reformation für die Welt von morgen. Zweiundzwanzig Beiträge aus neun Ländern, Frankfurt a. M. 1967, 174-187.

1 Religion in Geschichte und Gegenwart (3. Aufl.) 2, 1079.

2 E. Rosenstock-Huessy, Die europäischen Revolutionen und der Charakter der Nationen, Stuttgart 1951.

3 A. Th. v. Leeuwen, Christentum in der Weltgeschichte - Das Heil und die Säkularisation, Stuttgart/Berlin 1966, 221.

wie sie „erbaulich" wirkt zum Aufbau neuer Strukturen des geistigen, kirchlichen, sozialen und politischen Lebens. Die Umwälzungen liegen auf der Hand. Max Weber, Ricarda Huch, Ernst Wolf, H. Bornkamm, F. Gogarten und C. F. v. Weizsäcker – um nur einige wenige Autoren aus verschiedenen Lebens- und Wissenschaftsbereichen zu nennen – sind den vielen die Kirche, die Gesellschaft, das geistige Leben revolutionierenden Wirkungen der Reformation nachgegangen. Luther hat solche Konsequenzen sicher nicht immer, nicht überall und nicht immer so weitgehend und kritisch reflektiert, gesehen und gewollt. Aber er zielte auf Veränderung. Er schrieb nicht grundlos „an den christlichen Adel deutscher Nation" über eine neue Eheauffassung in "De votis monasticis", für den Ausbau des Bildungswesens und die Behebung des katastrophalen Bildungsnotstands („daß man Kinder zur Schule halten solle"). Gegen Armut und Bettlerunwesen plädierte er für „die Ordnung eines gemeinsamen Kastens". Im Wirtschaftsleben attackierte er gewisse hochkapitalistische Praktiken („Von Kaufhandlung und Wucher"). Mit Selbstverständlichkeit beteiligt er sich an der Neuverteilung der Macht zwischen Fürstenadel, Städten, Papst und Kaiser. Er verließ Kloster und Ehelosigkeit im Bewußtsein der ethischen und gesellschaftlichen Revolution, die er damit auslöste.[4]

Es ist oft genug und nachdrücklich darauf hingewiesen worden, daß sich Luther keineswegs scheute, Stellung zu gesellschaftlichen, politischen und kulturellen Fragen zu nehmen. Seine Verkündigung auf Kanzel und Katheder, in Briefen und Gesprächen war politisch. Er intendierte Wandlungen in diesen und anderen Lebensbereichen. Die Abstinenz, die das deutsche Luthertum im Gegensatz zu Luther an diesem Punkt übte, hat ihm mit Recht herbe Kritik eingebracht. Karl Barth ist ihr leidenschaftlichster Wortführer. „Das Luthertum hat dem deutschen Heidentum gewissermaßen Luft verschafft, ihm (mit seiner Absonderung der Schöpfung und des Gesetzes vom Evangelium) so etwas wie einen eigenen sakralen Raum zugewiesen ...".[5]

An dieser Stelle ist nicht die weitgeführte Debatte über die Zwei-Reiche-Lehre und Luthers Lehre von Gesetz und Evangelium in extenso aufzugreifen. Es soll zunächst nur gefragt werden, warum Luther das, was er wollte, nicht konsequent wollte. Anhänger und Kritiker stehen hier vor Luther und fragen nach den Ursachen dieser Hemmungen, die ihn z.B. gegen Karlstadt und seine von Luther selbst theoretisch verlangten Aktionen 1522 von der Wartburg zur Rettung des Status quo nach Wittenberg eilen ließen. Warum riet er, trotz zustimmender Einsicht in die berechtigten Forderungen der Bauern, zur brutalen Niederschlagung des Bauernaufstandes? Die Revolution der Reformation beginnt und bringt sich und die auf Umwandlung und Erneuerung angewiesene Gesellschaft um einen

4 Vgl. hierzu den Interpretationsversuch (im Vorbereitungsband für die Tagung „Kirche und Gesellschaft", Genf 1966: Die Kirche als Faktor einer kommenden Weltgemeinschaft, Stuttgart/Berlin, 1966, 56ff) von William H. Lazareth.

5 Karl Barth, Eine Schweizer Stimme 1938 – 1945, Zollikon-Zürich 1945, 122. Zur Gesamtdiskussion: Ernst Wolf, Peregrinatio I und II, München 1962 und 1965, dort weitere Literatur.

Teil der möglichen Früchte. Die Kirche hat deren mehr genießen dürfen, hätte sie allerdings mit besserem Gewissen und Wirkungsgrad genießen können, wenn der kirchlichen Erneuerung eine konsequentere soziale und politische Erneuerung parallel gelaufen oder gefolgt wäre. Konnte Luther sich mit Recht wundern, wenn er den Verhältnissen und den in ihnen lebenden Menschen eine Melodie vorgesungen hatte und diese nun die Melodie verstanden und sich nach ihr zu bewegen begannen? Gilt nicht, was Marx in der Einleitung zur Hegelschen Rechtsphilosophie, in der er des öfteren auf die Reformation Luthers als Folie der von ihm angestrebten Revolution zu sprechen kommt, bemerkt: es könne in Deutschland „*keine* Art der Knechtschaft gebrochen werden, ohne *jede* Art von Knechtschaft zu brechen“[6]? Es ist nicht vorzustellen, welchen Verlauf die deutsche Geschichte genommen hätte, wenn Luther den Wünschen der Bauern Rechnung getragen hätte. Die Wünsche sahen vor: die reine Predigt, die Wahl der Pfarrer durch die Gemeinden, die Verwendung der großen Zehnten für die Pfarrerbesoldung und die Aufhebung des kleinen Zehnten, die Beseitigung der Leibeigenschaft, da Christus alle Menschen erlöst habe und sie daher frei sein sollten, freie Jagd und Fischfang und die Abstellung von allerlei Neuerungen. Im letzten der 12 Artikel verpflichteten sich die Bauern, auf alle Forderungen zu verzichten, die nachweislich dem Wort Gottes nicht gemäß wären. Luther konnte zustimmen. Die theologische Diskussion in jener reformatorischen „Ökumene“, die den linken Flügel der Reformation in die lutherische Reformation einbezogen hätte, hätte nicht unterbleiben müssen. Unterblieben wäre Luthers Richten und Aburteilen derer, die er, meist ohne sie genau zu hören, Schwärmer nannte. Man kann nicht sagen, daß der Weg, den Luthers Reformation nahm, das „Anliegen des Schwärmertums zugleich abgewiesen und erfüllt hat“[7].

Die hier angestellte Überlegung ist nicht müßige Spekulation. Sie zielt auf die Aufklärung des Tatbestandes, daß Luther keineswegs die angestrebte und notwendige Reinerhaltung des Evangeliums unter Verzicht auf Gewalt durch das Wort allein schaffte. Er entschied sich nur für eine andere Gewalt, als sie sich in der Haltung der Bauern artikulierte. Damit ist zugleich gesagt, daß Luthers Entscheidung nicht die für ein „unpolitisches“ Evangelium war, für Abstinenz in politicis. Auch die Fürsten organisierten wie die Städte, die die Reformation einführten, schufen neue Strukturen, übten Gewalt z.B. durch die ungebrochen geltenden Ketzergesetze. Es steht also eine politische Entscheidung gegen die andere, beide mit theologischen Voraussetzungen und Implikationen, und nicht eine geistliche Entscheidung für die reine Reformation und eine weltliche für eine Vermischung mit politischer und gesellschaftlicher Praxis. Diese Gegenüberstellung war nicht die von Luther, wohl aber die seiner Nachfahren.[8] Die Frage heißt dann: Wem kommt eine konsequent politische Haltung

6 K. Marx, Die Frühschriften, hg. v. S. Landshut, Stuttgart 1953, 224.

7 So W. Maurer, Luther und die Schwärmer, Berlin 1952, 8.

8 Vgl. hierzu H. Richard Niebuhr, Christ and Culture, New York 1951, 179; zitiert auch bei Lazareth, a.a.O., 58.

zugute? Sicher den etablierten Mächten dann, wenn diese Haltung eben nicht vom Evangelium her reflektiert und qualifiziert ist, aber den Armen, Rechtlosen, Mühseligen und Beladenen, wenn diese Reflexion und Qualifizierung geschieht. Die Vernunft, nach Georg Picht einziges Medium zur Therapie der Gesellschaft, muß in der Tat überall vom Glauben „geläutert" sein.[9]

Damit ist jene Fragestellung erreicht, die kritisch und beunruhigt Luther angeht, weil er Hoffnungen erweckte und noch immer erweckt. Der Gefragte ist nicht tot, der Kritisierte wirkt und der Bekämpfte ist lebendiger als der nur Beschworene und Gefeierte. Friedrich Heer, der Wiener katholische Historiker, beschreibt, stark überzeichnend, den Weg der Reformation als Revolution: „Hier beginnt, in dem jungen Mann Luther und mit ihm, eine Erwartungsbewegung: die deutsche Revolution. Die einzige deutsche Revolution bis heute. Im Vertrauen auf den großen Führer, den Befreier Martin Luther, laufen die Mönche, Nonnen, Pfarrer, Seelsorger aus ihren Mauerkirchen, ergreift ein christlicher Adel deutscher Nation das Schwert, greifen deutsche Bauern zu den Waffen. Kaum 20 Jahre nach diesem großen Aufbruch, nach Deutschlands Frühlingserwachen, Ostererlebnis und Pfingstfest des Heiligen Geistes, ist das große Debakel, das große Scheitern sichtbar: Die Bauern sind niedergekämpft, ihre Führer in Folter geschunden, auf Galgen gehängt. Der Klerus möchte am liebsten sofort zur alten Mutter Kirche zurück. Viele Selbstmorde evangelischer Pfarrer, Chaos in der Lehre, im Unterricht. Die echtesten, lebendigsten Freunde und Anhänger des jungen Luther werden von ihm am heftigsten befehdet. Die lutherische Linke kann sich vor den neuen fürstlichen lutherischen Mauerkirchen und ihren Inquisitoren nicht retten, flieht, verfolgt, von Land zu Land."[10] War hier Luther einfach dem Grundsatz aller Revolutionen gefolgt, daß sie gegen eine „Topie" im Namen einer „Utopie" (Landauer) zu Felde ziehen, um nachher wieder auf dem umhegten und abgesicherten Boden einer „Topie" zu landen? Sprechen Luthers oft verbitterte und resignierte Stimmen, vor allem am Ende seines Lebens und sein seltsam unkritisches Bündnis mit einem landesherrlichen Kirchenregiment nicht eine beredte Sprache? Weisen sie nicht hin auf eine Enttäuschung über die Wirkungslosigkeit und Gestaltlosigkeit des so glanzvoll, couragiert und wohlbegründet begonnenen Neuaufbruchs? „Hätte ich in der Erste gewußt, da ich anfing zu schreiben, das ich itzt erfahren und gesehen hab (nehmlich, daß die Leute Gottes Wort so feind wären und setzten sich so heftig dawider), so hätte ich fürwahr stillgeschwiegen ...".[11]

Nach Marx und Engels ist es vor allem Ernst Bloch, der in seiner expressionistischen Darstellung Thomas Münzers hart formulierte Fragen stellt. Seine

9 G. Picht in: C. F. v. Weizsäcker, Bedingungen des Friedens, Göttingen 1964, 36.

10 F. Heer, Gottes erste Liebe – 2000 Jahre Judentum und Christentum. Genesis des österreichischen Katholiken Adolf Hitler, München/Eßlingen 1967, 184.

11 M. Luther, Tischreden, (Hg.) K. G. Steck, München 1959 (Goldmanns Taschenbücher 549), 21.

Liebe zu Münzer macht ihn für Luther nicht blind, auch wenn er ihn einseitig konturiert.[12]

Hier liegen Sinn und Unsinn der Versuche, Luther zu einem revolutionären Sozialisten zu machen und ihn in die Ahnengalerie des nationalen oder sozialistischen Fortschritts aufzunehmen. Die Unsinnigkeit solcher Nationalisierungs- und Sozialisierungsversuche mit Gestalt und Werk Luthers liegt auf der Hand: Luther wird nur reklamiert. Das daraufhin vorgezeigte Bild ist folgerichtig dann auch nur Reklame – Reklame für eine Sache, der ein Aspekt Luthers einlinig akklamieren, zu der aber der ganze, widerspruchsvolle Luther nicht nuanciert und mehrstimmig mitreden darf.

Zwei Positionen allerdings werden diesen Versuchen, mit Luther umzugehen, nicht gerecht: Man darf den z.B. in dem sehr ernsthaften Buch von M. Müller-Streisand skizzierten Bruch in der Entwicklung Luthers, deutlich werdend in seiner wechselnden Stellung zu den Bauern, nicht bagatellisieren, und man darf nicht die marxistische Kritik an Luther als eine unerlaubte moderne, nur materialistische oder säkulare Fragestellung abtun[13].

Es ist festzuhalten, daß die Bestürzung über Luthers Wandlung schon seine Zeitgenossen und Schüler teilen, für die hier in der Tat u.a. auch Karlstadt und Münzer stehen müssen. Bei der immer und mit Recht aufgezeigten Differenz im theologischen Denken bleibt doch eine breite Basis der Gemeinsamkeit, vor allem zwischen Karlstadt und Luther. Karlstadt zog z.B. 1522 die Konsequenzen aus Luthers Lehren, die jeder Leser seiner Schriften ziehen mußte: Austeilung des Abendmahls in beiderlei Gestalt, Verzicht auf das Meßgewand und Beseitigung der Bilder, Einrichtung eines deutschen Gottesdienstes. Tief enttäuscht blieb ihm Luthers Inkonsequenz und Feindlichkeit dem gegenüber, der tat, was jener lehrte, unverständlich. Karlstadts Wirken und sein von Luther verursachtes bitteres Schicksal formulieren lange vor den Marxisten die ernsten Fragen, die wir hier stellen. Aber sie stellen sich noch von einer anderen Seite, nämlich aus der Geschichte.

Die Frage nach der praktischen, auch organisatorischen Konsequenz des Verkündeten für Kirche und Gesellschaft und damit die nach der revolutionären Wirkung tauchte schon in der vorlutherischen Reformation auf und fand dort Antworten, die ihrerseits wieder als kritische Rückfragen an Luther, der ja in dieser Geschichte lebte und wirkte, kommen. John Ball und John Wiclif, der eine sich auf das Naturrecht berufend, beeinflußt vom franziskanischen Armutsideal, der andere das Gesetz Gottes als Gesetz der Welt benutzend („Nullum est civile dominium, nisi in iustitia evangelica sit fundamentum"); beide lösten damit mehr oder weniger bewußt die sozialen Forderungen der

12 K. Marx, a.a.O., 217: „Deutschlands revolutionäre Vergangenheit ist nämlich theoretisch, es ist die Reformation. Wie damals der Mönch, so ist es jetzt der Philosoph, in dessen Hirn die Revolution beginnt"; F. Engels, Der deutsche Bauernkrieg, Berlin [7]1955; E. Bloch, Thomas Münzer, Bibliothek Suhrkamp, Frankfurt a. M. 1962.

13 M. Müller-Streisand, Luthers Weg von der Reformation zur Restauration, Halle 1964.

Bauern in England aus. Ebenso hatte Jan Hus Wiclifs Lehre vom göttlichen Recht aufgenommen. Das Evangelium hatte soziale und politische Dimensionen. Die Anfrage der englischen und böhmischen „Vor"-Reformatoren, aber auch der süddeutschen und schweizer Gruppe, z.B. Konrad Grebel und Baltasar Hubmaier mit ihrer Forderung nach einer vom Staat freien Kirche, an Luther und die von seiner Tradition geprägten Christen geschieht in Gestalt geschichtlicher Modelle, die gerade in Böhmen ihre Geschichtswirksamkeit bis zum heutigen Tag erhalten haben[14].

Eine Antwort auf die Frage nach dem Grund der Hemmnisse Luthers, konsequent das zu verwirklichen oder verwirklichen zu lassen, was seine Predigt anstrebte und nach dem Grund der Leidenschaft, mit der er sich gegen die wandte, die seine Worte an diesem oder jenem Punkt praktizierten, gibt K. G. Steck kritisch-abwägend unter den Stichworten vom Spiritualismus, Dualismus, Positivismus und von der Autorität Luthers.[15] Damit sind theologische Positionen angedeutet, die mit den politischen und gesellschaftlichen Vorgängen der damaligen Zeit zusammen zu den „Mangelerscheinungen des Protestantismus" führten, „vor deren Auswirkungen wir von jeher, gestern, heute und auch gewiß noch morgen so ratlos stehen".[16]

E. Börsch ist in einer subtilen Untersuchung der Theologie Luthers in den Entscheidungsjahren der Reformation 1520-1525 den Problemen weiter nachgegangen.[17] Er formuliert Luthers Nein unter den Gesichtspunkten, daß nach Luthers Auffassung die Reformation a) allein durch das Wort erfolgen müsse, b) aus ordentlicher Berufung und c) nach Luthers Beispiel. Die Grenzen der Reformation und damit dieser Revolution werden hier sehr schnell sichtbar. Es wurde schon darauf hingewiesen, daß Luther selbst die Punkte a) und b) für sich selbst (glücklicherweise!) nicht zum exklusiven Prinzip werden ließ.

Die Frage Reformation und Revolution hat auch eine pädagogische Dimension. Luther und seine Wirkung prägen einen großen Teil der heutigen Christenheit. Alle Überlegungen zum Selbstverständnis dieser Christen können diese Prägung und ihre Quellen nicht abblenden, sondern müssen sie notwendigerweise ins Gespräch einbeziehen. Die Feststellung von Grenzen und Mangelerscheinungen verbietet nur die unkritische Übernahme des Erbes Luthers,

14 Vgl. zum letzten R. Rican, Die böhmischen Brüder (mit einem Kapitel „Über die Theologie der Brüder von Amadeo Molnar"), Berlin 1961; J. Macek, Die Hussitenbewegung in Böhmen, Prag 1958.

15 K. G. Steck, Luther und die Schwärmer (Theol. Studium 44), Zollikon-Zürich 1955.

16 Steck, a.a.0., 10.

17 E. Börsch, Geber – Gabe – Aufgabe, Luthers Prophetie in den Entscheidungsjahren seiner Reformation 1520 – 1525, München 1958. Es ist jetzt nicht der Ort und die Aufgabe, diese theologischen Hintergründe im einzelnen darzustellen. Das viel zu wenig beachtete Buch von Börsch und die von ihm aufgearbeitete Literatur zu dieser Frage scheinen mir jedoch die Gründe für Luthers Haltung richtig darzulegen. Man kann die Gründe nicht nur in die Psychologie und die Zeitgebundenheit Luthers verlagern, ohne ihn unernst zu nehmen.

nicht aber die Rückfrage nach bleibender Bedeutung der ursprünglichen Motive, die zudem ihre Geschichtswirksamkeit in einer Umwälzung großen Stils bewiesen haben. Die Frage nach einer möglichen Bedeutung der Reformation für die Welt von morgen wird also ein Ja und ein Nein zu Luther einschließen. Das Ja knüpft an den jungen Luther an, der auch im Gefolge der Vorreformatoren zu stehen hat und sich im Lehrgespräch mit den später als Schwärmern disqualifizierten Schülern und Brüdern befindet. Börsch folgend kann man dieses Ja unter drei Aspekten fassen:

1. Freiheit für das Wort Gottes. Läßt sich die Kirche grenzenlos von diesem Wort Gottes ergreifen, ist sie eine stets sich und ihre Gesellschaft reformierende und revolutionierende Kirche. „Das in die Welt eindringende Reich Gottes verändert die Welt, das ist sozusagen abgekürzt und einfach ausgedrückt die Revolution von oben her, und diese Revolution von oben her hat ihre menschlichen Träger in den Jüngern Christi, in seiner Gemeinde auf Erden, die in dem aktiven Ethos der dienenden Liebe an der Weltveränderung und der Weltumgestaltung arbeiten, um Freiheit, Gerechtigkeit, Wohlfahrt und eine menschenwürdige Existenz für alle Menschen zu erkämpfen."[18] Hier liegt die von Christen heute noch kaum ausgeschöpfte Brisanz und Weite des Wortes Gottes, die Luther trotz aller Hemmnisse mehr ins Spiel zu bringen wagte (und wovor ihn manchmal Angst überkam!) als die heutige Christenheit. Die auf der Genfer Konferenz begonnene Entdeckung neuer Aspekte jenes freien Wortes Gottes müssen aus dem Appell an die Kirchen der Welt zur Praxis der Kirchen der Welt für die Welt werden. Es ist nicht mehr die Frage, ob die Christen einen politischen Auftrag haben wollen oder nicht. Das Wort Gottes von der Freiheit des Menschen, wie Luther es neu an den Tag gebracht hat, impliziert politische und soziale Revolution. Will man neben der ecclesia semper reformanda nicht die societas semper reformanda, dann verliert man beides. Die soziale und politische Implikation des christlichen Glaubens heißt dann: Festhalten am Status quo, an der babylonischen Gefangenschaft der Kirche und der Gesellschaft, die gefangen bleiben in den von ihnen selbst dauernd produzierten und verschuldeten Systemen und Ideologien.[19]

2. Der Gedanke Luthers vom allgemeinen Priestertum aller Gläubigen gewinnt seine Dringlichkeit nicht aus dem vordergründigen Mangel von Theologen, Pfarrern und Priestern in allen Kirchen der Welt, sondern aus der Einsicht in die gottgestiftete Freiheit des mündigen Menschen. Im Streit der Ideologien und Weltreligionen um die Gestaltung des Lebens auf dieser Erde sollte das Christentum den Gedanken dieser Würde und Autonomie des Menschen

18 H.-D. Wendland, Appell an die Kirchen der Welt, Dokumente der Weltkonferenz Kirche und Gesellschaft, Stuttgart/Berlin 1967, 87.

19 Vgl. hierzu den Beitrag von R. Shaull (a.a.0., 91ff) über „Die revolutionäre Herausforderung an Kirche und Theologie".

nicht vergessen. Schon gar nicht in einer Zeit, in der der Mensch zahllos wird und deswegen nicht mehr viel zählt. Herbert Marcuse weist in seinem Buch „Der eindimensionale Mensch“ (1967) auf die Ohnmacht des Menschen angesichts der von ihm geschaffenen technischen Ordnung hin. Mit diesem Hinweis wird nicht auf den Wert der Persönlichkeit im individualistischen Verständnis gedeutet, sondern auf Wünsche und Verantwortlichkeit aller Menschen, ihre Bedrohungen und Chancen. Wenn die Christen den Gedanken Luthers, daß die Berufsarbeit, also heute auch das Engagement in Parteien und Organisationen, Gottesdienst sind (wobei dieser Gottesdienst aber nicht gegen die kritischen Einwürfe und Korrekturen des Evangeliums abgeschirmt werden darf), dann wird die Kirche gebaut von allen Menschen, die im Namen Christi leben und arbeiten. Dann spricht und wirkt Christus nicht zuerst durch Theologen, Kirchenführer und Synoden in die Gesellschaft, sondern durch alle Menschen, auch durch „Christus inkognito“, d.h. durch andere „nichtchristliche“ Faktoren, Gruppen und Weltanschauungen. Die dadurch geforderte Offenheit kommt Kirche und Welt zugute.

3. Das Ziel der Reformation kann und muß sein die reale Veränderung. „Das Ziel, das Luther verfolgt, ist also eine reale Veränderung bestehender Verhältnisse; denn entweder hat das Wort Gottes recht, oder es gibt gar keines; entweder lebt jeder Mensch vom Evangelium, oder es gibt überhaupt keines!“[20]

Der Bauernkrieg, der Luther und sein Werk so entscheidend veränderte, droht heute im Weltmaßstab. Überbevölkerung, mangelnde Nahrungsmittel, Bildung und Gesundheit, eine schreiende Ungerechtigkeit in der Verteilung von Reichtum und Macht schaffen vorrevolutionäre Situationen, die denen der Reformationszeit ähnlich, wenn auch um ein Vielfaches größer als damals sind. Ehe die Frage der Gewaltanwendung angesichts der in dieser Lage notwendigen Revolution diskutiert wird, ist von den Christen die Frage nach ihrer Verantwortung zu klären. Geleugnet und nicht gesehen wird sie noch immer in einem erschreckenden Ausmaß. „Ein Großteil unserer traditionellen Theologie wie auch unseres ethischen Denkens zeigt ein solches Maß von Anpassung des Christentums, daß es seine bilderstürmende und umgestaltende Kraft verloren hat.“[21] Das hängt mit der Individualisierung und der Verinnerlichung des Glaubens zusammen, die den Menschen nur als Einzelwesen, unabhängig von den ihn fixierenden Systemen, Traditionen und Gruppen sieht und dabei noch seine Leiblichkeit und Materialität vergißt. Auf der zitierten Genfer Konferenz prägte der holländische Politiker Max Kohnstamm das Wort „Liebe durch Strukturen“. Liebe, Friede, Gemeinschaft, Gerechtigkeit, und wie die Grundbegriffe des christlichen Glaubens auch heißen mögen, sind nur noch durch die drei Strukturen der Regeln (Gesetze), der Institutio-

20 Börsch, a.a.O., 101.

21 Shaull, a.a.O., 96.

nen und der Vollzugsgewalt zu sichern.[22] Dem wäre hinzuzufügen, daß die Kirche eine der Institutionen ist, die Freiheit und Liebe, Gerechtigkeit und Frieden für andere zu sichern hat. Luther hatte den Mut, Strukturen, wenn auch mit der linken Hand, zu schaffen. Einige haben sich sicher nicht bewährt. Unsere Aufgabe an dieser Stelle ist heute noch nicht gelöst.

4. Mit einem Fragezeichen weist Börsch auf den Vorstoß Luthers zur möglichen Gewaltanwendung hin. Zwischen Wendland und André Philip auf der einen und R. Shaull und vielen Delegierten aus der dritten Welt entspann sich in Genf zu dieser Frage ein ausführlicher Disput.[23] Es ist nicht die traditionelle Frage nach Krieg und Frieden, sondern die Frage nach Revolution und Rechtsordnung, die in diesem Zusammenhang zu verhandeln ist.

Christen sind anwesend in der revolutionären Situation der Welt, auch die Christen in Deutschland, wollen sie nicht provinziell hinter dem Universalismus ihres Herren und seines Leibes zurückbleiben. Entscheiden sich Christen z.B. in Lateinamerika für eine Revolution, die notfalls mit Gewalt ein ungerechtes und korruptes System beseitigt? Oder entscheiden sie sich gegen gewaltsame revolutionäre Umwälzungen? Dann entscheiden sie sich für die Anwendung von Gewalt, die Millionen Menschen in Hunger, in Unwissenheit und Knechtschaft hält. So stellt sich die Frage als eine Suche nach den vertretbaren Mitteln. Ghandi, M. L. King, Luthuli, Marx mit den verschiedenen Jüngern Kosygin und Mao, dazu viele andere Gruppen streiten um die rechten Mittel und die rechte Konzeption ihrer Anwendung. Luther stand vor ähnlichen Fragen und entschied sich, glücklicherweise, gegen einen Gesamtenwurf christlicher Weltgestaltung, aber auch gegen den Verzicht auf christliche Weltgestaltung. In der Tat ist auch noch heute der Protestantismus „die wahre Stellung der Aufgabe“[24]. Er hat die wahren Lösungen nicht als Rezepte, wohl aber in Grundentscheidungen vorbereitet, die Luther durchdachte und vertrat und die auch heute zu durchdenken und zu vertreten sind. Das Ja zu Luther ist größer als das kritische Nein. Luther muß in Schutz genommen werden gegen die Meinung: „Kurz gesagt, es gibt keine noch so schlimme Krankheit der lutherischen Sozialethik, die nicht mit einem kräftigen Schuß Luther geheilt werden könnte.“[25] Luther muß aber auch gegen die Auffassung in Schutz genommen werden: „Man sieht deutlich die Zwischenstellung, die Luther zwischen beiden Extremen innehält, eine Position fest in der Grundüberzeugung: alles muß innerlich gehen, aber im weiteren noch nicht zu völliger Klarheit gebracht und deshalb leicht zu mißbrauchen, wenn man nicht jene Grundüberzeugung ebenso innerlich

22 A.a.O., 100ff.

23 Vgl. Die Berichte in dem genannten Band und in der Ökumenischen Rundschau 16/1, Januar 1967.

24 Marx, a.a.O., 58.

25 Lazareth, a.a.O., 58.

faßte, wie sie gemeint war"[26]. Eine solche Auffassung deckt sich letzten Endes mit der materialistischen Geschichtsauffassung. Luther und seine kritische Mitsprache sind dann ausgeschieden aus der Diskussion um die Rolle der Kirchen und Christen als Faktoren einer kommenden Weltgesellschaft.

26 H. v. Schubert, Revolution und Reformation im 16. Jahrhundert, Tübingen 1927, 18.

Josef L. Hromádka – ein protestantischer Theologe *

Anfang Februar 1948 treffen sich in der philosophischen Fakultät der gerade 600jährigen traditionsreichen Prager Karls-Universität christliche Theologen und marxistische Philosophen zu gemeinsamer Diskussion. Man versucht, wie Hromádka in seiner Autobiografie schreibt,[1] sich gegenseitig zu verstehen und zu überzeugen.

Hromádka faßt seine damals vertretene Position so zusammen: Als Theologe habe er keine Einwände gegen einen sozialistischen Gesellschaftsaufbau, er stehe dem Sozialismus näher als der bürgerlichen Demokratie. Diese habe zudem in München 1938 die tschechoslowakische Demokratie an Hitler verraten. Er sei zur Mitarbeit beim Bau einer sozialistischen Gesellschaft bereit. Doch müsse er die Aufmerksamkeit auf den Tatbestand lenken, daß sich die Probleme des Menschen auch in Zukunft den Christen und den Marxisten stellen, auch wenn die sozialistische Gesellschaft einmal errichtet sei. Die menschlichen Grundprobleme blieben in jeder Gesellschaftsordnung. Hromádka zog aus dieser Bemerkung nicht den fatalistischen Schluß, als lohne sich ein neuer Gesellschaftsaufbau überhaupt nicht oder als seien die Formen und Inhalte aller Gesellschaftsordnungen letztlich gleich gut oder gleich schlecht angesichts der stets offenen Fragen, was der Mensch, seine Ziele und seine Würde seien. Man dürfe nur einen Tatbestand nicht vergessen, den Hromádka so formulierte: „Man kann den Menschen nicht manipulieren." Die Fragen der Schuld und der Sühne, des Gewissens und der Verantwortung, des Schmerzes und der Leiden, des Todes und der Sterblichkeit bleiben. „In dem Maße, in dem man die neue Gesellschaft aufbaut, wird man sehen, daß sich das Problem der Menschenwürde den Kategorien der Wissenschaft und der technischen Mittel entzieht." Der gesellschaftliche Aufbau allein genüge dem Menschen als Menschen nicht. Seien sie, die Marxisten, also nicht verpflichtet, auch unsere Stimme, die Stimme der Christen zu hören und bei ihnen Unterstützung zu suchen? Und seien auf der anderen Seite nicht die Christen gezwungen, darüber nachzudenken, was sie denn dem Menschen von heute anzubieten haben, dem Menschen, der durch die Wissenschaft, die Technik und die sozialen Revolutionen so sehr bereichert wurde? Auch in dieser neuen Situation bleibe der Mensch von seinen alten menschlichen Problemen beherrscht, vor allem von wirklichem Leiden und von nicht verwirklichten Hoffnungen. Hromádka ist sich nicht sicher, ob die Christen – als Einzelne wie als Kirche – genug vorbe-

* Erstveröffentlichung. Zuerst als Vortrag gehalten im Hessischen Rundfunk am 8. Juni 1969 zum 80. Geburtstag von J. L. Hromádka.

1 J. Hromádka, Pourquoi je vis. Les Editions Du Cerf, Paris 1968, 202f.

reitet, ja ob sie überhaupt „reich" genug seien, um diese Aufgaben lösen zu können, Anwälte der Menschenwürde zu sein.

Am Ende der damaligen Diskussionen fanden einige Marxisten Hromádkas Bemerkungen zu pessimistisch, ja wertlos für eine neue Gesellschaft. Man trennte sich freundschaftlich, aber uneins in der Auffassung von der Geschichte, vom Menschen und seiner Zielsetzung.

Dieser in der Rückblende skizzierte Dialog hatte in der Gestalt Hromádkas eine lange Tradition. Er hatte in Wien, Heidelberg, Aberdeen und Prag studiert, war ein vorzüglicher Kenner der russischen Geistesgeschichte, Mitbegründer, Professor und Dekan der protestantischen Comenius-Fakultät in Prag. Als Theologe zu leben und zu arbeiten war ihm nur möglich, wenn er seine christliche Existenz und seine wissenschaftliche Arbeit nicht einer kirchlichen Innenwelt konfrontierte, sondern den bestimmenden Kräften der realen Außenwelt, d.h. auch, daß er den Marxismus nicht nur als ein philosophisches System, als einen Abschnitt der Philosophiegeschichte ansah, sondern ihn in seinen politischen, sozialen, organisatorischen und geistigen Gestalten ernstnahm, die er seit 1917 in der Sowjetunion und nach dem zweiten Weltkrieg in China und Osteuropa fand. Ernstnehmen hieß nicht, kritiklos hinzunehmen, was geschehen war, sondern es auch als Folge eines materialistischen und politischen Versagens der westlichen Demokratien, der Kirchen und der tödlichen und verwüstenden Expansion des Faschismus zu begreifen. Ernstnehmen hieß auch nicht, kritiklos die Gestaltung der Zukunft den einmal etablierten Mächten zu überlassen. „Wir können als Theologen und gläubige Glieder der Kirche Christi nicht umhin zu fragen, auf was für Grundlagen die neue Gesellschaft aufgebaut werden soll. Wir stehen zwar inmitten einer historischen Umgestaltung der menschlichen Gesellschaft, die noch Jahrzehnte dauern wird ... unsere eigene Verantwortung können wir keineswegs auf die Politiker, Diplomaten, Volkswirtschaftler, Techniker, Wissenschaftler und weltlichen Ideologen abwälzen. Wir haben die Pflicht, selbst nachzudenken, wie die verantwortungsbewußte Gesellschaft aussehen soll und welchen Beitrag zu ihrer Herstellung wir zu leisten haben."[2]

Hier war ein Dialog entfacht, der im Bereich politischer, gesellschaftlicher und kirchlicher Praxis stattfand, also sich selbst, seine Beiträge und Teilnehmer der Verifikation oder Falsifikation in der Geschichte aussetzte, und nicht nur der theoretischen Kritik der Gegner und Kollegen.

Hromádka praktizierte den Dialog schon zu einer Zeit, als man damit seinen Ruf ruinierte, ohne den billigen Ruhm zu ernten, ein aufgeschlossener und moderner Mensch zu sein. Dieser Dialog riß in Prag nie ab, auch als er andere als akademische Formen suchen und finden mußte, auch als der Stalinismus in den sozialistischen Ländern und ein steriler Antikommunismus in Westeuropa das politische und geistige Leben lähmten und oft genug sterilisierten. Wenige Tage nach der hier genannten Diskussion begann die Machtübernahme der

2 Kirche und Theologie im Umbruch der Gegenwart, Prag 1956, 96f.

Kommunisten und damit der Aufbau einer neuen Gesellschaft. Die Tschechoslowakei hatte bis dahin schon viele sozialistische Elemente in ihr politisches und wirtschaftliches Leben aufgenommen, ein Vorgang, der im sozialen und demokratischen Wirken Masaryks und Beneschs und in sehr starken kommunistischen und sozialistischen Parteien und Bevölkerungsgruppen seinen Grund und seine Legitimation hatte. Hromádka begleitete den sozialistischen Aufbau in der Tschechoslowakei in kritischer Loyalität und Kooperation. Die eine Seite verübelte ihm häufig die Kritik und die andere Seite die Loyalität. Hromádka saß da, wo Christen häufig sitzen, zwischen allen Stühlen. Aber er saß dort nicht – wie viele – aus Verlegenheit, aus einer für Innerlichkeit ausgegebenen Meinungslosigkeit, oder – noch schlimmer – in dem guten Glauben, der Platz der Christen sei eben ein distanzierter und neutraler Platz zwischen allen Konflikten und zwischen allen Fronten. Er hielt auch nichts vom sogenannten Wächteramt der Kirche, wenn darunter ein vornehmes Urteilen, häufiger noch ein Verurteilen der Welt verstanden wurde, das es fein aber feige vermied, sich solidarisch dorthin zu begeben, wo Menschen lebten, litten und sich für eine bessere Zukunft plagten. Hromádka pflegte keine Skrupel als Leiden an der Kirche. Er suchte nicht Reservate religiöser Binnenprobleme oder menschlicher Grenzsituationen, wo man dem Menschen an irgendeinem menschlichen Defekt oder ethischen Defizit die Nützlichkeit des Glaubens oder der Religion andienen konnte. Hromádka blieben dank seiner Tradition der böhmischen Reformation drei Auswege verschlossen, die der Kirche ihre Bedeutung für sich selbst, aber um den Preis der Bedeutungslosigkeit in der Geschichte und in der Welt, hätten erhalten können: Einmal eine Zwei-Reiche-Theorie, die den Lauf der Welt ihren eigenen Gesetzen überließ, um die Geltung der biblischen Botschaft auf den kirchlichen Bereich zu reduzieren. Zum anderen der Rückzug in den Kultus, der Inseln eines unangepaßten, freien Lebens in einer völlig anders organisierten und orientierten Welt erlaubte. Zum dritten das Pochen auf eine Vorgabe an Rechten und Freiheitsraum für die Kirche von Seiten des Staates. Hromádka ist der Überzeugung, daß der Christ und die Kirche soviel Freiheit haben, wie sie Mut haben; wobei er den Mut des Glaubens, der Liebe und der Hoffnung meinte. 1949, als die Kirchen eine Politik zu spüren bekamen, die Hromádka später so beschreibt, daß „der Parteimechanismus, eine trockene kalte Lehre und die Furcht vor freiem Denken und Bewußtsein die Flamme der Begeisterung, die Freude an der Arbeit und die Verantwortung“ unterdrückte, als „hohler Dogmatismus, Regierungsdruck und ein Mangel an staatsmännischer Kultur“[3] herrschten, sagte er in einer Predigt: „Es liegt nicht an der Weite des Raumes, in dem du arbeitest. Es liegt daran, womit du ihn füllen wirst.“[4]

3 Vgl. Memorandum v. J. L. Hromádka vom August 1968 für den Arbeitskreis der Christlichen Friedenskonferenz, abgedr. in: Neues Forum – Dialog, Wien, Heft 182, 1. Febr. 1969, 67.

4 Predigt am 16. 10. 1949 in Prag über Apg 28, 30f, in: Das Evangelium bricht sich Bahn, hg. und übers. v. Josef B. Jeschke, Berlin 1968, 33.

Nicht die Welt ist der Kirche etwas schuldig, sondern die Christenheit ist der Welt etwas schuldig.[5]

Es ist allerdings nicht ins Belieben der Christen gestellt zu wählen, wem man etwas schuldig sein will oder kann und wem nicht: also westlichen Demokratien vielleicht mehr als Kommunisten, religiös oder bürgerlich denkenden Menschen mehr als militanten Atheisten. In der gleichen Predigt sagt Hromádka: „Vergessen wir nicht: Wer euch fesselt, bindet auch sich selbst an euch! Es kommt darauf an, wie ihr diese Gelegenheit nutzt. Wenn jemand die Kirche Christi bindet, gerät sie in die Nähe dessen, der sie bindet, und sie erhält aus Gottes Gnade die besondere Sendung, das Evangelium dort zu verkündigen und gerade dort Zeugnis abzulegen, wo ihre Ketten klirren."

Hromádka vergißt nie, darauf hinzuweisen, daß die Produktion von Ketten in Koproduktion von Kirche und Welt geschieht. „Es werden unsere Befürchtungen, unsere Vorurteile, unsere künstlich gemachten Fesseln sein."[6]

Mit gespannter Aufmerksamkeit haben die Christen also die wirkliche Geschichte, die sie planenden und gestaltenden Menschen, die in ihr Leidenden und die in ihr humanisierend und emanzipatorisch Wirkenden wahrzunehmen.[7]

Dort ist ihr Arbeitsplatz. Wer dort scheitert, als Christ oder als Nichtchrist, verdient nicht besserwissende Verdammung durch die Christen, sondern kritische Solidarität. Fehlleistungen machen nicht nur den schuldig, der sie vollbringt, sondern auch den, der sie provoziert oder zuläßt. An dieser Stelle ist Hromádka der unerbittliche Bußprediger der Christen, die am Entstehen des Marxismus durch ihr politisches und soziales Versagen im 19. Jahrhundert beteiligt sind. Aber er ist auch der Kritiker des Westens und aller Rückwärtsgewandten, die die Ausbreitung kommunistischer Macht bis an die Elbe und die Faszinationskraft sozialistischer Ideen in der Dritten Welt durch ihr Versagen mitverursachten.

Da die Geschichte – für Christen schon gar nicht – nicht zurückzudrehen ist, bleibt die Gestaltung einer menschenwürdigen Zukunft Aufgabe aller.

Hromádka versucht, dort zu stehen, wo er Jesus Christus stets leben und arbeiten sieht: „Mitten in den menschlichen Angelegenheiten."[8]

Man hat Hromádka hierzulande oft den Vorwurf gemacht, er treibe eine Geschichtsphilosophie, die gewissen historischen Ereignissen, z. B. der russischen Oktober-Revolution 1917, Offenbarungsqualitäten zuschreibe. Er verlange von den Christen eine völlige Anpassung an die kommunistische Theorie und Praxis. Professor Hudak aus Erlangen, Mitglied der CSU im bayerischen Landtag, faßt in seiner Polemik die Theologie Hromádkas in vier Punkten

5 J. L. Hromádka, Das Evangelium auf dem Weg zum Menschen, Witten 1963, 22ff.

6 A.a.O., 33.

7 A.a.O., 38 (Predigt vom 15. 10. 1950 in Prag) und 159 (Vortrag vor der Vollversammlung der Comenius-Fakultät am 24. 10. 1951 in Prag: „Der Hilfsdienst der Theologie").

8 Theologie und Kirche zwischen gestern und morgen, Neukirchen 1960, 98.

zusammen: „Der Einbruch des bolschewistischen Geschichtsverständnisses in das theologische Denken, das neue Verständnis des Atheismus (das als Verharmlosung des marxistischen Atheismus verstanden wird – d. V.), die biblische Rechtfertigung der sozialistischen Gesellschaftsordnung und die Frage nach dem Frieden in der Welt der atomaren Bewaffnung.“[9] Hromádkas Lebenswerk im Jahre 1961 so zu beschreiben, auch was die Frage nach dem Frieden angeht, den man damals für das zentrale Propagandathema der Kommunisten und nicht für die Lebensnotwendigkeit der Menschheit und ihrer Zukunft hielt – hieß ein Vernichtungsurteil über ihn auszusprechen. Man hatte ihn eingeordnet, ehe man ihn angehört hatte. So wie hierzulande die Reformation Luthers als exemplarisch für Reformation angesehen wurde und die böhmische Reformation als „Vorläuferin“ der Unkenntnis oder der nationalen Abwertung anheim fiel, so auch Hromádka und seine Arbeit. Dabei hätten sein Versuch, die Anfragen des Marxismus im Interesse der Hungernden, Nackten, Unterprivilegierten und Vergessenen an die Christenheit zu übermitteln, sein Versuch, die Ökumene zu einer selbstkritischen und zugleich engagierten Arbeit für den Weltfrieden, für Versöhnung und soziale Gerechtigkeit zu gewinnen, das Kirchenmodell einer freien, nichtprivilegierten Kirche in einer ehrlich und prononciert atheistisch sein wollenden Gesellschaft zu verwirklichen, höchste Aufmerksamkeit in der westlichen Christenheit verdient. Diese bezahlte ihre ökumenische Unaufmerksamkeit und ihre Restaurationsepoche nach dem zweiten Weltkrieg mit wachsender Bedeutungslosigkeit in der Gesellschaft und Stagnation in den Gemeinden. Das Honorar in Gestalt gesellschaftlicher Anerkennung deckt den Schaden nicht. Hromádka formulierte Fragen, die in radikalerer Form heute aus den Ländern der sogenannten Dritten Welt kommen.

Bischof Dibelius aber warf ihm die Verharmlosung des Kommunismus vor, die Bundesregierung meinte anfangs, durch Visaverweigerung sich das vermeintlich theologisch-trojanische Pferd der Kommunisten fernhalten zu können, Kirchenvertreter nahmen von ihm nur Notiz als dem Sprecher einer unterdrückten Christenheit in den kommunistischen Ländern, dem man mit einer Mischung aus Mitleid und Mißtrauen begegnen müsse.

Die Urteile und das Unverständnis, auf die Hromádka im Westen traf, lieferten Beispiele für eine zentrale kritische Beobachtung Hromádkas: Nämlich die Gefangenschaft der Kirche durch selbstgewählte Anpassung. In einem 1956 in Prag erschienenen Beitrag zur ökumenischen Diskussion weist Hromádka darauf hin, daß jede kirchliche und theologische Arbeit Abbild der jeweiligen Atmosphäre und des jeweiligen Milieus sind.[10]

Aus diesem Verweis zieht Hromádka zwei Konsequenzen: Einmal hat die Christenheit ständig diese Verflechtung ins Milieu kritisch zu analysieren und zu entlarven, um der Fremdbestimmung durch das Milieu zu entgehen. Sie hat christusgemäß und nicht milieugemäß zu arbeiten. Zum anderen hat die Chri-

9 A. Hudak, Die Theologie des Lebens und die Prager Friedenskonferenz, Stuttgart 1961, 5.

10 J. L. Hromádka, Kirche und Theologie im Umbruch der Gegenwart, Prag 1956, 17.

stenheit die Solidarität mit den im gleichen Milieu lebenden Menschen als Chance zu begreifen. Kirche ist nicht jenseits der Welt, sie ist ein Stück in dieser Welt. Keine Hierarchie, Institution oder Heiligkeit ersparen ihr, in eben jenem Milieu befreiend, versöhnend, gerecht und friedenstiftend zu handeln und es eben damit zu sprengen. Hromádkas ökumenische Ausbildung, seine geistige und theologische Weite ließen ihn sehr deutlich die falschen Fixierungen der Kirchen erkennen. Deswegen bemüht er sich, z. B. die Kirchen der Sowjetunion und anderer sozialistischer Staaten in die Ökumene zu holen, damit die westliche Christenheit nicht nur mit sich selbst in einer Scheinwelt lebt. Nur in der gegenseitigen Infragestellung, gerade auch durch die mitgebrachten gesellschaftlichen Erfahrungen und Bindungen der Kirche, leisten sie ihren universalen und ökumenischen Auftrag. Hromádka wehrt sich mit Leidenschaft dagegen, westliche Kirchen- und Gesellschaftsformen als den Normalfall von Kirche und Gesellschaft anzusehen. Tut man das, wird der Kirche in den kommunistischen Ländern die Existenz abgesprochen. Eine solche geistige „Endlösung" verneint das Lebensrecht sozialistischer Staaten und verneint zugleich die Existenzmöglichkeit christlicher Kirchen dort. Vertreter östlicher Kirchen müssen sich dauernd gegen den ausgesprochenen oder unausgesprochenen Vorwurf wehren, Kollaborateure zu sein, oder sich vor dem falschen Mitleid schützen, als Märtyrer bedauert, aber nicht ernstgenommen zu werden. Hromádka ist in der Ökumene der Theologe, der mit Treue zur Sache diese Identifikation des Evangeliums mit einem bestimmten Milieu kirchlicher und gesellschaftlicher Existenz entlarvt hat. Er sah mit Entsetzen die Verwertbarkeit eines zum ideologischen Überbau der westlichen Gesellschaftsordnung entarteten Christentums.[11]

Geschieht das, bestätigen die Christen die Richtigkeit der marxistischen Religionskritik, zerstören sie selbst den Glauben. Ist die Kirche nicht universal? Warum denkt sie in Machtblöcken und nicht im Welthorizont? Ist ihr nicht die Botschaft der Versöhnung aufgetragen, warum packt sie diese Aufgabe nicht an, ja diffamiert wie die Herrschenden die Grenzgänger zwischen Ost und West? „Was uns mangelt, ist einfach die königliche Freiheit des Glaubens und infolgedessen die Schärfe des theologischen Denkens und die Entschlossenheit des kirchlichen Handelns. Wir möchten zu vorsichtig sein, möchten uns absichern und hinter den Mauern und mit den Chancen einer gesicherten Lebensweise unsere Geschäfte führen. Anstatt den Staatsmännern, Politikern und Diplomaten vorauszueilen, Bahnbrecher zu sein und neue Meilensteine zu setzen, hinken wir langsam hinterher und marschieren durch die Löcher und Tunnel, welche sie durchgebrochen und freigelegt haben."[12]

Hromádka hat in seiner großen Auseinandersetzung mit John Foster Dulles, dem späteren US-amerikanischen Außenminister, 1948 in Amsterdam auf der Gründungsversammlung des Weltkirchenrats seine Position präzise darge-

11 J. L. Hromádka, Evangelium für Atheisten, Berlin o.J. (Unterwegs, Bd. 6).

12 J. L. Hromádka, Theologie und Kirche zwischen gestern und morgen, Neukirchen 1960, 8.

legt. Hromádka, 1947 nach neunjähriger Emigration aus den USA nach Prag zurückgekehrt, sprach nicht nur für die Christen seines Landes. Er versuchte, die sich wandelnde Situation der Welt zu analysieren und für die gesamte Ökumene zu durchdenken. Es gehörte für ihn zur Aufgabe eines Christen, zu begreifen, was in der Welt vorgeht, anderen begreifen zu helfen, was gespielt wird. Zur Freiheit eines Christenmenschen gehörte für ihn auch die Freiheit von undurchschauten und unaufgeklärten Zwängen, Traditionen und Mächten. Und vor allem hat er anderen, besonders dem im Getriebe der Geschichte oft vergessenen und zermahlenen sogenannten „kleinen Mann" zur Weltorientierung zu verhelfen. Die Kritik an der liberalen Demokratie westlicher Prägung, die Hromádka vorbringt, heißt: Liberale Demokratie setzt die anonymen wirtschaftlichen Mächte nicht der Öffentlichkeit und Kontrolle aus. Die in der französischen und amerikanischen Revolution gewonnenen Menschenrechte sehen den Menschen als Individuum. Es muß darüberhinaus die in der russischen Revolution erst begonnene und inzwischen in verschiedenen sozialistischen Experimenten angepackte Aufgabe, Herrschaft von Menschen über Menschen abzubauen und den Menschen allen unkontrollierten wirtschaftlichen Mächten zu entziehen, als Aufgabe aller verstanden werden. In Amsterdam 1948 ging nur eine Minderheit dieser Weltkirchenkonferenz auf Hromádkas Gedanken ein. Heute wird man sagen müssen, daß die Christenheit ihre spezifische Aufgabe, als universale Kirche keine eigenen und partikulären Interessen zu verfolgen, verspielt hat. Die Faszination durch den Ost-West-Konflikt und die Erfahrung des totalitären Faschismus, mit dem man ungeprüft den Kommunismus als ebenfalls totalitäre und d.h. auch als unveränderliche Erscheinung gleichsetzte, hatten der Christenheit den Horizont verengt und sie weltfremd gemacht. Nicht die Welt hatte sich von der Kirche abgewandt, die Kirche nahm die Welt und ihre Veränderung nicht wahr. Sie zögerte, die Aufgaben in ausreichendem Mut, in Freiheit von Interessenvertretungen und in Solidarität mit Rechtlosen, Brotlosen, Arbeitslosen und Bildungslosen anzufassen. Die Positionen in Amsterdam werden folgendermaßen beschrieben: Dulles erklärte: „Die sozialen Fernziele, zu denen sich die Sowjetführer bekennen, sind in vieler Hinsicht den Zielen ähnlich, nach denen die Christen streben." Was die proletarische Organisation anlangt, so betrachte die Sowjetlehre nicht ihre „Diktatur des Proletariats" als das endgültig beste Ergebnis, sondern den Abbau des Staates und der Herrschaft; höhere Produktivität der Arbeit, Vernichtung der Ausbeutung der Menschen durch Menschen, eine Verteilung der Arbeitsprodukte nach dem Motto „jedem nach seinen Fähigkeiten, jedem nach seinen Bedürfnissen", gleiche Bürgerrechte in Bereichen der Wirtschaft, des Staates, der Kultur, der Verbreitung des internationalen Gedankens und das Programm der Entkolonialisierung – „in diesen langfristigen Zielen des Kommunismus ist", nach Dulles, „nichts unver-

13 J. F. Dulles, Der christliche Staatsbürger in einer sich wandelnden Welt, in: Die Kirche und die internationale Unordnung (Amsterdamer Dokumente 4), Tübingen/Stuttgart 1948, 119.

einbar mit den Bestrebungen der Christen."[13]

J. F. Dulles, der damals noch nicht US-amerikanischer Außenminister, sondern Kirchendelegierter war, fügte sofort hinzu, warum diese Gemeinsamkeit von Christen und Marxisten bedeutungslos sei: „Das sowjetische Denken geht von einer materialistischen Voraussetzung aus, während christliches Denken von einer religiösen Voraussetzung ausgeht." Die materialistische Voraussetzung erlaubt dann Methoden der Gewalt, die in den freien Gesellschaften, auch den nichtchristlichen, höchstens die „leidenschaftslose Gewalt der Polizei erlaubt". Dulles, noch vor dem Koreakrieg und der Entdeckung russischer Atombomben, plädierte damals für friedlichen Wettbewerb, den er für die freien Gesellschaften erfolgreich enden sah, allerdings nur unter zwei Bedingungen: „Zuerst müssen die Christen die sowjetische These von der Unvermeidbarkeit eines gewaltsamen Konfliktes zurückweisen und darauf sehen, daß auch ihre Völker das tun; und sie dürfen die Sowjetführer nicht darin nachahmen, daß sie sich selbst auf gewaltsame Mittel verlassen. Zweitens müssen die Christen danach trachten, daß ihre Nationen bezeugen: mit friedlichen Methoden können die Ziele verwirklicht werden, die wir alle vertreten".[14]

Nur eine dieser Bedingungen ging, anders als Dulles es erwartete, in Erfüllung: Chruschtschow nahm die These vom unvermeidlichen militärischen Konflikt zurück. Die wichtigste Antwort aber, nämlich – in den Worten von Dulles – diejenigen Reformen friedlich durchzuführen, von denen die „Sowjetführer behaupten, man könne sie durch gewaltsame Methoden erreichen", blieben die freien, vor allem auch die von den „freien" Staaten freiwerdenden ehemaligen Kolonien ihren Gesellschaften schuldig. Es erwies sich, was Hromádka immer betont hatte: Ohne die sozialistischen Länder und die Länder der Dritten Welt, erst recht nicht gegen ihre legitimen Interessen kann der Weltfrieden nicht gewonnen, können die sozialen Spannungen nicht gelöst und die Menschenrechte aller nicht gesichert werden. Der Westen hat nicht mehr die politische und moralische Autorität, er hat kein Monopol mehr, Schiedsrichter und normsetzende Instanz in der Welt zu sein.

Hromádka versteht den Kommunismus, vor allem vom jungen Marx ausgehend, als radikalen Humanismus, einmal im Blick auf Motive und Ziele, die er nie als Gesamtentwurf akzeptierte, aber vor allem auch – und da setzt sein christlicher Widerspruch an – als ehrlichste und radikalste Form menschlicher Autonomie, der der Mensch das höchste Wesen ist. Die Konsequenz dieser Auffassung ist eine Säkularisierung aller Lebensbereiche. Sie trifft sich in Praxis und Zielsetzung mit dem praktischen Atheismus des Westens und profitiert von einem praktisch und populär werdenden methodischen Atheismus der unser Zeitalter prägenden exakten Wissenschaften. Kritische Kooperation mit den Kommunisten zu verweigern, hieße also a) die eigene Anteilhabe am Säkularisierungsprozeß zu übersehen und b) deren radikalste Vorreiter zugunsten

14 Dulles, a.a.O., 115.

einer Orientierung an rückwärts gewandten Gesellschaftsschichten zu ignorieren – und damit ein Stück mögliche Zukunft abzublenden und das Christentum in die Hinterwelt des vorwissenschaftlichen Zeitalters absinken zu lassen. Die Basis gemeinsamer Bemühungen um das Humanum (sei es durch die Atombombe, durch Hunger oder Unfreiheit gefährdet) darf also nicht ein wie immer verstandenes religiöses Apriori sein, sondern der konkret bedrohte, leidende und schuldig werdende Mensch, der sehr konkrete Aufgaben stellt, die zu lösen weder Marxisten noch Christen ein Monopol haben; wohl aber haben Christen eine besonders tiefe Voraussetzung, die in der Inkarnation und Erniedrigung Christi und einem daraus resultierenden Eintreten für die Erniedrigten und Bedrohten erwächst. Hiroshima und Auschwitz, Algerien und Vietnam wurden provozierende „Offenbarungen" des leidenden Christus. Hromádkas Absicht war es, angesichts der totalen Katastrophe eines jeden, also auch des christlichen Ethos, gegen den Optimismus von Dulles im Blick auf die freien Gesellschaften und aller seiner Nachredner, die sich sehr bald nur noch auf die Angst und deren Reflex im Antikommunismus, aber nicht mehr auf die humanistisch-christliche Substanz des sogenannten christlichen Abendlandes stützen sollten, dafür einzutreten, daß der radikal-humanistische Beitrag der Marxisten in die Bemühung um ein neues Ethos eingebracht wird. „Es geht um die letzten Prinzipien und Axiome der Wahrheit, Gerechtigkeit, Persönlichkeit, Liebe und die organische sittliche Gemeinschaft. Der moderne Mensch des Westens wie des Ostens hat das wirkliche Verständnis der höchsten Autorität und des höchsten Gerichtshofes verloren, dem sich alle Menschen, alle Nationen und Rassen unterwerfen sollten, um einander zu verstehen und den gemeinsamen Boden zu entdecken, von dem aus man zum Aufbau einer neuen und besseren Ordnung ansetzen könnte."[15]

Der von den sozialistischen Staaten zu leistende Beitrag bestand im Programm eines „sozialistischen Humanismus", wie Hromádka ihn schon 1948 nannte und beschrieb; konkret forderte Hromádka: „sich weniger auf gewaltsame Agitationsmethoden, Drohung, Propaganda, Deportation, Prozesse und Polizeikontrolle zu verlassen und im Menschen die edelsten Gefühle der Sympathie für die Armen, die Schwachen, die Hilflosen und Elenden zu erregen, ihm die Augen für das zu öffnen, was schließlich das Herz des sozialistischen Humanismus ist."[16]

Das heißt an die Sowjetunion adressiert: a) Warnung vor Machtmißbrauch der Sowjetunion. b) Warnung vor einem russischen Nationalismus, der sich mit dem revolutionären Sozialismus zum Ziel der Weltbeherrschung vereinigt. c) Warnung vor einer Anthropologie des historischen Materialismus, die den Menschen determiniert sieht als Produkt seiner sozialen und ökonomischen Umgebung. Dieser Weg führt in die Barbarei und vereinigt sich mit dem Weg,

15 Hromádka, Unsere Verantwortung in der Nachkriegswelt, in: Amsterdamer Dokumente 4, Tübingen/Stuttgart 1948, 136.

16 A.a.O., 166.

der im Westen den Menschen frei spielenden wirtschaftlichen Kräften ausliefert, ihn also ebenfalls zu einem Produkt seiner Umgebung macht. Hier liegt der besondere Einspruch der Christen, die Grenzen und Gräben aufzuwerfen haben, um mitzuhelfen ein „unerschütterliches Ganzes moralischer Normen, Rechtsvorstellungen und sozialer Maßstäbe herauszugestalten, ohne das eine neue Barbarei über die Erde hinwegfegen würde".[17] d) Kritische Aufmerksamkeit gegenüber der Frage, „ob die revolutionäre Tradition und der marxistische Materialismus imstande sind, die Heiligkeit der menschlichen Persönlichkeit und Freiheit" sowie der Minderheiten und politischen Gegner zu schützen.

Hier sind die klassischen westlichen Einwände gegen den Kommunismus zusammengefaßt. Allerdings sind sie mit der kritischen Rückfrage verbunden, ob diese berechtigten kritischen Warnungen glaubwürdig aufrecht erhalten werden, wenn der, der sie als Einwand an die kommunistische Praxis heranträgt, sie zu Hause nicht beherzigt, und ob er sie in einer prinzipiellen Distanz oder in der kritischen Distanz letzter Solidarität nicht mit dem Marxismus als System, sondern mit Politikern und Bürgern sozialistischer Staaten vorträgt. Schenkt die offizielle Politik des Westens den tiefsten Idealen der westlichen Geschichte überhaupt Glauben? Hromádka hat nach der Okkupation der CSSR im August 1968 vor einem neuen Antikommunismus gewarnt und sein Ziel, eine Verständigung mit der Sowjetunion, nicht aufgegeben. Er schreibt in einer von Bitterkeit nicht freien Analyse der Ereignisse des vergangenen Jahres sein Bekenntnis zu einem demokratischen Sozialismus:

„Worum es wirklich geht, ist wahrer Sozialismus, nicht nur ein soziales, menschenfreundliches Gefühl. Und es ist Demokratie in ihrer moralischen, geistigen, menschlichen und kulturellen Tiefe, in ihrer Freiheit, Gerechtigkeit, persönlichen Verantwortung und kulturellen Schöpfungskraft, worum es in Wirklichkeit geht. Darin liegt unsere Aufgabe, die über unsere eigenen Gebiete hinausgeht. Sozialismus bedeutet Fortschritt in der gesellschaftlichen und politischen Entwicklung. Die tödliche Macht des Kapitals sollte gebrochen, gleiche Bedingungen für die persönliche Sicherheit und die menschliche Würde aller Menschen, ob jung oder alt, sollten geschaffen werden. Sozialismus kann aber auch ein monolithisches Machtsystem werden, in dem die Interessen des arbeitenden Menschen der Macht und den Forderungen des Staates unterworfen werden und in dem er letztlich zum Rad einer riesigen Maschinerie wird ... Unser Volk hat eine Synthese zwischen dem wirklichen Sozialismus und der wirklichen persönlichen Freiheit und kulturellen Reife versucht. Sollte es auf dem Wege zu diesem Ziel gestoppt werden, würde eine skeptische, zynische, apathische, verantwortungslose Stimmung entstehen oder erneuert werden. Eine weitere Generation junger Menschen wäre das Opfer des hilflosen Gefühls, daß jede Initiative oder jeder Fortschritt der

17 Hromádka, a.a.O., 614f.

18 J. L. Hromádka, Neues Forum, 73.

Schwachen mit Gewalt von den Starken bestraft wird."[18]

Hromádka versteht seine Arbeit in engem Zusammenhang mit einem Erbe der böhmischen Reformation, die, anders als die staatsfrommen Kirchen Deutschlands, ihren intensiven Beitrag zur sozialen, demokratischen und politischen Emanzipation des Menschen leisteten, indem sie sich als Anwalt der Mühseligen und Beladenen verstanden.

Hromádka hat dieses Erbe lebendig gemacht und vorgelebt. Seine wissenschaftliche Arbeit wie sein Leben kommentieren den Appell von Jan Hus für Nichtchristen und Christen:

„Deshalb treuer Christ, suche die Wahrheit, höre die Wahrheit, lerne die Wahrheit, liebe die Wahrheit, sprich die Wahrheit, halte die Wahrheit, verteidige die Wahrheit bis zum Tode, denn die Wahrheit macht dich frei."

Keine Korruption des Monotheismus durch Christozentrismus

Das schwerste theologische Problem nach J. L. Hromádka

I

Josef Lukl Hromádka, als Bauernsohn 1889 in Hodslavice geboren, studierte Evangelische Theologie in Wien, Basel, Heidelberg und Aberdeen. Anschließend arbeitete Hromádka in der Gemeinde. Nach der Promotion (1917 zur Philosophie T. G. Masaryks an der Prager Karls-Universität) habilitierte er sich 1919 über „Masaryks Religionsphilosophie und die Voraussetzungen einer wissenschaftlichen Dogmatik". 1920 wird er Professor an der ersten evangelischen Hus-Fakultät der tschechischen Protestanten, eine Stelle, die er bis zu seiner Emigration 1939 in die USA, wo er bis 1947 in Princeton lehrte, und wieder von 1947-1968 innehatte. Er starb 1969.[1]

Er gehört zu den Theologen, die neben Paul Tillich und Karl Barth während und nach dem ersten Weltkrieg einen originären Ansatz zur Erneuerung der Theologie im 20. Jahrhundert leisteten. Es wird zu zeigen sein, daß durch sein Erbe aus der Tradition der Böhmischen Brüder, jener ersten Reformation, die oft bis zum heutigen Tag nur als Vorreformation „herab"-gewürdigt wird und die doch von Jan Hus (1369-1415) bis zum letzten Bischof der „sterbenden Mutter, der Brüderunität" (1650), Johann Amos Comenius (1592-1670), dem Pädagogen, Philosophen und Theologen, einen eigenständigen, biblisch orientierten Beitrag zur Theologie- und Gemeindevielfalt nicht nur in Europa hervorbrachte.

Dieses Erbe bietet durch Hromádkas ökumenische Studienerfahrung und Lebensarbeit (z.B. mit Dietrich Bonhoeffer ab 1928 im Versöhnungsbund, Jugendkommission; im Ökumenischen Rat der Kirchen, bei dessen Gründung 1948 in Amsterdam er neben J. F. Dulles das Hauptreferat hielt; oder in der Gründung der Christlichen Friedenskonferenz, von der er 1968 resignieren

* Zuerst veröffentlicht in: E. Blum u.a. (Hg.), Die Hebräische Bibel und ihre zweifache Nachgeschichte. Festschrift für Rolf Rendtorff zum 65. Geburtstag, Neukirchen-Vluyn 1990, 677-688.

1 Zu Werk und Person vgl. D. Neumärker, Josef L. Hromádka. Theologie und Politik im Konflikt des Zeitgeschehens (1974). Dazu die Basler Dissertation Jasuo Hatakejamas, Dem Herrn der Geschichte nachfolgen. Eine Untersuchung des theologischen Erbes J. L. Hromádkas (1985). Eine Auswahl seines Werkes liegt vor in: J. L. Hromádka, Der Geschichte ins Gesicht sehen. Evangelische und politische Interpretation der Wirklichkeit, ausgew. u. hg. v. M. Stöhr (1977). Dort eine Bibliographie.

mußte) auch einen Neuansatz für die Verhältnisbestimmung von Juden und Christen, der bisher noch kaum erschlossen ist.

Drei Gesichtspunkte sind zu entfalten:

– Eine früh ausgeprägte ökumenische Sichtweise, die jeder nationalen Einbindung entbehrt, jeden Klerikalismus und triumphalistischen Konfessionalismus verabscheut;

– ein Bibelverständnis, das von der Einheit des Alten und Neuen Testamentes ausgeht. Hier wie dort spricht derselbe Eine Gott. Die Bibel als Ganzes begreift er als „Evangelium" und dieses als prophetische Botschaft: „Das Gesetz des Herrn in unser gesellschaftliches Leben hinein verkörpern, nicht nur Friede für den inneren Menschen"[2];

– eine lebendige Wahrnehmung zeitgenössischer jüdischer Autoren in Prag, die frühe konsequente Lektüre von Max Brod, Martin Buber, H.-J. Schoeps, F. Rosenzweig und Hugo Bergmann. Seine aktive Mitarbeit in Prager Hilfskomitees für Flüchtlinge aus Nazideutschland (1933-1939 in Prag) und seine Emigrationszeit in den USA sind neben der theologischen Arbeit ein zweiter „Sitz im Leben" zur Begründung einer positiven Verhältnisbestimmung von Juden und Christen. Dazu kommt die historische Erfahrung, daß Juden und Protestanten im Habsburgerreich bestenfalls geduldete Minderheiten waren. Die Forderung nach Selbstbestimmung, sozialer Gerechtigkeit und einer Demokratie, die die Ohnmächtigen und Armen zum Zuge kommen läßt, hat hier alte historische Wurzeln und knüpft an die entsprechenden Forderungen der ersten Reformation an.

Eine gelegentliche begriffliche Unschärfe und seine Sprache einer ökumenischen „Koine" in manchen Darlegungen Hromádkas haben mit der Tatsache zu tun, daß schon in der Böhmischen Reformation verschiedene Überlieferungen z.B. der Waldenser wie der Wyclifiten, später der deutschen, schweizer, schottischen und französischen Reformation verarbeitet wurden. Durch Exil und Vertreibung wurden brüderische Traditionen über die ganze christliche Welt, inspirierend für andere Christentümer und Kulturen verbreitet, ohne die Vehikel staatlicher, kolonialer oder wirtschaftlicher Macht zu benutzen.

II

Man kann sicher sagen, daß die Traditionen der Ersten Reformation zum hermeneutischen Schlüssel für Hromádkas ökumenische, praktische und wissenschaftliche Arbeit wurden. Ebenso werden die ökumenischen und gesellschaftlichen Herausforderungen seines Lebens zum hermeneutischen Schlüssel, bestimmte Überlieferungen der Ersten Reformation zu erschließen, die in ihrer Kritik am Staatskirchentum, an einer die eine Wirklichkeit spaltenden Zwei-

2 Aus seiner programmatischen Schrift „Zurück zu den Propheten" (1918), zit. bei D. Neumärker, a.a.O., 50.

Reiche-Lehre, am Antijudaismus, an einer problematischen Christologia gloriae Fehlentwicklungen der Großkirchen überwinden können.

Das Erbe des brüderischen Christentums läßt sich nach Hromádkas Darstellungen nur als eine christliche Arbeit verstehen, die keine „Schau nach rückwärts, sondern eine Schau nach vorn" ist.[3]

1. Ein Hören auf die ganze Bibel ist notwendig, denn nur beide Bücher sind als Ganzes das Evangelium, enthalten in allen Teilen „die Stimme eines befreienden Gottes". Das gilt von der Schöpfung bis zur noch uneingelösten Hoffnung auf die Neuschöpfung eines neuen Himmels und einer neuen Erde.

2. „Wenn Gott spricht, erfaßt er den ganzen Menschen und ruft ihn zum Gehorsam". Das Evangelium ist Lex Dei oder Lex Christi ohne jeden pejorativen Sinn. Gottes Wort will getan werden. An Gottes Gerechtigkeit orientieren sich die Christen in ihrer Arbeit für die Gerechtigkeit hier auf dieser Erde. Fehlt die Praxis, wird die lebendige „Botschaft in Lehre verwandelt". Als Gemeinschaft des Neuen Bundes, der nach Hromádka nie den Alten Bund überholt oder gar entwertet, „hat die Kirche Jesu Christi vom alttestamentlichen Volk das am Sinai dem Mose gegebene Gesetz übernommen ... Das Gesetz war eine Gnadengabe."[4] Hier ist lange vor Karl Barth aus der brüderischen Tradition die entscheidende Kritik an einer unbiblischen Trennung von Gesetz und Evangelium und der Herabwürdigung des Gesetzes zu einem uneigentlichen Wort Gottes ausgesprochen. Der christliche Glaube verleugnet sich durch verweigerte Praxis und gewinnt keine Stärke durch eine Herabsetzung des Gesetzes. Evangelium und Gesetz sind verschiedene Gestalten des einen Wortes des einen Gottes. Eine Rechtfertigungslehre, die von der absoluten Souveränität Gottes und der Priorität seiner Zuwendung zum Menschen ausgeht, kann den weltflüchtigen Quietismus vermeiden, ohne das „Tun des Gerechten" als Selbstrechtfertigung zu denunzieren.

3. Die Schöpfungsgeschichte ist „schon Evangelium"[5]; Hromádka macht an diesem Beispiel deutlich, daß das, was sein soll, sich aus dem ergibt, was Gott getan und uns geschenkt hat: Die ganze Welt als seine Schöpfung, die auf Befreiung von Ungerechtigkeit und Unfrieden, Krankheit und Hunger, Schuld und Zerstörung angelegt ist. Glaube ist darum nicht nur Weltinterpretation,

3 In dem Sammelband „Von der Reformation zum Morgen" (1959, tschechisch 1956) legt Hromádka mit anderen dieses Erbe ausführlich dar. Außerdem J. L. Hromádka, Die Theologie von J. A. Comenius im Umbruch der Zeiten, in: Communio Viatorum. A Theological Quarterly (1959/1), 42-50.

4 In seiner Dogmatik „Das Evangelium auf dem Weg zum Menschen" (1963), Zitat 228, entfaltet Hromádka den Gedanken, daß Gott zum Menschen unterwegs ist. Die Christologie ist in diesen Gedanken der Selbsterniedrigung Gottes eingebettet.

5 A.a.O, 88.

sondern auch Weltgestaltung im Sinne des Schöpfers und endzeitlichen Erlösers. Die Hoffnung auf das kommende Reich Gottes wird zum kritischen und gestalterischen Movens in der Geschichte. Die These vom Christozentrismus der christlichen Theologie wendet er immer christentumskritisch an: „Haben wir vor ihm (scil. Christus) oder – richtig gesagt – hat er in seinem Kampf um uns gesiegt?“[6]

4. Antihierarchisch, antisakral und antiinstitutionell ist auf dem Boden dieses Erbes Hromádkas Kirchenverständnis. Jede Identifikation von vorfindlicher Kirche und Reich Gottes ist unmöglich. Sie ist unterwegs dorthin. Pilgern gleich, weder seßhaft in Dogmen (sie stehen im Hilfsdienst der intellektuellen und praktischen Arbeit der Theologie) noch in Institutionen. Es ist eine dienende Gemeinde zuerst der Armen und Schwachen.

5. Die Hoffnung auf das kommende Reich Gottes ist beglaubigt und für alle begreifbar im Leben und Sterben, im Wort und Geist Jesu Christi. Seine Herrschaft ist universal und hat nur die Gestalt des Dienens. Universal heißt in diesem Zusammenhang: Alle Bereiche des Lebens, private und öffentliche, wirtschaftliche und kirchliche, unterliegen der Lex Dei bzw. der Lex Christi, die keine andere als der Wille des einen Gottes ist. Jede Eigengesetzlichkeit ist ein Angriff auf die Gottheit Gottes. Gehorsam gegenüber der Lex Christi ist nach Wort und Sakrament eine der notae ecclesiae, so konstatiert es die Confessio Bohemica von 1575.[7]

III

Es ist hier nicht der Ort, auf Hromádkas Gesamtwerk einzugehen. In groben Strichen sind nur die prägenden Eindrücke seiner Studienzeit zu skizzieren. Sie lassen sich aus Wien, Basel, Heidelberg und Aberdeen nach seinen Selbstzeugnissen so zusammenfassen:[8]

1. Bei aller Zeitgebundenheit der Duhmschen Psalmen- und Prophetenauslegung (z.B. Psychologisierung und Romantisierung) lernt Hromádka von Bernhard Duhm, den er in Basel vor allen anderen hörte, wie entscheidend die

6 J. L. Hromádka, Theologie und Kirche zwischen gestern und morgen (1960), 94.

7 Zum Vorhergehenden vgl. vor allem „Von der Reformation zum Morgen“, 295ff. Darüber hinaus R. Kalivoda, Revolution und Ideologie. Der Hussitismus (1976); J. Smolik, Erbe im Heute (1982), bes. 13-78; J. M. Lochman, Das radikale Erbe (1972), bes. 161-204; R. Rican, Die böhmischen Brüder (1958).

8 Vgl. seine Autobiographie: Mein Leben zwischen Ost und West (1971). Zur späteren Verbindung mit H. J. Iwand vgl. B. Klappert, Versöhnung, Reich Gottes und Gesellschaft, in: EvTh 49 (1989), 341-369.

Beziehung des biblischen Glaubens zur Geschichte als dem Feld göttlichen Handelns und damit auch der menschlichen Verantwortung ist.

2. Die eschatologische Ausrichtung der prophetischen Botschaft ist für Hromádka konstitutiv für das Verständnis der ganzen biblischen Botschaft. Johannes Weiß, den er in Heidelberg hörte, und Albert Schweitzers frühe Arbeiten, die er las, bekräftigen diesen Grundgedanken. Jedes satte, triumphalistische Reden von der Kirche, die den Satz des hingerichteten Jesus „Es ist vollbracht" ekklesiologisch zugunsten einer Kirche als Heilsanstalt wendet, war ihm so unmöglich wie ein Erlösungsverständnis, das über die schmerzliche Offenheit der Geschichte, über die Unerlöstheit der Welt zugunsten einer nur privaten, schon geschehenen Erlösung hinwegsah.

3. Die biblische Botschaft zerfiel ihm nicht in Teile eines Schemas, das mit Verheißung und Erfüllung oder Gesetz und Evangelium, auf Altes und Neues Testament verteilt, die Christen zu beati possidentes gegenüber einem als defizitär beurteilten Israel oder Alten Testament heraushob. Das Reden von Christus, dessen Niedrigkeit betont wird, läßt Israels Glaubensurkunden ohne Enteignung gelten, auch wenn festzustellen ist, das zwischen Israels Bibel und dem Hromádka gegenwärtigen Judentum die rabbinische Literatur keine Rolle bei Hromádka spielt.

4. Die Erfahrung einer fast immer verfolgten Untergrund- bzw. Minderheitenkirche – trotz des Toleranzpatentes von 1781 durch Joseph II. erfolgte die völlige Gleichberechtigung der Kirche der Böhmischen Brüder erst durch die tschechoslowakische Republik und Demokratie 1918 (für 20 Jahre!) – hatte für das Kirchenverständnis zur Folge, daß die Gemeinde als die communio viatorum, ohne Privilegien und Macht, nicht mehr war, als was sie glaubend lebte bzw. lebend glaubte. Dieses Gemeindeverständnis vertiefte sich durch die Begegnung mit der schottisch-reformierten Kirche (einer Frei-, nicht Staatskirche) während seines Studiums in Aberdeen. David S. Cairns, Systematiker und J. R. Motts Mitarbeiter, ist hier zu nennen. Er verband eine sehr große Liebe zur praktischen Gemeindearbeit mit einem Reich-Gottes-Verständnis, das die Christen hineinnimmt in eine stetige und gelassene Arbeit gegen Krankheit, Leid und Unrecht. Das Missionsverständnis einer solchen Gemeinde kann durch Cairns so umschrieben werden: „Ich habe bisher noch niemals das Evangelium heidnischen Zuhörern gepredigt, sondern ich stellte immer fest, daß Gottes Geist schon vor mir dagewesen ist."[9]

5. Ernst Troeltsch wird für Hromádka ein Lehrer, dessen „Soziallehren der christlichen Kirchen und Gruppen" er bis in seine späten Arbeiten immer wieder erwähnt als den empirischen, wenn auch ambivalenten Nachweis dafür, daß

9 Zit. nach D. Neumärker, a.a.O, 41; Hromádkas Buch „Evangelium für Atheisten" (1958) wird ein Schlüsseltext zum Beleg dieser Haltung.

der christliche Glaube in seinen unterschiedlichen sozialen Gestalten nicht folgenlos bleibt.

H. Kutter und L. Ragaz, die Schweizer religiösen Sozialisten (im Gegensatz zu K. Barth schätzt er den aktiveren Ragaz stärker als H. Kutter) verstärken seine durch eine frühe und selbständige Wahrnehmung der Arbeiterbewegung und des Elends des Proleteriats gewonnenen Einsichten zur Brisanz der sozialen Frage. 1917 erlebt er in Galizien die Hoffnungen der russischen Revolution, sie werden, kritisch und engagiert, auch seine Hoffnungen. Die Machtkritik, die er an jeder civil religion sowie an allen Staatskirchentümern übt, wird er auch sein Leben lang – unter schwierigsten Bedingungen im Stalinismus – an der Machtakkumulation des real existierenden Sozialismus üben.

6. Ein wichtiger Freund, Lehrer und Streitpartner war Thomas G. Masaryk (1850-1937), Philosoph und ab 1918 erster tschechoslowakischer Staatspräsident. Seinem philosophischen Werk galt Hromádkas Habilitationsschrift. Masaryk hatte 1900 – nachdem es in Polna zu widerlichen Ritualmordbeschuldigungen in der katholischen Kirche und einer breiten Öffentlichkeit gekommen war – gegen diese Vorurteile geschrieben. In vielen Zeitschriften wandte er sich, wissenschaftlich und praktisch-politisch argumentierend, gegen den Antisemitismus und dessen Verbündete und Verstärker, den Nationalismus, den Klerikalismus und den das soziale Unrecht produzierenden Feudalismus. Hromádka wird auch an dieser Stelle sein Mitstreiter und Schüler sein.

IV

Vor dem Hintergrund seiner Habilitationschrift 1919 und der Schrift „Zurück zu den Propheten“ 1918 ist der umfangreiche Aufsatz „Das Christentum und das wissenschaftliche Denken“ von 1922 das Dokument eines entscheidenden theologischen Neuansatzes.[10]

Grundlegend ist für ihn der Gedanke der „Souveränität Gottes“, die über alle Natur- und Gesellschaftsgesetze maßgebend ist. An dieser Stelle ist eben das Christentum „kein Grab, sondern das Elixier des wahren Denkens“ (94). Die Einheit und Einzigkeit Gottes verlangt darum den Satz: „Ich glaube an die Einheit des menschlichen Geistes“ (105). Eine doppelte Wahrheit, wie sie in bestimmten Philosophien und Ausformungen der Zwei-Reiche-Lehre sich hat festsetzen können, läßt Hromádka nicht zu. Weil auch die materielle Welt von Gott mit ihren Gesetzen geschaffen ist, unterliegt sie seiner liebevollen Gesetzgebung. Die Materialität und Irdischkeit des biblischen Glaubens wird für Hromádka im Auferstehungsglauben Christi fest bestätigt. Christus gilt ihm als Erstling der Neuschöpfung, auf die die ganze Bibel hofft. Wir glauben an einen

10 Die Seitenzahlen im folgenden Abschnitt verweisen auf den Abdruck in der Werkauswahl „Der Geschichte ins Gesicht sehen“, a.a.O.

Gott „nicht als an einen Begriff und eine Idee, sondern an einen Gott, von dem die israelitischen Propheten Zeugnis ablegen und dem die Menschheit in Jesus Christus begegnet ist".

Man wird formulieren dürfen, daß Hromádka alles an der Einheit von Gott und Jesus Christus, aber nicht an ihrer Identität liegt, die den Gottesgedanken der Bibel in den Hintergrund schiebt. „Wer aber an die Souveränität des heiligen Herrn (Jahves) glaubt und Jesus in den Prozeß der heiligen Liebe Gottes, die sich selbst offenbart, einfügt, wer mit dem Blick des Glaubens sieht, wie sich Gott immer näher und näher zum Menschen herabneigt, um ihm das Grauenhafte seiner Sünde, aber auch die Unaussprechlichkeit seiner Gnade zu offenbaren, dem enthüllt sich Jesus deutlich als göttlicher Revelator" (113). Sein Sterben und sein Leben finden ihren Sinn in Gottes Geschichte.

Von diesen Gedanken der Souveränität Gottes aus kommt Hromádka zu der Konsequenz: „Gott ist die Weisheit, in ihm ist Ordnung und Gesetz – die Gesetzmäßigkeit des Geschehens und die Ordnung der Wahrheit und der Liebe. Für den Christen sind Naturgesetze und Ordnungen allerdings keine absoluten Mächte, die über Gott und sein Werk verfügen – auch Gesetz und Kausalzusammenhang stehen in Gottes Hand" (114). Gott ist zugleich Logos und Ethos. Im Gegensatz zu einer breiten Strömung in der Dialektischen wie in der Neulutherischen Theologie wird die Aufklärung nicht als pure Fehlentwicklung gezeichnet. Sie führt zu einer Emanzipation, die den Beitrag der Kirchen dazu herausfordert und ihre Vergangenheitsverliebtheit kritisiert. Allerdings hält Hromádka an einem biblischen Kriterium fest: „Ich lehne den Idealismus ab, der es versäumt, Brot für die Hungernden zu beschaffen", so zitiert er zustimmend T. G. Masaryk.[11]

Um die politischen und ethischen Konsequenzen solcher Gedanken zu ermessen, muß man sich klar machen, daß eine breite Strömung der deutschen Theologie zur selben Zeit von Schöpfungsordnungen als eigengesetzlichen Gegebenheiten sprach; sie waren zwar von Gott gegeben, aber in Gestalt von Staat, Volk oder Rasse doch der Weisung Gottes entzogen. Hromádka widerspricht leidenschaftlich dem Satz: „Jede Sphäre des menschlichen Lebens habe ihre Gesetze und Regeln – daher dürfe der Staat auch moralische Gesetze verletzen, wenn seine Existenz und seine Entwicklung dies erfordern" (119). Hromádka spricht kritisch von der zeitgenössischen liberalen deutschen Theologie. Sie anerkennt „die Selbständigkeit der Kulturwerte, der Wissenschaft, der Kunst, des Rechts und der Humanitätsethik"; die Sekundärtugenden wie „Tapferkeit, Ehrgeiz, Arbeitslust und Sauberkeit" werden von diesem Kulturprotestantismus Deutschlands ausdrücklich mit der kläglichen Begründung anerkannt, man könne nicht „nur mit den religiösen Tugenden der Demut und der Selbsterniedrigung leben" (119). Jede bürgerliche deutsche Religiosität konnte es später dulden, daß auf die Dächer von Dachau und Auschwitz die Sekundärtugenden „Sauberkeit, Arbeit, Fleiß und Ordnung" geschrieben wurden und

11 J. L. Hromádka, Der Sprung über die Mauer (1961). Das Zitat von 1944.

gleichzeitig die biblischen Tugenden der Gerechtigkeit und des Glaubens ins Private verbannt blieben.[12] Für Hromádkas Bibelverständnis ist es eine Karikatur, die biblischen Tugenden auf Demut und Selbsterniedrigung zu reduzieren. Er formuliert mit diesen Selbstbeobachtungen Selbstkritik: „Wir alle leben praktisch nach diesen angedeuteten deutschen Prinzipien. Erst wenn wir uns bewußt werden, daß unser Gott auch der Herr der Politik, der Gesellschaft und der wirtschaftlichen Tätigkeit sein will, erkennen wir unsere Schwachheit und Ohnmacht, und es graust uns beim Anblick der wirklichen, öffentlichen Bedeutungslosigkeit unserer Tätigkeit" (120). Staat, Wirtschaft und Politik sind keine ethikfreien Bezirke: „Lösen wir uns von den Fesseln der deutschen Theologie!" Er faßt dann das Evangelium in folgenden Maximen zusammen, „die allen wahren Menschen gemeinsam sind: Ehrfurcht vor dem Leben, vor der menschlichen Persönlichkeit, Einheit, menschliche Solidarität, der Schutz der Schwächeren durch die Stärkeren" (121). Er geht über die Grenzen der Kirchen weit hinaus. Das „biblisch-theistische Prinzip" bedeutet: „Ist Gott der Herr des Weltalls, so darf auch nicht eine einzige Sphäre der Kultur seinem Einfluß entzogen werden. Es geht um den Sieg Gottes, nicht um den unsrigen" (122).

Unsere Frömmigkeit bezieht sich, jenseits eines „reaktionären Biblizismus", der aus der Bibel „einen Kodex mit fertigen Formeln und Paragraphen" macht (99), auf die lebendige und ganze Bibel. Nur dort ist der begegnet, der „von allen Geschöpfen, von der Natur und den Menschen absolut verschiedene, absolut heilige und gerechte Gott, ... der trotz seiner unvergleichlichen Heiligkeit den Menschen sucht, sich gütig zu ihm hinunterneigt, um ihn mit sich in die Gemeinschaft der Liebe und des Friedens zu ziehen" (99). Keine Rede ist von einem Gott des Alten Testamentes, der angeblich nur ein Gott der Verheißung, der formalen Gerechtigkeit oder gar der Rache und des Zornes sein soll.

Die Einheit der biblischen Bücher begründet sich zutiefst in ihrem „Theozentrismus". „Jesu Evangelium und die Wesensfrömmigkeit des Paulus lassen sich nur auf dieser Grundlage erklären" (98). Die Schriften des Neuen Testamentes sind Dokumente eines „Glaubens an Gott als den heiligen Herrn und Vater", wie er sich im Alten Testament ausspricht. Allein dieser Glaube bewahrte das „Urchristentum vor der Erstarrung im antiken religiösen Synkretismus". Wer aus dem „Evangelium Jesu" diesen Gedanken eines „überweltlichen, souveränen, heiligen, liebenden, persönlichen Gottes als eines Herrn der Geschichte und allen Geschehens überhaupt" entfernt, „zertrümmert ... das Rückgrat des Christentums" (99). „Die Gleichgültigkeit gegenüber dem Alten Testament rächt sich verhängnisvoll" (98).

Judentum und Christentum, nur sie beide von allen Religionen, kennen den heiligen und dabei um den Menschen ringenden Schöpfer (100). Es führt kein Weg vom Menschen zu Gott. „Gott muß sich dem Menschen offenbaren, um

12 1919, z.Zt. der theologisch-politischen Neuorientierung Hromádkas, schrieb Franz Kafka seine visionäre Geschichte „In der Strafkolonie", eine Vorahnung kommender Lager.

erkannt zu werden. Die Bibel ist keine wundertätige Schrift, sondern sie ist das Dokument der göttlichen Heilstatsachen" (100). Jesus wird verstanden als „Gottes Offenbarung". In Jesus ist „Gottes Wille" in „höchster Spannweite und Schrankenlosigkeit offenbart worden".

An dieser Stelle, wo Hromádka von der erlösenden Kraft von Jesu Tod und Auferstehung spricht, setzt er sich mit Max Brods gerade erschienenem Buch „Heidentum, Christentum, Judentum" (1921) auseinander. Dabei geht es vor allem um dessen These, in Paulus habe sich der biblische Gottesglaube „individualisiert und subjektiviert". Hromádka zeigt die Verlegenheit, in die ihn diese jüdische Anfrage an die Christentumsgeschichte und an die paulinische Theologie mit Recht bringt, nämlich, „wie es geschehen konnte, daß gerade die paulinischen Glaubenserfahrungen und Glaubensformulierungen zum Ausgangspunkt und Ziel der zentralen Geschichtsströmung der christlichen Frömmigkeit geworden" sind. Sie lieferten Subjektivismus und Individualismus, die Hromádka durch einen Rekurs auf das biblische Gottes- und Weltverständnis zu überwinden sucht. Er leugnet nicht die von Brod skizzierte paulinische Wirkungsgeschichte, fragt aber zurück. Was im Leben des Gottesdieners Paulus geschah, darf nicht vergessen machen: „Gott beginnt nicht mit jedem Einzelnen von neuem – er setzt seine Geschichte fort. Der Einzelne muß sich in die bisherige Geschichte des göttlichen Werkes einfügen" (102).

Bei allem Subjektivismus und Individualismus darf nicht übersehen werden, daß sich in ihnen „eine übersubjektive Gesetzmäßigkeit" offenbart, denn „die israelitisch-christliche Frömmigkeit bewertet bestimmte Ereignisse als Heilsgeschehnisse" (102). „Der jüdische Gott", von dem gerade Paulus spricht, gliedert den Einzelnen in die Gottesgeschichte ein und „nur als Teilnehmer dieser Geschichte darf er der göttlichen Barmherzigkeit gewiß sein" (103). „In dieser Konkretheit besteht gerade die Kraft der jüdischen Frömmigkeit" gegenüber allen individualisierenden oder idealistischen Strömungen. Die zukünftigen Ereignisse folgen dieser Linie der Geschichte: „Die Völker werden zum Berg Zion kommen und im Gesetz des Herrn frohlocken, sie werden den Gott Jakobs als ihren Herrn erkennen" (103). Israels Geschichte als Vergangenheit, Gegenwart und Zukunft ist für die Kirche bestimmend. Sich von ihr zu befreien, bedeutet die Absage an die Geschichte Gottes und an den Gott der Geschichte – der Geschichte Israels und der Geschichte der Völker. Die Völker sind durch Jesus in diese Geschichte Israels hineingezogen. Kein anderer Gott als dieser Gott hat sich in dem „heiligen, reinen, vollkommenen Menschen, in Jesus von Nazareth, geoffenbart". Das war für die Völker ein „notwendiger Schritt auf der vorhergehenden Linie" (103).

„Ich kenne auf dieser Ebene Gott nicht anders als wie er mir entgegentrat, als wie er sich mir in Jesus geoffenbart hat. Das schwerste theologische Problem war der Beweis, daß der Christozentrismus keine Korruption des Monotheismus ist" (104).

Hromádka bringt hier das entscheidende Problem aller christlichen Theologie auf den Punkt: Wie kann Gottes Souveränität, der Theozentrismus der ganzen

Bibel nicht gefährdet werden durch eine Christologie, die triumphalistisch, idealistisch oder insgeheim doch in polytheistischen Kategorien denkt? Ein späterer Formulierungsvorschlag zur Lösung dieses Problems heißt: „Jesus bewegt sich inmitten seines Volkes als der verkörperte heilige Wille Gottes selbst".[13] Jesus als Tora Gottes (und nicht als deren Ende!) zu verstehen, ist eine entscheidende Hilfe gegen jeden theologischen Antijudaismus. Der zog seine stärkste Kraft immer aus einer Christologie, die auf Kosten des Ersten Gebotes ging – „Das altkirchliche Dogma der Christologie ... trägt Spuren dieser Verderbnis" an sich (99).

V

Entsprechend wird Hromádka später 1961[14] die Entscheidung der Alten Kirche gegen Marcion und somit gegen die Deutschen Christen ausdrücklich gutheißen, da eine Entjudung des Christentums immer „mit der Liquidierung des Evangeliums selbst" endete. In dem Gespräch der christlichen Kirche mit der jüdischen Synagoge, wie Hromádka sagt, sind nicht zuerst die Fragen der Christen an die Juden wichtig, sondern vor allem die Anfragen der jüdischen Gemeinde an die Kirche. „Durch viele Jahrhunderte hindurch nahm die Kirche die Einwände der jüdischen Synagoge nicht ernst genug" (57). Die „wesentlich verschiedene Auslegung" der Hebräischen Bibel muß von den Christen ernsthafter gehört werden, sonst nehmen sie Röm 11, 26 nicht ernst. Die Lebendigkeit der jüdischen Gemeinde „verleiht unserem Ringen mit der jüdischen Gemeinde über die Auslegung des alttestamentlichen Zeugnisses einen besonders innigen, tiefen und ernsten Charakter" (58).

Gegenüber Israel ist Hören und Dialog angesagt, ohne Israel „besser zu verstehen als es sich selbst versteht" – diese Formel benutzt Hromádka gegenüber dem Marxismus,[15] dessen totalen Weltanschauungsanspruch er bestreitet. Er benutzt, wie Dietrich Bonhoeffer,[16] diese Redefigur gegenüber der radikal säkularen Welt.

Nach der Schoah schreibt Hromádka von einer „neuen Situation, die sich in dem Verhältnis ... zwischen der Synagoge und den christlichen Kirchen abzeichnet." Die zerstörerischen Wirkungen eines „militanten Antisemitismus", gerade in christlichen Völkern, beweisen, „wie sehr die 'christliche' Gesellschaft von dem jahrhundertealten Bazillus der Bosheit und des Hasses

13 Das Evangelium auf dem Weg zum Menschen (1963, tschechisch 1961), 147.

14 A.a.O, 56ff.

15 Evangelium für Atheisten, 39f.

16 Widerstand und Ergebung; Brief vom 8. 6. 1944.

17 J. L. Hromádka, An der Schwelle des Dialogs zwischen Christen und Marxisten (1965, tschechisch 1964), 20ff. Die Ausdrücke „jüdische Synagoge", „Synagoge", „Israel", „Volk Israel" (in der Kontinuität des jüdischen Volkes bis heute) werden von Hromádka wechselweise gebraucht.

verseucht war".[17] Was ist die Schuld der christlichen Kirchen? Sie „vergaßen das Apostelwort, daß man bereit sein kann, seine Sache für sein Volk, für Israel, zu geben, vergaßen des Apostels zuversichtliche Mahnung, daß Gott seine Verheißungen nicht gereuen, die er dem Volk Israel gegeben hat (Röm 11, 29). Das Kreuz wandelte sich in den Gedanken vieler Christen zu einem Instrument des Hasses und der Bosheit gegenüber den Juden." Judenverfolgungen wurden „im Zeichen des Kreuzes von Golgatha gedeckt oder gar gesegnet". Die Zerstörung Europas in den vergangenen Jahrzehnten „wird in ihrer letzten Tiefe nur begreiflich mit dem Blick auf die Millionen jüdischer Gräber in ganz Europa". Gerade „diese entsetzliche Katastrophe läßt dämmernd ahnen, daß die Kirche Christi ohne die Gemeinschaft mit Israel in ihrem Wesen nicht völlig zu erfassen ist." Die Synagoge ist Gottes erhobener Zeigefinger gegenüber der Kirche, der auf „das Volk Israel und seine Verheißungen weist" (20f).

Für das, was am jüdischen Volk in den dreißiger und vierziger Jahren geschah, sind die Christen „alle verantwortlich. Wir müssen die Last ihrer (scil. der Kirchen) Schuld bis in künftige Tage tragen."

Hromádka beobachtet die erstaunliche Tatsache, daß in der „Zeit antisemitischer Leidenschaften und der Vernichtung großer Teile der jüdischen Bevölkerung" neue und tiefere Versuche der Interpretation des Bundes Gottes mit Israel und der Gestalt Jesu geschahen (21). Hromádka nimmt zeitgenössisch zur Kenntnis, was z.B. M. Brod, J. Klausner, H.-J. Schoeps, D. Flusser, L. Baeck u.a. arbeiteten. Er sieht mit Klarheit und ohne Kritik an Israel, „daß die christliche Botschaft von Jesus als der Heilsoffenbarung des Gottes Israels und der Erfüllung der messianischen Prophetie abgelehnt wird." Er hört und bedenkt diese Stimmen, die sagen, „Jesus sei vielleicht der einzigartige Wegweiser zu Gott für die Gojim, die außerisraelitischen Menschen, gewesen".

Für Hromádka ist das neue Verhältnis zwischen Juden und Christen wichtig, um „die heutige Situation der Christenheit in einem verheißungsvollen Licht zu sehen. Gottes 'Ja' muß zu einem neuen Anfang werden" (22). Ohne Umkehr hat das Christentum keine Zukunft. Als defizitär wird Israel an keiner Stelle beurteilt oder gar verurteilt. Im Blick sind die historischen und gegenwärtigen Defizite der Christenheit.

So wie Hromádka eine radikal weltlich gewordene Welt auf der einen Seite die Christenheit herausfordern sieht, so fragt auf der anderen Seite Gott durch Israel die Christenheit nach einem radikal neuen Weg.

Theologie als Ideologiekritik

Karl Barths Zurückweisung des Antikommunismus *

I

Karl Barth ist sich theologisch und politisch in einem erstaunlichen Maße treu geblieben – treu, nicht starr. Auch wenn ihm selbst im Rückblick 1948 das „Jasagen wichtiger wurde als das freilich auch wichtige Neinsagen“[1], so bleibt seine Theologie eine kritische Theologie. Sie ist viel kritischer als die Barth merkwürdig unkritisch erscheinenden historisch-kritischen Theologen, die ihn angreifen, wie z.B. Adolf von Harnack. Sein theologischer Neubeginn (Der Römerbrief, 1919, 1. Auflage) geht nicht verloren.

Ich nenne nur drei Punkte der Kontinuität:

1. Gott „will nicht etwas sein neben Anderen, sondern das ganz Andere ... Er will nicht Religionsgeschichte begründen, sondern der Herr unseres Lebens, der ewige Herr der Welt sein. Darum handelt es sich in der Bibel“.[2] Was Barth hier von der Religion sagt, gilt von jeder Ideologie. Beide haben ihr relatives Recht und ihre relative Wahrheit. Sie sind Interpretationen der Welt und Orientierungen, beide sind aber nicht auf derselben Ebene angesiedelt wie – totaliter aliter – Gottes Reich. Wollen sie an Gottes Stelle oder auf sein Niveau, dann wollen sie Götter werden. Davon befreit sie und die Menschen das ernstgenommene 1. Gebot. Gottes Gnadenwahl (Kirchliche Dogmatik II/2, § 32 und 33), in der Erkenntnis Jesu Christi begründet, konstituiert die Menschlichkeit des Menschen und seine Freiheit, gerade auch die Freiheit vor jeder Angst, da das „Nichtige“ (KD III/3, § 30 von 1950) schon besiegt ist. Die Freiheit zur Kritik kommt aus der Souveränität Gottes und seiner Zuwendung zum Menschen.

In seiner Schöpfungslehre (KD III/1, 390ff von 1945) hat Barth die Theologie mit ihrer eigenen Sache den Weltanschauungen (z.B. Darwinismus, Evolutionstheorien) gegenübergestellt.

Ich denke, daß auch das relative Recht des Marxismus, vor allem sein analytisches Potential als wissenschaftliche Bemühung, die Veränderungen in den modernen Industriegesellschaften und Wirtschaftssystemen zu verstehen, in

* Erstveröffentlichung. Zuerst vorgetragen als Antrittsvorlesung an der Universität - Gesamthochschule Siegen im Wintersemester 1986/87.

1 How my mind has changed? 1938-1948, „The Christian Century“ 9. 3. 1949, in: Der Götze wackelt, hg. v. K. Kupisch, 191.

2 Biblische Fragen, Einsichten und Ausblicke (1920), in: Das Wort Gottes und die Theologie, München 1924, 85.

diesem Zusammenhang gesehen werden können: In der Gefahr der „eigenen Vergötterung" (KD I/2, 841), also die eigenen Grenzen immer wieder in Richtung Weltanschauung zu überschreiten, ja Ersatzreligion zu werden. Als Instrument und Methode der Analyse und des Verstehens ist er aber auch für die Theologie wichtig. Der römische Streit um die Theologie der Befreiung scheint mir ein ähnlicher Streit zu sein. Wird der Marxismus instrumentell oder essentiell in die Theologie eingebaut?

Theologie kann nicht selbst Weltanschauung werden, sich auf keine Weltanschauung stützen, für keine Weltanschauung garantieren, sich auch nicht „partiell zustimmend zu ihnen und ablehnend gegen sie stellen". „Sie führt das Gespräch mit den Weltanschauungen in der Weise, daß sie ihre eigene Erkenntnis ihres Gegenstandes ... nicht besserwissend, aber anders wissend und ihr anderes Wissen nicht verleugnend, sondern entfaltend leben und gegen jene Weltanschauungen stellt." Theologie verliert in diesem Gespräch nicht ihre eigene Sache und Begründung.

In seiner Versöhnungslehre (KD IV/1, 337f) kann Barth 1953 Religion einmal so definieren: Sie ist „die vermeintliche Erhebung meiner Seele zu Gott, die Aufrichtung und Verehrung von Bildern seines vermeintlichen Seins und Wesens" – wozu auch die „Alternative des Zweifels, der Skepsis, des Atheismus" gehören kann. Weltanschauungen, Religionen und Ideologien (ob im marxistischen Sinn als falsches Bewußtsein oder im Sinne einer politischen Theorie) verhalten sich zum Wort Gottes wie die „Revolutiönchen" (KD IV/2, 616) der Menschen zu der Revolution Gottes.

2. Der Briefwechsel mit Eduard Thurneysen macht deutlich, daß Karl Barth vor allem Leser, Hörer, Ausleger und Prediger der Bibel ist. „Das ist die Quelle, aus der seine ganze Theologie schöpft ... es geht ihm nicht um ein System, er ist und bleibt Schüler und Lehrer der Heiligen Schrift. Wer ihn anders versteht, wird ihn nicht verstehen." Barth denkt konkret und nicht abstrakt. So „systematisch" er arbeitet, so „antisystemhaft" ist seine Theologie. Das immer lebendige Wort Gottes betrifft den ganzen Menschen in allen seinen wechselnden Situationen, sein ganzes Dasein in allen Dimensionen. „So verstanden ist Karl Barths Wort von Anfang an ein politisches Wort gewesen."[3] Wenn eine Ideologie Anspruch auf den ganzen Menschen erhebt oder das Christentum sich mit Ideologien von Kultur, Religion, Sozialismus oder Kapitalismus verknüpft, dann setzen sich beide der radikalen Kritik der biblischen Botschaft aus.

3. Eduard Thurneysen sieht im Blick auf Barths Leben „eine Linie". Sie beginnt mit dem Eintritt Barths (1915) in die Sozialdemokratische Partei der Schweiz. (Die Spaltung in Sozialdemokraten und Kommunisten gab es damals noch nicht; Barth gehörte zum linken Flügel der Partei!). Die eine Linie zeigt

3 Eduard Thurneysen, Die Anfänge, in: Antwort, Zollikon-Zürich 1956, 832.

sich auch in der „Organisierung einer bedrängten Arbeiterschaft" in Safenwil und geht über den „Kampf der Bekennenden Kirche gegen die politische Macht des Nationalsozialismus" bis zu seinem Engagement in der „Widerstandsbewegung in der Schweiz".[4] 1931 tritt Barth in Bonn wieder in die deutsche Sozialdemokratie ein. Die SPD war 1930 zwar stärkste Partei geworden, aber in der Opposition. Es war eine demokratische und eine sozialistische Entscheidung in der Endphase der Weimarer Republik; demokratisch, weil es ein Bekenntnis zur parlamentarischen Demokratie war, eine sozialistische Entscheidung, weil sie eine Entscheidung gegen eine stalinistische kommunistische Partei in Deutschland und gegen den demagogischen Nihilismus der Nazis war. Eine herrschende sozialistische Partei ist von Barths Skepsis begleitet, sie könnte ihre kritische Haltung verlieren.

Eine linke Tendenz bleibt deutlich in Barths Leben erkennbar. Seine im Jahr 1931, als er in die SPD eintrat, veröffentlichte Schrift „Fides quaerens intellectum" befaßt sich mit Anselms Beweis der Existenz Gottes im Zusammenhang seines theologischen Programms. Barth versteht sie „als eine Absage an den ontologischen Gottesbeweis und jede natürliche Theologie". Deshalb konnte Barths linke Option aus theologischen Gründen bei ihm aber nie zu einem linken, sozialistischen oder gar kommunistischen System werden oder zum Anschluß an eine Ideologie führen, die sich prinzipiell versteht und organisiert. Sein Verständnis vom Reich Gottes stellt kritisch „anarchistisch" Fragen, kennt aber weder ein anarchistisches noch ein politisches Programm.[5]

Benutze ich die Beschreibung, die der Mannheimer Marxismusforscher Hermann Weber[6] für die Linke gibt, so ist damit Barths politische Richtung angedeutet, die ihn ein Leben lang in unterschiedlicher Intensität begleitet: Analyse der bestehenden Verhältnisse, Demokratie auch in der Wirtschaft, Überwindung von Ausbeutung, Unterdrückung und Armut sind die wesentlichen Stichworte. „Links ist das Synonym für progressive Politik ... während die rechten Ideologen bestehende Zustände erhalten ... wollen, orientiert sich das Prinzip links an Veränderungen, um Menschenwürde und Freiheit des Individuums zu erreichen und zu sichern. Die Linke ist rational orientiert, sie wollte immer ... den mündigen Bürger, während die Rechte häufig Emotionen mobilisierte ... es versteht sich leicht, daß die aufstrebenden Klassen und ihre Vertreter links standen, die Privilegierten aber rechts".

4 A.a.O., 832.

5 F.-W. Marquardt, Theologie und Sozialismus. Das Beispiel Karl Barths, München 1972, 165f. Kritisch dazu: G. Sauter, Soziologische oder politische Barth-Interpretationen, in: EvTh 35 (1975) und F. Wagner, Theologische Gleichschaltung, in: T. Rendtorff (Hg.), Die Realisierung der Freiheit, Gütersloh 1975, 10-43.

6 Das Prinzip links. Eine Dokumentation. Beiträge zur Diskussion des demokratischen Sozialimus in Deutschland 1847-1973, Ulm 1973, 13.

II

Ich konzentriere mich auf die entscheidenden Jahre 1945 bis 1955. Die Schlüsselfrage an Karl Barth in diesen Jahren formuliert 1948 in voller Schärfe Emil Brunner. Anlaß war Barths Bericht über seinen Besuch bei den reformierten Kirchen in Ungarn:[7]

> „Die Frage, die wir an dich richten – und wenn ich sage wir, so meine ich nicht nur Schweizer, sondern viele deiner theologisch-kirchlichen Freunde in Deutschland, in England und Amerika – ist die, ob ... die Gattung Totalitarismus als solche eine Größe ist, zu der die christliche Kirche nur unbedingt, unmißverständlich und leidenschaftlich nein sagen kann, genauso, wie du seinerzeit zum Hitlertum nein gesagt und die Kirche zum unbedingten Neinsagen aufgerufen hast."[8]

Warum sagt Karl Barth nicht ebenso deutlich nein zum Kommunismus wie zum Nationalsozialismus?

Der Begriff „Totalitarismus", den in den zwanziger Jahren Mussolini zum ersten Mal für sein faschistisches Italien benutzt hatte, ist in den dreißiger Jahren von demokratischen Wissenschaftlern (z.B. Hannah Arendt) gebraucht worden. Er beschreibt die Gemeinsamkeiten des Hitler- und des Stalinstaates. Beide Systeme wenden alle Mittel total an, um ihre Herrschaft zu sichern, um Menschen zu unterwerfen und den „neuen Menschen" zu schaffen. Wenn beide System zur selben Gattung gehören, sind sie dann nicht mit ähnlichen Argumenten zu kritisieren?

Emil Brunner nennt die wesentlichen Gemeinsamkeiten zwischen dem nationalsozialistischen Staat und dem kommunistischen Staat: Prinzipielle Rechtlosigkeit und Unmenschlichkeit. Es handelt sich um Machtstaaten. Es führt nicht weit, über den Kommunismus zu reden. Er könnte auch eine christliche Möglichkeit sein. Wäre sie christlich realisiert worden, wäre der kommunistische Totalstaat vielleicht nicht entstanden. Soziale Errungenschaften ließen sich beim kommunistischen wie beim nationalsozialistischen Staat finden, meint Brunner. Durch sie dürfe man sich aber nicht täuschen lassen. 1949 wird Emil Brunner seine Fragen noch einmal sehr viel detaillierter stellen.[9] Dabei fällt auf,

a) daß Brunner einmal die symmetrische Gemeinsamkeit zwischen beiden totalitären Systemen aufgibt. Der aktuelle Feind, der kommunistische Totalstaat, verführt ihn dazu, den untergegangenen Feind Hitler harmloser erscheinen zu lassen: „Der Sowjetstaat ist der erste und bisher einzige konsequent durchgeführte Totalstaat".[10]

7 Christliche Gemeinde im Wechsel der Staatsordnungen. Dokumente einer Ungarnreise (1948), Zollikon 1948, 55-58.

8 Wie soll man das verstehen? Offener Brief an Karl Barth, in: Karl Barth Gesamtausgabe. Offene Briefe 1945-1968, hg. v. Diether Koch, Zürich 1984, 149ff.

9 Die Kirche zwischen Ost und West, Stuttgart 1949.

10 A.a.O., 15.

b) Die Frage nach den Eigentumsverhältnissen in der Wirtschaft wird (neben Menschenrechten, Liberalismus und Demokratie) zum zentralen Problem und Kriterium. Wenn Kapitalismus „die Gesinnung des rücksichtslosen Profitgeistes oder die Selbstbehauptung der wirtschaftlich Privilegierten“ ist, dann „handelt es sich erst recht nicht um ein System, sondern um eine Sache der persönlichen Einstellung und Lebensführung ... Ich bin gerne bereit, mich dieser Verurteilung des Kapitalismus anzuschließen, wenn man damit Profitgier, Mammonismus, Ausbeutung usw. meint. Wenn man aber mit Kapitalismus, so wie Marx es tut, die Wirtschaft meint, die nicht verstaatlicht oder kollektivistisch geordnet ist, so will ich im Namen der christlichen Kirche und Lehre den Kapitalismus verteidigen als einzige Alternative zum Kommunismus, der heute kein anderer sein kann als der totalitäre.“[11] Eine Analyse der Situation, der Machtverhältnisse und der ökonomischen Strukturen (bis auf die Eigentumsfrage) findet nicht statt.

c) Es fällt weiter auf, daß die 1948/49 sich vollziehenden Änderungen nicht wahrgenommen werden: 1948 hatte Israel mit einer stark sozialistisch orientierten Kibbuz-Bewegung und Arbeiterpartei die politische Bühne betreten; Jugoslawien hatte um eines demokratischeren und freieren Sozialismus willen mit Stalin gebrochen; China hatte sich als Volksdemokratie 1949 endgültig etabliert. Reale Varianten oder Alternativen zum stalinistischen Kommunismus wurden ebenso wenig gesehen wie die theoretische Marxismusdiskussion oder die sozialen Konflikte im Dekolonisierungsprozeß der 3. Welt. Brunners nicht gestellte Fragen sind interessante Argumente. Er sagt: „Verstaatlichung der Wirtschaft führt zum Totalstaat“.[12] Hitlers Wirtschaftsordnung aber kam ohne Verstaatlichung aus, Südafrika, 1948 durch Gesetzgebung rassistisch fixierter Staat, ebenso wie viele lateinamerikanische Diktaturen.

Die totalen Verteidiger des einen Weges zum Kommunismus haben mit ihren radikalen Kritikern die Abneigung gegen Varianten gemeinsam.

d) Emil Brunner gibt für die Christen in Osteuropa – gerade war sowohl in Ungarn wie in der CSSR 1948 eine verschärfte Machtübernahme der Kommunisten durchgeführt worden – den Ratschlag zur inneren Emigration und die Versicherung der Solidarität der Christen im Westen: „Wenn ihr es nicht vermeiden könnt, dem Widersacher äußere Konzessionen zu machen, so macht doch innerlich keine“.[13]

11 A.a.O., 30.

12 A.a.O., 32.

13 A.a.O., 36.

III

1 Solidarität und Kritik in der Ökumene

Barths Stellungnahme den ungarischen Christen gegenüber ist sehr viel direkter, differenzierter, seelsorgerlicher und zugleich kritischer (dafür weniger mitleidsvoll) als die Brunners. Sie versucht, von der Aufgabe der Kirche in Ungarn aus zu denken und mit zu beraten.[14]

Barths Antwort an Emil Brunner bestreitet, die Kirche habe es „zeitlos mit diesen oder jenen –ismen und Systemen, sondern mit den jeweils in das Licht des Wortes Gottes und des Glaubens tretenden geschichtlichen Wahrheiten zu tun ... Sie denkt, redet und handelt darum gerade nicht prinzipiell. Sie urteilt vielmehr geistlich und damit von Fall zu Fall.“[15]

Für ein Annehmen der sozialistischen Gesellschaftsordnung nach 1945, nicht in einem Status quo, sondern ihn besser verstehend als dieser sich selbst verstand, und für ein Ernstnehmen des Sozialismus und seiner Anfragen an das Christentum hatte Josef L. Hromádka auf der Amsterdamer Weltkirchenkonferenz 1948 gesprochen. Er stellte sich gegen John Foster Dulles, der für eine westliche Option des Ökumenischen Rates und eine Roll-back-Politik gegen den Osten eingetreten war.[16] 1938 hatte Barth angesichts der Kapitulation der westlichen Demokratien vor Hitler in München, die die CSSR opferten, zum bewaffneten Widerstand gegen die Nazis aufgerufen. 1950 wurde Barth von Deutschen und Schweizern an sein damaliges Votum erinnert und gedrängt, in gleicher Weise für eine Bewaffnung gegen den Osten einzutreten. Hromádka wie Barth lehnten die Erwartung ab. Nationalsozialismus war nicht gleich dem Kommunismus.[17]

Barth und Hromádka waren die entscheidenden Theologen im Westen und im Osten, die sich aus theologischen Gründen nicht auf einen prinzipiellen Antikommunismus einließen. Ihre Kritik richtete sich auf konkrete Mißstände in den sozialistischen Gesellschaften. Sie forderten die Freilassung von Verhafteten.[18] Karl Barth ermutigt, berät und kritisiert (wenn alte Staatsverehrung

14 Vgl. seinen Brief „An meine Freunde in der Reformierten Kirche von Ungarn“, in: Offene Briefe, a.a.0., 140ff.

15 Theologische Existenz „heute“. Antwort an Emil Brunner, in: Offene Briefe, a.a.0., 159. Karl Barth und Emil Brunner entwerfen ihre aktuellen Positionen vor den theologischen Gegensätzen des Jahres 1934 über „Natur und Gnade“ (zum Gespräch mit Karl Barth, Tübingen 1934) und Karl Barths „Nein!“ (Antwort an Emil Brunner, Th. Ex. h. 14, München 1934).

16 Vgl. oben sowie die Darstellung der Auseinandersetzung (dort weitere Literatur in: Martin Stöhr, Gemeinsame humanistische Verantwortung von Christen und Marxisten, in: H. E. Tödt, Marxismusstudien 7, Tübingen 1972, 105-140.

17 Karl Barth, An Pfarrer Wolf-Dieter Zimmermann (1950), in: Offene Briefe 1945-1968, 202ff. Hier auch Barths Brief an Hromádka von 1938. Dazu Hromádkas Brief an Barth, in: Antwort. Karl Barth zum 70. Geburtstag, Zürich 1956, 3-13.

18 Vgl. den Brief an den DDR-Minister Zaisser, 1953, in: Offene Briefe, 333ff.

durch Christen in Ungarn droht) die ungarischen Kirchen.[19] In einem Brief an einen Pfarrer in der DDR (Zollikon 1958, 32) faßt Barth seine Positionen zusammen: „Ob sie [die Christen] es nicht fruchtbarer finden sollten, statt gegen *für* die DDR zu beten und im übrigen um Licht und Kraft zu einem rechten christlichen Sein und Tun nun gerade in der DDR?".

Deshalb gehen Barths Kontakte zum Osten durch eigene Besuche in Ungarn, Prag, Dresden, Berlin, durch viele Besucher von dort und durch unzählige Briefe genau auf die unterschiedlichen Situationen ein. Hofft Barth nach 1945 auf einen eigenständigen Weg Europas als Brücke zwischen Ost und West, mit einem entmilitarisierten Deutschland, einem energischen Anpacken der sozialen Frage, so widerruft er diese Hoffnung nicht, aber er begleitet sie durch eine wachsende Kritik am Kalten Krieg und damit auch an der Praxis des stalinistischen Kommunismus.

1950 erfährt er, daß der amerikanische Geheimdienst ihn wegen seiner Ostkontakte abhört. Es ist dasselbe Jahr, in dem J. R. Mc Carthy Vorsitzender eines Ausschusses wird, der überall in der westlichen Welt kommunistische Unterwanderung wittert.[20] Barth läßt sich weder durch diese Erfahrungen noch durch die Angriffe aus Deutschland und der Schweiz[21] in seiner Position irre machen.

2 Rationale Wahrnehmung der Geschichte

Oft betont Barth, wie notwendig eine nüchterne Analyse ist, ein Aussprechen bestimmter Sachverhalte. Er scheut den Vorwurf des Rationalismus nicht. Im Bereich der historischen und politischen Wirklichkeit hält Barth Bultmanns Programm der Entmythologisierung für notwendiger als im Bereich der mythologischen Weltbilder in der Bibel.[22] Mit besonderer Schärfe wendet er sich gegen eine unklare Beschreibung der geschichtlichen Entwicklung, die Hitler als eine dämonische Erscheinung darstellen will. Seine Kritik trifft hier vor allem Helmut Thielicke und Walter Künneth.[23] An folgende klare Tatbestände erinnert Karl Barth:

a) Hitler griff Rußland an, öffnete die Schleusen, so daß der Kommunismus jetzt in der Mitte Europas steht.[24]

19 Vgl. den Brief an ungarische reformierte Christen von 1948 (Offene Briefe, 139ff) und den Brief an Bischof Bereczky aus dem Jahr 1951 (Offene Briefe, 274ff).

20 Eberhard Busch, Karl Barths Lebenslauf, München 1975, 396.

21 Eberhard Busch, a.a.O., 392ff und die Dokumente in: Offene Briefe, vor allem die Korrespondenz mit dem Schweizer Polizeiminister Feldmann, 214ff.

22 Die Evangelische Kirche nach dem Zusammenbruch des Dritten Reiches, Zürich 1945, 51.

23 Walter Künneth, Politik zwischen Dämon und Gott, Stuttgart 1954 und Helmut Thielicke, Weltgeschichte und Weltgericht, in: Festschrift für Anders Nygren, Göttingen 1950.

24 Die Evangelische Kirche nach dem Zusammenbruch, 43.

b) An der Niederringung Hitlers, also an der Befreiung Deutschlands und der Opfer aus den Konzentrationslagern war die Sowjetunion entscheidend beteiligt. Ebenso gab es nicht nur den Widerstand gegen Hitler am 20. Juli 1944, sondern auch den Widerstand der Kommunisten, Sozialisten und Gewerkschaftler, die sich z.B. in der Roten Kapelle in großer Zahl zusammengeschlossen hatten.[25]

c) Der Nationalsozialismus hat tiefere Wurzeln. Er ist nicht 1933 einfach erschienen und nach 1945 wieder verschwunden. Der Antisemitismus gehört dazu, aber auch „der Geist, die Gesinnung und Haltung derer, die ... allen Autoritarismus und Imperialismus, allen Kapitalismus und Militarismus" mitbrachten und schon im Kampf gegen die Weimarer Demokratie aktivierten.[26] Dementsprechend wird Barth für eine lebendige Demokratie in der Gesellschaft und – entscheidend für ihn – in der Wirtschaft (!) kämpfen und gegen jeden wieder aufkommenden Nationalismus und Militarismus eintreten. Dieser Kampf wird zuerst in der Bundesrepublik Deutschland notwendig. Dort war 1950 Barths Freund, der CDU-Minister Gustav Heinemann, aus Protest gegen Adenauers Angebot von deutschen Soldaten an die USA zurückgetreten. Er blieb mit Martin Niemöller Barths Freund im Kampf gegen Remilitarisierung und Atombewaffnung.[27]

Ähnlich äußerte sich Barth später gegen die 1952 in der Deutschen Demokratischen Republik einsetzende Militarisierung.[28]

d) Es darf nicht vergessen werden: die Christen und Kirchen kämpften während der Nazi-Zeit nicht für „die Freiheit des Volkes", d.h. auch der Nichtchristen, und auch nicht für „die Gerechtigkeit im Lande", sondern für die „Freiheit der Kirche und ihrer Verkündigung". Jede Heroisierung des Kirchenkampfes muß unterbleiben.[29]

3 Die Herausforderung zur besseren Gerechtigkeit

Hitler war zu seiner Zeit eine Versuchung für die Christen und Kirchen. Die Deutschen erlagen ihr. „Er hatte englische, französische, amerikanische Bewunderer" – auch in der Schweiz gab es sie. „Wir waren in Gefahr, ihm als einem falschen Gott zuerst Weihrauchkörner und dann Ganzopfer darzubringen."[30]

Heute ist doch keiner versucht – ein paar Kommunisten ausgenommen –, den Kommunismus zu einem Gott zu machen. Wer ist in Gefahr, verführt zu

25 Volkstrauertag 1954, in: Der Götze wackelt, hg. v. Karl Kupisch, Berlin 1961, 169.

26 Die Evangelische Kirche nach dem Zusammenbruch, 21 u. 54.

27 Fürchtet euch nicht. Ein Brief 1950, in: Der Götze wackelt, 150.

28 Brief an einen Pfarrer in der Ostzone, in: Offene Briefe, 23f.

29 Die Evangelische Kirche nach dem Zusammenbruch, 27.

30 Antwort an Emil Brunner, in: Offene Briefe, 162.

werden? „Nein, wo die Kirche bekennt, da geht sie mit Furcht und Zittern gegen den Strom und nicht mit ihm".

Angesichts der offenkundigen Brutalitäten und Irrtümer der kommunistischen Staaten hat „die Kirche heute bestimmt keinen Anlaß, gegen den Strom zu gehen und also ein Bekenntnis zum Kommunismus abzulegen, weil dieser dessen nun wirklich ... weder in seiner marxistischen, noch in seiner imperialistischen, noch in seiner ... asiatischen Komponente würdig sein könnte. Aber muß sie darum durchaus mit dem Strom gehen – und also mit Amerika und mit dem Papsttum?"[31]

Der Nationalsozialismus war in seinem Ansatz ein Angriff auf Gott und die Menschen – auf Gott, weil er Rasse und Blut vergöttlichte, weil er in Hitlers Person und Auftreten eine Offenbarung Gottes in der Geschichte sah. Er versuchte „sich in der Gestalt eines verfälschten Christentums darzustellen".[32] Damals nein zu sagen kostete etwas, heute im Westen nein zum Kommunismus zu sagen ist billig. Der Kommunismus hat „*nie* den geringsten Versuch gemacht, das Christentum selbst umzudeuten, zu verfälschen, sich in ein christliches Gewand zu hüllen ..." Er wollte den „wirklichen Christus durch einen nationalen Jesus" nicht beseitigen, „er hat sich des Antisemitismus nie schuldig gemacht ... ihm scheint das Evangelium überhaupt noch nicht begegnet zu sein. Er ist brutales, aber wenigstens ehrliches Gottlosentum."[33] Der Westen ist nach seinem „eigenen Glauben gefragt". „Gegen den falschen Glauben des Ostens kann nur der wahre, klare, christliche Glaube standfest sein", kein „geistiger, politischer und eines Tages auch militärischer Kreuzzug!"[34]

Eine grundsätzliche Option für den Osten oder für den Westen oder gegen den einen oder den anderen ist nicht möglich. Auf ihrem Weg hat die Christenheit die Freiheit, die Gerechtigkeit und den Frieden Gottes zu glauben und zu verkündigen und damit gerade

– der menschlichen Freiheit, die im Osten stärker eingeschränkt ist,
– der menschlichen Gerechtigkeit, die im Westen Defizite aufweist und
– dem Frieden, den Ost und West wollen und der doch hier wie dort „voller Drohung und Kriegsgefahr" ist, zu dienen.[35]

Implizit verweist Barth auf seine beiden Schriften „Rechtfertigung und Recht" (1938) und „Christengemeinde und Bürgergemeinde" (1946), die von der christlichen Ausstrahlung auf Menschenrechte und Freiheit, sowie auf eine demokratische und rechtsstaatliche Gesellschaft sprechen, wenn die Kirche Kirche ist und von der Gerechtigkeit Gottes lebt.

31 A.a.O., 164.

32 Die Kirche zwischen Ost und West, in: Der Götze wackelt, 134.

33 A.a.0., 138. Zum Antisemitismus ist zu bemerken, daß Barth vor den Slansky-Prozessen und den Leningrader Ärzteprozessen (in der Endphase des Stalinismus) schrieb, wo es antisemitische wie antizionistische Attacken gab.

34 A.a.0., 139.

35 A.a.O., 141.

4 Kapital, Arbeit und Klassenkampf

Es ist nicht nur an diesen beiden Schriften deutlich zu machen, daß Barths Äußerungen zu aktuellen Problemen sich keineswegs „vom Standpunkt seiner Theologie und deren eigentlicher dogmatischer Aufgabe sich als völlig beliebig“ erweisen, wie W. M. Beaumotte denkt.[36] In seiner Ethik im Kapitel „Freiheit zum Leben“ (KD III/4, § 55 aus dem Jahre 1951) führt Barth ein entscheidendes Gespräch mit entscheidenden Positionen des Marxismus.

> „Aber das ist nicht zu leugnen, daß der Arbeitsprozeß im großen und allgemeinen in seiner jedenfalls in unserer heutigen westlichen Welt noch kräftigen Gestalt auf dem Prinzip der Ausbeutung der einen durch die anderen beruht, weniger drastisch gesagt: auf dem Erstreben und Erlangen von Profit, der den wirtschaftlich Stärkeren, d.h. eben den Besitzern der Produktionsmittel damit zufällt, daß sie als solche in der Lage sind, den Arbeitsvertrag der auf sie angewiesenen wirtschaftlich Schwächeren, d.h. derer, die außer ihrer Zeit und Arbeitskraft nichts in die Waagschale zu werfen haben, nach ihrem Interesse zu gestalten.“[37]

So gewiß durch Sozialgesetzgebung der Kapitalismus kaum noch „rein“ vorkommt, so gewiß ist die „Tatsache, daß dieses System es nun einmal tatsächlich zuläßt und im Prinzip fordert, daß der Mensch den Menschen mit seiner Arbeit zum Mittel seiner eigenen Zwecke, zu einem bloßen Instrument macht, und daß eben dies inhuman und also Unrecht ist“.[38]

Obwohl Barth seit Amsterdam 1948 verstärkt im international-ökumenischen Horizont argumentiert und seine „dritte Position“ zwischen den Großmächten sowie seine Forderung nach einer sozialen Gesellschaftsgestaltung gerade Platz und Chancen für viele Völker läßt, fällt auf, daß Barth den Süden des Globus, die Entwicklungsländer, den Hunger, die ungerechte Weltwirtschaftsordnung nicht als Beispiele und Konsequenzen des von ihm als notwendigerweise ungerecht charakterisierten Systems erwähnt. Er sieht das System kritisch. Faktisch wirkt es, aber es muß überwunden werden. Hier liegt gewiß eine eurozentrische Engführung seines Denkens vor.

Auf der anderen Seite sieht er dieses System des Unrechts in Osteuropa „in anderer Form auch auf anderer Grundlage“, nämlich auf einem verstaatlichten Sozialismus, der von einer regierenden und privilegierten Gruppe gesteuert wird.[39]

Was später Brunner[40] als entscheidend ansieht (Wer ist Eigentümer der Produktionsmittel?), ist für Barth sekundär. Er fragt nach der realen Freiheit zum Leben und nach den Machtverhältnissen, in denen Menschen sich vorfinden.

36 Theologie als politische Aufklärung, Gütersloh 1973, 15.

37 KD III/4, 622.

38 A.a.O., 623.

39 A.a.O., 624.

40 Emil Brunner, Die Kirche zwischen Ost und West, Stuttgart 1949, 30.

Er charakterisiert diese Verhältnisse durch „Konkurrenzkampf" und als „offenen ... Klassenkampf, der durch den Kapitalismus geprägt oder auch sozialistisch getarnt" ist.[41]

Um nur ja nicht einer Geschichtsphilosophie zu erliegen, fügt Barth sofort hinzu: „Und wäre das Reich Gottes nicht auf die Erde gekommen, um einst – als sein Reich, in seiner Kraft, in seiner Herrlichkeit – offenbart zu werden, dann gäbe es gerade in der sozialen Frage keine Hoffnung ..." Das entscheidende Wort der Kirche kann nicht die Verkündigung des sozialen Fortschritts oder des Sozialismus sein, es kann nur die Verkündigung der Revolution Gottes gegen alle „Gottlosigkeit und Ungerechtigkeit der Menschen (Röm 1, 18)" sein. Um es noch einmal deutlich zu sagen: Wenn das die Aufgabe der Kirche ist, dann kann sie nicht für den Kapitalismus eintreten, sondern „kann und muß voll für diese oder jene Gestalt des sozialen Fortschritts oder auch des Sozialismus ... eintreten". Alles hängt aber daran, welche Gestalt der Sozialismus oder soziale Fortschritt zu welcher Zeit, an welchem Ort oder in welcher Situation gerade „hilfreich" ist. Daß der Kapitalismus keine hilfreiche Gestalt ist, gegen Ungerechtigkeit einzutreten, ist für Barth klar.[42] Nicht die Idee oder Ideologie des Sozialismus oder des Kapitalismus ist für Barth entscheidend, sondern ihre Motive, ihre Anthropologie und die reale Lebenspraxis der Menschen.

5 Ökonomie und Auferstehung der Toten

Ist der Atheismus nicht ein entscheidendes Kennzeichen des Kommunismus, zu dem die Christen nein sagen müssen? Was steht hinter diesem Atheismus? Barth fragt: „Ist aufgeräumt mit der These, daß Marxismus Antichristentum ist?" Er spitzt dann die Frage so zu: „Hat die Kirche eingesehen, daß im Materialismus des Marxismus etwas steckt von der Botschaft von der Auferstehung des Fleisches? Das Fatale ist, daß sich das Christentum identifiziert hat mit den konservativen Klassen: Kirche und Armee, Großbürgertum, Adel und Monarchie."[43]

Der Doppelsatz macht deutlich, daß Barth die Klassenstruktur der Gesellschaft (und ihre Auswirkung auf die Kirche!) nicht idealistisch verharmlost. Allerdings nimmt er sie und ihre Überwindung nicht als Naturgesetze hin, wie es der historische Materialismus tut.

Barths Frage aus seiner Anthropologie von 1948[44] ist noch nicht beantwortet: Wie kam es zu dieser materialistischen Anthropologie, die Marx nicht erfand, sondern vorfand? – die er allerdings mit dem dazugehörigen Atheismus

41 KD III/4, 626.

42 A.a.O., 626.

43 Brechen und Bauen. Eine Diskussion, in: Der Götze wackelt, 120f.

44 KD III/2, 467.

und mit seiner ökonomischen Analyse der Industriegesellschaft verknüpfte. Für Barth gehört die auch philosophisch überholte Position nicht wesentlich zum Marxismus. Aber sie enthält brisante Fragen an die Kirche: Warum geriet sie „ins Schußfeld der marxistischen Polemik? ... War sie nicht immer auf Seiten der herrschenden Klasse gestanden oder war sie nicht mindestens immer die sicherste Garantie der Existenz und des Bestandes einer Klassenordnung gewesen, die sich technisch kaum anders denn als die Ordnung der Übermacht des ökonomisch Starken verstehen ließ? ... Hatte sie sich nicht darauf versteift, die Unsterblichkeit der Seele zu lehren, statt der Gesellschaft mit der Verkündigung der Auferstehung der Toten[45] zu bezeugen, daß Gottes Gericht und Gottes Verheißung den ganzen Menschen angehen und darum weder abseits von der materiell ökonomischen Wirklichkeit bejaht und geglaubt, noch im Gegensatz zur materiell-ökonomischen Wirklichkeit als Ideologie verneint und beiseite geschoben werden können?“[46]

Weder eine pseudo-naturwissenschaftliche Anthropologie noch ein historischer Materialismus (vgl. die Ausführungen über Weltanschauung!) verdienen es, daß sich die Theologie auf ihre Ebene begibt, wohl aber erinnern sie „Kirche und Theologie an Schulden, die sie noch lange nicht beglichen haben“.[47]

Nur wer die Kritik des Marxismus an Kirche und Theologie ernsthaft hört, und d.h. nur, wer die Botschaft vom gekommenen und kommenden Reich Gottes ernstnimmt, kann den Marxismus und seine verstaatlichten Existenzformen von heute ernsthaft kritisieren. „Nicht daß ich für den östlichen Kommunismus im Blick auf seine bisherige Selbstdarstellung irgendeine Zuneigung aufzubringen vermochte; ich ziehe es entschieden vor, nicht in seinem Reich leben zu müssen und wünsche es keinem anderen, dazu gezwungen zu sein. Ich sehe aber nicht ein, daß es politisch oder gar noch christlich geboten oder erlaubt sein soll, solcher Abneigung und Ablehnung die Folgen zu geben, die man ihr im Westen seit 15 Jahren mit zunehmender Schärfe gegeben hat. Ich halte den prinzipiellen Antikommunismus für das noch größere Übel als den Kommunimus selber“. Karl Barth wirft dem Westen fehlende Selbstkritik und Heuchelei vor. „Gibt es nicht auch andere Systeme dieser Art und Tendenz? ... Hatte man vergessen, daß es eben in diesem absoluten Feindverhältnis ... um eine typische Erbschaft und Erfindung unserer verflossenen Diktatoren handelt – daß nur der „Hitler in uns“ ein prinzipieller Anti-Kommunist sein kann?“[48] In einem Brief schreibt er 1958: „Man kann aber über das, was gegen den Kommunismus zu sagen ist, nur reden, wenn man für die Kommunisten ist“.[49]

45 Vgl. Barths frühe Auslegung: Die Auferstehung der Toten, München 1924.

46 KD III/2, 467.

47 A.a.O., 468.

48 How my mind has changed, in: Der Götze wackelt, 201f.

49 Zitiert aus Barths Briefen in: Eberhard Busch, Karl Barths Lebenslauf, 397.

6 Der Kampf der Großmächte und die andere Aufgabe der Christen

Nur vor diesem Hintergrund ist Barths Spitzensatz von 1949 am Beginn des Kalten Krieges zu verstehen, daß man die „totalitären Greuel" des Kommunismus von dem unterscheiden muß, was „dabei positiv gemeint und beabsichtigt war."[50] Wenn man diese Unterscheidungen wahrt, dann ist nichts an den Greueln gerechtfertigt, aber ihre Wahrnehmung und ihre Bekämpfung ist realistischer. Denn sie verdanken sich nicht notwendigerweise der Grundidee des Marxismus, so wenig wie die Hexenprozesse und Kreuzzüge der christlichen Botschaft entstammen.

„Dann kann man vom Kommunismus eben das nicht sagen, was man vom Nationalsozialismus vor 10 Jahren sagen mußte: Daß es sich bei dem, was er meint und beabsichtigt, um helle Unvernunft, um eine Ausgeburt des Wahnsinns und Verbrechens handelt ... was in Sowjetrußland ... mit sehr schmutzigen und blutigen Händen, in einer uns mit Recht empörenden Weise angefaßt worden ist, das ist immerhin eine konstruktive Idee, immerhin die Lösung einer Frage, die auch für uns eine ernsthafte und brennende Frage ist und die wir mit unseren sauberen Händen nun doch noch lange nicht energisch genug angefaßt haben: Der sozialen Frage." Ein christliches Nein könnte unser westliches Nein nur dann sein, wenn wir auf einem humaneren Weg die energische Beantwortung der sozialen Frage versucht hätten.

Solange es im „Westen noch eine Freiheit, gibt, hier Getreide ins Meer zu schütten, während dort gehungert wird, solange ist es uns jedenfalls als Christen verwehrt, dem Osten ein unbedingtes Nein entgegen zu schleudern."[51]

Europa hat nur dann eine Hoffnung, wenn es „die Kraft hat, jene Warnung aufzunehmen und also sein Versäumnis in einer eigenen und europäischen Gestalt des Sozialismus nachzuholen."[52] Nicht Frontstaaten der beiden Großmächte, sondern ein Drittes sollte entstehen, orientiert an Gerechtigkeit und Demokratie, denn die beiden Großmächte, durch Hitlers Krieg und zur Befreiung von ihm nach Europa gekommen, leben in einem Machtkonflikt. Sie sind „Konkurrenten um die Weltherrschaft". Rußland tut das in Fortsetzung des zaristischen Imperialismus, „Amerika, schon darin im Vorteil, daß es die beiden Weltkriege weder im eigenen Land gehabt hat, wohl aber in beiden reich ... und schlagkräftig geworden ist." Rußland und Amerika, in sehr verschiedener Weise „Kinder des alten Europa ... zu Riesen ausgewachsen ... möchten Herren sein." Beide wollen Frieden, sie haben gemeinsam, „daß sie sich gegenseitig voreinander fürchten, weil sich einer von dem anderen eingekreist und bedroht fühlt ... wobei man doch dem östlichen Partner zugestehen muß, daß seine Besorgnis etwas begründeter sein kann als die seines Gegners, wenn man sich anhand einer Erdkarte vor

50 Die Kirche zwischen Ost und West (1949), Offene Briefe, 137.

51 Offene Briefe, 137.

52 Karl Barth, Die christliche Verkündigung im heutigen Europa, München 1946, 10.

Augen hält, an wie vielen Stellen ihm dieser ... den Weg zum offenen Meer versperrt.“[53]

Barth will weder den Osten verharmlosen noch den Westen verteufeln, wie man es ihm oft vorgeworfen hat. Er möchte nur die Wirklichkeit so differenziert und so schonungslos wahrnehmen, wie sie ist. Denn er will vor allem mit den Christen und Kirchen im Osten und im Westen die Wirklichkeit Gottes und seine Erwählung des Menschen wahrnehmen und leben.

53 Offene Briefe, 127.

Rede des kritischen Aktionärs *

– Es gilt das gesprochene Wort –

Sehr geehrter Herr Vorsitzender,
sehr geehrte Damen und Herren!

I

Ich höre, daß Banken keine Wohlfahrtsinstitute seien, daß sie keine Politik machen können, daß sie sich in ihrer Arbeit an die gegebenen Rahmenbedingungen halten und neutral sein müßten.

Aber: In allen Festvorträgen und Festschriften von Bankinstituten wird die Arbeit für das Allgemeinwohl positiv erwähnt. Die Dresdner Bank (DB) operiert international. Ich frage: Bezieht sich das Allgemeinwohl nur auf das Wohl des eigenen Landes oder auch auf das der Schwarzen im Land Ihrer Tätigkeit? Wenn Sie sagen: Unsere Tätigkeit hat auch das Wohl der rechtlosen Schwarzen im Auge, wie antworten Sie dann den Vertretern eben dieser Schwarzen, ihren Gewerkschaften, Kirchen, Bürgerrechtsbewegungen, die in allen ihren Organisationen eindeutig gezielte und bindende Sanktionen verlangen und dafür Umfragemehrheiten anführen können?

Solche Forderungen wollen nicht die Wirtschaft ruinieren, sondern die Rahmenbedingungen in Südafrika um die Realitäten erweitern, die uns zuhause lieb und wert sind: Menschenrechte und Demokratie. Das Engagement der DB in Südafrika stabilisiert die entgegengesetzten Rahmenbedingungen für die Schwarzen. Ihr Beharren auf einer Wirtschaft im Apartheidstaat zerstört langfristig diese Wirtschaft. Wer die Wirtschaft Südafrikas erhalten will, nutzt sie zu einem friedlichen Wandel im Interesse der Bevölkerungsmehrheit und der eigenen langfristigen ökonomischen Interessen. Wer diese Interessen nicht verfolgt, verfolgt die der illegalen Regierung und arbeitet mit an der Zerstörung der südafrikanischen Wirtschaft. Ein Drittes gibt es nicht.

Eine Bank arbeitet nie in einem neutralen Raum. Jede ihrer Tätigkeiten ist politisch konditioniert und hat politische Folgen. Ich frage: Welche Maßnahmen hat die DB 1988 getroffen, dem Allgemeinwohl der Schwarzen eine größere Chance zu geben?

Haben Sie versucht, mit Vertretern der Kirchen, der Gewerkschaften, der Befreiungsorganisationen, der Exilvertretungen schwarzer Südafrikaner Gespräche zu führen, um deren Standpunkt kennenzulernen und Ihren Stand-

* Erstveröffentlichung. Vorgetragen bei der Hauptversammlung der Dresdner Bank AG, Frankfurt a. M. am 26. 5. 1989.

punkt im direkten Kontakt mit Betroffenen zu testen? Wenn ja, mit welchem Ergebnis? Wenn nein, warum nicht?

Oder hat der Vorstand, wie seine Weigerung zeigen könnte, sich dem offenen Gespräch auf dem Evangelischen Kirchentag zu stellen, sich gegen den demokratischen Diskurs, gegen das Ernstnehmen von Kritikern und Betroffenen entschieden?

II

Die evangelisch-reformierte Kirche in Nordwestdeutschland hat im Januar ihr Konto bei der Dresdner Bank (d.h. bei der Oldenburgischen Landesbank) gekündigt, nachdem die rheinische Kirche schon 1986 ihre Geschäftsbeziehungen hat ruhen lassen. Der Präsident des reformierten Weltbundes, Allan Boesak, hat dies als mutigen und richtigen Schritt bezeichnet und andere Kirchen aufgerufen, diesem Schritt zu folgen. Und weitere Kirchen werden folgen.

Das Commonwealth-Wirtschaftssekretariat hat 1988 zu Finanzsanktionen vor allem gegen Handelskredite aufgerufen. Hier ist das Apartheidsystem verwundbar, ein System, das massenhaft Menschen verwundet, verschwinden läßt, foltert, tötet. Die Kirchen haben seit langem ihre kritischen Anfragen formuliert.

Ich erinnere daran, daß 1981 der Ökumenische Rat der Kirchen, ein Zusammenschluß aller nichtkatholischen Kirchen dieser Welt, seine Beziehungen zur Dresdner Bank abgebrochen hat.

Seit Jahren fordert dieses weltweite Gremium, weder Handelskredite noch Darlehen nach Südafrika zu gewähren. Die katholische Bischofskonferenz und der südafrikanische Kirchenrat fordern übereinstimmend, zuletzt bei einem Besuch in der Bundesrepublik im abgelaufenen Geschäftsjahr (3. 6. 1988), neben anderem, verbindliche und gezielte (nicht uferlose!) Boykottmaßnahmen: „Der Druck auf Handel, Finanztransfers und die Kommunikationsverbindungen soll verstärkt werden ... Europas Banken sollen daran gehindert werden, südafrikanische Anleihen zu verlängern, und es soll keine neuen Kredite mehr geben."

Diese Position hat sich die EKD, alte Beschlüsse noch bekräftigend, am 13. 10. 1988 zu eigen gemacht. Noch gewichtiger aber ist, daß das ökumenische Forum aller zwölf christlichen Kirchen, die es in der Bundesrepublik gibt, in einer seit der Reformationszeit nicht erreichten gemeinsamen Verantwortung für Gerechtigkeit, Frieden und Bewahrung der Schöpfung diese Forderung übernahm. Der Grund für die immer eindeutiger werdenen Positionen der Kirchen, so oft sie hier und da auch noch zögern, ist der Satz: „Das System der Apartheid ist nicht reformierbar. Es muß daher abgeschafft werden." Das bedeutet eine humanitär-politische Option, die sich an den leidenden Menschen und ihren Rechten orientiert.

Zu Sprechern dieser Opfer einer Apartheidwirtschaft und eines Arpartheidstaates machte sich Anfang 1989 in den großen westlichen Industrieländern eine Gruppe prominenter Christen aus allen fünf Erdteilen. Dazu gehörten z.B. der frühere Staatspräsident von Zimbabwe, Banana, der Metropolit Gregorius aus Indien, die frühere stellvertretende Generalsekretärin der UNO, eine neuseeländische Politikerin, ein brasilianischer Parlamentarier, der Generalsekretär des lutherischen Weltbundes, der Nobelpreisträger Erzbischof Tutu, der frühere und jetzige Generalsekretär des SACC, Dr. Beyers-Naudé und Dr. Frank Chikane.

Diese Gruppe forderte verbindliche und gezielte Sanktionen gegen Südafrika und eine stärkere Unterstützung der Frontstaaten. Darüber hinaus forderten sie, wie Rat und Synode der EKD, in die anstehenden Umschuldungsverhandlungen über Südafrikas Schulden mit Auflagen für die südafrikanische Regierung zu gehen.

Hier steht die EKD in einer gemeinsamen Linie mit den Kirchen z.B. der USA, Großbritanniens oder Frankreichs.

Solche Bedingungen werden bei IWF-Verhandlungen, an denen die DB nicht ganz unbeteiligt ist, selbstverständlich durchgesetzt. Im Falle Südafrikas nicht.

Hier werden genannt:
- Aufhebung des Ausnahmerechtes,
- Freilassung der politischen Gefangenen,
- Zulassung verbotener Organisationen für ein apartheidfreies Südafrika,
- Aufhebung aller rassistischen Gesetze,
- ein Dialog über die Demokratisierung des Landes.

Ich beantrage, diese Konditionen durch Beschluß der Hauptversammlung zum Gegenstand der Umschuldungsverhandlungen zu machen.

Zur Begründung: Der Rechnungshof des Kongresses der USA hat 1988 festgestellt, daß die vom US-Kongreß beschlossenen Sanktionen 469 Millionen Dollar gekostet haben. Der Rechnungshof weist darauf hin, daß 81 % der Einfuhren Südafrikas und 78 % der Ausfuhren mit nur sechs Staaten abgewickelt werden: mit Großbritannien, den USA, der Bundesrepublik, Japan, Frankreich und Italien. Diese Auskunft kann inzwischen präzisiert und aktualisiert werden, daß nämlich die Bundesrepublik Deutschland Handelspartner Nr. 1 von Südafrika geworden ist. Senator Edward Kennedy bilanzierte: „Unser Land und einige unserer engsten Verbündeten halten die Apartheid am Leben" (FR 9. 9. 1988). Der US-Kongreß bestätigt, was die Starnberger Studie von 1987 im Auftrag der EKD und des SACC detailliert schon belegte.

III

Hat die Dresdner Bank 1988 Handelsfinanzierungen für Exporte nach Südafrika geleistet? In welchem Umfang? Mit welchen Laufzeiten? Hat die DB 1988 Kredite an die südafrikanische Regierung, an staatliche oder private Unternehmen gegeben? In welchem Umfang? An welche? Hat die DB 1988 Konten der südafrikanischen Zentralbank geführt, was US-Banken bekanntlich nicht dürfen? Welche Finanzierungen wurden über die Ausfuhrkredit-Gesellschaft abgewickelt, an der die DB mit 17,8 % beteiligt ist?

War die Dresdner Bank an dem 34 Millionen Rand-Kredit für die Stadt Johannesburg (Ende 1988) beteiligt? War die DB 1988 an dem 100 Millionen Rand-Kredit, der im Januar, von Schweizer Banken gemanagt, für die Regierung Südafrikas gegeben wurde, beteiligt? Wenn ja, ist dieser Kredit Teil schon der Umschuldungsaktionen? Wurde er evtl. gegeben, weil Südafrika sonst andere Kredite oder Zinsen nicht hätte zurückzahlen können?

Was gedenkt die Dresdner Bank zu tun, wenn andere Regierungen dem Beispiel der kanadischen Provinz Ontario folgen und Banken (wie die Schweizerische Bankgesellschaft und der Schweizerische Bankverein) vom Verkauf einer Anleihe (z.B. Eurobond) ausschließen, wenn sich also die Pro-Apartheid-Politik schließlich als geschäftsschädigend herausstellt, weil sie nur betriebswirtschaftlich und nicht volkswirtschaftlich, geschweige denn weltwirtschaftlich, d.h. in den Kategorien des Allgemeinwohls denkt?

IV

Gelder werden nicht in menschenleere und politikfreie Regionen gegeben. In Südafrika leben Menschen, die in ihrer Mehrheit zwei ganz klare Positionen vertreten:

Einmal die Erfahrung alltäglicher Erniedrigung durch ein weißes Minderheitenregime, dessen Macht, Wirtschaft und Kontrollapparate (wie Kommunikations-Systeme, Militär, Hubschrauber, Autos, Energieproduktionen) durch Kredite Jahr für Jahr gestärkt wurden und werden. Südafrika hat bei deutschen Banken 4,8 Milliarden DM Schulden. Anders gesagt, für diesen Betrag konnte es sein System stärken. Milde Rückzahlungsbedingungen lassen das Geld weiter dort arbeiten.

Zum anderen: Demokratie und Menschenrechte lassen sich nur mit einer Gewalt verweigern, die auch mit allen Mitteln moderner Wirtschaft arbeitet. Das produziert den Protest, der seit drei Generationen Unterdrückung erstaunlich friedfertig ist. Wer aber Gewalt vermeiden will, fragt nach gewaltfreien Mitteln. Wirtschaftlicher Druck ist das einzige verbliebene gewaltfreie Mittel. Wenn die Dresdner Bank es zurückweist, fördert sie eine gewaltsame Lösung in Südafrika. Nicht zu vergessen ist: Die Wirtschaft kann auch im Dienst der Menschenrechte und der Demokratie stehen. Auch dafür gibt es Beispiele. Die Entscheidung der Dresdner Bank dazu steht noch aus.

Tatsache ist, daß schon seit langem das friedliche Zusammenleben der Völker Südafrikas durch den verfassungsrechtlich verankerten und wirtschaftlich einträglichen Rassismus gestört ist. Eine Minderheitengruppe hat sich allein und fast ausschließlich mit aller wirtschaftlichen, militärischen und politischen

Macht ausgestattet. Alle Menschenrechte sind der schwarzen Bevölkerungsmehrheit vorenthalten.

Sie, meine Damen und Herren, beklagen wie ich mit Recht diesen Skandal. Ich frage den Vorstand, wie er das Dilemma auflösen will: Entweder ist die Verurteilung des Apartheid-Regimes, die ich von Ihnen gehört habe, nur Lip-Service. Oder das betriebswirtschaftliche Rechnen mit Ertrag und Expansion auch in Südafrika rangiert als erster Wert vor der Kritik an der Apartheidpraxis.

Ich frage, wie ernst nimmt die DB das Grundgesetz, dessen 40. Jahrestag wir in einer freien und demokratischen Gesellschaft gerade feiern? Im Artikel 26 lese ich: „Handlungen, die geeignet sind und in der Absicht vorgenommen werden, das friedliche Zusammenleben der Völker zu stören ... sind verfassungswidrig. Sie sind unter Strafe zu stellen.“ (Ich rede nicht von der Vorbereitung eines Angriffskrieges!)

Das Außenwirtschaftsgesetz unserer Republik (vom 28. 4. 1961) erklärt auf der Linie unseres Grundgesetzes folgerichtig: „Rechtsgeschäfte und Handlungen im Außenwirtschaftsverkehr können beschränkt werden, um ... (2) eine Störung des friedlichen Zusammenlebens der Völker zu verhüten.“

In Südafrika ist das friedliche Zusammenleben der Völker bereits gestört. Die Kooperation mit einem Partner in einem Bürgerkrieg, nämlich mit dem unterdrückerischen, der allein über ökonomische und militärische Macht verfügt, verschärft diese Störung im Zusammenleben der Völker – nicht nur der Völker in Südafrika. Eine Destabilisierungspolitik Südafrikas gegen seine schwarzafrikanischen Nachbarländer hat zu Hunderttausenden von Hungertoten und Verstümmelten geführt. Ein Bürgerkrieg lebt von der Einmischung. Ich frage: Auf welcher Seite war die DB 1988 tätig? Denkt sie über eine Kurskorrektur nach?

Unser Grundgesetz spricht außerdem von der Sozialpflichtigkeit des Eigentums. GG 14 (2) heißt es: „Eigentum verpflichtet. Sein Gebrauch soll zugleich zum Wohl der Allgemeinheit dienen.“ Ich frage: Inwiefern dient unser, der Aktionäre Eigentum, inwiefern dient die Dresdner Bank dem Allgemeinwohl?

Ich beantrage, daß der Vorstand auf der nächsten Hauptversammlung ein Rechtsgutachten beibringt, in dem die Übereinstimmung der Südafrika-Aktivitäten mit dem Völkerrecht und dem Grundgesetz geprüft worden ist.

V

Ab 1885 beteiligte sich die Dresdner Bank an der kolonialen Unterwerfung Deutsch-Südwest-Afrikas. Nach 1933 führte die Dresdner Bank für Juden keine Konten, entließ ihre jüdischen Mitarbeiter, beteiligte sich an der Arisierung jüdischer Unternehmen.

Ich fordere für 1989, daß die politische Anpassung an ein anderes Unrechtssystem wie das in Südafrika zuende geht.

Thesen
Zum Verhältnis von Wirtschaft und Ethik *

I Der Prozeß zur Ermittlung des Guten, also eines Optimums und nicht eines Maximums

1. Der biblische Glaube ist ganzheitlich. Alle Lebensbereiche und intersubjektiven Beziehungen sind deshalb der kritischen und heilsamen Frage ausgesetzt, was denn aller Kreatur gut ist. Diese Frage ist die Frage nach Gottes Willen.

2. In der ständigen Klärung der Frage, was der Kreatur gut ist und gut tut, ist der Mensch nicht als Befehlsempfänger, sondern als vernunftbegabtes, kreatives, emotionales und für unendlich viele Motivationen offenes Subjekt verantwortlich beteiligt. Alle von ihm geschaffenen Institutionen beteiligen sich an diesem Prozeß.

3. Die verbindliche Frage nach Gottes Willen und seiner Verwirklichung macht den Menschen frei, nicht die Verfolgung naturwüchsiger Prozesse (survival of the fittest; Verlängerung der Gegenwart als Gewinnung von Zukunft; Bewahrung des Status quo; Unterwerfung unter Opportunismus, Gewalt oder Gleichgültigkeit etc.).

4. In diesem Ermittlungsprozeß sind Alternativen zu prüfen und zu entscheiden. Die Nichtzulassung von Alternativen führt zum (wirtschaftspolitischen, religiösen oder politischen) Fundamentalismus.

II Ziele

5. Nichts von dem, was von Gott oder von Menschen geschaffen ist (Sonne, Mond, Sterne; Kultur, Wissenschaft, Wirtschaft etc.) ist Zweck. Alles ist Mittel. „Der Mensch ist nicht für die Struktur (Institution, Sabbat) da, wohl aber diese für den Menschen“ (Mk 2, 27).

6. Wirtschaften ist eine wesentliche menschliche (individuelle und gesellschaftliche) Tätigkeit, stellt also im Kern die Frage nach den Sichtweisen von Mensch und Geschichte (Anthropologie, Geschichtsauffassung) und nach den Regeln für ein menschliches Leben, Zusammenleben und Überleben.

* Erstveröffentlichung. Thesen zum Seminar „Wirtschaft und Ethik“, Universität – Gesamthochschule Siegen, 30. 4. 1991.

7. Die Bibel (vor allem im AT) setzt ihre Ziele Menschenwürde und Verantwortung, Gerechtigkeit und Liebe, Befreiung und Frieden

a) nicht nur in Weisungen für ein Individuum, sondern auch für ein Kollektivum oder eine Institution um.

b) Diese Ziele gewinnen Rechtsgestalt (z.B. 10 Gebote; Bundesbuch – Ex 20, 22 – 23, 19; Befreiung von Schulden und Schuld alle 7 x 7 Jahre, Freilassung von Sklaven alle 7 Jahre; Brache für den Boden alle 7 Jahre, Entschädigungsregelungen; öffentliche Rechtsprechung ohne Ansehen der Person etc.).

c) Die Dominanz des Ökonomischen ist zugunsten dieser Ziele gebrochen: Die Erstlingsfrüchte gehören Gott und den Armen; jeder Acker und Weinberg darf zugunsten der Armen nicht bis zum Rande und nicht ein zweites Mal abgeerntet werden.

d) Diese Ziele (Primärtugenden) verweisen z.B. die Ziele Wachstum, Konkurrenz, Effektivität, Pünktlichkeit, Sauberkeit etc. auf den zweiten Platz der Sekundärtugenden.

8. Im Neuen Testament sind diese Regelungen vorausgesetzt, nicht außer Kraft gesetzt, eher radikalisiert (Bergpredigt, Apostelgeschichte 2) als relativiert, wenn auch wegen der Naherwartung des Reiches Gottes und der kurzen Zeit der neutestamentlichen Entstehungsgeschichte (ca. 50 Jahre) nicht wie im Alten Testament (1000 Jahre lang) ausgearbeitet und weiterentwickelt worden.

9. Die Kirche nahm dies auch zum Anlaß für ein sozialethisches Desinteresse. Das wurde noch gesteigert durch eine Arbeitsteilung, als Staat und Gesellschaft christlich wurden, eine Arbeitsteilung, die Staat und Wirtschaft zu (sozial-) ethosfreien Zonen erklärte und den Glauben stärker in der Innerlichkeit und nicht im Leben vor dem Tode ansiedelte.

10. Die persönliche Ethik als privates Verhalten war aber auch deswegen stärker entwickelt als eine gesellschaftliche und öffentliche Ethik der Institutionen, weil diese Institutionen (z.B. durch ihre Rolle, Arbeit oder Lebenschancen zuzuteilen) mit Macht ausgestattet sind und auf ihren Eigengesetzlichkeiten und Sachzwängen gegenüber sachfremden, d.h. humanen Zielen, wie die unter I. 7 genannten, sich verschlossen haben.

III Beispiele

1. *Arbeit* hat verschiedene Dimensionen:

a) Sie ist Ausdruck der Gottebenbildlichkeit eines jeden Menschen, steht also jedem zu. Sie ist nicht nur kreative Selbstverwirklichung, sondern auch Partizipation aller an allen Planungs- und Entscheidungsprozessen der Welt und der Geschichte (dominium terrae).

b) Arbeit hat ihren Sinn nicht in sich selber, sondern findet ihren Sinn im Ruhen (Sabbat). Gegen jede chaotische oder naturwüchsige Diktatur der Zeit wird die Zeit (auch für die Arbeit!) gegliedert und damit beherrschbar gemacht und nicht als herrschend hingenommen – im Gegensatz zu den altorientalischen Religionen, die Zeitsouveränität und Verfügung über alles nur den gottgleichen Herrschern zugestehen wollten.

2. a) *Armut* ist kein Ideal (R. M. Rilke: „... ein großer Glanz von innen") und kein hinzunehmender Zustand, sondern etwas, das nicht sein soll (Prophetische Kritik: Jes 3, 13ff; 10, 1ff; Amos 2, 6f; 4, 1; Jer 5, 26ff; Mt 25, 31ff; Apg 2, 45; 4, 32ff; 5, 1ff etc.).

b) Die Nähe der Armen zum Reich Gottes besteht darin, daß sie nicht der Fremdbestimmung durch Reichtum unterliegen, der den Menschen ganz okkupiert und hindert, die Realität der Armut wie die Realität des Reiches Gottes mit seinen Regeln von Recht und Gerechtigkeit zu sehen (Lk 16, 10ff; Mk 10, 17ff).

c) Wie instrumentell und damit frei die Handarbeit gesehen wird, zeigt die Entscheidung Jesu und seiner Nachfolgegruppe: Um für die Aufgaben des (nahen) Gottesreiches frei zu sein, verzichten sie auf Arbeit. Paulus kann seine Freiheit in der Arbeit am Reich Gottes nur dadurch sichern, daß er seinen Beruf als Teppichweber ausübt.

d) Als Ausdruck nicht hinzunehmender Ungerechtigkeit wird Arbeitslosigkeit (Mt 20, 1-16) oder ein Leben auf Kosten anderer (2 Thess 3, 10) kritisiert.

e) Die Orientierung der Arbeit an der Kreativität Gottes, an der Selbstverwirklichung des Menschen, an der Proexistenz für den Nächsten und an der Gestaltung und Verwaltung der „ersten" Natur und der „zweiten" vom Menschen geschaffenen Natur (Kultur, Wissenschaft, Technik, Produktion etc.) befreit die Arbeit davon, zum Götzen zu werden („sein Leben war Mühe und Arbeit", workaholics), zu werden wie zum Fluch. Die Mühsal der Arbeit hat sich der Mensch selbst eingebrockt, sie zu überwinden gehört zu seinen Aufgaben.

3. a) Im Gegensatz zur französischen Revolution ist privates *Eigentum* in der Bibel nicht „heilig". Es gehört Gott (z.B. Land, Leben und Körper der Menschen etc.). Menschen haben es zu Lehen, sie sind Rechenschaft schuldig nach den Kriterien der Ziele I. 7.

b) Die genannten Kriterien (Ziele) aber schützen zugleich das Eigentum. Deswegen gibt es Recht als das Recht der anderen und als eigenes Recht – nur in dieser Paarung bleibt es lebendig. Ich komme nur zu meinem Recht, wenn auch die/der andere zu ihrem/seinem Recht kommt.

4. *Geld* ist (wie jedes Vermögen) nicht nur eine Ware oder ein Tauschmittel;
– durch Ansammlung wird es zum machtvollen Mammon, dem ich nicht zugleich mit Gott dienen kann;
– durch Verwandlung von einem Instrument in einen letzten Zweck,

– durch fremdbestimmende Abhängigkeit (wo dein Schatz – Vermögen – ist, da ist auch dein Herz; Mt 6, 21),
– durch ein Für-sich-Sorgen, die die „bessere Gerechtigkeit" des Reiches Gottes zu praktizieren vergißt, gewinnt Geld eine ihm nicht zustehende Gewalt;
– durch das Zinsverbot soll die Macht von arbeitslosem Geld gebrochen werden.

Jüdisch-christliches Gespräch

Den Messias erwarten

Der Messias

Predigt zu Jes 11, 1-4 *

Juden und Christen erwarten gemeinsam den Messias. Die Christen sagen: Wir kennen ihn. Es ist Jesus von Nazareth. Man sollte das nicht zu schnell sagen. Die weitergehende Erwartung der Juden sollte uns jede Selbstsicherheit rauben und dafür heilsame Unruhe geben. Im Hauptgebet des jüdischen Gottesdienstes, der Tefilla, wird um den Sproß Davids gebetet; in der Morgenandacht heißt das Gebet: „Es sei dein Wille, o Herr, unser Gott und Gott unserer Väter, daß wir deine Satzungen wahren in dieser Welt und gewürdigt werden zu erleben, zu schauen und zu ererben Glück und Segen in den Jahren der Zeit des Messias und im Leben der zukünftigen Welt."

Mit dieser Erwartung verbinden Juden und Christen die Hoffnung auf eine neue Welt, eine Welt voller Heil. Die Bitte um sein Kommen verstummt nicht ...

Es ist eine Binsenwahrheit, wenn man feststellt: Die Welt ist nicht so, wie sie sein soll. Sie könnte besser sein. Ihr Herr hat sie sich anders gedacht. Und Gott sah, daß sie gut war, heißt es in der Schöpfungsgeschichte. Sie ist darauf angelegt, gut zu werden. Die Hoffnung der Juden und Christen blickt in diese Richtung. Der Schöpfer hat sein Interesse an der Schöpfung nicht verloren. Deswegen macht er seinen Willen und das Ziel der Schöpfung bekannt. Er kündigt den an, der der Garant der neuen Welt ist. Juden und Christen nennen ihn den Messias, den von Gott Gesalbten, seinen Sonderbeauftragten. Die Christen bekennen: Er kam in Israel schon zur Welt. Der Prophet Jesaja spricht von ihm, der aus dem Haus Davids kommen wird, dem Stamme Isais, wie es in der Lesung des heutigen Sonntags heißt:

> Und es wird eine Rute aufgehen von dem Stamm Isais
> und ein Zweig aus seiner Wurzel Frucht bringen.
> Auf ihm wird ruhen der Geist des Herrn,
> der Geist der Weisheit und des Verstandes,
> der Geist das Rates und der Stärke,
> der Geist der Erkenntnis und der Furcht des Herrn.
> Und Wohlgeruch wird ihm sein die Furcht des Herrn.
> Er wird nicht richten, nach dem seine Augen sehen,
> noch Urteil sprechen, nach dem seine Ohren hören.
> Er wird mit Gerechtigkeit richten die Armen
> und rechtes Urteil sprechen den Elenden im Lande.

* Ev. Morgenfeier im Hessischen Rundfunk am 4. Advent 1964, zuerst veröffentlicht in: Peter von der Osten-Sacken (Hg.), Israel im christlichen Gottesdienst. Predigten - Ansprachen - Begegnungen, (Veröffentlichungen des Instituts Kirche und Judentum 10), Berlin 1980, 34-37.

Das ist ein Wort des Alten Testamentes, das unmittelbar ins Neue Testament hinüberführt. Nach diesem Buch der Bibel hat mit Jesus von Nazareth die versprochene neue Welt angefangen. Sie fängt bescheiden im Stall an, sie verkörpert die Gestalt des neuen Menschen in Jesus, dem Messias oder – wie er bald heißen wird – dem Christus. Mit ihm beginnt die neue Schöpfung. Viel aufregender als der oft gehörte Einwand, was denn das Christentum in den zweitausend Jahren seiner Herrschaft Neues gebracht habe, ist die Anfrage aus dem Volk Israel. Ein jüdischer Theologe unserer Tage, Schalom Ben-Chorin, fragt die Christen mit Recht:

„... Die Kirche wird nicht müde, zu erklären, daß das Alte Testament im Neuen seine Erfüllung finde. Das mag wohl so scheinen, wenn man von der Welt absieht, aber die Bibel ist nicht alles – sie hat sich vor der Welt zu verantworten, wie sich die Welt vor der Bibel zu verantworten hat ... So müssen wir also von der Bibel her fragen, ob sich die Botschaft des Alten Testamentes nicht allein im Neuen Testament, sondern ob sie sich auch in der Geschichte – in der von uns und unseren Vorfahren erlebten und erlittenen Geschichte – erfüllt hat. Und da müssen wir verneinend das Haupt schütteln: Nein, da ist kein Reich und kein Friede und keine Erlösung. Wir erwarten das Künftige und nicht die Wiederkunft des Gekommenen, wir erwarten die vollkommene Erlösung und kennen keine Inseln der Erlösung inmitten einer unerlösten Welt."

Diese Nachfrage macht nachdenklich. Sie fragt nicht nach den Bibelstellen, die den christlichen Glauben beweisen können. Sie kann man leicht lernen und aufsagen. Es wird nach dem *Leben* gefragt, mit dem die Christen ihren Glauben unter Beweis stellen. Ben-Chorin erinnert an die vom jüdischen Volk erlebte und erlittene Geschichte. Es muß diese Geschichte durchweg in einer christlichen oder sich christlich nennenden Umwelt erleiden. Spricht sie nicht eine andere Sprache als die Sprache der Bibel? Der Geist des christlichen Verhaltens atmet häufig genug einen anderen Geist als den heiligen Geist der Herrschaft Christi. Die Kirche konnte den Juden gegenüber so auftreten, als hätten die Söhne Abrahams nichts mehr zu hoffen, als hätten sie den Messias nicht mehr zu erwarten. Die siegreiche Kirche trat die Juden mit Füßen, so wie sie selbst in Zeiten der Verfolgung getreten wurde. Weil die Christen die Juden vergaßen, konnten (durch meist christlich erzogene Menschen) Millionen Juden vernichtet werden. Die christliche Vergeßlichkeit wirkte tödlich – nicht für die Christen, wohl aber für ihre älteren Brüder. Noch heute schafft ein Mord an einem Taxifahrer vielfach mehr öffentliche Empörung als millionenfacher Mord an jüdischen Frauen, Kindern und Männern. Der Mensch Gottes, Jesus von Nazareth, sollte eigentlich andere Maßstäbe unter den Christen gesetzt haben. Er liebt Gerechtigkeit für die Armen, Recht für die Elenden. Hat sich die Botschaft der Bibel auch in der Welt und in der Geschichte erfüllt? Da müssen wir verneinend das Haupt schütteln, meint Ben-Chorin. In der Geschichte seines Volkes sucht er auch die Spuren des Messias, von dem die Christen sagen, er sei gekommen. Und das heißt sehr präzise: Er sucht uns, er sucht die Christen.

Verstehen Sie mich nicht falsch: Er will nicht recht behalten. Es geht auch nicht darum, daß die Juden oder die Christen oder sonst irgendwelche Menschen gegeneinander recht behalten. Es geht darum, daß der Herr, der den Jesaja, das Alte und das Neue Testament reden läßt, der Juden und Christen als seine Zeugen braucht, recht behält. Und das ist kein Streit mehr um Worte. Hier sind Gottesbeweise ebenso hilflos wie Beweisstellen für den christlichen Messiasglauben. Es zählt allein der Beweis des Geistes und der Kraft, wie ihn Paulus einmal nennt. Was lebt heute wirklich von diesem Glauben? Eine jüdische Legende erzählt von dem Jerusalemer Rabbi Menachem. Aus Versehen hatte ein alter Mann das Schofarhorn geblasen, das die Ankunft des Messias bekanntgeben soll. Menachem tritt gelassen ans Fenster, öffnet es und schaut hinaus. Nein, es hat sich nichts geändert. Man lebt das alte Leben. Das Horn ist irrtümlich erklungen. Der Messias ist noch nicht da. Und Gerechtigkeit für die Armen, Frieden, Ehrfurcht vor Gott und Anerkennung seines Willens, Erlösung von Schuld und Leid und Tränen – wo sind sie?

Man sollte dieser Frage nicht zu schnell ins Wort fallen und auf Spuren des Christus in unserem Land und in unserer Geschichte zeigen. Sie sind sicher zu finden. Hat man aber die Bibel genauer im Ohr, dann muß jede Hand niedersinken, die sich vorschnell erhob, um stolz auf die Früchte des christlichen Glaubens zu deuten. Wenn ihr alles getan habt, das euch befohlen war, dann sagt: Wir sind unnütze Knechte; wir haben nur getan, was wir zu tun schuldig waren, sagt der Herr der Kirche (Lk 17, 10). Nach den positiven Leistungen des christlichen Glaubens zu suchen, hieße also, mit dem Selbstverständlichen zu renommieren.

Gefragt ist aber nach dem, was sich nicht von selbst versteht. Dazu gehört zum Beispiel die Frage, warum der Glaube der Christen an den Messias so kümmerlich geraten ist, daß gerade die Juden davon weithin unbewegt bleiben? Deutet der Unglauben in der Umgebung der Christen nicht zuerst auf den Unglauben derselben Christen hin? Nehmen wir den Christus, den Messias, genügend ernst? Diesen Sachverhalt bohrt Ben Chorin uns ins Gewissen. Er hat den Eindruck, daß wir Christen zu elegant mit der Tatsache fertig werden, daß sich in der Welt so wenig ändert, daß Lüge und Mord, Unrecht und Leid, Hunger und Verzweiflung von uns so selbstverständlich hingenommen werden. Stimmt es denn in der Bibel, daß sich die Veränderung durch den Messias nur im Innerlichen, in der Seele des Menschen abspielt?

Hoffen heißt doch: immer unzufriedener zu sein mit der Welt, wie sie ist. Den Messias zu erwarten heißt nicht: sich mit der Welt abzufinden. Ein Kabarett hat einmal den Vers gesungen:

> Kriege muß es immer geben.
> Kriege müssen sein.
> Denn der Krieg gehört zum Leben
> wie die Prothese ans Bein.

Nehmen die Christen die Prothesen, die Zerstörung von Leben, den Tod, das Unrecht, die Schuld nicht zu schnell hin, statt davon besessen zu sein,

Zustände zu schaffen, die dergleichen Unheil verhindern? Hier sollte es sich auch zeigen, ob der Messias, den wir erwarten, derselbe ist wie der, der gekommen ist. Stimmt das, dann ist er bereits am Werk, dann ist es selbstverständlich, sich mit ihm umgehend ans Werk zu machen. Dann sind Juden und Christen auf eine neue Welt aus, auf die Welt des Messias, des Heils. Dann sind Altes und Neues Testament die Wegweisung. Dort ist zu lesen, was Recht und Gerechtigkeit, Liebe und Frieden, Wahrheit und Vergebung sind. Dann sind das alles keine leeren Begriffe mehr, die unerreichbar fern vom Menschen sind. Kommt der Messias auf uns zu, dann will er – wie es in Bethlehem schon geschah – seine Gaben (die mit diesen Begriffen nur angedeutet sind) heute schon im Menschen verkörpern. Sie sollen ihm Gestalt geben. Dann wachsen diese Geschenke des Himmels wie Perlen in einer Muschel zu Wertobjekten, von denen die Welt wirklich etwas hat. Fraglos gibt es Christen, die ihre Gaben nicht weitergeben, sondern wie die Muscheln ihre Perlen egoistisch einschließen. Oder sie glänzen nur damit. Dann schillern die Worte, all die großen Worte, von denen auch Jesaja spricht. Keiner hat aber etwas davon. Sie werden nicht in Umlauf gebracht, sie werden nicht gehandelt. Dann heißt es mit Recht: Nein, da ist kein Reich und kein Frieden und keine Erlösung. Dann machen die Christen ihren Messias unglaubwürdig und unbekannt. Dann sagt er: Ich kenne euch nicht. Es werden nicht alle, die Herr, Herr zu mir sagen, ins Himmelreich kommen (Mt 7, 21).

Das Volk Gottes kennt die Geschichte von Sodom und Gomorrha. Man liest sie meistens nur als Bericht einer Katastrophe. Sie hat aber einen beglückenden Inhalt: Gott ist bereit, die Städte weiterleben zu lassen, wenn sich zehn, nur zehn Gerechte finden: zehn Menschen, die nicht das tun, was man tut, sondern die sich an Gott orientieren und seine Herrschaft auszubreiten suchen. Vitamine sind kaum sichtbar zu machen, doch können die Menschen nicht ohne sie leben. Ihr Fehlen führt über kurz oder lang zum Tode. So lebt die Welt von den wenigen Gerechten, von dem Licht in der Finsternis, dem Salz der Erde, wie es die Bergpredigt formuliert. Das ist die Hoffnung der Menschen. Wer auf den Messias hofft, zählt zur Hoffnung der Welt. Wir sollten die oft unausgesprochene Hoffnung nicht enttäuschen. Den Juden gegenüber hatten wir Christen das Hoffen vergessen, ihnen gegenüber gab es zu wenig Gerechte in der Christenheit. Verstehen wir den Advent recht, dann lassen wir den Messias nicht nur in der Zukunft und im Jenseits. Dann gehen wir hoffend auf ihn zu und holen ihn damit schon in unser jetziges Leben. Das ist ein triftiger Grund zur Freude.

Gespräche nach Abels Ermordung

Die Anfänge des jüdisch-christlichen Dialogs *

I Kontinuitäten

Wenn ich die Anfänge des jüdisch-christlichen Dialogs bedenke, dann ist 1945 kein radikaler Neuanfang und erst recht keine Stunde Null. Die Tradition der Dialoglosigkeit reicht aus der Zeit vor 1945 weit in die Zeit danach, genauso wie die Stereotypen theologischer und kirchlicher Arbeit.

Ein umfassender Neuansatz findet sich auch nicht nach 1945, sondern in singulären Beispielen vor 1945 – wenig reflektiert, aber praktisch gelebt in den wenigen Aktionen konkreter Hilfe zur Emigration, zum Verstecken, in lebensrettenden Aktionen, in gemeinsamer Verfolgung oder im Widerstand. Es geschah zu wenig und zu spät.[1]

Welche Bedingungen haben auf der christlichen, hier vor allem protestantischen, Seite Denken und Handeln bzw. Gedankenlosigkeit und Passivität in Kirche und Theologie gefördert?[2]

1. Die erste Kontinuität, die sich in der langen Kette christlicher Traditionsbildung durchgehalten hat, ist die Substitutionstheorie, die an Israels Stelle die Kirche setzt, die sich „Neues Israel" nennt. Seit der Zerstörung des Tempels im Jahre 70 ist Israel, das jüdische Volk, als „alt", als antiquiert, abgetan. Martin Noth, ein vorzüglicher Historiker und Alttestamentler, schließt sein wirklich gutes Buch über die Geschichte Israels mit dem Satz, der sich auf die Niederschlagung des Bar-Kochba-Aufstandes bezieht: „Damit endete das schauerliche Nachspiel der Geschichte Israels."[3] Die Geschichte Israels ist für ihn im Jahre 70 zu Ende. Zeitgenössische Juden, wie die jüdische Geschichte über 1900 Jahre werden weder historisch noch theologisch wahrgenommen und gehört. Kardinal Faulhaber hatte bei seinen berühmten Adventspredigten im Jahre 1933, die der Rettung des Alten Testaments galten, in München gesagt:

* Zuerst veröffentlicht in: M. Brumlik u.a. (Hg.), Jüdisches Leben in Deutschland nach 1945, Frankfurt a. M. 1988, 197-229.

1 Vgl. Wolfgang Gerlachs Dissertation „Zwischen Kreuz und Davidstern", Universität Hamburg 1972; inzwischen erschienen unter dem Titel „Als die Zeugen schwiegen. Bekennende Kirche und die Juden" (Studien zu Kirche und Israel 10), Berlin [2]1993; Paul Hilberg, The Destruction of the European Jews, New York 1975.

2 Zur katholischen Arbeit vgl. W. P. Eckert/E. L. Ehrlich (Hg.), Judenhaß – Schuld der Christen?, Essen 1974; K. Richter (Hg.), Die 1945-1980, Pax Christi 1981; P. Fiedler/U. Reck/K. H. Minz (Hg.), Lernprozeß Christen Juden. Ein Lesebuch, Freiburg 1984.

3 Geschichte Israels, Göttingen [2]1954, 406.

„Vor dem Tod Christi, die Jahre zwischen der Berufung Abrahams und der Fülle der Zeiten, also dem Erscheinen Christi, war das Volk Israel Träger der Offenbarung. Nach dem Tod Christi wurde Israel aus dem Dienst der Offenbarung entlassen. Die Tochter Zion erhielt den Scheidebrief und seitdem wandert der Ewige Ahasver ruhelos über die Erde."[4]

Das ist in klassischer Formulierung die protestantische und katholische Position, die auch noch in der Erwählungslehre von Karl Barth, daß Israel Spiegel des Gerichts und die Kirche Spiegel der Gnade seien, ihren Widerhall findet, obwohl sich dort auch theologische Ansätze zur Aufhebung dieser Denkfigur finden.[5]

2. Ein „historischer Materialismus" deutet die Geschichte definitiv; sie wird für die Juden dogmatisch geschlossen. Die Kreuzigung Jesu und die Zerstörung des Tempels werden ebenso monokausal wie eindimensional und diskussionslos interpretiert und zu Beweisen materialisiert, als verwalteten die Christen Gottes Jüngstes Gericht.

Schaut man sich die zeitgenössischen jüdischen Parallelen (z.B. im 4. Esra-Buch) an, dann ist eine offene Diskussion voller kontroverser Positionen, wie denn das schreckliche Ereignis der Tempelzerstörung zu verstehen sei, zu entdecken. Die Christen aber wissen Grund und Folge der Ereignisse des Jahres 70 ganz genau, ohne sich selbst einer Frage nach der Verwirklichung des messianischen Reiches in Raum und Zeit ernsthaft zu stellen. Mit einer Strafdoktrin wird die Geschichte für Israel definitiv beendet. Der Christus von Oberammergau sagt (ich benutze jetzt bewußt einen volkstümlichen Text, der den Geschichtsphilosophien der wissenschaftlichen Literatur ähnelt): „Der alte Bund, den mein Vater mit Abraham, Isaak und Jakob geschlossen hat, hat sein End erreicht."

Diese Strafdoktrin wird nicht nur im Blick auf Israel reflektiert, sondern auch im Blick auf die Kirche selber. Der Bruderrat der Bekennenden Kirche hat noch im Jahre 1948 in einem nicht nur schlechten, sondern gegen den Antisemitismus und das Versagen der Kirche deutlich sprechenden Memorandum erklärt:

> „Jetzt, wo uns vergolten wird, was wir an den Juden verschuldet haben, wächst die Gefahr eines neuen Antisemitismus ... Die Erwählung Israels ist durch und seit Christus auf die Kirche aus allen Völkern, Juden und Heiden, übergegangen ... Israel unter dem Gericht ist die unaufhörliche Bestätigung der Wahrheit, der Wirklichkeit des göttlichen Wortes und die stete Warnung Gottes an seine Gemeinde. Daß Gott nicht mit sich spot-

4 Kardinal Faulhaber, Judentum, Christentum, Germanentum. Adventspredigten, München 1933, 10.

5 Kirchliche Dogmatik II/2; 215ff, Zürich 1942. Zu Barths Position vgl. F.-W. Marquardt, Die Entdeckung des Judentums für die christliche Theologie. Israel im Denken Karl Barths, München 1967; B. Klappert, Israel und die Kirche. Erwägungen zur Israellehre Karl Barths, in: Theologische Existenz heute 207, München 1980.

ten läßt, ist die stumme Predigt des jüdischen Schicksals, uns zur Warnung, den Juden zur Mahnung, ob sie sich nicht bekehren möchten zu dem, bei dem allein auch ihr Heil steht.“[6]

3. Zum dritten ist von Unkenntnis zu reden. Eine dogmatische Platzanweisung im theologischen Denken der Kirchen weist Israel den Platz zu, ohne nach den verschiedenen Selbstverständnissen der Juden und ihrer unterschiedlichen Traditionen zu fragen. Sprichwörtlich wird „pharisäisch“ mit „heuchlerisch“ gleichgesetzt. Die Juden haben ihre Rolle in einem Spiel zu spielen, dessen Regie Christen führen. „Jüdische Gesetzlichkeit“ und „Spätjudentum“ sind die diffamierenden, ahnungslosen Begriffe, die zu der Unkenntnis über das, was z.B. in jüdischen Gottesdiensten, in dieser oder jener Überlieferung sich abspielt oder was in Talmud und Midrasch zu lesen steht, hinzukommen.[7]

Das Fazit aus diesen drei nur grob skizzierten Kontinuitäten über das Jahr 1945 hinaus heißt:

Die Kirchen befanden sich in der Nazizeit, und das ist bis heute die entscheidende Voraussetzung des Nichtdialogs und der bescheidenen Ansätze eines Dialogs, auch dort, wo sie nicht Nazis waren, in einem mehr oder weniger großen Teilkonsens mit dem Nationalsozialismus und dessen Kernideologie, dem Antisemitismus. Das bedeutete zugleich, daß die Kraft zum Widerspruch und Widerstand dadurch gelähmt war, daß man sich innerlich und oft äußerlich mit dem Nationalsozialismus in größerer Übereinstimmung befand als mit dem Judentum, der Wurzel des Christentums, also als mit sich selber.

In ebenfalls drei Punkten will ich die Neuansätze schildern, die auch vor 1945 zu registrieren sind:

1. Ein Beispiel ist der oft zitierte Dialog am 14. 1. 1933 zwischen Martin Buber und Karl Ludwig Schmidt, dem aus Bonn vertriebenen Neutestamentler, später in Basel. Ein Lehrhausgespräch, das wie der klare, aber schwache protestantische „Verein zur Bekämpfung des Antisemitismus“, der in der Weimarer Republik gegründet worden war und zu dem Namen wie H. Lamparter, Karl Barth und H. Balla, Marburg gehörten, aufblitzen läßt, daß es Alternativen

6 Joachim Beckmann (Hg.), Kirchliches Jahrbuch 1945-1948, Gütersloh 1950, 224f.

7 Zur kritischen Aufarbeitung in der Theologie vgl. (dort jeweils auch weitere Literatur) W. Eckert/N. P. Levinson/M. Stöhr (Hg.), Antijudaismus im Neuen Testament, München 1967; Rosemary Ruether, Nächstenliebe und Brudermord, München 1978; Rolf Rendtorff/E. Stegemann (Hg.), Auschwitz – Krise der christlichen Theologie, München 1980; R. Rendtorff (Hg.), Arbeitsbuch Christen und Juden, Gütersloh 1979; Peter v. d. Osten-Sacken, Grundzüge einer Theologie im christlich-jüdischen Gespräch, München 1982; M. Stöhr (Hg.), Jüdisches Volk und die Erneuerung der christlichen Theologie, München 1981; Hans Jansen, Christelijke Theologie na Auschwitz, Bd. 1, Den Haag [4]1982; Eva Fleischner, Judaism in German Christian Theology since 1945, Metuchen NJ 1975.

zum mehrheitlich im deutschen Volk umjubelten oder hingenommenen antisemitischen Nationalsozialismus gab.[8]

Martin Buber setzte hier dem christlichen Glauben an die Erlösung der Welt durch das Gekommensein des Messias seine Position entgegen: „Wir spüren die Unerlöstheit der Welt."

Der christliche Glaube zeigt, die Völkerwelt hat Israel nicht rezipiert. Was hier theologisch ausgesprochen wird, ist realpolitisch präsent. In der Tat haben die christlich geprägten Völker Israel nicht aufgenommen und ihren eigenen Glauben doketisch ausgelegt, sie dispensierten sich davon zu leben, was sie glauben: Die Rettung konkreter Menschen. Sie blieb in einem erschreckenden Maße aus. Dafür gab es in einem erschreckenden Maße peinliche Zustimmungserklärungen aus allen Lagern der Kirche, aller Wissenschaften, der Gemeinden, der Publizistik.

Einer, der sich geschämt hat, ist Ernst Lohmeyer, ein Neutestamentler. Er schreibt an Martin Buber: „Aber was mich drängt, ist nicht nur dieses Gefühl geistiger Verbundenheit mit Ihnen, wenngleich das in diesen Tagen um seiner Seltenheit willen mich begleitet, sondern es ist, um es offen zu sagen, etwas wie Scham, daß theologische Kollegen so denken und schreiben können, wie sie es tun, daß die Evangelische Kirche so schweigen kann, wie sie es tut, und wie ein führerloses Schiff von dem politischen Sturmwind einer doch flüchtigen Gegenwart sich aus ihrem Kurs treiben läßt. Dieser Brief soll ein Zeichen sein, daß nicht alle in den theologischen Fakultäten, auch nicht alle Neutestamentler Kittels Meinung teilen."[9]

2. Wenn ich von einem weiteren kleinen Ansatz spreche, so ist der Versuch des Widerspruchs durch Dietrich Bonhoeffer zu erwähnen. Er ist in diesen Tagen viel gefeiert und zu wenig gehört worden. Er hat im April 1933 drei Aufgaben des kirchlichen Handelns gegenüber dem Staat formuliert, während die meisten Theologen damals im Rausch des staatlichen Handelns mitliefen oder zuschauten. Bonhoeffer hielt diesen Vortrag im April 1933 nach dem ersten Boykott jüdischer Geschäfte am 1. April und nach dem „Gesetz zur Wiederherstellung des Berufsbeamtentums" am 7. April, durch das die Juden aus dem öffentlichen Dienst ausgeschieden wurden und Berufsverbot erhielten. Bonhoeffers Forderungen an das Handeln der Kirche lauteten:
– Der Staat muß ständig nach der Legitimität seines Handelns gefragt werden.
– Die Kirche hat allen Opfern staatlichen Handelns zu helfen, also nicht nur den Kirchenmitgliedern, sondern gerade auch den Juden.
– Nicht nur die Opfer unter dem Rad hat sie zu verbinden, sondern dem Rad selbst in die Speichen zu greifen, damit nicht ständig neue Opfer produziert werden, ist die Aufgabe der Kirche.

8 Eine gute Dokumentation dieser frühen Versuche findet sich in: R. R. Geis/H.-J. Kraus (Hg.), Versuche des Verstehens. Dokumente jüdisch-christlicher Begegnung aus den Jahren 1918-1933, München 1966.

9 Martin Buber, Briefwechsel 2, Heidelberg 1972, 499-501.

Hier meldet sich Widerspruch und Widerstand, sie führen Bonhoeffer in den Untergrund des konspirativen Handelns. Er wird zum Märtyrer. Er verantwortet seinen Weg und sein Engagement für die jüdische Minderheit damals theologisch: Es wird eine Minderheit auf eine doppelte Weise rechtlos gemacht. Einmal durch zuviel Recht, wie es die beginnende Gesetzgebung gegen die Juden zeigt, die das Leben dieser Minderheit einschränkt. Zum andern durch zu wenig Recht, so daß die Juden rechtlos gemacht werden, in gesetzlose Räume abgeschoben und für vogelfrei erklärt werden.[10]

Bonhoeffer argumentiert vor dem Hintergrund einer relativ traditionellen Christologie (hier hat Emil Fackenheim kritisch nachgefragt[11]), aber er versucht zu verwirklichen, was er mit den biblischen Kategorien „Beten und Tun des Gerechten" benennt. Christsein und Kirchesein für andere wird auch zur Praxis der politischen Verantwortung, sie bestimmt ihm auch die Grundlagen einer Reformulierung der christlichen Überlieferung. Sein Ethikfragment und seine Gefängnisbriefe belegen das.[12]

Ein paar Beispiele zeigen Spuren seiner Wirkung, obwohl Bonhoeffer auch in der Bekennenden Kirche, auf deren Fürbittenliste er als politischer Häftling (!) nicht stand, kaum gehört worden ist. Es gibt in der Bekennenden Kirche 1936 den interessanten Versuch einer Denkschrift an Hitler. Einigen in der BK war klar geworden, daß man in Barmen 1934, wo deutlich gegen den Arierparagraphen in der Kirche, das Führerprinzip und die Ideologie der Nazis gesprochen worden war, hätte deutlicher für die Juden und gegen das offenkundige Unrecht reden müssen.[13] Ganz wenige taten es.

Eine Denkschrift der Bekennenden Kirche an Hitler aus dem Jahre 1936, in der Zeit nach den Nürnberger Gesetzen vorbereitet, sollte jetzt die von Hitler offiziell angestrebte Ruhe während der Olympiade und während des Beifalls ausländischer Besucher für Hitler stören. In dieser Denkschrift, die Hitler von der Vorläufigen Leitung der Deutschen Evangelischen Kirche überreicht wurde, heißt es: „Wenn hier Blut, Rasse, Volkstum den Rang von Ewigkeitswerten erhalten, so wird der evangelische Christ durch das Erste Gebot, keine anderen Götter zu haben, gezwungen, diese Bewertung abzulehnen. Wenn der arische Mensch verherrlicht wird, so bezeugt Gottes Wort die Sündhaftigkeit aller Menschen. Wenn den Christen im Rahmen der nationalsozialistischen Weltanschauung ein Antisemitismus aufgedrängt wird, der zum Judenhaß verpflichtet, so steht für ihn dagegen das christliche Gebot der Nächstenliebe.

10 Dietrich Bonhoeffer, Gesammelte Werke 2, hg. v. Eberhard Bethge, München 1959, 44-53.

11 In: H. E. Tödt (Hg.), Wie in einer Flaschenpost. Ökumenische Briefe und Beiträge für Eberhard Bethge, München 1979, 331ff.

12 Dietrich Bonhoeffer, Ethik. Aus dem Nachlaß hg. v. Eberhard Bethge, München 1956; Widerstand und Ergebung, hg. v. Eberhard Bethge, Neuausgabe, München 1970.

13 Vgl. W. Hüffmeier/M. Stöhr (Hg.), Barmer theologische Erklärungen 1934 – 1984. Geschichte – Wirkung – Defizite, Bielefeld 1984.

Einen besonders schweren Gewissenskonflikt bedeutet es für uns evangelische Gemeindeglieder, wenn sie das Eindringen dieser antichristlichen Gedankenwelt bei ihren Kindern, ihrer christlichen Elternpflicht entsprechend, bekämpfen müssen."

Dieses Memorandum wurde vorzeitig im Ausland publik. Daraufhin setzte eine Verhaftungswelle ein. Das Protestmemorandum wurde in eine Kanzelabkündigung umgewandelt, die aber nicht mehr überall verlesen werden konnte, aus der vor allem aber genau die Punkte über Antisemitismus und Judenhaß herausgenommen wurden. Es bleiben Anspielungen auf rassische Diskriminierung, Rechtlosigkeit und Konzentrationslager.[14]

3. Einen dritten Neuansatz sehe ich in einem Schuldbekenntnis, das schon in der Nazizeit die Dinge beim Namen zu nennen versucht, die ein christliches Handeln in Freiheit und Gerechtigkeit lähmten. Dietrich Bonhoeffer macht in einem Text Bilanz, den er nach 10 Jahren Naziherrschaft 1943 im Gestapo-Gefängnis Berlin schrieb:

„Wir haben in diesen Jahren viel Tapferkeit und Aufopferung, aber fast nirgends Civilcourage gefunden, auch bei uns selbst nicht. Es wäre eine zu naive Psychologie, diesen Mangel einfach auf persönliche Feigheit zurückzuführen ... Wir Deutschen haben in einer langen Geschichte die Notwendigkeit und die Kraft des Gehorsams lernen müssen. In der Unterordnung aller persönlichen Wünsche und Gedanken unter den uns gewordenen Auftrag sahen wir Sinn und Größe unseres Lebens ... Es mußte sich herausstellen, daß eine entscheidende Grunderkenntnis dem Deutschen noch fehlte: die von der Notwendigkeit der freien, verantwortlichen Tat auch gegen Beruf und Auftrag ..." „Dummheit", so Bonhoeffer, „ist ein moralisches Defizit und kein intellektueller Defekt." „Die Macht der einen braucht die Dummheit der anderen"; die Dummheit ist nicht durch einen „Akt der Belehrung", sondern durch einen „Akt der Befreiung" nur zu überwinden. „Dabei wird man sich damit abfinden müssen, daß eine echte innere Befreiung in den allermeisten Fällen erst möglich wird, nachdem die äußere Befreiung vorangegangen ist."[15] – Und sie ist nicht die Tat der Deutschen gewesen, sondern die der Befreiungsarmeen der Anti-Hitler-Koalition.

II Erste Orientierungen nach 1945

1. Im August 1945 kamen zum ersten Mal Vertreter der Bekennenden Kirche und Vertreter der sogenannten intakten Evangelischen Kirche, die sich anpasserisch-lavierend verhalten hatten, in Treysa zusammen. Der württembergische Bischof Wurm hatte eingeladen. Er hatte tapfer gestanden und in all seinen

14 Joachim Beckmann (Hg.), Kirchliches Jahrbuch 1933 – 1945, Gütersloh 1948, 133 ff.

15 Widerstand und Ergebung, 14-18.

Grenzen bei Hitler gegen die Ermordung von Kranken gesprochen, ganz zum Schluß des Krieges sich auch für die Juden eingesetzt, allerdings mit dem Argument: Was wird das Ausland dazu sagen? Denn dort hätte „das Judentum Anteil an Kriegsausweitung und Kriegsführung".[16]

Eine Selbstüberschätzung der Kirche läßt sich in Treysa beobachten. Die Kirche habe Vertrauen, so sagt er. Die „Koryphäen der Wissenschaft" hätten in Deutschland herkömmlicherweise diesen Bonus gehabt, aber auch ihr Versagen liege zutage. Das Dritte Reich ist für ihn der Höhepunkt der Säkularisierung und ein Exzess an Staatsgläubigkeit. Das jüdische Volk kommt in seiner Eröffnungsansprache nicht vor. Nur im Vergleich der Leidenserfahrungen Israels mit der Erfahrung, die das leidende Deutschland jetzt macht, wird Israel erwähnt. Israels Geschichte – eine Metapher? Gründe und Subjekte einer Anfälligkeit gegenüber dem Nationalsozialismus verschwimmen, danach wird nicht gefragt: „Wir, auch die Pfarrer, ließen uns durch die Folgen des Versailler Diktats und die alliierte Nachkriegspolitik weithin in nationalistische Gedankengänge hineintreiben."[17]

Er warnt vor einer generellen Schuldzuschreibung. Parteigenosse sei nicht Parteigenosse, SS nicht SS. Die Klage über die verlorenen Ostgebiete wird laut in der ersten Rede eines Bischofs nach 1945.

> Niemöller steht auf, schlägt einen anderen Ton an. Wir sollen nicht klagen. „Wir haben zu fragen, was uns eigentlich dahin gebracht hat, wo wir sind. Die Not kommt nicht vom verlorenen Krieg, die Schuld liegt nicht zuerst auf dem Volk, sondern auf der Kirche ... Wir hätten wissen können, was zu wissen war ... Dem Staat gegenüber waren wir zu feige. Wir haben die Christenheit zum Gehorsam ermahnt und erzogen. Christen und Nichtchristen tragen Gottes Ebenbild. Alle haben einen Anspruch auf Recht und Freiheit, niemals darf ein Mensch für uns und für andere zum Gegenstand der Ausbeutung werden."[18]

Es kommt durch diese Intervention zu einem Wort an die Gemeinden. Nach einer Erklärung der eigenen Schuld, einer Beschreibung der Zerstörung des Landes und der Kirchen wird in dieser Erklärung an die Gemeinden formuliert:

> „Aber mitten in den Versäumnissen der Kirche und des Volkes gab Gott Männern und Frauen aus allen Bekenntnissen, Schichten und Parteien Kraft, aufzustehen wider Unrecht und Willkür, zu leiden und zu sterben. Wo die Kirche ihre Verantwortung ernst nahm, rief sie zu den Geboten Gottes, nannte beim Namen Rechtsbruch und Frevel, die Schuld in den Konzentrationslagern, die Mißhandlung und Ermordung der Juden und Kranken, suchte der Verführung der Jugend zu wehren. Aber man drängte sie in die Kirchenräume zurück wie in ein Gefängnis."[19]

16 Kirchliches Jahrbuch, a. a. O., 432.

17 F. Söhlmann (Hg.), Treysa 1945. Die Konferenz der Evangelischen Kirchenführer, Lüneburg 1946, 20.

18 A.a.O., 23 und 26.

19 A.a.0., 87.

Das Zitat zeigt eine Denkfigur, die sich durchhält: Die eigene Verfolgungssituation wird groß geschrieben, die wenigen, die geholfen haben, überbetont. Gewiß, ihr Glanz soll nicht verringert werden, wenn ich an Namen wie Bonhoeffer oder Lichtenberg denke. Doch war es nur die Schuld des Staates, daß die Kirche sich in ein Gefängnis zurückdrängen ließ? Der Interpretationsrahmen des Briefes an die Gemeinden bezieht sich auf den Krieg. Die industriell und wissenschaftlich vorbereitete und durchgeführte Vernichtung eines Volkes tritt kaum in den Blickpunkt.

Von dieser ersten Versammlung der evangelischen Christen erzählt ein amerikanischer Beobachter, Stuart Herman, der neben Karl Barth der einzige ökumenische Gast war, man habe sich in Treysa mehr mit der Schulfrage als mit der Schuldfrage befaßt. Liest man heute die Protokolle, so stimmt das. Es gab sechs Vorträge über Schule und Erziehung, die von mir angedeutete Diskussion machte nur einen winzigen Sektor der Beratung aus.

2. Es gab in den letzten Jahren des Krieges illegale Kontakte der Bekennenden Kirche über Skandinavien oder Großbritannien mit Vertretern der Ökumene in Genf, London und den USA. Nach Kriegsende hatte sich bald eine Delegation von Kirchenvertretern aus der Ökumene angesagt, man traf sich in Stuttgart. Die deutschen Vertreter waren in ihrer Mehrheit bereit, eine Schulderklärung abzugeben und die Ökumenevertreter erwarteten das auch. Ohne ein klares Aussprechen dessen, was geschehen war, konnte es keine neue ökumenische Beziehung geben und nichts an neuer Internationalität aufgebaut werden. In der Stuttgarter Erklärung wird ausgesprochen:

> „Durch uns ist unendliches Leid über viele Völker und Länder gebracht worden ... Wohl haben wir lange Jahre hindurch im Namen Jesu Christi gegen den Geist gekämpft, der im nationalsozialistischen Gewaltregiment seinen furchtbaren Ausdruck gefunden hat, aber wir klagen uns an, daß wir nicht mutiger bekannt, nicht treuer gebetet, nicht fröhlicher geglaubt, nicht brennender geliebt haben.“[20]

Das jüdische Volk wird nicht erwähnt, kein Volk des Ostens oder des Westens, nicht die Sinti und Roma. In seiner Begrüßungsansprache in Stuttgart stellt Bischof Wurm fest:

> „Die Besatzungsmacht erhebt den Anspruch, daß sie eine christliche Politik treibt. Aber dieser Anspruch wird verglichen mit der Behandlung der Gefangenen und der Bevölkerung, die schon so Schweres erduldet hat. Aber, so folgert man, mit dem Christentum ist nichts zu machen. Es hat keinen Einfluß auf die Politik. Wir werden ebenso behandelt wie unsere Leute die Juden, Polen etc. behandelt haben. So beginnt das Volk zu reden. Was kann geschehen, daß eine große Stunde für die Rechristianisierung der europäischen Welt nicht vorüber geht?“[21]

20 Dokumentiert in: Martin Greschat (Hg.), Im Zeichen der Schuld, Neukirchen 1985.

21 In: Martin Greschat (Hg.), Die Schuld der Kirche, München 1982, 95.

Ich merke an, daß die Paradigmen, die zur Deutung des Geschehens benutzt werden, für diese Generation Wurms fast alle der Diskussion der zwanziger Jahre entstammen: Kriegsschuldfrage, Säkularisierung, die Frage der Gebietsabtretungen, ein Rollenverständnis der Kirche im Staat, bei der Kirche noch nicht gemerkt hat, wie bedeutungslos sie geworden ist und wie leblos sie sich gezeigt hat. Viele Synodenerklärungen der Zeit unmittelbar nach dem Zweiten Weltkrieg sprechen ähnlich.

Die Schulderklärung wird verabschiedet, Wurm, Asmussen, Meiser, Lilje, Held, Heinemann, Smend, Niemöller, Dibelius, Niesel unterzeichnen sie. Die Zahl der Unterzeichner aber wird nicht die Zahl der Verteidiger der Stuttgarter Schulderklärung sein. Niesel, Heinemann und Niemöller bleiben ziemlich allein, zu vertiefen und zu erklären, was die Schulderklärung an Selbstkritik und Neuanfang bedeuten könnte. Andere Kirchenführer schicken die Briefe, die sie wegen des Stuttgarter Schuldbekenntnisses erhalten, gern an Niemöller, so als sei „Stuttgart“ seine Sache.

Eine allgemeine Erklärung wird praktisch zum Thema einer kleinen Gruppe in der Kirche. Niemöller macht sich daran zu konkretisieren, was gesagt worden ist. In einer Rede in der Marburger Universität, unmittelbar nach dem Stuttgarter Schuldbekenntnis, sagt er:

> „Hier gründet unser christliches Schuldbekenntnis im Blick auf das, was unter uns geschehen ist. Wir haben den Herrn Christus nicht erkannt, als er in Gestalt des leidenden Bruders in unser Leben trat. Ich habe ihn weder erkannt, als er als Kommunist ins Lager gesteckt wurde, ich habe ihn nicht erkannt, als er als unheilbar Kranker gemordet wurde, noch habe ich ihn erkannt, als er in den armen Opfern seines eigenen Volkes Israel vergast und verbrannt wurde. Hier bin ich schuldig geworden.“[22]

Als Konsequenz verlangt er die Übernahme politischer Verantwortung durch die Christen und nicht das angeblich unpolitische Abseitsstehen derer, die der Geschichte zuschauen. An anderer Stelle versucht er den Rat der EKD dahin zu bringen, das Stuttgarter Schuldbekenntnis zu konkretisieren. Er legt dem Rat einen Entwurf vor. Doch dieser Anfang des Jüdisch-Christlichen Dialogs, der in der einfachen und menschlichen Wahrnehmung der Opfer bestand, bleibt stecken. In seinem Entwurf vom Anfang des Jahres 1946 zur Konkretisierung des Stuttgarter Schuldbekenntnisses heißt es:

> „Wir aber sind an der Not der Anderen vorbeigegangen. Als 1933 die Kommunisten verfolgt wurden, dachten wir nicht daran, daß da Jesus selber unsere Hilfe begehrte, sondern wir sprachen: Ich kenne den Menschen nicht (Mt 26, 72). Als 1938 die jüdischen Geschäfte zertrümmert, Synagogen verbrannt und die Juden nach und nach verschleppt wurden, bis sie ganz verschwunden waren, bekümmerten wir uns wieder nicht um alle die furchtbare menschliche Not, die Jesus Christus vor uns ausbreitete. Wir Christen waren in unserem eigenen Volk nicht das Salz, das wir nach dem

22 Martin Niemöller, Die politische Verantwortung der Christen, Gießen 1946, 8.

Willen unseres Herrn hätten sein sollen. So konnte es dahin kommen, daß von uns Deutschen gegen sechs Millionen Juden und Judenchristen umgebracht wurden, Männer und Frauen, Greise und Kinder, von allem anderen zu schweigen, was wir anderen Völkern genommen haben an Menschenleben und anderen Gütern."[23]

Dieser Entwurf kam nicht durch. Er wurde vertagt, endgültig. Die Linie eines Teils der Bekennenden Kirche geriet in Konflikt mit einer anderen Linie, die sich stärker am Neuaufbau der kirchlichen Strukturen in konfessionellen und überkommenen Mustern orientierte. Sie versuchte dort anzuknüpfen, wo die Kirche 1933 aufgehört hatte. In diesem Zusammenhang ist es ebenso schrecklich wie wichtig, die ersten Kommentare auch von Unterzeichnern der Stuttgarter Erklärung zu lesen: „Es gibt keine Propaganda, die es verhindern könnte, daß das Deutsche Volk, wenn es das Wort ‚Belsen' hört, das Wort ‚Andernach' (Andernach war damals ein Internierungslager für ehemalige Nazis!) mithört. Es gibt keine Regierungsverantwortung, die es verhüten könnte, daß das deutsche Volk, wenn es das Wort ‚Dachau' hört, immer zugleich vom ‚Lager Ostdeutschland' erzählen wird."[24]

So beginnt – mit den Worten Asmussens – ganz massiv die bis heute nicht endende Aufrechnungspraxis. Die Opfer werden unterschiedslos gesehen. „Es ist kein verhungerter Grieche, kein ermordeter Jude, kein gequälter KZ-Insasse, kein erniedrigter Pole und Russe, der bei Gott vergessen wäre. Das gilt mit derselben Gewißheit, wie kein von Polen überfallenes Gehöft, kein bei seiner Vertreibung aus Schlesien verhungertes Kind, keine geschändete Frau, kein bei Luftangriffen Getöteter bei Gott in Vergessenheit gerät."[25]

Die Vorstellung, alle seien Opfer, beginnt hier. Die Geschichte als Fatum, der Tod als Gleichmacher – da sind genaue Fragen nach den handelnden Subjekten wie nach den Opfern ebenso unerwünscht wie die Frage nach der unverwechselbaren Geschichte, Wahrnehmung und Würde der Opfer.

Das Schuldbekenntnis führt zu wenig zur Analyse und zur Schulderkenntnis.

Wie die Konflikte aufbrachen, macht ein Brief von Bischof Lilje an Ärzte in einem Krankenhaus deutlich, denen er zur Verteidigung des Stuttgarter Schuldbekenntnisses schreiben muß: „Darf ich noch eine aufrichtige Frage hinzufügen? Mir wurde berichtet, daß die Ärzteschaft an einer unserer Inneren Missionsanstalten dem leitenden Pfarrer berichtet habe, nach dieser Stuttgarter Schulderklärung sei sie mit der Evangelischen Kirche fertig. Es verdient zweifellos Anerkennung, wenn das nationale Empfinden dieser Männer so fein reagiert. Mir ist aber von keinem der infrage kommenden Ärzte bekannt geworden, daß er im Dritten Reich seine Stimme gegen Maßnahmen erhoben hätte, die eine zivilisierte Ärzteschaft, geschweige denn ein christlicher Arzt, niemals hätte billigen dürfen. Darf man es für richtig halten, wenn das völkische Gewis-

23 In: M. Greschat, Die Schuld der Kirche, 278.

24 Hans Asmussen, in: M. Greschat, Die Schuld der Kirche, 133.

25 A.a.O., 140.

sen so zart reagiert, nachdem ihr christliches Gewissen damals völlig geschwiegen hat, als Gottes Heilige Gebote übertreten wurden? Ich frage ja nur."[26]

Die Diskussion um das Stuttgarter Schuldbekenntnis lief in einer heute kaum vorstellbaren Schärfe – offensichtlich aber nicht in der Klarheit, Breite und Einsicht, die eine analoge Diskussion um ein nationales Mahnmal in Bonn zum unterschiedslosen Gedenken an alle Opfer heute erübrigt hätte.

Die Reaktionen auf das Stuttgarter Schuldbekenntnis aus dem Ausland waren positiv. Allerdings wurden Defizite kritisch angemerkt; der holländische Kirchenrat schreibt:

> „Sie wissen, daß der Nationalsozialismus vor allem durch den Krieg und durch eine Zwangsherrschaft unsägliches Leid auch über Holland gebracht hat und noch mehr Leid für das Volk Israel, aus dem unser Heiland geboren wurde."[27]

Ob die holländische Stimme oder die Niemöllers – neben dem Verweis auf das ethische Versagen der Christenheit taucht als einziges theologisches Argument – unentfaltet – der Hinweis auf die Jüdischkeit Jesu auf. Wenn der Antisemitismus der Nukleus der nationalsozialistischen Ideologie war, dann waren die christlichen Beiträge zum Judenhaß noch zu entdecken, die sich in einer imperialen Christologie und in einer Straf- und Enterbungsdoktrin ausdrückten. In den offiziellen Kirchendokumenten taucht dieser Ansatz nicht auf, noch nicht.

3. Auch nicht im Darmstädter Wort von 1947. Obwohl diese Erklärung der Bekennenden Kirche sehr deutlich redete, um stellvertretend für die EKD zu sprechen und aufklärend zu benennen, was der deutsche Irrweg in der Nazizeit war, wird der Antisemitismus nicht angesprochen. Im Darmstädter Wort heißt es:

„Wir sind in die Irre gegangen, als wir begannen den Traum einer besonderen deutschen Sendung zu träumen ... Es war verhängnisvoll, daß wir begannen, unseren Staat nach innen auf eine starke Regierung und nach außen auf militärische Machtentfaltung zu gründen." Es wird neben dem nationalen und militärischen auch das konservative Denken angesprochen: „Wir sind in die Irre gegangen, als wir begannen, eine christliche Front aufzurichten, gegenüber den notwendig gewordenen Neuordnungen ... Wir haben das Recht zur Revolution verneint, aber die Entwicklung zur absoluten Diktatur geduldet und gut geheißen." Es wird der Dualismus kritisiert: „Wir sind in die Irre gegangen, als wir meinten, eine Front der Guten gegen die Bösen, des Lichtes gegen die Finsternis, der Gerechten gegen die Ungerechten im politischen Leben ... meinten aufbauen zu müssen ... Wir sind in die Irre gegangen als wir übersahen, daß der ökonomische Materialismus der marxistischen Lehre die Kirche an den Auftrag und die Verheißung der Gemeinde für das Leben und Zusammenleben der

26 A.a.O., 226.

27 Im Zeichen der Schuld, 76.

Menschen im Diesseits hätte gemahnen müssen. Wir haben es unterlassen, die Sache der Armen und Entrechteten gemäß dem Evangelium von Gottes kommendem Reich zur Sache der Christenheit zu machen."[28]

Hier sind theologisch und politisch neue und genaue Töne angeschlagen und doch fehlt die Nennung und Analyse des Antisemitismus. Wohnte er theologisch so stark in der Innenwelt christlicher Gedanken und Institutionen, daß er sich selbst nicht zur Sprache bringen lassen konnte?

Adolf Freudenberg, der während des Krieges in Zusammenarbeit mit dem Büro Krüger die Ökumenische Flüchtlingshilfe in Genf geleitet hatte, formuliert erste theologische Konsequenzen. Er erinnert an die Erklärungen des neu gegründeten Weltrates der Kirchen in Amsterdam 1948, wo gegen den Antisemitismus zu kämpfen als von einer kirchlichen Aufgabe und für ein positives Verhältnis zum jüdischen Volk gesprochen wurde. Gleichwohl war der Gedanke der Judenmission keineswegs aufgegeben. Freudenberg biegt in einer Thesenreihe, die er bei einer Tagung der Evangelischen Akademie 1949 vortrug, jede christliche Vorliebe für die Messiasfrage ab:

„Laßt uns jetzt nicht vom wahren Messias sprechen. Wir haben jetzt nicht die Juden zu analysieren, sondern uns. Um ihretwegen haben wir mit Gott endlich ins reine zu kommen."[29] Das oben genannte Wort des Bruderrates der Bekennenden Kirche von 1948 sollte das Defizit des Darmstädter Wortes ausgleichen, vermochte es aber nicht, sich aus der antijudaistischen Christologie und Geschichtskonstruktion der christlichen Tradition zu befreien.

Die sogenannte „Judenfrage" war und ist eine „Christenfrage". Wie orientieren sich die Christen neu – theoretisch und praktisch? An dieser Position weiter zu arbeiten, versuchte Freudenberg nicht zuletzt durch eine Reihe von Initiativen, wie die Gründung der Gesellschaften für Christlich-Jüdische Zusammenarbeit seit 1948 und von Arbeitskreisen „Kirche und Israel" in vielen Landeskirchen ab 1949.

III Fluchtwege aus der Geschichte

In fünf Punkten fasse ich die Hindernisse zusammen, die einer genauen Erkenntnis der Schuld und einer Erneuerung in Kirche und Theologie im Wege standen.

1. Den ersten Eskapismus leistete man sich mit der Verlängerung des traditionellen Antikommunismus. Das Zitat aus einer Bußpredigt von Edmund

28 Günter Heidtmann (Hg.), Hat die Kirche geschwiegen?, Berlin 1958, 27f.

29 Hans Kallenbach (Hg.), Die Juden und wir Christen. Mit Beiträgen von Karl Barth, Hans Ehrenberg, Adolf Freudenberg, Otto Fricke, Erika Küppers, Herbert Mochalski und Gotthelf Weber (Schriftenreihe der Evangelischen Akademie in Hessen und Nassau, Heft 5), Frankfurt/Main 1950, 50. Die Tagung fand 1949 statt.

Schlink (1946) illustriert das Problem: „Niemand entziehe sich der Buße, indem er auf unsere Besieger hinweist und geltend macht: Die sind auch nicht besser als wir – die Bolschewisten und die Juden sind bestimmt nicht Gott wohlgefälliger als wir.“[30] Der in den Medien bis 1945 übliche Sprachgebrauch verrät eine vox populi, die ein doppeltes Feindbild verrät, von dem eines mehr und mehr tabuisiert wird, wenn es auch gelegentlich bis zu Fellner und Graf Spee auftaucht, während das andere integrative Funktionen im Kalten Krieg gewinnen darf. Der Antikommunismus wird zur Ablösungsideologie für offen sich nicht zeigenden Antisemitismus.

Otto von der Gablentz, ein Berliner Politologe, fordert im Zusammenhang seiner Kritik der politischen Atmosphäre in der Bundesrepublik eine Revision des deutschen Geschichtsbildes. Dazu rechnet er auch eine „ehrliche“ Aufklärung der Jugend über den Nationalsozialismus, „daß er ein Verbrechen war und nicht nur ein Mißgeschick“ und „auch über die Torheiten des gutbürgerlichen Nationalismus, der ihn erst ermöglicht hat.“ Er warnt seine Partei, die CDU, antisozialistische Propaganda zu übernehmen.

2. Der zweite Versuch zu eskapieren, ist eine Dämonologie. Viele Texte sprechen davon, wie dämonisch das Hitlerreich gewesen sei. Eine solche Rede ist die einfachste Methode, sich der Analyse und einem sowohl rationalen wie ethischen Verhalten zu entziehen. Walter Künneths Veröffentlichung von 1947 „Der große Abfall – eine geschichtstheologische Untersuchung zwischen Nationalsozialismus und Christentum“ oder sein späteres Werk über „Politik zwischen Dämon und Gott“ entmenschlichen in einer subtilen Weise die Politik als eine menschliche Bemühung um menschliches Leben, Zusammenleben und Überleben. Angesichts eines auch bei Hans Asmussen und Helmut Thielicke zu häufigen Gebrauchs des Wortes „Dämonen“ tritt Karl Barth für eine klare Rationalität ein: „Schließlich kann ich nicht mehr schweigen, warum redet ihr immer nur von Dämonen? Warum sagt ihr nicht konkret, wir sind politische Narren gewesen. Erlaubt bitte eurem Schweizer Kollegen, euch zu einem rationaleren Denken zu ermahnen.“[31]

Die Potentaten, Götzen und Dämonen entmythologisierende Funktion des Ersten Gebotes, d.h. das aufklärerische Potential der Biblischen Botschaft darf nicht verlorengehen.

3. Ein dritter Versuch zu eskapieren, zeigt sich in den Texten der Aufrechnung. Helmut Thielicke predigte mit großer Resonanz am Karfreitag 1947 in Stuttgart gegen die Grundlinie des Stuttgarter Schuldbekenntnisses und gegen jene, die es konkretisieren wollten. Er verweist auf die Behandlung der deutschen Kriegsgefangenen, der ehemaligen Nazis in den Lagern der Besatzungsmächte, die Hungersituation und die bombardierten Städte: „Ich sehe mit

30 Edmund Schlink, Bekennende Kirche und Volk, Tübingen 1947, 125f.

31 M. Greschat, Die Schuld der Kirche, 85.

wachsendem Schrecken, wie die Kirche zu alledem in der Öffentlichkeit schweigt. Auch wenn einzelne Männer, wie unser ehrwürdiger Bischof dieses Schweigen immer wieder brechen und sich wie ein Ekkehard vor die Gepeinigten stellen. Ich kann die Schuldbekenntnisse der Kirche, unter die ich mich selbst als erster stelle, so lange in der Öffentlichkeit nicht mehr hören, wie nicht auch dieses andere so hart und erbarmungslos offen gesagt wird, wie die Rede der Jünger nun einmal sein soll".[32]

4. Ein vierter Weg zu eskapieren, blendete bei der Wahrnehmung der Ereignisse die Erfahrungen der Minderheiten aus. Lese ich die Lebenserinnerungen von Überlebenden, dann ist hier und da ein Hinweis auf erfahrene Hilfe beim Überleben durch Christen und Nichtchristen zu entdecken. Aber von der Kirche ist nie die Rede. Sie spielt als Institution mit ihrer Präsenz bis ins letzte Dorf bei der Rettung von jüdischem Leben keine Rolle. Ein zwölfjähriger jüdischer Junge, am 10. November 1938 durch Berliner Straßen rennend, von Angst gepeitscht, kommt überhaupt nicht auf die Idee in einer Kirche Asyl zu suchen. Kirchen erscheinen ihm als die festen Burgen des Schweigens, der Gleichgültigkeit, der Sympathie mit den Verfolgern, keine Stätten des Asyls sind ihm die Kirchen.[33]

Wie die mittelalterlichen Memorbücher aus der Zeit der Verfolgung während der Pest, der Kreuzzüge und anderer Pogrome, erschienen in den letzten Jahren zahllose Bücher über die Geschichte örtlicher jüdischer Gemeinden. In keinem dieser Bücher wird – im Blick auf die Nazizeit wie im Blick auf die Zeit der winzigen Neuanfänge in den jüdischen Gemeinden nach 1945 von Hilfsaktionen der Kirchen oder Kirchengemeinden berichtet. Sie fallen aus, obwohl nach 1945 z.B. über 150 000 Juden allein in Bayern innerhalb und außerhalb von Lagern lebten, 18 Zeitungen, 2 Theater, unzählige Schulen und Wohlfahrtseinrichtungen unterhielten, um das Elend der Überlebenden nach dem Elend der Ermordeten zu überstehen. Kirchliche Verlautbarungen und Hilfsaktionen konzentrieren sich – analysiere ich die Berichte und Synodalprotokolle der ersten Nachkriegsjahre – auf die christlich gedachte Mehrheitsbevölkerung.

Folgende Themen tauchen in den offiziellen Statements der Kirchen und Synoden immer wieder auf: Vertreibung aus dem Osten, die Hungersituation, Demontagepolitik der Alliierten! Wahlen in der DDR, Friedensschluß mit den Siegermächten, Stellungnahmen gegen unerträgliche Grenzziehungen und für die Einheit Deutschlands, Bitten für die Befreiung der Gefangenen, gegen die Unbill der Währungsreform und Absage an jede Gewalt, auf der „kein Segen liegt".

32 Die Schuld der anderen. Ein Briefwechsel zwischen Helmut Thielicke und Hermann Diem, Göttingen 1947, 12.

33 Mündlicher Bericht von Jacob J. Petuchowski, Cinncinati, bei einer Arnoldshainer Akademietagung.

Das sind die wesentlichen Themen kirchlicher Erklärung bis 1948.[34]

Der vornazistische Nationalismus lebte, überspitzt gesagt, nach 1945 ungebrochen fort, allerdings jetzt nicht als Überlegenheitsgefühl, das sich erst spät wieder zu Wort meldete, wohl aber als Selbstbespiegelung des eigenen Elends, als Kritik an Anderen und als Selbstmitleid. Ausnahmen bestätigen leider nur die Regel. Die Frage nach den Ursachen wird wenig gestellt. Ähnliches läßt sich auch von den Universitäten, den großen Verbänden und den Medien sagen. Die Aufbauphase, oft genug als Restauration, auch in der Kirche vollzogen, überlagert Selbstkritik und Analyse. Verdrängung ist die Folge.

5. Einen fünften Weg zu eskapieren, benenne ich mit Sprachlosigkeit. Warum wird so lange geschwiegen über das, was geschah? Warum setzt ein Gespräch, von wenigen Einzelgängern abgesehen, zwischen Juden und Christen erst später ein? 1952 hält Romano Guardini seine große Universitätsrede in München. Er bietet eine Erklärung an: Wir sind „noch nicht im Besitz der Kategorien, unter denen das Geschehene ethisch zu bewältigen ist" und deshalb „wird es aus dem Bewußtsein verdrängt." Und der Grund dafür scheint in der Tatsache zu liegen, „daß etwas geschehen ist, das es bis dahin nicht gegeben hat". Wird es aber nicht aufgearbeitet, so behält das Geschehene seine „Vergiftungskraft" für die Zukunft. Bei dem, was geschehen ist, „handelt es sich um Schuld".[35] Aber wie sie aufarbeiten? Herrscht auch in der Kirche und Theologie die menschliche Angst, sich selbst zu begegnen und sich selbst radikal in Frage stellen zu müssen? Der schmerzhafte Prozeß der Schuldbekenntnisse war kein harmloses Unternehmen. Er verlangte Schulderkenntnis und Schuldübernahme, so die Grundüberlegungen Dietrich Bonhoeffers in seinen Ethikfragmenten aus dem Gestapo-Gefängnis.[36] Gustav Heinemann bilanziert 1950 in einem Satz:

„Unser Volk hat uns diese Erklärung nicht abgenommen." Er denkt an das Stuttgarter Schuldbekenntnis und das erläuternde Darmstädter Wort. Martin Niemöller sagt: „Ich habe zwei Jahre nichts anderes getan, als diese Schulderklärung zu predigen und auszulegen. Leider ohne Erfolg."[37]

Da Israel eine zentrale Stelle im Selbstverständnis der Christenheit einnimmt und traditionell weitgehend negativ definiert war, liegt hier wohl der harte Kern des Widerstandes, die Angst vor einer Revision des eigenen Denkens und Lebens. Joachim Beckmann, einer der Mitstreiter der Bekennenden Kirche, formuliert:

„Der erste und wichtigste Punkt ist m.E. die sog. Judenfrage. Hitler, der Nationalsozialismus und der überwiegende Teil der deutschen Bevölke-

34 Vgl. die oben genannte Sammlung: „Hat die Kirche geschwiegen?"

35 In: Deutsche Studentenzeitung, März 1953, 20f; vgl. hierzu: Paul Tillich, Die Judenfrage. Ein christliches und ein deutsches Problem (Schriftenreihe der Deutschen Hochschule für Politik), Berlin 1953.

36 A.a.O., 186 ff.

37 Zitiert bei: M. Greschat, Die Schuld, 311.

rung waren offen oder latent antisemitisch, viele ohne es zu ahnen. Daß die Väter von Stuttgart, und dabei handelt es sich durchweg um Vertreter der Bekennenden Kirche, zur Ausrottung der Juden im Dritten Reich kein Wort gesagt haben, ist mir unbegreiflich gewesen. Es beschämt mich noch heute tief. Aber es hängt zusammen mit dem Geist des völkischen Antisemitismus. Juden und Judentum stellten den Nationalsozialismus von innen heraus zutiefst in Frage."[38]

IV Neues wächst an der Peripherie

1. Die Neuansätze kamen nicht aus den Zentren der Kirche, der theologischen Wissenschaften und der Kirchenleitungen. 1948 gab es in Frankfurt/Main, Bad Nauheim und München die ersten Gesellschaften für Christlich-Jüdische Zusammenarbeit.[39] Wenige überlebende Juden trafen sich mit wenigen Christen und Nichtchristen. Die Amerikaner halfen – bemühte reeducation und eigenständiger Neuanfang – die Ambivalenz einer Bürgerinitiative zur Verbesserung der christlich-jüdischen Beziehungen ist bis heute geblieben. Die Aufgabe auch! Bis heute stehen die Gesellschaften vor der Frage, die wenig mit den Etiketten konservativ-progressiv zu tun haben, ob sie den Mut aufbringen, radikal zu fragen und sich eindeutig theologisch und politisch zu exponieren, oder ob sie apologetisch und unterhaltend arbeiten wollen, indem sie z.B. „nur" die jüdischen Beiträge zur deutschen Kultur und Wissenschaft herausstellen. In den amerikanischen entsprechenden Gesellschaften kann es eine echte christlich-jüdische Zusammenarbeit geben. Es gibt jüdische Gemeinden in jedem Ort. Hier erfüllen Juden und Christen in ihrer Zusammenarbeit – beispielsweise von A. J. Heschel mit M. L. King in der Bürgerrechts- und Friedensbewegung – die gesellschaftskritische Funktion von Juden und Christen. Dergleichen ist in der Bundesrepublik nicht (mehr!) möglich, weil die Asymmetrie im Verhältnis von Juden und Christen so groß ist, daß diejenigen Christen, die endlich die Radikalität der biblischen Weltverantwortung begriffen haben und wahrnehmen wollen, in einer Forderungspose vor den wenigen Juden zu einem Zeitpunkt stehen, wo diese zahlenmäßig in Deutschland schlichtweg nicht mehr sein können, was die Christen ihnen jahrhundertelang zu sein verweigerten: Partner.

1955 gab es 34 solcher Gesellschaften für Christlich-Jüdische Zusammenarbeit, heute sind es 55. Es ist nicht nur eine Geschichte des Erfolges, es ist auch

38 Im Zeichen der Schuld, 73; vgl. M. Stöhr (Hg.), Das Erbe der Bekennenden Kirche (Arnoldshainer Texte 16), Frankfurt/Main 1983, 93ff.

39 Vgl. M. Stöhr, Juden, Christen, Deutsche. Anmerkung zur Geschichte eines Dialogs, in: Wie eine Flaschenpost, a.a.O., 311ff. Hier ist vor allem auch Franklin H. Littell und sein Buch, The Crucifixion of the Jews, New York 1975 zu erwähnen und Eva Fleischners Arbeit (siehe oben).

eine Geschichte der Anpassung und der Resignation. Eine „Woche der Brüderlichkeit“ gibt es seit 1952, durch den 1950 gegründeten Deutschen Koordinierungsrat der Gesellschaften für Christlich-Jüdische Zusammenarbeit ins Leben gerufen. Die Woche der Brüderlichkeit hat zwei zentrale Funktionen. Einmal wird das Jahresthema, an dem für ein Jahr zu arbeiten Schulen und Kirchen, Hochschulen und Volkshochschulen eingeladen werden, erläutert und bekannt gegeben. Die Themen von 1968 bis 1986 heißen:

1968 Suche den Frieden und jage ihm nach
1969 Rufet Freiheit aus im Lande für alle seine Bewohner
1970 Verkannt, verfemt, geduldet – Minderheit in unserer Gesellschaft
1971 Menschenrassen – Menschenrechte
1972 Antizionismus – Neue Form der Judenfeindschaft?
1973 Das Recht des Anderen
1974 Der verplante Mensch
1975 Brennpunkt Jerusalem – Symbol und Wirklichkeit
1976 Wie neu ist das Alte Testament?
1977 Zionismus – Befreiungsbewegung des Jüdischen Volkes
1978 Martin Buber – Zwiesprache heute
1979 Toleranz heute – 250 Jahre nach Lessing und Mendelssohn
1980 Gewissen und Gedächtnis – Jüdische Geschichte in Deutschland
1981 Beter und Rebellen – Geschichte und Kultur des Osteuropäischen Judentums
1982 Exodus und Exil – Vom Leben in der Fremde
1983 Widerstehen zur rechten Zeit
1984 Jüdisches Erbe in Deutschland – Botschaft und Herausforderung
1985 Im Blick auf Morgen – Juden und Christen in der Verantwortung
1986 Bewährung liegt noch vor uns – Vom Vorurteil zur Partnerschaft

Zum andern wird die Buber-Rosenzweig-Medaille an Personen verliehen, die sich besonders um Jüdisch-Christliche Verständigung verdient gemacht haben. Zu diesen Namen gehören:

1968 Professor Dr. Friedrich Heer, Wien
Professor Dr. Friedrich-Wilhelm Marquardt, Berlin
1969 Professor Dr. Ernst Simon, Jerusalem
1970 Dr. Dr. Eva G. Reichmann, London
Rabbiner Professor Dr. R. R. Geis, Düsseldorf
1971 Bischof Dr. Kurt Scharf, Berlin
1972 Msgr. Dr. A. C. Ramselaar, Utrecht
1973 Professor Dr. Helmut Gollwitzer, Berlin
1974 Dr. H. G. Adler, London
1975 Archbishop G. Appleton, Jerusalem/Wantage GB
Abt Laurentius Klein, Jerusalem

1976 Dr. Ernst-Ludwig Ehrlich, Basel
1977 Friedrich Dürrenmatt, Neuchâtel
1978 Dr. Grete Schaeder, Göttingen
D. Albrecht Goes, Stuttgart
1979 Dr. Manés Sperber, Paris
Dr. James Parkes, Southampton GB
1980 Professor Dr. Eugen Kogon, Königstein
Dr. Gertrud Luckner, Freiburg
1981 Isaac Bashevis Singer, New York
1982 Dr. Schalom Ben-Chorin, Jerusalem
1983 Helene Jacobs, Berlin
1984 Pfarrer Siegfried Theodor Arndt, Leipzig
Architekt Helmut Eschwege, Dresden
1985 Professor Dr. Franz Mußner, Passau
1986 Professor Dr. Heinz Kremers, Duisburg

Die Bundespräsidenten Theodor Heuss, Gustav Heinemann, Walter Scheel und Richard von Weizsäcker amtierten als Schirmherren. In öffentlichen Beschlüssen wurden Heinrich Lübke und Carl Carstens nicht in diese Funktionen berufen. In der Satzung der Gesellschaften heißt es:

„Die im Deutschen Koordinierungsrat zusammengefaßten Gesellschaften für Christlich-Jüdische Zusammenarbeit in der Bundesrepublik Deutschland und West-Berlin setzen sich ein für die Brüderlichkeit aller Menschen ohne Unterschied der Rasse, des Glaubens oder der Herkunft. Gemäß dieser Zielsetzung gilt die Arbeit der Gesellschaft bei gegenseitiger Achtung aller Unterschiedlichkeiten besonders dem Verhältnis zwischen Christen und Juden, das für viele Mitglieder durch den gemeinsamen Glauben an den Gott der Offenbarung gekennzeichnet ist. Offen für Menschen auch anderer Weltanschauungen treten sie ein für eine aktive Kooperation zwischen Christen und Juden sowie für die Pflege freundschaftlicher Beziehungen zum Staate Israel. Weltanschaulicher Fanatismus, religiöse Intoleranz, Rassendiskriminierung, soziale Unterdrückung, politische Unduldsamkeit und nationale Überheblichkeit gefährden die moralische und physische Existenz der einzelnen wie auch ganzer Gruppen und Völker. Diesen Gefahren muß gleichermaßen im privaten Bereich wie auch in der Öffentlichkeit begegnet werden."

Brüderlichkeit war für die damalige Zeit, und diese Konnotation muß man hören, ein Begriff aus der Französischen Revolution. Theodor Heuss mühte sich in vielen Reden, deutlich zu machen, daß der Begriff revolutionär-demokratisch sei und sich der noch immer uneingelösten Tradition von Freiheit, Gleichheit und Brüderlichkeit verdanke, also auch einer Tradition der Bibel, wo diese drei Begriffe zentral sind. Die Weimarer Republik aber wurde als ein System dieser Tradition diffamiert, wo Menschenrechte, Liberalismus und Parlamentarische Demokratie als negative Erscheinungen für die Mehrheit der deutschen, ständisch denkenden Gesellschaft erschienen.[40]

Da der Dialog nach Jahrhunderten der Dialoglosigkeit begann, die in einem Massenmord geendet hatte, war ein Problem in allen Gesellschaften die kleine Zahl jüdischer Gesprächspartner. Sie war mit Recht mißtrauisch und zurückhaltend. Sofort stellte sich der Verdacht eines falschen Philosemitismus ein, und natürlich war es auf manchem gesellschaftlichem Parkett opportun mitzumachen oder zu sagen: „Some of my best friends are Jewish". Alles dies gab und gibt es bis heute. Und trotzdem möchte ich mir den Begriff „Philosemitismus" nicht schlecht machen lassen. Ich stelle mir einmal vor, es hätte ihn wirklich gegeben, als gelebte Praxis, anstelle des Antisemitismus, so wie es im 19. Jh. eine Liebe zu den Polen oder Griechen gab (ich erinnere an das Hambacher Fest) oder zu Frankreich und seiner Kultur im 18. Jh. Warum nicht Philosemitismus als Offenheit, Kenntnis und Liebe im Blick auf das jüdische Volk? Die Frauen und Männer, die die Christlich-Jüdischen Gesellschaften, die unabhängig von den Kirchen waren, aufbauten, arbeiteten ständig zwischen wirklichem Antisemitismus und dem Verdacht des Philosemitismus in einer Zeit, in der in der Tat die Kategorien noch fehlten, zu begreifen, was geschehen war und was werden sollte. Liest man sich viele Kommentare in den Medien zu den Veranstaltungen beispielsweise der Woche der Brüderlichkeit durch, so wird die Verlegenheit deutlich. Ein Beispiel: Als Ernst Simon 1969 die Buber-Rosenzweig-Medaille erhielt, packte das Fernsehen nach der Ansprache des Herrn Minister Windelen die Apparate zusammen. Auch er mußte früher abreisen. Den Namen Ernst Simon hatte von den versammelten Journalisten keiner je gehört. Der Politiker war wählerwirksam gefilmt. Der Jude diente dazu. Die Kritik an der Woche der Brüderlichkeit wurde in den Christlich-Jüdischen Gesellschaften am schärfsten formuliert. Ich erinnere an die Rede des Mitglieds Heinrich Böll 1970 in Köln.[41]

2. Die Unkenntnis des historischen und des gegenwärtigen Judentums (in der Diaspora und in Israel) war und ist noch immer erschreckend. Hier Abhilfe zu schaffen, bleibt eine ständige Aufgabe. Die Versuche, Themen zu nennen, die nicht nur mit dem jüdischen Volk direkt verbunden waren, z.B. Menschenrechte, Ausländer, Neonazismus, Gewalt, Frieden, führten zu einem Grundproblem, das bis heute relevant ist. Es gilt, die Singularität des Holocaust zu sehen, genau nach seinen Tätern und Opfern, Gründen und Abläufen zu fragen. Sie sind nicht zu instrumentalisieren zu einer Lektion zum Thema „Menschliche Brutalität" oder zu einer Lehre, die die wirklichen Juden übersieht, um etikettisierend die „Juden von heute" in vielerlei Gestalten und Beliebigkeiten zu suchen. Zugleich ist die Exemplarität dessen, was geschah, zu bearbeiten, damit für kein Volk, für keine Minderheit, in keinem Land ähnli-

40 Theodor Heuss, Brüderlichkeit, Hamburg 1953.

41 Heinrich Böll, Einmischung erwünscht – Schriften zur Zeit, Köln 1977.

ches sich wieder ereignen kann. Diesem schwierigen Problem hat sich der Koordinierungsrat in zwei Aktivitäten gestellt:

a) Im politischen Ausschuß gab es Aktivitäten für die Eröffnung von NS-Verbrecher-Prozessen, gegen die Verjährung, gegen neue und alte Nazis, für ein Verbot der Nationalen Soldatenzeitung, für die Aufnahme diplomatischer Beziehungen zu einer Zeit, als die Bundesregierung es für inopportun hielt, weil es der Hallstein-Doktrin widersprach, gegen das unsägliche Gesetz zur Auschwitz-Lüge und gegen den alltäglichen Antisemitismus, der jüdische Friedhöfe vandalisiert und Menschen terrorisiert.

b) Das, was meine Freunde und ich als Herausforderung und oft genug als Niederlage in diesen Bemühungen erfahren haben, aber gelegentlich auch als Resonanz, ist das Interesse und Engagement, den real existierenden Antisemitismus mit real existierenden Stadträten, Lehrern, Pfarrern, Schulklassen, mit Citoyens und Bourgeois, mit Polizisten und Gewerkschaftern zu bearbeiten.

Einfach ist das nicht. Ich bin froh, daß es ein paar Leute gab und gibt, die dabei geholfen haben.[42] Wichtig waren die Beiträge von Max Horkheimer: „Gedanken zur politischen Bildung"[43] und von Th. W. Adorno: „Was bedeutet Aufarbeitung der Vergangenheit?"[44] Beide Vorträge wurden vor Seminaren und Versammlungen der Christlich-Jüdischen Gesellschaften zum ersten Mal gehalten. Sie liefern bis heute wichtige Anstöße.

Die 1947 veröffentlichten Seelisberger Thesen zur Überwindung des Antisemitismus wurden 1960 in den Bergneustädter Thesen wieder aufgegriffen und erweitert.[45] In einem der ersten Hefte des Sozialistischen Deutschen Studentenbundes „Das Argument" (16/1960) wurden die pädagogischen, theologischen, historischen und didaktischen Forderungen an neue Schulbücher formuliert.

c) Die Schulbucharbeit war ein wichtiger Sektor. Diese Bemühungen brachten die Theologie erneut ins Blickfeld. Grundmuster christlicher Judenverachtung gehen zurück auf das Neue Testament. Diese Grundmuster waren säkularisierbar, wie die Geschichte zeigt. Damals allerdings, zur Zeit des Neuen Testamentes, war die Polemik lebendig als Familienpolemik zwischen lebenden Juden, den Autoren und Lesern der neutestamentlichen Schriften, die Juden waren. Später wurde polemisiert über abwesende Juden, die Aussagen aus Streitgesprächen gefroren zu Dogmen, eine Qualitätsveränderung, die als Diskriminierung die erlebten, über die, statt mit denen gesprochen wurde.

Die ersten theologischen Gespräche, die stattfanden, und dagegen haben die Juden öfter protestieren müssen, setzten den Juden oft christliche Themen vor:

42 Ich nenne Hannah Vogt, Hans-Jochen Gamm, Hans Lamm, Franz Böhm, Peter N. Levinson, Willehad P. Eckert und Hans-Joachim Kraus.

43 Vortrag 1963, abgedruckt in: Über Autoritarismus, Nationalismus und Antisemitismus – Ein deutsches Problem, Fischer TB 6545, 126ff.

44 Vortrag 1959, abgedruckt in: Eingriffe, Edition Suhrkamp 10, 125ff.

45 Die Bergneustädter Thesen sind abgedruckt in: D. Goldschmidt/H.-J. Kraus (Hg.), Der ungekündigte Bund, Stuttgart 1962, 266ff.

Wie sehen die Juden die Messiasfrage? Das Neue Testament in jüdischer Sicht. Judenmission – dazu gab es – unter der Beteiligung von Leo Baeck und Martin Niemöller – 1948 erste Gespräche innerhalb der Evangelischen Kirche in Deutschland.[46] Den Anfragen aus der jüdischen Tradition und ihrer Vielfalt sich zu stellen, kommt erst langsam auf die Tagesordnung der Kirchen und Wissenschaften. 1973 setzte die EKD eine offizielle Studienkommission „Kirche und Judentum" ein. Deren Denkschrift „Christen und Juden" erschien 1975. Es wurden die ersten katholischen Wallfahrtsorte von antisemitischen Ritualmordlegenden und Bildern gereinigt. Willehad P. Eckert und Karl Thieme erwarben sich große Verdienste. Die Schulbuchanalysen, die vor allen Dingen auf katholischer Seite in Freiburg und auf evangelischer Seite in Duisburg in jeweiligen Forschungsschwerpunkten vorangetrieben wurden, haben zur Verbesserung der Schulbuchsituation ebenso beigetragen wie die Arbeit des Schulbuchinstitutes in Braunschweig.[47]

d) Judaistische Institute in Münster und in Tübingen wurden wieder eröffnet, an der Kirchlichen Hochschule in Berlin – eine Gründung der illegalen Bekennenden Kirche 1935 – entstand ein Institut „Kirche und Judentum", das seine Zielsetzung 1960 so beschrieb:

> „1. Das Judentum muß als eine eigenständige und einzigartige Größe erkannt werden. 2. Die Biblischen Zusammenhänge zwischen Judentum und Christentum müssen genauer aufgezeigt werden. 3. Es muß deutlich werden, in welchem Maße sich auch die Kirche durch die Jahrhunderte hin am Judentum schuldig gemacht hat. Nur ein klares Wissen um diese Zusammenhänge vermag die oft bis ins Unterbewußte hinein wirkenden antijüdischen Ressentiments abzubauen."[48]

e) Es ist notwendig, einige zeitgeschichtliche Umstände dieser theologischen und pädagogischen Arbeit sich hier noch einmal ins Gedächtnis zu rufen:

Globke, der Kommentator der Nürnberger Gesetze von 1935, ist in den Anfängen der Bundesrepublik Staatssekretär im Bundeskanzleramt Adenauers. Der Produzent antisemitischer Filme, Veit Harlan, wird 1949 freigesprochen und beginnt wieder, Filme zu produzieren. Hakenkreuzschmierereien kommen in größerem Umfang auf jüdischen Friedhöfen und Synagogenmauern vor. Angesichts einer rechtsextremen Welle hat die EKD-Synode 1950 als ein zentrales Thema „Antisemitismus" behandelt. 1959 ruft Helmut Gollwitzer beim

46 Hier ist an die Arbeit von Karl Heinrich Rengstorf und des „Deutschen Evangelischen Ausschusses für Dienst an Israel" zu erinnern. Obwohl theologisch judenmissionarisch ausgerichtet, gab es in dieser Arbeit wichtige Begegnungen zwischen Juden und Christen.

47 Literaturhinweise und eine knappe Berichterstattung über die Arbeit in: M. Stöhr (Hg.), Judentum im christlichen Religionsunterricht (Arnoldshainer Texte 15), Frankfurt/Main 1983; Deutsch-israelische Schulbuchempfehlungen (Studien zur internationalen Schulbuchforschung 44), Braunschweig 1985.

48 Vgl. M. Stöhr, 25 Jahre Institut „Kirche und Judentum", in: Berliner Theologische Zeitschrift 2 (1985), 242ff. Dort auch eine Liste der Publikationen des Berliner Instituts.

Münchner Kirchentag zur Bildung einer Arbeitsgemeinschaft „Juden und Christen", für den Berliner Kirchentag 1961, dem Jahr des Eichmann-Prozesses, auf.

f) In dieser Arbeitsgemeinschaft geschehen die eigentlichen Neuansätze. 1961 tritt sie zum ersten Mal an die Öffentlichkeit. Ein paar Namen sollten genannt und nicht vergessen werden: Eva Reichmann (London) und die leider viel zu früh verstorbene Eleonore Sterling gehörten ebenso wie Robert Raphael und Susanne Geis, Ernst-Ludwig Ehrlich und Schalom Ben-Chorin, Helmut Gollwitzer, Hans-Joachim Kraus und Adolf Freudenberg zu den Gründungsinitiatoren. Vier Schwerpunkte der Arbeit lassen sich zusammenfassen:

(1.) Gemeinsame Lektüre der Bibel. Dieser gemeinsame Grund hat zwei Fortsetzungsgeschichten: Judentum und Christentum.[49]

(2.) Die Entdeckung der christlichen Wurzel von Judenfeindschaft und der jüdischen Wurzeln des Christentums.

(3.) Eine eindeutige theologische Absage an jede Form von Judenmission.

(4.) Eine gesellschafts- und kirchenkritische Arbeit, die der politischen Verantwortung dienen soll, damit Umfeld und Nährboden für jeden neuen Antisemitismus ungeeignet werden.

In der Erklärung 1961 auf dem Berliner Kirchentag heißt es (das brachte ihr den Vorwurf eines „Ausverkaufs der Kirchengeschichte" ein): „Der ‚christliche' Antisemitismus auch in der feinsten und gewaltlosen Form einer intellektuellen Verunglimpfung steht von Gott aus gesehen auf keiner anderen Ebene als der robuste und blutgierige Pogrom-Antisemitismus ... Eltern und Erzieher sollten gegenüber der jungen Generation das Schweigen brechen, eigenes Versagen eingestehen und die Ursprünge der Verbrechen ans Licht bringen, damit wir gemeinsam lernen, unsere Gegenwart zu bestehen ... Die Unmenschlichkeit zwangsläufiger Befehlssysteme und die Berufung auf den sogenannten Befehlsnotstand müssen uns vor den unmenschlichen Möglichkeiten moderner Gesellschafts- und Staatsorganisationen warnen. Wir müssen bereit sein, eigene politische Verantwortung auch unter Risiko wahrzunehmen ... Wir sollten es nicht dulden, daß heute in führenden Ämtern der verschiedenen Art schon wieder oder noch Männer (auch Frauen) sitzen, die einst einen aktiven Antisemitismus praktizierten ... Wo Juden unter uns leben, sind wir verpflichtet, ihr Leben und Wohlergehen nach bestem Vermögen zu fördern. Auch muß von uns Deutschen alles getan werden, was dem Aufbau und dem Frieden des Staates Israel und seiner arabischen Nachbarn dient ... Die Wurzeln des Antisemitismus liegen in einem mißdeuteten und falsch verstandenen Christentum. Es war Verblendung, wenn die christliche Kirche aus dem Kreuzestode des Juden Jesus von Nazareth und aus ihrem Bekenntnis zu dem Gottessohn ableitete, daß Gott sein Volk verworfen habe und daß wir

49 Vgl. als herausragendes Beispiel die dialogischen Bibelarbeiten von: Edna Brocke/Gerhard Bauer, Nicht im Himmel, nicht überm Meer. Jüdisch-christliche Dialoge zur Bibel, Neukirchen 1985.

indirekt oder auch direkt Vollstrecker des Zornes Gottes sein müßten. Gottes Erwählungsbeschluß ist unaufhebbar."[50]

V Zusammenfassung

Ich fasse Lernschritte zusammen, die gerade begonnen wurden und bleibende Aufgaben benennen.

1. In der Annahme, es handle sich „nur" um ein ethisches Versagen, wurde zuerst gefragt, wie Vorurteile und Fehlverhalten gegenüber Minderheiten entstehen und zu überwinden sind. Das jüdische Volk stand exemplarisch für viele Minderheiten und deren negative Erfahrung mit den jeweiligen Inhabern von Macht und Mehrheit. Theologisch ist hier die Einhaltung des Zweiten Gebotes gefragt, sich kein Bild, weder von Gott noch von seinen Geschöpfen, zu machen. Darüber hinaus ging es um das Gebot, Fremde nicht zu diskriminieren, da man selbst von Fremdherrschaft befreit wurde (Dtn 24, 17 u.a).

2. Bei der Beantwortung der Frage, warum denn Vorurteile lebensgefährlich für Minderheiten wurden, entdeckten Christen und Kirchen ihre Einbindung in die römische Reichsmacht und Reichsideologie (Dogmen wurden Staatsgesetze, Staatsgesetze schufen und schützten das Corpus Christianum) oder später in deutschnationale Obrigkeitstraditionen und die ihr entsprechenden Verhaltensweisen einer Politikverachtung und Gehorsamsbeachtung. Theologisch geht es hier um das Ernstnehmen des Ersten Gebotes, keiner vorletzten Autorität neben der letzten und ersten Autorität des einen Gottes Geltung zu verschaffen. Er allein befreit Menschen von falschen Bindungen.

3. Überraschend für viele Christen wurden die jüdischen Wurzeln des christlichen Glaubens nicht nur als eine historische Gegebenheit, sondern als eine bleibende Gemeinsamkeit entdeckt: Der Glaube an denselben Gott, die Heilige Schrift, die gemeinsame Aufgabe, Gottes Zeugen in der Welt für Liebe und Gerechtigkeit, Befreiung und Menschenwürde, Weltverantwortung und Hoffnung, Frieden und Erlösung zu sein. Jesu Judesein tauchte unter der abendländisch hellenistischen Übermalung auf. Die EKD-Denkschrift von 1975 „Christen und Juden" setzte hier positiv an. Vertieft wurde dieser Ansatz 1980 durch die Stellungnahme der Rheinischen Synode, in der eine klare Absage an jede Form der Judenmission ebenso ausgesprochen wurde wie die Mitverantwortung der Christen am Holocaust. Die unscharfe Formulierung, Jesus als den

50 Der ungekündigte Bund, 123ff. Eine Geschichte der Arbeitsgemeinschaft „Juden und Christen" beim DEKT mit einem Verweis auf ihre Publikationen gibt Dietrich Goldschmidt in: Deutscher Evangelischer Kirchentag in Hamburg 1981. Dokumente, Stuttgart 1981, 608-617.

„Messias Israels" zu verstehen, benennt auch die Schwierigkeit, christologische Bekenntnisse neu zu formulieren.[51]

4. Eine sich vertiefende Fragestellung mußte nicht nur nach Gründen für eine christliche Anfälligkeit gegenüber Vorurteilen und Staatsvergötzung fragen, sondern auch nach den spezifisch christlichen Beiträgen zur Judenfeindschaft. Hier sind vor allem zu nennen:

a) Der Vorwurf des Gottesmordes durch die Juden, aufgenommen in Sündenbocktheorien und Ahasverlegenden zur Kennzeichnung und Legitimation des jüdischen Leidens.

b) Die Christen versuchten ihre christliche Position durch die Negation der jüdischen bzw. durch die qualitative Entgegensetzung von Buchstaben und Geist, Verheißung und Erfüllung, Gesetz und Evangelium, Rachedenken und Liebe, alt und neu – jeweils verteilt auf Altes und Neues Testament – zu gewinnen. Die christliche Kirche behauptete von sich, das wahre Israel zu sein und das Alte enterbt und ersetzt zu haben.

c) In einem historischen Idealismus dispensierten sich die Christen im Blick auf ihren eigenen Glauben von der Frage nach seiner Verwirklichung, in Raum und Zeit – zugunsten einer Spiritualisierung und Verjenseitigung. Gleichzeitig stärkten sie in einem historischen Materialismus den Aberglauben, jüdisches Leiden und die Enterbung Israels durch die Christenheit verdankten sich der jüdischen Ablehnung des Messias und fänden in der Zerstörung Jerusalems im Jahre 70 bzw. 135 eine definitive Absage Gottes an sein Volk.

5. Haben Christen nicht positiv zu lernen, daß das jüdische Warten auf den Messias, den Kommenden, uns mit ihnen verbindet, die wir auf den Wiederkommenden warten? Mehr noch: Steckt im jüdischen Nein zu Jesus als dem Messias nicht die Treue zum biblischen Glauben, daß das Messianische Reich mehr verwirklicht als die Kirche gebracht hat? Haben die Christen recht mit ihrer Reduktion der messianischen Hoffnung auf eine Person? Schärfer gefragt: Hängt die christliche Verfolgung der Juden nicht zutiefst damit zusammen, daß sie diese prophetisch-biblische Anfrage an die Kirche – Bist Du das, was da kommen soll (analog zur Anfrage Johannes des Täufers an Jesus: Mt 11, 1-6) oder sollen wir auf etwas anderes (d.h. die wirkliche Erneuerung von Himmel und Erde) warten? – sich vom Halse schaffen wollte? Säkular ist dieser Prozeß dann von Hitler, der das Gewissen für eine jüdische Erfindung hielt, realisiert worden. Er wollte eine judenreine, gewissenlose Welt ohne Widerspruch, um seinen Machtanspruch ungehemmt durch eine Instanz des Gewissens durchsetzen zu können.

6. Im Blick auf den Staat Israel geht es darum, einen Weg zwischen jenem Fundamentalismus zu finden, der das Entstehen des Staates Israel als Indikator

51 Vgl. den Diskussionsband B. Klappert/H. Starck (Hg.), Umkehr und Erneuerung – Erläuterungen zum Synodalbeschluß der Rheinischen Landessynode 1980, Neukirchen 1980.

in Gottes Endzeitplan betrachtet, und einem Verständnis des Staates Israel, das ihm jede Verbindung zur Tradition des jüdischen Glaubens und Lebens abspricht. Das Judentum ist nicht eine Konfession oder Denomination, sondern ein Volk, das mit einem konkreten Stück Land, Israel, verbunden ist, weil die Verwirklichung seines Glaubens hier auf dieser Erde stattfindet. Da ist weder ein theokratisches Gesellschaftsmodell gemeint noch ein expansives Staatsverständnis Israels gerechtfertigt.

7. Die kritische Bearbeitung der Nazizeit zeigt, daß Menschen und Institutionen sich gegen Gott und seine Ebenbilder gebrauchen ließen. Naturwissenschaft und Technik, Industrie und Kultur, Kirche und Universität, Schule und Bürokratie, Justiz und Militär – sie alle fungierten arbeitsteilig und effektiv, weil sie die Beantwortung der Fragen „Wozu sind wir da? Wem dient, was wir tun?" verweigerten. Die Menschen waren für die Institutionen und nicht die Institutionen für die Menschen da. Mit der expertenhaften Arbeitsteilung war auch eine Teilung des Gewissens und der Verantwortung verbunden.

Leben und Glauben nach dem Holocaust *

In fünf Schritten versuche ich dem Thema nachzugehen und nachzudenken:

I Anfragen an Christen und Akademiker
II Der Beitrag der deutschen Fakultäten zum Holocaust
III Der Beitrag von Industrie und Kultur zum Holocaust
IV Praxis Pietatis oder glaubwürdiges Leben und Glauben nach Auschwitz
V Jüdischen Stimmen zuhören und standhalten

I Anfragen an Christen und Akademiker

Das Wort „Holocaust" ist inzwischen bekannt geworden, nachdem es lange Jahre in Amerika zu einem spezifischen Ausdruck für das geworden war, was Albrecht Goes vor langem schon in der wörtlichen Übersetzung „Brandopfer" genannt hatte. Was wir mit den Ausdrücken „Auschwitz", Massenmord oder Genozid meinen, bezieht das Wort Holocaust auf die Bibel. Elie Wiesel, der es für Judenverfolgung und Judenvernichtung eingeführt hat, wollte vermeiden, daß Hitlers Ausdruck „Endlösung" oder ein wissenschaftlich unterkühlter Ausdruck wie Genozid bezeichnet, was an den Juden geschah. Wieder würde wie beim Wort „Antisemitismus" ein wissenschaftlich klingender Begriff verschleiern, was sich an brutaler oder sublimer Menschenverachtung zeigt.

Was ist geschehen? Ein Drittel des jüdischen Volkes wurde mit allen Mitteln moderner Organisationstechnik, Wissenschaft und unter dem Zuschauen, Wegschauen oder Mitlaufen von uns getötet. Es ist so, als fehlte plötzlich hier in unserer Versammlung ein Drittel unserer Mitglieder – plötzlich und fabrikationsmäßig wie Ungeziefer beseitigt. Es waren viele, die an den Todesstricken mitgesponnen haben. Jede Fakultät hat ihre speziellen Fäden in diese Stricke des Todes hineingewebt.

Ich frage nicht mit dem anklagenden Ton dessen, der heute alles besser weiß, der der Väter-, Mütter- und Großelterngeneration das, was heute leicht auszusagen, schwer zu verstehen und zu verarbeiten ist, jetzt um die Ohren schlagen könnte. So nicht. Ich frage und beobachte, schaue aus nach Namen von Menschen. Die Opfer haben ein Recht darauf, daß genau gefragt wird: Was geschah? Wer war beteiligt? Warum geschah es? Wer half mit? Wer half nicht? Wer schaute weg? Es geht bei dem Holocaust nicht um ein allgemeines Exempel für die Schlechtigkeit der Welt, so daß man das Wort beliebig als Metapher für §

* Zuerst veröffentlicht in: Leben und Glauben nach dem Holocaust. Einsichten und Versuche, hg. von Gerhard Weßler, Stuttgart 1980, 7-34.

218, Afghanistan, Vietnam, Hiroshima, Dresden, Südafrika oder San Salvador verwenden könnte. Auch die Opfer dieser Taten, Un-Taten oder Probleme haben ein Recht darauf, nicht unter einer generellen Überschrift von menschlicher Brutalität abgehandelt zu werden, sondern daß auch nach ihrer Geschichte genau gefragt wird. Holocaust ist zunächst einmal die spezifische Geschichte eines spezifischen Volkes. Genauer gesehen sind es zwei Völker: Es sind die Juden und die Sinti. Von ihnen gilt, was Alfred Kerr, der Theaterkritiker, schon 1936 geschrieben hat: „Nicht weil sie besonders verschworen sind, nur weil sie halt geboren sind" – nur deswegen mußten sie sterben.

Nach der universalen Bedeutung des Holocaust ist mit Elie Wiesel deshalb zu fragen: „Alles was uns geschieht, kann der ganzen Menschheit geschehen."[1] So faßt er, der als 15jähriger Häftling Auschwitz lebend überstanden hatte, das zusammen, was hier weiterzugeben und zu hören ist. Es geht nicht um eine Theologie der Geschichte, wie die deutschen Christen sie entwarfen. Wohl aber geht es um eine theologische und das heißt auch um eine intellektuell und christlich ehrliche Aufarbeitung dessen, was geschehen ist und was heute geschieht. Fragen wir uns einmal sehr persönlich, woran wir uns erinnern, wenn wir an die Jahre bis 1945 denken. Wer lebt in unserem Gedächtnis? Was erzählen wir Kindern und Enkeln aus dieser Zeit weiter? Kommen die Opfer der Todesindustrie in Auschwitz darin vor? Oder ist das eine verdrängte und vergessene Geschichte? Verdrängt zugunsten unserer privaten, auch wichtigen Geschichte?

„Geschehenes beschwören" schreibt Albrecht Goes, „aber zu welchem Ende? Nicht damit der Haß daure. Nur ein Zeichen gilt es aufzurichten im Gehorsam gegen das Zeichen des Ewigen, das lautet: Bis hierher und nicht weiter. Ein Gedenkzeichen, geschrieben – wohin und für wen? Auch in die Luft schreibt, wer ihrer gedenkt, ihrer, deren irdisches Teil vergangen ist, Staub und Asche in Erde und Wind. Man hat vergessen. Und es muß ja auch vielleicht vergessen werden, denn wie könnte leben, wer nicht vergessen kann? Aber zuweilen muß einer da sein, der gedenkt. Denn hier ist mehr als Asche und Wind. Eine Flamme ist da. Die Welt würde erfrieren, wenn diese Flamme nicht wäre."[2]

Die Welt würde erfrieren an Kaltherzigkeit, an Gewissensstarre, an gelähmten Herzen und Verstand. Es ist genau zu fragen. Wie? – Dazu darf ich noch einmal Elie Wiesel zitieren:

> „Falls ich versuchen könnte zu verstehen – aber das wird mir nie gelingen –, weshalb mein Volk zum Opfer wurde, so werden andere Leute verstehen müssen oder den Versuch machen müssen zu verstehen, warum die Mörder Christen, sicher schlechte Christen, aber doch Christen waren. Irgend jemand wird erklären müssen, warum so viele Mörder Intellektuelle waren, Akademiker, Hochschulprofessoren, Rechtsanwälte, Ingenieure,

1 E. Kogon/J. B. Metz (Hg.), Gott nach Auschwitz. Dimensionen des Massenmordes am jüdischen Volk, Freiburg 1979, 69.

2 A. Goes, Das Brandopfer, Frankfurt a. M. 1954, 7.

Ärzte, Theologen. Die Einsatzkommandos, die das Töten befahlen, wurden von Intellektuellen angeführt. Sie haben gezeigt, daß Wissen ohne Moral zerstört, daß Wissenschaft ohne ethisches Fundament zu einem Instrument der Unmenschlichkeit ausartet."[3]

Und viele Juden fragen: Warum gelang es den Christen durch die Zivilcourage einiger weniger (ich nenne die Namen Bodelschwingh und Galen), die Euthanasieaktion zu stoppen? Nur weil es sich hier um die Angehörigen von christlichen Familien handelte? Warum wurde eine ähnliche Protestaktion nicht für die Juden riskiert? Aus der Perspektive der kleinen Leute, der Nichtakademiker, formuliert Kaduk, einer der Schlächter von Auschwitz, heute im Gefängnis von Schwalmstadt gegenüber dem Südwestfunk-Reporter Ebbo Demant eine andere Frage. In seinem holprigen Deutsch fragt er:

> „Es gibt heute verschiedene Leute, wo damals mitgemacht haben ... Heute sind viele zu feige, aufzustehen und zu sagen, wir haben mitgemacht ... Heute haben sie Angst, etwas zu sagen ... Gucken Sie mal, ich kenne viele Staatsanwälte, damals waren bei uns in Ausschwitz gewesen, in Block 11 haben sie Sondergerichte gemacht, ruck-zuck haben sie verurteilt – und am Nachmittag waren die Leute schon erschossen, hingerichtet. Wo sind die Staatsanwälte und Richter heute, die im Dritten Reich vorndran gewesen sind? Sind sie klein, der Dr. Zarnack, der Dr. Stolting II, und der Dr. Reimers? Die waren im Dritten Reich in Frankfurt als Staatsanwälte, und die haben mit Juden zu tun gehabt. Und heute sind sie Rechtsanwälte. Ist das richtig? Denen wäre so was (wie mir) nicht passiert, nicht wahr, die Akademiker, nur mit dem kleinen Mann, da machen sie die Schau, mit dem kleinen Mann ... "[4]

Wie antworten wir als Christen, als Akademiker (was immer das meint) auf die Fragen der Opfer und der Täter? Dahinter verbirgt sich in letzter Tiefe die Frage Gottes an Adam: Mensch, wo bist du? Wir sollten nicht auf dem Adamsweg bleiben, und die Kette der Entschuldigungen in Gang setzen und verdrängen, was geschah. Denn die nächste Frage fragt Kain, nachdem der Mord geschehen war, nachdem Abel in seinem Blute liegt: Wo ist dein Bruder Abel?

II Der Beitrag der deutschen Fakultäten zum Holocaust

Auf der Mitgliederversammlung des Verbandes Deutscher Studenten hielt Carl Friedrich von Weizsäcker im April 1957 einen Vortrag zum Thema „Die Verantwortung der Wissenschaft im Atomzeitalter". Der entscheidende Punkt, an dem sich die ethische Frage für ihn zuspitzte, wo sich die Frage nach der Glaubwürdigkeit der Akademiker und Christen stellte, war für ihn die Atomfrage. Kurz vorher hatten die Göttinger 18 ihren Protest gegen die atomare Bewaff-

3 E. Wiesel in: Gott nach Auschwitz, a.a.O., 45.

4 Ebbo Demant, Auschwitz – „Direkt von der Rampe weg ...", Reinbek 1979, 81.

nung der Bundesrepublik formuliert und es abgelehnt, sich an einer Entwicklung solcher Waffen zu beteiligen. Ich möchte aus diesem Vortrag die Anfragen an alle Fakultäten zitieren. Aber vorher ist mir noch eine andere Reflexion wichtig. Weizsäcker schreibt beim Nachdenken über diese Ereignisse zum 70sten Geburtstag an Helmut Gollwitzer:

> „Ich fand Sie entschieden, wo ich unentschieden oder anders entschieden war. Immer aber empfand ich zugleich und als das letztlich einzig Wichtige, daß Sie sich genau zu dem entschlossen hatten, das ich suchte, weil ich es, ohne es verwirklichen zu können, nicht gefunden hatte. Ihre Entschiedenheit war eine Herausforderung für mein Zögern."

Und dann fügte er als vernichtende Kritik und als Anfrage an uns und die Kirche hinzu:

> „Die Kirche forderte mich nicht. Sie mutete mir weder die Bergpredigt noch das Johannesevangelium zu."[5]

Ein Jahr später (1979) hat Carl Friedrich von Weizsäcker in Hannover bei der Eröffnung der Woche der Brüderlichkeit in der Synagoge eine Predigt gehalten über die Geschichte von Kain und Abel.

Ich zitiere aus dieser Predigt:

> „Soll ich meines Bruders Hüter sein? Was sagt uns diese Frage über uns? ... Wir, die Kulturträger, sind die Erben der Kainiten, denn Kain ist der Stammvater der höheren Kultur, der Viehzüchter, der Geiger und Pfeifer, der Eisenschmiede. Daraus folgt aber: Wir, die Kulturträger, sind die Erben der Kainiten eben in dem, was wir hochschätzen: in Ackerbau und Viehzucht, in Kunst und Wissenschaft, in Technik und Industrie. Vergessen wir nie, wir sind die Erben von Siegern im Kampf ums Dasein. Wir haben das Verhalten von Siegern, ihre unbewußte Grausamkeit geerbt ... Ich sage das im Bewußtsein meiner Mitschuld an der Ermordung von Millionen Juden in einer Nation, deren erwachsener Bürger ich damals war und heute bin."[6]

Doch nun zu den Fakultäten. Meine Fragen sind immer eingeleitet in sieben Unterteilen durch Carl Friedrich von Weizsäckers Fragen an die Fakultäten.

1 Zuerst kommen die Theologen:

> „Sie bewahren die einzige Wahrheit, die tiefer reicht als die Wahrheit der Wissenschaft, auf der das Atomzeitalter beruht. Sie bewahren ein Wissen vom Wesen des Menschen, das tiefer wurzelt als die Rationalität der Neuzeit. Der Augenblick kommt immer wieder unweigerlich, in dem man, wenn das Planen scheitert, nach dieser Wahrheit fragt und fragen wird.

5 A. Baudis u.a. (Hg.), Richte unsere Füße auf den Weg des Friedens (FS Helmut Gollwitzer) München, 1978, 392.

6 In: Lutherische Monatshefte 18 (1979), 210.

Die heutige geehrte, bürgerliche Stellung der Kirche ist kein Beweis dafür, daß die Menschen nach der christlichen Wahrheit wirklich fragen. Überzeugen wird die Wahrheit, wo sie gelebt wird."[7]

Haben wir Christen die Wahrheit gelebt? War die Kirche bereit, ihre bürgerliche und staatlich anerkannte Stellung, ihre auch ökonomisch im Dritten Reich nicht gefährdete Stellung zu riskieren? Ein paar Stimmen der Anpassung aus der damaligen Zeit.[8] Prof. Georg Bertram, Neutestamentler bis 1945 in Gießen, danach in Frankfurt, schrieb: „Die Botschaft Jesu von Nazareth hat das Abendland vor dem Judentum bewahrt."[9] Heinrich Bornkamm, Kirchengeschichtler in Heidelberg, schrieb im Jahre 1939 in seiner Schrift „Was erwarten wir von der Deutschen Evangelischen Kirche der Zukunft?":

„Die 'Evangelische Verkündigung' muß unseren 'völkischen Bestand' vor Bolschewismus und Judentum schützen". „Wie gewaltig der Ansturm der lebenszerstörenden Mächte Bolschewismus und Judentum ist, die wir auf den gemeinsamen Nenner Bolschewismus bringen, wie tief dieser gigantische Kampf in Herz und Gewissen der Völker eingreift, davon weiß jeder, der die Augen für das Weltgeschehen öffnet. Der Bolschewismus ist die Gefahr der Heimatlosen, es ist darum kein Wunder, daß er seine Hauptführer aus dem heimatlosen Judentum bekommt."[10]

Heinrich Bornkamm schreibt zu diesen Sätzen, als er 1964 auf sie angesprochen wurde:

„Ich habe diese Sätze nicht vergessen. Die darin enthaltenen Fehlurteile und Ungerechtigkeiten haben mich schon bald bedrückt, nicht erst nach 1945. Sie gehören zu dem, was einem im Leben auf der Seele liegenbleibt. Man kann sich nur bemühen, daraus für sein Handeln und Leben Frucht zu ziehen."[11]

Paul Althaus, einer der bekanntesten evangelischen Dogmatiker damals, schreibt in seiner „Theologie der Ordnungen" 1935:

„In einer Zeit, die alle Ordnungen in Frage stellte, verkannte und zersetzte, hat die Theologie einen entschlossenen Kampf geführt ... gegen die Entleerung des Staates, gegen pazifistische Verweichlichung des politischen Ethos, gegen die Zersetzung des Strafrechtes und die Preisgabe der Todesstrafe."[12]

7 Dies und die folgenden Zitate stammen aus: C. F. v. Weizsäcker, Die Verantwortung im Atomzeitalter, Göttingen 1957.

8 Zitiert nach: Rolf Seeliger, Braune Universität (im folgenden abgekürzt: BU). Deutsche Hochschullehrer gestern und heute, Hefte 1 bis 6, München 1964-1968 (Dort weitere Quellenverweise).

9 BU 3, 20.

10 BU 2, 17.

11 BU 2, 19.

12 BU 3, 7ff.

Ordnung, dies war es, was die Theologen theologisch zu rechtfertigen suchten, und sei es durch die herrschende Ordnung, für die die Menschen bezahlen mußten. Die bayerische Landeskirche ließ 1933 von allen Kanzeln verlesen:

„Ein Staat, der wieder anfängt, nach Gottes Gebot zu regieren, darf in diesem Tun nicht nur des Beifalls, sondern auch der freudigen und tätigen Mitarbeit der Kirche sicher sein. Mit Dank und Freude nimmt die Kirche wahr, wie der neue Staat der Gotteslästerung wehrt, der Unsittlichkeit zu Leibe geht, Zucht und Ordnung mit starker Hand aufrichtet, wie er zur Gottesfurcht ruft, die Ehe heilig gehalten und die Jugend christlich erzogen wissen will, wie er der Väter Tat wieder zur Ehrung bringt und heiße Liebe zu Volk und Vaterland nicht mehr verfemt, sondern tausend Herzen entzündet".[13]

Es war klar, daß in einer so redenden und lebenden Kirche, mit ihrer Anbetung der Ordnung an Stelle der Anbetung Gottes, kein Platz für Juden war, nicht einmal für Judenchristen. Das Erlanger Gutachten, das Gutachten einer ganzen theologischen Fakultät, von Elert und Althaus verfaßt, empfahl 1933: „Das deutsche Volk empfindet heute die Juden in seiner Mitte mehr denn je als fremdes Volkstum."

Die Konsequenz für die Kirche lautet:

„Für die Stellung der Kirche im Volksleben und die Erfüllung ihrer Aufgabe würde in der jetzigen Lage die Besetzung ihrer Ämter mit Judenstämmigen im allgemeinen eine schwere Belastung und Hemmung bedeuten. Die Kirche muß daher die Zurückhaltung ihrer Judenchristen von den Ämtern fordern."[14]

Gleichzeitig predigte man, daß in Christus alle eins seien.

2 An nächster Stelle spricht Carl Friedrich von Weizsäcker die Juristen an:

„Sie befassen sich mit den Regeln des Zusammenlebens der Menschen. Für sie ist wohl das entscheidende Faktum dieser Zeit, daß nicht nur die Apparate geplant werden, sondern daß das Zusammenleben der Menschen selbst mehr und mehr Gegenstand bewußter Manipulation und rationaler Planung wird ... Auch in der Demokratie wird das Recht immer mehr ein technisches Mittel des Funktionierens, zumal wirtschaftlicher Abläufe. Zur menschlichen Verantwortung des Juristen in jedem Amt gehört daher auch, daß er die Menschen vor einem blinden Automatismus juristischer Abläufe schützt."

Blenden wir von 1957 einige Jahre zurück. Hatte das Recht mit Gerechtigkeit für alle etwas zu tun? Oder war es das Recht nur des eigenen Volkes, der eigenen Rasse, das Recht des Stärkeren? Ein exzessiv ausgelegter Sozialdarwi-

13 BU 3, 9.

14 BU 3, 8.

nismus setzt als Recht Spielregeln nicht zum Zusammenleben der Menschen, wie Weizsäcker gesagt hatte, sondern Spielregeln für die einen zum Leben, für die anderen zum Tode. Carl Schmitt erklärte 1936:

> „Wir müssen den deutschen Geist von allen Fälschungen befreien, Fälschungen des Begriffes Geist, die es ermöglicht haben, daß jüdische Emigranten den großartigen Kampf des Gauleiters Julius Streicher als etwas ‚Ungeistiges' bezeichnen konnten."[15]

Und Ulrich Scheuner, Professor in Bonn und EKD-Vertreter in den Menschenrechtskonsulationen des Weltkirchenrates, schrieb 1939 in einem Aufsatz „Der Gleichheitsgedanke der völkischen Verfassungsordnung" in der Zeitschrift für die gesamte Staatswissenschaft:

> „Mit dem völkischen Gedanken ist ein neues Prinzip ans Licht getreten, das in allen Bereichen unseres Denkens über den Menschen tiefe Wandlungen hervorgerufen hat, und das auch den Begriff der Gleichheit prägt. Der Gleichheitsgedanke des nationalsozialistischen Staates findet seine Substanz in der rassisch begründeten Artgleichheit der deutschen Volksgenossen. Er hat seine Rechtfertigung also in der Tatsache der blutmäßigen Gemeinschaft des deutschen Volkes ... Aus der rassischen Substanz der völkischen Gleichheit ergibt sich auch die grundlegende wesensmäßige Unterscheidung des Artgleichen und des Artfremden. Eine Gleichheit zwischen ihnen kann in allen wesentlichen sozialen und rechtlichen Beziehungen nicht bestehen. In den nunmehr über alle Lebensgebiete, Eherecht, die politische Stellung, die wirtschaftliche Betätigung, das Recht des Verkehrs sich erstreckenden rechtlichen Absonderungen der Juden aus dem Leben des deutschen Volkes ist dieser Gesichtspunkt verwirklicht. Keine Maßnahme hat so sehr wie dieser Ausbau des deutschen Rasserechtes den Wesensunterschied zwischen dem völkischen Gleichheitsdenken und der Auffassung der westlichen Demokratie ausgeprägt."[16]

3 Die nächste Fakultät, die von Carl Friedrich von Weizsäcker angesprochen wird, sind die Wirtschaftswissenschaftler:

> „Es scheint mir, daß die Praxis der heutigen Wirtschaftsführung, zumal wo sie gut ist ... die beiden theoretischen Extreme der völlig freien Wirtschaft und der totalen Planung längst hinter sich gelassen hat. Vernünftige Planung greift nur dort ein, wo mit einem Minimum an Aufwand ein Maximum an Wirkung zu erreichen ist. Sie braucht dort nicht zu befehlen, wo sie voraussehen kann, was von selbst im Wechselspiel der Kräfte eintreten wird. Alles Planenwollen ist, wie wenn man meint, ein Fahrrad würde noch sicherer fahren, wenn man die Lenkstange festklemmt. Wenn ich hier rich-

15 In: K. Thieme (Hg.), Judenfeindschaft, Darstellung und Analysen, 1963, 305.

16 BU 2, 64f.

tig urteile, so ist auch dies ein Beispiel für die These: Richtige verantwortliche Planung und Technik halten Distanz zum Apparat."

Distanz zum Apparat – war das möglich? Waren die Christen und die Akademiker für eine solche kritische Distanz ausgebildet, oder hat ihr Fachstudium sie ganz in den Apparaten aufgehen lassen, in denen sie beruflich tätig waren? Oder waren sie dem auch hier von Weizsäcker skizzierten Gesetz unterworfen, mit einem Minimum an Aufwand ein Maximum an Wirkung zu erzielen, also effizient zu sein? Und war dieses Gesetz ohne die Frage „wozu?" und „mit wem?" dann nicht auch das Gesetz von Auschwitz und seiner Todesindustrie? Samuel Pisar, der wie Eli Wiesel als 15jähriger Junge Auschwitz verlassen konnte, nachdem seine Familie dort zu Tode gekommen war, hat in seinem Buch „Das Blut der Hoffnung" jetzt, als erfolgreicher UNO-Beamter und Rechtsanwalt, geschrieben: „Heute droht im Westen die multinationale Macht der Wirtschaft die bereits geschwächte politische Macht zu vernichten oder zu unterwerfen. Und im Osten erstickt die Allmacht der politischen Bürokratie jede wirtschaftliche Initiative."[17] Aber es gab damals auch wissenschaftliche Anbeter der Ordnung, die rechtfertigten, was nicht zu rechtfertigen war. Prof. Alexander Görner, nach 1945 wieder Professor in Karlsruhe, schrieb 1938:

> „Das Judentum, das die kapitalistische Ratio am reinsten verkörperte, hatte sich nicht nur zum Träger des internationalen Finanzkapitals aufgeschwungen, sondern gleichzeitig auch verstanden, die unkapitalistischen Instinkte der Industriearbeiter aller Länder für seine Zwecke einzuspannen. Es kam soweit, daß quer durch die Nation ein Riß ging, den zu vertiefen oder zu überbrücken dem Einfluß und Belieben jüdischer Volksführer vorbehalten bleiben sollte. Das Judentum hatte von den sozialistischen Strömungen Besitz ergriffen. Das war insoweit grotesk, als der Jude ja noch immer auch der Kapitalist ist. Der Jude rechnet immer nur mit Geld und sinnt immer nur darauf, durch Geld Macht zu haben. Die Juden erhoffen von Jahwe, daß er sie zu Gläubigern – nicht zu Schuldnern der Fremden macht. Ihr Denken kreist daher immer nur um eins: Macht durch Besitz. Der eine Jude kontrolliert die Wirtschaft durch seine kapitalistischen Kniffe, der andere Jude verschafft sich Macht und Einfluß auf dem Umweg der Arbeiterklasse."[18]

Die Juden sind eben an allem schuld, am Kommunismus und Kapitalismus, stellt der Wissenschaftler Görner fest.

4 An vierter Stelle adressiert Carl Friedrich von Weizsäcker die Mediziner. Er sagt 1957:

> „Die Medizin hat es unmittelbar mit dem Menschen zu tun. Dem Menschen zu helfen und nicht zu schaden, ist jeder Arzt persönlich verpflich-

17 S. Pisar, Das Blut der Hoffnung, Reinbek 1979, 212.

18 BU 2, 63.

tet durch ein Berufsethos, das von dem alten Hippokratischen Eid bestimmt ist. Er erlebt die Spannung unserer Zeit als das Gegenüber zwischen der kausalen Analyse des Einzelgeschehens in der naturwissenschaftlichen Medizin auf der einen Seite, dem Blick auf den ganzen Menschen, auf die Seele, die Beziehung zur bewußten, leidenden und verantwortlichen Person im Patienten auf der anderen Seite."

Wie war das mit den Medizinern? Es erschien im November 1979 eine Untersuchung der beiden Wissenschaftler Leibfried und Tennstedt über das Verhalten der Ärzte im Dritten Reich. Schon 1933 geschah so etwas, was Leibfried und Tennstedt den „alltäglichen Holocaust" nennen. 15 % der deutschen Ärzte waren aus rassischen oder politischen Gründen bereits verfolgt oder aus ihrer Praxis geworfen. Schon zu Beginn des Jahres 1933 wurden in Berlin mehr als 60 % aller Kassenärzte als Nichtarier eingestuft, so stellen die Wissenschaftler fest. In einer Studie zum Thema „Berufsverbot und Sozialpolitik im Jahre 1933"[19] führen die Wissenschaftler zwei entscheidende Hauptursachen für die NS-freundliche Haltung eines Teils der Ärzteschaft an: Einmal die scharfe Konkurrenz der Ärzte untereinander und zum anderen die konservative Standesstruktur, die sich immer stärker verfestigt hatte. In den Akten des Reichsarbeitsministeriums fanden Leibfried und Tennstedt den Beleg, mit welchem Übereifer Ärzte die Nazis hofierten. 1933 schlossen die Ärzteverbände weit mehr jüdische Kollegen aus als die oberste Berufungsinstanz beim Reichsarbeitsministerium genehmigen wollte. Diese hat sogar Widersprüche gegen die Standesurteile der Ärzte eingelegt. Als direkte Folge der Standesstruktur sehen die Wissenschaftler den hohen NS-Organisationsgrad der Ärzte an. Nach Untersuchungen von Michael Kater von der New Yorker Universität gehörten 45 % der Ärzte der NSDAP an – doppelt soviel wie Lehrer, die als Beamte unter stärkerem Loyalitätszwang standen. 26 % der Ärzte waren bei der SA Mitglieder, und 7,3 % gehörten der SS an. Am 25. 5. 1967 berichtete „Die Welt" von einem der Frankfurter Euthanasieprozesse gegen die Ärzte Ulrich, Bunke und Endruweit. Sie wurden tags zuvor von der Anklage der Beihilfe zum Mord freigesprochen. Das Gericht sagte, daß sie im „objektiven Sinn zwar Mordgehilfen gewesen seien, aber es sei ihnen nicht zu widerlegen gewesen, daß sie sich in einem unverschuldeten Verbotsirrtum befunden hätten." „Donnernder Jubel brach im Gerichtssaal aus", so „Die Welt" über den Freispruch. 300 bis 500 mal hat einer dieser drei freigesprochenen Ärzte den Gashahn aufgedreht und auf die Todesbescheinigung „Lungenentzündung" geschrieben. Das Gericht spricht davon, sie seien eben staatsgläubig gewesen, und sie hätten in einer moralisch defekten Zeit gelebt. Einer der Euthanasieärzte, Dr. Hermann Wesse, nicht allzuweit von hier im Taunus, auf der anderen Rheinseite war er tätig, sagt vor einem anderen Gericht in seinem Prozeß:

„Da habe ich intravenös Morphium gespritzt. Wenn mir in Berlin gesagt worden ist, Sie haben die Befehle zu befolgen, als einfacher Soldat bin ich

19 Vgl. Frankfurter Rundschau vom 6. 11. 1979.

gewohnt, Befehlen zu gehorchen ... Einfach ist es mir nicht geworden, glauben Sie mir, aber was sollte ich denn machen? Ich hatte den Befehl ... ich sehe heute, daß es nicht richtig war ... Mir ist immer gesagt worden, die Verantwortung für das tragen die Professoren in Berlin. Was sollte ich denn machen?"[20]

„Den Menschen zu helfen und ihnen nicht zu schaden", so heißt es im Eid des Hippokrates!

5 Weizsäcker schließt seine Ansprache an die Historiker:

„Historisch denken heißt, den anderen Menschen, die andere Nation, die andere Zeit und Kultur von ihren Voraussetzungen her zu verstehen, nicht von den unseren her abzuurteilen. Gibt es solches Verstehen ohne Liebe, ohne Nächstenliebe? Und können wir hoffen, dem Menschen seinen Ort in der Planung zu wahren, wenn wir ihn nicht von seinen Voraussetzungen her zu verstehen gewillt sind? Historisch verstehen ist von großer politischer Wichtigkeit."

Und ich meine, daß dieses Programm aufgenommen ist in der Arbeit, in der sich viele Historiker der Erforschung des Holocaust zugewandt haben.

Noch einmal Eli Wiesel: „Wer sich nicht ständig und aktiv mit der Erinnerung beschäftigt und andere mahnt, ist ein Helfershelfer des Mordens." Und Simon Dubnow, der große Historiker des Judentums, 1933 von der Berliner Universität vertrieben, im Alter von 81 Jahren 1942 in Riga auf dem Marktplatz erschossen, rief vor seiner Hinrichtung: „Macht beide Augen auf, haltet eure Ohren offen, haltet das Gedenken wach an jedes Wort, an jede Geste, an jeden Aufschrei, an jede Träne!"[21] Das ist historische Wissenschaft, die aufmerksam wird auf Tränen der Menschen und mit so etwas operiert wie Liebe zum Menschen, wie Weizsäcker es nennt. Carl Alexander von Müller, Professor in Erlangen vor 1945 und nach 1945, druckte 1938:

„Es war ein einzelner Deutscher aus Österreich und ein einzelner deutscher Arbeiter zugleich, der mitten im Zusammenbruch der deutschen Staaten jetzt die Fahne des unzerreißbaren deutschen Volkes und seiner Ehre, die Fahne des völkischen Widerstandes gegen den Untergang erhob. Aus den Tiefen dieses Volkstums selbst stieg der fanatische Wille zu einem neuen einigen deutschen Staat, zur gemeinsamen Volkwerdung, und zwar einer Volkwerdung und einer Staatsbildung aus dem eigenen Geist und der eigenen Wurzel des Volkstums über alle Schranken hinweg, die es bisher zerklüftet hatten. Wir gedenken der Stunde vor bald zwei Jahren in der Garnisonskirche in Potsdam, als der greise Feldmarschall

20 In: „Die Reichskristall-Nacht", hg. vom Ev. Arbeitskreis Kirche und Israel in Hessen und Nassau, Frankfurt a. M. 1978, 74.

21 In: Gott nach Auschwitz, a.a.O., 29.

von Hindenburg, dessen Augen die Begründung des Bismarckschen Reiches gesehen hatten wie seinen Sturz, diesem jungen Volksführer aus Deutsch-Österreich über den Sarg des größten Preußenkönigs die Hand zum Bunde reichte: Da übergaben das vergangene Zweite Reich und seine stärksten tragenden Kräfte den Auftrag und die Macht an das aufsteigende Dritte Reich ... Aber gerade wer diese Vergangenheit kennt, wird hingerissen von der unerhörten Größe und Wucht der Bewegung, in der wir stehen, an der mitzuarbeiten unser Stolz und unsere hohe Pflicht ist. Es ist ein Wort, das sich am Ende dieser Betrachtung als Bekenntnis auf unsere Lippen drängt, ein Wort, das jenes Zweite Reich mit unserem heutigen verbindet, ein Wort, das der sterbende Bismarck noch im Herzen trug, wie der Führer heute es uns mit jedem Atemzug verkündet und vorlebt: Deutschland."[22]

Kosmopolitisch zu denken und zu leben, war schändlich geworden. Die Nation wurde beweihräuchert, die Fremden vergast.

6 Die sechste Gruppe, auch in der philosophischen Fakultät von Carl Friedrich von Weizsäcker angesprochen, sind die Lehrer:

„In die Hände der Lehrer ist das kostbarste – man nennt es in der technischen Zeit ‚Material' – gegeben, das wir haben, die jungen Menschen. Ich weiß, daß in Ihrem Verband die Zusammengehörigkeit von Forschung und Lehre ein wichtiges Anliegen, ist. Halten Sie daran fest."

Die Lehrer – Professor Wenke, Gründungsrektor von Bochum, Pädagogikprofessor und Schulsenator in Hamburg, schrieb in der Nazi-Zeit:

„Dem totalen Staat verbleibt sein souveräner Anspruch dem einzelnen gegenüber. Aber Staat und Mensch stehen beide auf der gemeinsamen Grundlage des Volkstums, das zunächst und vor allem auf seine biologischen Wurzeln zurückgeführt wird. Auch das ist neu und vor Friedrich Nietzsche kaum beachtet worden. Denn der frühere Volkstumsbegriff, wie er z.B. wörtlich bei Fichte vorliegt, kennt das Volkstum nur als Inbegriff seelisch-geistiger Anlagen und der durch diese Anlagen bestimmten objektiven, überindividuellen Kulturgüter. Einer biologisch orientierten Auffassung erscheint jedoch diese Gestaltung völkischen Lebens als spätes Resultat ... Die wichtigste Aufgabe, die hiernach dem Staate zufällt, besteht darin, der Selbstverwirklichung des Volkstums zu dienen. Dieser Dienst widerspricht nicht dem Wesen des totalen Staates insofern, als er sich – um seinen Dienst am Volksganzen zu erfüllen – mit Totalitätsanspruch dem einzelnen gegenüber durchsetzen muß. Wir belegen diesen Gedankengang mit einigen Sätzen aus Hitlers Buch ‚Mein Kampf': ‚Der höchste Zweck des völkischen Staates ist die Sorge

22 L. Poliakow, Das Dritte Reich und seine Denker, 1959, 62.

um die Erhaltung derjenigen rassischen Urelemente, die, als kulturspendend, die Schönheit und Würde eines höheren Menschtums geschaffen hat.' "

7 Zuletzt wendet sich von Weizsäcker an die Naturwissenschaft:

„Die Naturwissenschaft, zu der ich außer der naturwissenschaftlichen, den land- und forstwirtschaftlichen Fakultäten den ganzen Bereich der technischen Hochschule rechnen will, ist die zentrale Wissenschaft unserer Zeit. Über die Notwendigkeit, sie im Interesse unserer materiellen Zukunft zu fördern, wird heute viel geredet und mit Recht. Die wirtschaftliche Existenz unserer Nation mag sehr wohl demnächst von unsern Naturwissenschaftlern und Technikern abhängen. Nur wünschte ich, die Naturwissenschaft, deren Notwendigkeit heute leicht einzusehen ist, spannte sich dann wie eine Lokomotive vor die Universität im ganzen. Die ganze Universität bedarf der breitesten Förderung. Ich glaube nicht, daß auf die Dauer unsere Naturwissenschaft wesentlich besser wird sein können als unsere Universität im ganzen ist. Dazu hängen im Organismus der Wissenschaft die einzelnen Organe zu eng miteinander zusammen. Die persönliche Verantwortung des Naturwissenschaftlers entspricht der praktischen Bedeutung seines Fachs. Ich möchte einen Vergleich gebrauchen: Jeder Naturwissenschaftler lernt die Sorgfalt beim Experimentieren, ohne die seine Wissenschaft in Geflunker ausarten würde. Ich glaube, solange uns die Sorgfalt bei der Prüfung der Rückwirkungen unserer Erfindungen auf das menschliche Leben nicht ebenso selbstverständlich ist wie die Sorgfalt beim Experimentieren, sind wir zum Leben im technischen Zeitalter nicht reif. Man hat an einen hippokratischen Eid der Techniker und Naturwissenschaftler gedacht ... Ein Hauptproblem für den Naturwissenschaftler und Techniker, der verantwortlich handeln will, ist seine Verflochtenheit in gesellschaftliche, in wirtschaftliche und politische Zusammenhänge. Er will wohl Leben fördern und nicht gefährden. Aber erlaubt es ihm die Struktur der Welt, in der er lebt?"

Einer, der diese Frage im Gefängnis zu Spandau durchgedacht hat, ist Albert Speer. In seinen Erinnerungen schreibt er:

„Hitlers Ausrottungsabsichten gegenüber dem jüdischen Volk hatte Hitler für jeden, der es hören wollte, nie verheimlicht. In seiner Rede vom 30. Januar 1939 hatte er sie offen zu erkennen gegeben. Ohne jemals Hitler geradezu zuzustimmen, hatte ich doch Bomben entworfen und Waffen produziert, die seinen Zielen dienten. Entscheidende Jahre meines Lebens habe ich der Technik gedient, geblendet von ihren Möglichkeiten, am Ende stehe ich ihr gegenüber voller Skepsis, warum? ... Die Diktatur Hitlers war die erste Diktatur eines Industriestaates dieser Zeit moderner Technik, eine Diktatur, die sich zur Beherrschung des eigenen Volkes der technischen Mittel in vollkommener Weise bediente ... Als Folge davon entsteht der Typus des kritiklosen Befehlsempfängers ... "[23]

Ethik wird zur reduzierten Funktion der Arbeitsbedingungen. Technik und Wissenschaft dominieren mit der Herrenschicht; deren Ziele ersparen die Frage: Darf der Mensch alles, was er kann?

III Beitrag von Industrie und Kultur zum Holocaust

Am 25. Juli 1938 wird in der Deutschen Bank eine Aktennotiz getippt. Es ist die Zeit der „Arisierung" der Betriebe, die man Juden wegnimmt:

„In einigen Branchen läßt das Angebot an wirklich guten Objekten wirklich nach. Die Nachfrage ist hier weitaus größer, z.B. in der Metall- und Chemiebranche. Es ist nicht immer möglich, die Interessenten auf andere Branchen hinzulenken."

Und dann beklagt sich die Deutsche Bank, daß die Arisierungen nicht rascher genehmigt werden:

„Es dauert häufig zwei Monate, bis alle Instanzen ihr Plazet gegeben haben."[24]

Effizienz und Wachstum, Erhaltung des eigenen Eigentums und Unterordnung unter den Staat waren wichtigere Ziele als Menschlichkeit. Ich will noch einmal Samuel Pisar zitieren, der in Auschwitz als Junge in einem Zweigwerk der IG Farben arbeiten mußte:

„Die IG Farben symbolisieren alle Verbrechen gegen die Menschlichkeit, die aus der Allianz zwischen den führenden Männern eines kapitalistischen Großunternehmens und einer totalitären Macht hervorgehen können. Die 1925 gegründete IG Farben-Industrie war mit ihren verantwortlichen kreativen Managern und ihren wissenschaftlichen Mitarbeitern, unter denen sich mehrere Nobelpreisträger befanden, ein Muster an Leistungsfähigkeit, Erfindungskraft und wirtschaftlichem Erfolg. Und dann plötzlich die ekelerregende Pervertierung. Dieselbe IG Farben ließ sich mit dem Nazi-Regime ein und baute in Auschwitz eine Fabrik, in der man die erbarmungswürdigen Untermenschen ausbeuten konnte bis zum Tode. Eine neue Form der Sklaverei. Ich weiß es, denn ich war dazu bestimmt, einer dieser Sklaven in Auschwitz zu sein."[25]

Und die Aktiennotierungen in DEGESCH (Deutsche Gesellschaft für Schädlingsbekämpfung), einer 100prozentigen Hoechst-Tochter, entwickelten sich prachtvoll. Die Dividenden stiegen 1940 bis 1942 um 100 %, und von 1942 auf 1943 noch einmal um 200 %. Zyklon B war das Produkt, das die Dividende so hoch trieb. Für Millionen Menschen war es der Tod.

23 A. Speer, Erinnerungen, Frankfurt a. M./Berlin/Wien, 1969, 521f.

24 M. Stöhr (Hg.), Erinnern, nicht vergessen. Zugänge zum Holocaust, München 1979, 51.

25 Pisar, a.a.O., 248.

BMW beschäftigte zeitweise 12000 KZ-Häftlinge.

Die Porzellanmanufaktur Allach schrieb 1943 an die SS:

„Infolge der im Januar 1943 im KZ Dachau ausgebrochenen Typhusepidemie standen vom 26. Januar bis zum 3. März 1943 keine Häftlinge als Arbeitskräfte zur Verfügung. Ohne die Typhusepidemie würden wir einen Gewinn in Höhe von 21.300 RM erreichbar gemacht haben, stattdessen hatten wir einen Verlust von 10.500 RM. Unser auf Häftlingsausfall zurückzuführender Schaden beträgt somit rund 31.800 RM. Wir bitten um Anerkennung und Vergütung dieses Betrages. Heil Hitler! Porzellanmanufaktur Allach."[26]

Und ein Rundschreiben der Wirtschaftsstelle der SS an alle Konzentrationslager lautet:

„Der Chef des SS-Wirtschaftsverwaltungshauptamtes, SS-Obergruppenführer Pohl, hat auf Vortrag angeordnet, daß das in allen Konzentrationslagern anfallende Menschenschnitthaar der Verwertung zugeführt wird. Menschenhaare werden zu Industriefilzen verarbeitet und zu Garn versponnen. Aus ausgekämmten und abgeschnittenen Frauenhaaren werden Haargarnanzüge für U-Bootsbesatzungen und Haarfilzstrümpfe für die Reichsbahn angefertigt."[27]

Der Mensch als Rohstoff, der Tod als Produkt – auch davon, auch damit können Wissenschaftler und Beamte sowie ihre Institutionen leben.

Die Kultur des Alltags war tief infiziert von einer Judenfeindschaft und Staatshörigkeit, die man nicht erst bei Hitler lernen mußte, sondern vorher schon kannte. Es gibt eine ganze Reihe von Untersuchungen, wie der Alltag in der Nazi-Zeit aussah. Es war z.T. die konsequente Fortführung des Alltags vorher, des Alltags in Gesangverein, Turnverein, der Feuerwehr, in Schulen und Kirchen. Was Turnvater Jahn 1810 gesprochen hatte: „Deutschlands Unglück sind die Polen, Franzosen, Pfaffen, Junker und Juden", das lebte als Volksmeinung auch in den studentischen Verbindungen, die zum übergroßen Teil antisemitisch waren. Auf dem Land und in der Stadt war der gleiche Ungeist anzutreffen. Die Tegernseer Zeitung berichtet am 3. Oktober 1935 als amtliches Bekanntmachungsblatt:

„Zur Regelung der gemeindlichen Bullenhaltung und Abwendung der Seuchengefahr ergeht folgende Anordnung: 1. Kühe und Rinder, welche von Juden direkt oder indirekt angekauft werden, sind zum Zutritt zum gemeindlichen Bullen nicht zugelassen. 2. Kühe und Rinder aus Stallungen, in welchen von Juden gekauftes Vieh steht, unterliegen einer Beobachtung auf die Dauer von einem Jahr. Sie sind während dieser Zeit vom Zutritt zum gemeindlichen Bullen ausgeschlossen. 3. Die Anordnung gilt ab 1. Oktober 1935."[28]

26 Katalog der Gedenkstätte Dachau, 280.

27 A.a.O., 282.

28 Poliakov, a.a.O., 534.

> Großes Handbuch der Deutschen Kaninchenzucht 1942:
> „Seit der Machtergreifung durch den Nationalsozialismus hat die Deutsche Kaninchenzucht einen ungeheuren Aufschwung genommen. Der Deutschen Kaninchenzucht wurde eine neue Zielsetzung gegeben. Der Kreis der Beteiligten wurde mit einem neuen organisatorischen und züchterischen Streben erfüllt. Zum ersten Mal wurden der Zucht und Haltung allgemein gültige Grundlagen geschaffen, die aus dem unorganischen Zustand früherer Zeiten die Kaninchenzucht zu einem bedeutenden Wirtschaftsfaktor emporheben."[29]

Am 9. August 1937 versammelte J. Goebbels alle Rundfunkmitarbeiter und hielt ihnen eine Rede, die mit dem Satz begann: Deutschland muß das stärkste Rundfunkland der Welt werden! Die Frankfurter Zeitung berichtete darüber:

> „Zunächst nahm dann Reichsintendant Glasmeier das Wort zu seinem Referat über die Grundzüge der Programmgestaltung des Deutschen Rundfunks. Es kommt darauf an, daß die Grundhaltung des Rundfunks nationalsozialistisch ist. Weiter muß sich der Rundfunk aus dieser Grundhaltung heraus bemühen, das ganze öffentliche Leben von heute einzufangen, es zu unterstützen, wo es notwendig ist, namentlich das gigantische Werk von ‚Kraft durch Freude', das große Werk der Winterhilfe, die Arbeiten der einzelnen Gliederungen der Bewegung. Zu dem in allen Hörerkreisen so viel erörterten Problem der Bevorzugung leichter Unterhaltungsmusik oder aber großer künstlerischer Darbietungen erklärte Reichsintendant Glasmeier, daß der Rundfunk hier eine gesunde Mittellinie eingehalten habe und auch in Zukunft einhalten wird. Mit besonderer Schärfe wandte sich Reichsintendant Glasmeier dagegen, daß etwa der jüdische zersetzende Geist auf dem Umweg einer witzigen Conference wieder in den Rundfunk eindringe. Es gehe nicht an, daß führende Männer der Bewegung über die Heiligkeit der Ehe oder aber über das Ethos des deutschen Soldaten sprechen, der mit seinem eigenen Leib und Blut für das Vaterland einzutreten hat, und dann am Abend in einer bunten Unterhaltung diese Dinge mit ätzender Lauge einer sog. Conference beschimpft werden. Lebhafter Beifall."[30]

Die Lebenskultur des Alltags wie die „Hoch-Kultur" – von der Kaninchenzucht bis zur Universität – der NS-Geist saß tief. Im Mai 1933 wurde undeutsches Schrifttum aus dieser Kultur- und Geisteshaltung heraus verbrannt:

> „Als Auftakt der öffentlichen Verbrennung der undeutschen Bücher auf dem Opernplatz in Berlin hielt Professor Dr. Alfred Bäumler, der neue Ordinarius für Pädagogik in Berlin, im Hörsaal 38 der Universität die erste Vorlesung seines Kollegs: Wissenschaft, Hochschule und Staat. Der große Saal war vollkommen überfüllt. Der größte Teil der Studenten nahm in SA-Uniformen an der Vorlesung teil. Vor Beginn der Vorlesung mar-

29 A.a.O., 534.
30 A.a.O., 228.

schierte eine studentische Fahnen-Abordnung mit dem Hakenkreuzbanner ein. Professor Bäumler beschäftigte sich mit der nationalsozialistischen Revolution, ihren geistigen und philosophischen Grundbedingungen."[31]

Dann schloß sich die Verbrennung der Bücher an. Ich möchte die neun Rufer, die Studenten, die hier die Bücher ins Feuer geworfen haben, zitieren. SA-Kapellen spielten vaterländische Weisen dazu:

„Der erste Rufer: Gegen Klassenkampf und Materialismus! Für Volksgemeinschaft und idealistische Lebenshaltung! Ich übergebe der Flamme die Schriften von Marx und Kautzky. Der zweite Rufer: Gegen Dekadenz und moralischen Verfall! Für Zucht und Sitte in Familie und Staat! Ich übergebe der Flamme die Schriften von Heinrich Mann, Ernst Glaeser und Erich Kästner. Der dritte Rufer: Gegen Gesinnungslumperei und politischen Verrat! Für Hingabe an Volk und Staat! Ich übergebe der Flamme die Schriften von Friedrich Wilhelm Förster. Der vierte Rufer: Gegen seelenzerfasernde Überschätzung des Trieblebens! Für den Adel der menschlichen Seele! Ich übergebe der Flamme die Schriften von Sigmund Freud. Der fünfte Rufer: Gegen Verfälschung unserer Geschichte und Herabwürdigung ihrer großen Gestalten! Für Ehrfurcht vor unserer Vergangenheit! Ich übergebe der Flamme die Schriften von Emil Ludwig und Werner Hegemann. Der sechste Rufer: Gegen volksfremden Journalismus demokratischer, jüdischer Prägung! Für verantwortungsbewußte Mitarbeit am Werk des nationalen Aufbaus! Ich übergebe der Flamme die Schriften von Theodor Wolff und Georg Bernhard. Der siebte Rufer: Gegen literarischen Verrat am Soldaten des Weltkriegs! Für Erziehung des Volkes im Geiste der Wahrhaftigkeit! Ich übergebe der Flamme die Schriften von Erich-Maria Remarque. Der achte Rufer: Gegen dünkelhafte Verhunzung der deutschen Sprache! Für Pflege des kostbarsten Gutes unseres Volkes! Ich übergebe der Flamme die Schriften von Alfred Kerr. Der neunte Rufer: Gegen Frechheit und Anmaßung! Für Achtung und Ehrfurcht vor dem unsterblichen deutschen Volksgeist! Verschlinge, Flamme, auch die Schriften der Tucholsky und Ossietzky!"[32]

Welche der hier verdammten Werte und Werke werden aufgrund prä- und postfaschistischer Einstellungen verurteilt?

IV Praxis Pietatis oder Leben und Glauben nach Auschwitz

Es war einiges offensichtlich in der Christenheit wie in der Universität vergessen worden. Beide sind der Wahrheit, auch wenn sie unterschiedlich verstanden wird, verpflichtet. Der christliche Glaube hatte offensichtlich Schwind-

31 Neuköllner Tageblatt vom 12. Mai 1933.

32 Poliakov, a.a.O., 121f.

sucht erlitten. Seine Weltverantwortung war dahingeschwunden. Der Verlust der Hebräischen Bibel, des sogenannten Alten Testamentes, mußte bitter bezahlt werden, am wenigsten von den Christen, am bittersten und tödlichsten vom Volk des Buches, vom Judentum.

Ich nenne jetzt sieben Beobachtungen, aus denen Konsequenzen zu ziehen wären:

1. Es war vergessen worden, daß man Gott mehr gehorchen muß als den Menschen. Hans Galinsky, deutscher Lektor am Kings College in London, war einer der NSDAP-Auslandsmitarbeiter, später Professor in Straßburg, der das Horst-Wessel-Lied ins Englische übersetzt hatte. Angesprochen auf seine damaligen NS-Schriften, sagte er – und das finde ich einen großartigen, weil ehrlichen Satz:

> „Mein damaliges Versagen ist daraus zu verstehen, nicht zu entschuldigen: Ich habe vor Menschen mehr Furcht gehabt als vor Gott.“[33]

Offenkundig war zugunsten der Angst vor Menschen die Furcht vor Gott abgebaut worden. Höss, der letzte Kommandant von Auschwitz, erinnert sich besonders an seine christliche Erziehung:

> „Ganz besonders wurde ich immer darauf hingewiesen, daß ich die Wünsche oder Anordnungen der Eltern, der Lehrer, der Pfarrer usw., ja aller Erwachsenen bis zum Dienstpersonal durchzuführen hätte ... Was diese sagten, sei immer richtig.“[34]

Dann gilt für so jemanden und für eine solche Erziehung Gott nur als die letzte Spitze einer Autorität; sie kann rasch durch den Führer ausgewechselt werden. Das Erste Gebot, das Schlüsselgebot aus Evangelium und Gesetz der Bibel, das die Menschen frei macht von Macht- und Mammondienst, sie macht- und mammonkritisch macht, sie an die Befreiung aus der Sklaverei erinnert – dieses Gebot wäre neu zu entdecken. Gerade Christen sind hier gefordert, die dem Judentum gegenüber den Vorwurf des Partikularismus erhoben und sich selbst als universale Religion verstanden haben, sie haben intensiv vor den Altären der Rasse, der Nation und der eigenen Geschichte gekniet. Gott mehr zu gehorchen als den Menschen, das wäre eine Lektion wert.

2. Der biblische Glaube ist eine transpersonale Kategorie. Er bezieht Politik und Gesellschaft in seinen Verwirklichungshorizont ein. James Parkes, der englische Theologe und Historiker, hat in seinem Buch über Antisemitismus darauf hingewiesen, wie eng antidemokratische und antiparlamentarische Traditionen mit dem Antisemitismus verbunden sind. Politik- und Demokratieverachtung haben sich als Humus der Judenfeindschaft breit gemacht. Ich erinnere an das, was Juristen und Theologen in den 30er Jahren an verächtlichen

33 BU 3, 61.

34 Erinnern, nicht vergessen, 38.

Äußerungen über Demokratie und Parlamentarismus von sich gegeben haben. Als 21jähriger schrieb der Kölner Soziologe Helmut Schelsky:

> „Ein starker Staat, der sich seiner Aufgabe gegenüber dem Volk bewußt ist und sie wirklich fühlt, kann gar keine andere Erziehung der Jugend seines Volkes kennen als die Erziehung zum Staat." Zum nationalsozialistischen Staat zu erziehen, heißt aber, die Liebe zum Ganzen, nicht aber das Mitleiden mit dem einzelnen Menschen zu kennen. Wahrer Nationalsozialismus ist es, Menschen, die „für das Volk ihre Leistung nicht erfüllen oder es gar schädigen, auszuschalten oder sie sogar zu vernichten". Dazu gehört die Erziehung einer Presse, die ihre Aufgabe für die Volksgemeinschaft nicht erfüllt, durch die Zensur, „und eine härtere und strengere Rechtsprechung für alle Verbrechen gegen die Gemeinschaft des Volkes ..., weil hier die Gemeinschaft alles ist, der einzelne Mensch jedoch ohne Beziehung auf diese nichts."[35]

Und dem Soziologen, der sich bald von solchen Äußerungen absetzt, applaudiert der Theologe Paul Althaus:

> „Die Auflösung des Strafrechts in Sozialtherapie und Pädagogik, die schon weit gediehen war, hat ein Ende. Strafe soll wieder im Ernste Vergeltung sein. Der neue Staat wagt es wieder, das Richtschwert zu tragen. Er hat die schauerliche Verantwortungslosigkeit der Parlamente zerschlagen und läßt wieder sehen, was Verantwortung heißt ..."[36]

Das sagt er unter Bejahung der Todesstrafe. Er bekennt, später darauf angesprochen, nie Hitler gewählt zu haben. Aber er macht deutlich, wie der Nationalsozialismus an breite Traditionen christlicher, bürgerlicher und akademischer Rituale und Einstellungen anknüpfen kann.

3. Biblische Grundwerte kritisieren und relativieren bürgerliche Tugenden. Ich erinnere daran, daß auf den Dächern von Dachau groß zu lesen stand: Es gibt einen Weg zur Freiheit; seine Meilensteine heißen Gehorsam, Fleiß, Ehrlichkeit, Ordnung, Sauberkeit, Nüchternheit, Wahrhaftigkeit, Opfersinn und Liebe zum Vaterland. Dies nenne ich Sekundärtugenden mit einem Ausdruck von Carl Amery. Dazu war erzogen worden. Keiner von uns wird die begrenzte Gültigkeit einzelner Sekundärtugenden in Frage stellen wollen. Aber sie sind in Frage gestellt, präzisiert und in ihre Grenzen gewiesen durch die biblischen Grund- oder Primärtugenden. Die biblischen Grundwirklichkeiten heißen Befreiung, Gerechtigkeit, Schalom und Liebe. Wohin sich absolut setzende Sekundärtugenden wie Gehorsam oder Fleiß führen, zeigt Auschwitz.

4. Ein viertes Element ist neu zu entdecken. Es ist die Gültigkeit des Bilderverbotes: Du sollst dir kein Bildnis machen, weder von Gott noch von dem Menschen. Die Minderheiten in unserer Gesellschaft haben es erfahren

35 BU 3, 80.

36 BU 3, 7f.

müssen, daß, statt mit ihnen selbst, mit Projektionen ihrer selbst verkehrt wurde. Die Projektion der Juden, ihr „Bild", war in der christlichen Verkündigung das einer strengen Gesetzlichkeit. Sie hätten nur den Schatten einer Verheißung. Sie seien buchstabengläubig und starr in ihrem Glauben. Rache sei das Grundgesetz des Alten Testamentes. – Diese Bilder von den Juden beherrschten Köpfe und Lehrbücher. An die Stelle des Gespräches mit den lebenden Juden war das Reden über die Juden, die man selbst nicht zur Kenntnis nahm, getreten. Man begann den christlich-jüdischen Dialog erst, als die meisten Juden nicht mehr am Leben waren. Bilder zu machen ermöglicht es Menschen zu instrumentalisieren und mit ihnen nach dem eigenen Gutdünken umzugehen.

Nun sagt man oft, es habe doch eine deutsch-jüdische Symbiose von einmaliger Fruchtbarkeit gegeben. G. Scholem, der große jüdische Wissenschaftler, bestreitet das. Er entdeckt nur Gespräche zwischen Projektionen:

> „Ich bestreite, daß es ein solches deutsch-jüdisches Gespräch in irgendeinem echten Sinn als historisches Phänomen je gegeben hat. Zu einem Gespräch gehören zwei, die aufeinander hören, die bereit sind, den anderen in dem, was er ist und darstellt, wahrzunehmen und ihm zu erwidern. Dieses Gespräch erstarb in seinen ersten Anfängen und ist nie zustande gekommen. Gewiß, die Juden haben ein Gespräch mit den Deutschen versucht, von allen möglichen Gesichtspunkten und Standorten her, fordernd, flehend und beschwörend, kriecherisch und auftrotzend, in allen Tonarten ergreifender Würde und gottverlassener Würdelosigkeit. Von einem Gespräch vermag ich in alledem nichts wahrzunehmen. Niemals hat etwas diesen Schrei erwidert."[37]

Nahm man die wirklichen Menschen nicht wahr, dann konnte man mit solchen Bildern, mit solchen Projektionen, mit solchen Luftmenschen machen, was man wollte: Medizinische Versuche, Feindbilder und Buhmänner in Politik und Predigt, dunkle Hintergründe in der Katechese, vor der sich die Christusgestalt hell abheben sollte.

5. Eine Wissenschaft und eine Technik, eine Kultur und eine Wirtschaft, die nicht fragen, wozu sie arbeiten, wirken menschenfeindlich. Ich erinnere an die Zitate aus dem Bericht der Medizin und an die Reflexion von Albert Speer im Gefängnis. Die Frage an die Christen lautet: Gibt es denn so etwas wie eine Ethik der Institutionen? Carl Friedrich von Weizsäcker hat einmal davon gesprochen, daß es in unserer Zeit angesichts der atomaren Probleme nicht bloß um die Bekehrung des Physikers als Individuum, sondern um die Bekehrung der Physik gehe. Er meint damit doch offensichtlich, daß wir auch in den Institutionen der Wissenschaften und auch der Kirchen so etwas wie ein Ethos für Institutionen entwickeln müßten.

37 G. Scholem, Wider den Mythos vom deutsch-jüdischen Gespräch, in: M. Schlösser (Hg.), Auf gespaltenem Pfad. Für Margarete Susman, Darmstadt 1964, 129f.

E. Rosenstock-Huessy hat in seiner Soziologie darauf hingewiesen, daß er manchmal nicht mehr davon sprechen könne, daß ein Mensch sündige, sondern daß „es" sündigt mit den Menschen. Ein System, die Strukturen, in die der Mensch eingespannt ist, und die Arbeitszerlegung bringen es mit sich, daß auch die Ethik und die Verantwortung zerlegt werden. Eine der Lehren der Nazi-Zeit ist wohl: Es ist unheimlich schwer, den Punkt zu fassen, an dem Widerstand zu üben und nein zu sagen geboten war. Die Zerlegung der Probleme machte die Schwelle so klein, daß man sagte: nein, noch bin ich nicht gefordert. Gehört aber der christliche Glaube nicht zu jenen Fragestellungen und Beiträgen in dieser Welt, die die Frage nach der ganzen Wirklichkeit und Möglichkeit unseres Lebens stellen? Im Interesse der Menschen duldet er die Zerlegung von Ethos wie die Zerlegung von Verantwortung nicht, weil aus der Zerlegung in Sonntagswelt und Alltagswelt auch die Aufteilung in Weimar und Buchenwald, in zwei Reiche einer gespaltenen Menschlichkeit und Wirklichkeit stammt.

6. Die Gewinnung der eigenen Identität durch die Negation der Identität des anderen führt immer auf den Weg der Lebensgefährdung des anderen. Viele Christen halten den Antijudaismus als essentiell zum Neuen Testament gehörend. Können wir uns als Christen nur als Nichtjuden definieren? Setzen wir unseren Glauben als absolut und zwingen die anderen zur Assimilation oder Anpassung an uns? Fast in der Sprache von Martin Buber hat der ghanaische Lehrer und Dichter R. Dombekai ein Gedicht geschrieben, das diesen Aufschrei, „Ich" sein zu können, enthält:

„Ich bin nicht Du,
doch Du willst mir
nicht meine Chance geben,
willst mich nicht Ich sein lassen.
Du mischst Dich ein
in meine Dinge,
als wären es Deine
und Du wärst ich.
Gott schuf mich Ich,
er schuf Dich Du,
um Gottes willen
laß mich ich sein."

Die Christen haben den Juden (und vielen anderen Minderheiten) gegenüber noch immer zu lernen, was v. Weizsäcker von den Historikern gefordert hatte: Nicht unser Bild vom Judentum als gültig auszuschreiben, sondern das Selbstverständnis der Juden. Noch immer ist zu lernen, daß das Doppelgebot der Liebe, Gott und den Nächsten zu lieben, schon in der Hebräischen Bibel steht. Es ist verlogen zu sagen, der Gott der Liebe spreche im Neuen Testament, und der Gott einer formalen Gerechtigkeit oder gar der Rache im Alten Testament; oder das Gesetz finde sich im Alten, das Evangelium aber im Neuen Testament – und wie die falschen Alternativen alle heißen. Warum haben wir Christen die Juden als

Christusmörder verunglimpft, sie aber nie als Christusbringer neben uns oder unter uns beglückwünscht und bei uns aufgenommen? Die Negation des Juden war für viele Christen der Weg, die eigene christliche Identität zu finden. Jesus und Paulus, die selber Juden waren, befanden sich sozusagen in einem lebhaften Familienstreit mit Juden. Als später die Christen zu Macht, Mehrheit und staatlicher Anerkennung gekommen waren, haben sie die lebendige Auseinandersetzung verloren. Aber die Feindschaft gegen die Juden und das nun nicht mehr lebendige Streitgespräch wurden auf Dauer gestellt, weil die Juden als dunkle Folie, vor der man sich schön abhob, sehr brauchbar waren. Die christliche Dogmenbildung hat jenen anderen Wahrheitsbegriff, der in der jüdischen Tradition lebendig ist, nämlich das immerwährende Gespräch, auch Streitgespräch, unterdrückt. Dabei ist die Bibel selbst das Protokoll einer Diskussion über 1000 Jahre, und die jüdische Fortsetzung der Bibel in Talmud und Midrasch nennt und protokolliert Tausende von Diskussionsteilnehmern an dem andauernden Auslegungsprozeß des Willens Gottes. Er soll nicht auf Dogmen festgeschrieben werden wie in unseren christlichen Traditionen. Allzu oft wurden dann in der Nähe der Dogmen Ketzerhüte verteilt und Scheiterhaufen angezündet.

7. Die Glaubwürdigkeit des christlichen Lebens weist sich nicht in der Theorie, in der Theologie und in der Dogmatik aus, sondern im Leben. Weizsäcker hatte gesagt: Ihr Theologen – und das gilt auch für die Christen überhaupt – ihr habt eine Wahrheit, die nur überzeugt, wenn sie gelebt wird. Was hat eigentlich die Christen daran gehindert, ihre Wahrheit zu leben? Eine doppelte Haltung, die ich eine Mischung aus christlichem Idealismus und christlichem Materialismus nenne: ein Geschichtsverständnis, das davon ausging, daß die Juden aus der Heilsgeschichte ausgeschieden sind. Seht euch den Tempel im Jahre 70 an, zerstört, Jerusalem ist ein Trümmerhaufen! Das ist doch Gottes schlagender Beweis dafür, daß es mit den Juden zu Ende ist. Die Christen hielten sich weithin an dieses historisch-materialistische Urteil. Schaut euch die Steine an! Sie sagen, daß Gott mit diesem Volk Schluß gemacht hat. Sich selbst aber haben die Christen in einer Art von christlichem Idealismus davon dispensiert, die Glaubwürdigkeit ihres Glaubens im Alltag auch in den Realitäten von Politik und Wirtschaft, Wissenschaft und Industrie unter Beweis zu stellen. Sie haben sich damit glänzend die Anfragen der Juden vom Hals gehalten: Müßte sich nicht, wenn Jesus von Nazareth wirklich der Messias ist, bei euch Christen und in der Welt mehr geändert haben als sich in der Realität tatsächlich geändert hat? Wieso kommt ihr dazu, uns Juden einer überholten Epoche der Heilsgeschichte zuzuschreiben, wie es Luther getan hat und mit ihm eine breite Tradition der Christen? Als die Synagogen brannten, hielten dies viele für die Wiederholung der Zerstörung des Tempels von Jerusalem. Kardinal Faulhaber hat 1935 in der Münchner Liebfrauenkirche gepredigt und folgenden Satz gesagt:

> „Nach dem Tode Christi wurde Israel aus dem Dienst der Offenbarung entlassen, die Tochter Zion erhielt den Scheidebrief, und seitdem wandert der ewige Ahasver ruhelos über die Erde.“

V Jüdischen Stimmen zuhören und ihnen standhalten

Zuhören und Standhalten ist wichtig. Wie deuten und verstehen wir, was im Holocaust geschehen ist? Für Richard Rubenstein, der in seinem Buch „After Auschwitz“[38] eine Theologie des Todes Gottes entworfen hat, stellt sich die Frage: Ist Gott in Auschwitz gestorben? Wie ein Schock kam an den Tag, was schon immer Menschen geahnt hatten: Der Mensch steht allein vor dem totalen Nichts. Das Problem Gottes und der Vernichtungslager ist für ihn das zentrale Problem für eine jüdische Theologie im 20. Jahrhundert. Und er reagiert mit Recht allergisch gegen jede christliche und jüdische Rechtfertigung dessen, was geschehen ist. Er besucht Propst Grüber in Berlin. Er spricht mit ihm über die Frage des Geschichtshandelns Gottes, und Grüber zitiert Psalm 44: „Um deinetwillen werden wir getötet den ganzen Tag.“ Rubenstein protestiert dagegen. Es geht nicht um Gottes Willen. Sonst hätte Gott gerechtfertigt, was geschehen ist und was nicht zu rechtfertigen ist. Das darf nicht sein. Wir haben sozusagen nur noch uns selbst, sagt Rubenstein. Und er lehnt eine Straftheorie radikal ab, die sagt, in Auschwitz werde das Volk für irgend etwas bestraft.

Aber diese Straftheorie ist christlich weit verbreitet.[39] Es ist die billigste Form der billigen Gnade, von der Dietrich Bonhoeffer gesprochen hat. Sie läßt den Juden das Gericht und den Christen eine billige Gnade, die keine Gnade mehr ist. Noch 1948 hat der Bruderrat der Bekennenden Kirche erklärt, daß Gottes Gericht in der Verwerfung bis heute den Juden nachfolge, dies sei ein Zeichen von Gottes Langmut. Die Kirche mache sich schuldig, wenn sie die Bezeugung dieser Langmut Gottes gegen Israel aus welchen Gründen auch immer unterläßt oder sich verbieten läßt. „Israel unter dem Gericht ist die unaufhörliche Bestätigung der Wahrheit, der Wirklichkeit des göttlichen Wortes, die stete Mahnung Gottes an seine Gemeinde.“ Und aus Lemgo kommt ein Pamphlet (300 000fach verbreitet vom Volksmissionarischen Verlag). Dort ist zu lesen:

„All das Geschehen (von Auschwitz!) hat offensichtlich diesen Hintergrund: unser Gott straft die Schuld seines Volkes; denn sie haben ja ihren Messias gekreuzigt.“ Was muß eigentlich passieren, damit uns Christen solche Arroganz, Gottes Geschichts- und Gerichtsvollzieher zu sein, vergeht?

Es könnte sein, daß Juden selbst Auschwitz deuten und verstehen als eine Strafe für Assimilation oder Zionismus. 1943 gab es eine Diskussion zwischen Rabbinern in Budapest um diese Frage, mitten in der Vernichtungszeit. Abraham Heschel, einer der großen zeitgenössischen Lehrer des Judentums, verweist in seinem Buch über die Propheten auf die tiefste Dimension menschlicher Gotteserfahrung, wenn er über Auschwitz nachdenkt. Gott hat die Fähigkeit mitzuleiden, Gott ist nicht gleichgültig. In diesem Zusammenhang kann in einem ganz anderen Sinn vom Sterben Gottes gesprochen werden, als Ruben-

38 Indianapolis/New York 1966.

39 Zum folgenden vgl. M. Stöhr (Hg.), Erinnern, nicht vergessen, 156ff.

stein vom Tod Gottes spricht. Er zitiert ein Talmud-Wort: „Gott sagt: Durch die Tötung selbst eines Verbrechers wird mir ein Geschöpf vernichtet. Wenn Gott sich so wegen des vergossenen Blutes eines Verbrechers bekümmert, wieviel mehr wegen des Blutes der Unschuldigen, der Gerechten?" Und ein anderer, Elieser Berkovits, greift in seinem Buch „Glaube nach dem Holocaust" einen Gedanken von Martin Buber auf, der kaum über Auschwitz sprechen konnte. Er spricht von Gottesfinsternis, vom Verbergen des Antlitzes Gottes. Beides gehört zur jüdischen Erfahrung: Gottes Selbstverleugnung und Gottes Zuwendung. Es gibt die Erfahrung, daß Gott sich den Menschen entzieht. Die Psalmen berichten davon: Mein Gott, mein Gott, warum hast du mich verlassen? Das ist die realistische Erfahrung vieler Generationen des Glaubens und des Unglaubens. Und ebenso oft wird in diesem Zusammenhang der Prophet Hesekiel mit seiner grandiosen Vision eines Feldes voller toter Gebeine (Hes 37) zitiert.

Diese doppelte Linie der jüdischen Geschichte, die Verborgenheit Gottes und die Zuwendung Gottes, ist eine Hilfsvorstellung, dem Geschehen standzuhalten. Das hat aber auch für das Verständnis der Geschichte Konsequenzen. Denn beide Linien müssen in der Geschichte gesehen werden. Man kann nicht die jüdische Geschichte als eine Geschichte nur des Leidens darstellen. Es ist auch eine Geschichte des Lebens, der Bewahrung und Behauptung der eigenen Identität und des Widerstandes. So gehört Auschwitz für die Juden der heutigen Generation in die Kette der Schlüsselereignisse vom Sinai, vom Exil und der Rückkehr und von den Anfängen des jüdischen Staates Israel. Sie sagen, – und wir Christen haben das zur Kenntnis zu nehmen – daß in dieser Erfahrung ihr Nein zu der von ihnen erlebten Christlichkeit der Christen begründet ist in einer jüdischen Treue zum lebendigen Gott und zu seinem Wort.

Vielen ist sicher die Geschichte „Jossel Rakower spricht zu Gott" bekannt, eine Geschichte aus dem Warschauer Ghetto. Die letzte Benzinflasche hat er geworfen, dann schreibt Jossel Rakower:

> „Ich sterbe ruhig, aber nicht befriedigt, ein Geschlagener, aber kein Verzweifelter, ein Gläubiger, aber kein Betender, ein Verliebter in Gott, aber kein blinder Amensager ... Gott von Israel, ich bin hierher geflohen, um dir ungestört dienen zu können und deine Gebote zu erfüllen und deinen Namen zu heiligen, du aber hast alles getan, damit ich nicht an dich glaube. Solltest du aber meinen, es wird dir gelingen, mich von meinem Weg abzubringen, so sage ich dir, mein Gott und Gott meiner Väter, es wird dir nicht gelingen. Du kannst mich schlagen, mir das beste und teuerste nehmen, das ich auf der Welt habe. Du kannst mich zu Tode peinigen, ich werde immer an dich glauben, ich werde dich immer liebhaben, dir selbst zum Trotz. Und das sind meine letzten Worte an dich, mein zorniger Gott, es wird dir nicht gelingen. Du hast alles getan, damit ich nicht an dich glaube, damit ich an dir verzweifle. Ich aber sterbe, genau wie ich gelebt habe, im felsenfesten Glauben an dich."

Der Staat Israel ist nicht der Sinn von Auschwitz, aber er hängt mit Auschwitz historisch und theologisch mit der Geschichte zusammen. Eine Antwort auf Auschwitz zu suchen, wäre höchste Blasphemie, sagt Abraham Heschel. Aber Israel gibt die Möglichkeit, die Agonie von Auschwitz ohne totale Verzweiflung zu ertragen.

Eine andere wichtige Stimme ist die von Emil Fackenheim. Als junger Rabbiner in Berlin ordiniert, lebt er jetzt noch als Philosophieprofessor in Ontario[40]. Er möchte auf alle Fälle die dualistische Aufspaltung Gottes in einen guten und einen bösen Gott vermeiden. Er bezieht sich auch auf Martin Buber und dessen Rede von der Gottesfinsternis. Er meint, daß die Begegnung zwischen Gott und Menschen immer stattfindet, auch in Auschwitz, auch in den Phasen des Schweigens Gottes. Die Aussage „Gott auch in Auschwitz" bedeutet nicht die Entlastung des Menschen durch eine Belastung Gottes. Im Gegenteil, Gottes Gegenwart in den Leidenden und Opfern zeigt die Gottes- und Menschenfeindlichkeit der Mörder und Zuschauer von Auschwitz. An Auschwitz gibt es überhaupt nichts zu rechtfertigen, keine Sinngebung und keine Überhöhung des Geschehens ist möglich. Aber: Der Glaube an Gott ist auch von denen, die sich massiv gegen Gott und sein Volk gestellt haben, nicht zerstört worden. Fackenheim sagt, wir dürften Hitler nicht posthum den Sieg überlassen und den Eindruck erwecken, als habe er es doch geschafft, Glaube und Identität seines Volkes zu zerstören. Auch wer in Auschwitz das Leben verlor, hat seine Würde nicht verloren. Im Gegensatz zu den Mördern, die ihre Würde und Gottebenbildlichkeit durch die Vernichtung von Gottes Ebenbildern aufgaben, gibt es mitten im Massenmord auch die Erfahrung von individueller und kollektiver Bewahrung. Und hier schließt er seine Ausführungen: Die gebietende Stimme von Auschwitz, vergleichbar der vom Sinai, ist die Stimme eines Gottes, der im Exil ist. Und Jude nach Auschwitz zu sein und zu bleiben, heißt nichts anderes, als sich all den Dämonen von Auschwitz zu widersetzen und gegen sie Zeugnis abzugeben. Das heißt, darauf zu vertrauen, daß diese Dämonen nicht die Oberhand gewinnen können und dürfen. Oder mit den Worten eines Redners bei einem Treffen Überlebender in Bergen-Belsen: Der Jude hat ein zweites Sch'ma Israel, ein zweites Glaubensbekenntnis, und dies lautet: „Kein zweites Auschwitz, kein zweites Bergen-Belsen, kein zweites Buchenwald, nirgendwo auf der Welt, für niemanden auf dieser Welt."

M. Anielewicz, der letzte Kommandant des Warschauer Ghettos, schreibt an seinen Freund:

> „Da wir spüren, daß wir an das Ende unserer Tage gekommen sind, bitte ich dich, bewahre das Gedenken daran, wie man uns verraten hat. Ja, wir wurden verraten. Die Welt wußte und schwieg, unsere Einsamkeit war nur zu vergleichen mit der Einsamkeit Gottes. Die ganze Menschheit ließ uns fallen."

40 Inzwischen Jerusalem (die Herausgeber).

Wo war Gott in Auschwitz? Die Frage heißt für uns, wo waren die Menschen vor Auschwitz, in Auschwitz, wo sind sie heute nach Auschwitz? 1897, zur Zeit des Dreyfusprozesses, hat ein Beobachter dieses Prozesses, nicht Herzl, sondern Lasar, geschrieben: „Für die christlichen Völker wäre eine Übernahme der armenischen Lösung auf Grund ihres Judenhasses denkbar ... Aber ihr Empfinden darf solches nicht zulassen, kann solches überhaupt nicht in Betrachtung ziehen."[41] Dieser Optimismus im Blick auf die Christen, der Optimismus eines Juden, ist bitter getäuscht und enttäuscht worden. Es ist geschehen, daß die Christen in Widerspruch zu ihrem Glauben und zu ihrem Gott getreten sind. Sie haben Gott allein und einsam gelassen, und mit ihm seine Menschen und sein Volk.

41 In: Gott nach Auschwitz, a.a.O., 67.

Israel und neue Linke *

Ein Teil der neuen Linken wehrt sich dagegen, daß man ihren Antizionismus und ihre Kritik am Staat Israel als Antisemitismus bezeichnet. Diese Abwehr ist *nur* berechtigt, wenn man unter Antisemitismus das Konglomerat antisemitischer Vorurteile sieht, das die deutschen Faschisten propagierten und praktizierten. Es darf aber nicht übersehen werden, daß der faschistische Antisemitismus nahtlos an einen breiten Strom des Antisemitismus seit der Antike anknüpfen konnte. An diesem latenten und oft genug sich tödlich manifestierenden Strom haben auch die islamischen Staaten ihren Anteil. Nur eine romantisierende Stilisierung kann von einer immer friedlichen jüdisch-arabischen Koexistenz sprechen. So singulär der deutsche Faschismus und sein Mord an den Juden ist, ebenso stark aber zeigt er, wie vorhandene Vorurteile, Feindprojektionen, verweigertes Existenzrecht, ökonomisches Gefälle zwischen verschiedenen Gesellschaften, Spielen mit militärischer (realer oder eingebildeter) Stärke zur Vernichtung eines Volkes führen können. Wer nicht klipp und klar für ein staatliches Existenzrecht Israels, anerkannt durch seine Nachbarn, eintritt, macht sich der Vorbereitung eines neuen Krieges mitschuldig. Dessen objektive Gründe liegen in der verweigerten Anerkennung eines Drei-Millionen-Staates durch seine 100 Millionen arabischer Nachbarn und deren Staaten. Eine Verschärfung dieses Krieges droht immer dadurch, daß beide Seiten nicht ohne Hilfe durch die westlichen und östlichen Großmächte leben können. Da die Interessen z.B. der Sowjetunion nicht mit denen der Araber identisch sind und die der USA nicht mit denen Israels, wird Gerechtigkeit, Frieden und Unabhängigkeit für alle in Nahost erst möglich sein, wenn die dort lebenden Völker den Einfluß der Großmächte möglichst gering halten. Das setzt aber voraus, daß man von arabischer Seite den Staat Israel anerkennt, also verhandelt und nicht mehr mit der Vernichtung des jüdischen Staates droht. Wer sagt: „Kein Frieden mit Israel, keine Anerkennung Israels, keine Verhandlungen mit Israel“ (Nasser auf dem arabischen Gipfeltreffen in Khartoum am 1. 9. 1967), bereitet objektiv Krieg vor, auch wenn er ihn nicht will. Die Alternative zur Nichtanerkennung und zu Nicht-Verhandlungen bedeutet Krieg (oder ein Diktat zum Frieden durch die Großmächte, das den Krieg nur zeitweise vertagt). Über Grenzen, über die Lösung des Problems der Flüchtlinge (die bisher zu Objekten einer die wahren Interessen dieser Flüchtlinge geradezu verratenden Politik durch die arabischen Regierungen instrumentalisiert wurden) war und ist Israel bereit zu sprechen. Wer das leugnet, indem er Israel Rassismus, Chauvinismus, Imperialismus als angebliche Konsequenzen des Zionismus vorwirft, verschleiert die wahren Ursachen. Wer Kritik an israeli-

* Zuerst veröffentlicht in: Emuna 4 (1969), 276-278.

scher Besatzungspolitik, an Vergeltungsaktionen, an der Annahme von militärischer Hilfe übt – was man kann – der darf nicht übersehen, daß die Ursachen dieser Kritik zu beheben sind: Durch Friedensverhandlungen Israels mit seinen arabischen Nachbarn.

Es ist Zynismus oder Verblendung zu behaupten, 2,5 Millionen Juden bedrohten die 100 Millionen Araber. Wer sagt, die Drohungen, den Staat Israel zu vernichten und die Juden ins Meer zu werfen (vgl. die massenhaft dokumentierbaren Bilder und Publikationen), seien angesichts der arabischen Volksmentalität nicht so ernst gemeint, der denkt elitär über die arabischen Volksmassen, um deren Gerechtigkeit und Freiheit es doch auch gehen soll, der degradiert sie zu Akklamationsmarionetten, die nicht sehen dürfen, wie ihre eigenen Interessen (z.B. Anteil am Ölreichtum und an der Industrialisierung, Bildungschancen, Informations- und Koalitionsfreiheit) durch Ablenkung auf einen äußeren Feind schmählich verraten werden. Wer die Volksbefreiungsbewegungen Palästinas dem legitimen Kampf der algerischen oder vietnamesischen Freiheitsfront gleichsetzt, hat sie damit noch nicht gerechtfertigt. Historische Parallelen sind keine politischen oder moralischen Sachargumente. Eine palästinesische Freiheitsfront hätte darzulegen, daß ihre Mittel (Gewalt und Terror) dem Zweck (Unabhängigkeit und Frieden der im Nahen Osten lebenden Völker und eine menschenwürdige Existenz der Flüchtlinge) wirklich dienen. Das ist nicht der Fall. Die Vernichtungspropaganda gegenüber Israel ist nicht gestoppt, für die Flüchtlinge wird nichts getan, Israel wird zum Sündenbock aller innenpolitischen Schwierigkeiten und zum notwendigen Kitt der arabischen Einheit. Andere Mittel – Verhandlungen und Anerkennung – sind zur Erreichung der genannten humanen Ziele tauglicher. Es gibt genügend Gesprächspartner in Israel, wenn man nur bereit ist, von der Feindprojektion eines zionistischen Imperialismus und der illusionären Zweck-Mittel-Relation abzugehen.

Israels Existenz ist noch immer eine erweiterte Ghetto-Existenz. Seine Emanzipation in der Völkerwelt ist nur durch die Normalität anerkannter Staatlichkeit im Verband mit seinen Nachbarn möglich, deren Entwicklung und Selbständigkeit dadurch nur gefördert werden kann.

Die antiisraelischen Teile der neuen Linken täuschen sich, wenn sie die Auseinandersetzung in Nahost in das Koordinatensystem eines Kampfes des „imperialistischen" Israel gegen „sozialistische" arabische Länder zeichnen. Es geht um soziale Gerechtigkeit und Emanzipation für alle. Die realen demokratischen und sozialistischen Experimente und Strukturen in Israel bedeuten in gewissem Sinn einen eigenen Weg zum Sozialismus, der sich mit dem sehr berechtigten Streben der arabischen Völker nach Gerechtigkeit und Demokratie treffen könnte. Die europäischen sozialistischen Modelle, durch bürokratischen Stalinismus angeschlagen, vertragen ein spezifisch in Nahost entwickeltes Korrektiv ebenso wie die unter anderen Umständen entwickelten sozialistischen Modelle etwa Kubas oder Chinas.

Die Christenheit hat bisher durch die meisten ihrer etablierten Institutionen und Sprecher eine ebenso platonische Absage an den Antisemitismus gegeben wie ihn große Teile der christlichen und sozialistischen Studenten auch gegeben haben. Hier wie dort schwört man einer Selbstverständlichkeit ab in dem stolzen Bewußtsein, damit schon etwas geleistet zu haben. Man tut tapfer zweite Schritte aufs Jenseits oder auf eine revolutionäre Zukunft zu, ohne den ersten Schritt zu tun: In der Gegenwart die politische Arbeit zu leisten, einem bedrohten Staat, dessen Bevölkerung gerade einem Völkermord entging, das Lebensrecht zu sichern und den arabischen Flüchtlingen und Nationen zu größerer ökonomischer, politischer und sozialer Gerechtigkeit und Sicherheit zu helfen. Es gibt eine fatale Ähnlichkeit zwischen der traditionellen christlichen Judenfeindschaft und dem traditionellen sozialistischen Antizionismus. Im Christentum und im Sozialismus sind beide Haltungen noch immer unaufgeklärte Positionen (Marx übernahm unkritisch den bürgerlichen Antisemitismus), von denen aus Fanatismus, Reaktion und Vorurteile an Boden gewinnen. Beide Positionen definieren den Juden und Israel von außen, nach dem Bild, das man sich von ihnen macht. Hier wie dort gerät man in Widerspruch zu seinen eigenen humanen Ausgangspunkten und Zielen. Der christliche Judenhaß wurde auf eine doppelte Weise wirksam: Als metaphysische Legitimation zur Isolierung und Verfolgung der Juden, indem man sie als Christusmörder oder Anachronismen der Heilsgeschichte denunzierte. Darüber hinaus wurde die Widerstandsschwelle gegen jeden Judenhaß durch die christliche Verkündigung gesenkt. Die aufklärerische und sozialistische Position befindet sich zutiefst in einem geheimen Einverständnis mit dieser „christlichen" Denkstruktur. Im Grunde handelt es sich um die Variation des Satzes, den Clairmont-Tonnère in der französischen Nationalversammlung sagte: „Den Juden als Nation ist alles zu verweigern, den Juden als Menschen aber ist alles zu gewähren." Die Judenpolitik der christlichen und sozialistischen Staaten handelt nach diesem Schema, das den Menschen in seiner Besonderheit negiert, also inhumanen Zwang zur Assimilation ausübt. Die Juden werden erst akzeptiert, wenn sie so sind, wie andere es (christlich, sozialistisch oder aufklärerisch) definieren. Sie sollen sich von ihrem Judesein emanzipieren, sonst werden sie als rassistisch, theokratisch oder zionistisch der anachronistischen Reaktion zugerechnet. Insofern droht immer die Gefahr, daß sozialistisches (oder christliches) Wollen kooperiert mit den tatsächlichen reaktionären Kräften. Nazipropagandisten in arabischen Diensten sind dafür ebenso ein Beispiel wie die faktische Kooperation zwischen Hitler-Deutschland und einflußreichen arabischen Gruppen und Personen. Die gleichen Argumente bei Teilen der Linken und der extremen Rechten in Westeuropa sind ein alarmierendes Indiz. Es genügt nicht, sich selbst als links oder sozialistisch zu verstehen, um automatisch vom Verdacht der Judenfeindschaft befreit zu sein. Antizionismus führt zu den gleichen Folgen wie Antisemitismus: zur Weigerung, jüdische Identität anzuerkennen, die Benutzung der Juden als Feindsymbol, zur angedrohten und schließlich vollzogenen Vernichtung oder Unterdrückung – wenn die Juden sich nicht wehren.

Es gibt eine fatale Vorliebe unter Vulgär-Christen und Vulgär-Sozialisten für den leidenden, verfolgten Juden. Er ist brauchbar im eigenen Weltbild, er nimmt dort meinen Vorurteilen keinen Platz weg. Ein Jude, der sich behauptet und gleichzeitig dabei einen realen Beitrag für eine neue Gesellschaftsordnung leistet, von der viele andere nur träumen oder reden, scheint untragbar. Er sucht für Israel noch immer das menschliche Grundrecht: in Frieden mit seinen Nachbarn und zum Aufbau größerer sozialer Gerechtigkeit im ganzen Gebiet des Nahen Ostens leben zu dürfen.

Ein Christ über Israel *

I

Es gibt eine unreflektierte Solidarität mit Israel, wie es eine unreflektierte Israelkritik gibt. Es gibt eine Arbeits- und Denkteilung, in der die politischen Überlegungen von den theologischen abgespalten werden – und umgekehrt. Die Arbeit des Ökumenischen Rates der Kirchen leidet an dieser Trennung. Die Vancouver-Resolution vom Sommer 1983 bedenkt nicht die theologischen Lern- und Dialogprozesse in der ökumenischen Christenheit. Man nimmt politisch nicht zur Kenntnis, was theologisch erarbeitet wird, und man nimmt theologisch nicht zur Kenntnis, was politisch reflektiert wird (vgl. Bericht aus Vancouver, Frankfurt 1983, S. 179ff). Wollen wir nicht partikularistisch denken, wie es die Christenheit oft negativ Israel vorwarf, so muß ich zunächst vom Bezugsrahmen reden, in dem unser Thema – ob wir wollen oder nicht – sich vorfindet.

1. Wir leben in einer Welt, in der die Kluft zwischen der Ersten und der Zweiten Welt, also den Industrieländern des Westens und des Ostens auf der einen Seite und der Dritten und der Vierten Welt auf der anderen Seite wächst. 40 bis 50 Millionen Menschen, überwiegend Kinder, verhungern in jedem Jahr, 800 Millionen sind hungergefährdet, auf Dauer geschädigt. Arbeitslosigkeit und Perspektivlosigkeit bestimmen das Leben einer wachsenden Zahl von Menschen. Schlüsselbegriffe der Bibel – und niemand als Gottes Zeuge Israel hat sie zur Welt gebracht – Gerechtigkeit und der unendliche Wert jedes Menschenlebens, sind gefordert. Gerechtigkeit in allen Dimensionen, nicht nur in den Beziehungen zwischen Gott und Mensch, zwischen Individuen, auch zwischen Völkern, zwischen Besitzenden und Habenichtsen. Nötig ist eine biblisch motivierte Gegenbewegung, die nicht dem Marktgesetz folgt, nach dem der Mensch billiger wird je massenhafter er vorkommt. Die Bibel tradiert mit ihren Zeugen die Gott-Ebenbildlichkeit aller Menschen. Das verlangt und bringt eine andere Haltung und Praxis, als sie üblich sind.

2. Wir haben wahrzunehmen, daß die beiden Supermächte USA und Sowjetunion der Welt eine bipolare Weltordnung aufzwingen wollen, in der es als Akteure nur die Sowjetunion und die USA gibt. Ob sie auf Gleichgewicht oder Überlegenheit aus sind, will ich in diesem Zusammenhang nicht erörtern. Jede Supermacht hält die andere für das Zentrum des Bösen. So versteht die Sowjetunion Imperialismuskritik und so hat Ronald Reagan es vor viertausend Christen ausgesprochen, die sich zu einer christlichen Wallfahrt nach Israel aufmachten,

* Zuerst veröffentlicht in: Junge Kirche 45 (1984), 389-396; ebenso in Judaica 40 (1984), 3-15.

um Begin zu stärken und Juden zu missionieren. Das bedeutet eine Weltordnung, in der die kleinen Völker die Objekte nur zweier Subjekte sind. Magnetpolen gleich sortieren sie andere Länder und Nationen um sich. Das bedeutet, kein oder wenig Recht auf eine eigene Politik und Verwirklichung ihrer kulturellen, politischen, religiösen und wirtschaftlichen Entfaltung zu haben. Damit wächst die Lagermentalität auf dieser Erde, die Mitläufer produziert. Dann hat die eine wie die andere Seite zu diesen Mitläufern nur ein kulinarisches Verhältnis, in Protest und Empörung. Man freut sich immer wieder, an Afghanistan sehen zu können, wie böse die Sowjetunion ist, und am Beispiel Chiles, wie perfide die USA sind. Diese sterilen Zuordnungsmechanismen machen regionale Konflikte zu Weltkonflikten oder unlösbar. Wer den Nahostkonflikt in die Ost-West-Konfrontation einspannt, verhindert seine Lösung und degradiert die leidenden oder aggressiv beteiligten Nationen zu Schachfiguren. Geborgen und sicher meint man an der Seite eines großen Bruders zu sein, an den man das Recht abgetreten hat, differenziert zu denken. Die Lagerzuordnung hat das Denken ersetzt. Die kleinen Völker sind nicht mehr Subjekte geschichtlichen Handelns. Ich denke, daß die Machtkritik der Bibel eigentlich jede Machtakkumulation zersetzen will, daß sie skeptisch macht gegenüber allen Großmachtaktionen und gegenüber jedem politischen Turmbau von Babel.

3. Es ist ein Rüstungswettlauf im Gange, der Milliardensummen für Rüstung ausgibt und gleichzeitig 600 Millionen Arbeitslose auf diesem Globus übersieht. Die Hälfte der naturwissenschaftlich-technischen Intelligenz arbeitet für die Rüstung. Ressourcen an Rohstoffen, an Intellekt, an Phantasie werden für Tötungsmaschinerien verschleudert. Es sind selbstlaufende Prozesse in Gang gekommen, die der politischen und damit der ethischen Kontrolle der Menschen entglitten sind. Ein Politiker, für vier Jahre gewählt, ist machtlos gegenüber einem Waffenentwicklungsprozeß, der etwa 15 bis 20 Jahre von der Blaupause bis zur Massenproduktion benötigt. Er kann nichts kontrollieren. Biblisch gesprochen passiert folgendes: Es hat sich etwas verabsolutiert und verselbständigt, was eigentlich dem Schöpfungs- und Gestaltungsauftrag der Menschen in die Hand gegeben ist. Ein Mittel wird zum Zweck: Dietrich Bonhoeffer spricht davon, daß Vorletztes zum Letzten wird. Es entzieht sich der Kontrolle und der Frage, was denn der Wille Gottes sei. Die Schöpfung kippt um, das Geschaffene unterwirft sich das Ethos und den Schöpfer. Ein Turmbau zu Babel findet statt. Gewalt und Waffen können gewiß Instrumente für Gerechtigkeit oder gar zur Befreiung sein. Aber sie müssen Instrumente einer ultima ratio sein. Werden sie automatisch sich fortschaffende Prozesse, dann fesseln sie die Menschen in einen verehrenden Respekt, der nach biblischem Glauben weder Menschen noch Gestirnen zukommt. Die Anbetung des einen Gottes befreit von der Anbetung der Gewalt. Die zweite, von uns in Wissenschaft, Technik und Industrie geschaffene Natur, ohne die wir nicht leben könnten, hat sich in Gigantismus und Monolatrie zu einer neuen Form von Naturvergötzung und Instrumentenanbetung verselbständigt.

4. Vielleicht ist der überall wachsende Fundamentalismus nur die Kehrseite dessen, was ich gerade geschildert habe. Fundamentalismus breitet sich im Judentum, massiv im Christentum und am brisantesten im Islam aus. Wer sich gegen die Verselbständigung einer Zivilisation und technischen Entwicklung wendet, wer Sinn und Zielgebung seines Lebens sucht, unbegriffenen Prozessen gegenüber nach Deutungen sucht, wer kulturelles und religiöses Leben gegenüber einer Einheitszivilisation zu sichern versucht, der man sich nicht wehrlos ausliefern will, der verfällt leicht einfachen Weltdeutungen und eindimensionalen Sinngebungen. Der Fundamentalismus wird dann das Rückgrat der kleinen Leute und die Knute machtbewußter Menschen.

5. Der alte Antisemitismus ist noch nicht tot. Neue Judenfeindschaft regt sich. Die Liste der Beispiele ist lang. Publikationen und Friedhofschändungen, die traurige Tatsache, daß kein Gottesdienst in Deutschland stattfinden kann, ohne mit Maschinenpistolen bewacht werden zu müssen. Rechtsextremisten wittern in der wirtschaftlichen Krisensituation Morgenluft. Ichschwache suchen nach Sündenböcken, wer auf den Schmutz der Vergangenheit und der Gegenwart im eigenen Nest hinweist, wird als Nestbeschmutzer diffamiert. Sumpfblüten des Antisemitismus und der Demokratieverachtung entstehen. Studien belegen, daß über 50 % der Bevölkerung nicht resistent gegen Antisemitismus sind: eine verquere Mischung aus altem, rechtslastigem, verquollenem und emotionalem Judenhaß und aus neuer, wiederbelebter Negation des jüdischen Volkes und aus einem linken Antizionismus. Die Juden und das jüdische Volk nur als Opfer zu „lieben", scheint einfacher, als das jüdische Volk selbstbewußt, für manche allzu selbstbewußt, nun nicht mehr die Rolle des Opfers, sondern des Akteurs in der Geschichte spielen zu sehen. Produktion und Korrektur von Projektionen erzeugen Haß. Mitleid mit den Leidenden zu haben, war eine schöne, weil mir selbst schmeichelnde Sache, war etwas anderes, als solidarisch zu sein mit denen, die sich selber wehren. Enttäuschte Liebe war keine Liebe, der Haß zeigt es, wenn ich in Drohbriefen lesen muß: „Was machen denn unsere/deine Juden im Libanon, ich habe bis vor wenigen Jahren auch noch treu für Israel eingestanden ...?"

II

In diesen Punkten des Bezugsrahmens stecken Elemente einer Israelkritik, die sich in der Gegenwart finden. Ein Teil der heutigen Israelkritik speist sich aus dem Ernstnehmen dieser Probleme, die ich nur sehr kurz skizziert habe. Nehmen Israel und seine Freunde diese Herausforderungen nicht ernst, ja bleiben sie ihnen gegenüber blind und teilnahmslos, sind sie nur am eigenen Leben interessiert, dann schlägt die verweigerte Solidarität mit den Elenden unserer Welt in eine Solidaritätsverweigerung der Welt mit Israel um. Das bedeutet nicht die Bejahung der These: der Ermordete ist schuld am Mord, der Jude an der Judenfeindschaft. Gewarnt wird hier nur, Israel aus den Weltproblemen herauszuisolieren. Es ist schwer für das jüdische Volk, nach zweitausend Jahren Verfolgung, Diskriminierung und Völkermord sich jetzt in der Völkerwelt auch als Volk zu verstehen und zu erhalten. Wenn es nur an das eigene Überleben denkt, dann fragt eine Form der Israelkritik, mit der ernsthaft auseinanderzusetzen sich lohnt: „Wie verhält Israel sich zu dem täglich stattfindenden Völkermord, der jährlich eine Zahl von Menschen wie die Bevölkerung Großbritanniens auslöscht?“ Israel ist gefragt, wie es sich verhält, wenn es seine Politik einpressen läßt in die bipolare Weltordnung und also Teil hat an dem Zwangscharakter der Lagerzuweisung, wie es sich verhält, wenn es seine Sicherheit nur in militärischen Kategorien zu denken und zu halten versucht, wie es sich verhält, wenn es klerikalfundamentalistischen Kleingruppen einen übergebührlichen Einfluß in der israelischen Demokratie zugesteht.

Diese Fragen schwingen mit, wenn ich internationale Diskussionen, auch in der UNO, über Israel zu analysieren versuche. Der israelische UNO-Botschafter hat oft auf die Wertlosigkeit vieler Resolutionen gegen Israel hingewiesen. Sie kommen nur zustande, weil man sonst keine Einigkeit und Handlungsmöglichkeit findet und den Weg des geringsten Widerstandes geht. Man schlägt auf eines der schwächsten UNO-Mitglieder ein. Blum hat recht, wenn er es rassistisch nennt, daß man an Israel Maßstäbe anlegt, die man an andere Völker nicht anlegt. Er hat recht, wenn er darauf hinweist, daß der Antizionismus zur Camouflage für alte Formen des Antisemitismus geworden ist.

Die Gegenfragen aus der UNO-Mehrheit bleiben trotzdem wichtig, weil es die Überlebensfragen der Menschheit sind: Wie steht Israel zu einer neuen Weltwirtschaftsordnung? Kämpft es um eine neue Welt-Informations-Ordnung, die der Dritten und Vierten Welt zukommen läßt, was uns selbstverständlich ist, nämlich eigene Nachrichtensysteme zu haben und nicht 80 % aller Nachrichten auf dieser Welt von drei westlichen Agenturen beziehen zu müssen? Wie steht Israel zum Recht der kleinen und kleinsten Völker auf Selbstbestimmung – z. B. in Grenada, Afghanistan, Nicaragua? Zieht sich Israel nicht in ein Ghetto zurück, das die Weltprobleme des Überlebens hinter dem eigenen Überlebensproblem verschwinden läßt? Sicher ist die Ghettoplatzanweisung ein Produkt der feindlichen und mächtigen Umgebung, ein Produkt, an dessen Haltung man sich aber auch gewöhnen und mit der man sich exkulpieren kann. Ich muß aber deutlich sagen: Viele der Fragen, die sich an Israel richten, sind in Israel in einem großen Teil der Bevölkerung lebendig und öffentlich, manchmal resigniert, von vielen formuliert worden. In welchem Land gibt es eine so starke Friedensbewegung gegen ein eindimensional gedachtes Sicherheitskonzept? Wo gibt es eine so starke Menschenrechtsbewegung, auch für die Palästinenser?

III

III

Spreche ich mit arabischen Christen, so höre ich gegen Israel oft einen Theokratie-Vorwurf. Die arabischen Christen formulieren ihre Angst und Kritik, nachdem der Libanon als ein Versuch, wo verschiedene Volks- und Religionsgruppen zusammenleben, zerstört ist – durch eigene Widersprüche, durch Palästinenser, durch Syrer, durch Drusen, durch einen den gesellschaftlichen Widersprüchen nicht entsprechenden Machtproporz und auch durch Israel.

Da der Versuch der Palästinenser, einen pluralistisch-säkularen Staat zu schaffen, gescheitert sei, fühlen sie sich als christliche Minderheit in ihrer Überlebenschance zutiefst bedroht. Sie sehen sich auf der einen Seite zwischen einem revitalisierten, starken, fundamentalistischen Islam, der mit ungeheurer Militanz einen Alleinanspruch auf eine ganze Region erhebt und sich Juden wie Christen nur als Staatsbürger zweiter Klasse vorstellen kann und der dies auch praktiziert hat und praktiziert, wo er kann. Auf der anderen Seite sehen sie ein überstarkes Israel, dem gegenüber sie schwach sind. Die Asymmetrie dieses Konfliktes ist völlig übersehen. Sie besteht darin, daß Israel den Palästinensern gegenüber zwar stark ist, aber gegenüber der Summe der arabischen Länder und deren aus Ost und West stammenden Waffen hoffnungslos unterlegen ist. Israel kann keinen Krieg verlieren. Daß die Zeit gegen Israel arbeitet, übersehen die arabischen Christen.

Eine andere Kritik heißt: Israel ist ein kolonialer Ableger Europas, entstanden und eingepflanzt aus der Tradition europäischer Kolonialmächte, die sich der Zerfallsmasse des Osmanischen Reiches bemächtigt hatten. Es wird von außen ausgehalten, finanziert und beschützt, es ist eine Bewegung gegen die Emanzipation der Völker.

Ein dritter Vorwurf heißt: Israel ist ein kultureller Fremdkörper Europas und der USA im Mittleren Osten, ausgestattet mit einer ungeheuren technischen, wissenschaftlichen und militärischen Kapazität und Effizienz, bewundert in seiner Leistung und gerade dadurch Abneigung und Haß erregend. Wer so redet, übersieht, daß die Mehrzahl der Bewohner Israels orientalische Juden sind, die in ihrem kulturellen Habitus sehr viel stärker den arabischen Nachbarn gleichen als den aus Europa und den USA eingewanderten Juden. Die zitierten Kritiker müßten sich fragen, warum gerade die arabischen Juden in Israel, die die Mehrheit bilden, zu den schärfsten Stützen einer starken Regierungspolitik gehören, und warum sie ihre Erfahrungen als Juden aus arabischen Ländern auch gegen ihre arabischen Nachbarn verarbeiten.

Ein vierter Kritikpunkt nennt die säkularisierte Variante eines alten theologisch-christlichen Vorwurfs: Israel habe ein Elitebewußtsein, da es sich als auserwähltes Volk fühle. Banal auf der Straße wird ausgesprochen, es müsse doch etwas an diesem Vorwurf sein, zeige er sich nicht im militärisch-arroganten Denken belegt? Warum sind alle Völker immer gegen Israel?, so fragte mich neulich eine Studentin. Warum wird das Opfer zum Täter seiner eigenen Verfolgung?

Mit einer fünften Kritik kann ich eigentlich am schwersten umgehen: Arabische Christen und Intellektuelle sagen: Ihr habt es im christlichen Abendland nicht geschafft, mit den Juden zusammenzuleben, ihr habt Fürchterliches getan, ihr habt mit allen Mitteln moderner Technik, Wissenschaft und Logistik sechs Millionen Juden in Deutschland mit aktiver und passiver Teilnahme des deutschen Volkes industriell ermordet. Das Restproblem habt ihr exportiert, um es los zu sein. Nun seid ihr aus einem schlechten Gewissen heraus pseudochristliche Zionisten oder christliche Pseudozionisten.

IV

In einigen Punkten will ich versuchen, christliche Verhältnisbestimmungen gegenüber Israel zu skizzieren:

1. Das erste Modell sagt mit Überzeugung, Israel sei ein Staat wie jeder andere und die religiöse Tradition, die zu diesem Staat gehört, ist nur der religionsgeschichtlichen Forschung wichtig, so wie die konfuzianische Tradition für das Verständnis des heutigen China bedeutend ist, d. h. wichtig, aber für das aktuelle Leben und Überleben belanglos. Hier spricht eine christliche „Entleibungstradition", die auf eine christliche, antijüdische Theologie zurückgeht. Sie dispensiert sich von den theologischen und ethischen Kriterien der Erwählungstradition, die integraler Bestandteil des biblischen Selbstverständnisses von Israel ist. Gleichgültig, ob man es in einer orthodoxen oder liberalen, in einer konservativen oder agnostischen Position bejaht, bestreitet oder bezweifelt, es darf diese Tradition als eine lebendige Tradition nicht amputiert werden von der Existenz des heutigen jüdischen Volkes. Eine Variante dieses Obersatzes, Israel sei ein Staat wie jeder andere, klammert das Staatsproblem ganz aus. Dann fährt man bei aller Israelbegeisterung nicht nach Israel, sondern ins Heilige Land, erbaut sich touristisch oder westlich-stolz an den Aufbauleistungen oder den Frömmigkeitsrelikten in diesem Land und distanziert sich von den politischen und wirtschaftlichen Schwierigkeiten eines Landes, dessen Existenz noch nicht gesichert ist und für das wir Verantwortung tragen. Der Satz, Israel sei ein Staat wie jeder andere, kann die restlose Politisierung und Einplanierung der religiösen Dimension Israels bedeuten oder aber die restliche Entpolitisierung.

2. Das zweite Modell, das ich in der christlichen Gegenwart vorfinde, schätzt Israel als ein kalkulierbares Datum auf dem christlichen Kalender, um die Endzeit zu berechnen. 1948 haben uns die Juden den Gefallen getan, endlich unserem schwachen Glauben aufzuhelfen. Wir können wissen, es geht dem Ende zu. All die herrlichen Prophezeihungen erfüllen sich. Das Leichenfeld voller Totengebeine (Hes 37) hat sich wiederbelebt, ohne daß wir Christen genau fragen, wie es denn zu diesen Totengebeinen hat kommen

können. Daraus speist sich eine fromme Gleichgültigkeit gegenüber dem Schicksal des Staates Israel heute. Eine sublime Form christlicher Instrumentalisierung läßt sich beobachten. Wir Christen sind wieder einmal in der Position der Sicheren, wir wissen datierbar, statt zu glauben. Da, wo wir genau wissen sollten, statt zu glauben, da verdrängen wir, was wir wissen könnten, nämlich: wie es zu jener Feindschaft kam, was davon noch heute lebt und wie sie zu überwinden sei.

3. Ein drittes Modell vertreten ganz fundamentalistische christliche Gruppen. Sie wünschen sich auf der einen Seite einen starken Staat Israel, möglichst groß, damit möglichst bald alle Juden dorthin einwandern können, weil dann der Messias kommt. Auf der anderen Seite vertreten sie gleichzeitig eine massive Judenmission. Die „Christian Embassy" ist ein Exponent dieser Haltung. Ein christlicher Amerikaner schreibt: „Gott sagt, deinen Nachkommen will ich dieses Land geben. Vom Gesichtspunkt der erfüllten Prophetie abgesehen, wäre es politischer Selbstmord, die Mächte des internationalen Terrorismus in ihren Absichten im Nahen Osten zu unterstützen. Vor einigen Wochen stand ich an der israelisch-libanesischen Grenze, während ein russischer Panzer, den die Israelis eingenommen hatten, die Grenze überquerte. Es war eine schreckenerregende Maschine. Ich danke Gott, daß die Israelis ihn erbeutet haben, so daß er nicht gegen uns eingesetzt werden konnte. In gleicher Weise, wie die PLO verschworen ist, Israel zu zerstören, ist Rußland verschworen, unsere Lebensweise zu zerstören. Wir ließen uns in der falschen Annahme täuschen, Israel für die Kriegsoffensive verantwortlich zu machen, anstatt Gott für das, was Israel erreicht hat, zu danken. Denn innerhalb weniger Monate erreichte Israel folgendes:
1. Es legte wenigstens vorübergehend den internationalen Terrorismus lahm.
2. Es erprobte erfolgreich unsere Waffen gegen die Sowjetunion.
3. Es zerstörte das Ansehen der Sowjetunion im Nahen Osten.
4. Es demonstrierte unmißverständlich, daß die arabische Welt die PLO nicht wünscht.
5. Es befreite den Libanon.
6. Es eröffnete neue Wege für eine gemeinsame Entfaltung der Friedensoffensive" (in: Der Weinberg, London 1983).

Die Stärke Israels wird zum christlichen Treibsatz für das Kommen des Messias. Eine Geschichtsmechanik erniedrigt die Bibel zur Zitatensammlung, mit denen fromme Zeitungsschreiber ihre Zeilen füllen.

4. Ein viertes Modell, das für mich in meiner Arbeit wichtig ist, nennt (in der Formulierung des Rheinischen Synodalbeschlusses) den Staat Israel „ein Zeichen der Treue Gottes". In dieser Richtung hat die Evangelische Kirchentagsgruppe „Juden und Christen" seit 1961 zu arbeiten versucht. Damit wird keine Theologisierung der israelischen Politik betrieben, aber es wird auch dem christlichen Spaltungsversuch widersprochen, die theologische Tradition Isra-

els von der politischen abzuspalten. Gott hat in der Tat ein Volk erwählt, nicht alle, ein kleines Volk: nicht weil es das größte, das stärkste, das tüchtigste ist, sondern weil Er, der Ewige und Einzige, es liebt und es als seinen Mitarbeiter und Zeugen bis ans Ende der Zeiten brauchen wird. Erwählt sein heißt Zeuge sein – physisch, psychisch, intellektuell und spirituell. Erwählt ist nicht die heutige oder gestrige Regierung, nicht diese oder jene Grenze des Staates Israel. In der biblischen Geschichte schwanken die Grenzen Israels. Wenn man sie heute biblisch belegen will, (z. B. als Großisrael), dann muß man sagen, auf welche Zeit man sich dabei stützt. Aber wichtig ist, daß ein physisch existentes Volk auf diesem Stück Erdboden zu Hause ist, dort lebt, betet, glaubt, arbeitet, zweifelt, Gott gehorsam ist oder auch Gott widersprechen kann. Dies meint der Kern diese Satzes, Israel sei ein Zeichen der Treue Gottes. Natürlich sind andere Modelle vorstellbar, die nicht nationalstaatlich organisiert sind, z. B. die Vorstellungen Martin Bubers. Folgt die ganze Erde dem europäischen Modell nationalstaatlicher Organisation des 19. Jahrhunderts, so wäre es eine Gemeinheit, von einem kleinen, noch ungesicherten Volk zu verlangen, als erstes das nationalstaatliche Gehäuse zu verlassen. Es ist richtig, heute auf der Staatlichkeit zu bestehen, nicht zuletzt um des Völkerrechts willen, das mit der UNO-Resolution von 1947 (ich schätze sie hoch ein) zwei Staaten, einen für Juden und einen für Palästinenser wollte. Dieses Völkerrecht lehnten die Araber damals ab, heute mahnen sie es ein.

V

Wenn ich die theologischen Inhalte zu bestimmen versuche, die die christlichen Aussagen über Israel prägen, dann kann ich folgende Punkte nennen:

1. Ich verweise auf Röm 9-11, wo der Schlüsselsatz heißt, daß Gottes Verheißungen nicht widerrufen und ungültig gemacht worden sind. Das Neue Testament erneuert und bekräftigt das Alte Testament. Seine Verheißungen gelten weiter. Dazu gehören die konstitutiven Verheißungen Gottes an dieses Volk, daß es in diesem Land einmal wohnen wird; gewiß in aller Vorläufigkeit und Kritikwürdigkeit, aber auf diesem Fleckchen Erde kam Gott zur Welt

2. Wenn die hebräische Bibel konstitutiver Teil der christlichen Bibel ist, dann ist es uns Christen verboten, diese Bibel selektiv zu benützen, um zu sagen, wir übernehmen nur die Spitzensätze der prophetischen Botschaft als gültig. Alles, was mit dem Land verknüpft ist, ist überwundene Irdischkeit. Ihr gegenüber haben die Christen sich in den Himmel geschwungen. Es geht nicht an, einen neuen Dualismus von Uneigentlichem und Eigentlichem zu produzieren und damit die hebräische Bibel zur Abschattung dessen zu degradieren, was in voller Fülle in Christus erschienen sei. Nein, das jüdische Volk wohnt auf dieser Erde, man kann sagen, bedauerlicherweise mitten auf der Kreuzung,

die Interessen der Großmächte schon in der Antike sich kreuzten und stritten. Dort bewährt sich Gottes Treue, und alle, die Gott kennen, haben sich an diesem kleinen Volk zu bewähren. Ich sage das deshalb so deutlich, weil ein massiver neuer Trend als Gegenbewegung zur Arbeit der Kirchentagsgruppe „Juden und Christen" und der Rheinischen Synode im Gange ist. Er ist nachzulesen z. B. in dem Buch von Hanna Wolff „Neuer Wein – alte Schläuche" (Stuttgart 1982), wo unverblümt Marcion wiedergelobt wird. Das Alte Testament soll den Juden zurückgegeben werden. Wir haben das Neue Testament, reinigen es von allen jüdischen Elementen und sind unserer Identität durch Distanz zum Judentum sicher. Wir definieren wieder einmal, wie fast zweitausend Jahre lang, unsere christliche Position durch die Negation der Juden, wir gewinnen unsere Identität durch Fußtritte gegenüber anderen.

3. Zu den theologischen Kernpunkten eines Verständnisses von Israel gehört, daß wir uns weiterhin gegen die „Entleibung" Israels wehren, die sagt: Es war einmal Sein Volk. Dieses Experiment Gottes ist schiefgegangen, denn, wie man schon in der Hebräischen Bibel nachlesen kann, hat Gott sein Volk dauernd kritisieren müssen. Die Kirche ist das wahre Israel. Judentum ist kein Volk, sondern eine Konfession. Nein, sage ich, es ist ein Volk, es lebt in der Diaspora und im Lande Israel. Gewiß, es gibt bohrende Fragen. Ich beziehe mich auf Rabbiner Dov Marmur (Beyond Survival, New York 1983). Er fragt nach der Ermordung einer ganzen Eltern- und Kindergeneration, ob nicht die jüdische Identität zu stark bestimmt gewesen sei durch die Vergangenheit und zu wenig durch die Zukunftsaufgaben des Volkes Gottes in dieser Welt. Genüge es, jüdische Identität, so fragt er, dadurch zu bestimmen, daß man gegen den Antisemitismus und für Israel sei? Ist nicht in der nächsten, der jetzt neuen Generation von Juden und Christen darüber nachzudenken, wie denn eine neue Identitätsbestimmung der jeweils eigenen Tradition möglich ist, die Auschwitz nicht vergißt und Israel nicht fallen läßt, die aber den Reichtum der jüdischen Tradition breiter entdeckt und zu leben versucht?

4. Zu den theologischen Aufgaben gehört auch ein aktives Eintreten gegen jede Enteignungstheorie, die sagt, wir seien Gottes einziges und neues Volk. Dann müssen wir endlich einer Frage ernsthaft, gegen uns Christen selber gewandt, standhalten. Glauben und leben wir messianisch, d. h. christlich, statt die Fragen gegen die Juden zu wenden: warum glauben sie eigentlich nicht an den Messias, den gekommenen Christus? Haben die Juden mit ihrem Nein zu Jesus von Nazareth als Messias nicht einen sehr positiven Grund, gegründet in der Heiligen Schrift? Sagt sie nicht, daß das messianische Reich, die Erneuerung des Himmels und der Erde mehr sei als in, mit und unter der Kirche gekommen ist? Das jüdische Volk, existierend in der Diaspora und im Staat Israel, ist in aller Fragilität und Fragwürdigkeit die glaubende und prophetische Begleitung und Frage Gottes, ob wir Heidenchristen denn auf dem rechten Weg seien.

5. Wir haben noch immer zu lernen, daß die Gemeinsamkeit von Kirche und jüdischem Volk größer ist als das uns Trennende: gemeinsam an einen Gott zu glauben, eine Bibel zu haben, sie auszulegen, zu verstehen und zu leben, eine Geschichte und eine Erde im Sinne des Schöpfers zu verwalten, zu gestalten und zu erhalten, gemeinsam beauftragt zu sein, Gottes Zeuge und Mitarbeiter in dieser Welt zu sein, zu wissen, daß seine Wahrheit so reich ist, daß sie auf zweier Zeugen Mund, dem der Juden und der Christen, ruht. Es ist gegen die Ausgliederungstendenzen Stellung zu nehmen, die sagen, Judentum sei wie jede andere Religion, zu ihm verhalte sich das Christentum wie zum Buddhismus, zum Islam, zum Marxismus und Freudianismus. Nein, es gibt eine besondere Nähe, Solidarität und Nachbarschaft zwischen der Christenheit und dem Volk Israel.

VI

Geschichtliche Faktoren sind für mich in diesem theologischen Nachdenken bestimmend:

1. Wir haben die reale Geschichtsblindheit zu überwinden, die nicht wahrnimmt, daß wir nicht Zionslieder und Israellieder singen können, ohne zu bedenken, daß es ein real existierendes Israel und ein jüdisches Volk heute gibt.

2. Wir haben uns als Christen und Kirchenleute zu fragen, wo und ob wir die konstantinische Attitüde überwunden haben, der verführerischen Macht der Privilegien, stammen sie vom Staat oder von der Gesellschaft, von der Wirtschaft oder aus der Tradition, stärker zu vertrauen als unserem Glauben. Ich zitiere in diesem Zusammenhang immer Rabbi R. R. Geis, der 1969 auf dem Kirchentag in Stuttgart die Christen fragte, ob nicht stärker als die Dogmen die christliche Komplizenschaft und das Paktieren der Christen mit der Macht Juden und Christen getrennt habe? Wir haben unsere Situation noch nicht als Diaspora, Minderheit und bekennende Kirche geprobt. Wir haben einzutreten für eine sehr spezifische christliche Solidarität mit Israel. Wir haben uns zu wehren gegen die wachsende Zahl der Stimmen, die sagen, wir hätten genug von Israel geredet. Es gelte, sich den vielen Weltproblemen zuzuwenden. Und dann erstellt man schreckenerregend eine Skala der Opfer, von wichtigen und weniger wichtigen. An diesem Spiel sollten wir uns nicht beteiligen.

3. Wir beobachten, daß Israel heute in der Völkerwelt eine Rolle spielt, wie sie jüdische Individuen in der Gesellschaft spielen mußten und spielen. Es eignet sich hervorragend als Sündenbock. Ich muß dann nicht über deutsche Waffenlieferungen an Südafrika, Argentinien oder Saudiarabien reden, wenn ich Israel kritisieren kann, auch wenn Israel mir diese Kritik an seinen dubiosen Waffengeschäften manchmal leicht macht. Ich muß nicht über die Mißachtung

der Menschenrechte in der Sowjetunion, den Antisemitismus in Argentinien, den Rassismus oder die Unterdrückung in Uruguay, Vietnam oder in der Türkei reden, wenn ich billig auf Israel zeigen kann. Der kleinste gemeinsame Nenner einer Pseudoeinheit gegen Israel bestimmt die Abstimmungsmechanismen. Israel hört den Vorwurf der Drittweltstaaten, es sei ein Militärstaat, vom Westen ausgehalten und gegen die Interessen der Dritten Welt gerichtet. Ich frage, ob die Eliten vieler Drittweltstaaten, die durch islamische oder christliche Missionsschulen gegangen sind, in Israel zum ersten Mal Juden, die sie in der eigenen Gesellschaft nicht kennen und treffen, jetzt im Staat Israel entdecken. Ohne Kenntnis dieses Staates tragen sie ihre an Bibel und Koran gewonnenen Vorurteile in die Interpretation dieses Staates hinein. Aus einer islamischen wie aus einer christlichen Grundeinstellung heraus entwickeln sie einen politisierbaren Antijudaismus. Wir sind eigentlich die höchste Stufe der Offenbarung Gottes! Sie degradieren den jüdischen Weg des Glaubens und der Offenbarung zu einem Vorlauf, zu einem Fehlschlag, den Gott abgebrochen hat. Die Dritte Welt kennt keinen Antisemitismus, aber sie kann ihn lernen!

4. Wenn Christen und Juden eine Bibel gemeinsam haben, die sie kontrovers lesen, dann darf folgendes Ritual nicht eintreten: Was an Israelkritik in der Bibel geäußert wird (kein Geschichtsbuch ist mit seinen Machthabern so kritisch wie die Bibel mit den Machthabern Israels!), darf von Nichtjuden nicht auf Israel projiziert werden, um der Kirchenkritik der Bibel zu entgehen. Wenn wir eine gemeinsame Bibel haben, wenn wir sagen, wir hätten über das Volk Israel Zugang zu dem einen Gott gefunden, dann ist alles das, was es an kritischen Äußerungen an Gottes Volk gibt, zuerst einmal auf Christen zutreffende Kirchenkritik.

5. Ich sehe unter den geschichtlichen Faktoren zwei Wurzeln, denen sich die Entstehung des Staates Israel heute verdankt: Einmal die immer vorhandene Protest- und Befreiungsbewegung des jüdischen Volkes gegenüber christlicher und unchristlicher, gegenüber islamischer und sonstiger säkularer Verfolgung, Diskriminierung und Fremdbestimmung. Diese Widerstandsgeschichte reicht bis in die nazistischen Vernichtungslager. Man wollte sich selbst bestimmen. Zum anderen gab es eine ständige Verbindung zum Land Israel. Bis in die Gegenwart wohnten immer Juden im Land. Auch nach der Zerstörung des Tempels hat es nur wenige Jahre gedauert, bis wieder Juden dort lebten. Und „Nächstes Jahr in Jerusalem“ zu sein, ist der Gebetausdruck dieser realen Verbindung. Ein drittes Element ist die Verfolgungsgeschichte in unserem Lande und die Geschichte der Massenvernichtung der Juden, die beschleunigte, aus Überlebensgründen für die Verfolgten und für die Geretteten, Entstehung des Staates Israel. Diese drei Elemente führten dazu, daß das Datum der Errichtung des jüdischen Staates nicht in der planenden Hand des jüdischen Volkes lag. Israel wurde zur Zuflucht für viele. Das Einwanderungsgesetz des Staates Israel hält mit Recht an der Asylfunktion Israels fest. Angesichts des weitver-

breiteten Antisemitismus ist das notwendig. Israel war und bleibt die Zuflucht von Juden, die sonstwo verfolgt oder mißachtet werden. Es gibt keine Verschwörungstheorie, nach der der Zionismus in Form einer kolonialen Eroberungsidelogie gehandelt habe. Der Zionismus ist nicht vergleichbar dem Rassismus, wie eine UNO-Resolution vor einigen Jahren behauptete. Es gibt viele Zionismen – auch einen verstaatlichten, militarisierten und erstarrten. Mir leuchtet die Definition ein, die ein jüdischer Kritiker seiner Regierung formulierte: Ich bin Zionist, für mich heißt Zionist sein: ich will leben, und ich will jüdisch leben. Gewiß bleibt die Frage, was aus einer Befreiungsbewegung wird, wenn sie starr und zum Staat wird, zugleich aber nicht gesichert ist durch Anerkennung der Nachbarn. Hat sie größeres Verständnis für andere Befreiungsbewegungen, Verständnis auch für das Recht der Palästinenser, sich jetzt nach der Verfolgung und Diskriminierung auch als Volk zu verstehen und auch ein Heimatland zu haben? Zur Lösung dieser Frage liegt der Schlüssel jedoch nicht nur in Jerusalem, er liegt auch in Moskau, Washington, Damaskus und Amman.

6. Gott hat eine Vielzahl von Völkern auf dieser Welt geschaffen, ein Volk sich erwählt, und er liebt sie alle. Er möchte ihnen allen Lebensrecht, Gerechtigkeit, Frieden und Freiheit zusichern. Er hat dies als Aufgabe Juden wie Christen gegeben. Die biblische Geschichte erzählt vom Durchzug Israels durch das Rote Meer. Die Engel jubilieren, so sagt ein Midrasch, aber Gott weint über die toten Ägypter.

7. Weder der Holocaust noch die Staatsgründung Israels haben theologisch Offenbarungsqualität. Aber beide Ereignisse sind singulär und verlangen eine Antwort – theologisch und politisch, ethisch und wissenschaftlich.

Auschwitz, Israel und die Christenheit *

I

Historische Erfahrungen von Völkern bestimmen ihre aktuellen politischen und gesellschaftlichen Einstellungen und Handlungen. Das gilt besonders von Regionen, in denen verschiedene Völker leben, deren Zusammenleben nicht adäquat geregelt oder deren Staatswerdung in Selbstbestimmung noch nicht erfolgt ist. Entscheidende Grundrechte sind dort nicht allen Völkern zugänglich, die zwar neben-, aber (noch) nicht miteinander leben. Beispiele von vielen sind die Kurden, die schwarzen Südafrikaner, die arabischen Palästinenser. Letztere leben in Israel, in den von Israel besetzten Gebieten und in arabischen Nachbarländern in einem reduzierten Rechtsstatus gegenüber der jeweiligen Mehrheitsbevölkerung. Zugleich leben das jüdisch-israelische und das arabisch-palästinensische Volk im Krieg gegeneinander. Dieser Krieg ist Teil eines größeren Krieges, der 1948 mit dem Ziel der (in ihrer Souveränität kaum älteren) arabischen Nachbarstaaten begann, Israel zu beseitigen. Als das britische Mandatsgebiet Palästina 1948 (Juden wie Araber hatten bis zu diesem Datum die Paßkennzeichnung „Palästinenser") geteilt wurde, entstand das Haschemitenkönigreich Jordanien. In ihm sind 70 % der Bevölkerung arabische Palästinenser. Laut UNO-Beschluß vom November 1947 sollten ein arabischer Staat und ein jüdischer Staat Israel in dem Rest des früheren britischen Mandatsgebietes Palästina entstehen. Die arabischen Nachbarländer lehnten damals den UNO-Beschluß und damit die Entstehung eines palästinensischen und eines jüdischen Staates ab. Sie marschierten in das neu entstandene Israel ein, ohne ein palästinensisch-arabisches Volk zu vertreten oder anzuerkennen. Die arabischen Palästinenser mußten ihre Identität nicht nur in der Sicherung ihrer Eigenrechte gegen Israel, sondern auch gegen die Instrumentalisierung durch ihre arabischen Bruderländer finden.

Was bedeuten die geschichtlichen Erfahrungen des Volkes Israel, wenn es um die von den Palästinensern heute erstrebte, nicht nur von Israel verweigerte Selbstbestimmung in einem eigenen Staat geht? Wenn es richtig ist, worauf Philip Potter anläßlich der UNO-Resolution zum Zionismus vom 10. November 1975 hinwies[1], daß nämlich der Zionismus als Befreiungsbewegung des jüdischen Volkes anzusehen sei, dann stellt sich die Frage, welches Gewicht

* Zuerst veröffentlicht in: L. Vischer (Hg.), Israel und Palästina. Der Nahe Osten im Konflikt der Meinungen, Basel 1983, 49-65.

1 Vgl. Ulrike Berger, Ist der Zionismus Rassismus? Die UNO-Resolution vom 10. November 1975, in: Zionismus – Befreiungsbewegung des jüdischen Volkes, Berlin 1977; Martin Stöhr (Hg.), Zionimus. Jüdische und palästinensische Beiträge zur Diskussion, München 1980. Ulrike Berger danke ich für ihre kenntnisreiche Beratung dieses Beitrags!

den historischen Erfahrungen einer Befreiungsbewegung in der Phase der „Staatswerdung“ zukommt, in diesem Fall also in der Zeit nach dem 14. Mai 1948, dem Gründungstag des modernen Staates Israel.

Müßte man nicht erwarten, daß eine Befreiungsbewegung, die an ihr Ziel der staatlichen Selbständigkeit gekommen ist, ein tieferes Verständnis für die nationalen Ziele einer anderen Bewegung haben müßte, die dieses Ziel noch nicht erreicht hat?

Die Weltöffentlichkeit erspart sich selbst viele Fragen, erspart diese Frage Israel aber nicht. In Israel selbst wird die Frage heiß diskutiert, man sperrt sich jedoch, sobald sie von außen gestellt und so getan wird, als läge der Schlüssel zu ihrer Lösung zuerst und allein in Israel. Wo sonst gehen 10 % der Bevölkerung in Kriegszeiten gegen die Kriegsführung der eigenen Regierung auf die Straße? Woran liegt es andererseits, daß eine Regierung, die sich ständig auf zionistische Traditionen beruft, so wenig Verständnis für andere Befreiungsbewegungen aufbringt? Sind die Gründe nur im Kampf um dasselbe Stück Land zu suchen und zu finden?

Weder bestimmte Strömungen im Zionismus noch in der palästinensischen Befreiungsbewegung schließen Gewalt oder Terror prinzipiell aus. Menachem Begin wie Yassir Arafat kennen in ihrem politischen Kampf terroristische Mittel und militärische Gewalt. Wie die Gewaltanwendung der Französischen Revolution oder des nordamerikanischen Befreiungskrieges im 18. Jahrhundert, wie die Gewaltanwendung des algerischen oder des vietnamesischen Befreiungskrieges im 20. Jahrhundert ist der Einsatz von Gewalt im Kampf der jüdischen wie der palästinensischen Befreiungsbewegung weder fraglos zu rechtfertigen noch fraglos zu verurteilen. Ein wesentlicher Unterschied zwischen den beiden letztgenannten Bewegungen und ihrer Beurteilung liegt in der historischen *Ungleichzeitigkeit*: Im Abstand von zwei Generationen entdeckten Juden (wieder) und Palästinenser (neu) und lassen es sich nicht ausreden: Wir sind ein Volk! Die Gründe für diese Überzeugung liegen tiefer, als im diplomatischen Pokerspiel üblicherweise zugegeben wird, in dem jede Seite die Anerkennung durch die andere Seite als Voraussetzung für die eigene Anerkennung der anderen nennt.

Ein weiterer Unterschied ist in der Asymmetrie des Nahostkonflikts zu entdecken: Im Vergleich zu den Palästinensern ist Israel ein Goliath; im Vergleich zur Gesamtheit der Araber ist es ein David, der nur dank seines überlegenen technisch-militärischen Wissens die bisherigen Kriege überstand. Deshalb kann sich Israel zwar Siege und Pyrrhussiege leisten, aber nicht eine einzige Niederlage: Sie wäre sein Ende.

Bezieht man die Interessen der Supermächte in die Überlegung ein, dann liegen die kurzfristigen – wenn auch wohl langfristigen – Interessen beider, der USA wie der UdSSR, darin, einen eigenständigen Frieden in der Region zu verhindern. „Divide et impera“ („Teile und herrsche“) bestimmt die Politik beider. Erst ein echter Friedensprozeß zwischen den Supermächten, der beide von ihren imperialistischen Einwirkungen auf andere befreit und die Dritte Welt –

wozu der Nahe Osten gehört – nicht zum Waffenmarkt, Waffentestgebiet und Rohstoffbunker der Supermächte degradiert, könnte auch für den Nahen Osten neue Wege eröffnen. Rein militärisches Denken und nur ökonomisch begründete Allianzen, die die Frage nach der sozialen Gerechtigkeit der Völker wie der Befreiung fremdbestimmter Gruppen und Schichten vernachlässigt, schaffen keine Lösungen.

II

Staatliche Unabhängigkeit ist das Ziel aller unfreien Völker in einer Welt, die nur die nationalstaatliche Form zur Sicherung der Identität von Völkern bzw. Nationen kennt. Man mag dies bedauern, Realität bleibt es trotzdem.

Zu den Erfahrungen nationaler Befreiungsbewegungen in unserer Zeit gehört auch die Erfahrung nach-kolonialer Abhängigkeit, also die Erfahrung, daß mit der Staatsgründung die wirtschaftliche und kulturelle Unabhängigkeit noch lange nicht erreicht ist. Auch Israel hat an dieser Erfahrung mit seiner zweitausendjährigen Verfolgungs- und Diskriminierungsgeschichte Anteil, einer Geschichte, die in den christlichen Ländern ungleich grausamer gewesen ist als in den islamischen. So sehr die nationalen und sozialen Emanzipationsbewegungen des 19. und 20. Jahrhunderts (der Kolonisierten, des Proletariats, der Frauen) den Rahmen auch der jüdischen Emanzipationsbewegung bilden, so wenig ist die „Auto-Emanzipation" (Leo Pinsker, 1882) des jüdischen Volkes heute Realität.

Hier spielen verschiedene Elemente eine Rolle:

1. Frantz Fanon, ein Theoretiker der Entkolonialisierung, hat als erster die Folgewirkungen der Kolonisation für Intellekt und Emotionalität der Kolonisierten (wie auch der Kolonisatoren) beschrieben, unabhängig davon, ob es sich um eine „innere" oder um eine „äußere" Kolonisation handelt. Die Unterdrückung bestimmt noch lange Handlungen wie Haltungen der Unterdrückten, weit über das Ende der realen Erfahrungen hinaus.[2]

2. Die Erfahrung eines intellektuell, technisch und industriell perfekt geplanten und durchgeführten Massenmordes an Juden, durch keinen „Kriegszustand" zu begründen oder zu bagatellisieren, wirkt als traumatische Erfahrung in jedem jüdischen Israeli nach. Dieses jüdische Trauma trifft auf ein palästinensisch-arabisches Trauma, das objektiv weniger begründet erscheint als das jüdische, war doch die Kolonialgeschichte der arabischen Völker nie davon gekennzeichnet, daß ein Volk als solches ausgelöscht werden sollte. Aber wer will Traumata quantifizieren?

2 Frantz Fanon, Die Verdammten dieser Erde, Reinbek 1969.

3. Wer allerdings aus den historischen Erfahrungen des jüdischen Volkes nur den Holocaust nennt, um eine Militarisierung und unflexible Haltung Israels zu beschreiben oder zu entschuldigen, der isoliert eine singuläre Erfahrung und kommt in seiner Analyse des Nahostkonflikts auf ein einfaches Schema von Reiz und Reaktion: Die jüdische Geschichte vor 1948 wird nur auf duldende Leidenserfahrung, die Geschichte seitdem auf unduldsame Leidensvermeidung festgeschrieben.

Zur jüdischen Geschichte vor 1948 gehören neben den Leidenserfahrungen auch die Erfahrungen der Bewahrung der eigenen Identität gegen zahllose Unterdrückungs- und Assimilierungszwänge. Diese Erfahrungen gipfelten in der Geschichte eines zumindest moralisch erfolgreichen Widerstandes – und nicht nur der Aufstand des Warschauer Ghettos oder die Selbstbefreiung der Häftlinge von Buchenwald gehören hierher. Daneben gehört die Tradition ungebrochenen Lebenswillens, auch angesichts der Gaskammern, die aus einer jahrhundertealten Praxis des gewaltfreien Widerstandes stammt.[3]

Ebenso gehört zur Geschichte des Staates Israel auch die Seite des Zionismus, die sich für ein friedliches Zusammenleben mit den Palästinensern eingesetzt hat – schon vor der Staatsgründung, aber auch danach. Quantifizierungen helfen auch hier nicht weiter, weil geschichtliches Bewußtsein bei einzelnen wie bei Völkern nicht unbedingt von Mehrheiten bestimmt wird.

4. Der Prozeß des „nation building“ spielt sich in Israel in einem Volk ab, zu dessen Überlebensstrategien sowohl Assimilationsbestrebungen wie Überbetonungen der eigenen Merkmale religiöser und kultureller Art gehören. Juden verstehen sich also nicht als „Konfession“, nicht als eine nur religiös definierbare Entität.

Israel versteht sich als säkularer Staat, in dem alle Religionen gleichberechtigt leben können. Und doch bedeutet dieses Selbstverständnis nicht das Ausblenden der religiösen Tradition (wie überall im Nahen Osten übrigens), auch nicht bei Agnostikern oder Atheisten.

Allerdings erweckt die manchmal erpresserische Koalitionspolitik der kleinen, religiös-nationalistischen Regierungspartner oft einen gegenteiligen Eindruck. Der Vorwurf der Theokratie ist schnell bei der Hand – vor allem bei Europäern, deren nach-aufklärerische Kategorien über Religion als Privatsache oder über die Trennung von Staat und Religion angesichts der Verhältnisse im gesamten Nahen Osten sowieso nicht stimmen. Auch für Muslime und Christen im Nahen Osten gehört es zu unaufgebbaren Identitätserfahrungen, daß die Gesellschaft entsprechend den religiösen/kulturellen Gruppen organisiert wird. Der aktuelle Streit geht lediglich darum, wie eine Gleichberechtigung zwischen den verschiedenen religiösen Entitäten zu erringen ist.

3 Lester Eckman/Chaim Lazar, The Jewish Resistance, New York 1977; vgl. zur Geschichte der jüdischen Selbstbehauptung durch die Jahrhunderte die umfangreichen Geschichtswerke von H. Graetz und S. Dubnow.

5. Es ist zudem von der Bindung des jüdischen Volkes an das konkrete Land Israel/Palästina zu sprechen, die auch durch die Jahrhunderte der Diasporaexistenz nie preisgegeben wurde. Dieser Gedanke hängt zutiefst mit der Erwählung eines kleinen konkreten Volkes im Orient zusammen. So gewiß der Gedanke der Offenbarung Gottes und die Erwählung von Menschen nicht in die bloße Ideengeschichte gehören, sondern in die politische, soziale und kulturelle Geschichte, so gewiß ist damit über Grenzen oder Ausdehnung dieses Volkes nichts gesagt. Der Materialität der biblischen Botschaft widerspricht es, aus Juden entweder „Luftmenschen“ (Paul Celan) zu machen oder mit biblischen Argumenten (aus der Davidisch-Salomonischen Reichsgeschichte) für ein Großisrael zu argumentieren. Wichtig aber ist: Es haben immer Juden im Land gelebt, auch in Jerusalem stellten Juden stets, von einer kurzen Unterbrechung nach der Zerstörung des Zweiten Tempels im Jahre 70 abgesehen, bis 1948 einen hohen Anteil der Bevölkerung. Und angesichts des real existierenden Antisemitismus, vor allem in Europa und Teilen Amerikas, hat diese Bindung an das Land heute die konkrete Aufgabe, das Überleben jederzeit möglicher Flüchtlinge zu sichern.

Die historische Tatsache, daß für Christen wie für Muslime dieses Land und kein anderes integral, wenn auch in unterschiedlicher Gewichtung, zu ihrer religiösen Identität gehört, wie auch die Tatsache, daß niemals Juden allein in diesem Land gewohnt haben, sind Komponenten für den gegenwärtigen Konflikt – vielleicht auch Chancen für seine Lösung. Mögliche Friedenswege könnten in einer Rückbesinnung auf die allen drei Gruppen gemeinsame göttliche Weisung gesucht werden, daß das Land grundsätzlich eine Leihgabe Gottes ist, eine Gabe, der gegenüber die Menschen sich angemessen zu verhalten haben, indem sie den fremden Nachbarn nicht unterdrücken, sondern in seinem Lebensrecht respektieren. Im Wort des israelischen Oberrabbiners Joseph „Frieden ist mehr wert als Land“[4], wie in Stellungnahmen israelischer Friedensbewegungen spricht sich diese Haltung deutlich aus.

6. Wer sich jüdischen Deutungen[5] des Holocaust zuwendet, dem wird deutlich, daß die Holocausterfahrung als kritisches (und selbstkritisches) Postulat verarbeitet wird: „Der Jude hat ein zweites Sch’ma Israel: Kein zweites Auschwitz, kein zweites Bergen-Belsen, kein zweites Buchenwald – nirgendwo auf der Welt, für niemanden auf der Welt“, so formuliert es Emil Fackenheim.[6]

4 Jerusalem Post vom 22. 8. 1979.

5 Vgl. die Dokumentation der innerjüdischen Diskussion in: Michael Brocke/Herbert Jochum (Hg.), Wolkensäule und Feuerschein. Jüdische Theologie des Holocaust, München 1982; zur christlich-theologischen Aufarbeitung dieser geschichtlichen Erfahrungen vgl. Rolf Rendtorff (Hg.), Arbeitsbuch Juden und Christen, Gütersloh 1979; Peter v. d. Osten-Sacken, Grundzüge einer Theologie im christlich-jüdischen Gespräch, München 1982.

6 Martin Stöhr (Hg.), Erinnern, nicht vergessen – Zugänge zum Holocaust, München 1979.

Dies bedeutet die Verpflichtung Israels, jede Bedrohung der eigenen Existenz ernst zu nehmen, nachdem der offen angekündigte, den meisten auch der Opfer jedoch nicht vorstellbare Massenmord sich an einem Drittel des jüdischen Volkes verwirklicht hat. Dies bedeutet zugleich, die Einzigartigkeit des Holocaust zu sehen und ebenso die Singularität jedes anderen Verbrechens an anderen Völkern und Minoritäten genau zu benennen und solchen Verbrechen Widerstand entgegenzusetzen. Die Opfer haben ein Recht darauf, Verlauf und Gründe des an ihnen verübten Verbrechens genau analysiert zu bekommen – im Interesse des „Zweiten Sch'ma": Nie wieder und nirgendwo!

Wer von daher die Bombardierung Beiruts als „Holocaust" bezeichnet, macht sich einer verschleiernden, die vergangenen wie die gegenwärtigen Opfer ihrer Identität beraubenden Redeweise schuldig. Ebenso ist aber die Regierung Begin zu fragen, wenn sie den Kampf gegen die SS, den sie verlor, heute als Kampf gegen die Palästinenser wiederholen und dabei siegen will: So verständlich eine Deutung für die Überlebenden von Auschwitz ist, die reale Konfliktsituation wie auch jeder Ansatz zur Versöhnung mit den Palästinensern wird durch solche Geschichtsbetrachtung nur blockiert. Die Unlösbarkeit des Konflikts wird auf diese Weise programmiert – von beiden Seiten.

III

Von vielen Heucheleien ist seit dem Einmarsch der Israelis in den Libanon im Sommer 1982 ehrlich zu sprechen, wenn nicht weiterhin Vorurteile tradiert werden sollen, die in Gestalt von neuer Judenfeindschaft wie in Gestalt von allgemeiner Ausländerfeindlichkeit das Leben der Juden in Europa wie im Nahen Osten ebenso bedrohen wie das Überleben von Palästinensern.

1. Die Vorgeschichte des Staates Israel darf so wenig übersehen werden wie die Vorgeschichte des Krieges im Libanon. Es muß die Rede sein auch von der syrischen oder palästinensischen Besetzung des Libanon. So wenig dies zu Rechtfertigungen führen darf, so sehr müssen diese Komponenten in jede Analyse mit einbezogen werden.

2. Die Empörung über die Massaker in den Lagern Schatila und Sabra soll sich nicht nur gegen diejenigen wenden, die diese Massaker nicht verhindert haben, sondern mindestens ebenso gegen diejenigen, die sie begangen haben. Die christliche Beteiligung an den Verbrechen im Libanon – vor und während des jüngsten Krieges – darf gerade von Christen nicht verschwiegen werden. Der Hinweis vieler Kirchen, im Libanon handle es sich wie in Nordirland nicht um einen religiösen, sondern um einen politischen bzw. sozialen Konflikt, ist zu billig und angesichts der Leiden dort zu halbwahr, um nicht Christen wie Kirchen in der Ökumene dem Verdacht auszusetzen, man sei auf dem eigenen „christlichen" Auge blind.

3. Die Weltöffentlichkeit sollte darauf bestehen, Unterdrückungen, Bombardierungen, Kriegsgreuel überall so offen filmen und zeigen zu dürfen, wie dies im Libanonkrieg geschah, will sie sich nicht dem Verdacht aussetzen, daß sie weltgesellschaftlich genau das tut, was binnengesellschaftlich vor allem christliche, aber auch gelegentlich islamische, sozialistische wie kapitalistische Länder wieder und wieder getan haben: Im Judentum (jüdischen Volk bzw. Staat Israel) einen Sündenbock zu isolieren, zu verfolgen, zu vernichten.

4. Die Kriegsberichterstattung aus der Dritten Welt ist als Unterfall einer allgemeinen Berichterstattung aus diesem Teil der Erde zu verstehen, die in unseren Medien ausschließlich Katastrophen bringt. Von daher beklagen sich Israelis wie Araber mit Recht darüber, daß die Berichterstattung über Probleme des Nahen Ostens einseitig sei.

IV

So gewiß „Auschwitz" eine spezifische Schuld der Deutschen, der Kirchen und Christen in Deutschland ist und bleibt, so gewiß lassen sich bei genauer Analyse der Wege nach Auschwitz Einstellungen und Aktionen feststellen, die in der Christenheit nicht vergessen werden dürfen. Die Opfer von Diskriminierung und Mord werden noch einmal ihrer Würde und Geschichte beraubt, wenn von den Überlebenden, den Tätern und den Zuschauern nicht gefragt wird, aus welchen Motiven Menschen verfolgt und ermordet wurden.

1. Es ist ein oft geübter Brauch, die christliche Identität gegen etwas, also via negationis zu gewinnen. Bequem wurden die Juden die ersten Objekte christlicher Distanzierung. Die christlichen Gemeinden aber entstanden und lebten in den jüdischen Gemeinden und ihren unterschiedlichen Glaubensweisen. Die Autoren des Neuen Testamentes waren wie die Jünger Jesu und die Apostel Juden. Jesus war Jude. Sie gingen in ihre Synagogen und legten ihre Bibel, die wir Altes Testament nennen, neu und zeitgenössisch aus, ohne ein Jota davon als antiquiert fallenzulassen (Mt 5, 18). Selbstverständlich geschah das auch in polemischer, oft scharfer Auseinandersetzung: zwischen Jesus und den Pharisäern, Petrus und Paulus, zwischen dem Verfasser des Jakobusbriefes und dem Pharisäer Paulus. Eine Lehre aus der christlichen Vorgeschichte von Auschwitz für die christliche Verkündigung und Lehre ist festzuhalten: Der christliche Glaube hat es nicht nötig, sich durch Distanzierung von andern seiner Identität gewiß zu werden. Die Gemeinsamkeit zwischen Juden und Christen ist größer als das Trennende. Es ist der Glaube an den einen Gott, der Bezug auf die gemeinsame Schrift. Der Glaube an eine von Gott und den Menschen verantwortete Geschichte, die von der Schöpfung bis zur Neuschöpfung des Himmels und der Erde reicht.

Es sollte nicht erlaubt sein, was der Nazi-Ideologe Alfred Rosenberg aus der christlichen Tradition übernahm, als er jüdische, biblische Selbstkritik, wie sie im Rahmen des gültig bleibenden Bundes Gottes mit seinem Volk radikal z.B. bei Amos, Jesaja oder Jeremia oder Jesus geübt wurde, gegen das jüdische Volk wendete.

Biblische Kritik am Volk Gottes gehört zur lebendigen, oft nicht zimperlichen Praxis, wenn nach der aktuellen Bedeutung des Wortes Gottes für die Welt von heute immer neu gefragt wird. Das muß gegen die Versteinerung der eigenen Tradition geschehen. Eine solche lebendige Auslegungspraxis zerstört nicht, sondern befreit, was tradiert, also als jüdisches oder christliches Zeugnis in die Gegenwart und Zukunft weitergegeben werden soll. Das bedeutet: Die Erwählung des jüdischen Volkes wie ihre Urkunde, das Alte Testament, bleibt gültige Heilige Schrift.

Die kritische Frage nach der Glaubwürdigkeit ihres Zeugnisses sollten Christen zuerst an sich richten. Schließlich ist es das Christentum, das glaubt und bekennt, mit dem Kommen Jesu, den es als den Messias, als den Bringer des Reiches Gottes auf diese Erde bekennt, habe die Zeit der Vollendung begonnen. Wieso werden die Juden, wenn es um eine Verifizierung der biblischen Verheißungen und Hoffnungen geht, an dem gemessen, was Christen glauben: Gottes Reich sei schon Wirklichkeit auf Erden? Es sind doch die Juden, die für uns Christen so schmerzlich die Geschichte offenhalten. Sie hoffen (dem haben wir Christen uns mit der Lehre von der Wiederkunft Christi wieder angeschlossen!), daß Gottes Reich Frieden und Gerechtigkeit, Befreiung und Liebe in der Vollkommenheit des messianischen Zeitalters, das sie in der Praxis der Kirche nicht sehen, bringen wird. Sagen nicht die Juden aus Treue zu den biblischen Verheißungen des Reiches Gottes und ihrer völligen Verwirklichung auf dieser Erde nein zum christlichen Glauben und zu seiner geringen innerweltlichen Ausstrahlungskraft, d.h. nein zum christlichen Messias? Die Juden und ihre Bibel wie das Neue Testament sind die Propheten der Christen. Die Juden zu diskriminieren oder zu verfolgen, ist der einfachste Weg, sich dieser göttlichen Kritik zu entziehen. Damit ist Kritik des jüdischen Lebens nicht verboten. Im Gegenteil. Nur ist sie erst glaubwürdig, wenn die christlichen Kirchen der Welt eine ähnliche skrupulöse Selbstkritik üben, wie sie das jüdische Volk in Israel und in der Diaspora ständig betreibt.

3. Die Christen in ihrer Geschichte sind anfällig, mit Macht und Gewalt zu paktieren, um dem, was sie glauben, mehr Durchsetzungskraft zu verleihen. Die Geschichte der Staatskirchen, der „christlichen“ Kolonialmächte und der abendländischen Überlegenheitsideologien ist ohne jene Versuchungsgeschichte nicht zu verstehen. Die Juden, mit den Christen vom römischen Gottkaiser in der Antike verfolgt, wurden in dem Augenblick zur rechtlosen Minderheit, als die Christen sich mit der Staatsmacht verbündeten. Die Juden als exemplarische Minderheit testen Christen wie Völker in ihrem Umgang mit Minderheiten.

4. Die Zerrissenheit der Christen, in Israel wie in einem Brennglas besonders peinlich und skurril zu beobachten, kann nicht verstanden werden ohne ein

dogmatisches Glaubensverständnis vieler Kirchen und Christen, das oft abgrenzend und apodiktisch behauptet, statt einladend und ökumenisch-konziliar zu leben, was man glaubt. Die jüdische Art und Weise, den Glauben auszulegen, verzichtet auf zentrale Autoritäten und Dogmen. Sie öffnet in der Vielfalt sich widersprechender Auslegungen den Weg des Wortes Gottes, das seine Träger und Konkretionen immer neu sucht und findet.

5. Ein christlicher Eskapismus lädt gern Juden alleine auf, was Denken und Tun aller Menschen ist, z.B. die Schuld am Tode Jesu Christi. Dazu wird zu leicht dem jüdischen Glauben allein zugeschrieben, was aus jeder Fortsetzung der biblischen Botschaft werden kann: versteinertes Gesetz aus dem lebendigen Gesetz, der Weisung zum Leben, Buchstabe anstelle des lebendigen Geistes, formale Gerechtigkeit statt erbarmender Bemühung um Recht und Gerechtigkeit, Libertinismus statt realer Befreiung, Seelenfrieden statt Frieden zwischen Menschen und Völkern. Diese biblischen Stichworte nennen Gaben und Aufgaben Gottes an seine Zeugen, d.h. an Israel und die Kirche. Diese Gaben und Aufgaben sind in der Hebräischen Bibel zu finden und durch Leben, Sterben und Auferstehung Jesu Christi nicht außer Kraft gesetzt worden, sondern über die Grenzen des jüdischen Volkes hinaus beglaubigt und in die Völker weitergegeben worden, ohne daß sie dem jüdischen Volk abgesprochen oder weggenommen worden wären.

6. Der Judenmord in Deutschland zeigt auch eine Krise der christlichen Ethik an. Die Flucht in die Innerlichkeit und die Privatisierung des Glaubens erlaubten es, erst Deutscher, d.h. Angehöriger einer Nation, und dann Christ zu sein. Eine solche Prioritätenliste beraubt den christlichen Glauben seiner spezifischen und kritischen Impulse auch für soziale, politische und nationale Bewegungen. Die Perfektionierung nationaler Sicherheitsideologien und ihrer Systeme durch die Instrumente der modernen Wissenschaft, Technik und Industrie sowie die neuen Organisations- und Kontrollmöglichkeiten des menschlichen Denkens und Handelns hat die Ohnmacht traditioneller christlicher Erziehung und Verhaltensmuster offenbart. Viel stärker muß eine christliche Ethik entwickelt werden, die in Strukturen auch des sozialen, kulturellen und politischen Lebens übersetzt, was nicht privat bleiben darf: Verantwortung für Gerechtigkeit und Befreiung, Liebe und Frieden. Die Christen dürfen sich nicht davon dispensieren, solche Gaben Gottes gerade auch für die zu suchen und zu sichern, die Nichtchristen sind. Der Horizont einer biblisch gedachten Verantwortung umfaßt die ganze Schöpfung und die Völkerwelt. Der christliche Glaube gewinnt seine verändernde Kraft durch die Hoffnung auf eine Erneuerung des Himmels und der Erde. Zwei Völker, die Juden und (durch sie) die Kirche, hat Gott sich zu diesem Zweck als Zeugen seines Willens, seiner Gerechtigkeit und seiner Befreiung, seiner Liebe und seines Friedens berufen.

7. Christliche Einstellungen lassen sich, auch das zeigt die Vorgeschichte von Auschwitz, säkularisieren. Religiöse Judenfeindschaft läßt sich in nationa-

le, rassistische, ökonomische oder ethnische Judenfeindschaft transformieren. Kritik an dem real existierenden Zionismus ist erlaubt und wird praktiziert, von Juden am häufigsten. Es ist darauf zu achten, wo eine solche Kritik in traditionelle oder neue judenfeindliche Einstellungen übergeht. Nicht zu übersehen ist, daß die Vertreter aller Zionisten nun einmal Juden sind. 99 % der jüdischen Israelis identifizieren sich mit einer Kurzformel von Zionismus, die man so umschreiben kann: Ich will überleben. Und ich will als Jude (in welchem von mir, und nicht von anderen! definierten Verständnis auch immer) überleben.

Von Christen, Sozialisten, Kapitalisten ist schlicht zu verlangen, daß sie ihre eigenen Traditionen, Selbstverständnisse, Systeme und Verhaltensweisen so kritisch und öffentlich analysieren, wie sie es mit dem jüdischen Volk tun. Dann ist Zionismuskritik erst scharf, berechtigt und ehrlich und die „Sonderbehandlung" der Juden endlich zu Ende.

Christen und Juden – eine unselige Geschichte *

In zwölf Thesen möchte ich Voraussetzungen und Notwendigkeiten eines Lernprozesses der Christen und Kirchen skizzieren, so daß deutlich wird, was wir zu lernen und zu verlernen haben. Wir beschäftigen uns nicht mit „Fremdem", auch wenn manches Befremdliche in unserer christlichen Geschichte wahrzunehmen ist. Von A bis Z, von „Amen" bis „Zebaoth" ist die Sprache und Denkstruktur unseres christlichen Glaubens hebräisch, jüdisch, erwachsen aus der Israelgeschichte, erzählt in der Bibel Israels, die die Bibel Jesu und der Jünger und Apostel ist.

1. Jesus ist nicht nur ein geborener, sondern ein praktizierender Jude. Das hat Konsequenzen für eine singuläre Beziehung der Christen zu den Juden, vor allem aber für das Selbstverständnis des Christentums. Er hat seine jüdische Gemeinde nie verlassen.

Der Inhalt des christlichen Glaubens liegt im Rahmen des jüdischen: Die liebevolle und gerechte, die kritische und erlösende Herrschaft des einen Gottes im Himmel wie auf Erden.

Zu keiner Glaubensgemeinschaft hat die Christenheit eine engere Verbindung als zum jüdischen Volk. Hier gibt es Beziehungen inhaltlicher, historischer, gegenwärtiger und sprachlicher Art, die zu keiner Religion sonst bestehen. Dies bedeutet nicht eine Minderbewertung aller anderen Religionen, erst recht nicht ein Nachlassen der Bemühungen, von allen Weltreligionen einen konstruktiven Beitrag für ein neues Weltethos abzufordern.[1]

Gleichzeitig ist festzustellen, daß in keiner interreligiösen Beziehung der christliche Aufwand zur *Abgrenzung* theologisch und sozial, später auch politisch und ökonomisch, so groß war wie gegenüber dem Judentum. Dieser Tatbestand wirft Fragen auf: Widerlegte insgeheim – und doch öffentlich! – eine unerlöste, sündige Kirche mitten in einer unerlösten Welt den eigenen Glauben: die Botschaft vom nahen Reich Gottes? „Jesus ist der einzige bekannte antike Jude, der nicht nur verkündet hat, daß man am Rande der Endzeit steht, sondern gleichzeitig, daß die neue Zeit des Heils schon begonnen hat."[2]

* Erstveröffentlichung. Zuerst als Vortrag gehalten vor der Dekanatssynode Passau am 11. November 1995.

1 H. Küng, Projekt Weltethos, München 1992; dazu die „Antworten aus den Weltreligion" in: H. Küng/H.-J. Kuschel (Hg.), Weltfrieden durch Religionsfrieden, München 1993.

2 David Flusser, Jesus, Reinbek 1968, 35.

Das ist ein ungeheurer Glauben: Die Erneuerung der Welt beginnt in Jesus – und seinem wirksamen Leib, die Kirche! Verharmlosen dürfen wir unseren Glauben nicht. Noch steht aus, was gehofft wird, doch gegenwärtig heilsam und wirksam ist Gottes Anwesenheit auf Erden jetzt schon. Kollektive Erfahrungen wie der Exodus aus Unterdrückung und Fremdbestimmung, der Bundesschluß, die Verheißung des Landes, die Bewahrung im und die Heimkehr aus dem Exil sowie individuelle Heilserfahrung, d.h. die Erfüllungen von Verheißungen Gottes, kennt auch Israel. Umgekehrt sind Erfahrungen der Unerlöstheit der Welt und der christlichen Gemeinde den Christen nicht fremd. Das Erste Testament kennt Erfüllungen und Verheißungen, Evangelium und Gesetz. Im Neuen Testament gibt es verbindliche Gesetze und unerfüllte Verheißungen. Juden wie Christen, Israel wie die Kirche hoffen auf mehr als schon verwirklicht ist.

Rabbiner Robert Raphael Geis fragt: Hat nicht gegenüber dem Christen der „Jude als Vorwurf seine Gültigkeit im Heilsplan, der Christen und Juden einschließt?“[3] Wie nehmen die Christen diesen kritischen Vorhalt aus Gottes Heilsgeschichte, der aus der gemeinsamen biblischen Überlieferung und aus der Hoffnung auf Vollendung des Reiches Gottes stammt, auf? Wie der Großinquisitor in Dostojewskijs Roman „Die Brüder Karamasoff“, der Jesus als Störenfried einer siegreichen, wissenden und (weil alles geregelt ist) zutiefst hoffnungslosen Kirche empfiehlt, besser zu gehen, da er ihn sonst unter Umständen auch verbrennen müsse? Man habe doch die Sache Christi, seine Sache, ganz gut im Griff – im eigenen, kirchlichen Griff. Hat nicht die christliche Welt ebenso die Juden abgewiesen? Denn „dieser verachtete Jude personifiziert merkwürdigerweise ... die urchristliche Botschaft, die man gar nicht hören will, kündet vom Königtum Gottes, das man gar nicht mehr wahrhaben mag. In all den Jahrhunderten christlicher Geschichte steht der Jude als schweigender Mahner, er weist den Christen wieder und immer wieder auf die tiefe Kluft zwischen christlichem Heilsanspruch und christlicher Existenz hin.“[4] Oft schuf die Theologie des Christentums Distanzen, die das Judentum im Vorraum einer Vorgeschichte hielten, um selbst die eigentliche Geschichte als eine Geschichte der siegenden Kirche besetzen zu können. Die Ausstellung „Ecclesia und Synagoga“ zeigt diese Geschichte der Ausgrenzung auf erschreckende Weise.

Geis erinnert die Christen: „Es war immer der Jude, der durch sein bloßes Dasein dem Christen das Überhören der Botschaft der jüdischen Bibel unmöglich machte.“[5]

2. Die Christenheit hat ebensoviel Mühe auf das Verstehen der Menschwerdung des Heiles Gottes in Jesus Christus verwandt wie auf eine Inkarnation des Unheils im Judentum.

3 Gottes Minorität, München 1971, 61.

4 A.a.O., 177.

5 A.a.O., 61.

Jesus nennt seine NachfolgerInnen „Licht der Welt" (in der Bergpredigt). Erlauben es die Vergleiche vom „Licht der Welt" der Christenheit, eine Schattengeschichte der Finsternis aufzubauen, in der Israel eine negative Rolle spielen muß? Warum empfindet sich die Kirche – bei aller Selbstkritik – nicht als so defizitär, wie es Israel zugeschrieben wird? Ist die Freude an der Erlösung größer, wenn ich auf Ungläubige und Verworfene hinweisen kann? Wenn das biblisch umfassend verstandene Heil so wenig leibhaftig in einer völligen Erneuerung der Wirklichkeit erfahrbar war, konnte sich dann nicht wenigstens die Heillosigkeit leibhaft festmachen – an den Juden? Wird nicht eine Glaubensbestätigung ex negativo durch die ganze Theologie und Kirchengeschichte so gesucht und auch gefunden? Weil es unmöglich war – im Blick auf Erstes und Neues Testament – Erlösung nur scheinbar, nur innerlich oder nur jenseitig zu verstehen, wurden die Größen Kirche und Israel als ecclesia und synagoga auch in Stein gehauen und bildhaft gemacht. Sie verkörpern gegensätzlich Heil und Unheil, Glauben und Unglauben, Erwählung und Verwerfung, Leben und Tod. Eine Endlösung des jüdischen Volkes war theologisch früher gedacht als sie ganz untheologisch exekutiert wurde. Das Gleichnis von den bösen Weingärtnern (Mt 21, 33-45) war fast immer gegen die Juden ausgelegt worden: Sie waren Gottesmörder und deshalb von Gott enterbt worden. Martin Luther gab 1543 den Rat, die Synagogen und Gebetsbücher zu verbrennen, womit sich Julius Streicher, der Herausgeber des Nazihetzblattes „Der Stürmer", im Nürnberger Kriegsverbrecherprozeß entschuldigte. Luther hatte die Verachtung der Juden aus der Theologie vor ihm übernommen. Alle Frömmigkeitstypen und Denominationen der Christenheit haben teil an dieser Vergiftung. Der kleinasiatische Bischof Melito von Sardes hält im Jahr 170 eine glänzende Predigt. Er benutzt die jüdische Oster(-Pessach)-Liturgie, nimmt sie jetzt als christlichen Text, da die Juden „Gott in Jerusalem getötet" hätten und deswegen ihre Berufung verloren hätten. Die breite christliche Judenverachtung wurde vom (Marburger und Siegener) Reichstagsabgeordneten Adolf Stoecker mit deutschnationalen Argumenten verknüpft: Die Juden sind hier zersetzende Fremde. Sie gehören nach Jerusalem.

Augustinus hatte sehr früh die Rollenfestschreibung für die Juden theologisch begründet. In seiner griffigen Formel sind sie „Zeugen ihrer Bosheit und unserer Wahrheit", obwohl sich bei ihm auch das erfolglos bleibende Gegenmodell einer positiven Verhältnisbestimmung von Kirche und jüdischem Volk findet. Nach Lukas 15, 11-32 steht der im Vaterhaus bleibende ältere Sohn für Israel, der durch Gottes Entgegenkommen wieder aufgenommene, „verlorene" Sohn für die Kirche aus den Völkern.[6]

Was sind die Gründe dafür, daß durch eine fast 2000jährige Geschichte jüdisch-christliche Beziehungen der jüngere „scheel" sah?[7] Adolf von Harnack

6 Vgl. H. Schreckenberg, Die christlichen Adversos-Judaeos-Texte und ihr literarisches und historisches Umfeld (1. – 11. Jahrhundert), Frankfurt a. M. ²1991, 361; vgl. auch B. Blumenkranz, Die Judenpredigt Augustinus (1946), Paris 1973.

7 Mt 20, 15.

bestätigt sehr klarsichtig, den die christliche Praxis lähmenden Prozeß einer antijudaistischen Theoriebildung: „Aus der positiven Stellung Jesu zu der jüdischen Überlieferung ergab sich (für das frühe Christentum, M. S.) ... die Aufforderung, eine Theorie der Offenbarungsvermittlung zu *ersinnen* und damit den Unsicherheiten ein Ende zu machen, mit denen bisher die Spekulationen behaftet waren. Diese Theorie barg, wie jede Theorie der Religion, die Gefahr in sich, die Kraft des Glaubens zu lähmen; denn die Menschen finden sich gern durch eine religiöse Theorie mit der Religion selbst ab.“[8] Die Gefahr entstand, daß aus dem Erlösungprozeß Gottes ein weltfremder, theoretischer Glaube wurde.

Harnack weist zurecht auf den dadurch eingetretenen Praxisverlust des Christentums hin. Warum fällt es ihr so schwer, Gott zu teilen und die Verheißung teilen zu müssen, statt Kooperatoren in der Arbeit des Reiches Gottes zu sein? Eph 2 erinnert die Christen daran, daß sie als Fremdlinge Wohnrecht in Gottes Haus und Bund mit Israel haben. Die Anteile Israels wurden angenommen, der Geber Israel wurde nicht angenommen. Man zog ins Haus Israels und verdrängte die Ureinwohner. Glaubt es sich leichter, wenn ich auf den vermeintlichen Unglauben anderer herabsehen kann? Verachten wir mit dieser Judenverachtung nicht auch den Juden Jesus?

Die Jüdischkeit Jesu von Nazareth weist auf den unübersehbaren, aber doch real übersehenen Boden der Gemeinsamkeit zwischen Juden und Christen hin.[9] Sein Stammbaum und seine Herkunft sind eindeutig, wenn auch in Einzelheiten unterschiedlich, in der Geschichte des jüdischen Volkes verankert (Mt 1, 1-17; Lk 3, 23-38). Beschneidung, Auslösung (Lk 2, 21-40) und Religionsmündigkeit im Tempel (Lk 2, 41-52) sind Bekenntnisse zur Herkunft Jesu aus und zu seiner Zugehörigkeit zu dem jüdischen Volk. Dessen bleibende, besondere Qualifikation durch Gott faßt Paulus in präsentischen Aussagen zusammen: Israel gehört bleibend die Annahme an Sohnes statt, die herrliche und schützende Gegenwart Gottes, die Bundesschlüsse (Plural!), die Gabe der Tora (der Weisung, der Gebote), die Gottesdienste, die Verheißungen und die Erzväter (Röm 9, 4f). Jesus ist Jude. Er bekennt sich zum Sch'ma Israel (Dtn 6, 4f), dem Credo Israels: Der Herr unser Gott ist ein einziger Gott, als er von den Schriftgelehrten nach einer Zusammenfassung seines Glaubens gefragt wird (Mk 12, 28). Das zentrale Glaubensbekenntnis und ebenso das Doppelgebot der Liebe sind für ihn Zusammenfassung des Glaubens seines Volkes. Sein Modellgebet für die Christen, das Vaterunser, ist ein gutes, jüdisches Gebet.[10] Es geht um die Heiligung des Gottesnamens, das Kommen des Reiches Gottes und um die Verwirklichung des Willens Gottes im Himmel und auf Erden – nicht ohne uns!

8 A. v. Harnack, Lehrbuch der Dogmengeschichte 1, Freiburg ²1888, 40f.

9 Vgl. B. Klappert u.a., Jesusbekenntnis und Christusnachfolge, München 1992, und F.-W. .Marquardt, Das christliche Bekenntnis zu Jesus, dem Juden. Bd. 1 u. 2., München 1990 und 1991.

10 Pnina Navè, Du unser Vater – jüdische Gebete für Christen, Freiburg ³1978.

Jesus wird zuerst zu den verlorenen Schafen des Hauses Israel gesandt, dessen 12 Repräsentanten der 12 Stämme ihn begleiten und später seine Botschaft weitersagen. Die Israel-Kontur prägt die Geschichte bis in die Endzeit (Offb 21f). Er geht in die Synagogen, hält sich an die Weisung Gottes, die Tora, will sie nirgendwo auflösen, sondern tun und erfüllen (Mt 5, 17), was er auch von seinen Nachfolgerinnen und Nachfolgern verlangt. Das bedeutet, so wird es am Ende der Bergpredigt unterstrichen, daß natürlich auch das Tun und die Erfüllung der Tora Möglichkeit und Notwendigkeit der Christen ist. Er streitet als Jude leidenschaftlich mit den verschiedenen Richtungen des damaligen Judentums um die Frage, was der Willen Gottes im Blick auf das kommende Reich Gottes und auf die Alltagsprobleme sei und damit um das rechte Verständnis von Gottes Wort. Er hat teil an der messianischen Hoffnung auf das bald kommende Reich Gottes. Zum Tode verurteilt und gekreuzigt wird er von den Römern – unter Mithilfe einiger mit Rom kollaborierender jüdischer Gruppen als ein jüdischer Aufrührer, als Märtyrer für die Sache Gottes. Die römische Besatzungsmacht verspottet ihn als König der Juden. Trotzdem: Durchgesetzt hat sich in der Christenheit der Vorwurf des Gottesmordes durch die Juden aus dem ersten Brief des Paulus (1 Thess 2, 15) und nicht seine These von Israels bleibender Erwählung aus seinem letzten Brief nach Rom (Kap. 9-11). Ich habe einige Anfragen von jüdischen Freunden im Ohr: Auf dem Ev. Kirchentag 1961 in Berlin fragte Eva Reichmann: Warum habt ihr Christen uns als Christusmörder verfolgt und nicht als Christusbringern gedankt? Ein anderer fragte, warum wir die positive Auslegung des Gleichnisses vom „Verlorenen Sohn" nicht übernommen hätten, ja, warum wir den Sohn als verloren bezeichnen. Er sei doch gerettet worden! Warum nennen wir Isaaks und Abrahams wie Saras Glaubensprüfung „Isaaks Opferung"? Warum betonen wir nicht die eigentliche Pointe der Geschichte: Gott will für keine Sache ein Menschenopfer geschlachtet sehen!

3. Das Neue am Christentum ist die Verwirklichung des Alten, des Altbekannten, d.h. der Hoffnung auf das Reich Gottes im Leben und im Tun Jesu.

Das Christentum kann sich nur verstehen als Fortsetzung und gerade erst beginnende Verwirklichung der jüdischen Hoffnung auf das kommende Reich Gottes. Dabei darf nicht vergessen werden, welch ein zentraler Begriff Verwirklichung des Willens Gottes im jüdischen Glauben und Leben hat. Jesus wie Johannes der Täufer treten mit der Verkündigung des Neuen auf, das das Alte nicht außer Kraft setzt, sondern gültig läßt – für die Minderheit der christusgläubigen Juden, für die Mehrheit der nichtchristusgläubigen Juden und für die rasch zur Mehrheit und zur Macht erlangte Gruppe der christusgläubigen Nichtjuden: Tut Buße, kehrt um, denn das Himmelreich ist nahe herbeigekommen! Nicht der Ruf zur Umkehr und seine Konkretisierung sind neu, nicht der Glaube an das das irdische Leben schon jetzt bestimmende Reich Gottes, sondern die Bindung dieser Botschaft an Leben und Personengeschichte des Jesus von Nazareth, gleichgültig ob er sie (als Messiasanspruch) ursprünglich selbst fordert oder sie als ein Messiasbekenntnis der nachösterlichen Gemeinden nur zuließ. Das heißt aber auch, daß die praktische Konsequenz eines erneuerten, umkehrenden, bußetuenden Lebens der Nachfolger Jesu ebenso konstitutiv zum messianischen Glauben gehört wie die Person Jesu von Nazareth. Ein Messiasglauben ohne Umkehr entleert – durch Verinnerlichung oder Verjenseitigung – den Christusglauben und straft die Bibel Lügen, die die Gebote Gottes als zu erfüllende und zu praktizierende kennt. Die sogenannten Antithesen der Bergpredigt formulieren nicht das „Anti" des Christentums gegen das Judentum – wie ich es als Student noch lernte –, sondern das „Anti" einer praxisorientierten Schriftauslegung gegen anders orientierte Schriftauslegungen. „Was zu den Alten gesagt ist ...", bleibt selbstverständlich gültig, bedarf in jeder Zeit und in jeder Situation der Neuauslegung. Dieser Prozeß ist unabgeschlossen bis „Gott alles in allem ist" (1 Kor 15, 28).

Was die Wissenschaften in all ihren Ausprägungen nicht sagen können, weil sie über keine Quellen der Auskunft verfügen, gehört zur bleibenden Aufgabe von Judentum und Christentum. Sie müssen Auskunft geben, wie das „Nichtreligiöse" im Leben zu bewältigen ist, was Gerechtigkeit und Recht, Liebe und Vergebung, Befreiung und Frieden bedeuten. Sie wissen zu motivieren durch ein „Existenzwissen", das einen Umgang mit dem „Faktenwissen" (z.B. Handwerk, Natur- und Ingenieurwissenschaften, Autofahren, Erziehung, Kochen, Güterverteilungen etc.) ermöglicht, der lebensförderlich und nicht lebenshinderlich ist, der Gleichgültigkeit und Resignation überwindet. Unsere Zeit leidet nicht an einem Werteverlust, wohl aber an falschen Werten wie die ökonomische Ideologie, die zuerst fragt, ob „es" sich rechnet, wie die Werte Wachstum, Konkurrenz, Effizienz, Sicherheitsfetischismus und Selbstverwirklichung. Aus der Quelle der Bibel sind Recht und Gerechtigkeit, Frieden und Befreiung (von Schuld und Gewalt, von Angst und Selbstverachtung), Hoffnung und Vertrauen ins Spiel der Gesellschaft einzubringen. Denke ich an das biblische Asylrecht, an die Sabbatgebote, der Natur Brachjahre zu gewähren, Sklaven frei zu lassen oder Schulden zu erlassen, denke ich an die Bergpredigt, denke ich an den Asylantenpsalm 23, so wird deutlich, wie viele heute dringend benötigte Werte in der noch nicht ausgeschöpften Bibel liegen.

4. Das Christentum hat kein Monopol zur Deutung und zur Gestaltung der Geschichte. Wohl aber hat es ein Recht, Geschichte zu deuten, aber nicht das Recht und die Macht, anderen ihre Geschichte zu deuten und die eigenen Deutungen als absolut zu setzen.

Hiobs Freunde deuten Hiobs Elend und werden von Hiob als fromme Schwätzer entlarvt und abgelehnt. Wenn ich jemanden, der Krebs oder Aids hat, sage, dies sei eine Strafe oder Schickung Gottes, so vergehe ich mich gegen Gott und Menschen. Ein Kranker oder Leidender kann sein Leiden als Schickung oder auch Strafe Gottes deuten, aber nie jemand anderes. Die Zerstörung des jüdischen Tempels im Jahr 70 unterlag – wie andere geschichtliche Erfahrungen – vielen jüdischen Deutungen (vgl. das 4. Esra-Buch). Dieses Ereignis konnte jüdisch verstanden werden als Strafe Gottes, als Beginn einer Diaspora, die den Namen des einen Gottes bis an die Enden der Erde trägt oder auch als Befreiung vom Gesetz, z.B. des Dienstes und Opfers im Tempel. Leo Baeck zitiert Rabbi Eleasar: „An dem Tage, da der Tempel zerstört wurde, ist eine eiserne Mauer gefallen, die sich zwischen Israel und dem Vater im Himmel erhoben hatte."[11] Im babylonischen Talmud (Schabbat 119b) werden auf die Frage, warum der Tempel zerstört worden sei, acht verschiedene Antworten erwogen. Exklusiv und autoritativ wird keine von ihnen. Der Unterschied zur christlichen Deutung desselben Faktums besteht darin, daß mehrere Deutungen zugelassen sind. Keine ist, weil menschlich, theologisch ein definitives Urteil wie z.B. die christliche Rede von der Verwerfung Israels oder vom Spätjudentum, die das Ende Israels im Jahre 70 oder 135 angeblich so anschaulich macht.[12]

Eine Absage an jede christliche Definitions- und Interpretationsgewalt, die nur *eine* Deutung der jüdischen Geschichte zuläßt (Gott straft), ist aus einem doppeltem Grund notwendig. Einmal ist und bleibt die Geschichte bis zur Erneuerung des Himmels und der Erde offen. Zum anderen hat die Christenheit kein Recht, ein letztes Urteil über das jüdische Volk zu sprechen und gleichzeitig allzu oft gerichtsvollzieherisch dessen Exekution zu vollziehen oder zuzulassen. Wenn die Bibel als Ganzes wirklich auch eine christliche Bibel ist, dann gehört konstitutiv dazu, daß „bis zum jüngsten Tag" die Geschichte Got-tes mit allen Menschen offenbleibt. Dietrich Bonhoeffer schreibt in seiner Ethik, daß der Jude die Christusfrage offenhalte! Dann ist jede Gerichtsrede eine Einladung zur Umkehr an Israel *und* an die Völker und nicht eine christliche Konstruktion, die selektiv die Verheißungen der Bibel auf sich und die Drohworte der Bibel auf Israel bezieht. Jede Israelkritik in der Bibel ist Kirchenkritik, wenn nicht große Teile der Bibel qualitativ durch eine Klassenhermeneutik herabgewürdigt werden sollen.

5. Die jüdische Bibel hat in der rabbinischen Tradition von Talmud und Midrasch, in der mündlichen Tora und im rabbinischen Judentum wie im Neuen Testament und Christentum zwei unterschiedliche Fortsetzungsgeschichten.

Beide bestimmen ihr Verhältnis zur Urschrift der jüdischen Bibel unterschiedlich, prägen seine Folgen in unterschiedlichen Sozialgestalten aus, sind

11 Das Wesen des Judentums, Wiesbaden o. J., 7. Aufl., 184.

12 Martin Noths Schlußsatz zu diesen Jahren 70 bzw. 135 in „Geschichte Israels" (Göttingen 1976): „Damit endete das schauerliche Nachspiel der Geschichte Israels" (406), wird in allen jüdischen Darstellungen der jüdischen Geschichte widerlegt. Israels Geschichte geht weiter. Explizit setzt sich mit diesem christlichen Dogma auseinander: Jochanan Bloch, Judentum in der Krise, Göttingen 1966.

aber zum selben Ziel unterwegs: zur Neuschöpfung, zur Vollendung der Welt, zur Erneuerung des Himmels und der Erden. Das Verhältnis von Judentum und Christentum kann also nie in der Weise bestimmt werden wie die Beziehung des Christentum zu nichtjüdischen Völkern oder Religionen. Mission hat hier keinen Platz. Das Gespräch über die gemeinsame Bibel und ihre unterschiedlichen Interpretationen und Wirkungsgeschichte sind etwas anderes als die Mission unter den Völkern, von der Mt 28, 19 alleine spricht. „Völker" meint dort geradezu Nicht-Israel (Gojim). Die Kirchenordnung der Holländischen Reformierten Kirche (Gespräch mit Israel über die gemeinsame Bibel und Mission unter dem Völkern) 1949, die AG Juden und Christen beim Ev. Kirchentag (1961) und die Rheinische Synode 1980 formulierten deutliche theologische Absagen an die Judenmission.

Die Kirche hat nicht als neues Israel Israel beerbt oder abgelöst. Sie geht – unter Umständen in der Auffassung, daß Gottes Wahrheit auf zweier Zeugen Mund beruht – neben, nicht vor dem nichtverworfenen oder untergangenen jüdischen Volk, dem alle Erwähnungen und alle Verheißungen geblieben sind, auf Gottes kommendes Reich zu: „... der Bund ist mir nicht aufgekündigt worden. Ich liege am Boden, hingestürzt wie diese Steine. Aber aufgekündigt ist mir nicht ... Die Gottestore sind offen für alle. Der Christ braucht nicht durchs Judentum, der Jude nicht durchs Christentum zu gehen, um zu Gott zu kommen," so sagt Martin Buber am 14. Januar 1933 im jüdischen Lehrhaus Stuttgart zu Karl Ludwig Schmidt.[13] Zwei Wochen später war der hier – faktisch zum ersten Mal seit den Zwangsdisputationen des Mittelalters – stattfindende jüdischchristliche Dialog in der Machtübergabe des deutschen Volkes an die Nationalsozialisten und die Deutschnationale Volkspartei erstickt. Die neue Gewaltherrschaft konnte an all jene christlichen Gedanken anknüpfen, die dem jüdischen Volk theologisch keinen Platz in der Geschichte mehr ließen. Der Bogen der Geschichte Gottes mit seinem Volk und den Völkern spannt sich vom Ursprung zum Ziel. Das drückt Karl Barth in seiner Erwählungslehre so aus: „Die Schöpfung ist der äußere Grund des Bundes und der Bund ist der innere Grund der Schöpfung."[14] Dieses Weltkonzept Gottes mit seinem Volk und mit seinen Völkern gibt Gott nicht auf: Die Schöpfung soll so werden, wie Gott sie konzipiert hat.

6. Das Christentum ist (wie der Islam) praeparatio messianica und nicht perfectio messianica, also messianische Vorbereitung und nicht messianische Vollendung.

Das Judentum ist im Christentum nicht verwurzelt wie das Christentum im Judentum – weder historisch noch theologisch oder praktisch. Zur christlichen

13 Buber hat die Perspektive vom jüdischen Friedhof in Worms mit Blick auf den christlichen Dom; aus: R. R. Geis/H.-J. Kraus (Hg.), Versuche des Verstehens, München 1966, 165f.

14 Kirchl. Dogmatik III/1, § 41.

Identität gehört die positive Wahrnehmung und Aufnahme des Judentums, ohne es zu enteignen. Die jüdische Identität besteht ohne positive oder negative Wahrnehmung und Aufnahme des Christentums. So gewiß diese Asymmetrie in der Beziehung ist, nach der das Christentum zur Bestimmung seiner Identität sich mit dem Judentum als seiner Wurzel auseinandersetzen muß, während das Judentum seine Identität ohne Auseinandersetzung mit dem Christentum bestimmen kann, so gewiß gibt es auch vom Judentum aus eine Beziehung zum Christentum.

Der jüdische Theologe Michael Wyschogrod, Inhaber des Lehrstuhls für jüdisch-christlichen Dialog an der New Yorker City Universität, bringt folgendes Argument: Die Erwählung Abrahams und seiner Nachkommen ist bedeutsam als Segen für die Völker (Gen 12, 3): Israel ist kein „Isolationist". Seine Botschaft gilt „to whom it may concern". Die Schenkung Gottes an die Welt geht durch Israel und nicht an Israel vorbei. Aneignung ist möglich, wenn sie nicht mit einer Enteignung verbunden ist. Die Nationen außerhalb von Israel erfahren „Mensch und Geschichte in jüdischen Kategorien", sie sind „in den Umkreis von Israels Glauben hineingekommen".[15]

Das Wort „Partikularität" ist ungeeignet, das Judentum zu kennzeichnen. Die Erwählung Israels ist so partikular wie die Erwählung Jesu von Nazareth. Beide sind aber gerade in ihrer Partikularität universal angelegt und bedeutsam. Yehuda Halevi (1085-1145) beschreibt in seinem Dialog Kusari, der sich im Kontext des Übertrittes des Chasarenkönigs und seiner Oberschicht (7. Jahrhundert an der Wolgamündung) mit den Völkern befaßt, die Aufgabe der Christen und Muslime so: „Diese Völker sind die Vorbereitung und Einleitung zu dem erwarteten Messias, der die Frucht ist und dessen Frucht sie alle werden, wenn sie ihn anerkennen und alles ein Baum wird. Dann werden sie die Wurzel hoch ehren und achten, die sie früher geschmäht ..."[16] Wesentlicher Teil der jüdischen Überlieferung ist es, daß Menschen aus der Völkerwelt Anteil am Reich Gottes haben können. Eine solche positive Verhältnisbestimmung, die nicht von Abgrenzung oder Ausgrenzung lebt, hat das Christentum aus seinen eigenen Traditionen zu entwickeln.

7. Die bleibende Erwählung Israels schafft ein neues Verhältnis zwischen Juden und Christen. Gottes Wahrheit ruht auf zweier Zeugen Mund.

Gegenüber der überwiegend negativen Verhältnisbestimmung des Christentums zum Judentum kennt das Judentum drei positive Verhältnisbestimmungen zum Christentum bzw. zur Völkerwelt. Man kann sagen, daß die jüdische Position, wenn sie sich überhaupt zu dem Verhältnis zur christlichen Kirche äußert (was angesichts deren Machtförmigkeit nie ungefährlich war), den Chri-

15 Ev. Theologie 33 (1973), 224.

16 Aus: H.-J. Schoeps (Hg.), Jüdische Geisteswelt – Zeugnisse aus zwei Jahrtausenden, Darmstadt 1953, 87.

sten nicht per definitionem eine negative, unveränderliche Rolle zuschrieb. Neben den theologischen Versuchen, (a) die Christen (und Muslime) als Vorbereiter der messianischen Zeit zu sehen, gab es auch die Vorstellung (b): Für die Völker gab Gott die noachidischen Gebote, um ihnen den Zugang zu seinem Willen zu ermöglichen.[17] Zum anderen schlägt der Gedanke der Orthopraxie auch in der Hoffnung für die Völker durch (c): „Die Frommen unter den Heiden haben Anteil an der ewigen Seligkeit. Die Frömmigkeit ist hier von der Konfession unabhängig gemacht ... Jedem steht in seines Lebens und in seines Glaubens Bezirk der Weg dazu offen, daß er ein Frommer wird."[18] Wer den Willen Gottes tut – und das sind oft überraschend andere als die, die sich selbst dazu rechnen oder eifrig sind im „Herr, Herr" sagen – den kennt Gott. Das letzte Urteil steht in seiner Barmherzigkeit und Macht am letzten Tag Gott zu. Franz Rosenzweig widmet dieser positiven Verhältnisbestimmung von Israel und den Völkern den dritten Teil seines Buches *Stern der Erlösung*. Das Judentum ist die einzige Glaubensgemeinschaft, die zum Christentum nicht nur von außen spricht, sondern zuerst und vor allem, von innen. Der größere Teil der christlichen Bibel ist mit der jüdischen Bibel identisch. Zentralen Aussagen des christlichen Glaubens (der eine Gott, der die Welt schuf, erhält und erlöst, die Gottebenbildlichkeit des Menschen, die Erwählung Israels in Gottes Bund mit diesem Volk, in der Gabe der Tora und in den Landverheißungen, in der Bekanntgabe, Verständlichkeit und Erfüllbarkeit des Wortes und Willens Gottes) sind elementare Gemeinsamkeiten. Sowohl die Gemeinsamkeiten wie die Differenzen in der Auslegungs- und Wirkungsgeschichte bedürfen des Gespräches. Sie verbieten jede Form von Mission.

8. Auf der einen Seite verbindet der Jude Jesus von Nazareth Juden und Christen. Auf der anderen Seite unterscheidet der christliche Glaube an Jesus, den Christus, d.h. den Messias und Bringer des messianischen Reiches Gottes, Juden und Christen.

Wie kann dieses zweite Faktum durch die Christen so formuliert werden, daß die Christen nicht zu beati possidentes, zu glücklichen Besitzern eines dogmatisch festgezurrten, überlegenen Heilsgutes macht, das zugleich die Juden in eine negative, weil defizitäre Position bringt, die etwas nicht haben, was die Christen haben – und zwar allein zu haben behaupten, und die sich für ihr Rechthaben nicht meinen rechtfertigen zu müssen? Viele mittelalterliche Zwangsdisputationen fragten nach den Inhalten christlicher Dogmatik, die als absolutes Wissen vorausgesetzt wurden. Die gemeinsame Bibel wurde für Juden und Christen vorausgesetzt, aber nur im christlichen Deutungsmonopol akzeptiert. Die Juden saßen auf der Anklagebank und nicht mit den Christen

17 Joel Schwarz, Weisung für die Menschheit, Jerusalem 1988; Klaus Müller, Tora für die Völker. Die noachidischen Gebote und Ansätze zu ihrer Rezeption im Christentum, Berlin 1994.

auf der Schulbank Gottes, um Nachfolge zu lernen. Was für Jesus, seine Jüngerinnen und Jünger sowie für die Apostel selbstverständlich war, ihre Heilige Schrift – und die war nicht das Neue Testament! – zu lesen, ernstzunehmen, auszulegen, zu leben und neu zu interpretieren, wird zur Aufforderung an die heutige Christenheit, sich diesem neutestamentlichen Niveau wieder anzunähern. Vielleicht ist es gut, dies anhand der Kriterien zu tun, die Moses Mendelssohn (in einem Brief an Kaspar Lavater vom 15. 1. 1771) formulierte. Er schreibt, er habe mit vielen Juden keine Schwierigkeiten, „Unschuld" und „sittliche Güte" Jesu anzuerkennen, aber er nennt die ausdrücklichen Bedingungen,

„1. daß er sich nie dem Vater gleichgesetzt,

2. nie für eine Person der Gottheit ausgegeben,

3. daß er sich folglich die Ehre der Anbetung nie angemaßt habe, und dass er endlich

4. nicht die Absicht gehabt, die Religion seiner Väter umzustoßen, so wie er offenbar bei vielen Gelegenheiten das Gegenteil hiervon zu erkennen gegeben zu haben scheint."[19]

Als eine späte christliche Antwort können die zwei Regeln gelten, die Paul van Buren aufgestellt hat: Die erste Regel heißt „Jede der Sache angemessene christologische Aussage, so hoch sie auch sein mag, wird zum Ausdruck bringen müssen, daß sie Gott, dem Vater die Ehre gibt." Die zweite Regel formuliert – ebenfalls unter dem Bezug 1 Kor 15, 28 und die dort festgehaltene Perspektive –: „Jede der Sache angemessene christologische Aussage wird deutlich machen müssen, daß sie eine Bestätigung des Bundes zwischen Gott und Israel ist."[20] Der tschechische Theologe der Böhmischen Brüdergemeinde Josef Hromádka formulierte schon 1922, daß die schwierigste Aufgabe der Theologie es sei, eine Christologie zu formulieren, die den Monotheismus nicht beschädigt.[21]

9. Israel fragt die Kirche nach der Verwirklichung des gemeinsamen Erbes und beide sind gegenüber falschen (religiösen oder säkularen) Messiassen wachsam.

Erst wenn aus der Ablehnung Jesu als des Messias kein definitives und negatives Urteil über die Juden abgeleitet wird, sondern die darin steckende Anfrage an die Christenheit vernommen wird, wenn also das mehrheitliche jüdische Nein zu Jesus als dem Messias verstanden wird als Treue zur Heiligen Schrift, zur jüdischen Bibel, die für die messianische Erneuerung (in vielen bunten Bil-

19 Moses Mendelssohn, Selbstzeugnisse, Tübingen 1979, 115.

20 P. van Buren, A Theology of the Jewish-Christian Reality 3: Christ in Context, San Francisco 1988, XVIIIf.

21 Vgl. M. Stöhr in: E. Blum/Chr. Macholz/E. Stegemann (Hg.), Die Hebräische Bibel und ihre zweifache Nachgeschichte (FS R. Rendtorff), Neukirchen-Vluyn 1990, 677-688; siehe auch oben in diesem Band.

dern, die sie – wie die außerbiblische jüdische Literatur – benutzt) doch klare Kriterien der Verwirklichung festlegt, erst dann ist eine christliche Identität nicht auf Kosten der Juden formuliert.[22]

Das bedeutet ein christliches Nachdenken über die Frage, welches Gewicht diese biblischen Kriterien für das christliche Selbstverständnis haben, obwohl es eine in Israel in zahllosen Auflagen verbreitete Darstellung des Judentums gibt, die nur am Rande von der Messiashoffnung spricht,[23] gibt es in allen Zeiten und Strömungen des Judentums eine Auseinandersetzung um diese Frage – nicht zuletzt deswegen, um wahre Messiasse von falschen unterscheiden zu können. „Wurden Schwerter in Pflugscharen umgeschmiedet? Ist der Krieg von der Erde verschwunden? Für einen Juden zeigen solche Fragen, daß der christliche Messianismus ein vorschneller ist.“ Fackenheim fragt, ob nicht die christliche Auskunft, der Messias komme wieder und dann geschehe die völlige Verwandlung der Welt, die Christen wieder neben die Juden stelle. Beide „müssen warten und arbeiten auf dieser Erde hier – und beten.“[24]

Schon der Pharisäer Gamaliel (Apg 5, 36f) unterwarf die Messiasaspiranten Theudas und Judas dem Kriterium: Verschwinden sie spurlos im Nichts oder aber verwirklicht sich ihr Werk, indem Gott sich zu ihnen bekennt? Bar Kochba (gest. 135), Sabbatai Zwi (1626 – 1676), Jacob Frank (1726 – 1791) oder Rabbi Schneerson (gest. 1994) aus New York wurden für Messiasse gehalten oder hielten sich selbst dafür. Sie genügten aber nicht den jüdischen Kriterien. Diese gelten allgemein, wenn sie auch ihre kritischste Fragerichtung gegen den wirksamsten Messiasglauben entfalten, den christlichen Glauben. Gershom Scholem faßt die Kriterien so zusammen: „Das Judentum hat in allen seinen Formen und Gestaltungen stets an einem Begriff von Erlösung festgehalten, welcher sich in der Öffentlichkeit vollzieht, auf dem Schauplatz der Geschichte und dem Medium der Gemeinschaft, kurz, der sich entscheidend in der Welt des Sichtbaren vollzieht und ohne solche Erscheinung im Sichtbaren nicht gedacht werden kann. Demgegenüber steht im Christentum eine Auffassung, welche die Erlösung als einen Vorgang im geistigen Bereich und im Unsichtbaren begreift, der sich in der Seele, in der Welt jedes einzelnen, abspielt und der eine geheime Verwandlung bewirkt, der nichts Äußeres in der Welt entsprechen muß.“[25]

22 G. Scholem, Zum Verständnis der messianischen Idee im Judentum, in: Judaica 1, Frankfurt a. M. 1963, 7. Scholems Antwort an Gollwitzer: Aus einem Brief an einen protestantischen Theologen, in: Über einige Grundbegriffe des Judentums, Frankfurt a. M. 1970, 168ff; zur religionsgeschichtlichen Einordnung vgl. Sigmund Mowinckel, He That Cometh. The Messianic Concept in the Old Testament and later Judaism, Oxford 1956; E. Stegemann (Hg.), Messiasvorstellungen bei Juden und Christen, Stuttgart u.a. 1993; Nathan P. Levinson, Der Messias, Stuttgart, 1994.

23 I. M. Lau, Wie Juden leben. Glaube – Alltag – Feste, Gütersloh 1988.

24 E. Fackenheim: What is Judaism?, New York 1987, 254ff.

25 G. Scholem, a.a.O., 7.

10. Eine Christologie, eine Glaubenslehre über Christus, reicht nicht als Antwort auf die jüdische Anfrage. Notwendig für das Christsein der Christen und die Welt, in der sie leben, ist Christusnachfolge.

Wie oft ist Jesu Wort „Es ist vollbracht" soteriologisch, ja ekklesiologisch verstanden worden, als sei das ganze Heil der Welt vollendet. Die tiefste Station im Leben Jesu (nicht sein Ende!) wird so mit einer Bedeutungsfülle überfrachtet, die gleichzeitig den Glauben allzu leicht macht. Dieses punktuelle Verständnis von Erlösung wurde durch ein Geschichtsverständnis unterstützt, das z.B. Röm 10, 4 falsch übersetzt, als sei Christus das Ende, nicht das *Ziel* des Gesetzes.

Mt 11, 2-6 berichtet von der Anfrage des inhaftierten Täufers Johannes an Jesus: Bist du, der da kommen soll oder sollen wir eines anderen warten? Jesus antwortet dem Johannes, der in einem Abgrund des Zweifels steckt, der ihm auch die Jesusgestalt und das nahe herbeigekommene, von beiden gemeinsam angekündigte Reich Gottes ad absurdum zu führen drohte, nicht mit einem Messiasbekenntnis oder mit einem Christusdogma. Er verweist wie Lk 4 und wie in den ersten Wundergeschichten der Apostelgeschichte (Totenauferstehung, Gerechtigkeit, Krankenheilung, Befreiung der Gefangenen) auf die Zeichen des nahen Gottesreiches. Es sind öffentliche Zeichen von Veränderungen in der Wirklichkeit der Geschichte. Kranke werden geheilt, Tote auferweckt, Befreiung von Schuld(en) geschieht und den Armen wird die frohe Botschaft verkündet. Tod, Hunger, Krankheit, Gewalt und Gefangenschaft sind nicht religiöse Probleme. Sich ihrer anzunehmen, ist gerade nicht unter der Würde Gottes; die in Widerspruch zu Schöpfung und Zielsetzung der Welt geratene Schöpfung Gottes wird von Gott ernst genommen. So wie Gott nicht ein Problem der Religionen ist, so wie im biblischen Denken der Glaube nicht auf religiöse Fragen antwortet, sondern auf Fragen, die sich jedem Menschen stellen, so ist Gott kein Problem der religiösen Menschen, das angeblich für nichtreligiöse Menschen überhaupt nicht existiert. Franz Rosenzweig schreibt 1913: „Die Einteilung der Menschen in religiöse und nichtreligiöse zieht nicht. Es handelt sich gar nicht um eine besondere Veranlagung, die man hat oder nicht hat, sondern um Fragen, die an jeden Menschen gerichtet werden und denen wir uns nur dadurch entziehen können, daß wir entweder allem Handeln ein Ende machen ... oder, daß wir unseren eigenen Verstand aufgeben und ihn blindlings irgendjemand – sei es einem Menschen, sei es einer Mode, sei es unseren Trieben, sei es dem gesellschaftlichen Milieu – unterordnen."[26]

Der biblische Gott zielt nicht auf Religion, sondern auf menschliches Leben, sucht keine religiösen Bedürfnisse zu wecken oder zu befriedigen. Die biblische Gottesvorstellung hat es mit Gerechtigkeit und Liebe, Freiheit und Recht, mit Menschenwürde und Frieden bzw. mit deren Fehlen oder Unterdrückung zu

26 Briefe und Tagebücher, hg. v. R. Rosenzweig/E. Rosenzweig-Scheinmann, Den Haag, 1979, 132.

tun. Religionen und Religiosität haben in alten und neuen Angeboten heute Konjunktur. Aber Gerechtigkeit oder Frieden müssen jenseits von Mode und Esoterik, jenseits von Gleichgültigkeit und Privatleben verwirklicht werden. „Verwirklichung" – das ist bei Buber und Rosenzweig ein entscheidendes Wort. Dietrich Bonhoeffer hat diese nichtreligiöse Dimension des Glaubens uns erneut eingeschärft. Der Glaube lebt und arbeitet im Leben diesseits der Todesgrenzen, mitten in der Wirklichkeit des Lebens.

Es ist jener Begriff, der die Wirklichkeit Gottes voraussetzt, wie es die Bibel tut und zugleich dessen Wirkungen ins Alltagsleben hineinzieht. Der amerikanische Philosoph und Rabbiner Abraham Joshua Heschel, aus Berlin 1938 vertrieben, Freund und Mitstreiter Martin Luther Kings, charakterisiert den Unterschied zwischen antiken und biblischen Gottesvorstellungen ähnlich wie Martin Luther: „Plato sagt einmal in einem Anflug von Melancholie: Die menschlichen Angelegenheiten sind es kaum wert, daß man sich im Ernst mit ihnen beschäftigt, und dennoch müssen wir es tun; eine beklagenswerte Notwendigkeit zwingt uns dazu ... Die Götter kümmern sich um große Dinge, die kleinen beachten sie nicht, erklärt Cicero. Aristoteles zufolge kümmern sich die Götter überhaupt nicht um die Verteilung von Glück oder um äußerliche Dinge."

Heschel verdeutlicht an vielen Beispielen die Praxis- und Menschenorientierung der biblischen Gottesauffassung. Er schreibt weiter: „Für den hebräischen Propheten jedoch gibt es nichts, das der Beachtung so wert wäre wie die mißliche Lage des Menschen. Ja, Gott selbst wird als einer beschrieben, der über die Not des Menschen nachdenkt und nicht ewige Dinge betrachtet ... Die Lehre des Judentums ist die Theologie des alltäglichen Handelns. Die Bibel betont immer wieder, daß Gott sich um das Alltägliche, um die Kleinigkeiten des Lebens kümmert. Die Sorge des Propheten gilt nicht den Geheimnissen des Himmels oder dem Glanz der Ewigkeit, sondern den Schäden der Gesellschaft und den Geschäften des Marktes. Er wendet sich z.B. an jene, die den Bedürftigen zertreten, den Getreidepreis erhöhen, falsche Gewichte benutzen und den Abfall des Korns verkaufen ..."[27]

Das alltägliche Leben ist ein Sich-Sorgen um das Heil; der Kampf auch um wirtschaftliche Gerechtigkeit ist „schon auf der gleichen Ebene ein Kampf um das Heil", sagt der jüdische Philosoph Emmanuel Lévinas aus Paris.[28] Wo das vergessen wird, entsteht jene Religion, die Napoleon als bequem, ja für die Machtverwaltung und Menschenführung als unentbehrlich begrüßt:

> „Die Religion entrückt die Idee der Gleichheit in den Himmel, was verhindert, daß die Reichen von den Armen massakriert werden ... Wie soll man in einem Staat ohne Religion die Ordnung aufrechterhalten? Die Gesellschaft kann nicht ohne eine Ungleichheit der Vermögen und die Ungleichheit der Vermögen kann nicht ohne die Religion auskommen. Wenn ein

27 Die ungesicherte Freiheit, Neukirchen 1985, 86.

28 Die Zeit und der Andere (Le temps et l'autre), dt. Hamburg ²1989, 35.

Mensch vor Hunger stirbt, während sein Nachbar im Überfluß schwelgt, dann ist es ihm unmöglich, für diesen Unterschied Verständnis zu finden, wenn es nicht eine Autorität gibt, welche ihm sagt: Gott will, daß es so ist; es muß Arme und Reiche der Welt geben; aber in der Ewigkeit schließlich wird alles ganz anders verteilt werden."[29]

Hinter dieser Auffassung steht ein Menschenbild, das Religion oder Gott zum Bedürfnis degradiert, das für die Einteilung der Menschen in Übermenschen und Untermenschen die Religion benötigt, ein Menschenbild also, das eine Welt rechtfertigt, die nicht so ist, wie sie sein soll. Solche Religiosität erzieht zur Anpassung.

Die Herabsetzung von „Gesetz" gegenüber dem „Evangelium" verkennt die grundlegende Einheit des Wortes Gottes in der Bibel. Die paulinische Nomoskritik – vor dem konstitutiven Hintergrund, daß Nomos = Tora = Gesetz „heilig, gerecht und gut" sei (Röm 7, 12), also mit den Gottesprädikaten ausgestattet ist –, kritisiert wie die Propheten jede menschliche Benutzung von Gottes Wort (in jeder Form) gegen seinen Autor und gegen seinen Sinn. Wir haben zu lernen, gerade im Protestantismus, daß das Evangelium in den Händen der Menschen genauso korrumpierbar ist wie das Gesetz. Dietrich Bonhoeffer hat in seiner Bergpredigt-Auslegung („Nachfolge") gerade angesichts des politischen Versagens und des Versagens gegenüber dem jüdischen Volk darauf hingewiesen, in wie erschreckendem Maße das Evangelium billige Gnade, Schleuderware geworden ist, die nichts an Unkosten für die Nachfolge verlangt. Es werden Sünden gerechtfertigt und nicht die Sünder. Wie kommt es zu dieser Herabwürdigung des Gesetzes und der jüdischen Bibel? Wenn Recht und Macht dem Staat und den Mächtigen allein überlassen wird, dann muß ich die darauf bezogenen Gebote der Bibel herabwürdigen, um nicht in Konflikte mit dem Alleinvertretungsanspruch der Macht zu geraten.

Robert Raphael Geis charakterisiert den seit Konstantin sich in der Kirche vollziehenden Prozeß: „Im Glauben, das Imperium zu erobern, wird die Kirche vom Staat erobert ... Der Gewinn auf weltlichem Gebiet mag ungeheuer sein, dennoch ist der wirklich Unterlegene das Evangelium."[30]

11. Der christliche Glaube ist kein Besitz, sondern ein Streit zur Ermittlung der gelebten und zu lebenden Wahrheiten Gottes.

Schon in der Bibel wird „gestritten", die rabbinische Tradition im Judentum und die konziliare im Christentum sind die entscheidenden Faktoren gegen eine Versteinerung der Wahrheit Gottes.

Nicht die Einheit der Christenheit steht am Anfang ihrer Geschichte, sondern die Vielfalt. Es ist nicht zu leugnen, daß die Fülle der Hoheitstitel Jesu, die

29 Zitiert nach G. Casalis, Die richtigen Ideen fallen nicht vom Himmel, Stuttgart u.a. 1980, 52.

30 R. R. Geis, a.a.O., 175.

im Neuen Testament und der urchristlichen Literatur auftauchen, mit unterschiedlichen Messianologien im Judentum zusammenhängen. Jesus wird genannt Menschensohn, Mensch, Freund, Gottessohn, Gottesknecht, Davidsohn, Lamm, Hoherpriester, Rabbi, Prophet, König etc. Das Neue Testament selbst hat keine systematisch zusammenhängende Christologie, sondern entspricht der Vielfalt jüdischer Messianologien in der biblischen und außerbiblischen Tradition des Judentums. Die christliche Ökumene hat in ihrer reichen Vielfalt (zwischen Mennoniten und Orthodoxen, Lutheranern und Katholiken, Quäkern und Nestorianern, Methodisten und Pfingstlern, Hussiten und Schwenkfeldianern etc.) einen ebenso großen, wenn nicht größeren Reichtum an Christusvorstellungen ausgeprägt. Dietrich Ritschl spricht mit Recht von einem Bedeutungs- und Sprachverlust[31], der demgegenüber in der Christenheit eingetreten sei.

Hier berührt sich die jüdische Anfrage mit der christlichen Selbstkritik: Hat nicht eine Reduktion auf die Person des einen Messias stattgefunden? Ist das messianische Reich nicht strukturell mehr als die christliche Personalisierung in der Gestalt eines Messias? Haben wir genügend bedacht, wie rasch, in Ansätzen schon im Neuen Testament, der Titel Christus zum Eigennamen wird, der den reichen Bedeutungsgehalt den Hörern und Lesern der ersten Generation nicht mehr erschließt, weil ihnen all die messianischen Hoffnungsgeschichten der jüdischen, biblischen und außerjüdischen Geschichte sich nicht mehr mit diesem Namen verbanden? Mit diesen Beobachtungen in der Hebräischen Bibel, im Neuen Testament, in der altkirchlichen Christologie (und ihrem Verarmungsprozeß, der auf die Formel „wahrer Mensch – wahrer Gott" zurückgeführt wird) und in dem Ausweitungsprozeß der unendlich vielen ökumenischen Christologien bis zur Gegenwart steckt eine Absage sowohl an den Absolutheitsanspruch einer christlichen Konfession, Kirche und theologischen Schulmeinung wie eine Absage an jeden Absolutheitsanspruch des Christentums. Der Absolutheitsanspruch des Christentums ist die legitime Tochter einer illegitimen Geschichtskonstruktion, die in der Kategorie des Fortschritts des Christentums über das Judentum hinausdenkt (so wie der Islam es noch einmal gegenüber Judentum und Christentum tut).

Schließlich gab und gibt es zwischen Judentum und Christentum zwei ernsthafte Fragen zu diskutieren und in der Praxis zu bewegen: Der Streit um die bessere Gerechtigkeit unter der Fragestellung an den gemeinsamen Gott: Was willst Du, Herr, das wir tun sollen? Und dazu die Frage, wie es denn mit der Ankunft und Gegenwart der messianischen Herrschaft Gottes steht.

Es besteht ein weitgehender Konsens in der neutestamentlichen Forschung, daß es ein wie auch immer zu verstehendes Messiasgeheimnis Jesus gibt, d.h. eine Weigerung oder Zurückhaltung Jesu von Nazareth, sich selbst als den Messias zu proklamieren. Albert Schweitzer hat in einem Brief an Adolf von Harnack seine Position, der der Briefempfänger später beigetreten sein soll, so formuliert, „daß

31 Zur Logik der Theologie, München 1984, 216.

Jesus sich nicht als Messias hingestellt hat, sondern sich als derjenige verstand, der der Messias sein würde, wenn das Himmelreich kommt."

12. Fünfzig Jahre nach der Befreiung des Konzentrationslagers Auschwitz und von der Gewaltherrschaft des Nationalsozialismus können wir dem Leiden des jüdischen Volkes keinen Sinn geben, wohl aber haben wir Antworten eines erneuerten Glaubens und Denkens zu suchen.

Dietrich Bonhoeffer, der am 9. April 1945 als Zeuge der biblischen Botschaft mitten in der politischen Gewalt hingerichtet wurde, schrieb 1940 ein Schuldbekenntnis. Das ist die erste Antwort, die die Christenheit zu geben hat. Er hält schon 1940 fest, daß die Christenheit schuldig geworden sei an den verachtendsten und geringsten Geschwistern Jesu. Ihm liegt weiter daran, daß dieses Schuldbekenntnis ausgesprochen wird, ohne nach der Schuld anderer „zu schielen". Zum Schuldbekenntnis gehört die Schulderkenntnis, die schonungslos und ehrlich danach fragt, warum geschehen konnte, was geschah. Er ist ein Beispiel dafür, daß das notwendige Handeln im gesellschaftlichen und politischen Raum auch die Bereitschaft einschließen muß, Schuld zu übernehmen. Die weiße Weste ist nicht die Uniform der Christen. Auf eine billige Gnade zu hoffen, hat er sich und den Christen untersagt. Zu hoffen und zu vertrauen aber ist auf Gottes Liebe und Gerechtigkeit, der die nicht fallen läßt, die sich in seiner Nachfolge gegen Rechtlosigkeit und Gewalt, gegen Ausgrenzung und Mord stellen. Deshalb kann Dietrich Bonhoeffer in seiner Ethik (!) davon sprechen, daß *der Jude die Christusfrage offenhält*[32]. So sind Juden und Christen miteinander verbunden. Die Völker brauchen Israel. Sie haben eine Verantwortung für Israel. Israel braucht die Völker und es hat eine Verantwortung gegenüber den Völkern. Die leidenschaftliche Frage nach dem Willen und Wort Gottes bewegt Juden und Christen im Blick auf eine verbesserliche Welt. Beide unterliegen der göttlichen und menschlichen Frage nach ihrer Praxis.

Ich schließe mit einer Geschichte. 1933, im Oktober, veröffentlichte die Evangelische Zeitung von Breslau eine Glosse. Sie brachte der Zeitung ein Verbot und dem Redakteur Gefängnis. Dort war zu lesen:

> „Der Gottesdienst beginnt. Der Pfarrer sagt: Alle Nichtarier werden gebeten, die Kirche zu verlassen. Niemand rührt sich. Er wiederholt den Satz. Alles bleibt still. Er sagt zum dritten Mal: Alle Nichtarier werden gebeten, die Kirche zu verlassen! Da steigt Christus vom Kreuz und verläßt die Kirche."

Ich begann damit, darüber nachzudenken, was es für die Christenheit bedeutet, daß Jesus nie seine jüdische Gemeinde verlassen hat. Am Ende müssen wir im Interesse eines Neuanfangs darüber nachdenken, damit Jesus nicht die christliche Gemeinde verläßt.

32 Ethik (Werke 6), München 1992, 95 und 125ff.

Die Auslegung des Neuen Testaments und der zweifache „Sitz im Leben“ *

1. Jeder biblische Text hat nicht nur einen „Sitz im Leben“ seiner Entstehungszeit. Er hat (mindestens) einen weiteren „Sitz im Leben“ der Zeiten, in die hinein er sich auswirkt. Jede historisch-kritische Auslegung des Neuen Testamentes hat kritisch zur Kenntnis zu nehmen, welche realen historischen Auswirkungen ein Text hatte und nicht nur, welche historischen Bedingungen für die Entstehung und die Überlieferung eines Textes maßgebend sind.

Eine Stelle wie z.B. die im ältesten Brief des Paulus (1 Thess 2, 14-16) verknüpft die beginnende Abgrenzung der Christen gegenüber den Juden mit der Tradition der heidnischen, antiken Judenfeindschaft. Diese wirkt in die entstehende christliche Kirche hinein, um ihrerseits „getauft“ (vgl. die Missionspredigten der Apostelgeschichte) und zum christlichen Argument zu werden. Anderen Argumenten der Judenfeindschaft leistet dieses nun in verschiedener Weise Unterstützung:

– affirmativ und additiv bestätigt es, was aus anderen Quellen und Motiven gegen Juden behauptet wird,

– es legitimiert mit dem Gewicht einer theologischen Aussage (die in sich historische Fakten weiterzugeben behauptet: „... die Juden, die den Herrn Jesus und die Propheten getötet und uns vertrieben haben ...“; 1 Thess 2, 15) umlaufende Einstellungen und Volksweisheiten gegen die Juden.[1]

– es gibt die Schuld an der sich abzeichnenden Trennung von Juden und Christen, die Lösung der Christen aus dem jüdischen Kontext und der Verwurzelung in Israel nur der einen, der jüdischen Seite,

– es läßt die Trennung und Enterbung Israels durch die Kirche alternativlos und notwendig erscheinen,

– es setzt die Widerstandskraft gegen die Judenfeindschaft und ihre Vorurteile dadurch herab, daß es einen offenen oder geheimen Konsensus zwischen verschiedenen Motiven der Judenfeindschaft stiftet.

* Vortrag auf der Internationalen Holocaust-Konferenz in Philadelphia am 17.10.1978 gehalten als Korreferat; zuerst veröffentlicht in: Freiburger Rundbrief. Beiträge zur christlich-jüdischen Begegnung, 30 (1978), 89-92.

1 Zum ganzen Problem der neutestamentlichen Judenfeindschaft vgl. W. P. Eckert/N. P. Levinson/M. Stöhr, Antijudaismus im Neuen Testament?, München 1967; und Ch. Klein, Theologie und Antijudaismus. Eine Studie zur deutschen theologischen Literatur der Gegenwart, München 1975; F.-W. Marquardt, „Feinde um unseretwillen“ – Das jüdische Nein und die christliche Theologie, in: Treue zur Thora. Beiträge zum christlich-jüdischen Gespräch, hg. v. Peter v. d. Osten-Sacken, Berlin 1977.

Unkritische Leser des Paulus (1 Thess 2, 14 ff) oder des Johannes-Evangeliums (z.B. 8, 44 ff), Hörer der Matthäus-Passion von J.-S. Bach, Betrachter des Schauspiels in Oberammergau und Hörer jeder beliebigen Passionspredigt werden in eine partielle Übereinstimmung (bewußt oder unbewußt) mit den tödlichsten Traditionen der Judenfeindschaft gebracht. (Hitler: „Indem ich mich der Juden erwehre, kämpfe ich für das Werk des Herrn"). Auschwitz ist ein wirklicher „Sitz im Leben" der neutestamentlichen Botschaft – auch für die Hörer, die Prediger und die Wissenschaftler des Neuen Testamentes.[2]

Die entscheidende Kategorie, die biblische Botschaft zu verstehen, heisst nach Martin Buber und Franz Rosenzweig „Verwirklichung". Das bedeutet auch, daß jede Hermeneutik des Neuen Testamentes nicht in unschuldigen Schritten die Geschichte zwischen dem Leser heute und dem Autor damals überspringen kann. Verstehen und Verwirklichung des Textes haben in Rechnung zu stellen, welche Verständnisse und Auswirkungen der Text in der Geschichte hatte.

2. Die „antijüdische Sprache der Hermeneutik und der pädagogischen und liturgischen Materialien" ist zu überwinden[3]:

a) Antijüdisch werden neutestamentliche Stellen ausgelegt, wenn sie Worte oder Handlungen Jesu als eine qualitativ neue Position beschreiben. Dabei ist übersehen, daß radikalisierende Auslegungen, die quantitativ, aber nicht qualitativ über bisher bezogene Positionen hinausgingen, sowohl der prophetischen Tradition wie der Talmud-Diskussion (vgl. den „milden" Hillel contra den „radikaleren" Schammai!) im Judentum vertraut sind. Verschiedene Ereignisse zu verschiedenen Zeiten in verschiedenen Bedeutungen: Exodus, Sinai, Exil, Rückkehr, Kreuz und Auferstehung.

b) Der Umgang Jesu mit Huren oder Zöllnern oder seine Äußerung, daß der Sabbat für den Menschen, aber nicht der Mensch für den Sabbat da sei (Markus 2, 13), ist nicht auf die generelle Formel „Jesus contra Establishment" zu bringen. Es gibt kein neutestamentliches Argument, das es den Christen erlaubt, bei dieser falschen Alternative sich selbstverständlich auf die Seite Jesu zu stellen und die Inkarnation des Establishments im Judentum zu sehen. An dieser Stelle treffen sich alte judenfeindliche Einstellungen der Christen mit modernen bzw. modischen judenfeindlichen Haltungen. Sie treffen sich auf der Basis der Substitutionslehre, nach der die Kirche Israel in der Geschichte abgelöst hat.

c) Es ist festzuhalten und auszusprechen, daß z.B. Paulus übersieht, daß in seiner Zeit auch Menschen ohne Bindung an Jesus Christus glauben, von Gottes Gnade und Liebe leben und dies bekennen. „Bevor der Glaube kam" (Gal

2 Eliezer Berkovits, Faith after the Holocaust, New York 1973; Eva Fleischner (ed.), Auschwitz – Beginning of a New Era? Reflections on the Holocaust, New York 1974.

3 Rosemary Ruether, Nächstenliebe und Brudermord. Die theologischen Wurzeln des Antisemitismus, München 1978, 242.

3, 23) ist eine absolutistische Redeweise, die deswegen falsch ist, weil vor, neben und nach Paulus im Judentum Glauben an denselben Gott vorhanden ist.[4]

d) Konsequent ist von „der Schrift" zu sprechen, wenn z.B. über „Paulus und das Alte Testament" gehandelt wird. Paulus kannte kein Altes Testament. Er kannte die für ihn verbindliche Heilige Schrift, also die Hebräische Bibel. Sie lag seinem eigenen Leben, seiner theologischen Arbeit wie dem Leben der von ihm besuchten oder gegründeten Gemeinden zugrunde. Historisch exakte Arbeit kann den sehr viel später entstehenden Begriff „Altes Testament" nicht in eine Zeit zurückprojizieren, in der es ein Altes Testament mit seinem nun einmal christlich geprägten Kontext nicht gab.[5]

e) Ich muß fragen, ob nicht auch ein Schleier (2 Kor 3, 15) auf Geist und Schriftverständnis der Christen liegt, wenn weder die Geschichte Israels noch die Geschichte der Christenheit in Christus (Röm 10, 4) an ihr Ende kamen? Blicke ich auf Petrus, Maria, Thomas wie auf Chrysostomus und Luther, so kann ich die Frage nur bejahend beantworten.

3. Christen sollten für ihre Auslegung des Neuen Testamentes bei der talmudischen Diskussion in die Schule gehen. Im babylonischen Talmud z.B. sind über eintausend Namen von Gläubigen festgehalten, die sich an der Auslegung der Schrift in Mischna und Gemara beteiligten. Es sind konträre und weiterführende Stimmen, starke und schwache Argumente, die hier laut werden. Der Respekt läßt alle gelten. Die eigene Meinung gilt mehr als die „Tyrannei der Einheit".[6]

Die Struktur des Gesprächs und der Auslegung ist bei aller Schärfe per definitionem antiautoritär in dem Sinne, daß nicht eine Schule, nicht ein Lehrer oder eine Interpretation Recht hat oder das Recht seiner Position durch Macht absichern darf. Es gibt kein Interpretationsmonopol – auch nicht im Neuen Testament, wenn es die Hebräische Bibel zitiert oder kommentiert.[7]

Die Suche nach einem Kanon im Kanon möchte mehr als den „Schatz in irdenen Gefäßen" (2 Kor 4, 7). Sie verlangt ein Gefäß, dessen Festigkeit überall und immer unabhängig vom Leben des Inhalts garantiert ist. Es muß auch die Exegeten nachdenklich stimmen, wenn Untersuchungen der Vorurteils- und Friedensforschung im Blick auf Militarismus, Ethnozentrismus oder Rassismus von der Verbindung einer dogmatischen Glaubensstruktur mit einem „authoritarian-punitive complex"[8] sprechen. Die Ergebnisse der Christenheit erscheinen vielen Beobachtern als das Gegenteil der Liebe, deren Religion das Christentum – oft gegen das Judentum definiert – sein will. Das Christentum ist nicht nur in den

4 Peter v. d. Osten-Sacken, Von der Notwendigkeit theologischen Besitzverzichts (Nachwort zum Band von R. Ruether, a.a.O., 250).

5 P. v. d. Osten-Sacken, a.a.O., 247.

6 Rosemary Ruether, Nächstenliebe und Brudermord, 243.

7 Walter Bauer, Rechtgläubigkeit und Ketzerei, Tübingen 1937.

8 Elbert W. Russell, Christianity and Militarism, in: Peace Research Review IV/3 November 1971, Oakville-Ontario.

„authoritarian-punitive complex" verwickelt. Es produzierte ihn mit durch seine orthodoxe, fundamentalistische Ausprägung des Glaubens.

Die Juden waren die ersten, wenn auch nicht die einzigen, die den christlichen Absolutheitsanspruch und seine Verbindung mit Macht zu spüren bekamen. Die Dogmenbildung, die gerade auf den großen ökumenischen Konzilien nicht ohne kaiserliche Gewalt und politische Interessen erfolgte, fror den lebendigen Diskussionsprozeß zwischen Juden und Christen ein. Abweichende Christologien, die weniger triumphalistisch waren, und Ethiken wurden ebenso verfolgt und nicht selten von der siegreichen Reichskirche ausgelöscht.

Beim Vergleich der Gesprächsstruktur des Talmuds (die auf eine lange Tradition vor der schriftlichen Fixierung zurückgeht) mit der Exegese des Neuen Testaments ist zu lernen: Tora und Evangelium, Talmud und Tradition sind zugleich offene, d.h. immer neu zu gewinnende Inhalte und offene, d.h. immer neu zu leistende Prozesse. Das bedeutet: Es gibt ein Recht auf Sachkritik, das Aussagen und Diskussionsbeiträge neutestamentlicher Autoren geschichtlich verstehen und für heute als falsch bezeichnen muß (z.B. Joh 8, 37-47).

4. Zur Zeit des zweiten Tempels gab es im Judentum eine Fülle von verschiedenen Strömungen. Ihre unterschiedlichen Profile ergaben sich sowohl aus der unterschiedlichen Interpretation der Schrift als auch aus unterschiedlichen Situationen. Pharisäer, Essener, Sadduzäer und Zeloten sind Beispiele.

Allen war die Übersetzung der Schrift in die Praxis des Lernens und des Lebens wichtig, aber sie wandten sich im reichen Kosmos der Schrift unterschiedlichen Schwerpunkten zu. Sie stellten kollektiv dar, was in der Synagoge oder in der Talmud-Schule die einzelnen Teilnehmer am Auslegungsprozeß der Schrift auch darstellten: Teilnehmer am Dialog mit Gott über die Gestaltung aller Bereiche des ganzen Lebens.

Exegese heißt in diesem Zusammenhang, nach dem Tun der Wahrheit zu fragen, eine Frage, die auch die Grundfrage neutestamentlicher Exegese ist. Auch wenn das methodische Instrumentarium heute sehr viel reicher ist als zur Zeit des zweiten Tempels, ist doch nicht zu vergessen, daß Subjekte der Exegese einzelne (gelehrte und ungelehrte) und kollektive Strömungen und Denominationen im Judentum und Christentum sind und sich gegenseitig bereichern und kritisch befragen. Sie wirken als „kollektive Rabbiner", ausgestreut über alle Länder und alle Zeiten. Sie liegen mit Recht im Streit um die theologische und praktische Auslegung der biblischen Botschaft und um das theoretische und praktische Verhältnis zur gesamten Wirklichkeit.

5. Was bedeutet es für die Exegese des Neuen Testamentes, daß die Heilige Schrift Jesu und der Apostel die Hebräische Bibel war? Wir haben nicht das Recht, das Neue Testament zur einzigen Brille zu machen, durch die wir die Hebräische Bibel lesen. Das Neue Testament wird stärker von der Hebräischen Bibel programmiert und legitimiert (historisch wie theologisch) als die Hebräische Bibel vom Neuen Testament.

Wir haben jene Linie im Neuen Testament zu unterstreichen, die das Neue (neon) nicht als etwas qualitativ Neues (Kainon) versteht, sondern als eine Erneuerung, für die die Hebräische Bibel als Erfahrung der Geschichte Exodus und Rückkehr aus dem Exil kennt.

Die radikale und totale Erneuerung ist zentraler Inhalt der den Juden wie den Christen gemeinsamen Hoffnung auf einen neuen Himmel und eine neue Erde (Jes 43, 18f. und Offb 21, 5). Die Hoffnung auf die Wiederkunft Christi bedeutet für die Christen Verzicht auf jeden exegetischen Triumphalismus.[9] Aus biblischen und dogmatischen Gründen ist es den Christen nicht möglich, sich die Erfüllung der Hoffnung und den Juden die Nichterfüllung zuzuschreiben.

Die Exegese des Neuen Testamentes hat festzuhalten, daß nach der jüdischen Tradition und nach dem Judentum der Messias und das messianische Reich zusammengehören. Die von den Christen von der Hoffnung auf das messianische Reich abgekoppelte Hoffnung auf die Wiederkunft Christi gehörte für die neutestamentlichen Autoren in den unmittelbaren Zusammenhang mit dem Auftreten Jesu. Das Ausbleiben des messianischen Reiches mit dem Weltende ist einer der Faktoren, eine absolutistische Christologie auszubauen. Nach Meinung der Christen muß Christus im dogmatischen Anspruch jetzt alles das leisten, was das real ausgebliebene messianische Reich (noch) nicht gebracht hatte. Genau an dieser Stelle ist der Hinweis auf Israels bleibenden Reichtum und auf die Bescheidenheit der Christen auch nach Kreuz und Auferstehung in Römer 9-11 wichtig.

Der faktische Verlauf der Kirchengeschichte teilte asymetrisch den Christen Macht und den Juden Ohnmacht zu, was die Christen stärker von den Juden trennte als die Differenzen des Glaubens. Die Vernunft der Geschichte aber in ihrem faktischen Verlauf zu entdecken und bei den Siegern anzusiedeln, führt zu dem theologisch illegitimen Versuch, die antijudaistische Abgrenzung für die christliche Theologie als „essentiell"[10] zu bezeichnen. Die Exegese des Neuen Testamentes wird sich im Blick auf Römer 9-11 und die Naherwartung des Endes vor solchem historischen Materialismus hüten müssen.

Weil die Hebräische Bibel die Bibel Jesu und der Apostel war, gehört zu jeder exegetischen Arbeit am Neuen Testament die Aufarbeitung der gesamtbiblischen Bezüge. Konkret: Das Neue Testament kann von vielen z.B. sozialethischen und politischen Dimensionen des biblischen Glaubens schweigen, weil diese Dimensionen als selbstverständlich bekannt vorausgesetzt waren. Unsere christliche Tradition, das Neue Testament für sich allein zu lesen, führ-

9 Albert H. Friedlander, Christliche Theologie und Antijudaismus. Die Kategorie „Alt – Neu" in der Hebräischen Bibel und Tradition, in: Ev. Theologie 37 (1977), 502ff; J. F. Conrad, Das Neue an Jesus, in: H. H. Henrix/M. Stöhr, Exodus und Kreuz im ökumenischen Dialog zwischen Juden und Christen, Aachen 1978, 154ff; Ekkehard Stegemann, Alt und Neu bei Paulus und in den Deutero-Paulinen (Kol-Eph), in: Ev. Theologie 37 (1977), 502ff.

10 U. Wilckens, Das Neue Testament und die Juden. Antwort an David Flusser, in: Ev. Theologie 34 (1974), 611.

te dazu, daß wir von der biblischen Tradition Jesu und seiner Zeitgenossen stärker uns entfernt haben, als sich Jesus von seiner Heiligen Schrift entfernte.

6. Man kann das Neue Testament als einen Midrasch (unter verschiedenen) zur Hebräischen Bibel und den sie begleitenden Auslegungs- und Lebensprozeß verstehen. Es enthält neue Erfahrungen und Verwirklichung des Glaubens, z.B. in der Reich-Gottes-Predigt Jesu und in der Gemeindebildung. Davon wird in *halacha*- und *aggada*-ähnlichen Formen berichtet. Diese neuen Erfahrungen und neuen Verwirklichungen geraten in partielle Konflikte mit anderen Erfahrungen individueller und kollektiver Lern- und Lebensrichtungen (vgl. These 3). Jede Exegese des Neuen Testaments hat darauf zu achten, Polemiken und Frontstellungen der damaligen Zeit nicht asynchron in andere Zeiten zu versetzen. Die Polemik Jesu mit den Pharisäern war auch ein innerpharisäischer Streit.

Die Auseinandersetzung ging um Orthopraxie und nicht um Orthodoxie. Die Festschreibung damals aktueller und notwendiger polemischer Frontstellungen in dogmatischen Äußerungen der christlichen Tradition z.B. über das Gesetz, die Juden, das wahre Israel

– übersieht die polemische und selbstkritische Tradition der Hebräischen Bibel und der mündlichen Tradition,
– bringt die Christen um das biblische Potential an Kritik und Selbstkritik, indem aus lebendigen Gesprächspartnern Projektionen ohne Geschichte und lebendige Präsenz werden,
– bricht den Dialog ab, indem ein Heilsweg oder eine neue Wahrheit für absolut erklärt wird.

Exegetische Arbeit am Neuen Testament hat ernst zu nehmen, daß die Hebräische Bibel zwei lebendige Fortsetzungsgeschichten hat: im Judentum und im Christentum. Diese Einsicht macht sie kritisch

– gegen geschichtsphilosophische und dogmatische Prämissen, die vom Ende Israels oder der Geschichte sprechen (Röm 10, 4),
– gegen theologische Interpretationen historischer Ereignisse (z.B. der Zerstörung Jerusalems im Jahre 70),
– gegen den Alleinvertretungsanspruch des Christentums (oder des Islam), die einzig legitime Fortsetzung der in Abraham angefangenen Geschichte Gottes mit seinem Volk zu sein.

Eine solche Einsicht sucht das Gespräch mit dem Judentum und seiner Auslegungsgeschichte der Bibel. In die jüdische Schule zu gehen bedeutet für Christen, das Fundament des Neuen Testamentes und damit des eigenen Glaubens als Korrektiv und Bereicherung zu entdecken.

Plädoyer für eine christliche Gesetzlichkeit

Zu Jakobus 2, 1-13 *

I Zur Hermeneutik der Wirklichkeit und der Verwirklichung

Von Luther wird oft nur zitiert, daß er den Jakobusbrief für eine recht „strohherne Epistel" hielt. Er hat sich auch positiv geäußert. Er plädiert mit großer Freiheit für eine kritische Beurteilung der biblischen Schriften. Diese zu respektieren fordert Freiheit und nicht Unterwürfigkeit. „Den Brief des Jakobus, obwohl von den Alten verworfen, lobe ich und halte ihn doch für gut, und zwar deshalb, weil er gar keine Menschenlehre setzt und Gottes Gesetz hart treibt." Aber er hält ihn nicht für apostolisch, weil er „stracks wider Paulus" und dessen Rechtfertigungslehre ist, Abrahams Glauben (Gen 15, 6) falsch, weil nicht wie Röm 4 interpretiert und weil er von Christi Leiden und Auferstehung schweigt. Diesen „rechten Prüfstein" darf ein „rechter Apostel" nicht außer acht lassen: „Alle Bücher zu beurteilen, wenn man sieht, ob sie Christus treiben oder nicht".[1] Mit diesem Maßstab müßten auch Petrus und Paulus kritisiert werden. Daran gemessen könnten Judas und Herodes Christus „treiben"!

Die hermeneutischen Schlüssel seiner Bibelkritik sind Christozentrik und Rechtfertigungslehre. Das von Luther praktizierte kritische Verständnis der Bibel stellt er zugleich still. Mit seiner Hermeneutik dogmatischer Materialprinzipien bringt sich die Theologie um jene lebendige Aufgabe, ihre Botschaft am ersten Sitz im Leben präzise zu erforschen und am dritten Sitz, in der Gegenwart, lebendig und laut werden zu lassen, nicht ohne den zweiten Sitz im Leben eines jeden Textes, die Wirkungsgeschichte, auch kritisch bearbeitet zu haben. Die drei Zeiten und Prägekräfte für den biblischen Text sowie dessen Prägekräfte in die drei Zeiten des Ursprungs, der Wirkung und der erneuerten Vergegenwärtigung zu analysieren, bleibt exegetisches Handwerk und in einer Hand. Wer hier Arbeitsteilung betreibt, historisiert oder dogmatisiert den Text, macht ihn zum erbaulichen Aufhänger und übersieht die Opfer z. B. einer antifeministischen bzw. antijüdischen Wirkungsgeschichte.

Wer kann denn mit „dem Dürftigsten" zufrieden sein und darin den „Triumph der wahren Wissenschaftlichkeit" sehen? Die biblischen Texte sind „zum Reden zu bringen, koste es was es wolle, (das ist) eine letzte und tiefste Kulturangelegenheit". Man hat uns auf der Universität „nichts als die bezeichnete 'Ehrfurcht vor der Geschichte' beigebracht, die trotz des schönen Ausdrucks einfach den Verzicht auf jedes ernsthafte, ehrfürchtige Verstehen und

* Zuerst in: Ulrike Bail/Renate Jost (Hg.), Gott an den Rändern. Sozialgeschichtliche Perspektiven auf die Bibel, Chr. Kaiser/Gütersloher Verlagshaus, Gütersloh 1996, 143-151.

1 WA 7, 384.

Erklären bedeutet". Es könne doch wohl nicht angehen, fährt Karl Barth fort, am Ende statt eigener Bemühung, dem Praktischen Theologen „Niebergall das Wort (zu) erteilen?"[2]

Wirksam wurde im Protestantismus Luthers Verachtung der guten Werke. Eine sich die Kosten der Nachfolge ersparende Christenheit hielt für jüdische (römische, schwärmerische oder türkische) Gesetzlichkeit, was schlicht der Ruf in die Nachfolge ist. „Wo aber der Widerstand gegen Kirchenstaat, Schwärmerei um Judaismus umschlägt in die kollektive Verteufelung von Papisten, Täufern und Juden, da ist der fatale Punkt erreicht, daß die Entdeckung der Teufelsmacht zur Schwäche und Gefahr wird."[3] Eine sozialgeschichtliche Bibelauslegung, wie sie Willy Schottroff betreibt, wird dankenswerterweise den drei Kontexten, der Wirklichkeit des biblischen Texte, seiner Wirkungsgeschichte und der Verwirklichung in der Gegenwart gerecht.

In den altkirchlichen Perikopenreihen tauchen nur (für Kantate und Rogate) die Abschnitte Jakobus 1, 17-21 und 1, 22-27 auf. Die Sozialkritik anderer Abschnitte geriet erst in die Perikopenreihen der Neuzeit – ein Zeichen dafür, wie Christen und Kirchen dipsychoi, Leute und Gemeinde mit „zwei Seelen" (ach? in ihrer Brust) sind. Dietrich Bonhoeffer verlangt hier „Einfalt und Klugheit". Einfalt bedeutet: „Ich bin nicht gefesselt durch Prinzipien, sondern gebunden durch die Liebe zu Gott ..., freigeworden zur ethischen Entscheidung". „Klug ist, wer die Wirklichkeit sieht, wie sie ist." So nur geschieht „Ethik als Gestaltung".[4]

II Ein konziliarer Prozeß über Generationen

Die jüdische Dialog- und Streitkultur, wie sie z.B. in Talmud und Midrasch unter der Erwähnung von Hunderten von Beteiligten überliefert ist, hat ihre christliche Parallele im konziliaren Streitgespräch. Hier werden Disputationen praktiziert und geschätzt und doch nicht selten – vor allem seit Konstantin – an die Macht verraten. Die Autorität der Wahrheit empfing dann die Christenheit zu ihren und ihres Kontextes Schaden als Wahrheit der Autorität. Jakobus ist eines ihrer Opfer, mitsamt seiner Botschaft vom Gesetz der Freiheit.

Dabei steht er in der Kette der Tradition, die die jüdische Überlieferung der Weisheit, hier vor allem Jesus Sirach, hört, neu formuliert und weitergibt. Er sieht auf die Wirkungsgeschichte einer liberalistischen Ausweitung paulinischer Predigt und auf postpaulinische Beliebigkeit in der Lebens- und Gemeindepraxis. „Erlösung" und „Rechtfertigung" konnten offensichtlich als nur virtuelle Wirklichkeiten verstanden werden, real nur auf dem Bildschirm der Seele und des Gehirns, projiziert auf die dunkle Folie eines Lebens nur nach dem Tode;

2 Karl Barth, Der Römerbrief (Vorwort zur 2. Auflage), München ^{4}1926, XIII.

3 Heiko A. Oberman, Luther, Mensch zwischen Gott und Teufel, München 1986, 314.

4 D. Bonhoeffer, Ethik (DBW 6), München 1992, 67.

nicht praktiziert im Leben vor dem Tode mit seinen harten Brüchen zwischen Wort und Tat, arm und reich, krank und gesund, Lüge und Wahrheit, Prominenz und Kirchenmaus, Lebensweisheit und Dummheit, kurz im christlichen Alltag mit der Dipsychologie (1, 8 und 4, 8), die Jakobus behandelt. Die „vollkommene Tora der Freiheit" (1, 25) ist ebenso zu tun, wie sie zu hören ist. Sie macht die Täter und Täterinnen des Wortes zu „Erstlingen seiner Schöpfung" (1, 18), arbeitet durch sie im Stab Gottes an dessen Erneuerung des Himmels und der Erde.

Jakobus liebt und lebt die Denkfigur der Bergpredigt, in der das Alte gerade nicht antithetisch außer Kraft gesetzt wird, sondern bekräftigt wird, um dann kraftvoll und mündig zu sagen: Ich aber sage euch ... Ihr habt gehört, daß in der Weisheitstradition, daß durch Paulus zu den Alten gesagt ist ... Ich aber sage euch: Soll das Alte nicht nur bewahrt, sondern auch bewährt werden, dann muß es neu zugespitzt und vor allem getan werden.

Ein konziliarer Prozeß über die Generationen ist notwendig, weil die weiseste Weisheit, der paulinischste Paulus und das lutherischste Luthertum ihre Schätze, Gottes Wort, als Menschenwerk auch nur in „irdenen", also in höchst zerbrechlichen „Gefäßen" haben. Und Jakobus hat diese zerbrechen sehen, als Gemeinden sich auf ihnen zur Ruhe setzten.

Wurde Judas im christlichen Verständnis zum Typos des jüdischen geldabhängigen Verräters und damit zu einem für die Christenheit beliebten Sündenbock, so trug Jakobus die Folgen einer christlichen Mißachtung der Tora. Er wurde auch nicht ernst genommen. Luthers Gründe wurden genannt, die der römisch-katholischen Christenheit liegen in dem gesteigerten Interesse an Jak 5, 13-16 und dem dort gefundenen Sakrament der letzten Ölung. Die Suche nach einem Proprium, hier Rechtfertigung, dort Sakramentsverständnis, verstellt das eigentliche Proprium, die Tora der Freiheit (2, 12).

III Mächtige und Ohnmächtige in einer Gemeinde

Arme und Reiche sind gleich in den Augen Gottes. Das gemeindlich und sozial umzusetzen, bedeutet die Armen zu erhöhen und die Reichen auf ihr wahres Menschenmaß zu reduzieren (was nicht „demütigen" heißt!).

Was für die Rechtsfindung gilt, gilt für die Praxis der Gemeinde, die „Person ist nicht anzusehen" (Ex 19, 15; Dtn 1, 17; Ps 82, 2). Gott setzt für Richter und Gemeinde die Maßstäbe (1 Petr 1, 17): Er richtet ohne Ansehen der Person.

Wenn Weisheit der Tora gleichgesetzt ist (Sir 24, 23), dann ist es auch die Tora, die im Jakobusbrief die Gemeinderegel stellt, die als Weisheit, als Existenzwissen (im Unterschied zum Faktenwissen der Alltagsarbeit und Berufe) den Armen einen Sitzplatz „mitten unter den Fürsten gibt. Viele Unterdrückte haben schon den Thron bestiegen, und eine Krone tragen solche, an die niemand gedacht hatte" (Sir 11, 15).

Die „natürlichen" Regeln sind hierarchisch, das ihnen entsprechende Verhalten ist Unterwürfigkeit oder Anpassung. Die „unnatürlichen" Regeln werden deshalb „Tora der Freiheit" (1, 25 u.a.), „königliche Tora" (2,8) genannt, weil sie von dem naturwüchsigen, dem sozialdarwinistischen Gesetz von oben und unten, von Selektion und Höherschätzung der tüchtigen, von dem „Wie du mir, so ich dir" befreit. Die „königliche Tora" nennt die Rechts- und Lebensquelle. Es ist der „Herr der Herrlichkeit" – ein zeitgenössisch oft gebrauchter Gottesname (z.B. Hen 25, 3; 40, 3; 63, 2), der auch zum Namen Jesu Christi wird (2, 1), ohne nicht mehr der Name Gottes zu sein (1 Kor 2, 8). Gott und Christus sind gerade nicht dipsychoi (1, 8 und 4, 8), sondern „ein Herz und eine Seele". Christus lebt, will und wirkt nichts anderes als was Gott lebt, will und wirkt.

Die Einheit der Tora – Jakobus zitiert in 2, 11 Beispiele – ist in der Einheit Gottes begründet, und diese ist nicht durch das Erscheinen Christi gefährdet, korrigiert oder aufgesprengt, sondern bestätigt. Dasselbe gilt von der Schrift. Sie ist in ihrer konziliaren Widersprüchlichkeit eine, wie auch Gottes- und Nächstenliebe zusammengehören (2, 13).

In dieser Tiefe ist die eingeforderte und mögliche Einheit von Wort und Tat verankert. 2, 10 ist auch positiv zu verstehen: Wer ein Gebot hält, hält die ganze Tora – analog zu dem rabbinischen Satz „Wer einen Menschen rettet, rettet die ganze Menschheit" (Mischna Sanhedrin 4, 5). Eine solche konkretisierende Diversifizierung der Tora macht das Joch der Tora leicht und ein selektierendes Materialprinzip unerträglich.

Das Beispiel von Willi Marxsen zeigt, wie Dogmen an die Stelle der Lebensberatung treten.[5] Nach Marxsen ist die Rede von einem „Glauben an Tatsachen im Sinne eines bloßen Für-wahr-Haltens" (Jakobus). „In der Tat enthält das ganze Schreiben keine spezifisch christlichen Gedanken." Die jüdische Vorlage wurde „fast gar nicht christianisiert", als ob die hebräische Bibel als Bibel der Christenheit „christianisiert" werden dürfe. Sie wurde und wird sowohl unter Juden wie unter Christen wie zwischen Juden und Christen unterschiedlich ausgelegt. „Es fehlt ein echter Indikativ, der den Imperativ begründet". Marxsen sieht die Gefahr „einer isolierten Ethik, eines reinen Nominalismus" auftauchen. Der Glaube ist nur noch „eine Welt- (bzw. Gottes-) Anschauung". Den vernichtenden Urteilen fügt er als letztes hinzu, der Brief sei „katholisch", „da Glaube kaum etwas anderes heißt als Zugehörigkeit zur Gemeinde, mit der zusammen man dasselbe (nicht: an denselben!) glaubt".

Vergessen ist, daß „Mose und die Propheten" gemeinsam Ausgangs- und Bezugspunkte sowohl für die jüdische wie für die christliche Gemeinde sind, gerade auch da, wo es zum Streit um die messianische Auslegung der hebräischen Bibel kommt. Wort und Tat, Existenz und Praxis, Hören und Tun, Loben und Danken, Bitten und Zurechtweisen, Kritisieren und Orientieren sind gleichwertige Gestalten des vielgestaltigen Gottesdienstes und Gotteswortes. Und die stehen zu Lebzeiten der Gemeinde im Dienst der göttlichen und

5 Willi Marxsen, Einleitung in das Neue Testament, Gütersloh [3]1964, 193-197.

menschlichen Barmherzigkeit, die allem vorangeht, die alles qualifiziert. „Barmherzigkeit triumphiert über das Gericht" (2, 13). Damit ist die biblische, also auch jüdische Asymmetrie genannt, die Gottes Erbarmen unvergleichlich größer und wirksamer sein läßt als unser Verhalten (vgl. Ps 103, 11). Diese prioritäre Barmherzigkeit ist nicht gering zu achten, denn die Folgen böser Taten sind bis in die 4. Generation, die guter Taten bis in die 1000. Generation wirksam (Ex 20, 6).

Ein vorrangiges positives Verständnis des Gesetzes beruht also auf einem allem menschlichen Tun vorangehenden Erbarmen Gottes. Luthers Wort, man könne nicht erkennen, „welcher ein Christ vor einem Heiden oder Juden sey" (WA 36, 9), wo man die Kunst nicht beherrsche, Gesetz und Evangelium zu unterscheiden, zeigt die Feindbilder produzierende, ja Feindbilder benötigende Grundlage eines Christentums, das die gewünschte Geltung der allem vorauslaufenden Barmherzigkeit Gottes gerade dort nicht gelten läßt, wo es um die Beziehungen zu Nichtchristen und deren Beurteilung geht, gerade dort, wo diese Beziehungen durch Gemeinsamkeit, Widerspruch oder Abgrenzung charakterisiert sind. Charakterisiert sein dürfen sie sowohl angesichts der göttlichen Barmherzigkeit wie dem ihm vorbehaltenen Gericht des letzten Urteils nie durch ein derartiges „Prinzip", das sowohl Tora wie Evangelium begrenzt. Es ist ein Irrtum zu meinen, „Das Gesetz deckt die Krankheit auf, das Evangelium gibt die Arznei"[6]. Das Gesetz heilt auch.

Die Unterscheidungen bei Jakobus laufen anders. Dasselbe Verb diakrinein (1, 6) bezeichnet die Gefährdung des Vertrauens in Gott von außen (wie von Wind und Wellen bewegt, in Ebbe und Flut schwankend) und zugleich die Gefährdung dieses Glaubens durch das diakrinein, das unterscheidende Bewerten von Reichen und Armen innerhalb der Gemeinde. „Der sozialethisch orientierte Got-tesdienst des Jakobus schließt ... jegliche qualitative Unterscheidung bei denen, die ‚nach Gottes Bild geworden sind' (3, 9), aus".[7] Frankemölle praktiziert bei seiner Jakobusauslegung eine „handlungsorientierte Betrachtungsweise". Die „sozialgeschichtliche" setzt „lokalgeschichtlich" an. Hier biete der Jakobusbrief, wolle man nicht aus anderen Situationen eintragen, zu wenig Material. Was Jakobus aus dem Tenach, was er aus Jesus Sirach aufgreift, z.B. den Topos von arm und reich, läßt allerdings einiges über die Gemeinde erschließen.[8]

Seit es Gotteshäuser gibt, gibt es dort im vorderen Teil Ehrenplätze. Wem weist sie die Gemeinde zu? Denen, die nach den „natürlichen" Regeln der Gesellschaft als prominent, reich oder mächtig gelten? Oder denen, die es nach den Spielregeln oder nach ihrer Funktion im Reich Gottes, nicht nach ihrer äußeren Wertigkeit sind? Also Armen, Flüchtlingen, Dienern und Dienerinnen der Gemeinde?

6 WA 19 III, 338.

7 Hubert Frankemölle, Der Brief des Jakobus, ÖTKNT, Gütersloh 1994, 376; Vgl. seinen Exkurs „Die Christologie des Jakobus", 376-387.

8 Frankemölle, a.a.O., 252.

Offensichtlich sind es Christen, die „goldberingt und in herrlicher Kleidung“ zum Gottesdienst kommen. Die Radikalität eines Besitzverzichtes (wie in Apg 2, 44ff oder Lk 18, 18ff) ist nicht (mehr?) gefordert, wohl aber die radikale Geschwisterlichkeit und Freiheit zur Kritik, eine Praxis, die kaum weniger schwerwiegend ist als der Gang des Kamels durch das Nadelöhr. Die Nachfolge einer Ortsgemeinde (mit Familien und mit allen sozialen Schichten) sieht anders aus als die Nachfolge eines Wanderpropheten durch einzelne. Frankemölle beschreibt die Grundsituation wie folgt: „Nach 2, 5f haben die ‚geliebten Brüder‘ von 5a ‚die Armen entehrt‘, sind also nicht mit ihnen identisch, sind jedoch von einem solchen sozialen Status, daß Jakobus ihr Verhalten tadelt, weil dieses nicht mit der Ordnung Gottes übereinstimmt (nach 5b-c ‚hat Gott die vor der Welt Armen ... erwählt‘). Von den Getadelten unterscheidet Jakobus in 6b ‚die Reichen, die euch‘ – womit wiederum die Brüder von 5a gemeint sind – ‚gewalttätig behandeln‘ und ‚vor Gericht schleppen‘. Jakobus setzt also einen sozial differenziert geschichteten Adressatenkreis voraus. Es gibt Schwestern und Brüder bei den Adressaten, die ‚nackt sind und Mangel an täglicher Nahrung leiden‘, denen es am Lebensnotwendigen fehlt (2, 15), dann gibt es Christen, die immerhin in der Lage sind, bettelarme Mitchristen zu bekleiden und zu beköstigen (2, 15f), und schließlich reiche Christen, die über die finanziellen Möglichkeiten verfügen, Prozesse gegen andere Christen durchzuführen (2, 6). Jakobus attackiert am schärfsten die dritte Gruppe, da sie die christliche Geschwisterlichkeit vermissen läßt (2, 7; vgl. auch 4, 1-11; 5, 1-6), er kritisiert aber auch die mehr oder weniger Begüterten in der Gemeinde. Fromme Worte der mittleren Schichten (im Sinne des Jakobus) nützen den Bettelarmen nichts, wenn ihnen nicht solidarisch geholfen wird.“[9]

IV Mit Jakobus vom biblischen „Moralismus“ lernen

Der Jakobusbrief wurde mit der dogmatischen Elle der Rechtfertigungslehre gemessen und diese wieder an einem zeitgebundenen Konflikt der Reformationszeit festgemacht und wie die Bergpredigt in den Rahmen von Gesetz und Evangelium eingespannt. Tora wurde zum überführenden Beichtspiegel im sog. usus elenchticus. So mit der Tora umzugehen (die ja von ihrem Urverständnis her paedagogia, Weisung ist; ihr usus theologicus verdankt sich gerade ihrer Würde, Wort und Willen Gottes zu sein), schob Bergpredigt und Jakobusbrief an den Rand des christlichen Lebens.

Aus der gnadenreichen Tora wurde eine „billige Gnade“ (Dietrich Bonhoeffer) und aus dem Christentum ein „billiges Judentum“ (David Flusser). Dieser Christ und dieser Jude kennzeichnen die Katastrophe eines ungesetzlich verstandenen Christentums. Aus Angst, im sozialen und politischen Kontext

9 Frankemölle, a.a.O., 253f. Diesem neuesten Kommentar zu Jak. ist der Verf. zu großem Dank verpflichtet.

Nachfolge Christi zu praktizieren, verriet es Christus und die Gemeinde, die er nie verlassen hatte mitsamt der Tora, die Punkt für Punkt (Mt 5, 17) gültig und praktikabel ist.

Das Gespenst der Gesetzlichkeit relativierte die eigene neutestamentliche Tradition der Nächsten- und Feindesliebe, der Macht- und Mammonkritik und relativierte damit das Leben Israels und der Armen. Verdrängt war, daß diese schließlich die ersten und bleibenden Adressaten des Wortes Gottes sind. Von Anfang der Schöpfung und der Berufung Israels an hatte es die vielen Gestalten des Evangeliums, des Trostes, der Kritik, der Weisung, des Rechtes – kurz der menschenfreundlichen Mitteilung Gottes, daß er weder den Menschen noch seine Schöpfung aufgibt – auch nicht, wenn diese das Weltkonzept Gottes ins Gegenteil verkehren. Gott gibt nicht auf, schon gar nicht Israel und die Armen, in deren Geschichte er zur Welt kommt.

Was als „Moralismus der Synagogengemeinde“[10] diffamiert war, fehlte der Christenheit als jene Moral, die das Leben anderer fördert oder rettet. Alle Menschen „sind nach dem Bilde Gottes gemacht“ (3, 9). Jüdischer wie christlicher Glaube ist Leben aufgrund dieser Voraussetzung. Manifestiert er sich nicht in der Praxis des Alltags, erlaubt das den Rückschluß, daß er abgestorben ist (2, 26).

Über die Schockerfahrung, daß der Glaube als Gespenst weiterleben, aber zugleich tot sein kann, findet im Jakobusbrief ein „Dialog“ statt. Glauben ist nicht ein Für-wahr-Halten von Lehrsätzen, sondern meint die „Existenzform des auf Jahwe hin orientierten Menschen“, modern gesprochen: den jüdischen „way of life“. Paulus und Jakobus verbinden beide „das Bekenntnis zum einen Gott mit einer konkreten Sozialethik.“[11]

Begrüßungszeremonien und Sitzordnungen bei kirchlichen Festakten oder die Interviews z.B. in „idea“ mit Prominenten (oder mit denen, die man dafür hält), die bekennen, daß sie (oft sagen sie: noch) Christen seien, ist die der Mediengesellschaft entsprechende Gestalt der urchristlichen Bevorzugung der Mächtigen und der Reichen. Die Medien ihrerseits berichten heute über Festtagspredigten von Bischöfen und Papstbesuchen in derselben Grundfigur der Prominentenanfälligkeit.

Die vorrangige Option für die Armen wird in der Mediengesellschaft verleugnet. Die Armen verkörpern und illustrieren Katastrophen in der Ferne, ohne daß nach deren Ursachen, nach Kreditgebern oder Waffenlieferanten, nach den Regeln eines ungerechten, weil nicht partizipatorischen und fair handelnden Weltmarktes gefragt wird. Die Weltmarktordnung sieht die Armen in einem Gerichtsprozeß, in dem sie untergehen, nicht ohne die Reichen reicher gemacht zu haben (zwischen 1980 und 1990 betrug der Kapitaltransfer aus der südlichen Hemisphäre in den Norden durch Zinsen und Rückzahlung 333 Mrd. DM!). „Der Lohn der Arbeiter, die eure Felder abgemäht haben, den ihr ihnen vorenthalten habt, schreit“ (5, 4). Wenn in diesem Zusammenhang

10 Rudolf Bultmann, Theologie des Neuen Testamentes, Tübingen ^{2}1954, 507.

11 Frankemölle, a.a.O., 444.

gesagt wird, daß Gott deren Schrei hört, so wird auf der einen Seite an die Hoffnungsgeschichte des Exodus erinnert, zum anderen gesagt, daß die christliche Gemeinde Gottes Ohr ist. „Ihr Wort in Gottes Ohr“ – das ist die Variante des Satzes „Soll ich meines Bruders Hüter sein?“. Hier wie dort verhallt ein Schrei, weigert sich eine Gemeinde, das zu sein, was Gott und dementsprechend sie ist: guter Hirte und aktives Ohr für das Schreien der „Gerechten“ (4, 6).

Vielleicht ist heute aus der ersten, der böhmischen Reformation mehr zu lernen, als aus der zweiten, der Wittenberger. Eine zu praktizierende lex Christi und die Gleichrangigkeit von Kirchen- und Gesellschaftsreform sind weithin ungegangene Wege. Ein verantwortlicher Glaube kann dann bei Jakobus in die Schule gehen.

Jan Hus hat in den Notizen für seine Verteidigungsrede in Konstanz drei Schritte seines Glaubens beschrieben, die auf die Grundthese des Jakobusbriefes zulaufen: 1. Der Glaube verantwortet sich (1 Petr 3, 15); 2. Ohne Glauben gefallen wir Gott nicht (Heb 11, 6); 3. Werke zeigen die Lebendigkeit des Glaubens (Jak 2, 26).

Ahasver *

Ahasver, der Ewige Jude, muß ewig – kümmerlich und ruhelos – verfolgt durch die christlich gewordene Welt wandern. Der Grund: Er hatte es nicht geschafft – so die christlich erfundene und verbreitete Legende –, Christus das Kreuz abzunehmen. Er war nicht fähig, einem Geschundenen den Kreuzweg zu erleichtern. Er betrieb damals eine Schusterwerkstatt am Stadtrand von Jerusalem, als Christus vorübergetrieben wurde, Richtung Golgatha. Eine der zahlreichen Hinrichtungen, die die römische Besatzungsmacht exekutierte, stand bevor. Besonders vor dem Pessachfest häuften sich die Todesurteile. Viele Leute waren als Pilger in der Stadt, voller Erinnerungen an den Exodus und an die Brutalitäten eines Pharao, seine blutsaugerische Zwangsarbeit, mit der er ein ganzes Volk seiner Fremdbestimmung unterworfen hatte.

Soviel hatten die Römer mitbekommen: Gefährliche Erinnerungen an Befreiung und Gerechtigkeit wurden in den Familien und Gottesdiensten zu Pessach wachgehalten, so wach, daß gefährliche Hoffnungen daraus wuchsen, Hoffnungen, die vom Vergleich dessen lebten, was sein sollte, und dem, was alltägliche Wirklichkeit war. So geriet ein Gemisch aus Erinnerungen und Hoffnungen als Sprengsatz in die gegenwärtige Realität. Das wußten die Römer.

Wenn schon viele Menschen aus dem ganzen Land zusammenströmten, so war die Gelegenheit günstig, ein Exempel zu statuieren. Drei Kreuze würden abschreckend wirken, sie würden deutlich zeigen, wer die Macht hat, vor der zu kuschen opportun ist.

Die drei Delinquenten wurden unter Schlägen und Spott der Soldaten mit ihren Kreuzen beladen und zur Stadt hinausgejagt. Neben Jesus waren es zwei Freiheitskämpfer, die vor Gewaltanwendung nicht zurückgeschreckt waren. Sie hielten die Duldung der Besatzungsgewalt, die ja nicht nur ihre Waffen und geldgierigen Kassen zur Ausplünderung der Bevölkerung mitgebracht hatten, sondern auch ihre Altäre, für ein größeres Übel als den bewaffneten Widerstand. Die Altäre der Römer waren neben den Waffen hilfreich, Rückgrate biegsam zu machen. Sie waren deswegen handlich und gut, weil sie die herrschenden Mächte mit den letzten Instanzen der Welt verknüpften. Der Götterhimmel, bunt bevölkert, stellte sich im Cäsar und seinen Satrapen einfach dar. Die skrupulösen Fragen, ob denn Gottes Wille identisch mit Cäsars Willen sei, fielen weg. Es gab nur einen Willen, und der war greifbar und wurde handgreiflich. Er sprach sich in den gegebenen Machtverhältnissen aus, Anpassung war die angemessene Form der Frömmigkeit.

* Zuerst in: Was sagen die Leute, wer ich sei? Jesus und seine Pfarrer, hg. v. H. Weber, Stuttgart 1985, 40-48; Rolf Rendtorff zum 60. Geburtstag.

Von seiner zur Straße hin offenen Werkstatt aus hatte Ahasver oft solche Züge zur Schädelstätte beobachtet. Der Anblick verschüchterte und lähmte ihn. Keine Minute im Jahr machte ihn so ohnmächtig wie diese eine Minute, in der er den Zug vergnügter und sadistischer Soldaten und jammervoll geschlagener Opfer vorüberziehen sah. Die Lähmung ging nicht nur von diesem Kontrast zwischen blanker Gewalt und ohnmächtigen Leiden aus. Sie stammte auch aus der eigenen Unentschiedenheit. Hatten nicht die Opfer recht, die mit Gewalt für die Befreiung des Landes kämpften? Mit welchem Recht konnten ihre Kritiker die Duldung von Unrecht als Gottes Willen ausgeben? Ist nicht das Dulden von Ketten ebenso schlimm wie das Produzieren und Anlegen von Ketten? Ist eine Revolte gegen die Gewalt – auch wenn sie selbst Gewalt anwendet und Pharaos Eingreiftruppe und seinen Erstgeborenen den Tod bringt – nicht auch in der Bandbreite von Gottes Willen zu sehen, der gnadenloses Unrecht und hoffnungslose Friedlosigkeit auf Dauer nicht dulden kann?

Aber, so sagte sich Ahasver und schlug heftig auf eine Ledersohle, ist es nicht klug, nach dem richtigen Zeitpunkt und nach den Erfolgsaussichten für die Befreiung zu fragen? Wie steht es mit einer Zukunftsperspektive? Haben nicht jene recht, die in den Römern zuerst die Menschen sehen und lieber zwei Meilen mit ihnen gehen, als sie zu überfallen? Könnte auf den zwei Meilen – wenn alle sich auf diesen Weg machten – nicht eine Verhandlungslösung in Sicht kommen, die das Leben der Menschen auch befreit, die Gewalt vermindert, ja eines Tages überflüssig macht, langsam, aber sicher?

Wieder schleppten sie drei vorüber. Von einem wußte er, daß er nicht zur Minderheit der Freiheitskämpfer gehörte. Und doch war er in den Augen der Römer und ihrer Quislinge genauso gefährlich wie die beiden anderen, die als Zeloten bekannt waren.

Ahasvers Blick kreuzte den Blick Jesu. Aber er brachte es nicht fertig, dem offensichtlich zu Tode erschöpften Mann das Kreuz abzunehmen. Er klebte an seinem Hocker, seine Gedanken hatten sich verhakt: Muß das sein, was hier geschieht? Kann ich was tun? Die Ohnmacht des Kreuzträgers war seine Ohnmacht. Massiv fühlte er die ungehobelten Balken des schweren Kreuzes auf seinem eigenen Rücken liegen. Ein kurzer Blickwechsel zwischen zwei Hilflosen, dann waren die drei Todeskandidaten schon vorüber. Ahasvers Schmerz blieb, auch wenn ihm eine instinktive Handbewegung über die eigene Schulter klarmachte, daß in Wirklichkeit das, was ihn drückte, nicht ein Stück Holz war.

Neulich traf ich Ahasver. Ich fragte ihn natürlich, warum er denn um Gottes willen sich geweigert habe, das Kreuz zu nehmen, um jenem Christus ein bißchen Erleichterung zu verschaffen. Er wisse doch, was für einen schlechten Ruf er sich durch diese unterlassene Hilfeleistung eingehandelt habe. Mit Verachtung strafe ihn die ganze Christenheit. Sie sei an diesem Punkt sehr empfindlich: Gutes zu tun sei doch in jeder Situation geboten, gerade auch in hoffnungslosen Situationen.

Natürlich wußte das Ahasver. Er kannte seine Bibel auch und machte mir deutlich, daß er etwas versäumt habe, was zu verwirklichen der menschenfreundliche Gott geboten habe. Eben jener Gott, der es mit mächtigen, aber nie allmächtigen Pharaonen aufnimmt und doch den einzelnen Hiob nicht vergißt – auch wenn Hiob in unzähligen Exemplaren auf dem Globus lebe und leide.

Die Nennung des Namens Hiob brachte mich auf den Gedanken, daß meine Fragerei vielleicht nicht ganz angemessen sei. Ich kannte die Urteile über Hiobs Freunde. Windbeutel hatte Hiob selbst sie genannt. Theologisch korrekt argumentierende Zeitgenossen, die weder dem Leidenden ein Genosse noch auf der Höhe der Zeit waren. Verwalter und Schatzmeister ungeheurer Schätze zur Interpretation menschlicher und göttlicher Gedanken. Aber diese Schatzmeister konnten weder wechseln noch herausgeben, wenn jemand lebensnotwendige Hilfe brauchte.

Ich schreckte zurück. Auf keinen Fall wollte ich in die lächerliche Rolle geschwätziger Klugheit geraten, die alles aufbot, nur kein Mitleiden und kein Handeln. Ich ging zum Angriff über, um nicht in die Gesellschaft der Freunde Hiobs aufgenommen zu werden, und fragte noch einmal nach dem historischen Sachverhalt: „Wie war das damals?" Wenn schon die Theologie Mauern zwischen Leidenden und Zuschauern hochziehen konnte, so konnte die historische Wahrheit und die Aufdeckung der wahren Ereignisse alle hohlen Worte, Dogmen und Ideologien zum Einsturz bringen. Dann konnten wir uns sicher treffen.

Jetzt zuckte Ahasver zusammen. Er fing sich bald, erinnerte sich, daß Schwäche zu zeigen vor Starken nicht angebracht sei, erst recht nicht, wenn diese Leute Fragen stellten, die vielleicht ins Jüngste Gericht gehörten, aber auf keinen Fall in die Gegenwart. Dem Jüngsten Gericht wolle er sich gerne stellen, sagte der Schuster, aber er verbitte sich, daß Menschen sich zum Staatsanwalt oder gar zum Gerichtsvollzieher des Jüngsten Gerichts heute schon selbst ernennen.

„Sie nennen sich doch nach jenem Christus Christ, tragen seinen Namen? Ist es leichter, seinen Namen als sein Kreuz zu tragen?" fragte er mich. Ich schluckte eine ärgerliche Bemerkung über falsche Alternativen wieder runter. Vielleicht hatte ich das dumpfe Gefühl, daß mich persönlich eine solche Bemerkung in Zugzwang bringen könnte zu sagen, was ich denn zu tun oder zu lassen hätte, wenn ich mich an dem messe, was ich als Meßlatte an andere anlegte.

Ahasver griff den Gedanken der Geschichte auf, den ich ins Spiel gebracht hatte, aber anders, als mir lieb war: „Sie sind nachtragend, ich meine nicht Sie persönlich, sondern die, die sich Christen nennen. Sie schalten auf Ewigkeit, was mir in einem Augenblick der Schwäche passierte. Sie projizieren auf ein ganzes Volk, was menschlich ist. Tragen Sie mir nach, weil es Sie dann leichter tragen läßt, daß Sie das Kreuz auch nicht tragen? Doch, Sie sind mir gegenüber nachtragend. Auf der anderen Seite tragen Sie Kreuze. Ich habe das gesehen, an Halsketten, auf Bäuchen und Busen, auf Kirchtürmen und Friedhöfen, sogar auf Torten und Uniformen habe ich Kreuze gesehen. Placebo-Kreuze?"

Ich verbat mir dergleichen Hinweise. Sie führten doch nicht weiter, zögen ins Lächerliche, was ganz real und ernst gemeint sei. Im übrigen dürfe man nicht verallgemeinern. Das Konkrete sei wichtig: Die leidende Kreatur vor seiner Schusterei sei doch wirklich unter einem zentnerschweren Kreuz dahingewankt.

Ahasver schwieg lange. Ich fürchtete schon, er bräche das Gespräch ab, dann aber fragte er sehr leise und bohrend: „Darf ich Ihnen einmal eine Deutung vortragen? Ich las neulich das Wort vom kompensatorischen Verhalten. Das Wort gefiel mir. Vielleicht beschreibt es, was passierte. Die herrschende Christenheit hatte ihr eigenes Scheitern ausgelagert. Sie kennen die Geschichte vom Sündenbock? Er wurde aber in Ihrem christlichen Falle – bitte, ich meine Sie nicht persönlich – nicht weggejagt, sondern in der Nähe gehalten und ausgehalten. Der Anblick eines Sündenbocks schmeichelt dem eigenen Gefühl der Sündenlosigkeit. Was habe ich von einem Sündenbock, den ich nicht vorzeigen kann, mögen Sie gedacht haben. Christen kompensierten ihr Schuldigwerden, empfahlen sich selbst der Gnade am Jüngsten Gericht, Ahasver aber der real existierenden Rolle des Sündenbocks.

Mir fiel auf, daß auf dem Höhepunkt mittelalterlicher Macht Spiele und Bücher sich mit mir beschäftigten. Könnte das damit zusammenhängen, daß in mächtigen Zeiten der Bedarf an Sündenböcken wächst? Die großen Leute brauchen für die kleinen Leute so etwas.

Die Botschaft von der Liebe Gottes, von der Nächstenliebe und dem notwendigen Selbstwertgefühl (wir sollen Gott lieben und den Nächsten wie uns selbst) aus meiner Bibel steht auch in einem offensichtlichen Widerspruch zur Macht eines verstaatlichten Christentums oder eines verchristlichten Staates. Oder nicht?

In einem versagenden Juden, der einen Augenblick vergaß zu leben, was er gelernt hatte, waren Sie außer sich – im wahrsten Sinne des Wortes. Sie ließen den gescheiterten Teil Ihres Christenlebens neben sich treten und neben sich hergehen. Eine Augenweide, auf der zu weiden erbaulich ist. Ich war zu schlagen, weil ich geschlagen war. Sie waren damit unschlagbar. Aber ich will", so fuhr er fort, „Ihnen doch noch einiges zur damaligen Zeit sagen.

Jesus ging es wie mir. Er erlebte einen Augenblick der Schwäche, mehr noch, der Gottverlassenheit. Er schrie: ‚Mein Gott, mein Gott, warum hast du mich verlassen?' Hiobs bis an die Grenze des Unglaubens gehender Protestschrei steckt darin, Abrahams stürmische und zähe Hoffnung, daß Gott sich doch noch erbarmen könnte, wenn er die wenigen Gerechten, die es ja schließlich gäbe, nicht übersähe. Den bitteren Kelch, den Jesus auf sich zukommen sah, nicht trinken zu müssen, das war seine flehentliche Bitte. ‚Wie Wasser bin ich hingeschüttet, es lösen sich alle meine Gebeine; mein Herz ist wie Wachs zerflossen in meiner Brust, trocken wie Scherben ist mein Gaumen ... in den Staub des Todes legtest du mich.' Jesus betete in seiner Todesangst den Psalm 22, der nicht nur menschlich-unmenschliche Situationen beschreibt, sondern auch Gott an seine Macht erinnert, gerecht und befreiend zu handeln.

Aber ich spiele den Lehrer“, unterbrach sich Ahasver. „Ich wollte Sie eigentlich fragen: Kennen Sie das nicht, in den Staub des Todes geschüttet zu sein? Ich habe es oft lernen müssen. Und habe es nie gelernt. Das war in Speyer, ein Kreuzzugsheer zog ins Gelobte Land – wem gelobt? frage ich Sie. – Als in der Synagoge gerade Psalm 22 gebetet wurde, zündeten die christlichen Ritter mit Hochrufen auf Jesus Christus und Maria die Synagoge an. Mein Herz zerfloß wie Wachs. Die Gemeinde Gottes verbrannte. Ein Kaufmann aus Birmingham besaß ein Schiff, das er Jesus genannt hatte. In bunten Buchstaben hatte er diesen Namen auf den Bug gepinselt. Er holte damit Afrikaner, ich war einer von ihnen, an der Kongomündung und brachte sie in die Neue Welt, zurück transportierte er Baumwolle. Langweile ich Sie? Ich weiß, Leidensgeschichten öden viele Menschen an, vor allem, wenn die geschilderten Leiden etwas mit gutgemeinten eigenen Traditionen, mit ökonomischen Interessen und mit dem überaus geschätzten Status quo zu tun haben. Ich will mich kurz fassen. Auf dem Marktplatz von Bremen wurde ich als Hexe verbrannt. Die Männer johlten, die geistlichen und weltlichen Machthaber freuten sich still, ihre Weltordnung gerettet zu haben. Als Kranker und Verzweifelter blieb ich oft allein. Ich brüllte: ‚Mein Gott, mein Gott, warum hast du mich verlassen?‘ Ich brüllte das in My Lai, in Soweto, im Stadion von Santiago de Chile, in Sibirien, in Auschwitz, in Hiroshima. Es lösten sich alle meine Gebeine.“

Ahasver schwieg wieder, so als müsse er sich von seinem langen Weg durch die Geschichte erholen. Seine vielen Leben waren Biographien des Leidens und der Hoffnung. Er erlebte alles wieder, was ihn zu oft das Leben eines jüdischen Schusters gekostet hatte. „Eigentlich suchte ich Christen, gefunden habe ich urteilskräftige Richter. Warum“, so fuhr er hoch, „werde ich falsch angeklagt? Ich gebe zu: Ich war schwach, ich half in einem schwachen Augenblick einem schwachen Menschen nicht. Aber ich habe mich nicht am Messias vergangen. Wenn er kommt, dann wischt Gott selber die Tränen aus den Gesichtern weinender Mütter und Kinder, dann spielen Babys mit Giftschlangen, dann werden aus Schwertern Pflugscharen. Dann hat der Tod ebenso ausgespielt wie die Gewalt, die Folter wie die Manipulation. Keiner plagt sich mehr mit Schuld oder Isolierung. Zu Ende sind Krankheit und Hunger. Dann wird kein Mensch mehr gehängt, dann gibt es keine Unterdrückung und keine ausbeutenden Besatzer mehr. Dann bricht keiner unter seinem Kreuz zusammen. So realistisch ist meine Hoffnung, welche sich auf die Geschichte und die Hoffnungen der Bibel bezieht.

Deswegen bin ich auch sicher: Er hat mich verstanden. Wenn er für seine Henker betete, warum nicht für mich? Warum nicht für Sie? Was er auf sich nahm, das machte ihn nicht nachtragend wie Sie. Ich verstehe nicht, daß die Christenheit jemanden wie mich braucht, um sich selbst nachzuweisen, daß sie lebt, wie es dem Leben des Gekreuzigten entspricht. Warum? Ich will Ihnen auch meine Vermutung sagen. Den eigenen Unglauben übersieht man leichter, wenn man trittfest auf anderen Ungläubigen aufsteigen kann, selbstbewußt, selbstsicher.

Ich will nicht aufrechnen, aber das Wort vom Balken im eigenen und vom Splitter im Auge des anderen sagt doch auch etwas über die Beziehung der Nachfolger des Zimmermanns zu seinem Volk. Sie wollten wahres Israel sein, wir hatten die Rolle des verworfenen Israel zu spielen. Judas und Ahasver wurden die Solisten in diesem tödlichen Spiel. ‚In diesem Zeichen wirst du siegen!‘ So brauchbar fand Konstantin das Kreuz. Hat er es getragen, oder ließ er sich von einem Surrogat des Kreuzes tragen? Wer die Macht hat, und bald schon hatte sie Konstantin mit vielen theologischen Legitimationen von Augustinus bis Luther christlich ausgestattet, der verwaltet auch gern die Wahrheit. Dabei genügt es meistens, sie und sich selbst vor unangemessenen Fragen zu schützen, zum Beispiel vor der Frage, die Jesus sich gefallen läßt: ‚Bist du, der da kommen soll, oder sollen wir auf einen anderen warten?‘ Die Kirche reagierte äußerst allergisch auf die Frage meines Volkes“, so sagte Ahasver: „Bist du, die da kommen soll, oder sollen wir doch noch weiter auf Gottes Reich warten?“

„Aber“, wandte ich rasch ein, froh, endlich wieder festen theologischen Boden unter den Füßen zu haben, „unsere Eschatologie ist doch klar: Wir warten auf Gottes kommendes Reich und auf die Wiederkunft des Christus.“

„Warum ist nach vorn Ihre Geschichte wieder offen, während sie durch die Christen gegenüber dem Anfang in Israel abgeschlossen wurde? Warum?“ fragte Ahasver. „Ich vermute, weil Sie nicht auf reale Veränderungen zeigen konnte. Daß Lahme gehen, Arme und Gefangene befreit, Tote lebendig, Kranke gesund und Hoffnungslose lebensmutig werden; daß endlich gilt, was Gott sagt. Jesus konnte glaubwürdig auf dergleichen Prozesse auf dieser Erde hinweisen. Die Kirche auch?“

Ich schwieg und dachte darüber nach, warum Ahasver immer wieder die Ebene der theologischen Lehraussagen verließ. Warum erzählte er von seinen geschichtlichen Erfahrungen? Solche Beobachtungen, die ich ja nicht leugnen will, werfen ein schlechtes Licht auf das Leben der Christen und Kirchen. Aber auch auf die Lehre? Auch auf die Bibel?

Ahasver wollte gehen. Es war spät. Ich wollte ihn festhalten. „Herr, bleibe bei uns, denn es ist Abend geworden, und der Tag hat sich geneigt“, zitierte ich lächelnd die Bibel, verlegen und stolz, sie verwenden zu können.

„Du hast recht. Nach diesem Bibelwort muß ich gehen. Ich bin nicht nur Schuster, ich bin auch Zimmermann; ich bin nicht nur Ahasver, ich bin auch Jesus. Ich bin nicht nur ein Ebenbild Gottes. Ich bin Jude.“

Neu an Christus glauben

Überlegungen im Vorfeld *

I Der gemeinsame Grund

1. Die Beziehungen zwischen Juden und Christen, Israel und Kirche sind nicht zu erneuern ohne eine Erneuerung der christlichen Theologie. Das liegt in der Tatsache begründet, daß das Christentum zu keiner Glaubensgemeinschaft eine so singuläre Beziehung hat wie zum Judentum. Die jüdische Bibel bildet den größeren Teil der heutigen christlichen Bibel. Sie ist identisch mit der Bibel Jesu.

Im Tempel oder in den Synagogen, im Haus oder in der Öffentlichkeit beteiligte er sich mit seiner Nachfolgegruppe an der Aufgabe, sie ins Leben zu ziehen. Das geschah unter den dominierenden Fragestellungen, wie die Weisung Gottes heute zu begreifen und zu verwirklichen sei und wann die vielfach erhoffte Befreiung von Tränen und Krankheit, Schuld und Tod, Hunger und Gewalt, kurz, wann das Reich Gottes komme.

Jesus, seine Jünger und Apostel beteiligten sich an diesen lebenspraktischen Orientierungsbemühungen nicht *wie* die jüdische Gemeinde. Sie taten es als ihre (wie auch immer dissentierenden oder konsentierenden) Mitglieder *in* der jüdischen Gemeinde. Diese war kein monolithischer Block. Sie kannte in sich verschiedene Strömungen (z.B. Sadduzäer, Pharisäer, Essener, Zeloten). Sie suchte, fand auf die vielfältigen Herausforderungen des Lebens verschiedene Antworten. Sie gab ihren Hoffnungen unterschiedlichen Ausdruck. Ein solcher Pluralismus ist Ausdruck der Bemühung um Verbindlichkeiten und nicht von Gleichgültigkeit.

Jesus, seine Anhängerinnen und Anhänger sowie die Apostel stützten sich auf die Schriften der gemeinsamen Bibel. Sie reichte aus, Gottes Wort und die Bedeutung der Botschaft Jesu vom unmittelbar bevorstehenden Erlösungswerk des Reiches Gottes sowie von den heilsamen Konsequenzen für Umkehr, private und öffentliche Lebenserneuerung zu begreifen und weiterzusagen. Die Jesusbewegung in der jüdischen Gemeinde legitimierte sich aus den gemeinsamen Schriften, legte sie aus, interpretierte sie neu, ohne – nach ihrem Verständnis, von dem die spätere Christenheit abwich – den Boden der Bibel zu verlassen.

Und diese jüdische Bibel, die im ersten Jahrhundert erst in ihrem kanonischen Umfang festgelegt wurde, heißt in der Kirche bald „Altes Testament". Sie war zur Zeit des Auftretens Jesu und seiner späteren Zeugen aktuell gültig. Sie ist es bis heute. Ihre Überlieferungen lieferten jeder Generation eine kom-

* Zuerst veröffentlicht in: B. Klappert u.a. (Hg.), Jesusbekenntnis und Christusnachfolge, München 1992, 11-35.

munikationsfähige und tragfähige Beziehung zu Gott. Sie bedurfte natürlich der ständigen Vergegenwärtigung und damit notwendigerweise vieler lebendiger Auslegungskontroversen.

Im nachbiblischen Judentum entstand die (auch bald aufgeschriebene) „mündliche Offenbarung" in Talmud und Midrasch, das Protokoll einer einzigartigen Liebe zur Bibel und einer Tausende von Menschen beteiligenden Bemühung, sie im Alltag und Festtag ernst zu nehmen.

Da das von Jesus verkündete und in messianischen Zeichen antizipierte Reich Gottes und damit die Vollendung sowie das Ende der Geschichte verzogen, wurde die christliche „mündliche Offenbarung" aus den Worten und Überlieferungen Jesu und der Jesusbewegung auch gesammelt. Es war der Grundstock des „Neuen Testaments", das erst Jahrhunderte später abgeschlossen war und mit dessen Entstehen sicher weder Jesus noch seine Nachfolgegruppe der ersten Generation gerechnet hatten.

Die Geschichte des Reiches Gottes dehnte sich und gab einer Geschichte der Kirche, ihrer Antworten auf Gottes Wort und ihrer Selbstverständigung Platz. Die Kirche mußte ihr Verständnis der Bibel, ihre Deutung des Lebens und des Werkes Jesu und ihres Weges über die Grenzen des Volkes Israel hinaus festhalten und begründen. Erstaunlicherweise für die erste und zweite christliche Generation hatten die jüdische Bibel und die Jesusbewegung eine länger dauernde Fortsetzungsgeschichte in der Ausbreitung und Arbeit der Kirche, als ursprünglich erwartet worden war.

Die ständige Versuchung der Kirche war bald eine doppelte: Einmal dem Volk Gottes, Israel, zu bestreiten, daß es noch Gottes Volk sei, also Zeuge des einen und einzigen Gottes, seiner universalen Schöpfungs- und Befreiungstaten seines Willens. Weil es die durch Jesus geschehende Erneuerung und Erweiterung des Bundes Gottes mit Israel für und auf alle Völker nicht begriffen habe und weil es die messianische Rolle Jesu mehrheitlich nicht akzeptieren könne, habe Israel sich selbst aus der Geschichte verabschiedet. Diese wurde als fortschreitende Heilsgeschichte, mit der Kirche an der Spitze des Weges zu Gott, verstanden. Sie habe Israel überholt.

Zum andern wollte die Kirche, vor allem als sie über Macht und Mehrheiten verfügte, sich ein Monopol sichern, allein die irdische Gestalt des Volkes Gottes sowie allein Vermittlerin und Interpretin seines Willens und Heils zu sein. Das richtete sich gegen alle Religionen und ihre Verständnisse von Gott, von der Welt und ihre Ethiken.

Israel wurde in die Reihe der Religionen der Menschheit eingestellt. Sein alles andere als elitäres, wohl aber der Menschheit und Menschlichkeit dienendes Spezifikum, Zeuge dieses einen Gottes zu sein, wurde zugunsten der alleinseligmachenden Kirche eingezogen und eingeebnet. Die Kirche spürte wohl, daß sie damit ihre Wurzeln abschneiden würde. Deshalb hielt sie theoretisch dieser Versuchung stand und gab das „Alte Testament" nicht auf.

Zum ersten Mal entschied sie das gegen Marcion 144. Der Schiffsreeder und Geldgeber der Gemeinde in Rom forderte eine judenreine Bibel, bestehend nur aus Lukas und Paulus. Er schrieb der jüdischen Bibel, die damals die allein christliche war, ein Gottesbild zu, das Gott als böse im Gegensatz zum guten Gott Jesu kennzeichnete. Er bestritt der jüdischen Bibel jede Erkenntnis eines befreienden und barmherzigen Gottes.

Wollte die Kirche die Bibel des Volkes Gottes behalten, so meinte sie das nur tun zu können, indem sie Israel enteignete. Die christliche Bindung an die Bibel Israels wurde zur Alternative einer Bindung der Kirche an das Volk Israel. So klar das Bewußtsein war, die Bibel Jesu in der Urgemeinde nicht aufgeben zu können, ohne sich selbst den Boden unter den Füßen wegzuziehen, so klar war bald die Absicht, das zuerst und bleibend erwählte, auf dieser Basis lebende Volk Israel vom gemeinsamen Boden zu verdrängen. Vorstellbar schien der Kirche nur eine legitime Fortsetzungsgeschichte der Bibel, eben die christliche. Wer theologisch illegitim auf diesem Boden lebte wie Israel, mußte letztlich auch sozial und politisch als illegal in einem Corpus Christianum angesehen werden. Die theologisch entworfene Verdrängung der Juden blieb nicht ohne soziale und politische Folgen. Mit der Bibel gegen Israel – das wurde in der Kirchen- und Theologiegeschichte zu einem weithin vertretenen theoretischen, homilitischen, katechetischen und praktischen Programm. Es trat an die Stelle einer als untragbar empfundenen Auffassung, daß Gottes Wahrheit auf zweier Zeugen Mund beruhen könne und daß es darauf ankomme, als Kirche mit und gegen Israel den Willen des einen Gottes zu tun und bekanntzumachen.

Adolf von Harnack beschreibt in radikaler Ehrlichkeit den hier ablaufenden Prozeß der Trennung: „Man findet die christliche Kirche nach ungeheueren Krisen um die Mitte des 3. Jahrhunderts nahezu in derselben Position gegenüber dem A. T. und dem Judenthume, in welcher man sie bereits 150-200 Jahre früher angetroffen hat. Sie erhebt denselben Anspruch auf das A. T. und baut aus demselben ihren Glauben und ihre Hoffnungen aus; dabei ist sie wie zuvor streng antinational vor allem antijüdisch und verurteilt die jüdische Religionsgemeinschaft in den Abgrund der Hölle ... Diese Kirche wird, sofern sie über ihren Glauben reflektiert, stets sich in der Lösung der Aufgabe bewegen, das A. T. immer vollständiger in ihrem Sinne auszubeuten und dabei die jüdische Kirche mit ihren partikularen und nationalen Formen zu verurteilen."

Wie weit die Trennung von Israel auch eine Trennung von Jesus und dem Ernst seiner Nachfolgepraxis war, benennt Harnack im selben Zusammenhang: „Aus der positiven Stellung Jesu zu der jüdischen Überlieferung ergab sich (für die frühe Christenheit, M. S.) ... die Aufforderung, eine Theorie der Offenbarungsvermittlung zu ersinnen und damit den Unsicherheiten ein Ende zu machen, mit denen bisher die Spekulationen behaftet waren. Diese Theorie barg, wie jede Theorie der Religion, die Gefahr in sich, die Kraft des Glaubens zu lähmen, denn die Menschen finden sich gern durch eine religiöse Theorie mit der Religion ab."[1]

1 A. v. Harnack, Lehrbuch der Dogmengeschichte 1, Freiburg ^{2}1888, 42 und 41.

Eine erschreckende Beobachtung, die in der Kirchen- und Theologiegeschichte viele Belege findet: Die christliche Theoriebildung über Jesus ging den Weg, die eigene Position in der Negation Israels zu finden. Diese via negationis Israels wurde zur „christlichen" via dolorosa des jüdischen Volkes. Das ging auf Kosten eines lebendigen Glaubens in der Nachfolge Christi. Das ist kein Argument gegen christliche Theoriebildung, sondern nur gegen eine Theologie, die das jüdische Leben wie das christliche Leben geringschätzt. Dann ist eine Christologie wichtiger als die Christusnachfolge.

Vor und bei dem Auseinandergehen der Wege von Juden und Christen im ersten Jahrhundert hatte die Bibel verschiedene Namen. Das spiegelt sich im Neuen Testament. Sie heißt dort (wie in ihrer jüdischen Umwelt): Wort Gottes (Mt 7, 4; Lk 8, 11-15; 2 Kor 4, 2); das Wort (Mk 2, 2; Röm 10, 8; 1 Kor 15, 45); das Gesetz (Mt 5, 17f; Mt 22, 36ff; Lk 2, 23f); Gesetz und Propheten (Mt 7, 12; Apg 13, 15); Mose (Mt 22, 24; Mk 1, 44); Mose und die Propheten (Lk 16, 31ff); Schrift(en) (Mt 21, 42; 22, 29; Lk 24, 27ff; Joh 10, 35; Apg 17, 2-11; Röm 11, 2; 1 Kor 15, 3ff).

Der Bezug auf die gemeinsame Wurzel war nicht nur ein formaler Punkt. Er war existentiell ein Bezug auf das lebendige jüdische Volk und auf die in ihm lebenden wesentlichen Elemente seines Gottes- und Selbstverständnisses. Paulus entfaltet das in aller Klarheit in Röm 9-11. Neutestamentliche Aussagen werden durch Nacherzählen oder Zitieren von Geschichten und Worten der Bibel belegt. Die Kontinuität ist größer als die Diskontinuität zwischen jüdischer Bibel und Neuem Testament.

Eine Herabwürdigung des Alten Bundes, des Alten Testamentes, des Alten Gottesvolkes zugunsten eines qualitativ neu und monopolistisch verstandenen Neuen Bundes, Neuen Testamentes oder Neuen Gottesvolkes widerspricht dem Selbstverständnis der ganzen Bibel. Was alt ist, ist zuerst gewesen. Was neu wird (vor dem Tag, an dem es einen neuen Himmel und eine neue Erde gibt, vor dem Tag also der wirklich qualitativen Veränderung!), ist Erneuerung, die das Alte in Kraft läßt oder wieder neu einsetzt, aber nicht beseitigt. Das „Alte Testament" hat auch innerhalb der christlichen Bibel seine eigene Stimme. Es redet Israel und die Kirche an. Es ist nicht nur die Ouvertüre des Neuen Testamentes.

Die Enteignung Israels durch die Kirche entzieht der Kirche ihr biblisches Fundament und öffnet sie heidnischer Götzenverehrung. Und den Götzen der Macht, der Ideologien, des Nationalismus, der Selbstbehauptung ist sie oft genug servil erlegen. Text und Kontext des Ersten Gebotes, mit der Nachricht der Befreiung von allen Götzen zugunsten der Freiheit durch den einen Gott, wurden mit der jüdischen Bibel nicht ungestraft verdrängt. Grundelemente auch des Christentums, die nur dort zu lernen sind, gingen verloren. Der Selbstverrat des Christentums an seiner Botschaft begann mit dem Verrat an Israel und der enteignenden Aneignung seiner Botschaft.

2. Die Vorstellungen eines einzigen Gottes, der Leben und Sinnhaftigkeit, Vernunft und Kreativität, Recht und Gerechtigkeit, Liebe und Vertrauen, Frie-

den und Befreiung (von Schuld, Gewalt und Not), Hoffnung und Veränderbarkeit den Menschen gibt und von ihnen erwartet, sind Juden und Christen gemeinsam. Er schloß mit Israel einen befreienden Bund, erneuert ihn, wenn Israel scheitert. Israel bleibt Sohn Gottes (Röm 9, 4). Durch Gottesdienste, Bundesschlüsse, Verheißungen und das heilige, gerechte und gute Gesetz (Röm 7, 12), die Tora, begleitet er sein Volk in die Welt. Diese wird, wie die Geschichte, als Schöpfung Gottes verstanden, gut gemacht, menschlich korrumpierbar in allen Dimensionen und doch den Menschen anvertraut, sie in den Intentionen dessen zu gestalten und zu verwalten, der eine neue Schöpfung herbeiführt. Die Gleichheit und unverlierbare Würde eines jeden Menschen verdanken sich dem göttlichen Akt der Schöpfung, der Beauftragung mit der Verantwortung für die ganze Schöpfung und Geschichte. An der Erlösungsbedürftigkeit der ganzen Schöpfung hat der Mensch teil, bis die Erneuerung des Himmels und der Erde kommt.

Davon wird in bunten Bildern gesprochen, die ihrerseits ein überschießendes Potential von Hoffnungen, daß nichts bleiben wird, wie es ist, enthält. Dadurch kommt zugleich ein überschießendes Potential kritischer Sonden in den Lauf der Welt. Von Menschen sensibel wahrgenommen, verändern sie den Lauf der Dinge.

Die Gaben Gottes werden zu Aufgaben. Gelingendes Leben auch in Niederlagen, gegen den Tod und seine Verbündeten, ein sinnvolles Leben auch in erfahrenen Sinnlosigkeiten, Gebrauch der Vernunft und der Kreativität im Dienste des Nächsten – also Verwirklichung von Recht und Gerechtigkeit gegen Rechtlosigkeit und Unrecht, von Liebe und Vertrauen gegen Egoismus und Mißtrauen, von Frieden gegen Haß und Krieg, von Versöhnung gegen die Knechtschaft durch unvergebene Schuld, fremdbestimmende Gewalt oder fatal hingenommene Not. Die biblische Vorstellung von Zeit und Geschichte – in Gottes Händen – lehrt Hoffnungen und Mut gegen Verzweiflung und Resignation, läßt mit Veränderungen rechnen und neue, bisher für undenkbar gehaltene Möglichkeiten sich eröffnen.

Wenn ich so vergröbert die jüdische und christliche Gemeinsamkeit skizziere, dann bleibt für den christlichen Anteilseigner ein Problem. Er kann seinen Anteil weder ohne ein lebendiges Israel noch ohne den lebendigen Juden Jesus von Nazareth lebendig halten. Da Gott die Anteile ausgibt, hat die Christenheit kein Recht die an Israel ausgegebenen Anteile sich auch noch anzueignen oder zu entwerten. Sie hat nur das Recht, ihre Anteile mit Menschen aller Völker zu teilen.

3. Wie der Protestantismus nicht das Ende des Katholizismus war, so war das beginnende Christentum nicht das Ende des Judentums, obwohl die falsche Übersetzung des Halbsatzes aus Röm 10, 4 (daß „Christus des Gesetzes Ende" sei) für das Verhältnis von Juden und Christen fast den Charakter eines christlichen Leitdogmas annahm. Es wurde selten genau geprüft und wirkte ungeheuer negativ. Es gewann (gegen Paulus) die Bedeutung, daß mit Christus Isra-

els Ende gekommen sei. Israel blieb, so Augustinus, nur noch die Rolle, „Zeuge seiner Bosheit und unserer Wahrheit" zu spielen.[2]

Natürlich ist es biblische Vorstellung, daß die Tora als Wort Gottes zu einem Ende kommt, aber eben dann, wenn sie zu ihrem Ziel gekommen ist in der Erlösung der Welt, in der messianischen Zeit. Dann ist ein neuer, ein erneuerter Bund mit Israel da, ein jeder hat das „Gesetz" in seinem „Inneren". „Ich werde ihr Gott sein und sie werden mein Volk sein. Da wird keiner mehr den anderen, keiner seinen Bruder belehren und sprechen: 'Erkenne den Herrn!', sondern sie werden mich alle erkennen" (Jer 31, 31-34).

Eine Wallfahrt aller Völker zum Zion (Jes 2, 1-5) bedeutet auch das Ende von Bibeln und Lehren sowie das Ende ihrer menschlichen Dürftigkeit und Erklärungsbedürftigkeit, die immer hinter der Eindeutigkeit und Klarheit des authentischen, unverfügbaren Gotteswortes zurückbleiben. Tempel und Kirchen, Theologien und Religionen werden einer allgemeinen „Kenntnis des Herrn" (Jes 11, 9; Offb 21, 22) weichen. Gott wird am Ende alles in allem sein, nicht Jesus, nicht seine – wenn sie es denn ist – irdische Existenz und Wirkform, die Kirche, nein, der eine Gott, der seinen Namen zuerst in Israel bekannt machte und ihn durch Jesus allen Völkern bekannt machen will (1 Kor 15, 28; Mt 28, 19f). Wer hofft, daß Gott abwischen wird alle Tränen, der Tod nicht mehr sein wird, noch Leid, noch Geschrei, noch Schmerz (Offb 21, 4), wer auf die Verwandlung von Schwertern in Pflugscharen und auf ein Ende der Gewalt hofft und aus all diesen Hoffnungen keinen alltäglichen way of life für heute – wie bescheiden auch immer – entwickelt, macht aus der Hoffnung religiöse Makulatur und frommen Selbstzweck. Was als Hoffnung zerrinnt, kommt als kirchlicher Machtwille wieder. Wo Gottes Geist nur kirchlich verwaltet wird, wird er knapp gegenüber Israel und der ganzen Welt Gottes.

II Aneignung ohne Enteignung

Zum Realitätsbezug des christlichen Glaubens gehört die realistische Wahrnehmung des jüdischen Volkes. Was in der Zeit des neuen Testamentes und der alten Kirchenväter in Kleinasien, Nordafrika und Südeuropa lebendige Wirklichkeit war, nämlich der vieldimensionale „Streit um die Wahrheit" der gemeinsamen Bibel und um die darin enthaltene Lebensperspektive für Israel und die Völker, läßt sich so nicht wieder herstellen. Sie muß neu gesucht werden.

Es war damals ein Streit oft in derselben Synagoge, Familie oder Siedlung. Es war eine Auseinandersetzung zwischen Nachbarn, denen die Erfahrungen einer gemeinsamen Verfolgung – als „Atheisten" gegen den Kaiserkult zum Beispiel – oder einer gemeinsamen Lizenz im multireligiösen Rom nicht fremd waren.

Diese Konvivenz ging verloren. Eine zweitausendjährige Geschichte ließ die Christenheit ihre sprachliche und soziale Gestalt eher in Abgrenzungen zum

2 C. Ch. 39, 74.

Judentum finden als in der Fortsetzung des Streitgespräches. Das Christentum formte sich in der Auseinandersetzung mit und in der Aufnahme der hellenistischen und römischen Kultur. Es wurde, etwa in den koptischen Kirchen, auch durch ägyptische Tradition geprägt – wie andernorts und zu anderen Zeiten durch andere Kulturen.

Diese Entwicklung setzt sich bis in die Gegenwart fort. Sie ist, auch als Transformation, notwendig und legitim, sofern es um wirkliche Inkulturationen und um das Heimischwerden der (auch im Neuen Testament!) hebräisch denkenden Bibel in anderen Kulturen geht. Die Legitimität einer solchen Inkulturation entscheidet sich daran, ob die biblischen Inhalte, und dazu gehören die göttlichen Verheißungen an das jüdische Volk, bewahrt und weitergegeben oder gefährdet und (Israel) entzogen werden. Die weltweite Ökumene wird sich darin bewähren, ob sie als eine weltweite Christenheit diese nationale oder partikulare Gefährdung ihrerselbst und ihrer Botschaft durch eine wahrhaft ökumenische, transnationale, innerchristliche Kritik überwindet. Allzu oft warf sie Israel nationale Partikularität vor (z.B. in fast allen Auslegungen der Emmausgeschichte von Lk 24, 13-35), um genau dann einem deutschen oder einem anderen christlichen Nationalismus zu erliegen. Die Erwählung Israels ist in der Tat die partikulare Erwählung dieses Volkes und keines anderen. Aber sie steht im Dienst der Wege Gottes von der Schöpfung zur Neuschöpfung der Welt; das machen der Anfang, die Wege und das Ende der Bibel deutlich. Israel ist in einen Weltdienst genommen. Der Bundesschluß Gottes gerade mit diesem Volk hat universale Perspektiven (Gen 12 und 17), auch in einem spezifischen Bezug zu einem konkreten Land. Es steht für die Irdischkeit gegen die Weltflüchtigkeit des Willens Gottes. Auf der Erde soll er getan werden. Christliche Versuche, sich selbst eine universale, Israel eine nur nationale und partikulare Rolle zuzuschreiben, übersieht die Verschränkung von Partikularität (in der Erwählung Israel und Jesu) und Universalität im Auftrag beider. Für Israel formuliert Leo Baeck den Tatbestand so:

> Die „Eigentümlichkeit des Berufs wird gefordert, aber keine Exklusivität des Heils ... Die Hoffnung für die Menschheit ist die Hoffnung für Israel. Das Wort Gottes an die Menschheit ist kein anderes als das Wort Gottes an sein Volk. Der Weg zu dem Ziel, das Gott den Jahrtausenden setzt, geht von der Erwählung Israels aus ... Wenn der ganzen Menschheit das Heil beschieden sein wird, so wird es kein anderes sein als das, welches von Zion ausgegangen und für Zion zum Segen wird. Die Weltreligion steht in der Religion des Judentums. Je lebendiger der Universalismus betont wurde, umso bestimmter mußte auch die besondere Aufgabe und Stellung Israels hervorgehoben werden. Die Idee der Auserwählung erhält so zu ihrem unbedingten Korrelat die Idee der Menschheit.“[3]

Gegen den christlichen Partikulatismus, der in der Kirche allein Gottes Handeln am Werk sieht, ist Robert Raphael Geis' Stimme zu hören: „Es war immer

3 L. Baeck, Das Wesen des Judentums, Wiesbaden o.J., 7, 66 und 68.

der Jude, der durch sein bloßes Dasein dem Christen das Überhören der Botschaft der jüdischen Bibel unmöglich machte".[4]

Und gegen jenen christlichen Christozentrismus, der die Geschichte für Israel geschlossen glaubt, notiert Dietrich Bonhoeffer 1941: „Der Jude hält die Christusfrage offen"[5]. Versteht die Christenheit ihre messianische Hoffnung biblisch, kann sie die Offenheit zu Israel und zur Welt nur miteinander wahrnehmen.

Europäische, afrikanische, asiatische oder indianische vorchristliche Traditionen können zum überholten Vorstadium, wie oft Israel und seine Bibel – christlicher Gemeinde- und Theologiebildung werden. Ein europäisches Muster dieser Israel überbietenden Vorordnung ist die Erklärung des Alten Testamentes als der „Juden Sachsenspiegel" durch Martin Luther oder die Trennung Jesu von seinem Volk, um ihn als emanzipatorischen oder revolutionären Erneuerer vor einem dunklen jüdischen Hintergrund hell aufstrahlen zu lassen. Werden jüdische Bibel oder jüdisches Volk zur dunklen Folie der christlichen Botschaft, dann verändert die Christenheit ihr eigenes Fundament.

Da das „Alte Testament" zum Eigenbesitz der Christen geworden und vom Neuen Testament ein „Wissen über das Judentum" gewonnen schien, wurde eine lebendige Auseinandersetzung mit lebendigen Juden und ihren lebendigen Unterschieden überflüssig. Man wußte ja von Johannes und Paulus, was man über die Juden oder das Gesetz zu sagen hatte, von den Propheten, wie kritikwürdig Israel und wie verheißungs-voll die Geschichte der Völker war, von Jesus, was von den Pharisäern zu halten sei, und von Zwischentönen der Passionsgeschichte, wer am Tode Jesu schuld gewesen war. Aus der Apostelgeschichte schien sich belegen zu lassen, daß Gottes Erwählung von Israel weg auf die Völker übergegangen sei. Rückfragen beim ersten und bleibenden Adressaten Gottes schienen überflüssig. Jesu Streit mit den Pharisäern, die Auseinandersetzung zwischen Petrus mit seiner gesetzestreueren Auffassung und Paulus mit seiner gesetzesfreieren Auffassung sind wie die prophetische Kritik innerjüdische Polemiken. Werden von Nichtjuden Argumente aus diesem innerjüdischen Streit benutzt, auf Dauer gestellt und zu prinzipiellen Aussagen gegen das „Gesetz", Israel oder die Pharisäer gemacht, so wird eine lebendige Diskussion mißbraucht und verfälscht. Vor diesem Hintergrund ist eine erneute dreifache Wahrnehmung des jüdischen Volkes nötig:

1. Israel ist die historische und inhaltlich bestimmende Wurzel der Christenheit. Diese kann sich nicht verstehen, wenn der lebendige Strom zwischen Wurzel und eingepfropften Zweigen des Ölbaums unterbrochen wird (Röm 11, 17-24). Hebräisches Sprechen und Denken prägt Begriffe, in denen das entstehende Christentum sich begreift. Seine Feste und Liturgien sind ohne die jüdischen Feste und Liturgien nicht zu verstehen. Nur in seiner Heilsgeschichte gibt es eine Heilsgeschichte für die Völker.

4 R. R. Geis, Gottes Minorität, München 1971, 61.

5 D. Bonhoeffer, Ethik, München [1]1956, 31.

2. Israel ist der mitspracheberechtigte Nachbar, der sich in vielen unterschiedlichen Interpretationen um ein historisch wie aktuell angemessenes Verständnis derselben Heilsgeschichte und derselben Bibel bemüht. Das Christentum paganisiert sich bis zur Unchristlichkeit, wenn es nicht im ständigen Gespräch mit den Auslegungstraditionen und Selbstverständnissen des jüdischen Volkes bleibt. Gespräche über den gemeinsamen Grund und das gemeinsame Ziel, nicht Mission sind die Aufgabe.

3. Israel lebt als zeitgenössisches Volk in der Diaspora unter fast allen Völkern der Welt und vor allem nicht grund-los im Lande Israel. Der Tatbestand ist vor allem für weite Teile der ökumenischen Christenheit wichtig. Unter der Voraussetzung, das Christentum beruhe nur auf dem Neuen Testament und seiner Deutung des Alten, wird oft nicht das Gespräch mit dem lebendigen jüdischen Volk und seiner mit uns geteilten Bibel gesucht. Das Judentum erscheint dann, bis in die Organisationsschemata des Vatikans oder des Ökumenischen Rates der Kirchen unter allen Weltreligionen. Die Politik der israelischen Regierung kann zum historischen Beleg biblischer Israelkritik werden.

Rasch werden die Juden zu Metaphern. Die Ausländer hierzulande, die Palästinenser oder die Kurden sind „die Juden von heute". Den Juden wird, wie den genannten Gruppen, ihre eigene Geschichte, Würde und Identität genommen. Wie in einem musealen Unterricht gehören die Juden der Vergangenheit an: „Die Juden feierten (Imperfekt!) das Passafest so ..."

Sie erscheinen als Inkarnation einer unendlichen Leidensgeschichte der Vergangenheit, die noch die Konstruktion des Gegenteils, daß nämlich die Opfer zu Tätern werden, bestimmt.

In befreiungstheologischen Konzepten werden z.B. die Armen Brasiliens dann geschichtslos (im Blick auf Israel) an Israels Stelle gesetzt. Carlos Mesters hat in eindrucksvollen Auslegungen des „Alten Testamentes" die bleibende Bedeutung seiner Botschaft für die Völker und damit indirekt die bleibende Bedeutungslosigkeit von Israel für die Christen in allen Völkern herausgearbeitet.[6]

Nur wer das real existierende jüdische Volk als ersten und bleibenden Adressaten der biblischen Botschaft, in Verheißung und Kritik, nicht übersieht und nicht aus der wahrnehmenden Nachbarschaft, d.h. aus Verantwortung und gegenseitiger Lernbereitschaft, entläßt, bezieht legitimerweise Verheißung und Kritik der ganzen biblischen Botschaft auch auf die Kirche. Nichts ist schlimmer als die gesprächslose Aneignung eines Erbes zu Lebzeiten des Erblassers, der dann als unmündig oder schon tot angesehen wird. Der Schatz des göttlichen Erbes reicht für beide – und durch beider Hände und Köpfe für die Welt.

6 Ich nenne ihn hier als Beispiel auch dafür, wie in seinen Arbeiten eine Israelvergessenheit sich breitmacht, deren Quellen und antijudaistische Ausformungen sich klassischer europäischer Theologie verdanken. Das belegen auch einige Fußnoten und Denkfiguren z.B.

III Relativierung im Reichtum

In zwei Bildern beschreibt Paulus die Vorläufigkeit aller christlichen Theologie, d.h. auch aller kirchlichen Christologien.

Da ist einmal das Bild vom „Schatz in irdenen Gefäßen" (2 Kor 4, 7). Jedes Gottes- wie Christusbekenntnis bleibt hinter dem Inhalt und der Wirklichkeit des Gemeinten zurück, ist vergänglich und zerbrechlich. Die Form, vom Leben und Werk Jesu zu sprechen, ist zwar nicht beliebig, sie ist aber weder dauerhaft noch ewig in dem Sinne, daß sie immer und überall in gleicher Weise gültig ist. Beliebig ist sie deswegen nicht, weil ihre Urformen in der jüdischen Bibel verankert sind.

Zum anderen ist der eschatologische Vorbehalt auch eine Kategorie des persönlichen Glaubens wie der theologischen Arbeit: „Unser Wissen ist Stückwerk, und unser prophetisches Reden ist Stückwerk. Wenn aber kommen wird das Vollkommene, so wird das Stückwerk aufhören ... Wir sehen jetzt durch einen Spiegel ein dunkles Bild; dann aber von Angesicht zu Angesicht. Jetzt erkenne ich stückweise, dann aber werde ich erkennen, wie ich erkannt bin. Nun aber bleiben Glaube, Liebe, Hoffnung diese drei; aber die Liebe ist die größte unter ihnen" (1 Kor 13, 9-13).

Lebenspraxis, eine Wahrheit, die getan wird und sich im Tun als Wahrheit erweist, steht unter dem fragmentarischen Wissen, das nötig und aller Bemühung wert ist (Werdet nicht Kinder im Denken; sondern seid Kinder, wenn es um Böses geht; im Verstehen aber seid vollkommen!; 1 Kor 14, 20).

Vor diesem Hintergrund ist von einer vierfachen Relativierung, ich könnte auch sagen, bereichernden Menschlichkeit aller Aussagen über Jesus von Nazareth zu sprechen.

1. Die jüdische Bibel und außerbiblische jüdische Quellen, vor allem Texte der Apokalyptik, aber auch Talmud und Midrasch, reden vom kommenden Reich Gottes, vom messianischen Reich, vom Reich der Himmel, von der Erneuerung des Himmels und der Erde, von der neuen Schöpfung in verschiedenartigen Vorstellungen. Worte und Bilder sind nicht in die Struktur einer einzigartigen Messianologie zu pressen. Es gibt in der jüdischen Literatur viele Messianologien. Dem Sprach- und Bilderreichtum entsprach auch eine Fülle von Gruppenbildungen mit sich wandelnden Vorstellungen (z.B. Essener bzw. Qumran, Sadduzäer, Täuferbewegung, Pharisäer, Zeloten, frühe Chassidim).

in: Albert Nolan, Gott in Südafrika. Die Herausforderung des Evangeliums, Fribourg u.a 1989 oder Ahn, Byung-Mu, Das Subjekt im Markusevangelium, in: J. Moltmann (Hg.), Minjung. Theologie des Volkes Gottes in Südkorea, Neukirchen 1984, 134-170. Ich muß nicht betonen, daß damit nicht die Legitimität und Zielsetzung befreiungstheologischer Ansätze und Arbeit in Frage gestellt werden; gefragt wird nur nach einer unbiblischen Israelverdrängung oder nach antijudaistischen, d.h. die jüdische Bibel oder das jüdische Volk enterbenden oder herabwürdigenden Methoden und Aussagen der christlichen Theologie, die nicht bedacht werden.

2. Im Neuen Testament korrespondieren dieser Vielfalt verschiedene christologische Hoheitstitel und Erzählungen, Person und Werk des Jesus von Nazareth zu kennzeichnen.

Jesus wird u.a. Menschensohn, Gottessohn, Logos, Davidsohn, Rabbi, Prophet, Lamm Gottes, Hohepriester, Befreier (Erlöser, Heiland) oder Herr genannt. Auch diese Bezeichnungen können mit denselben Wort verschiedenes meinen: Gottessohn kann jeder Mensch als Gottes Kind sein, aber auch der mit der königlichen Adoptionsformel (Ps 2, 7 und Mt 3, 17) adoptierte und gesalbte König Israels. Menschensohn kann den himmlischen Weltenrichter (aus Dan 7) meinen, aber auch das prophetische Menschenkind, das ein Feld voller Totengebeine (Hes 37) mit dem Versprechen einer völligen Neubelebung sieht.

Nicht wichtig ist die Definition eines Begriffes. Die Begriffe z.B. Retter (Soter) wie Gesalbter definieren nicht, sie evozieren und vergegenwärtigen ganze Geschichten, in denen Israel die Erfahrungen seines befreienden, rettenden, heilenden, vergebenden, streitbaren, regierenden und orientierenden Gottes festgehalten hat. Sehr viel mehr Tätigkeitswörter als Substantive beschreiben die Taten Gottes und Jesu.

Die Entwicklung der altkirchlichen Christologien und Trinitätslehren kennt einen Reichtum, der im Verlauf der christologischen Dogmenbildung aber einen „Sprachverlust“ (Dietrich Ritschl) erlitten hat.[7] Aus dem Reichtum der Berichte und Berichtenden wird die Formel „wahrer Mensch – wahrer Gott“. So richtig in dieser Formel biblische Elemente der Menschlichkeit und der Göttlichkeit Jesu – gegen deren Bestreitung oder Herabwürdigung – bewahrt werden, so klar ist die Engführung nicht zu übersehen.

Aber nicht nur ein Verarmungsprozeß ist zu entdecken, auch ein Ermächtigungsprozeß. Das christliche Bündnis mit der Macht, vor allem nachdem das Christentum Staatsreligion geworden war, ließ den römischen Kaiser nicht nur gezielt in den Kampf um die Besetzung von Bischofsstühlen und in die Machtverteilung auf den großen ökumenischen Konzilien eingreifen. Er beteiligte sich damit, auch an Sieg oder Niederlage dieser oder jener theologischen Lehrrichtung.

Was bedeutet es eigentlich für ein Christusbekenntnis, wenn festgestellt wird, daß auf den Konzilien der kirchlichen Partei „der Sieg zufiel“, die „sich der kaiserlichen Gunst zu versichern wußte“?[8] Eine durch Macht verschmutzte Christologie schuf sich ihre Opfer: Die Juden als die klassischen Dissidenten beugten sich den christlichen Diskriminierungen, Pogromen oder mittelalterlichen Zwangsdisputationen nicht. Christliche Ketzer erlebten kein besseres Schicksal. Sie gefährdeten auch die Einheit der römischen Reichsideologie, für die ab dem 4. Jahrhundert das Christentum die Basis bildete.

7 D. Ritschl, Zur Logik der Theologie, München 1984, 216f.

8 RGG3, Artikel „Konzile“ (H. Barion).

Eine „menschlichere" Christologie, wie sie z.B. die als Ketzer verurteilten und ausgeschiedenen Arianer vertraten, war freier von Judenfeindschaft als eine vor allem die Göttlichkeit Jesu betonende Christologie. Diese trug stärker zur Machtförmigkeit der Theologie im Corpus Christianum bei. Das Laterankonzil von 1215 beschloß mit der Transsubstantiationslehre nicht nur ein sehr massives Verständnis der göttlichen Gegenwart Christi in den Elementen von Brot und Wein im Abendmahl. Es beschloß zur gleichen Zeit (aus der islamischen Tradition übernommen) den Zwang, Juden zum Tragen des gelben Fleckes zu zwingen und damit erkennbar und greifbar zu machen. Wird Gott und seine Gegenwart dogmatisch, sakramental oder politisch verfügbar gemacht, dann gerät auch sein Volk leicht in die Verfügbarkeit derer, die sich diese Macht zulegen – auf Kosten Gottes.

Parallel zu diesem Sprachverlust und Machtgewinn geht ein Bedeutungsverlust. Alle Exegeten des Neuen Testamentes sind sich einig, daß schon bald, anfangsweise schon im Neuen Testament selbst, der Titel „Christus" (= Messias = Gesalbter Gottes) als Eigenname verstanden wurde. Wenn sich nun die biblischen Geschichten nicht mehr – wie bei jüdischen Hörern – notwendigerweise mit messianischen Geschichten und Hoffnungen auf die Erneuerung des Himmels und der Erde verbanden, wenn Christus zum Eigenname des Jesus von Nazareth geworden war, dann traten entscheidende Dimensionen der in den Väter- und Königsgeschichten, in der prophetischen Verkündigung, in apokalyptischen Hoffnungen, in Träumen und Bildern vom kommenden Friedensreich und von der Vollendung der Geschichte aufbewahrten Botschaften in den Hintergrund. War dieser Prozeß beim Übertritt der christlichen Gemeinde aus dem jüdischen Land und ihrer Gemeinde in die nichtjüdische Welt, die auch unendlich viele Gottessöhne, Heilande, Wundertäter und Märtyrer kannte, notwendig? Oder lieferte der Abgrenzungszwang der Christen gegenüber den Juden die biblischen Voraussetzungen der messianischen Hoffnung nicht auch entleerend der Vergangenheit und dem Vergessen aus? Ist dann mit der jüdischen Kontur der biblischen Botschaft nicht auch die Fülle verlorengegangen?

3. Zur Realitätswahrnehmung christlicher Theologie gehört auch, daß – dem biblischen Befund der Vielfalt entsprechend – Kirchen und Gemeindebildungen sich in einer schier unübersehbaren Vielfalt entwickelten. Seit den Anfängen der Kirchen zeigt sich in ihnen ein ökumenischer Reichtum an wirksamen, keineswegs auf einen Nenner zu bringenden Theologien. Der Pluralismus begleitet den Weg der Kirche von Anfang an. Er ist nicht das Ergebnis nur von Kirchenspaltungen. Aus allem folgt, daß zur Bemühung um eine ökumenische Einheit in der Vielfalt auch eine Bemühung gehört, die Verbindung zum jüdischen Volk nicht zu kappen.

Es gibt Versuche, die christliche Einheit und damit Identität in der Vielfalt sicherzustellen. Sie alle verkürzen die biblische Botschaft. Diese Versuchungen sind unsachgemäß, weil sie die Vorläufigkeit aller Theologien durch Fixierung unterlaufen wollen, so, als könne die gemeinte Sache in den Formen ihrer Darstellung aufgehen oder gesichert werden. Alle Sicherungsversuche lassen sich auf drei Grundtypen zurückführen:

a) Die Anleihe bei staatlicher oder gesellschaftlicher Macht, um die Gültigkeit christlicher Konzepte zu stärken oder durchzusetzen. Das christliche Abendland wie alle Nationalkirchentümer oder jeder Cäsaropapismus gehören hierher.

b) Die Herausstellung eines Materialprinzips, das der vielstimmigen Bibel, ihrer Praxis- und Verständnisfolgen den roten Faden einer Hauptaussage oder eines hermeneutischen Schlüssels einziehen will. In Martin Luthers Formulierung war das die Aufforderung, zu suchen, was „Christum treibet". Auch die Rechtfertigungslehre oder die Gnadenlehre der Kirche wurde zu solchen Schlüsseln, die Schriften zu erschließen, gemacht.

c) Das Lehramt einer Kirche, das Unfehlbarkeit beansprucht wie Rom oder das den überlieferten Dogmenschatz fundamentalistisch als gegeben und damit als festhaltend hinstellt.

Adoptianer, Arianer, Doketisten, Modalisten, Nestorianer, Pelagianer sind ja nicht vergangene Namen, die auf Ketzerhüten prangen. Ihre hier nicht ausgeführten Entwürfe, Person und Werk Jesu zu bezeichnen, leben ja bis heute in persönlichen Glaubensverständnissen, theologischen Konzepten oder christlichen Gruppenbildungen und Kirchen fort.

Jede Kirche oder Konfession hat in sich eine große Bandbreite zwischen liberalen oder konservativen, zwischen heterodoxen oder orthodoxen Positionen. Zwanzig Predigten oder Katechesen über denselben Bibeltext, jede wahrhaft ökumenische Konferenz zeigen hier einen unvorstellbaren Reichtum.

Kopten, Chaldäer, Assyrer, Maroniten, russisch oder griechisch Orthodoxe, römische Katholiken oder Altkatholiken, Anglikaner, Lutheraner, Calvinisten, Remonstranten, Schwenckfeldianer, Waldenser, Methodisten, Baptisten, Pfingstler, Minjung oder Schwarze Theologie, Befreiungstheologie oder Charismatische Gruppen – eine unvollkommene Liste unzähliger Weisen, von Jesus Christus zu sprechen, zeigt die Relativität eines jeden Versuches. Kein Versuch ist überflüssig, keiner faßt das Ganze. Jeder bereichert durch Fragen und Alternativen den anderen.

4. Ein biblischer und ein historischer Tatbestand bringt die Christenheit in ihren vielen und notwendigen Versuchen, sich zu Jesus von Nazareth zu bekennen, zum theologischen Nachdenken. Jesus selbst weist darauf hin, daß es falsche Messiasprätendenten gibt: „Seht zu, daß Euch nicht jemand verführe. Denn es werden viele kommen unter meinem Namen und sagen: Ich bin der Christus, und sie werden viele verführen" (Mt 24, 5). Das Wort wurde in Endzeitspekulationen abgedrängt, statt als Einladung zu einem äußerst sensiblen Umgang mit dem Titel und der Funktion „Messias" ernstgenommen zu werden. Was die Exegeten das „Messiasgeheimnis" Jesu nennen, seine Weigerung, sich selbst so zu bezeichnen oder sich so nennen zu lassen (Mt 16, 20 u.a.), ist zunächst einmal Jesu Bekenntnis zum Kern aller messianischen Hoffnungen: Die Erneuerung des Himmels und der Erde ist eine sichtbare und öffentliche

Erneuerung, die Gott vollzieht. Wie, das bleibt offen; aber auf dieses Kriterium für das Reich Gottes verzichtet Jesus genauso wenig wie auf die umkehrende Nachfolge. Die Bergpredigt enthält das Bekenntnis und die Ermutigung, den Willen Gottes zu tun: Tora als Evangelium und Evangelium als Tora. Sie steht nicht im „Anti" der Bergpredigt Jesu zu der Bergpredigt am Sinai, sondern bestätigt sie, erneuernd und radikalisierend.

Die jüdische Geschichte kennt Menschen, die als Messiasse auftraten und/oder von ihrer Anhängerschaft dafür gehalten wurden. Schon Lukas läßt den Pharisäer Gamaliel auf die Pseudomessiasse Theudas und Judas (den Galiläer) hinweisen. Beide kamen um, ihre Nachfolger wurden zerstreut oder vernichtet. Petrus und die Apostel, gerade aus der Gefangenschaft erlöst – (wie die vorher berichteten Akte der Totenauferweckung und Krankenheilungen und die nachfolgende Wahl der Armenpfleger ist Befreiung von Gefangenen ein messianisches Zeichen) – werden dem Messiaskriterium unterstellt: Sind ihre Taten von Gott, werden sie nicht untergehen. „Sind sie aber von Gott, so könnt ihr sie nicht vernichten" (Apg 5, 39). An der Stellung zu Gott, also an der Einhaltung des 1. Gebotes, ihn in allen Dingen und Lebensbereichen Gott sein zu lassen, entscheidet sich, was messianisch ist oder nicht.

Genau dies bleibt das Kriterium in der jüdischen Geschichte. Bar Kochba (gest. 135); Sabbatai Zwi (1626-1676) oder Jakob Frank (1726-1791) erzielten großen Eindruck, gehören in die jüdische Geschichte, aber „der" Messias war keiner. Das in der biblischen und nachbiblischen jüdischen Tradition geltende Kriterium formuliert Gershom Scholem so: „Das Judentum hat in allen seinen Formen und Gestaltungen stets an einem Begriff von Erlösung festgehalten, der sie als einen Vorgang auffaßte, welcher sich in der Öffentlichkeit vollzieht, auf dem Schauplatz der Geschichte und im Medium der Gemeinschaft, kurz, der sich entscheidend in der Welt des Sichtbaren vollzieht und ohne solche Erscheinungen im Sichtbaren nicht gedacht werden kann."[9]

Hält das Christentum eine auch im Christusbekenntnis sich aussprechende Bescheidung aus, praeparatio messianica (messianische Vorbereitung) und nicht schon perfectio messianica (messianische Vollendung) zu sein? In der mit dem Judentum gemeinsamen Hoffnung auf die Erlösung der gesamten Schöpfung ist eine christliche Auffassung nicht anders zu beschreiben. In allen Absolutheitsansprüchen des Christentums, vor allem aber gegenüber dem Judentum, wird diese Bescheidung und damit diese Hoffnung verleugnet.

IV Anfragen aus dem Kern des biblischen Glaubens

Die Person Jesu verbindet Juden und Christen auf eine singuläre Weise. Der christliche Glaube an Jesus den Christus, der das Nahen des Reiches Gottes

9 G. Scholem, Zum Verständnis der messianischen Idee im Judentum, in: Judaica 1, Frankfurt a. M. 1963, 7.

verkündete und lebte und zur Umkehr zu diesem Reich Gottes aufrief, unterscheidet Juden und Christen.

Es liegt alles daran, aus dieser jüdischen Position nicht das Nein eines Unglaubens zu hören. Das mehrheitliche, jüdische Nein zu Jesus als Christus kommt aus dem biblischen Grund des gleichen Glaubens an denselben Gott.

Erst wenn aus der Ablehnung Jesu als des Messias kein definitives und negatives Urteil über die Juden abgeleitet wird, sondern die darin steckende Anfrage an die Christenheit vernommen wird, wenn also das jüdische Nein zu Jesus als dem Messias verstanden wird als Treue zur Heiligen Schrift, die für die messianische Erneuerung (in allen bunten Bildern, die sie benutzt) doch klare Kriterien der Verwirklichung festlegt, erst dann ist eine christliche Identität nicht mehr auf Kosten der Juden formuliert.[10] Das bedeutet ein christliches Nachdenken über die Frage, welches Gewicht diese biblischen Kriterien für das christliche Selbstverständnis haben. Obwohl es eine in Israel in zahllosen Auflagen verbreitete Darstellung des Judentums gibt, die nur am Rande von der Messiashoffnung spricht,[11] gibt es in allen Zeiten und Strömungen des Judentums eine Auseinandersetzung um diese Frage – nicht zuletzt deswegen, um wahre Messiasse von falschen unterscheiden zu können. „Wurden Schwerter in Pflugscharen umgeschmiedet? Ist Krieg von der Erde verschwunden? Für einen Juden zeigen solche Fragen, daß der christliche Messianismus ein vorschneller ist."[12] Luthers „Freiheit eines Christenmenschen" wird von Emil Fackenheim z.B. an der realen Freiheit der Bauern von ihren Herren gemessen. Für Fackenheim ist es kein Zufall, daß der alte Luther ein „widerlicher Antisemit" wurde. Unverwirklichte Hoffnungen schlagen in Haß gegen die um, die auch nach der Verwirklichung des Geglaubten fragen. Fackenheim fragt, ob nicht die christliche Auskunft, der Messias komme wieder und dann geschehe die völlige Verwandlung der Welt, die Christen wieder neben die Juden stelle. Beide „müssen warten und arbeiten auf dieser Erde hier – und beten".[13] Fackenheim handelt die ihm dominierend erscheinende Seite des christlichen Messiasglaubens unter der Überschrift ab: „Christentum = Messianismus ohne Menschen", um eine christliche Weltflüchtigkeit zu kritisieren.

Diese spricht sich in bezeichnenden Abgrenzungen im Artikel „Soteria" (Rettung, Heil, Erlösung) des berühmten Theologischen Wörterbuches zum Neuen Testament folgendermaßen aus: „Die neutestamentliche Soteria bezieht sich nicht auf irdische Verhältnisse. Ihr Inhalt ist weder wie für griechisches Verständnis Wohlergehen, Gesundheit des Leibes und der Seele noch eine irdi-

10 F.-W. Marquardt, „Feinde um unsretwillen." Das jüdische Nein und die christliche Theologie. Festschrift für G. Harder, hg. v. P. von der Osten-Sacken, Berlin 1977, 174-193.

11 I. M. Lau: Wie Juden leben. Glaube – Alltag – Feste, Gütersloh 1988; läßt (268) die Messiashoffnung im Zusammenhang mit dem Gebet am 2. Passatag (in der Diaspora!) anklingen.

12 E. Fackenheim: What is Judaism?, New York 1987, 261.

13 E. Fackenheim, a.a.O., 262.

sche Befreiung des Volkes Gottes vom heidnischen Joch wie im Judentum." Es geht um, „nach der negativen Seite, Rettung, vor dem kommenden Zorn, wie nach der positiven Seite, Erlangung der doxa durch Jesu Verkündigung durch sein Leiden und seine Auferstehung bestimmt."[14]

Spätestens seit Auschwitz müßte der Christenheit die Frage nach dem Unglauben der Juden sich in die Frage nach dem Unglauben der Christen umgewandelt haben. In der expandierenden Judenverfolgung schrieb Dietrich Bonhoeffer 1937 voller Zorn über „die billige Gnade ... ohne Preis, ohne Kosten ... ohne Nachfolge", die die Welt Welt sein läßt, das Evangelium verrät und den christlichen Glauben entleert.[15]

Ein Glaube, der sich ein Verständnis von „Erfüllung" schafft, das sich von der Wirklichkeit löst, bleibt hinter sich selbst zurück. Wie oft ist Jesu „Es ist vollbracht" soteriologisch, ja ekklesiologisch verstanden worden, als sei die Erlösung des Individuums oder der Christenschar „vollbracht".

Mt 11, 2-6 par. berichtet von der Anfrage des inhaftierten Täufers Johannes an Jesus: Bist du, der da kommen soll oder sollen wir eines anderen warten? Jesus antwortet dem Johannes, der an einem Abgrund steht, der ihm auch die Jesusgestalt und das nahe herbeigekommene Reich Gottes ad absurdum zu führen droht, nicht mit einem Messiasbekenntnis oder einem Christusdogma. Er verweist, wie Lk 4 und die ersten Wundergeschichten der Apostelgeschichte, auf die Zeichen des nahen Gottesreiches. Es sind öffentliche Zeichen von Veränderungen in der Wirklichkeit der Geschichte. Kranke werden geheilt, Tote auferweckt, Befreiung von Schuld/en, Armen wird die frohe Botschaft verkündet. Selbstverständlich gelten für Jesus biblische Maßstäbe, wenn es zu beurteilen gilt, ob das neue Zeitalter angebrochen sei. Sie sind z.B. aus den prophetischen Hoffnungen genommen, die auch das jüdische Volk in die kleineren Münzen kleinerer Veränderungen und Hoffnungen hat umwechseln können und müssen. Sehr schön läßt sich das an dem (auch in der Johannesfrage vorkommenden) Verheißungs- und Verpflichtungsbündel aus Jes 61, 1f und 58, 7-12 aus der exilischen und nachexilischen Zeit des Tempelaufbaus, die wahrhaftig die Heimkehr, aber ebenso wahrhaftig nicht die totale Erlösung gebracht hatte, illustrieren. War die universale Verheißung von der Erneuerung des Himmels und der Erde versprochen, so war im zerstörten Jerusalem nach 515 v.Chr. die Überwindung der Kluft zwischen Armen und Reichen, Freien und Schuldhäftlingen eine zu lösende konkrete Aufgabe. In einem Midrasch zu Lev 25, 29 wird Jes 58, 7-12 als Grundlage des nachbiblischen jüdischen Almosenwesens ausgelegt. Lk 4, 16-30 verbindet dieselbe konkrete Ethik wieder mit der universalen Hoffnung. Im jüdischen 18-Bittengebet findet sich eine ähnliche konkrete Zusammenstellung: „Du belebst die Toten, du bist reich an Hilfe, du erhältst alles Lebende in Liebe, belebst die Toten mit großer Barmherzigkeit, du

14 TWBNT 4 (1964!), 1003f.

15 D. Bonhoeffer, Nachfolge, München [4]1952, 1.

stützt die Fallenden, heilst die Kranken, und befreist die Gefesselten.“[16] Die Kirche steht vor der Frage, auf welche Weichen des neuen Lebens und der veränderten Realität sie verweist. Nur auf sich selbst zu verweisen, als sei sie das, was kommen sollte, beantwortet keine Frage nach dem Heil für die danach suchenden Menschen.

V Die Antwort der Nachfolge

Zu lang und zu einseitig haben die Christen die Juden gefragt und gezwungen, sich und ihr Leben und Denken nach christlichen Maßstäben zu rechtfertigen.

Es ist an der Zeit, lange und einseitig über zwei jüdische Fragen nachzudenken:
– Yehuda Halevi (1085-1145) beschreibt in seinem Dialog Kusari, der sich mit dem Übertritt des Chasarenkönigs und seiner Oberschicht (7. Jahrhundert an der Wolgamündung) befaßt, die Aufgabe der Christen und Muslime: „Diese Völker sind die Vorbereitung und Einleitung von dem erwarteten Messias, der die Frucht ist und dessen Frucht sie alle werden, wenn sie ihn anerkennen und alles ein Baum wird. Dann werden sie die Wurzeln hoch ehren und achten, die sie früher geschmäht ...“[17]
– Moses Mendelssohn schreibt am 15. 1. 1771 an Kaspar Lavater, er habe mit vielen Juden keine Schwierigkeiten, „Unschuld“ und „sittliche Güte“ Jesu anzuerkennen, aber er nennt die ausdrücklichen Bedingungen,

„1. daß er sich nie dem Vater gleich gesetzt,

2. nie für eine Person der Gottheit ausgegeben,

3. daß er sich folglich die Ehre der Anbetung nie angemaßt habe, und daß er endlich

4. die Absicht nicht gehabt, die Religion seiner Väter umzustoßen, so wie er offenbar bei vielen Gelegenheiten das Gegenteil hiervon zu erkennen gegeben zu haben scheint.“[18]

Ein wirklicher Vorbereitungsdienst der Christen auf das Reich Gottes im Alltag und Festtag ehrt Jesus von Nazareth durch die Nachfolge. Theologie, besonders Christologie ist nur Nacharbeit und Vorarbeit dieser Nachfolge.

16 Vgl. J. J. Petuchowski, Beten im Judentum, Stuttgart 1976, 105f; hierzu auch: R. Albertz, Die Antrittspredigt Jesu im Lukasevangelium vor ihrem alttestamentlichen Hintergrund, in: ZNW 74 (1983), 182-206.

17 Das Buch Kusari, hg. u. übers. von D. Cassel, Leipzig ^{2}1923, 337; dort ähnliche Gedanken anderer jüdischer Denker.

18 M. Mendelssohn, Selbstzeugnisse, Tübingen 1979, 115.

Thesen
Zur Bedeutung der Tora für die moderne Gesellschaft

Was ich als Christ im jüdisch-christlichen Dialog gelernt habe *

1. Tora motiviert und orientiert zum Leben, Zusammenleben und Überleben der Menschen.

2. Tora praktiziert Einsicht in einen von Gott begonnenen Befreiungsprozeß, der motivierende und Erkenntnis schaffende Wirkungen hat, sich also fundamental von dem von Aristoteles bis Immanuel Kant (und ihren Nachfahren) herrschenden Freiheitsverständnis (Freiheit sei Einsicht in die Notwendigkeit) unterscheidet. Nicht einem Weltgesetz wird gehorcht, sondern einem lebendigen Gott zugehört und geantwortet durch Tun oder durch Unterlassen.

3. Tora liegt in einer Gestalt vor, die singulär und geschichtlich an das jüdische Volk gebunden ist; sie ist in lebendiger verbindlicher Autorität von Gott gesprochen – nicht nur als „das Ewig-Kurzgefaßte, das Bündig-Bindende, Gottes gedrängtes Sittengesetz ... Fels des Anstands, das A und O des Menschenbenehmens“[1].

4. Tora hat Teil an der Zeitgenossenschaft des Ewigen, nicht an einer Zeitlosigkeit des Ewig-sich-Gleichbleibenden. Sie bedarf also der ständigen neuen Auslegung in sich wandelnden Situationen.

5. Tora und ihre Verwirklichung gibt dem Geschehenden den Vorrang vor dem Seienden; es werden Lebensprozesse eröffnet, die sich als Tradition, als Weitergabe von Lernprozessen verstehen, die in der Geschichte des Gottesvolkes erfahren wurden.

6. Als Ziele sind in der geschehenen Geschichte wie in der noch geschehenden Geschichte von Gott dem Menschen gegeben und aufgegeben:
– Befreiung (von Schuld, Gewalt, Elend),
– Frieden (mit Gott, mit und unter den Menschen und Völkern),
– Gerechtigkeit (vor allem für Rechtlose und Schwache),

* Zuerst veröffentlicht in: H. G. Link/M. Stöhr (Hg.), Der Herr des Lebens. Jüdische und christliche Interpretationen in der Ökumene (Arnoldshainer Texte 39), Frankfurt a. M. 1984, 106-115.

1 Thomas Mann, Das Gesetz, in: Der Tod in Venedig, Frankfurt a. M. 1954, 232.

– Liebe (zu Gott, zum Nächsten und als Selbstwertgefühl zu sich selbst). Hoffnung für eigenes und fremdes Leben sowie eine Sinngebung gegen alle Sinnlosigkeiten wurden angeboten.

7. Hören, Lernen und Leben der Tora werden nicht durch Lohn gerechtfertigt, sondern durch den Willen Gottes: „Wer die Worte der Tora eigennützig anwendet, der nimmt sein Leben aus der Welt" (Sprüche der Väter 4, 7). Eine stärkere Befreiung des Menschen vom Leistungsdruck und von einem nur kalkulierten Leben gibt es nicht.

8. „Der Weise rühme sich nicht seiner Weisheit, der Starke rühme sich nicht seiner Stärke, der Reiche rühme sich nicht seines Reichtums; sondern wer sich rühmen will, der rühme sich dessen: Einsichtig zu sein und mich zu erkennen, zu wissen, daß Ich, der Herr, es bin, der Gnade und Recht und Gerechtigkeit auf Erden übt; denn an solchen habe ich Wohlgefallen, spricht der Herr" (Jer 9, 23f). Lebensweisheit umgreift empirisches Faktenwissen. Sie fragt nach dem Woher und dem Wohin meines Lebens und meiner Lebenspraxis.

9. „Das Gebot der Liebe kann nur kommen aus dem Mund des Liebenden. Nur der Liebende, aber er auch wirklich, kann sprechen und spricht: Liebe mich! In seinem Munde ist das Gebot der Liebe kein fremdes Gebot, sondern nichts als die Stimme der Liebe selber. Die Liebe des Liebenden hat gar kein anderes Wort sich zu äußern als das Gebot".[2]

Biblischer Glaube im Leben ist also jenseits von Autonomie und Heteronomie ein Leben in Freiheit und reichen Beziehungen. Zur vordergründigen christlichen Polemik gegen eine angebliche „Gesetzesreligion" des Judentums ist zu sagen: Das Evangelium wie das Gesetz kann billig werden. Dietrich Bonhoeffer warnt mit Recht vor der „billigen Gnade", die sich mit der Sünde versöhnt und nicht mit dem Sünder.[3] Die prophetische Warnung vor einer Versteinerung der Tora setzt die Tora nicht außer Kraft, sondern vitalisiert sie. Prophetische Kritik (in der Hebräischen Bibel und im Neuen Testament) haben Christen als Kirchenkritik, Juden als Israelkritik zu lesen.

10. Tora bestimmt das religiöse und das weltliche Leben. Sie vermeidet dabei (auch wenn die Versuchung bei einigen Gruppen da ist) die beiden Möglichkeiten einer Fehlentwicklung, deren Opfer fast immer die Juden wurden:
– eine christliche Theorie und Praxis der Zwei-Reiche-Lehre, die den Lauf der Welt sich selbst und den Mächtigen überläßt;
– eine islamische Theorie und Praxis der Theokratie, die das „Reich Gottes" eigenhändig und gewaltsam in Verwaltung nimmt.

2 Franz Rosenzweig, Stern der Erlösung, Den Haag 1976 (Frankfurt a. M. 1988), II, 2, 196f.

3 Dietrich Bonhoeffer, Nachfolge, München 1937, 7ff.

Diese Irrwege werden vermieden
– durch die Universalität der Vorstellung von Gott, der Schöpfer, Erhalter und Erlöser der Welt ist,
– durch die Ganzheitlichkeit der Anthropologie, die der ganzen Wirklichkeit Gottes den ganzen Menschen als sein Ebenbild zuordnet,
– durch die Einsicht, über Gott weder dogmatisch noch institutionell verfügen zu können,
– durch ein Insistieren auf der „Verwirklichung" (Franz Rosenzweig) der Tora hier auf Erden und
– durch einen „penetranten Immanenzwillen" Gottes.[4]

Die von Gott gegebene Wahrheit, die Menschen freimacht (Joh 8, 32) wird im Vollzug und im (Streit-)Gespräch, das ihre Konkretion sucht, lebendig und menschlich.

11. Tora, die biblische und mündliche Tradition, umfaßt Individualethik und Sozialethik, Gesinnungsethik und Verantwortungsethik, personale Liebe und „Liebe in Strukturen" (Max Kohnstamm). Sie setzt nicht das Eine als Bedingung, als ersten Schritt oder als das Überlegene vor das jeweils Andere. Sie sieht Menschen in allen Dimensionen des menschlichen Lebens in Gottes Dienst.

12. Die Tora spricht nicht ohne Begründung, sondern redet mit Gründen Israel und, durch Israel, alle Völker an:

Die Befreiung aus Ägypten und die Erwählung eines kleinen Volkes im Orient zu seinem Zeugen sind Gottes und der Menschen Gründe, seinen Willen zu hören, zu tun und bekanntzumachen. Tora ist also zuerst Gnade, Evangelium, Befreiung. „Gesetz ist nichts anderes als die Form des Evangeliums, dessen Inhalt die Gnade ist".[5]

13. Die Tora ermöglicht den Bestand der Welt. Wenn Israel die Annahme der Tora am Sinai verweigert hätte wie die anderen Völker, denen sie angeboten war, wäre die Welt in ihren chaotischen Urzustand zurückgefallen. Wie Fische, wenn sie aufs Trockene geraten, sterben die Menschen, wenn sie aus dem Wirkungsfeld der Tora sich entfernen (Babylonischer Talmud, Avoda Zara 3b). Die Tora zu verheimlichen, zu verschweigen oder zu verkleinern, zerstört die Welt.

14. „Alles, was der Herr befohlen hat, wollen wir tun" (Ex 19, 8). „Höre, Israel, die Satzungen und Rechte, die ich euch heute verkünde, lernt sie und erfüllt sie" (Dtn 5, 1). „Wer diese meine Worte hört und tut, der gleicht einem klugen Menschen, der sein Haus auf Felsen baut" (Mt 7, 24). Nicht deduktiv aus Nor-

4 Gerhard von Rad, Theologie des Alten Testaments 1, München [6]1969, 219.

5 Karl Barth, Evangelium und Gesetz, Zürich 1935, 11. Zur Bandbreite jüdischen Toraverständnisses vgl. Alfred Wittstock, Toraliebe im jüdischen Volk, Berlin 1981, 17-42.

men, Theorien oder Dogmen, sondern hörend, handelnd und lebend aus der Geschichte Gottes mit seinem Volk erschließt sich die Wahrheit der Tora. „Jeder, dessen Taten mehr sind als seine Weisheit, dessen Weisheit hat Bestand; jeder aber, desen Weisheit mehr ist als seine Taten, dessen Weisheit hat keinen Bestand" (Sprüche der Väter 3, 9).

15. Die Tora zieht die Lebenswirklichkeit der Menschen in Frage und in die Diskussion. Sie läßt sich aber auch von der Wirklichkeit in die Diskussion ziehen. Sie erneuert sich aus dem Ursprung, teilt also Neues mit, wie die bekannte Geschichte berichtet, nach der Gott Mose in Rabbi Akibas Lehrhaus führt, ihn dort unter die Schüler setzt, wo Rabbi Akiba seine, des Mose, Autorität in Dingen beschwören läßt, die dieser nicht gesagt hat. Der Protest des Mose wird mit dem Hinweis auf die mündliche Tradition des Mose und den Willen Gottes beantwortet.

16. In Mk 12, 28-34 erinnert Jesus an das Sch'ma Jisrael; die Tora der Hebräischen Bibel ist ihm geläufig im Doppelgebot der Liebe, Gott zu lieben und den Nächsten wie sich selbst. Die Anerkennung Gottes und des Nächsten impliziert die Anerkennung und nicht die Erniedrigung oder Verachtung des eigenen Selbst, eine Aussage, die so wichtig ist wie die von der Gottesebenbildlichkeit eines jeden Menschen. Sie bindet die Einzigartigkeit eines jeden Menschen an die Einzigartigkeit Gottes. Angesichts der wachsenden Massenhaftigkeit des Menschen und der „Verbilligung" seines Lebens nach den Markt- und Verwertungsgesetzen spricht sich hier eine provozierende Gegenbewegung Gottes und seines Volkes aus: Jeder einzelne Mensch ist kostbar und unersetzbar.

17. Tora ist der Weg Gottes zu den Menschen, eröffnet Wege der Menschen zueinander und miteinander und erschließt auch Wege des Menschen zu sich selbst. „Er hat seine Wege Mose wissen lassen und die Kinder Israel sein Tun" (Ps 103, 7).

18. „Wer seinen Sohn Tora lehrt, dem wird es erachtet, als ob er sie selbst vom Sinai empfangen hätte" (Babylonischer Talmud, Kilajim 30a). Biblische und mündliche Tradition zeigen bis heute die innovative Offenheit der Tora: Tora locuta, causa initiata. Der Talmud ist das Protokoll eines nicht abgeschlossenen und nicht abzuschließenden Diskussionsprozesses.

19. Freude am Gesetz (Ps 1 und Ps 119) ist deswegen angebracht, weil die Tora ein „Existenzwissen", eine Lebensweisheit, zuteilt und mitteilt, die den Menschen hilft, ihr Leben und ihr Sterben zu meistern sowie Natur und Geschichte zu erhalten und zu gestalten.

20. Wenn John Rawls „Gerechtigkeit als Fairneß" versteht und annimmt, „daß jeder Mensch die vollständige Form einer Gerechtigkeitsvorstellung in

sich trägt,[6] die natürlich zeit- und situationsbedingten Vatiationen unterliegt, so ist Gerechtigkeit im Sinne der Tora dagegen gemeint als Lebensmittel und Lebens-chance für die, denen sie fehlen, auch als Inhalt einer neuen Weltwirtschaftsordnung, die den Unterschied zwischen arm und reich abbauen hilft, die aber auch dem Einzelnen zu seinem Recht verhelfen will.

21. Die modernen Wissenschaften haben durch Spezialisierung ein Maximum an Wirkung erzielt. Ein Optimum ist es nicht. Der Preis ist hoch: Das notwendigerweise abblendende Arbeiten blendet auch die Frage nach dem „Wozu?", die Frage nach dem agierenden und betroffenen Menschen ab. Jede Wissenschaft aber überschreitet ihre Grenzen, wenn sie über die Folgen und Voraussetzungen ihrer Ergebnisse mit derselben wissenschaftlichen Exaktheit Auskunft geben will, wie über ihre Menschen und Ergebnisse. Tora-Unterricht gehört in die Ausbildung in allen Berufen und Wissenschaften. Ethik ist nicht das Ergebnis fachwissenschaftlicher Arbeit. So sehr die Fachwissenschaften zum Welt- und Geschichtsverständnis der Menschen unentbehrlich sind, so wenig liefern sie Weltorientierung und Lebensgestaltung.

22. Evolutionstheorien verstehen sich manchmal auch als Ethik. Ethos ist dann das Produkt eines durch die Evolution als Selbstentfaltungsprozeß, von Natur und Geschichte weitergetriebenen Geschichtsverlaufs. Gott ist dann überflüssig. Der Mensch wird zum Objekt eines Prozesses. Seine Haltung, sein Ethos, reduziert sich auf Anpassung. „Religion hat gegenwärtig einen unentschiedenen Status, in der Praxis und in der Theorie. Im Horizont einer Empirie ... kann man ebenso darauf verweisen, daß die Mehrheit der derzeit lebenden Menschen unbestreitbar religiöse Denk- und Verhaltensweisen zeigt, wie darauf, daß eine nicht zu übersehende Minderheit in einem präzise zu bestimmenden Sinne a-religiös geworden ist. Das ist ein historisches Novum. Es kann daher scheinen, als habe es derzeit keinen Sinn, die Frage nach dem Ende der Religion auch nur zu stellen. Denn was für eine Wissenschaft nicht beantwortbar ist, wird auch als Frage sinnlos. Allein, in einer entwicklungslogischen Erörterung geht es nicht einfach um das, was plane feststellbar ist. Die Frage nach dem Ende der Religion hat eine erkenntnistheoretische Dimension. Und die besteht zuvörderst in der historischen Diskrepanz zwischen dem, was gestern gutgläubig angenommen werden konnte, und was heute denkbar ist. Ich sehe nicht, daß die Frage, unter welchen Bedingungen Religion noch länger gedacht werden kann, in einer Weise reflektiert wird, die dem Erkenntnisstand unserer Zeit gerecht wird".[7] Nicht die Autonomie des Menschen, wohl aber die behauptete Autonomie dieses Selbstentfaltungsprozesses, in Natur und Geschichte, der Varianten und Mutationen kennt, ist die

6 John Rawls, Eine Theorie der Gerechtigkeit, Frankfurt a. M. 1979, 70.

7 Günter Dux, Die Logik der Weltbilder. Sinnstrukturen im Wandel der Geschichte, Frankfurt a. M. 1982, 304f.

stärkste Infragestellung eines durch die Selbstmitteilung Gottes bestimmten Lebens der Menschen und ihrer Wirklichkeiten.

23. Der Idealismus eines Marxismus, der die Natur in die Geschichte zieht, wie der des Evolutionismus, der die Geschichte in die Natur zieht, lassen dann der Tora als Handlungsspielraum nur eine begrenzte Sphäre individueller oder innerlicher Weisen des menschlichen Bewußtseins. Statt vitales Ebenbild Gottes zu sein, ist der Mensch Funktion unbegriffener Prozesse oder begriffener Strukturen.

24. Es widerspricht den offenen Perspektiven der Tora für die Geschichte Gottes mit seiner Welt, wenn Menschen irreversible Vorgänge schaffen, die weder durch Umkehr der Lebenden noch durch die Bemühungen der Kommenden verändert werden können. Solche irreversiblen Prozesse sind in der Gentechnologie, in der Kernenergie (militärische und zivile Nutzung) und in der ersatzlosen Verschwendung natürlicher Ressourcen wie Wasser, Rohstoffe, Luft und Boden zu finden.

> „Es scheint mir, daß der Versuch der Natur, ein denkendes Wesen hervorzubringen, gescheitert ist ... die moderne Naturwissenschaft und Technik sind im Begriff, die menschliche Welt in einem Grad umzugestalten, daß sie kaum wiederzuerkennen ist. Aber obgleich dieser Vorgang durch den Verstand bewirkt worden ist, wird er nicht durch den Verstand kontrolliert“.[8]

25. Die durch die Tora gewiesene Lebensperspektive hält die Zukunft offen und stiftet Hoffnung.

> „Die Zukunft ist unbekannt, aber in ihrer Erwartung leben wir. Von den entscheidenden Ereignissen der Zukunft kann man nicht ohne Bilder, nicht ohne mythische Gleichnisse sprechen. Der Messianismus, die Erwartung eines Königs, der die entsetzliche Welt menschlicher Politik sichtbar, mit äußeren Gebärden, moralisch zurechtrücken und dem Sinn der göttlichen Schöpfung gemäß gestalten wird, dieser Glaube ist ein jüdischer Mythos, ohne den es heute noch Nachkommen von Juden, aber keine Juden mehr gäbe. Die Christen haben den geschichtlichen Kern dieses Glaubens in der Gestalt der Lehre von der Wiederkunft Christi übernommen. Sie bedeutet nicht den sogenannten Weltuntergang, sondern das Gericht über uns und die Herstellung der Schöpfung, so wie sie eigentlich gemeint ist. Dieses mythische Bild hat, ich bekenne es, für mich eine größere Überzeugungskraft als alle rationalen Prognosen. Ich kann rational sagen, warum. Die Naturwissenschaft ist die größte Bewußtseinsveränderung der Menschheit seit dem Kommen der Hochreligionen und der Kulturen des ersten vorchristlichen Jahrtausends; ich nenne sie gern den

8 Max Born, Universitas 23, 1968, 270f.

harten Kern der Neuzeit. Sie gibt uns eine nie dagewesene intellektuelle, folglich technische, folglich politische Macht. Es ist undenkbar, daß die Menschheit sich durch diese Macht nicht selbst zerstört, wenn sie nicht eine ebenso radikale moralische Wandlung durchmacht".[9]

26. Das Instrumentarium, über das Menschen heute durch Wissenschaft und Technik und deren industrielle und kommerzielle Verwertung verfügen, ist größer als das menschliche und soziale Potential zur Kontrolle und Beherrschung. Der Mensch kann 1984 mehr als er darf. Sind Gottes Zeugen Lehrer des „Dürfens" und des „Nicht-Dürfens", des „Ja"- und „Nein"-Sagens? Wie legitimieren sie sich? Wie organisieren sie sich – doch nicht durch Vatikane, „Datikane" und Konsistorien?

27. Wenn Hitler das Gewissen für eine jüdische Erfindung hielt, so wußte er, warum er die Juden verfolgte. Das dabei sichtbar werdende Versagen der Nichtjuden, die Käuflichkeit und die Nichtbenutzung des Gewissens, offenbarte auch ein verkümmertes Gewissensverständnis: Albert Einstein schrieb an Max Born: „Wir wissen zur Genüge, daß das Kollektivgewissen ein ganz lausiges Pflänzchen ist, das jeweils dann einzugehen pflegt, wenn es am nötigsten gebraucht wird".[10] H. G. Adler[11] fragt in seiner Analyse im Grunde nach nichts anderem als nach einem gewissenhaften Handeln von Strukturen und Institutionen, die doch für die Menschen da sind, statt die Menschen für sich da sein zu lassen. Die Tora bestimmt nicht nur Individuen, sondern auch Kollektive und Institutionen. Das ethische Versagen von Justiz und Kirche, Universität und Verwaltung, Wissenschaft und Militär, Schule und Nachbarschaft in der Vorbereitung und Exekutive des Holocaust ist offensichtlich geworden.

28. Baalim, die das erste und zweite Gebot außer Kraft setzen oder auf die Bezirke der Innerlichkeit und der Festtage abdrängen wollen, sind heute
– nationale oder blockbegrenzte Sicherheitsdoktrinen, die jeden Wahnsinn an Rüstung und Folter rechtfertigen, bei sich selber und in der Reaktion beim Gegner.

Die Erde aber ist zu klein, um auf Kosten anderer und gegen andere zu leben. Der Mensch ist zu groß, um alternativlos und phantasielos nur dem Instrument der militärischen Stärke zur Sicherung seiner Existenz zu vertrauen,
– Fruchtbarkeitsgottheiten, die grenzenloses Wachstum als Voraussetzung von mehr Verteilungsgerechtigkeit anstelle von Gerechtigkeit im Verteilen ansehen,
– Feindbilder oder Anthropologien (z.B. der Werbung), die die Wahrnehmung wirklicher Menschen und ihrer Probleme hinter Ideologien und Bilderfluten verschwinden lassen.

9 Carl Friedrich von Weizsäcker, Wahrnehmung der Neuzeit, München 1983, 356.

10 Albert Einstein/Max Born, Briefwechsel, München 1969, 166.

11 H. G. Adler, Der verwaltete Mensch. Studien zur Deportation der Juden aus Deutschland, Tübingen, 1974.

29. Wenn die Produktion kommunikationsfähiger Menschen nicht gegenüber der Produktion konsumtionsfähiger Waren den Vorrang gewinnt, wird die weitere Entwicklung der industriellen Produktivität systemgefährdende psychosoziale Krisen produzieren.[12] Die Zahl verhaltensgestörter Kinder und Erwachsener wächst an wie das Entstehen immer neuer Randgruppen, die durch die nationalen Gesellschaften oder durch die Weltgesellschaft als marginalisierte Gruppen an die Ränder abgeschoben wurden. Hilfe für die Opfer und zugleich strukturelle Veränderungen, damit weniger Opfer produziert werden, sind ein Gebot der Tora.

30. Die Chancen des Einzelnen stehen schlecht, da die von ihm erlebten Abhängigkeiten seine Individualität, seine Privatsphäre, seine Familie belasten und gefährden. Wie schützt er seine Identität, Individualität und Entfaltungsmöglichkeiten – als Einzelmensch, als Minderheit, als Familie, als Schwacher gegenüber den Makrostrukturen und übergroßen Mächten? Viele kleine Völker auf der Erde machen die gleiche Erfahrung gegenüber Großmächten. Die Gegenbewegung gegen die Folgen eines solchen Turmbaus von Babel steckt in den universalen Zielen der Tora.

31. „Das Menschengerechte: Das Wissen, dessen es hierzu bedarf, ist von anderer Art als das Fachwissen: Es macht das für jedermann und alle existentiell Notwendige als das Wesentliche sichtbar; das zureichende Minimum ist hier das Optimum. Es handelt sich um Wegweisungen, nicht um die Lösung der Probleme. Perfektion als Voraussetzung des Funktionierens muß der Fachmann anstreben. Kultur kann er mit ihr total verfehlen. Das Wissen, von dem, was der Mensch ist und was er braucht, um menschlich zu existieren, schließt selbstverständlich alles andere Wissen nicht aus: je nach Beruf lernt man es hinzu".[13] Mit der Vertreibung aus dem Paradies ist der Auftrag Gottes, für die Kultur der Erde und des Lebens in allen Dimensionen verantwortlich zu sein, nicht verlorengegangen: Tora.

12 Hans P. Schmidt, Ethikfragment (unveröffentlicht), 11.

13 Eugen Kogon, Existenzwissen, Frankfurter Hefte extra, Frankfurt a. M. 1983, 7f.

Worte gegen das Vergessen

Wo ist dein Bruder Abel?

Brudermord

Predigt zu Gen 4, 1-16 *

Kain und Abel sind uralte Figuren. So alt wie die Menschheit und so jung wie Zeitgenossen unseres Jahrhunderts. Ihre Geschichte – Sie erinnern sich – erzählt zunächst von zwei Geburten: Da freut sich die Mutter Eva über zwei neugeborene Menschen. Aber die Geschichte von Kain und Abel erzählt auch vom Töten: Da erhob sich Kain gegen seinen Bruder Abel und schlug ihn tot. Und die Geschichte berichtet erstaunlicherweise vom Überleben eines schuldbeladenen Menschen: Und Gott versah Kain mit einem Zeichen, damit ihn keiner erschlägt, der ihn irgendwo trifft.

Leben, Töten, Überleben. Diese Geschichte von Menschen ist noch nicht zu Ende. Weder die Geburtsgeschichte noch die Mordgeschichte noch die Überlebensgeschichte. Sie passieren immer wieder.

Daraus darf man nicht einseitig einen bestimmten Trend betonen und sagen: Ja, so geht das bei Menschen zu – allzu menschlich und unmenschlich. Mord und Totschlag sind eben nicht tierisch, sondern menschlich. Da kann man nichts machen. Die Leute sind verschieden. Also trifft es sie auch unterschiedlich: Der eine ist Hammer, der andere ist Amboß. Schon ein altes Sprichwort sagt doch, daß ein Mensch der Wolf des anderen sei. Und viele Leute betrachten skeptisch unsere Zeit und sagen: Heute ist alles noch viel schlimmer geworden. Man muß nur die Zeitung aufschlagen, den Fernseher einschalten und die Jugend betrachten, und schon sieht und hört man, wie immer neue Kains immer neue Abels umbringen. Brutal oder elegant – die Methoden ändern sich. Das Ergebnis bleibt gleich: Einer wird auf irgendeine Art und Weise fertiggemacht. Diese Art der Gewalt wuchert. Neulich sagte jemand zu mir: „Sie können es mir glauben, ich bin froh, daß ich das Jahr 2000 nicht mehr erleben muß. Wie es da auf der Erde aussieht. Meine armen Kinder!"

Aus dieser Art, die Welt von heute zu betrachten, ergeben sich oft zwei äußerst gefährliche Gedankengänge. Einer ist gefährlich beruhigend und läuft ungefähr so: Mit Gruselgefühl und Genuß zugleich nimmt man fremde Gemeinheiten oder Brutalitäten zur Kenntnis. Jede Empörung über andere bedeutet dann eine Streicheleinheit für mich. Solcher Konsum von Greuelnachrichten schließt häufig mit dem sicher selten ausgesprochenen und von Jesus überhaupt nicht geliebten Gebet: Gott, ich danke dir, daß ich nicht so bin wie jene!

* Ev. Morgenfeier im Hessischen Rundfunk am 4. Advent 1964; zuerst veröffentlich in: Peter von der Osten-Sacken (Hg.), Israel im christlichen Gottesdienst. Predigten – Ansprachen – Begegnungen (Veröffentlichungen des Instituts Kirche und Judentum 10), Berlin 1980, 34-37.

Der andere Gedankengang ist gefährlich fromm. Er beruft sich auf eine Erbsündenlehre, die nicht in der Bibel steht und sagt: Die Bosheit der Menschen kann man nicht beseitigen. Die sitzt zu tief. Einer gibt sie an den anderen weiter. Bis zum Weltende wird es Gewalt, Krieg und Verbrechen geben. Ich kann doch nichts für das, was ich tue. Meine Erbmasse, meine Natur, meine Erziehung, die Verhältnisse prägen mich und bestimmen mein Tun und Lassen. Ich kann doch nichts ändern und mich selbst schon gar nicht. Was kann Kain schon für den feigen Anschlag auf seinen Bruder Abel? Der Stärkere setzt sich gegen den Schwächeren eben immer durch. Und Abel, der Name heißt wörtlich übersetzt „ein Hauch", ist nun einmal der Schwächere. Solche Leute kommen immer unter die Räder.

Diese Gedankengänge sind deswegen fatal und falsch, weil sie – fromm oder weltlich – lähmendes Opium verbreiten. Einlullend und verharmlosend erlauben solche Theorien dem Menschen Passivität und Pessimismus.

Doch hören wir uns noch einmal die Geschichte von Kain und Abel an, wie sie im 4. Kapitel des 1. Mose-Buches festgehalten ist:

> „Adam, der Mensch, erkannte seine Frau Eva. Sie wurde schwanger und gebar den Kain. Da sprach sie: Ich habe einen Sohn bekommen mit Gottes Hilfe. Und außerdem gebar sie den Abel, seinen Bruder. Abel wurde ein Schäfer, Kain aber wurde ein Ackerbauer.
>
> Es geschah aber nach einiger Zeit, daß Kain von den Früchten des Ackers Gott ein Opfer brachte. Und auch Abel brachte von den erstgeborenen seiner Schafe und von ihrem Fett ein Opfer. Und Gott sah wohlgefällig auf Abel und sein Opfer. Auf Kain aber und sein Opfer sah er nicht. Da ergrimmte Kain sehr. Er blickte finster. Und Gott sprach zu Kain: Warum ergrimmst du? Warum blickst du so finster? Ist's nicht so: Wenn du recht handelst, darfst du frei aufschauen; handelst du aber nicht recht, so lauert die Sünde vor der Tür. Und nach dir steht ihre Begierde. Du aber sollst Herr werden über sie!
>
> Darauf sprach Kain zu seinem Bruder Abel: Laß uns aufs Feld gehen! Und als sie auf dem Feld waren, erhob sich Kain gegen seinen Bruder Abel und schlug ihn tot. Da sprach Gott zu Kain: Wo ist dein Bruder Abel? Er sprach: Ich weiß nicht. Bin ich denn meines Bruders Hüter? Er aber sprach: Was hast du getan? Horch, das Blut deines Bruders schreit zu mir empor vom Ackerland. Und nun – verflucht bist du, verbannt vom Ackerland, das seinen Mund aufgetan hat, aus deiner Hand das Blut deines Bruders zu empfangen. Wenn du den Acker bebauen wirst, soll er dir hinfort seinen Ertrag nicht mehr geben: Unstet und flüchtig sollst du auf Erden sein. Da sprach Kain zu Gott: Meine Strafe ist größer, als daß ich sie tragen könnte. Siehe, du vertreibst mich heute vom Ackerland, und ich muß mich vor deinem Angesicht verbergen. Unstet und flüchtig muß ich sein auf Erden. So wird mich denn totschlagen, wer mich antrifft. Gott aber sprach zu ihm: Nicht also. Wer immer Kain totschlägt, an dem wird es siebenfach gerächt. Und Gott versah Kain mit einem Zeichen, damit keiner

ihn erschlüge, der ihn anträfe. Und so ging Kain hinweg vom Angesicht Gottes und wohnte im Lande Nod, jenseits von Eden."

Die Geschichte ist schauerlich einfach. Aber wie alle biblischen Geschichten will sie nicht nur verstanden oder bestaunt werden. Sie lädt, gerade auch an der Todesgrenze, zum Leben ein. Was aber soll nach dieser Geschichte gelebt und erlebt werden?

Bevor von Kain und Abel erzählt wird, wurde über den Sündenfall und die Vertreibung aus dem Paradies berichtet. Der Mensch lebt nicht so, wie er leben könnte. Leben und Arbeit sind zur Plackerei geworden. Das Zusammenleben ist vergiftet durch die Beschuldigung anderer. Der Mensch, wie Adam wörtlich übersetzt heißt, der Mensch entlastet sich, indem er andere belastet: Der Mann die Frau, die Frau den Mann. Beide Gott oder die Natur. Und aller Widerspruch in der Welt hat seine Ursache darin, daß der Mensch wie Gott sein will, ihn entbehrlich machen will.

Generationen von Menschen haben darüber nachgedacht: Woher kommt das Böse? Hat Gott es geschaffen oder nur zugelassen? Die Geschichte vom Sündenfall, wie die von Kain und Abel, gibt auch keine befriedigende Antwort. Sie stellt nur fest: Wenn der Mensch sich selbst als letzte Instanz ansieht, dann ist das „Sünde". Mit diesem vielgequälten altmodischen Wort meint die Bibel einen sehr einfachen Tatbestand: Wo der Mensch sich absolut setzt, werden seine Mitmenschen zu Konkurrenten. Die Umgangsformen sind nicht mehr durch Brüderlichkeit und Schwesterlichkeit bestimmt, sondern durch Gewalt und Ichsucht. Der Mensch weicht dann den wesentlichen Fragen des Lebens aus. Sie heißen: Mensch, wo bist du? Und: Mensch, wo ist dein Bruder? Gott fragt nicht nach sich selbst. Er ist sich selbst gleichgültig. Er fragt aber sehr wohl nach den Menschen, nach dem, der leidet, *und* nach dem, der Leiden verursacht. In der Geschichte von der Sintflut wie in der vom Turmbau zu Babel wird illustriert, wie die Beziehungen zwischen Menschen und Völkern zu Untergang, Verständnislosigkeit und Isolierung führen, wenn Menschen Gott absagen, ihn durch ihr praktisches Verhalten faktisch absetzen und sich selbst der Nächste und der alleinige Maßstab sind. Götter spielen zu wollen, ist für Menschen ein tödliches Spiel. Die Schwächsten unter ihnen bezahlen den Preis. Er ist hoch. Ihr Blut schreit zum Himmel. Wer hört den Schrei, auch wenn er noch so stumm bleibt? Gott hört. Er achtet auf Leid und vergossenes Blut. Er will aber nicht allein die Stimmen derer hören, die man fertigmacht, denen man ins Wort wie ins Leben fällt, die man aus der menschlichen Gesellschaft hinaustreibt. Frei aufschauen soll der Mensch. Gott sucht – und nicht zuletzt darum steht die Geschichte in der Bibel – ebenso aufmerksame Hörer, wie er selbst einer ist. Hörer für die, deren Leben bedroht ist. Seine Ohren sind unsere Ohren, seine Hände sind unsere Hände, und sein Herz ist unser Herz. Das meint die Bibel mit der Menschenfreundlichkeit Gottes. Die christliche Möglichkeit und Zumutung heißt: Vollkommen sein wie Gott – nicht an Gottes Stelle, sondern mit ihm verbündet.

Gott zu verdrängen, führt also nicht dazu, daß die Freiheit für den Menschen größer wird. Sie wird kleiner. Denn hier wird das Erste Gebot verletzt und damit das Menschsein des Menschen gefährdet. Das Erste Gebot heißt: „Du sollst keine anderen Götter neben mir haben." Und dieses Gebot spricht nicht von der kleinkarierten Konkurrenzangst eines weltenfernen Gottes. Es hat unmittelbar mit einem versklavten oder mit einem freiheitlichen Leben des Menschen zu tun. Das Erste Gebot wird ausdrücklich begründet. Grundlosen oder unbegründeten Glauben kennt die Bibel nicht. Gott handelt nicht in seinem eigenen Interesse, wenn er die Menschen davor warnt, andere Götter bzw. sich selbst neben oder an die Stelle des wahren Gottes zu setzen. Der Sinn des Ersten Gebotes ist die Befreiung des Menschen. „Denn ich habe dich aus Ägypten, aus der Sklaverei, aus Pharaos Zwangsarbeit befreit". Mit diesem Satz wird belegt, daß es für Menschen sinnvoll und heilvoll ist, sich nicht an die Stelle Gottes zu setzen. Wo Gott anerkannt wird, werden Menschen von Gewalt und von gewaltsamem Denken und Handeln befreit. Gottes Recht respektieren führt dazu, der Menschen Rechte zu achten.

Aber blende ich von diesen Aussagen wieder zurück, mitten in die Geschichte von Kain und Abel, so entdecke ich tief betroffen, daß Kains Gewalt gerade im Gottesdienst explodiert. Vom Altar geht er direkt auf den Mordacker. Nachdem vor Gott geopfert worden ist, fließt auch gleich das Blut des Menschen in die Erde. Ein Altar hindert ihn nicht am Brudermord. Die Kirchen- und Religionsgeschichte hat diesen biblischen Realismus inzwischen leider tausendfach belegt. Den ehrlichen Christen und Nichtchristen fallen gleich die vielen Abels ein, die neben den Kirchen, trotz der Kirchen und oft genug unter dem Segen der Kirchen geopfert wurden. In einem Bericht aus den Kreuzzügen schreibt ein christlicher Augenzeuge über den christlichen Umgang mit Juden und Arabern in Jerusalem: „Nachdem die Unsrigen die Heiden endlich zu Boden geschlagen hatten, ergriffen sie im Tempel eine große Zahl von Männern und Frauen und töteten sie oder ließen sie leben, wie es ihnen gut schien. Bald durcheilten die Kreuzfahrer die ganze Stadt und rafften Gold, Silber, Pferde und Maulesel an sich; sie plünderten die Häuser, die mit Reichtümern überfüllt waren. Dann, glücklich und vor Freude weinend, gingen die Unsrigen hin, um das Grab unseres Erlösers zu ehren, und entledigten sich ihm gegenüber ihrer Dankesschuld." Soweit der Augenzeuge. Aber das ist weit entfernt, Mittelalter. Und kein Christ wird heute die Kreuzzüge und ihre Gottesdienste, die buchstäblich im Blut Abels stattfanden, verteidigen. Sind wir wachsamer als das Mittelalter, wenn es um das Leben anderer geht? Die bohrende Frage an die Glaubenden bleibt, ob die Freude über Christus und den Gottesdienst nicht allzu häufig Gewalt duldet. Dann stellt sich sofort die Anschlußfrage, wer wirklich die Götter dieser so schwerhörig Glaubenden sind. Die Menschen selbst, ihre eigene Position, ihre eigenen Interessen oder der lebendige Gott, der das Leben der Menschen will?

Eli Wiesel, ein Überlebender von Auschwitz, sah den gekreuzigten und lebendigen Gott mit Recht nicht auf der Seite der Starken, die zuschlagen können, also nicht auf der Seite der christlich Getauften und Erzogenen. Er berichtet: „Die SS erhängte zwei jüdische Männer und einen Jungen vor der versammelten Lagermannschaft. Die Männer starben rasch, der Todeskampf des Jungen dauerte eine halbe Stunde. Wo ist Gott?, fragte einer hinter mir. Als nach langer Zeit der Junge sich noch immer am Strick quälte, hörte ich den Mann wieder rufen: Wo ist Gott jetzt? Und ich hörte eine Stimme in mir antworten: Wo ist er? Hier ist er ... Er hängt dort am Galgen ...!"

Gott stirbt mit Abel, wenn Abel keinen Bruder hat, keine Schwester, die mit ihm und für ihn leben. Gott stirbt viele Tode. Abel bleibt oft allein. Und doch bleibt Gott lebendig. Weil er sich immer wieder auf die Suche nach Abel und Kain macht, weil er trotz der ihm in Kain und Abel immer wieder zugefügten tödlichen Wunden nicht aufgibt, weil er immer wieder um das Leben der Opfer und der Mörder kämpft. Und dabei will Gott nicht allein bleiben.

Da ist Christus ein Abel, ein Hauch, nur in der Hand der Menschen, die ihm das Lebenslicht ausblasen können wie dem schwächsten Lebewesen. Doch besiegen sie ihn nicht. Wo das zu glauben versucht wird, da ist auch der schwächste Abel nicht mehr gefährdet. Im geringsten Menschen lebt Gott. Die Ostergeschichte fängt schon in der Geschichte von Kain und Abel an: Der Tod und sein gewaltsames, ansteckendes Gesetz behalten nicht das letzte Wort.

Was ist der theoretische Atheismus für ein harmloses Unternehmen im Vergleich mit der Gottesverachtung, die in Gestalt der Menschenverachtung und menschlicher Gewaltanwendung daherkommt! Ein Gedankenspiel, wissenschaftlich antiquiert und intellektuell unredlich angesichts der Vergehen, denen die Abels unserer Zeit in der Nachbarschaft und in der Ferne ausgesetzt sind. Zur gleichen Zeit gibt es Millionen von Altären, Rednerpulten und Kathedern, auf denen Wolken von großen Worten und erstklassigen Gedanken über höhere Werte und Götter von vielerlei Art geopfert werden. Aber auf die Frage, warum die hier sich selbst beweihräuchernden Menschen blind für das vor ihren Türen lauernde Böse wie für den vor der gleichen Tür liegenden Abel oder armen Lazarus sind, fällt den sich selbst feiernden Kains nichts ein. Gott bekommt auf die Frage an Kain keine Antwort. Weder auf die Frage, wie er mit der unmittelbar ihn packenden Gewalttätigkeit fertig werden will, noch auf die Frage: Wo ist dein Bruder? Da tönt es klug und ausweichend zurück: Bin ich denn meines Bruders Hüter? Soll ich der Hirte eines Hirten sein? Er kann doch selber auf sich aufpassen. Er hat sein Leben doch selbst in der Hand und ist für sich selbst verantwortlich. Wieso ich?

Ich selbst, liebe Zuhörer, bin aber mit der Beobachtung noch nicht fertig, daß so viel Gewalt im Umkreis eines Altars Platz hat, mitten unter den Gläubigen. Ich denke an einige wissenschaftliche Untersuchungen, vor allem aus Kanada. Sie weisen nach, daß gläubige Christen eine stärkere Neigung zum Nationalismus, zum Militarismus, zum Rassismus, kurz zu Vorurteilen aller Art haben, die auf Stärke und Gewalt der eigenen Rasse oder des eigenen Volkes bauen. Es tröstet mich dann überhaupt nicht, wenn ich anderswo lesen kann, daß andere Religionen und Weltanschauungen auch solche Verknöcherungen des Glaubens und der eigenen Überzeugung produzieren und damit menschliches Verhalten verhärten und brutalisieren. Was passiert denn hier in biblischer Sicht? Da werden offensichtlich Glaube, Opfer und Gottesdienst, wie bei Kain, dazu benutzt, Überlegenheit, Gewalt und Abgrenzung gegenüber anderen, seien es sozial Schwache, seien es Völker, seien es Rassen oder Andersdenkende, auszuspielen. Es erscheint unerträglich, daß auch andere Menschen von Gott akzeptiert sind, obwohl sie anders opfern, leben oder denken als ich. Ich frage mich selbst besorgt, ob ich und die Christen heute wirklich dagegen gefeit sind, angesichts schrecklicher Terroraktionen und um sich greifender Angst nach der Todesstrafe, nach Rachejustiz oder nach dem starken Mann zu rufen. Kain ist in der Tat schon meine Verwandtschaft. Wer schützt mich vor meiner Verwandtschaft? Wer schützt meine Abels vor dem Kain in mir?

Aber noch ein bitterer Einwand kommt mir in diesem Zusammenhang: Wie kann Gott das zulassen? Warum fällt er Kain nicht ins Messer wie dem Abraham, als dieser Isaak opfern wollte und sollte? Die Frage ist verständlich. Sie ist aber nicht eindeutig zu beantworten. Doch für meinen Versuch, mit meinem Glauben und mit meinem Unglauben an dieser Stelle nicht in Sackgassen der Hoffnungslosigkeit oder in die Fallen des Zynismus zu tappen, ist die Geschichte von Kain und Abel sehr hilfreich.

Es ist ja kein unabänderliches Schicksal, daß der Mensch gewalttätig ist und daß er für seinen Nächsten zum Wolf wird. Auch wenn die Gewalt, sei es in der direkten und brutalen Form oder sei es in der verschleierten Form wirtschaftlicher oder seelischer Gewalt, die natürlichste Sache der Welt zu sein scheint, es muß nicht so bleiben. Es heißt in der Geschichte von Kain und Abel, daß die Sünde vor der Tür lauert, „nach dir steht ihre Begierde – du aber sollst Herr über sie werden!" Sie wird also nicht blauäugig geleugnet. Genausowenig wie es heißt: Der Mensch ist böse, heißt es: Der Mensch ist gut. Die Bibel macht keine Aussagen über das Wesen des Menschen. Sie beschreibt nur die verschiedenen Verhaltensweisen, in denen er sich bewegt. Sie ist weder idealistisch noch skeptisch. Sie redet und denkt realistisch vom Menschen. Er ist bestimmt zum vollen Leben. Kain und auch Abel. Juden und Araber. Kommunisten und Christdemokraten. Jeweils beide Fronten in einer verkrachten Familie. Weiße und Schwarze. Terroristen und ihre Opfer. Von jedem Menschen, dem eine Mutter das Leben schenkt, gilt, daß ihm sein Weg nicht total definiert ist. Keinem ist an der Wiege gesungen, daß er gewalttätig oder verlogen, unmenschlich oder hilflos sein muß. Als Mensch geboren zu werden bedeutet, sich nicht an sich selbst ausliefern zu müssen.

Wo jemand sein will wie Gott, hat er keinen Nächsten mehr, sondern nur Feinde. Wo einer keinen Nächsten, gerade auch keinen widerlichen Nächsten kennt oder anerkennt, da will er selbst sein wie Gott. Dagegen wird klar damit gerechnet, daß die vor jeder Tür und in jedem Leben gierig lauernde Bosheit ihren Herrn findet. Herrschaft des Menschen über sich selbst und nicht über seinesgleichen, Herrschaft des Menschen über Bosheit und Elend – das sind Zielsetzungen, für die auch ein Mörder wie Kain am Leben erhalten wird. Kain, der sich selbst zum Herrn über seinen Nächsten gemacht hatte, hat seine Herrschaftsfähigkeit am falschen Gegenstand ausprobiert. Dort, wo es billig ist, Herr zu sein, dem schwachen anderen gegenüber, dort feiert Kain Triumphe.

„Du aber sollst Herr werden über die Bosheit“ – das ist eine hilfreiche, den jeweils anderen nicht beiseite schiebende, ihn nicht unterdrückende, ihm nicht gewaltsam, sondern heilsam begegnende Form von Herrschaft. Und sie ist Mangelware. Die biblische Botschaft sucht Menschen, die sich dieser Mangelware annehmen und sie dadurch vermehren, daß sie sie reichlich praktizieren und austeilen. Vergebung und Liebe erlauben Leben und Überleben, auch für Versager. Die Bosheit zu überwinden geschieht nicht durch neue Bosheit. Gewalt wird nicht durch neue Gewalt gestoppt.

Das Ende der Geschichte ist erstaunlich. Der unstet flüchtende Mörder wird nicht hingerichtet. Er lebt, unter Gottes Schutz. Alles dumme Gerede vom alttestamentarischen Rachegeist, wie es immer wieder zu hören und zu lesen ist, wird schon auf den ersten Seiten der Bibel widerlegt. Gott erhält den genug gestraften Mörder am Leben. Die Kette der von Kain entfesselten Gewalt wird unterbrochen, damit sie nicht, losgelassen, noch mehr Menschen fesselt und schlägt.

Ich schließe mit einem Gedicht von Christa Reinig:

Gott ruft Kain
Als Gott mich suchte, traf er mich nicht auf dem Acker
als Gott mich suchte, traf er mich beim Zeitunglesen
er kam ganz schwarz, es war ein Kohlenpacker
er sprach: Was ist mit Abel gestern losgewesen
ich sagte: Ich hab nicht gelesen
er sprach: Der Mensch lebt nicht von Zeitung und vom Essen
ich sagte: Sondern vom Vergessen
er sprach: Was glaubst Du, hast Du ein ewiges Gesicht
ich sagte: Manchmal glaube ich, manchmal nicht
er sprach: Und weißt von nichts und hörst keinen Schrei
ich sagte: Ich hörte wohl, ich ging vorbei.

Nach dem Gedicht und nach der Geschichte von Kain und Abel können alle Abels ernsthaft damit rechnen, daß fromme und unfromme Kainsmenschen hören und an den Abels nicht vorbeigehen.

Das Gedächtnis nicht verlieren

Eine unausgewogene theologische und politische Erinnerung *

I

Nach Erich Fried ist ein Prophet ein Mensch, der „erinnert sich an die Zukunft".[1] Im Gegensatz zu den Hofpropheten haben die „Propheten nach innen etwa das Rechtsleben oder das Wirtschaftsleben als ein Interessengebiet Jahwes erkannt ... so auch Jahwes souveräne Verfügungsgewalt über den politischen Raum ... dabei war ein schwerer Zusammenstoß mit den Bestrebungen, die sich Israels politische Sicherung angelegen sein ließen, ganz unvermeidlich, vor allem mit der Diplomatie und mit der militärischen Rüstungpolitik".[2] Sie sprachen aus der Erinnerung an Gottes Bund mit seinem Volk.

Ich kann den weiten Prophetenmantel nicht zum Talar für den Prediger und Professor Helmut Gollwitzer umschneidern. Aber ich kann meinen Dank und Gruß an Helmut Gollwitzer nicht aussprechen, ohne an sein prophetisches Handeln zu erinnern, das Zuspruch und Anspruch als Erinnerung an Gottes befreiende Geschichte mit uns in Unfreiheiten verstrickten Menschen und als Erinnerung an eine zu gestaltende Zukunft auslegt. Unsere deutsche jüngste Vergangenheit ist in Predigten und Analysen, Erinnerungen und Gedenkreden von Helmut Gollwitzer oft behandelt worden. Ich versuche, von ihm inspiriert, zu bedenken, was zur theologischen und politischen Wahrnehmung der prophetischen Aufgabe der Kirche gehört, an die Vergangenheit und an die Zukunft zu erinnern.

II

„Wessen man gedenkt, den erkennt man, zu dem bekennt man sich", resümiert O. Michel die Bedeutung des biblischen Hauptwortes: gedenken, sich erinnern.[3] Der Zusammenhang an dieser Stelle ist aufschlußreich: Paulus fordert (Gal 2, 10) die heidenchristliche Gemeinde, für deren Gemeinschaft mit dem Gottesvolk Israel und seinem Erbe er ebenso leidenschaftlich eintritt wie für die universale Ausbreitung und Bedeutung des Evangeliums, auf, der Gemeinde in Jerusalem (auch wirtschaftlich!) zu „gedenken". Darin steckt die Tat der

* Zuerst veröffentlicht in: Baudis, A. u.a. (Hg.), Richte unsere Füße auf den Weg des Friedens. Helmut Gollwitzer zum 70. Geburtstag, München 1978, 528-534.

1 Erich Fried, Aufforderung zur Unruhe, dtv München 1972, 76.

2 G. v. Rad, Theologie des Alten Testamentes 1, München 1957, 104f.

3 TWBNT 4, 686.

Solidarität, das Bekenntnis zur Kontinuität und die Erkenntnis der grenzenüberschreitenden Einheit des von Menschen bewohnten Erdkreises.

Dieses Beispiel ist deswegen wichtig, weil es in der reichen Tradition der weitergebenden Erinnerung an den einen Gott und seine Gemeinde steht und doch anders als das klassische Beispiel des Exodus – oder Kreuzesgeschehens und ihrer Vergegenwärtigung im Passa- bzw. Osterfest[4] nicht Offenbarungsqualität hat, sondern zu den Verwirklichungen von Offenbarung im geschichtlich antwortenden Handeln der Menschen gehört. Gedenken bezeichnet eine Aktivität, die „eine von allen menschlichen Sinnen erfahrbare Wirklichkeit schafft".[5] Das gilt für Gottes wie für menschliches Gedenken. Es gilt für Gottes wie für menschliches Vergessen. Tod und Leben hängen vom Vergessen oder vom Erinnern ab (vgl. z. B. Hiob 8, 13, Ps 42, 10).

Die Inhalte der Erinnerung an die Vergangenheit und ihre Erfahrungen wie die Erlebnisformen heutiger Erinnerungen beziehen alle Dimensionen des Menschseins und der Geschichte ein. Sie verdünnen weder zur Religions- oder Geistesgeschichte noch zur Realiengeschichte. „Idealismus" oder „Materialismus" liefern wichtige Beiträge, aber nie zur Gänze Struktur und Interpretation der Geschichte.

Gedenkt Gott seiner Schöpfung und Geschöpfe, so liefert er sie nicht an sie selber, ihre Abblendungen oder Teilinteressen aus. Sein Tun ist ein „wirksames und schaffendes Ereignis"[6], sowohl im Blick auf die Menschheit (Gen 9, 15; Magnificat; Heb 10, 16f; Offb 16, 19 und 18, 5) wie vor allem im Blick auf sein Volk Israel, dessen Theologie des Gedenkens sich breit im Deuteronomium bzw. im deuteronomistischen Geschichtswerk und in einigen Psalmen ausspricht. Daß Gott der Menschen gedenkt, gibt ihnen ihrerseits die Freiheit, sich erinnernd in dieses Gedenken wie in ein lebensstiftendes Asylrecht immer wieder hineinzubegeben (z.B. Ex 1, 3ff; Dtn 24, 17; Ps 74, 2). Der Verlust der Erinnerung zerbricht nicht nur die geschichtlich-konkrete Beziehung zwischen Gott und Mensch. Ihre Tief- und Höhepunkte werden in der Überlieferung der Generationen in Festen und Gottesdiensten weitergegeben und in die Gegenwart geholt. Sie sind konstitutiv für das Leben der kommenden Generationen, das in der Gegenwart eingeübt und dessen Grund gelegt wird (Ex 20, 5 und Dtn 23, 7ff). Gefährdetes Leben der Zeitgenossen wird gerettet (Dtn 24, 17). In persönlichen und sozialen, spirituellen und physischen Dimensionen werden – unvermischt und ungetrennt – Ereignisse und Botschaften des menschenfreundlichen wie des menschenkritischen Gedenkens Gottes ausgelegt.

4 Vgl. H. H. Henrix/M. Stöhr, Exodus und Kreuz im ökumenischen Dialog zwischen Juden und Christen, Aachen 1978.

5 J. M. Schmidt, Evangelische Theologie 30 (1970), 171 (Schmidt führt in seinem Aufsatz die in Bd. 11 der Theolog. Bücherei, Probleme alttestamentlicher Hermeneutik [1960], dokumentierte Debatte weiter).

6 O. Michel, a.a.O., 678.

Gottes erstes, in Christus erneuertes und beglaubigtes Wort an den Menschen ist die Zusage seiner Zuwendung. „So wird, weil Gottes erstes Wort an die sich ihr erschließende Seele das ‚Liebe mich' ist, was er ihr sonst noch in der Form des Gesetzes offenbaren mag, ohne weiteres zu Worten, die er ihr ‚heute' gebietet, wird zur Ausführung des einen und ersten Gebotes, ihn zu lieben. Die ganze Offenbarung tritt unter das große Heute; ‚heute' gebietet Gott, und ‚heute' gilt es, seine Stimme zu hören. Es ist das Heute, in dem die Liebe des Liebenden lebt, – dies imperativische Heute des Gebotes".[7] Im Schnittpunkt von Herkunft und Zukunft lebt jeder Mensch heute. Davon zu wissen, gehört zu seiner Lebensorientierung, zu der die prophetische Verkündigung beizutragen hat. Geht die biblische Überlieferung wie das Wissen um die jüngste Vergangenheit verloren,[8] so wird das Heute um die Erfahrungen der Lieblosigkeit wie der Liebe betrogen.

Im Ersten Gebot stellt sich Gott erinnernd als der liebende Befreier aus Sklaverei und Fremdbestimmung vor; deshalb ist es „das allererste, höchste und beste (Gebot) ... aus welchem die anderen alle fließen, in ihm gehen und nach ihm gerichtet und gemessen werden ... Andere Werke gegen dieses sind ebenso, als ob die anderen Gebote ohne das erste wären und kein Gott wäre".[9]

Etsi Deus non daretur – darin steckt auch der Wunsch, eindimensional, ohne die Erfahrungen der Unfreiheit und Befreiung, der Liebe und der Lieblosigkeit, der Zeugen und der Opfer der Geschichte zu leben. Erinnerungsleere und Gottesleere nehmen der Zukunft und ihren Menschen die Lebensgrundlage. Die Anrede Gottes bleibt nicht jenseits der Wirklichkeit, sondern geht in der Auslegung der Überlieferungsgeschichte des Glaubens und in der Auslegung der ganzen Wirklichkeit mitten in die Widersprüche, Lebensgefährdungen und Bedrohungen von menschlicher Liebe, Gerechtigkeit und Freiheit hinein. Die Antwort des Menschen hat auch offenbarenden, ent-deckenden, erhellenden Charakter (Jes 6, 5; Lk 5, 8). Aber „Erwiderung muß sein; der Gehorsam gegen das Gebot kann nicht stumm bleiben, er muß gleichfalls laut, gleichfalls Wort werden; denn in der Welt der Offenbarung wird alles Wort, und was nicht Wort werden kann, liegt entweder vor oder nach jeder Welt".[10]

Eine nicht vergeßliche, eindeutige Antwort heißt, zugleich mit der exakten Benennung der Wirklichkeit

> „O die Schornsteine
> Auf den sinnreich erdachten Wohnungen des Todes,
> Als Israels Leib zog aufgelöst in Rauch
> Durch die Luft

7 F. Rosenzweig, Der Stern der Erlösung, Heidelberg ^{3}1954, Teil II, 115.

8 Vgl. die erschreckende Dokumentation D. Bossmann (Hg.), Was ich über Adolf Hitler gehört habe. Folgen eines Tabus – Auszüge aus Schüleraufsätzen von heute, Frankfurt a. M. 1977.

9 M. Luther, Sermon von den guten Werken, in: Luthers Werke 1,13, Braunschweig 1889.

10 F. Rosenzweig, a.a.O., 116.

O die Schornsteine!
Freiheitswege für Jeremias' und Hiobs Staub ..."
auch die Frage zu stellen:
„Wer erdachte euch und baute Stein auf Stein
Den Weg für Flüchtlinge aus Rauch?"[11]

Ein notwendiger Weg führt vom allgemeinen Stuttgarter Schuldbekenntnis 1945 über das Darmstädter Wort 1947 hin zu Helmut Gollwitzers Analysen z.B. in: Forderungen der Freiheit; Vietnam, Israel und die Christenheit; Die reichen Christen und der arme Lazarus; Die kapitalistische Revolution; Forderungen der Umkehr. Paulus (Röm 3, 23), Dostojeweskij und der biblische Schuldbegriff sind zu leicht verstanden, wenn gesagt wird: „Wir alle sind an allem für alles schuldig. Das ist ein theologischer Schuldbegriff, wie ihn Dostojewski formuliert, so wie er auch von christlichen Theologen verstanden wird."[12] Die Antwort auf Gottes Wort bringt, um Genauigkeit bemüht, das analytische Potential sowohl der biblischen Botschaft wie der Sozial- und Humanwissenschaften in den Verstehens- und Lebensprozeß der Menschen ein.

III

Vergangenheit erhellend aufgeklärt, Scheitern genau beim Namen genannt, Scham ehrlich empfunden, „... daß sie nicht aus eigener Kraft diesen Bann, in dem sie lag, gebrochen hat"[13], errichten Stationen auf dem Weg zur Freiheit. „Die Offenbarung, obwohl sie dabei ganz gegenwärtig bleibt, erinnert sich rückwärts ihrer Vergangenheit und erkennt ihre Vergangenheit als ein Stück vergangener Welt; damit aber gibt sie auch ihrer Gegenwärtigkeit die Stellung eines Wirklichen in der Welt".[14] Die Vergangenheit der Offenbarung und ihre Überlieferung und die Vergangenheit der Geschichte und ihrer Folgen werden weder belanglos noch ungeschehen gemacht, sie koinzidieren zu einem neuen Weg. Freiheit von der Vergangenheit bedeutet nicht Unkenntnis, sondern Befreiung vom Zwang, sie bewußtlos fortzusetzen oder weiterleben zu lassen.

Die Erinnerung hängt mit der Gestaltung der Zukunft tiefer zusammen, als es die Rede von der „Bewältigung der Vergangenheit", vom „Neuanfang" oder aber die Verhaltenskorrektur durch „das Ausland" nahelegen. Erzählung und Vorwegnahme sind Kategorien, die der biblische Glaube aufklärend und heilend in eine Zeitgenossenschaft einbringt, die es weitgehend versäumt hat, zu erzählen und wahrzunehmen, was war.

Die Restauration und Fortschreibung des Gewesenen wurden kurzfristig als stabilisierend erlebt, weil langfristig die Destabilisierung als Erlebnis den Kin-

11 Aus: Nelly Sachs, Ausgewählte Gedichte, Frankfurt a. M. 1963, 9.

12 H. K. Filbinger in: DIE ZEIT vom 19. 5. 1978.

13 F. Rosenzweig, a.a.O., 118.

14 F. Rosenzweig, a.a.O., 123.

dern und Enkeln zugeschoben wird. „Während nämlich das Vergangene, das schon Fertige daliegt von seinem Anfang bis zu seinem Ende und daher erzählt werden kann, ist das Zukünftige ... nur zu fassen durch das Mittel der Vorwegnahme. Wollte man auch das Zukünftige erzählen, so würde man es unabwendbar zum starren Vergangenen machen."[15] Geschichtsphilosophien, die wissen, was kommt, wie Geschichtsgestaltung durch das eindimensionale Gesetz des Wachstums oder Fortschritts, erweisen sich als tödliche Idealismen.[16]

IV

Sanhedrin 91b heißt es: „Jeder, der vor einem Schüler eine Lehrentscheidung zurückhält, ist wie einer, der ihm das Erbe seiner Väter raubt."[17] Lehrentscheidungen sind Lebensentscheidungen und umgekehrt. Reflektiert, verführt oder bewußtlos vollzogen, sind sie im Blick auf die Interpretation und Veränderung der Welt für Kinder und Enkel in das Gespräch der Generationen einzuführen. Die Eröffnung des Gespräches zwischen den Generationen gehört zu den Vorwegnahmen des kommenden Reiches Gottes. „Er wird das Herz der Väter den Söhnen und das Herz der Söhne den Vätern wieder zuwenden, daß ich nicht komme und das Land mit dem Bann schlage."[18] Hier wird deutlich, wie die biblische Botschaft die sie prägenden Sprachmuster ihrer sozialen Umwelt transzendiert und Rollenfixierungen zerbricht. Dann werden aus Kindern Lehrer (Mal 4, 6; Lk 2, 41ff), aus Ärzten Patienten (Lk 6, 41ff), aus Ersten Letzte (Mt 20, 16f), aus Herren Sklaven (Joh 17, 5, Mt 20, 24ff), aus Mördern, Verrätern und Verfolgern (Mose, Petrus, Paulus) Nachfolger und Befreier.

V

Vorwegnahme der Zukunft und Überlieferung der Vergangenheit geschehen in menschlichen Maßen – sowohl die Kapazität der Verantwortung für die Zukunft wie die Wahrnehmung der Geschichte bewegen sich im überschaubaren und lebbaren Rahmen der Geschlechterabfolge. „Die Väter und die jeweils gegenwärtige Generation werden als eine Einheit verstanden."[19] Eine Generation sagt der anderen, was geschah. „Wenn dann künftig unsere Kinder fragen: ‚Was bedeuten euch diese Steine?' so sollt ihr zu ihnen sagen: ‚Daß das Wasser

15 F. Rosenzweig, a.a.O., 170.

16 Vgl. Helmut Gollwitzer, Die marxistische Religionskritik und der christliche Glaube, Hamburg 1965, sowie E. Fromm, Haben oder Sein, Stuttgart [5]1977.

17 In: Der babylonische Talmud, hg. von R. Mayer, München 1963, 240.

18 Maleachi 4, 6.

19 J. M. Schmidt, a.a.O., 179.

des Jordan vor der Bundeslade abriß', ... so sollen nun diese Steine Israel zum ewigen Gedächtnis dienen" (Jos 4, 6ff). Ein solches Verhältnis zur Vergangenheit erschließt eine Fülle menschlicher Erfahrung, auf die zu verzichten bedeutet, wieder auf eine weitere Fülle menschlicher Erfahrung im Interesse der kommenden Generationen zu verzichten. In ihrem Gedicht „Chor der Steine", gestaltet in biblischer Sprache von heute, schreibt *Nelly Sachs:*

„Wir Steine
Wenn einer uns hebt
Hebt er Urzeiten empor –
Wenn einer uns hebt
Hebt er Billionen Erinnerungen in seiner Hand
Die sich nicht auflösen im Blute
Wie der Abend.
Denn Gedenksteine sind wir
Alles Sterben umfassend."[20]

Die Unheilsgeschichte gehört auch zum Inventar der Erinnerung – nicht in einem eigengewichtigen Interesse, sondern im Interesse der Heilsgeschichte, die Unheil überwindet. „Die Unbußfertigkeit zerbricht diese Brücke von dir zum Nächsten. Die Buße baut diese Brücke wieder neu", predigt Helmut Gollwitzer nach der Zerstörung der Synagogen in Berlin im November 1938.[21] Die Opfer der Unbußfertigkeit leiden noch an den Verletzungen, ja geben sie, die inzwischen mit dem medizinischen Namen „KZ-Syndrom" belegt wurden, an ihre Kinder weiter. Eine Generation – wieder das menschliche Maß, auch in der Unmenschlichkeit – später bricht das Syndrom auf. 25 Jahre nach 1945 „kam meine Herz- und Zuckerkrankheit aus den emotionellen Ursachen, daß ich eben nachts träume, daß ich bis zum Hals im Blut laufe. In der Nacht schreie ich immer noch und bin nachher kaputt. Die Krankheit kommt von den verdrängten Emotionen; ich habe nicht darüber gesprochen. Ich behielt es für mich".[22] Der Arzt der KZ-Opfer-Klinik berichtet dazu: „Das ist kein Einzelfall – es ist eine Sache von Generationen, von der zweiten und vielleicht auch von der dritten Generation ... Ich kenne manche Kinder, die haben das erlebt, als ob sie selbst im Gefängnis gewesen wären, als ob sie selbst im Lager gewesen wären, obwohl sie niemals da gewesen sind. Für diese Familie ist die Befreiung eigentlich niemals Realität geworden."[23] Erinnerung versucht Freiheit zu realisieren.

20 Das Buch der Nelly Sachs, hg. v. B. Holmquist, Frankfurt a. M. 1968, 82.

21 Zuspruch und Anspruch 1, München 1954, 43.

22 Die Träume der Opfer – Gespräche mit Patienten in einer holländischen Klinik und den Professoren Dr. Jan Bastiaans und Dr. Eugen Kogon; in: G. Rein (Hg.), Dienstagsgespräche mit Zeitgenossen, Stuttgart 1976, 128.

23 G. Rein (Hg.), a.a.O., 137.

Lust am Einverständnis

Der Weg der Evangelischen Kirche nach 1945 *

I Erinnerung gegen Fatalismus

Es hat nicht kommen müssen, was 1933 kam. Zerstörung der Demokratie, Antisemitismus und Krieg waren aufhaltsam. Nichts ist über uns gekommen. Es meldete sich laut deutschnational, antisemitisch, militaristisch und obrigkeitsergeben zu Wort. Die Programme wurden nicht verschwiegen, ehe sie sich mit Koalitionspartnern, Mitläufern und vor allem Waffen und Spitzentechnologie ausstatteten, um ihre Vernichtungsfeldzüge zu beginnen. Aber es fehlten auch nicht die, die widersprachen und widerstanden. Sie blieben eine Minderheit.

An einem Jahr läßt sich festmachen, wie schwer (übrigens im Protestantismus ebenso wie in der Arbeiterbewegung) der Widerstand gegen den erstarkenden Nationalsozialismus in der deutschen Gesellschaft Unterstützung finden konnte. Paul Tillich, gerade als Theologe und Philosoph an die Frankfurter Universität berufen – Th. W. Adorno hatte sich gerade bei ihm habilitiert – schrieb 1929 seinen Aufsatz „Der Protestantismus als Kritik und Gestaltung". Selbstkritik und Gesellschaftskritik, das biblische Ethos der Gerechtigkeit, der Menschenwürde und der Freiheit sind unentbehrliche Beiträge von Kirche und Theologie. Als Theologe wie als Sozialismustheoretiker sind ihm eine gerechte nationale und internationale Gesellschaft und die Freiheit der Menschen wichtige politische Aufgaben. In rascher Folge erscheint 1931 „Protestantisches Prinzip und proletarische Situation", ehe im Januar 1933 sein großes Buch „Die sozialistische Entscheidung" publiziert, in zwölf Exemplaren verkauft und Anfang Februar 1933 eingestampft wird. Es war die Arbeit eines religiösen Sozialisten, der in Heppenheim bei Martin Buber sich mit dem europäischen Kreis sozialistischer Theoretiker und Praktiker traf, um sowohl gegen die Enttäuschung des Stalinismus in Rußland als auch gegen das Erstarken des Nationalsozialismus die Arbeit an Demokratie in allen Bereichen und an sozialer Gerechtigkeit gegen die Omnipotenz-Ansprüche von Staat und Kirchen durchzusetzen.

Sieben Jahre später – 1936 – ist ein Beispiel aus der Geschichte der Bekennenden Kirche anzuführen. Die überlebenden Zeitzeugen beurteilen das Widersprechen und Widerstehen der Bekennenden Kirche als zu spät und als zu wenig. An Martin Niemöllers Biographie vom militärbegeisterten, deutsch-

* Helmut Gollwitzer zum 80. Geburtstag, 1988; zuerst veröffentlicht in: H. Funke (Hg.), Von der Gnade der geschenkten Nation. Zur politischen Moral der Bonner Republik, Berlin 1988, 148-160.

nationalen U-Boot-Kapitän zum Antinazi bis hin zum Pazifisten und Revolutionär – um Jesu willen – läßt sich die Mühsal und der Gewinn eines solchen Lernprozesses zeigen. Kirche und Gesellschaft aber scheuten Mühsal wie Gewinn. Sie hätten Veränderung nicht nur bedeutet, sondern auch gebracht.

Eine Momentaufnahme: Am 28. Mai 1936 stellte die Leitung der Bekennenden Kirche eine Denkschrift „an den Führer und Reichskanzler" fertig, in der sich folgender Passus findet: Die nationalsozialistische Weltanschauung „wird vielfach als positiver Ersatz des zu überwindenden Christentums ausgegeben. Wenn hier Blut, Volkstum, Rasse und Ehre den Rang von Ewigkeiten erhalten, wird der evangelische Christ durch das Erste Gebot gezwungen, diese Bewertung abzulehnen. Wenn der arische Mensch verherrlicht wird, so bezeugt Gottes Wort die Sündhaftigkeit aller Menschen, wenn den Christen im Rahmen der nationalsozialistischen Weltanschauung ein Antisemitismus aufgedrängt wird, der zum Judenhaß verpflichtet, so steht für ihn dagegen das christliche Gebot der Nächstenliebe."

Das Wort wurde im Ausland bekannt, im Inland – nach einer Verhaftungs- und Einschüchterungswelle – gekürzt (und zwar gerade um den Passus des Antisemitismus) nicht mehr von allen Kanzeln verlesen. In der Sprache ihrer Tradition und ihrer Basis hat die evangelische Kirche gesagt, was zu sagen war. Sie formulierte es aber nur gegen eine Weltanschauung, mit der sie sich auf derselben Ebene zu befinden meinte. Der auch ihr werte nationale Staat wurde davon unterschieden. Mit ihm schien ein Konflikt unmöglich.

Wird heute in der Bundesrepublik über Widerstand gesprochen, so wird er oft als nötig und lebensnotwendig nur in sogenannten totalitären Staaten eingesehen. Die Totalitarismusthese hat nicht nur sehr früh nach 1945, vor allem in der Mehrzahl der Schulbücher und Medien angewandt, nachhaltig gewirkt. Sie bot einen Deutungsrahmen, der den Nationalsozialismus zu entlasten fähig war, indem auf die frische Erfahrung von Menschenrechtsverletzungen und Gewaltherrschaft im sowjetischen Herrschaftsbereich unter Stalin verwiesen wurde. Sie bietet den Vorteil, Nazistaat und Nazizeit so zu isolieren, daß ihre Erfahrungen als die einer extremen Situation auch dergestalt perhorresziert werden, daß Täter und Opfer nicht mehr Menschen, sondern hier Monster, dort Objekte von Mitleid oder Bewunderung werden. Die Zeit 1933-1945 steht nach dieser Deutung sozusagen exterritorial außerhalb unserer Geschichte. Personelle und strukturelle Kontinuitäten in den von Deutschen in diesem Jahrhundert verantworteten Staatlichkeiten müssen dann nicht mehr genau untersucht werden. Was nach 1945 „staatlich" ist, hat nichts mehr mit dem zu tun, was 1933 bis 1945 staatlich war: Der Berliner Bischof Otto Dibelius ließ nur noch das Kaiserreich und die Bundesrepublik Deutschland als Staaten gelten; in einem heftig umstrittenen Buch sprach er 1959 der DDR die Qualität eines Staates ab – wie er auch in der Weimarer Zeit den „roten Rathäusern" SPD-regierter Städte die Qualität bestritt, „Obrigkeit" zu sein.

Wieder sieben Jahre später, 1943, schrieb Dietrich Bonhoeffer im Gestapogefängnis in Tegel in seinem unvollendet gebliebenen Ethik-Entwurf: „Es ist niemals die Aufgabe der Kirche, dem Staat den natürlichen Selbsterhaltungstrieb zu predigen, sondern allein den Gehorsam gegen das Recht Gottes." Recht und Gerechtigkeit waren ihm, wie großen Teilen der Bekennenden Kirche, die entscheidenden Funktionen des Staates. Sie einzumahnen war die Aufgabe der Kirche. Weil Bonhoeffer zu denen gehörte, die die Staatsfrömmigkeit gerade des Protestantismus und eine damit verknüpfte privatistische Ethik als doppelte Gefahr erkannten, hat er noch im Gefängnis wie kein anderer auf klare Einsicht in die Fehlentwicklungen bestanden. Zehn Jahre nach Beginn der Naziherrschaft schreibt er in der Haft eine knappe Bilanz der Zeit 1933 bis 1943. Er verurteilt die „private Tugendhaftigkeit", die „Augen und Mund verschließen vor dem Unrecht um ihn herum". Er plädiert für das Lernen der Zivilcourage anstelle der obrigkeitlich gewünschten Konformität und Militärcourage. Die Übernahme von „freier Verantwortung", die auch Schuld zu übernehmen bereit ist und sich nicht raushält aus dem Lauf der Welt, um ihn sich selbst, d.h. den Mächtigen zu überlassen – das fordert (und lebt) Bonhoeffer für ein Christentum der Zukunft. „Dummheit" ist ihm daher nicht ein intellektueller Defekt, da so viele Intellektuelle als Täter und Mitläufer fungierten, sondern bedeutet ein moralisches Versagen: „Die Macht der einen braucht die Dummheit der anderen." Bonhoeffer hat sich zum subversiven Widerstand, für die Illegalität entschieden; als Pazifist befürwortete er jetzt den Tyrannenmord, wie die alte christliche Legitimierung des illegalen Widerstandes heißt. Vor seiner Hinrichtung im April 1944 hinterließ er ein ausführliches und konkretes Schuldbekenntnis der Kirche: Die Kirche bekennt „ihre Furchtsamkeit, ihr Abweichen, ihre gefährlichen Zugeständnisse ... Sie war stumm, wo sie hätte schreien müssen, weil das Blut der Unschuldigen zum Himmel schrie."

II Aufklärung oder Aufrechnung

Verbale Erklärungen über das Scheitern des Kapitalismus und die Zukunft eines Sozialismus, der mit Demokratie verbunden ist, waren 1945/46 auch in einigen Gruppen der neu gegründeten CDU ernsthaft zu hören. Es gab sie auch in der evangelischen Kirche. Sie verstummten rasch. Der wirtschaftliche Wiederaufbau förderte das Einverständnis mit dem laufenden politischen Geschäft.

Die doppelte Tradition des Protestantismus, Gesellschaftskritik und Staatsaffirmation, wird, wenn sie nicht zu einem konzeptionellen und kreativen Streit führt, in einem entscheidungslosen Kirchengebilde zu einer folgenlosen Kirchenideologie, die nur „zusammenhüten" will und „unter dem Evangelium zusammenbleiben" will (so lauteten wichtige Stichworte aus Kirchenleitungserklärungen der 50er Jahre).

Bei einer ersten Zusammenkunft des sich neu konstituierenden Rates der Evangelischen Kirche in Deutschland (EKD) im August 1945 wird die die protestantische Kirche beherrschende Personen- und Themendualität deutlich.

Auf der einen Seite Bischof Theophil Wurm aus Württemberg, der gewiß wacker gegen die Rechtsübergriffe der Nazis in die Kirche Einspruch erhoben hatte und mit Bischof Galen und Pastor von Bodelschwingh gegen die sogenannte Euthanasie-Aktion der Vernichtung „lebensunwerten Lebens" auftrat und diesen Massenmord auch zweitweise hatte bremsen können, was ein Beleg dafür ist, wieviel Widerstand auch für Juden und Sinti möglich und wirksam gewesen wäre, hätte man Nichtchristen in den Verantwortungshorizont von Kirchen und Christen überhaupt hineingenommen. Wurm sprach 1945 von der Verantwortung, die auf die Kirche als einziger intakter Institution zukomme, nachdem auch die sonst mit einem großen Bonus der Integrität ausgestatteten „Koryphäen der Wissenschaft" diese Rolle nicht mehr spielen könnten. Wurm erinnerte daran, daß auch die Kirche durch die Übernahme des Nationalismus Schuld auf sich geladen habe. Diesen Nationalismus sah er ausschließlich als eine Folge des Versailler Diktats und der alliierten Nachkriegspolitik nach 1918. Vor einer generellen Schuldzuschreibung wird daher gewarnt, SS sei nicht SS. Klage über die verlorenen Ostgebiete wird laut. Wurms Sorgen waren die gewöhnlichen Sorgen der gewöhnlichen Deutschen mit ihren gewöhnlichen Kurzsichtigkeiten. Diesem Flügel gefiel die Rollenzuteilung, die wie die Demokratie an die Gesellschaft so hier an die Kirche von außen kam.

Der andere Sprecher, der mit seiner politischen Analyse zeit seines Lebens in der Minderheit bleiben sollte, war Martin Niemöller, gerade aus dem KZ befreit, wo er seit 1937 gesessen hatte. Er schlug einen anderen Ton an. Die Schuld liege bei der Kirche. „Dem Staat gegenüber waren wir zu feige. Wir haben die Christenheit zum Gehorsam ermahnt und erzogen." Wir wußten, was geschah. Er setzt es durch, daß dieser Ton auch in einer Erklärung an die evangelischen Kirchengemeinden deutlich ausgesprochen wird. Ohne Kompromiß gelingt es nicht: Die Kirche sieht sich – das wird hinzugefügt – vor allem auch als Opfer. Sie sei in ein „Gefängnis" gedrängt gewesen: „Wo die Kirche ihre Verantwortung ernst nahm, rief sie zu den Geboten Gottes, nannte beim Namen Rechtsbruch und Frevel, die Schuld in den Konzentrationslagern, die Mißhandlung und Ermordung von Juden und Kranken und suchte der Verführung der Jugend zu wehren. Aber man drängte sie in die Kirchenräume zurück."

Auf Drängen Niemöllers wurde deutlich gesprochen, aber zugleich wurde die Verfolgung der Kirche in einer Mischung aus Ohnmachtsgebärde und Selbstmitleid im Vergleich zur Verfolgung der Kommunisten, der Vernichtung der Juden, der Raubkriege gegen Polen und die Sowjetunion überzeichnet.

Die Historikerdebatte des Jahres 1986 fand 1945 schon einmal statt. Anlaß war der Streit, der durch das Stuttgarter Schuldbekenntnis der Evangelischen Kirche in Deutschland vom 18. Oktober 1945 ausgelöst worden war. Vor einem ökumenischen Kreis unterschiedlicher ausländischer, nichtrömischer Christen hatte der Rat der EKD, zu dem damals der spätere Kirchenpräsident M. Niemöller, die späteren Bischöfe O. Dibelius, T. Wurm und H. Lilje sowie der Jurist R. Smend und der spätere Bundespräsident Gustav Heinemann gehörten, die Schuld der Evangelischen Kirche und ihrer Christen bekannt. Der Schlüsselsatz hieß: „Durch uns ist unendliches Leid über viele Völker und Länder gebracht worden ... Wir klagen uns an, daß wir nicht mutiger bekannt haben ... Nun soll in unseren Kirchen ein neuer Anfang gemacht werden" – ohne den „Geist der Gewalt und der Vergeltung". Das Wort Vergeltung stammt aus dem Entwurf (dort sogar: Rache) von O. Dibelius und H. Asmussen, die dem nationalkonservativen Flügel der Bekennenden Kirche angehörten. Der Ausdruck signalisiert die Angst, daß das besiegte Deutschland nunmehr selbst erleiden könnte, was es vorher anderen Völkern angetan hatte.

Aus dem Stuttgarter Schuldbekenntnis der EKD leitete sich für den Mehrheitsflügel in der Evangelischen Kirche das Recht her, auch an die „Schuld der anderen" zu erinnern. Dieses Recht wurde unterschiedlich begründet. Einmal sagte man, das Stuttgarter Schuldbekenntnis, das als Ausverkauf der deutschen Interessen und Geschichte, als Kollektivschuldlüge oder als Fraternisieren mit den Siegern interpretiert und diffamiert wurde, sei nur „vor Gott" gesprochen worden, habe also keine öffentliche und politische Bedeutung, gehöre nicht in den Alltag, sondern in den Gottesdienst. Eine andere Stimme plädierte für eine subjektive Darstellung und Betrachtung der Geschichte. Dann wird Heimsuchung und Geschick, Dämonie oder Schicksal, was Tun und Unterlassen von Menschen war. War mit 1945 die Epoche, die 1933 begann, zu Ende, so konnte unbefangen gegenüber der Vorgeschichte Kritik an den gegenwärtigen Partnern Deutschlands, die zu übergroßen Zahlen Deutschlands Opfer gewesen waren, geübt werden. Der in die Schweiz emigrierte, spätere ZEIT-Redakteur Carl Friedlaender bestritt „aufs entschiedenste" die Möglichkeit, den Nationalsozialismus aus der „deutschen oder preußischen Geschichte" herzuleiten. Der 30. Januar 1933 ist der „Schicksalstag" der deutschen Geschichte. Er begründet eine deutsche Schuld, weil das deutsche Volk den Nationalsozialismus hatte „zur Macht kommen lassen". In dieser Vorstellung wird die Zeit 1933-1945 zu einer Zeit ohne spezifisch auf sie hinführende Vorgeschichte und entsprechend zu einer 1945 auch – wenn nicht in den Folgen, so doch in den Bestimmungsfaktoren – abgeschlossenen Epoche.

Beim Aufbau eines neuen Staatswesens, dessen demokratische Anlage sich den Befreiungsarmeen der vier Alliierten und nicht der Selbstbefreiung der Deutschen verdankt, waren historische Genealogien gefragt: Hatten die Nazis die deutschnationale Ahnenreihe Luther (oder Hutten) – Friedrich der Große – Bismarck um Hitler verlängert, so wurde nach 1945 die Kontinuität dieser Linie geleugnet, die Verbindung von preußischer Staatsraison und nationalsozialistischem Unrechtsstaat als eine Erfindung der Sieger abgetan. Opfer dieser historischen Legitimation positiven Staatsbewußtseins waren die Aufklärung und ihre Geschichte. Dumpfe Appelle an Zuordnungsinstinkte waren gefragt. Die alte Suche nach einer deutschen Identität begann – unter neuen Vorzeichen.

Säkularisierung und Entchristlichung wurden als Erbschaft der Aufklärung, deren Gipfel der Nationalsozialismus gewesen sei, dargestellt. Diese Entchristlichung (den Verlust der Mitte) gelte es nunmehr zu überwinden. Der gewissenlose perfekte Einsatz von Wissenschaft und Technik galt der Mehrheit des deutschen Protestantismus als Beleg für das Erbe der Aufklärung im Nationalsozialismus. Die „Säkularisierung", der Zerfall und die Aufkündigung christlicher Wertvorstellungen und Gesellschaftsprägungen seit der Aufklärung wurden in letzter Instanz verantwortlich gemacht für Geist und Praxis des Nationalsozialismus – eine Auffassung, die der hessische Ministerpräsident Walter Wallmann im September 1987 in der Auseinandersetzung um den Erhalt der Ruinen des jüdischen Ghettos auf dem Frankfurter Börneplatz wiederholte: „Es ist nicht richtig, daß ein gerader Weg von diesem Ghetto nach Auschwitz führt ... nicht der christliche mittelalterliche Antisemitismus ist schuld an Auschwitz, sondern ... der falsche Weg, den dieses Land seit der Aufklärung gegangen ist."

Protagonist dieses protestantischen „Revisionismus" war eine politische Romantik im Dienst der Restauration. Sie wandte sich gegen jene christliche Tradition, die Aufklärung als ein auch christliches, obwohl nicht direkt kirchliches Programm verstanden hatte: So unterschiedliche Theologen wie R. Bultmann, K. Barth und P. Tillich stritten in der Kirche für eine Aufklärung, die auch über sich selbst und ihre Folgen aufklärt. Sie protestierten leidenschaftlich gegen jede Form von Dämonologie", die in Hitler „das Dämonische" am Werk sah und Politik zwischen „Dämon und Gott" ansiedelte. So hatte der (später fundamentalistisch argumentierende) Theologe W. Künneth in seiner politischen Ethik geschrieben. Ihr begegnete Karl Barth, 1934 aus Deutschland von den Nazis ausgewiesen, mit der spöttischen Gegenfrage: „Seid ihr damit nicht im Begriff, in ein magisches Weltbild hineinzurutschen? Warum redet ihr immer von Dämonen? Warum sagt ihr nicht konkret, wir sind politische Narren gewesen? Erlaubt bitte ... euch zu einem rationaleren Denken zu ermahnen!"

Am folgenreichsten aber wurden Schulderkenntnis und Schuldbekenntnis mit Aufrechnung beantwortet. In großer öffentlicher Wirkung predigte Helmut Thielicke 1947 gegen das Stuttgarter Schuldbekenntnis. Er griff, glänzend in der Rhetorik, den geheimen Wunsch vieler Menschen auf, von der Anklagebank heruntergeholt zu werden oder die Anklagebank in ein allgemeines Sitzmöbel aller zu verwandeln. Er spricht von der Behandlung deutscher Kriegsgefangener, der Bombardierung deutscher Städte, dem herrschenden Hunger und den internierten Nazis. Andere Stimmen aus derselben Zeit beklagen die Demontagepraxis und Kriegsverbrecherprozesse der Sieger, den Verlust der Ostgebiete und die Teilung Deutschlands in Besatzungszonen. Typisch ist Thielickes Predigt am Karfreitag 1947 in Stuttgart, die in massenhaften Nachdrucken verbreitet wurde. Dort heißt es: „Ich sehe mit wachsendem Schrecken, wie die Kirche zu alledem in der Öffentlichkeit schweigt. Auch wenn einzelne Männer ... dieses Schweigen immer wieder brechen und sich wie ein Ekkehard vor die Gepeinigten stellen. Ich kann die Schuldbekenntnisse der Kirche, unter die ich mich selbst als erster stelle, so lange in der Öffentlichkeit nicht mehr hören, als wie nicht auch dieses andere so hart und erbarmungslos offen gesagt wird, wie die Rede der Jünger nun einmal sein soll."

Was Thielicke als Fehler seiner Kirche feststellt, sieht der Flügel um Martin Niemöller ganz anders: „Organisierte Unbußfertigkeit" nannte er jene Mixtur aus Leidenserfahrung, Verdrängung und Restauration. Er richtet den Blick auf die überfallenen und dezimierten Völker vor allem Osteuropas und der Juden, auf die verweigerte Versöhnung mit den Nachbarländern. Die ungebrochene Tradition des Antikommunismus ist das verbindende Element, das in Niemöllers Kritik Kaiserzeit, Weimarer Zeit und die Nazizeit mit der neuen Bonner Staatlichkeit verbindet. Alfred Dregger wird zur Verteidigung von Reagans und Kohls Besuch auf dem SS-Militärfriedhof und dem größten Natostützpunkt Bitburg auf seinen eigenen Kampf und den Soldatentod seines Bruders an der Ostfront 1945 verweisen: Es war schon damals die richtige Front.

Schon 1946 stellt Martin Niemöller überall um sich greifende „Restauration und Reaktion" fest. Das Stuttgarter Schuldbekenntnis blieb folgenlos. Der wirklich protestantische Teil des Protestantismus blieb – wieder – in der Minderheit. „Ich weiß, daß Herr Niemöller nicht die evangelische Kirche Deutschlands ist ...", konnte Konrad Adenauer lakonisch festhalten, „ich bin der Überzeugung, daß sein defätistisches, fast könnte ich sagen, nihilistisches Denken Sowjetrußland geradezu in die Hände arbeitet." 1952 reiste Niemöller mit einer Delegation evangelischer Christen nach Moskau. Hier beginnt Entspannungspolitik. Politisch wirksam wurde sie nicht. Der Vorsitzende der Westdeutschen Rektorenkonferenz, Helmut Thielicke, polemisiert gegen den „immer wieder verwirrten und verwirrenden" Niemöller und verlangt, gemeinsam mit Rudolf Pechel, dem Präsidenten der deutschen Akademie für Sprache und Dichtkunst, Gegenmaßnahmen gegen diese „Puppe an den Drähten des Kreml".

Nachdem das Stuttgarter Schuldbekenntnis, obwohl es auf analytische Genauigkeit verzichtete und das konkrete Versagen der Kirche nicht im einzelnen beim Namen genannt hatte, schon einen großen Wirbel in der Öffentlichkeit ausgelöst hatte, empfanden die Vertreter des radikalen Flügels der Bekennenden Kirche Defizite des Stuttgarter Schuldbekenntnisses sehr deutlich und suchten nach Konkretisierung. So kam es am 8. August 1947 zum sogenannten Darmstädter Wort des „Bruderrats der Evangelischen Kirche in Deutschland zum politischen Weg unseres Volkes". Ausgangspunkt war die Einsicht, daß ein gesellschaftlicher und kirchlicher Neuanfang nur möglich sei, wenn kein Selbstfreispruch erfolgte, sondern die Erkenntnis wie das Bekenntnis der Irrwege radikal und ehrlich ausgesprochen wird. Diese Irrwege reichen tiefer in die deutsche Geschichte, als vielen zu erkennen lieb war:

„Wir sind in die Irre gegangen,

– als wir begannen, den Traum einer besonderen deutschen Sendung zu träumen, als ob am deutschen Wesen die Welt genesen könne. Dadurch haben wir dem schrankenlosen Gebrauch der politischen Macht den Weg bereitet und unsere Nation auf den Thron Gottes gesetzt. Es war verhängnisvoll, daß wir begannen, unseren Staat nach innen allein auf eine starke Regierung, nach außen allein auf militärische Machtentfaltung zu begründen;

– als wir begannen, eine christliche Front aufzurichten gegenüber notwendig gewordenen Neuordnungen im gesellschaftlichen Leben der Menschen ... Wir haben das Recht zur Revolution verneint, aber die Entwicklung zur absoluten Diktatur geduldet und gutgeheißen;
– als wir meinten, eine Front der Guten gegen die Bösen ... im politischen Leben und mit politischen Mitteln bilden zu müssen;
– als wir übersahen, daß der ökonomische Materialismus der marxistischen Lehre die Kirche an den Auftrag ... der Gemeinde für das Leben und Zusammenleben der Menschen im Diesseits hätte gemahnen müssen. Wir haben es unterlassen, die Sache der Armen und Entrechteten gemäß dem Evangelium von Gottes kommendem Reich zur Sache der Christenheit zu machen."

Als neue Ziele werden genannt: der „Aufbau eines besseren deutschen Staatswesens, das dem Recht, der Wohlfahrt und dem inneren Frieden und der Versöhnung der Völker dient".

Ein nach außen und innen militarisierend wirkender Nationalismus, die Verweigerung des Rechtes auf Revolution, der Dualismus, der aus politischen Gegensätzen weltanschauliche Gegensätze von Licht und Finsternis machte, und der Antikommunismus, der die Parteinahme für Arme und Ausgebeutete verweigert, um die eigenen Privilegien nicht zu verlieren – diese vier Grundeinstellungen mußten von Hitler weder erfunden noch mit Gewalt dem Volk eingebleut werden. Die Nazis fanden vor, was sie nur zuzuspitzen brauchten. Diese als „Irrwege" bezeichneten sind lange prägende Wege der deutschen Geschichte. Es fällt auf, daß Antisemitismus nicht genannt wird.

Eine eigene, ausführlichere Erklärung des gleichen Gremiums verdammt ein halbes Jahr später den Antisemitismus in seinen völkischen, rassistischen, ökonomischen und alltäglichen Erscheinungsformen und ruft zu Solidarität zwischen Christen und Juden auf. Allerdings wird die christliche Wurzel von Judenfeindschaft nicht genannt. Erst 1950 hat dann das Parlament der EKD, die Synode, in einer offiziellen Stellungnahme die christliche Mitschuld am Antisemitismus bekannt.

Das Darmstädter Schuldbekenntnis wurde als kommunistisch, als nestbeschmutzend, als Neuauflage der „Kollektivschuldlüge" und als unverschämter Übergriff einer Kirche denunziert, die sich gefälligst aus der Politik heraushalten solle. Der Rat der EKD und die Leitungen der einzelnen Landeskirchen sahen sich nicht in der Lage, dieses Wort der Bekennenden Kirche zu übernehmen. Es blieb das Votum und die Einsicht einer Minderheit – bis heute. Von den Unterzeichnern des Stuttgarter Schuldbekenntnisses waren nur noch Gustav Heinemann und Martin Niemöller (neben anderen Repräsentanten der Bekennenden Kirche) vertreten.

Der Berliner Bischof, CDU-Mitglied Otto Dibelius, nannte diese Erklärung eine „schwere Zumutung", die darin bestehe, „genau dasjenige als eigene Schuld bekennen zu sollen, wogegen wir ein Leben lang angekämpft haben". Der Riß in der Bekennenden Kirche, zu der auch Otto Dibelius gehört hatte, war perfekt.

Er vollzog sich in der Sache zurecht über die Frage nach dem Spezifikum einer langen deutschen Geschichte auf dem Weg zum Nationalsozialismus.

In der Entnazifizierungsdebatte zeigte sich, wie weit die Ansätze, neue Erkenntnisse einer Gesellschafts- und Staatsethik auch umzusetzen, an alten Widerständen scheiterten. Ein halbes Jahr nach der Stuttgarter Schulderklärung spricht der Rat der EKD zur „Durchführung der Entnazifizierung im deutschen Volk“ in einem Schlüsselsatz davon, daß „jeder, der ein Verbrechen im Zusammenhang mit der nationalsozialistischen Herrschaft begangen hat, bestraft werden muß“. Es folgt ein Plädoyer, auch die zu verstehen, die „aus lauteren Beweggründen“ in die nationalsozialistischen Massenorganisationen eingetreten waren oder „aus Schwachheit gegenüber dem Terror ihre Mitgliedschaft nicht gelöst haben“. „Das zur Bestrafung aller dieser Menschen jetzt eingeschlagene Verfahren ist weithin nicht geeignet, zu wirklich gerechten Ergebnissen zu führen.“ Der „Nachweis aller persönlichen Schuld“ ist zu führen; dieser Grundsatz „nulla poena sine lege“ wurde schon in einem einige Tage vorher an die amerikanische Militärregierung gerichteten Brief angemahnt. Der ehemalige KZ-Häftling Martin Niemöller, der selbst durch einen Hungerstreik im Sommer 1945 seine Freilassung von den ihn verhörenden und festhaltenden Amerikanern erkämpfen mußte, sah das Entnazifizierungsgesetz als ungeeignet für einen neuen Anfang an. Es fördere Denunziantentum und Lüge und könne dem wahren Ausmaß der Schuld nicht gerecht werden. Vor allem aber verhindere es nicht, daß nur die Kleinen gefangen und die Großen freigelassen würden. Eine Befürchtung, die sich alsbald mit den Entlassungen der in den Nürnberger Prozessen verurteilten Wirtschaftsführer bewahrheiten sollte.

Die innerkirchliche Opposition klagte mit Recht eine gerechte Entnazifizierung auf allen Ebenen ein: Es könne doch wohl kein Entschuldigungsgrund für Mittäterschaft sein, einen großen Beitrag zur nationalen Wirtschaft geleistet zu haben. Ebensowenig dürften mit dem Verweis auf „die ethischen und traditionsbedingten Voraussetzungen der Berufsauffassungen in diesen Fällen“ (nämlich der Berufsoffiziere, Wirtschaftsführer und Juristen) Entschuldigungsgründe gesucht werden. Eine wirkliche demokratische Erziehung und Neuordnung müsse gerade diesen Geist der Staatsloyalität und des Kadavergehorsams überwinden.

Innerkirchlich wirkte sich der Restaurationsprozeß der BRD so aus, daß ein Mann wie Martin Niemöller ab 1956 nicht mehr als Leiter des kirchlichen Außenamtes der EKD, das die internationalen Kontakte der Kirche wahrzunehmen hatte, tragbar erschien. Gustav Heinemann, einer der konsequentesten Kämpfer gegen Aufrüstung, Militärseelsorge und für Entspannung mit Osteuropa, mußte 1955 als Präses der gesamtdeutschen EKD-Synode zurücktreten. Ihre Hauptgegner hatten sich in der CDU formiert und in der Kirche stark an Einfluß gewonnen.

Neuansätze kamen erst 1963 mit der Forderung der EKD, nationalsozialistische Gewaltverbrecher vor Gericht zu bringen und gegen die Widerstände in der Justiz, der Verwaltung und der konservativen Mehrheit des Bundestages, eine Verjährung dieser Verbrechen zu verhindern. Zu den Neuansätzen gehört ebenfalls die Ostdenkschrift. Sie versuchte 1965 das christliche Schlüsselwort der „Versöhnung" in eine realistische Entspannungspolitik und eine friedliche Nachbarschaft mit den osteuropäischen Staaten zu übersetzen. Jedesmal kam es zu Kirchenaustritten und Protesten.

III Nationalismus als staatliche Metaphysik

Noch ist eine staatsloyale Christlichkeit hierzulande nicht abgestorben. Die Erneuerung der Kirche und damit eines Teiles der Gesellschaft wurde versäumt, weil sie nach 1945 nicht bereit oder in der Lage war, aus der ersten Schuld, die sie bekannte, die notwendigen Konsequenzen einer staatsfreien Kirche zu ziehen, die ihre Privilegien freiwillig aufgab. In der Rede von der Volkskirche schwang die Vorstellung einer Volksgemeinschaft mit, die der integrierenden und interessenübergreifenden Institutionen wie der Kirche bedürfe. Die Kontinuität eines protestantischen Dilemmas seit der Reformationszeit ist unübersehbar.

Das Jahr 1945 stellte den Protestantismus nicht nur vor die Frage, sondern auch vor die Chance, die in der Reformationszeit verspielte, freiheitliche protestantische Tradition wiederzuentdecken und in eine der Gesellschaft gegenüber kritische und gestalterische Rolle zu überführen. Dies hätte für die Kirche auch bedeutet, sich zu verabschieden von der gesellschaftlichen Platzanweisung auf die traditionellen Stammplätze kirchlicher Aktivitäten im Felde einer unpolitischen Caritas, Innerlichkeit und Bildungsarbeit, die wesentlich zur Kirche gehören, aber – wirklich ernstgenommen – politische Dimensionen und strukturelle Konsequenzen mit sich führen. Die biblischen Grundbegriffe Gerechtigkeit und Frieden, Befreiung (von Schuld, Leistung oder Gewalt) und Liebe sind die das Denken und Handeln der Kirche leitenden Interessen – wenn sie nicht das Interesse der Selbsterhaltung verfolgen will. Damit ist sie eingeladen, die elende Praxis von Neutralität und Ausgewogenheit aufzugeben und Partei zu ergreifen.

Zwei Namen sind zu nennen: 1933, unmittelbar nach den ersten Boykottaktionen gegen jüdische Geschäfte und den Berufsverboten für Juden (1. und 7. April 1933) beschrieb Dietrich Bonhoeffer die Aufgabe der Kirche gegenüber dem Staat auf eine dreifache Weise:

a) den Staat immer nach der Legitimität seines Handelns zu fragen,

b) allen Opfern staatlichen Handelns (nicht nur denen der eigenen Gruppen) zu helfen,

c) dem Rad in die Speichen zu greifen, also Widerstand zu üben, damit nicht ständig neue Opfer produziert werden. Sein Programm ist noch zu lernen bei der Mehrheit der Christen.

Als einer der wenigen evangelischen Kriegsdienstverweigerer, Hermann Stöhr, 1941 hingerichtet wurde, bat er den lutherischen Bischof von Hannover,

Marahrens, sein Gnadengesuch zu unterstützen. Dieser lehnte mit der Bemerkung die Bitte ab, wer den Kriegsdienst verweigere, sitze aus politischen Gründen und nicht um Christi Willen im Gefängnis. Die Hinrichtung fand einen Tag später statt.

Gerechter Umgang mit der Vergangenheit

Eine Einführung in das Thema im christlich-jüdischen Kontext mit deutscher Perspektive
Ein südafrikanisch-polnisch-deutscher Trialog *

I

Fragen und Lernen kommen aus Begegnungen mit Menschen.

50 Jahre nach der Befreiung Europas vom Nationalsozialismus will ich erzählen, was ich als 12jähriger 1945 erlebte. Bis 1945 hatte ich in der Schule und durch meinen Patenonkel gehört: Die arische Rasse ist dazu bestimmt zu herrschen. Großdeutschland wird siegen. Alle Feinde werden wir schlagen, das internationale Judentum vernichten. Mein Elternhaus gehörte zur Bekennenden Kirche, eine Minderheit in der protestantischen Kirche, die um die Freiheit der christlichen Verkündigung kämpfte. Sie kämpfte – bis auf wenige Ausnahmen wie Marga Meusel und Dietrich Bonhoeffer – nicht um die Freiheit und um die Menschenrechte der Juden (es sei denn, diese seien getauft), der Kommunisten, der Zeugen Jehovas oder der politischen Opposition.

Im Frühjahr 1945 lebte ich wegen der Schule bei meinen Großeltern. Die amerikanischen Truppen befreiten die kleine Stadt. Die täglichen Bombardierungen hörten auf. Mein Schulleiter wurde eingesperrt, mein Patenonkel auch. Ein amerikanischer Soldat kam in die Wohnung meiner Großeltern. Mein Großvater sprach mit ihm Latein, da er nicht englisch konnte (für mich beeindruckend, weil ich in der ersten Lateinarbeit meines Lebens gerade eine Fünf geschrieben hatte). Der Offizier wollte nicht deutsch sprechen, obwohl er es am Ende des Gespräches dann doch tat. Er war ein jüdischer Flüchtling, aus Deutschland vertrieben. Es war meine erste Begegnung mit einem Juden. Er gehörte zur Befreiungsarmee für Europa.

Ein anderes Erlebnis: 1945 mußte mein Vater die Leitung eines Heimes für Behinderte übernehmen, das von 1938 bis 1945 die SS der Kirche abgenommen hatte. Man wollte ungestört die Euthanasieaktion, die Ermordung von Behinderten, vorbereiten. Dafür wurden zwei Gründe propagiert; ein ökonomischer: Wir brauchen keine unnützen Esser; ein rassistischer: Behinderte verhindern den Aufbau einer gesunden und reinen Rasse. Diese Mord-Aktion fand in der Nähe, in Hadamar, statt. Kam dann 1945 oder 1946 ein Auto aus Hadamar, so gab es Panik bei den überlebenden Patienten. Mit dem Namen Hadamar verband sich Todesangst. Angst und Gewalt wirken über die Befreiung

* Erstveröffentlichung. Zuerst gehalten als Vortrag in Berlin am 4. September 1995.

hinaus. Der Vorgänger meines Vaters, ein Lehrer, war unter der SS im Heim geblieben. Er konnte einige Patienten retten. Er fälschte Transportlisten. Aber er tat dies im Rahmen einer Kollaboration mit der SS. Das ethische Dilemma war: „Bleiben, um Schlimmeres zu verhindern? Wenn ich gehe, kommt dann nicht ein 100prozentiger Nazi an meine Stelle? Bleibe ich unschuldig, wenn ich gehe?"

Davor liegt eine dritte Geschichte: 1944 häuften sich die englischen und amerikanischen Luftangriffe auf deutsche Städte. Die deutsche Luftwaffe war nur noch selten in der Lage, „feindliche" Maschinen abzuschießen. Wir Kinder wurden in den Wald geschickt, um abgeschossene Piloten und vor allem die kostbare Fallschirmseide zu suchen. Ich sah den ersten Toten meines Lebens. Er saß am Fuß einer Tanne. Der Fallschirm hing in den Bäumen. In den starren Fingern hielt er das Foto seiner Frau und seiner Kinder. Wir waren ausgezogen, einen Feind zu suchen, gefunden hatten wir einen Menschen. Später lernte ich daraus eine Frage zu verfolgen: Wie lernen wir, zusammen als Menschen zu leben, bevor wir tot sind?

II.

Zu vier Stichworten der Überschrift will ich einiges erklären:

1. Die Vergangenheit ist ein Teil unserer Gegenwart, auch wenn viele Menschen in unserem Lande sagen: Das ist jetzt fünfzig Jahre her. Endlich muß einmal Schluß sein. Aber noch leben Opfer, Täter und Mitläufer in unserer Mitte. Ihre Kinder und Enkel, vor allem die der Opfer, sind oft traumatisiert.

Die Expansion Deutschlands, gerade durch den Überfall auf Polen und später auf die Sowjetunion, hat die Rote Armee bis an die Elbe gebracht – als Befreiungsarmee mit Amerikanern und Engländern und den bewaffneten Partisanen in allen von Deutschland besetzten Ländern. Die Teilung Europas wie Deutschlands und die Unterdrückung ab 1945 in Ost- und Mitteleuropa durch den Kommunismus sind nicht zu erklären ohne den von Deutschland 1939 begonnenen Krieg. In ihm wurden über 50 Millionen Menschen, meistens Zivilisten, umgebracht. Tausende von Dörfern und Städten wurden vernichtet.

Die biblischen Maßstäbe, mit Erfahrungen der Gewalt umzugehen, sind asymmetrisch, wenn es darum geht, wie lange die Vergangenheit die Gegenwart und Zukunft mitbestimmt. Im zweiten Gebot geht es um die Freiheit Gottes und der Menschen von allen Mächten. Es wird verboten, sich Bilder zu machen und Götzen anzubeten. Das aber war in Deutschland geschehen. „Heil Hitler" war der tägliche Gruß in Briefen und beim Einkaufen, in Behörden und Schulen. Ein Mensch und seine „Weltanschauung" setzten sich an Gottes Stelle und machten die Menschen unfrei. Die Folgen? Nach dem 2. Gebot ist Gott „ein eifriger Gott, der die Schuld der Väter heimsucht bis in die dritte und vierte

Generation an den Kindern derer, die mich hassen, der aber Gnade übt bis in die tausendste Generation an den Kindern derer, die mich lieben und meine Gebote halten" (Ex 20, 5f). Leider fehlt dieses Gebot in den Katechismen der katholischen und lutherischen Kirchen.

Realistisch ist hier gesehen: Gewalt und Götzendienst haben Nachwirkungen für einige wenige Generationen. Realistisch und tröstlich ist, daß Gottes Recht zu praktizieren, eine unendlich lange Zeit positiv nachwirkt. Das Erbe praktizierter Menschenwürde – jeder Mensch ist von einmaligem Wert, weil nach Gottes Bild geschaffen und nicht nach irgendeiner menschlichen Vorstellung oder durch irgendeine politische Macht geformt – gehört als eine Mahnung der Opfer und als ein Vermächtnis des Nonkonformismus dazu. Wir benötigen es heute, um die fürchterlichen Folgen der Gewalt und der Gleichschaltung eines Volkes zu überwinden.

2. Gottes – also auch unsere – Gerechtigkeit sucht vor allem die Opfer von Gewalt, ohne ihre Leiden zu legitimieren oder zu verklären.

Es geht um einen „gerechten" Umgang mit der Vergangenheit. Ich kann „gerecht" nur im biblischen Sinn verstehen: Hier geht es um eine einseitige, nicht ausgewogene Gerechtigkeit. Recht und Gerechtigkeit sind hohe Werte der Bibel. Recht ist nicht eine formale Regel, Konflikte zu schlichten. Recht hat eine Neigung, zuerst den Armen und Schwachen zu ihrem Recht zu verhelfen. Gott stellt sich so vor (Jes 57, 15): „In der Höhe und als Heiliger throne ich *und* bei den Zerschlagenen und Erniedrigten, daß ich den Geist der Gebeugten belebe und das Herz der Zerschlagenen erquicke." Jesus ist (Mt 9, 13) nicht zu den Gerechten und Gesunden gekommen, sondern zu den Sündern und Schwachen.

Die Israel konstituierende Geschichte ist der Exodus, die Befreiung eines versklavten Volkes aus Fremdbestimmung und Unterdrückung. Die Tora, das Wort Gottes, ist das Evangelium von der Freiheit der Gebundenen. Die biblische Gerechtigkeit hat also befreiende und therapeutische Funktion. In ihrem Dienst steht das Recht.

Das ist völlig anders als das Verständnis von Recht und Gerechtigkeit, das ein römischer Philosoph formulierte: „Jedem das Seine (Suum cuique)". Dieser Spruch steht am Tor des Konzentrationslagers Buchenwald. Er geht von der Ungleichheit der Menschen aus, die also auch verschieden zu behandeln sind. Sie haben ungleichen Anteil an den Lebenschancen. Da sie das selbst nicht einsehen, muß es eine Instanz geben, die die Menschen definiert und entsprechend festlegt, was ihnen zusteht: Karriere oder KZ; Zwang oder Freiheit?

3. In der Vorgeschichte und Geschichte des rassistischen Antisemitismus spielt die christliche Tradition eine schreckliche Rolle.

Zum jüdisch-christlichen Kontext gehört diese These. Nicht der Jude Jesus, nicht die jüdischen Autoren der Bibel und die aus dem Judentum kommenden Apostel der frühen Christenheit waren es, die „nach Auschwitz" die Christenheit über ihren und Israels Weg in der Geschichte erschrecken ließen. Es war der brutale Mord am jüdischen Volk. Hitler, der nie exkommuniziert worden war, hatte 1924 „Mein Kampf" veröffentlicht: „So glaube ich heute im Sinne des allmächtigen Schöpfers zu handeln: Indem ich mich des Juden erwehre, kämpfe ich für das Werk des Herrn!" Die Mehrheit der Christen nahm das gedankenlos, also beifällig zur Kenntnis, genauso wie man beruhigt war, im Parteiprogramm zu lesen: „Die Partei steht auf dem Boden eines positiven Christentums." Der christliche Glaube war auf der Seite der Täter und der Neutralen zu finden, selten auf der Seite der Opfer.

Zum jüdisch-christlichen Kontext unserer Geschichte gehört ein dreifacher Irrtum in der christlichen Lehre, Verkündigung und Praxis:

a) Die Kirche ist das „wahre" Israel. Der neue Bund hat den alten Bund abgelöst. Israel ist verworfen. Zu lernen ist, was im gesamten ersten Teil der Bibel steht und von Paulus Röm 11, 25-36 bestätigt wird: Israel bleibt erwählt.

b) Die Juden haben Jesus gekreuzigt und als Messias abgelehnt. Dafür sind sie durch eine Leidensgeschichte bestraft worden – wie alle Leute sehen können. Kritisch zu fragen ist, ob sich die frühe Kirche nicht mit Rom (schon vor Konstantin begann das theologisch!) arrangiert hat. Pontius Pilatus wurde entlastet, die Juden zunehmend belastet.

c) Das Alte Testament zeigt z.B. durch die prophetische Kritik an Israel Gottes Unzufriedenheit mit seinem Volk. Bei dieser These wird übersehen, daß die biblische Israel-, Pharisäer- und Gesetzeskritik eine innerjüdische Polemik widerspiegelt, von Christen also nie gegen Israel verwandt werden darf. Wenn die *ganze* Bibel das Buch auch der Kirche ist, dann ist diese Kritik die biblische Kritik an der Kirche, an christlicher „Gesetzlichkeit" und Heuchelei. Die Bibel mit ihren Verheißungen und Geboten, mit Tora und Liedern, mit Kritik und Hoffnung bleibt Israels Bibel. Israels Erwählung ist nirgendwo widerrufen worden (Röm 9-11). Die Christenheit liest mit Israel dessen Bibel. Wenn die Kirche sich dieses Buch aneignet, darf Israel dabei nicht enteignet werden.

Zu leben im jüdisch-christlichen Kontext heißt, diese drei christlichen Irrtümer zu überwinden. Die Revision der christlichen Lehre und Verkündigung ist unabhängig vom Verhalten des jüdischen Volkes (in Israel und in der Diaspora) und unabhängig von der Tatsache, ob in der Nähe Juden leben oder nicht. Die Revision wird von der Bibel und ihren Aussagen über Gottes Handeln in Israel und in Jesus Christus verlangt.

Der jüdisch-christliche Dialog ist zuerst eine innerchristliche Selbstreinigung. Die christliche Theologie kennt Fehlurteile seit ihren Anfängen, d.h. auch schon im Neuen Testament: (vgl. Mt 21, 33-46: Gleichnis von den bösen Weingärtnern; 2 Kor 3: der alte Bund ist ein „Dienst der Verdammnis"; Joh 8, 44: Die Juden sind Satanskinder; 1 Thess 2, 13-16: Paulus verbindet die vorchristliche, antike Judenfeindschaft mit dem Vorwurf an die Juden, Jesus und die Propheten gekreuzigt zu haben). Die Abgrenzung der christlichen Gemeinde vom jüdischen Volk beginnt im Neuen Testament. Sehr bald schon lernt die frühe Christenheit ihre Position durch die Negation des Judentums zu definieren. Der Bischof Melito von Sardes (ca. 170) vertritt die These, daß die Erwählung Gottes von Israel auf die Kirche übergegangen sei, weil die Juden Jesus getötet hätten. Augustinus erklärt: „Die Juden sind Zeugen ihrer Bosheit und unserer Wahrheit."

4. Was heißt für mich die „deutsche Perspektive"? Die Singularität der Schoah ist vom deutschen Volk zu verantworten.

Nie in der menschlichen Geschichte wurde mit wissenschaftlicher Legitimation und modernster Technik unter dem Schweigen der Mehrheit des Volkes und auch der Kirchen der Versuch gemacht, ein Volk völlig auszurotten: das jüdische Volk (dazu die Völker der Roma und Sinti). Gewiß, es gab und gibt Genozide – an den Indianern, den Hereros, an den Armeniern, am kambodschanischen Volk oder in Ruanda. Es gab den deutschen Versuch, die slawischen Völker zu dezimieren, sie zu Arbeitssklaven des großdeutschen Reiches zu machen und sie ihrer Kultur, Religion und Intelligenz zu berauben – mit millionenfachen Morden vor allem in Polen und in der Sowjetunion.

Ich sage nicht: Hitler oder die Nazis taten das. Ich sage: das deutsche Volk tat es mit einer kleinen Zahl von Tätern, einer großen Zahl von Zuschauern oder gleichgeschalteten Mitläufern und einer viel zu kleinen Zahl von Widerstandskämpfern. Das bedeutet: Nichts tun, neutral sein und sich nicht einmischen ist die höchste Form der Aktivität. Diese Haltungen erlauben einer Minderheit der Täter zu tun, was sie sich vorgenommen haben. Die Mehrheit stimmt durch Schweigen, Nichtstun und Wegschauen zu. Sie ist aktiv durch Passivität. Sie desavouiert und entmutigt die winzige Minderheit derer, die widersprechen und widerstehen. Sie liebt den Status quo, weil er das sichert, was man hat.

III

Der Nationalsozialismus war – im Gegensatz zur Theorie von Marx und Engels – kein originales Konzept, eine Gesellschaft zu analysieren und mit einer humanen Zielsetzung zu gestalten. Soviel beide in der Realisierung auch gemeinsam haben (Mißachtung der Menschenrechte, diktatorischer Polizeistaat, Spaltung der Menschheit durch Feindbilder und Privilegierung der herrschenden Eliten) so unterschiedlich sind beide totalitären Regime. Der Nationalsozialismus war der organisierte und bewaffnete Nihilismus. Er hatte für einen Teil der Menschheit das Nichts bestimmt. Er brauchte nichts neu zu denken, keine neue Ideen zu entdecken. Er fand sie alle vor:

1. Der *Antisemitismus* war durch eine lange christliche Tradition der Judenfeindschaft vorbereitet. Der nationale, völkische, ökonomische und biologische Rassismus konnte unmittelbar an die Verachtung der Juden, ihre Ausgrenzung und ihre Definition als verworfen, als „lebensunwertes Leben", als Parasiten

und Schmarotzer, als Untermenschen anknüpfen. Schon vor 1933 wetteiferten Wissenschaftler nachzuweisen, daß der „Bolschewismus" wie der „Wallstreet-Kapitalismus" Machenschaften der Juden seien.

2. *Demokratie und Menschenrechte* wurden in Deutschland nach dem Scheitern der Revolution von 1848 weithin als „liberalistisch-westliche Konzepte" *diffamiert.* Christen verachteten sie wegen der Religionskritik in der französischen Revolution. Dabei wurde vergessen, daß die US-amerikanische Tradition der Menschenrechte und Demokratie sich gerade den europäischen religiösen und politischen Dissidenten sowie den Wirtschaftsflüchtlingen aus Europa verdankt, also eine zutiefst christliche Begründung hat.

3. Das *Vertrauen auf Gewalt* gehört zu den militärischen Tugenden wie *Gehorsam, Verzicht auf Widerspruch und eigenständiges Denken.* Diese Form der Unterordnung aber war weithin Erziehungsziel in deutschen Familien, Schulen, in Industrie und Militär. Zur Regulierung von Konflikten wurde das Recht wenig, die (nicht nur militärische) Gewalt sehr hoch geschätzt. Der Sozialdarwinismus (für den der ehrenwerte Student der Theologie und Medizin Charles Darwin in seiner wissenschaftlichen Bescheidenheit und Klarheit nicht verantwortlich ist!) war in der Verbindung mit dem Fortschrittsgedanken eine unreflektierte, aber wirkungsvolle Weltanschauung. Sie erlaubte dominanten Gesellschaften oder Gruppen in der Gesellschaft naturwissenschaftliche Gesetze in gesellschaftliche zu verwandeln. Dann wurde aus dem „survival of the fittest" das Recht des Stärkeren. Dann wurde aus dem biologischen Entwicklungsgesetz der Evolution und Selektion der Gedanke der rassischen oder ethnischen Reinheit.

Das waren Konzepte, die in Südafrika oder in Ex-Jugoslawien blutige Realität wurden. Aber es ist nicht zu vergessen, daß dieser Gedanken der „Reinheit" in vielen Varianten Geschichte machte: Das „Corpus Christianum" des sogenannten christlichen Abendlandes ließ für christliche Dissidenten oder Juden keinen oder wenig Platz zum Leben. Die Zerstörung einer multireligiösen und multikulturellen Gesellschaft im Spanien und Portugal 1492 durch die Vertreibung der Juden und Muslime wurde zur Voraussetzung imperialer Kolonisation nicht nur Lateinamerikas. Nach dem Schrecken des 30jährigen Krieges, in dem die Hälfte der Bevölkerung in Mitteleuropa vernichtet wurde, wurde eine Miniaturausgabe des Gedankens vom Corpus Christianum durchgesetzt: „Cuius regio eius religio" („Wer regiert, bestimmt die Religion"). Auf der einen Seite brachte nach dem 30jährigen Krieg der Friedensschluß 1648 die pluralistische Anerkennung der drei zugelassenen Religionen Katholiken, Lutheraner und Calvinisten. Auf der anderen Seite hatte die Obrigkeit das Recht (glücklicherweise nicht immer die Macht), den Glauben der Bevölkerung in ihrer Region zu bestimmen. Judentum und Andersgläubige bekamen kein gleiches Recht. Religiöse und territoriale Geschlossenheit schienen notwendig zu sein, um Staat und Gesellschaft stabil zu halten. Pluralität bedeutete Konflikt und Zerfall.

Hitler wie Stalin entwickelten ihre jeweils eigene Praxis, als sie – mit unterschiedlichen Ideologien, aber mit totaler Staatsmacht und dem entsprechenden Sicherheitsfetischismus – den Versuch machten, die ideologische Reinheit (in Deutschland auch die rassische) in Übereinstimmung mit einer territorialen Geschlossenheit zu bringen. Auch der jetzt überall wiederbelebte Nationalismus lebt davon, das eigene Volk höher zu schätzen als andere Völker. Dann macht die Definition der eigenen Gruppe die „anderen" zu Fremden, die nicht dazugehören.

IV

Man mußte in Deutschland nicht Nazi sein, um nazistisches Handeln zu unterstützen. Ohne Nazi zu sein, genügten vier Haltungen, die Weltanschauung des Nationalsozialismus zu realisieren:

1. „Gelassen" und „unbeirrt" das eigene Leben zu leben – „wie die Gestirne ihre ewigen Bahnen durchschreiten", so der Rektor der TU Stuttgart 1946. Gleichgültig über oder neben der Wirklichkeit und dem Leiden der Menschen zu stehen, gefährdet das Leben von Menschen, nicht das eigene.

2. Auf die Frage zu verzichten: Was sind die Auswirkungen meines alltäglichen Tuns und Lassens, meiner wissenschaftlichen und beruflichen Arbeit auf andere?

3. Die durch Gottesfurcht ermöglichte Freiheit auszuwechseln gegen die Unfreiheit, die aus der Abhängigkeit von Menschen und Karrieren besteht. In den fünfziger Jahren interviewten Studenten Professoren, die als Mitläufer oder Opportunisten in der Nazizeit profitierten und nach 1945 weiter Professoren blieben. Die Frage hieß: „Warum haben Sie mitgemacht?" Ein Anglist antwortete z.B.: „Ich hatte mehr Furcht vor den Menschen als vor Gott." Die biblische Position von Apg 5, 29: „Man muß Gott mehr gehorchen als den Menschen" war zugunsten von Röm 13, 1: „Seid Untertan der Obrigkeit, die Gewalt über euch hat" vergessen.

4. Die zutiefst undemokratische Einstellung war weit verbreitet: Für die Politik sind die Politiker zuständig. Mit Politik macht man sich die Finger schmutzig. Zu lernen wäre, daß der christliche Glaube und die Demokratie eines gemeinsam haben: Beide rechnen damit, daß *alle* Menschen für die Gestaltung des Lebens nicht nur verantwortlich, sondern auch fähig sind.

V

Der Nationalsozialismus hat sein Programm früh öffentlich bekanntgegeben. Niemand kann sagen, er habe nicht gewußt, was vorbereitet wird. Im Parteiprogramm der NSDAP von 1920 heißt es: „Volksgenosse kann nur sein, wer deutschen Blutes ist ... Kein Jude kann daher Volksgenosse sein." In Punkt 7 steht: „... daß sich der Staat verpflichtet, in erster Linie für die Erwerbs- und Lebensmöglichkeit der Staatsbürger zu sorgen. Wenn es nicht möglich ist, die Gesamtbevölkerung des Staates zu ernähren, so sind die Angehörigen fremder Nationen (Nichtstaatsbürger) aus dem Reich auszuweisen." „Andere" werden zur disponiblen Masse.

Die Definitionsgewalt darüber, wer Bürger erster oder zweiter Klasse war, lag bei der Politik. Wer ausgegrenzt, diskriminiert oder deportiert werden sollte, der wurde nicht gehört. Er hatte nicht das Recht, nach seinem eigenen Selbstverständnis und seiner eigenen Selbstbestimmung behandelt zu werden. Er hatte zu gehorchen. Hitler veröffentlichte 1924 „Mein Kampf", seine Programmschrift. Ab 1933 wurde sie auf jedem Standesamt jedem Ehepaar geschenkt – so wie in der Kirche seit Generationen jedes Ehepaar bei der Trauung die Bibel bekam. Beide Bücher wurden zu wenig gelesen. Das hatte einen doppelten Effekt:

1. Viele Menschen der älteren Generation neigen zu einer Verharmlosung ihrer Erfahrungen: Wir haben das nicht gelesen, wir haben das nicht ernst genommen, wir haben das nicht gewußt. Wer nimmt denn schon politische Programme ernst? Ein nur privat gelebtes Leben bleibt (auf Kosten anderer!) hinter dem zurück, was Leben sein kann. Das gilt auch vom Glauben.

2. Es wurde der ebenso wenig gelesenen Bibel nicht zugetraut (man suchte dergleichen dort auch nicht), daß sie zu den politischen, wirtschaftlichen und sozialen Problemen etwas zu sagen hatte. Erlösung, Befreiung oder Gerechtigkeit waren Relationen zwischen Gott und Mensch, betrafen das innere oder gar nur das jenseitige Leben der Menschen. Es fehlte vielfach die Erfahrung, die der italienische Chemiker Primo Levi im Untergrund des Widerstandes von Turin gegen den Nationalsozialismus notierte. Bevor seine jüdische Widerstandsgruppe verhaftet und nach Auschwitz deportiert wurde, begründeten sie ihren Widerstand so: „Wir kamen in der Talmud-Tora(-Schule) zusammen ... und brachten uns gegenseitig bei, wie man in der Bibel Recht und Unrecht und die das Unrecht besiegende Kraft wiederfindet." Offensichtlich motiviert die Bibel zum Handeln, gibt einen klaren Blick, Recht und Unrecht zu unterscheiden und gibt Kraft, für Gottes Recht und Gerechtigkeit zu arbeiten.

Eine der Konsequenzen, die Martin Niemöller nach seiner Befreiung aus dem KZ zog, war: Er wollte nicht mehr predigen: „Wie kriege ich einen gnädigen Gott?" Das war Luthers Frage auf dem Weg ins Kloster gewesen. Im Protestantismus ist daraus oft die egoistische Frage nur nach dem persönlichen Heil eines Menschen geworden. Niemöller wollte den Rest seines Lebens predigen: „Wie kriege ich einen gnädigen Nächsten?" So viele Menschen lebten in gnadenlosen Verhältnissen und wurden ungnädig behandelt, daß der Schwerpunkt der kirchlichen Verkündigung eben auf die gnadenlosen Verhältnisse und die darunter leidenden Menschen gelenkt werden mußte. Niemöller wollte die Frage Jesu aus dem Gleichnis vom barmherzigen Samariter ernstnehmen: „Wem bin ich der Nächste?" Das ist eine direktere Frage als die distanzierte Frage: „Wer ist mein Nächster?" Über diese letzte Frage kann ich diskutieren. Ich kann sie problematisieren: Sind Menschen anderer Völker oder Kulturen, sind die Fernen oder die „Anderen" wirklich meine Nächsten? Ich kann nach mehr Informationen rufen, um meine Entscheidung für Gnade oder Gnadenlosigkeit, Heil oder Unheil hinauszuzögern.

Das Fazit dieser Beobachtungen ist: Menschen können wissen, wenn sie wissen wollen, was geschieht. Nicht wissen zu wollen, was man wissen kann, ist Dummheit als moralisches Defizit. Wissenwollen ist ein Akt der Befreiung von unbegriffenen Mächten. Sonst wird die Geschichte zum Schicksal, dem ich mich nur beuge. Dietrich Bonhoeffer hat 1942/43 als Bilanz nach 10 Jahren Naziherrschaft geschrieben: „Dummheit ist ein gefährlicherer Feind des Guten als Bosheit. Gegen das Böse läßt sich protestieren, es läßt sich bloßstellen, es läßt sich notfalls mit Gewalt verhindern, das Böse trägt immer den Keim der Selbstzersetzung in sich ... Gegen die Dummheit sind wir wehrlos ... Soviel ist sicher, daß sie nicht wesentlich ein intellektueller, sondern ein menschlicher Defekt ist. Es gibt intellektuell außerordentlich bewegliche Menschen, die dumm sind." Dummheit ist nach Bonhoeffers Meinung weniger „ein angeborener Defekt ..., als daß unter bestimmten Umständen die Menschen dumm *gemacht* werden bzw. sich dumm machen lassen ... Die Macht der einen braucht die Dummheit der anderen".

Der Verrat der Intellektuellen in Deutschland ist der Verrat an diese Dummheit des Nichtwissenwollens, was zu wissen ist.

VI

Der biblische Glaube ist ein anamnetischer Glaube. Er schafft in seiner Umwelt eine Kultur der Erinnerung. Er erinnert sich, um die Erfahrung der Vergangenheit in die Gegenwart zu holen. Klassisches Beispiel ist die Passafeier in der jüdischen Gemeinde. Die jüngste Generation fragt die alte Generation: Warum ist heute alles anders als an anderen Tagen? Die alte Generation ist auskunftspflichtig. Und sie erzählt vom Exodus aus Ägypten. Sie wird unterstützt von den Geschichten und Liedern, aber auch ganz sinnlich von dem Bitterkraut, das auf dem Tisch steht und an die bitteren Jahre der Sklaverei erinnert. Ein Gemisch aus Nüssen, Honig und Mandeln erinnert in seiner Form und Farbe an die Lehmziegel, die man für Pharao zu formen gezwungen war. Salzwasser erinnert an die Tränen des Elends. Aber die Botschaft ist: Ein jeder sehe sich so an, als sei er *heute* aus Ägypten gezogen! Heute! Das Abendmahl nimmt diese Tradition der Befreiung und Gerechtigkeit wieder auf: Bis das Reich Gottes kommt, lädt die christliche Gemeinde zur Gemeinschaft mit Christus, zur Teilung der Lebensmittel und zur Befreiung von allen Zwängen an den Tisch des Herrn.

Gedenken, sich erinnern – das macht vor allem die Menschen zu lebendigen Zeitgenossen, die in der Vergangenheit Opfer waren. Sie sind nicht tot. Ihre Stimme nicht zu hören, würde sie erst in den endgültigen Tod treiben. In der Gedenkstätte für die Opfer der Schoah in Jerusalem, Yad Vashem, steht – gewissermaßen als Motto: „Verdrängen hält die Erlösung auf, sich erinnern bringt sie näher." Damit ist nicht gemeint, daß die Opfer plötzlich ein pädagogischer Faktor für eine bessere Zukunft sind. Nein, die Opfer von Auschwitz, in Polen, in der Apartheidgesellschaft sind sinnlos gestorben. Auschwitz kann niemand einen Sinn geben. Aber eine Antwort ist zu geben! Wir müssen antworten auf das, was in unserem Land geschah. Die erste Antwort heißt: Dergleichen darf nie und nirgendwo sich wiederholen! Die Stimme der Opfer ist eine einzige Frage: Warum geschah, was geschah? Damit ist uns, die wir als deutsches Volk zur Täterseite gehören, eine Frage zunächst verwehrt: Wie kann Gott das zulassen? Sie ist nicht verboten. Verboten ist nur, sie zuerst und als Hauptfrage zu stellen. Die Hauptfragen betreffen uns: Warum schwiegen die Kirchen, ihre Gemeinden und ihre Leitungen weitgehend zu der Diskriminierung und Deportationen der Juden, die in aller Öffentlichkeit vor sich ging? Darüber berichteten die Zeitungen, staatlichen Gesetze und Reden triumphierend genau. Warum schwiegen die Justiz und die Industrie, die Universitäten und die Medien, die Frauen auf der Straße und die Männer auf der Straße, das Militär und die Eisenbahn, die Schule und die Verwaltung, als Menschen beschimpft, erniedrigt und abgeholt wurden? Einzelne, wenige Menschen gab es in allen Bereichen, die protestierten oder menschlich halfen. Ich stelle zwei Antworten zur Diskussion:

1. Die Institutionen, die ich erwähnte, folgten ihrer eigenen Gesetzlichkeit. Ihre Interessen waren ihr Gesetz. Das machte sie unzuständig für die Menschen aus ihrem Bereich und erst recht für die außerhalb ihres Bereiches. Zuständig waren sie nur für die Gesetze ihrer Institutionen: Existenzsicherung, Effizienz, Wachstum, Zuverlässigkeit, Produktion, Konsum. Damit waren sie partikularen, sekundären Tugenden verpflichtet. Sie stellten die primären, universalen Tugenden Menschenrechte, Gerechtigkeit, Nächstenliebe zurück.

2. Das Verschwinden der ethischen Subjekte. Die genannten Institutionen verstanden sich nicht als ethisch handelnde Subjekte in der Geschichte. Albert Einstein schrieb 1953 im Blick auf Deutschland, das „Land der Mörder": „Das Kollektivgewissen ist ein ganz lausiges Pflänzchen, das immer einzugehen pflegt, wenn es gebraucht wird." Mit Kollektivgewissen meint er das Gewissen, die ethische Verantwortung von Kollektiven: Reichsbahn, IG Farben, Kirche,

Theater, Medien. Verweigern handelnde Subjekte in einer Gesellschaft, ethisch zu handeln, gerät die Menschlichkeit dieser Gesellschaft in Gefahr.

Fallen die kollektiven Subjekte für ethisches Handeln aus, wird das Individuum Mensch ethisch *überlastet*. Dadurch wird die Ethik in ihrer Verwirklichung gefährdet. Ein Analytiker (Raul Hilberg) der großen Chemiefirmen Hoechst, BASF und Bayer Leverkusen (= der IG Farben) schreibt zu der Frage, warum diese größte Chemiefabrik Deutschlands ihre jüdischen Mitarbeiter nicht hielt, sondern sogar in Auschwitz (wie Siemens, Mercedes oder Krupp in anderen KZs) Produktionsstätten baute: Dort fand man ein *stabiles* Investitionsklima vor. Die Arbeitskräfte mußten nicht diszipliniert und bezahlt werden. Für Ordnung sorgte der Staat. Da sie sich zu Tode arbeiten sollten ("Vernichtung durch Arbeit"), war jede Fürsorge in der Fabrik überflüssig. Hilberg schreibt: „Die IG Farben-Hierarchie ... war ein Koloß ohne Kopf, der sich wie eine autonome Maschine bewegte, die jemand einmal in Gang gesetzt hatte und die nun ohne Unterlaß weiterproduzierte und expandierte. Bezeichnenderweise ging die Beteiligung der IG an Auschwitz nicht auf den Wunsch zurück, Juden umzubringen oder sich zu Tode arbeiten zu lassen, sondern auf ein kompliziertes Herstellungsproblem – die Erweiterung der Produktion von Buna und Kunstkautschuk." Deutschland hatte keine Rohstoffe, Benzin und Gummi mußten synthetisch gewonnen werden.

Die Vernichtung von Menschen war also ein Nebenprodukt, wenn man den Gesetzen der wissenschaftlich-technischen Innovation, der ökonomischen Expansion und des sozialen Konkurrenzkampfes folgte. Dem einzigen Kollektiv, dem man über Jahrhunderte die Qualität zugestand, eine ethisches, ein handelndes Subjekt zu sein, war der Staat. Man wollte nicht sehen, daß auch er kriminell handeln konnte. Zwischen dem individuellen Handeln des Menschen (wozu vor allem die abendländisch-christliche Tradition erzogen hatte) und dem nationalen Handeln, das seit Konstantin seinen eigenen Interessen folgte, breitete sich eine riesige ethosfreie Zone aus.

VII

Schuldbekenntnis ist ohne Schulderkenntnis nicht möglich. Beide geschehen in dem Raum, in dem die Schuld begangen wurde: In der gesellschaftlichen Öffentlichkeit.

Dietrich Bonhoeffer schrieb im September 1940 – das gehört zum Entwurf seiner Ethik!: „Das Bekenntnis der Schuld geschieht ohne Seitenblick auf die Mitschuldigen. Es ist streng exklusiv, indem es alle Schuld auf sich nimmt. Wo noch gerechnet und abgewogen wird, dort tritt die unfruchtbare Moral der Selbstgerechtigkeit an die Stelle des Schuldbekenntnisses, gerade angesichts der Gestalt Christi ... Ich kann mich nicht dabei beruhigen, daß mein Anteil ein nur verschwindend geringer sei! Hier wird nicht gerechnet, sondern ich muß *erken-*

nen, daß gerade meine Sünde an *allem* schuld ist. Ich bin schuldig des ungeordneten Begehrens. Ich bin schuldig des feigen Verstummens, wo ich hätte reden sollen, ich bin schuldig der Heuchelei und der Unwahrhaftigkeit angesichts der Gewalt, ich bin schuldig der Unbarmherzigkeit und der Verleugnung der ärmsten meiner Brüder, ich bin schuldig der Untreue und des Abfalls von Christus. Was geht es euch an, ob andere auch schuldig sind? Die Kirche bekennt die willkürliche Anwendung brutaler Gewalt, das leibliche und seelische Leiden unzähliger Unschuldiger, Unterdrückung, Haß und Mord gesehen zu haben, ohne ihre Stimme für sie zu erheben, ohne Wege gefunden zu haben, ihnen zu Hilfe zu eilen. Sie ist schuldig geworden, am Leben der schwächsten und wehrlosesten Brüder Christi."

Wie Dietrich Bonhoeffer, so hat auch ein anderes Mitglied der Bekennenden Kirche, Hans Asmussen, seine Gedanken über die Niederlage hinaus auf den Neuanfang nach der Befreiung vom Nationalsozialismus gerichtet. Wie sollte er aussehen? Im Dezember 1942 schreibt Hans Asmussen, dem die Position Dietrich Bonhoeffers vertraut war, an Willem Visser't Hooft, den Generalsekretär des Ökumenischen Rates (der noch im Aufbau war) in Genf: Alle Völker sind an der Katastrophe schuldig. „Wir empfinden alle das riesenhafte Schuldkonto, das auf der ganzen Menschheit lastet." Aber ein solches Schuldbekenntnis dürfe nur vor Gott gesprochen werden, nicht im politischen Raum. Es sei „die Schuldfrage der Welt zu entziehen, um sie mit Gott vor Gott zu regeln". Eine zukünftige Predigt könne nicht zum Ziel haben „die Erschütterung der Sicheren", sondern „die Aufrichtung der Zerschlagenen". Als Ursache für den Nationalsozialismus wird von Asmussen der Friedensschluß von Versailles 1918 genannt. Visser't Hoofts Position dagegen ist klar: „Wir können uns unmöglich treffen, als wäre nichts geschehen." Visser't Hooft bittet Adolf Freudenberg zu antworten. Dieser war 1938 emigriert und Leiter des Flüchtlingsbüros des Ökumenischen Rates der Kirchen in Genf. Oft ohnmächtig, rettete er Flüchtlinge aus Nazideutschland. Er hatte sich als Diplomat im auswärtigen Dienst des deutschen Reiches geweigert, diesem Staat nach 1933 weiter zu dienen, hatte Theologie studiert und Examen bei der Bekennenden Kirche gemacht. Er schrieb: „Ich spreche zu Ihnen als einer, der mit dem gleichen Volk in derselben Schuld- und Segensverhaftung zusammensteht ... Sie sprechen von dem riesenhaften Schuldkonto der ganzen Christenheit und davon, daß jeder die Schuld vor allem bei sich und den seinen suchen müsse. Sehr einverstanden! Wir Deutsche brauchen wirklich nicht lange zu suchen. Die unerträgliche Schuld liegt nach den Geschehnissen dieser Jahre offen zutage. Seit 3 Jahren ist es mein Amt, mich mit einer besonders qualifizierten und für das Gesamtbild typischen Schuld unseres Volks zu beschäftigen und als Diener der Kirche den Opfern dieser Schuld beizustehen. Ich empfinde die Riesenlast täglich." Die Generalklausel, alle seien schuldig, wird von Freudenberg nicht bestritten. Aber: Sie ist eine Binsenwahrheit. Sie sagt nichts. Freudenberg geht weiter: „Unsere Predigt muß ganz hart und verständlich von dem am Kreuz vollstreckten niederschmetternden Urteil über unsere, des deutschen Volkes, konkrete Sünden reden, um wirklich die Zerschlagenen aufrichten zu können. Wir müssen die Zehn Gebote buchstabieren, indem wir ganz deutlich von ihrer schmachvollen Verlästerung sprechen und damit von der Verlästerung dessen, der sie zusammengefaßt und erfüllt hat ... Wir müssen mit anderen Worten sehr konkret sagen, daß der Weg des Friedens mit Gott verlassen wurde und *wie das geschah*, sonst kann dieser Weg nicht wiedergefunden werden."

Bonhoeffer und Freudenberg sind in der Notwendigkeit verbunden, die eigene Schuld konzentriert bei sich selbst, der eigenen Kirche und dem eigenen Volk zu suchen und zu analysieren. Hatte Asmussen dafür plädiert, vom *priesterlichen Amt* der Vergebung zu sprechen, so spricht Freudenberg in seiner Antwort „für's ökumenische Gespräch ... auch vom *prophetischen Auftrag und Handeln*". Es zeichnet die biblischen Propheten aus, daß sie weniger Wahrsager sind als vielmehr Analytiker der Situation und ihrer Fehlentwicklungen. Sie sagen die Wahrheit. Freudenberg entlarvt die vermeintlich unpolitische Haltung von Hans Asmussen, sozusagen nur im persönlichen Gespräch mit Gott zu klären, was geschehen sei, als eine sehr politische Position. Angeblich unpolitisch zu sein, täuscht darüber hinweg, daß eine solche Haltung hinnimmt, ja bestätigt, was geschieht: Gewalt und Unrecht. Schuld zu bekennen heißt auch, sie schmerzlich – ehrlich – zu erkennen und zu analysieren. Jedes Bekenntnis der Schuld ohne diesen Aufklärungsaspekt ist unehrlich-fromm.

Am 18./19. Oktober 1945 kam es zur ersten Begegnung des neugebildeten Rates der Evangelischen Kirche in Deutschland mit Vertretern der Ökumene in Stuttgart. Die Vertreter der EKD legten ein Schuldbekenntnis ab, in dem der zentrale Satz hieß: „Durch uns ist unendliches Leid über viele Völker und Länder gebracht worden." Sie sprachen stellvertretend für ihre Kirche und für ihr Volk. Dafür wurden sie scharf angegriffen. Visser't Hooft hätte es gern gesehen, daß konkreter und theologischer gesprochen würde und man z.B. hinzugefügt hätte: „noch mehr Leid erlitt das Volk Israel, aus dem unser Heiland geboren ist". So aber gab es nur eine nicht analysierende Aussage über die Schuld: „Wir klagen uns an, daß wir nicht mutiger bekannt, nicht treuer gebetet, nicht fröhlicher geglaubt und nicht brennender geliebt haben."

Der Bruderrat der noch existierenden Bekennenden Kirche in Deutschland versuchte 1947 die fehlende Analyse im Stuttgarter Schuldbekenntnis auszusprechen. Man sprach von einem vierfachen Irrweg des deutschen Volkes und der Kirchen:

– das deutsche Sendungsbewußtsein, sich als deutsches Volk den anderen Völkern überlegen zu fühlen;
– das Vertrauen auf Gewalt nach innen und außen;
– die Aufrichtung einer christlichen Front gegen notwendige Veränderungen in der Gesellschaft, so daß man ja zur Diktatur, aber nein zur Revolution gesagt habe;
– das Abtreten der Frage nach der sozialen Gerechtigkeit als dem Kern der Botschaft vom Reiche Gottes an die Marxisten.

In dieser so notwendigen Analyse gegen „Gleichgültigkeit, Träumerei und Spekulationen" fehlt die Kernideologie des deutschen Irrwegs, der rassistische Antisemitismus. 1948, kurz vor seiner Auflösung, versuchte der Bruderrat der Bekennenden Kirche das Defizit zu beseitigen. Er veröffentlichte ein „Wort zur Judenfrage". Darin wurde zwar gegen den Antisemitismus und davon gesprochen, daß Gottes Sohn als Jude geboren wurde, es wurde aber sofort hinzugefügt, daß damit die Erwählung und Bestimmung Israels ihre Erfüllung gefunden habe! „Indem Israel den Messias kreuzigte, hat es seine Erwählung und Bestimmung verworfen." Gleichzeitig wird gesagt: Alle seien am Kreuz mitschuldig, so die überlieferte theologische Generalklausel. Doch scharf und unbiblisch wird festgehalten: „Die Erwählung Israels ist durch und seit Christus auf die Kirche aus allen Völkern, aus Juden und Heiden, übergegangen." Die Kirche fühlt sich allein im Besitz der Wahrheit: „Israel unter dem Gericht ist die unaufhörliche Bestätigung der Wahrheit, Wirklichkeit des göttlichen Wortes und die stete Warnung Gottes an seine Gemeinde. Daß Gott mit sich nicht spotten läßt, ist die stumme Predigt des jüdischen Schicksals, uns zur Warnung, den Juden zur Mahnung, ob sie sich bekehren möchten, zu dem, bei dem allein auch ihr Heil steht." In diesen Aussagen steckt ein doppelter Irrtum:

– Die Kirche tut so, als sei sie schon das vollendete Reich Gottes, als sei sie nicht mehr unterwegs, das messianische Reich des von ihr geglaubten Messias vorzubereiten;

– was die Kirche an Leiden über an das jüdische Volk gebracht hat, wird zum Beweis dafür benutzt, daß dieses menschlich verursachte Leiden Gottes Strafe sei.

Obwohl Martin Niemöller nicht frei von antisemitischen Traditionen war, formulierte er im Wintersemester 1945/46 in der Marburger Universität das Verständnis des Stuttgarter Schuldbekenntnisses so: „Hier gründet unser christliches Schuldbekenntnis im Blick auf das, was unter uns geschehen ist. Wir haben den Herrn Christus nicht erkannt, als er in Gestalt des leidenden Bruders in unser Leben trat. Ich habe ihn weder erkannt, als er als Kommunist ins Lager gesteckt wurde, ich habe ihn nicht erkannt, als er als unheilbar Kranker ermordet wurde, noch habe ich ihn erkannt, als er in den armen Opfern seines eigenen Volkes Israel vergast und verbrannt wurde. Hier bin ich schuldig geworden."

VIII

Ich schließe mit zwei Erinnerungen.

1. Die eine geht noch einmal zurück zu Dietrich Bonhoeffer. Er hielt Anfang April 1933 einen Vortrag, der auch noch veröffentlicht werden konnte, „Die Kirche vor der Judenfrage". Seit zwei Monaten waren die Nazis im Amt. Sie

hatten die parlamentarische Opposition verhaftet oder ausgeschaltet, vor allem die Sozialdemokraten und Kommunisten. Sie hatten einen staatlichen Boykott jüdischer Geschäfte organisiert und Berufsverbote für Juden im öffentlichen Dienst erlassen. Sie hatten die Grundrechte der demokratischen Weimarer Verfassung außer Kraft gesetzt. Aber sie hatten die Mehrheit des Volkes hinter sich. In dieser Situation formulierte Bonhoeffer drei Aufgaben, die die Kirche gegenüber dem Staat zu übernehmen hätte (Ich frage, sollten nicht alle Institutionen einer Gesellschaft diese Aufgaben übernehmen?):

a) Der Staat muß immer nach der Legitimität seines Handelns gefragt werden. Die Naziherrschaft brauchte 2000 Erlasse und Gesetze, um Menschenrechte und Menschen zu vernichten. Nicht alles, was Gesetz ist, ist also Recht. Muß nicht auch in Demokratien nachgefragt werden, ob Recht ist, was Gesetz geworden ist?

b) Es ist *allen* Opfern staatlicher Gewalt zu helfen, nicht nur denen, die zur eigenen Gruppe gehören. Wer helfen will, muß viele Grenzen überschreiten. Aber der Schritt zu dieser Grenzüberschreitung ist genauso klein oder so groß wie der Schritt zur Anpassung.

c) Damit nicht immer neue Opfer produziert werden, muß man dem Rad in die Speichen fallen. Bonhoeffer nennt zwei Kriterien für diese Aufgaben der Kritik, der Solidarität und des Widerstandes: Wir haben sehr genau achtzugeben, ob Menschen an zu wenig Recht leiden, sodaß sie vogelfrei oder rechtlos werden. Oder ob es für sie zu viele Gesetze gibt, sodaß Recht nicht der Menschlichkeit dient, sondern Menschen stranguliert.

2. Ich erwähne noch einige Maßnahmen, die durch die amerikanische, britische, französische und sowjetische Militärregierung im besetzten Deutschland nach 1945 eingeleitet wurden.

a) Entnazifizierung. Es wurden Spruchkammern eingerichtet, um zu klären, wer in den Jahren 1933 – 1945 schuldig geworden war oder nicht. Es gab fünf Kategorien, in die die Menschen eingeteilt wurden:

- Hauptschuldige
- Schuldige
- Minderbelastete
- Mitläufer
- Entlastete.

Die sehr schematische Durchführung verursachte Heuchelei und Korruption. Viele Leute beschafften sich Bescheinigungen von Freunden, daß sie natürlich entlastet und schuldlos seien. Deutschland war ein Volk von Unschuldigen. Auch mein Vater schrieb für meinen Onkel einen sogenannten „Persilschein“, damit er wieder in seinen Beruf als Lehrer kommen konnte. In Ostdeutschland, der sowjetisch besetzten Zone, wurde dieses Verfahren auch durchgeführt, aber mit sehr viel radikaleren Konsequenzen. Die Gesellschaft wurde völlig umgebaut. Eigentum in der Landwirtschaft und in der Produktion sowie bei Banken und Versicherungen wurde verstaatlicht. Die alten Eliten in der Verwaltung, in der Justiz, in der Wissenschaft hatten keine Chance am Neuaufbau teilzunehmen. Es wurden in schnellen Kursen z.B. Volkslehrer und Volksrichter ausgebildet. Die Vertreter der alten Eliten gingen nach Westdeutschland.

In Westdeutschland wurde mit der Gründung der Bundesrepublik eine hervorragende demokratische Verfassung verabschiedet und zu realisieren begonnen. Aber die Gründungsväter und –mütter meinten, nicht auf die Repräsentanten der alten Eliten verzichten zu können. Vor allem im Bereich der Polizei, der Verwaltung, der Justiz, der Armee und der Wirtschaft griff man auf Fachleute zurück, die auch der Naziregierung und –verwaltung gedient hatten.

Das erste Kabinett der Regierung Adenauer 1949 umfaßte Minister aus der Tradition des Widerstandes gegen die Nazis, umfaßte aber auch alte Nazis und eine große Gruppe von „Neutralen". In der DDR griff man nur beim Neuaufbau der Armee auf einzelne Offiziere der Naziarmee zurück. Aber es kann nicht verschwiegen werden, daß manche der Kommunisten und Sozialisten, die tapfer gegen Hitler Widerstand geleistet hatten, jetzt als Teil der Regierung auch teilnahmen an dem neuen System der Unterdrückung.

b) Schon während des Krieges hatten sich die Siegermächte geeinigt, in Nürnberg einen Prozeß gegen die Hauptkriegsverbrecher durchzuführen. Dabei ging es nicht nur um die Kriegsverbrechen, sondern auch – und das war neu! – um „Verbrechen gegen die Menschlichkeit". Nürnberg war die Stadt, wo die nationalsozialistische Partei ihre großen Aufmärsche veranstaltete und wo 1935 die rassistischen Gesetze gegen die Juden verabschiedet worden waren. Von 1945-1948 wurden hier 12 Kriegsverbrecher zum Tode verurteilt und hingerichtet, andere bekamen längere Gefängnisstrafen. Die Vertreter der großen Konzerne, die Zwangsarbeiter beschäftigt hatten oder Fabriken in Konzentrationslagern gebaut hatten, wurden sehr früh entlassen. Man brauchte ihre Fachkenntnisse; nicht zuletzt im beginnenden Kalten Krieg rückten sie wieder auf ihre alten Positionen ein. Man darf nicht vergessen, daß die ganze Industrie, aber auch kleine Bauern und private Haushalte von 11 Millionen Zwangsarbeitern profitiert hatten, die in den von Deutschland besetzten Ländern gefangen und nach Deutschland deportiert wurden. Hier mußten sie Zwangsarbeit leisten. Sie wurden nicht bezahlt. Die Schwierigkeit der Nürnberger Kriegsverbrecherprozesse besteht in ihrer Einzigartigkeit. Zum einen war das Gesetz erst geschaffen worden, nachdem die Verbrechen schon begangen waren. Das Gesetz war dem Inhalt nach gut. Es orientierte sich an den Standards, die im Katalog der Menschenrechte und Grundrechte der Vereinten Nationen aufgeschrieben waren. Auf der anderen Seite muß ich bedauern, daß diese guten Standards und Gesetze niemals wieder angewandt wurden, z.B. gegen das Apartheidregime in Südafrika, gegen die Kriegsverbrecher in Vietnam oder im Falle der Invasion der Sowjetunion in Ungarn und Afghanistan.

c) Eine sehr zweideutige Rolle spielte in der Nachkriegszeit die Justiz. Kein Richter, der Unschuldige (z.B. Deserteure aus der deutschen Armee, Zwangsarbeiter, Oppositionselle, Widerstandskämpfer) zum Tode verurteilt hatte, wurde selbst verurteilt. Viele von ihnen machten Karriere. Einer wurde sogar

Ministerpräsident von Baden-Württemberg, Hans Filbinger. Er argumentierte mit einer doppelten Entschuldigung: „Wir sind alle Sünder, niemand auf der Welt ist ohne Schuld." Das andere, politische Argument war: „Was damals Recht war, kann heute nicht Unrecht sein."

Auf der anderen Seite ist festzuhalten, daß die großen Prozesse gegen die Verbrecher gegen die Menschlichkeit, z.B. Wächter und Kommandanten der Konzentrations- und Vernichtungslager, zu Prozessen der Wahrheitsfindung wurden. Das geschah auch mit den Gerichtsverfahren gegen die Ärzte, die über 200 000 behinderte Menschen durch Spritzen getötet hatten. Alle diese Prozesse wurden zu einem Forum der Wahrheit; vor allem die jüngere Generation lernte daraus, was sich im einzelnen ereignet hatte, welche menschlichen Schicksale sich hinter den großen Zahlen der Toten und Gefolterten verbargen. Ebenso wurde sehr sorgfältig darüber geforscht, geurteilt und diskutiert, wie die Mechanismen der Propaganda, der Gewalt und der Gleichgültigkeit wirken. Die junge Generation lernte eine Menge über die Zeit, an der sie nicht schuldig geworden war, deren Folgen aber bis heute weiterreichen. Die meisten Eltern und Lehrer schwiegen gegenüber der nächsten Generation.

Besonders wichtig wurde für die Wahrheitsfindung und damit auch für die Gerechtigkeit im Umgang mit der Vergangenheit die Tatsache, daß neue Schulbücher und Lehrpläne gemacht wurden, in der in aller Offenheit die Verbrechen der Nazizeit geschildert wurden. Das dauerte lange, das war manchmal ungenügend, aber hier ist der stärkste Erneuerungsprozeß zu sehen. Das hat nicht zuletzt seinen Grund darin, daß es gemeinsame Schulbuchkommissionen gab, die sich zusammensetzten aus den Völkern der Täter und den Völkern der Opfer. Es gab deutsch-israelische, deutsch-polnische, deutsch-französische, deutsch-niederländische, deutsch-norwegische, deutsch-tschechische Schulbuchkommissionen, die gemeinsam darüber nachdachten, wie die geschichtliche Wahrheit dargestellt werden muß. Feindbilder und Nationalismus sollten keine Chance mehr haben.

Warum hat es oft so lange gedauert, bis es zu den Prozessen, zu den neuen Schulbüchern, zu neuen Forschungen kam? Es läßt sich beobachten, daß die wenigen überlebenden Opfer oft auch eine Generation lang schwiegen. Sie wollten ihre bitteren, belastenden Erfahrungen nicht auf die Generation ihrer Kinder weitergeben. Die Täter und die Mitläufer schwiegen aus anderen Gründen. Hat das alles etwas mit der biblischen Dimension der 40 Jahre, der einen Generation, die durch die Wüste wandert, zu tun? Wichtig ist es festzuhalten, daß im Gegensatz zu den Opfern der Apartheid in Südafrika, die die Mehrheit der Nation ausmachen, die Opfer des deutschen Rassismus und Antisemitismus fast alle nicht überlebten. Dadurch wird die Frage nach der Wahrheit und der Gerechtigkeit für die Opfer um so dringlicher.

Die Gleichschaltung der Geschichte und die Ausschaltung der Opfer

Beobachtungen nicht nur zum „Historikerstreit“ *

I

Der Oxforder Politologe Nevil Johnson schrieb 1986 im Rückblick auf die Rede des Bundespräsidenten zum 8. Mai 1945 skeptisch: „Die ‚wahre‘ Geschichte wird im öffentlichen Leben eines Volkes immer zu praktischen Zwecken verwendet und verliert notwendigerweise dabei die strenge Beachtung der historischen Wahrheitskriterien, die ihr innewohnen sollten ... Das, dessen man sich schämen müßte, wird in der Regel zurückgedrängt ..., in den breiteren Zusammenhang der vergangenen Entwicklung eingeglättet und erträglich gemacht.“[1]

Richard von Weizsäckers große Rede im Deutschen Bundestag hatte ihre Größe in der präzisen Wahrnehmung der Geschichte und der Opfer. Der ersten Schuld – der Schuld der Deutschen unter Hitler – folgte eine zweite: „die Verdrängung und Verleugnung der ersten nach 1945“ – so beschreibt Ralph Giordano[2] eine Konstante der deutschen Nachkriegsgeschichte, die Vorkriegs- und Kriegsgeschichte einzuglätten und erträglich zu machen. Viele Beispiele illustrieren schon sehr früh nach der Befreiung vom Nationalsozialismus diese Versuche. Die zweite Schuld ist alles andere als harmlos, weil sie die erste verharmlost und den Opfern allzuleicht die Rolle aufzwingt, allein Berichterstatter und Gedächtnis des Völkermordes zu sein. Die zweite Schuld wird so zur Fortsetzung und Camouflage der ersten.

Und derartiges geschieht auf den Ebenen des Stammtisches, der politischen Kundgebung und der wissenschaftlichen Arbeit. Es gibt eine bewußte oder unbewußte – Interaktion zwischen allen drei Ebenen. Benutzt die eine die andere als Resonanzboden, so die andere die eine als Argumentationslieferantin. Der Gebrauch des Wortes „Schlußstrich unter die Vergangenheit“ (gemeint ist immer nur die Nazivergangenheit, nie die Preußens, Goethes, der Industrialisierung oder der Paulskirche) läßt sich – gleichsam als Leitfossil des Revisionismus in allen drei Schichten ausmachen.[3]

* Zuerst veröffentlicht in: Kirche und Israel 2 (1988), 120-136.

1 U. Gill/W. Steffani (Hg.), Eine Rede und ihre Wirkung, Berlin 1986, 75.

2 R. Giordano, Die zweite Schuld, oder: Von der Last, Deutscher zu sein, Hamburg 1987, 11.

3 Vgl. die am 8. 6. 1988 vom Berliner Institut für Antisemitismusforschung vorgelegte Untersuchung.

Die These Johnsons formuliert vor Beginn des sogenannten Historikerstreits – der übrigens wie in Italien, Israel, in den Niederlanden und den USA *Revisionismusstreit* genannt werden sollte, weil es in Wirklichkeit um die Revision von Faktenaufweis und Faktenbewertung zur deutschen Geschichte geht – die entscheidende Frage, wie die Bundesrepublik Deutschland mit ihrer spezifischen Vorgeschichte, deren Wahrnehmung und Verarbeitung lebt. Johnson beschreibt exakt, was u.a. die von J. Habermas (62ff), Chr. Meier (48ff), H. Mommsen (156ff) u.a. kritisierten und neokonservativ genannten Historiker E. Nolte (13ff), K. Hildebrand (84ff) und M. Stürmer (36ff) u.a. wissenschaftlich und publizistisch betreiben.[4] Damit die Revision sich legitimieren und gelingen kann, muß der Ausgangspunkt als schrecklich, die anderen Völker als auch nicht besser und das Ergebnis als wünschenswert bezeichnet werden: durch Gleichberechtigung mit anderen Völkern heraus aus dem Schatten der eigenen Geschichte hin zum „aufrechten Gang".

II Negative Lebendigkeit

„Die Lebendigkeit des Dritten Reiches ist also eine durch und durch negative Lebendigkeit. Die Literatur über das Dritte Reich ist zugleich ein Symptom und eine Mitursache dafür. Im Kern ist sie eine Katastrophen- und Anklageliteratur" (Nolte, 15). Bei den von Nolte angeführten Beispielen fällt auf, daß W. Shirer (Aufstieg und Fall des Dritten Reiches) als „schlicht antideutsch" charakterisiert wird, ein Autor, den Israels Botschafter I. Ben-Ari in seiner positiven Reaktion auf v. Weizsäckers Rede zustimmend zitiert: „Die Monate, die zum 8. Mai 1985 führten, erweckten – zu Recht oder zu Unrecht – bei vielen Menschen das Gefühl, daß manche Deutsche den Holocaust bagatellisieren, Hitler möglichst zu verdrängen und den Zweiten Weltkrieg als einen Krieg wie jeden anderen darzustellen versuchten. Der amerikanische Historiker des Dritten Reiches, William Shirer, nannte diese Erscheinung ‚deutschen Revisionismus', der eine die Zukunft blockierende Geschichtsverdrängung mit sich bringen kann."[5]

Nolte geht es in diesem schon 1980 vor der C. F. v. Siemens-Stiftung in München gehaltenen Vortrag um die Ablösung dieser negativen Lebendigkeit Hitlers durch eine Sicht der deutschen Geschichte, die Hitler neu in die Kontinuität nicht nur der deutschen Geschichte stellt. Nolte ist weder alter noch neuer Nazi. Sein Revisionismus leugnet Auschwitz nicht, auch bestreitet er

4 Wo nur Namen und Seitenzahl genannt sind, wird aus der fast vollständigen Dokumentation des „Historikerstreits" zitiert: Zur Gesamtdiskussion: J. Habermas, Eine Art Schadensabwicklung, Frankfurt a. M. 1987; E. Hennig, Zum Historikerstreit, Frankfurt a. M. 1988; R. Kühne (Hg.), Vergangenheit, die nicht vergeht. Die „Historiker-Debatte". Dokumentation, Darstellung und Kritik, Köln 1997; H.-U. Wehler, Entsorgung der deutschen Vergangenheit? Ein polemischer Essay zum Historikerstreit, München 1987.

5 Gill, a.a.O., 23.

nicht die Ermordung von sechs Millionen Juden. Er charakterisiert ausdrücklich „die Vernichtung von mehreren Millionen europäischer Juden – und auch vielen Slawen, Geisteskranken und Zigeuner – nach Motivation und Ausführung ohne Beispiel“. Allerdings führt das zu der von ihm beklagten Tendenz, „daß im nachhinein bloß die Stimme der Opfer zu vernehmen war“ (15). Pikanterweise illustriert Nolte diese „negative Lebendigkeit“ mit dem Beispiel Israels, um deutlich zu machen, was er meint: „Man braucht sich im Gedankenexperiment nur einmal vorzustellen, was geschehen würde, wenn es der PLO gelänge, mit Hilfe ihrer Verbündeten den Staat Israel zu vernichten. Dann würde die Geschichtsdarstellung in Büchern, Hörsälen und Schulstuben Palästinas zweifellos nur auf die negativen Züge Israels fixiert sein: Der Sieg über den rassistischen, unterdrückenden, ja sogar faschistischen Zionismus wird zum staatserhaltenden Geschichtsmythos werden“ (17). Bis in die Auswahl der Beispiele geht die Tendenz der Einebnung.

Da kein Volk seine Staatsideologie oder sein Geschichtsbild aus einer derartigen negativen Sicht bauen und tragen kann, kommt laut Nolte der „westlichen Wissenschaft“ die Aufgabe der „Revision“ zu, die er – anders als J. Habermas – versteht als „die sich immer wieder erneuernde Kritik nicht bloß an Einzelergebnissen, sondern auch an vorherrschenden Grundannahmen“ (17f). Da das Wort „antideutsch“ auch zur Charakterisierung anderer, ausländischer (durchaus unterschiedlicher) Autoren benutzt wird, nie aber das Adjektiv „antijüdisch“, „antisowjetisch“ oder „antiamerikanisch“ zur Kennzeichnung deutscher Autoren, bestätigt sich hier zum ersten Mal eine Vermutung, daß Revisionismus nicht nur das freie Spiel wissenschaftlicher, öffentlicher Debatte meint, in der – wie beim Markt – eine „invisible hand“ (Adam Smith) für die Befriedigung der Bedürfnisse nach historischer Wahrheit sozusagen automatisch sorgt. Die Revision ist durchaus auf andere Ziele, gerichtet. Die Geschichte soll für die Deutschen eine positive Lebendigkeit erhalten. Nolte stellt sich und seinen Kollegen ein deprimierend schlechtes Zeugnis aus, als hätten sie nicht den Mut oder die Bedingungen für eine freie Arbeit gehabt, wenn er fordert, diese Revision müsse jetzt „das Postulat einer Wissenschaft sein, die sich von zeitbedingten Begrenzungen frei zu machen sucht und die insofern mehr sein muß als bloße Einzel- und Spezialwissenschaft“ (35). Also doch die Forderung nach Sinnstiftung, wie sie J. Habermas mit Recht aus verschiedenen Publikationen vermutet, wie sie der Fraktionsvorsitzende der CDU/CSU im deutschen Bundestag Alfred Dregger auch fordert, wenn er verlangt, endlich aus dem Schatten Hitlers herauszutreten, wenn er einen Patriotismus verlangt, der eine sinn- und identitätsstiftende Notwendigkeit für alle Völker, also auch für die westdeutsche Republik, sei. Religion könne dergleichen nicht mehr leisten. Michael Stürmer, Leitartikler der Frankfurter Allgemeinen Zeitung, Redenschreiber des Bundeskanzlers und seit neuestem Direktor des dem Auswärtigen Amt verbundenen Instituts für deutsche Politik in Ebenhausen, formuliert prägnant: „Orientierungsverlust und Identitätssuche sind Geschwister. Wer aber meint, daß alles dies auf Politik und Zukunft keine Wirkung habe, der ignoriert, daß in geschichtslosem Land die Zukunft gewinnt, wer die Erinnerung füllt, die Begriffe prägt und die Vergangenheit deutet“ (36).

Eine merkwürdige Realitätswahrnehmung ist in diesen Forderungen versteckt: Weinerlich-trotzig wird so getan, als sei bisher Knebelung oder Tabu (durch wen auferlegt?) der historischen Forschung genauso hinderlich wie den freien Bühnen des Intendanten Rühle. Er kämpfte 1985 mit dem merkwürdig generalisierenden Satz für Faßbinders Stück „Der Müll, die Stadt und der Tod“: „Auch der Jude muß wieder kritisierbar sein ... und nicht ewig in einem Schonbezirk gehalten werden.“[6]

Es läßt sich in diesem Zusammenhang die Beobachtung festhalten, daß die Aufführung eines Stückes über Grundstücksspekulationen im Frankfurter Westend durch deutsche Banken, durch Christen oder Muslime ebensowenig als notwendige Tabubrechung gefordert wird, wie die Historiker um Nolte der Rolle der Banken und der Industrie im nationalsozialistischen Deutschland beim Prozeß der „Arisierung“ und der „Vernichtung durch Arbeit“ in den Konzentrationslagern analytische Aufmerksamkeit widmen.[7]

Der Schrecken vor einem Defizit spricht aus Dreggers Worten: „Vaterlandsliebe ist sittliche Pflicht ..., sie ist unentbehrlich für das Überleben unserer Nation hier mitten in Europa an der Grenze von Ost und West. Es besteht auch kein Anlaß, daß wir uns von dieser Nation abwenden. Diese Nation wurde weder 1933 gegründet noch 1945 beerdigt. Wir stehen nicht nur in der Tradition der zwölf braunen Jahre, sondern wir stehen vor allem in der Tradition des Bismarck-Reiches und in der Tradition des Heiligen Römischen Reiches Deutscher Nation, das nahezu ein Jahrtausend Schutz und Schirm der Christenheit war.“[8]

III Leiser Revisionismus

Der Forderung nach Restitution eines verlorengegangenen Gutes, nach der Brechung von Tabus und nach einer Revision historischer Grundannahmen gesellt als Politiker F. J. Strauß die Forderung nach „aufrechtem Gang“ hinzu, da es „jetzt höchste Zeit ist, daß wir aus dem Schatten des Dritten Reiches und aus dem Dunstkreis Hitlers heraustreten und wieder eine normale Nation werden“. Dazu gehört die Einsicht: „Wer die Verbrechen der Nazis leugnet, han-

6 DIE ZEIT vom 5. 12. 1986.

7 Vgl. z. B. A. Barkai, Die Entjudung der deutschen Wirtschaft, in: W. H. Pehle (Hg.), Der Judenpogrom, Frankfurt a. M. 1988; Hamburger Stiftung für Sozialgeschichte des 20. Jahrhunderts (Hg.), Das Daimler-Benz-Buch. Ein Rüstungskonzern im „Tausendjährigen Reich“, Nördlingen 1987.

8 Alfred Dregger auf dem Bundesparteitag der CDU in Mainz am 7./8. 10. 1986 (Dokumentation der CDU, 5).

delt verantwortungslos wie der, der behauptet, daß nur die Deutschen Kriegsverbrechen begangen hätten und die anderen nicht."[9]

Wenn die Bundesregierung auf Anregung des Bundes Deutscher Kriegsgräberfürsorge den Bau einer nationalen Gedenkstätte für alle Opfer der Gewaltherrschaft beschließt, so ist der Wunsch nach einer solchen nationalen Selbstdarstellung und Identitätssuche, z.B. bei Staatsakten, unlösbar verquickt mit einem ungenauen Gedächtnis, das nach Opfern und Tätern genausowenig fragt wie nach den Ursachen, die Täter, Mitläufer, Opfer oder Kollaborateure schufen. Eine Pressenotiz des Jahres 1963 belegt die frühe kritiklose Flucht aus der Geschichte mit Hilfe von Symbolen einer kompromittierten Geschichte: „Nach Auffassung des derzeitigen Bundespräsidenten Dr. h.c. Heinrich Lübke gilt es jetzt, das von seinem weisen Vorgänger Professor Heuss behutsam herangezüchtete Staatsbewußtsein der Westdeutschen sich in einem würdigen Mahnmal in der Hauptstadt der Republik manifestieren zu lassen."[10] Die Bemühungen um ein historisches Museum in Berlin (West) bedürfen einer kritischen Aufmerksamkeit.

Einige Beispiele für Revisionismus seien hier genannt. Das sogenannte Gesetz über die Auschwitzlüge vom April 1985 hat als Kompromiß in sich eine gesetzliche Einladung zum Aufrechnen. Wird ein Opfer der „nationalsozialistischen oder einer anderen Gewalt- und Willkürherrschaft" öffentlich beleidigt, so hat die Staatsanwaltschaft Anklage zu erheben. Es gibt kein Beispiel, das die Vertreibung von Deutschen 1945 aus ihren östlichen Heimatgebieten leugnet. Wohl aber gibt es eine Flut von Veröffentlichungen, die Auschwitz leugnen. Der gesetzliche Abkömmling der Totalitarismusthese, die Naziverbrechen den kommunistischen Verbrechen gleichstellt und damit verharmlost, gehört in den Kontext eines leisen Revisionismus, der den westdeutschen Staat seit seinen Anfängen begleitet.

H. Thielicke widersprach schon 1947 dem Stuttgarter Schuldbekenntnis, das keineswegs kritisch und präzise sprach, mit den Worten: „Ich kann die Schuldbekenntnisse der Kirche nicht mehr hören ..., solange nicht auch dieses andere so hart und erbarmungslos gesagt wird."[11] „Dieses andere" sind nach Thielickes Worten die Lage der deutschen Kriegsgefangenen und die Zustände in den Lagern für ehemalige Nazis, der Hunger, die bombardierten Städte und die Ostvertriebenen.

Eine andere Form der Revision zeigt folgender Vorgang: Im Mai 1982 hatte das Hamburger Landgericht über eine These, die der Hamburger Rechtsanwalt J. Rieger öffentlich vertreten hatte, zu entscheiden. Das Warschauer Ghetto sei im Zweiten Weltkrieg nicht aus rassischen Gründen errichtet worden, sondern um seuchenhygienisch den Typhus wirksam bekämpfen zu können. Historisch

9 Frankfurter Rundschau vom 14. 1. 1987.

10 Civis Heft 2, 1963, 9. Die Aktuellen Pläne der Bundesregierung sind vorgestellt, begründet und kontrovers diskutiert in der Zeitschrift „Der Architekt", Heft 12, 1984.

11 Die Schuld der anderen. Ein Briefwechsel H. Thielicke und H. Diem, Göttingen 1947, 12.

fragwürdig sei die These, per se beleidigend sei sie nicht, beschied das Gericht. Kein Politiker rührte sich damals, um in den Medien oder Parlamenten gegen dieses Urteil, dem eine Reihe von ähnlich verharmlosenden Beurteilungen von Realitäten der Judenvernichtung zur Seite zu stellen wären, Stellung zu nehmen. Es bestätigte sich, was V. Bouffier, ein CDU-Politiker, kritisch nachdenklich auf dem Düsseldorfer Kirchentag 1985 gesagt hatte: für die politische Alltagsarbeit spiele die Erfahrung der Nazizeit, das Leiden der Opfer und die Schoah keine Rolle. Dahinter stehe keine Gleichgültigkeit, sondern die Einschätzung, daß auf diesem Wege keine Wählerstimmen zu gewinnen seien. Geschichte ist zwar brauchbar, um beliebige und beliebte Etiketten für den heutigen politischen Gegner zu liefern: Faschist, Nazi, Brauner, solche Ausdrücke werden inflationär von allen Seiten des politischen Spektrums gebraucht, um sich selbst auf das billigste die Attitüde des menschlichen Demokraten zu verschaffen, der mit der unmenschlichen Vergangenheit nichts zu tun hat.

Die leisen oder lauten Revisionen, die Auschwitz gegen Dresden, Ostvertreibung oder Hiroshima aufrechnen, die zu keiner Verurteilung von Nazirichtern durch die Nachkriegsjustiz führten, die den Kommentator der Nürnberger Gesetze von 1935, A. Globke, als Staatssekretär in Adenauers Bundeskanzleramt führten, und viele der Eliten, die – ob Nazis oder nicht – Nazideutschland gedient hatten, in entscheidenden Stellen der neuen Gesellschaft in Justiz, Politik, Wissenschaft, Industrie, Kirche und Kultur hielten, gehören zum Revisionismus von Nolte und seinen Freunden. Vielleicht war es notwendig, daß der politische Konsens zwischen Kurt Schumacher, dem aus dem KZ befreiten SPD-Vorsitzenden nach 1945, und dem von den Nazis einst kaltgestellten ersten Kanzler der Bundesrepublik, Konrad Adenauer, auf Integration der Mitläufer und der ehemaligen Nationalsozialisten zielte. Es ist eine bittere, aber doch einmal zu stellende Frage, ob der Aufbau der Bundesrepublik Deutschland gegen die riesige Zahl der Nazis und ihrer Mitläufer zu bewerkstelligen gewesen wäre. Sofort stellt sich dann die Frage, wie hoch der Wahrheits- und Demokratieverlust als Preis für diesen Integrationsgewinn war. Vielleicht war es hilfreich, daß die Bonner Demokratie – im Gegensatz zur Weimarer – auch durch ihre wirtschaftlichen Erfolge und als Gegenbild einer stalinistischen Gesellschaft Menschen für die Demokratie gewann. Warum soll nicht auch Demokratie Profit abwerfen? Die Bewährung in einer weniger attraktiven und feindbildfreien Demokratie steht noch aus.

Die Interpretation der Weimarer Republik in der aktuellen politischen Diskussion gehört ebenfalls zu den Indikatoren eines leisen Revisionismus. Sie sei, so wird gesagt, in einer gemeinsamen Aktion der Rechts- und Linksextremisten zugrunde gegangen. Dabei wird der Mangel an lebendiger Demokratie und aktiven Demokraten, der zu einer von der Bevölkerung gewollten und bis zu den Siegen im Zweiten Weltkrieg ausgebauten Mehrheit für die Nationalsozialisten und Deutschnationalen führte, übersehen.[12]

12 Ein von Alfred Grosser eingeleiteter Dokumentarband „Weimar ist kein Argument“

IV Verfassungspatriotismus

Der Widerspruch von J. Habermas, dem allzuoft Inkompetenz, weil Nichthistoriker, und Ideologieverdacht, weil Vertreter der gesellschaftskritischen Frankfurter Schule, vorgehalten wurde, läßt nach der jüngsten deutschen Geschichte nur noch eine Gestalt von Patriotismus zu: „Der einzige Patriotismus, der uns dem Westen nicht entfremdet, ist ein Verfassungspatriotismus. Eine in Überzeugungen verankerte Bindung an universalistische Verfassungsprinzipien hat sich leider in der Kulturnation der Deutschen erst nach – und durch – Auschwitz bilden können. Wer uns mit einer Floskel wie ‚Schuldbesessenheit', (Stürmer und Oppenheimer) die Schamröte über dieses Faktum austreiben will, wer die Deutschen zu einer konventionellen Form ihrer nationalen Identität zurückrufen will, zerstört die einzig verläßliche Basis unserer Bindung an den Westen."

Ein solches Geschichtsbild bejaht Habermas als eine „postkonventionelle Identität" und warnt davor, „die große intellektuelle Leistung unserer Nachkriegszeit", nämlich „die vorbehaltlose Öffnung der Bundesrepublik gegenüber der politischen Kultur des Westens" einzutauschen gegen „eine deutsch-national eingefärbte Natophilosophie" (75f). Diese gewiß polemischen, also demokratischen Stichworte haben ihren realen „Sitz im Leben". Es ist zum einen die Auseinandersetzung um die Frage, wie und ob der 8. Mai 1945 40 Jahre später zu begehen sei. Und es ist zum anderen die bewußt auf dieses Datum gelegte Staatsvisite des US-amerikanischen Präsidenten R. Reagan in Bitburg und Bergen-Belsen. War die Bundesregierung von den westlichen Staatsfeierlichkeiten anläßlich des Jahrestages der westalliierten Landung in der Normandie ausgeschlossen, so sollte in Bitburg – wie mit Mitterrand auf dem Massenfriedhof von Verdun – auf einem der größten deutschen Soldatenfriedhöfe und dem größten Natoflughafen in der Bundesrepublik ein Bündnis symbolisch gefeiert werden, das die Bundesrepublik endgültig auf der Seite der westlichen Sieger ihren Platz finden läßt.

Dieser Platz an der Seite der Sieger war unter den drei Nachfolgestaaten des „Großdeutschen" Reiches begehrt. Österreich erlebt in der peinlichen Affäre um Kurt Waldheim, daß eine solche Platzanweisung nicht genügt, um den kritischen Fragen der Opfer zu entgehen und um der Mühe enthoben zu sein, die eigene Geschichte ehrlich zu analysieren. Die DDR begründete ihr Selbstverständnis mit einer Faschismustheorie, die mehr über marxistische Kapitalismus- und Imperialismusinterpretationen aussagte als über den bis 1945 real existierenden Nazistaat auch auf dem Boden der späteren DDR. Die Anknüpfung an die Widerstandstradition der Arbeiterbewegung konnte honorig und gewaltsam einen weitgehenden Bruch mit den alten Eliten aus den 20er und 30er Jah-

v. F. Duve und W. Kopitsch, Reinbek 1976) geht auf einen vor 12 Jahren laufenden Revisionsversuch in vielen Beiträgen ausführlich ein. Zur Sache vgl. vor allem K. D. Bracher, Die Auflösung der Weimarer Republik, Villingen [3]1960.

ren eingehen. Personen, die aus der Emigration oder dem KZ kamen, repräsentierten den neuen Staat. Doch ebenfalls steht die Beantwortung der Frage nach den Gründen einer Anfälligkeit für den Nationalsozialismus auch in Arbeiterkreisen, nach der Rolle von Antisemitismus, Demokratieverachtung, Obrigkeitshörigkeit und Militarismus für den Sieg des Nationalsozialismus noch aus. E. Fromm hatte 1929/30 eine sozialpsychologisch-empirische Untersuchung über die politischen, ideologischen und kulturellen Einstellungen der „Arbeiter und Angestellten am Vorabend des Dritten Reiches“[13] erstellt, die allerdings damals nicht veröffentlicht wurde. Die hier belegten Einstellungen machen skeptisch gegen jene Interpretationen, die der Arbeiterbewegung (oder ihren Sprechern) a priori eine Immunität gegenüber Antisemitismus, Nationalismus, Militarismus und Demokratieverachtung zuschreiben, wenn auch nicht zu vergessen ist, daß die politischen Kämpfe gegen Judenfeindschaft und für Demokratie von den Linken und einem Teil der Liberalen gefochten und, wenn überhaupt, zu Teilerfolgen geführt wurden.

Die Affäre in Bitburg und Bergen-Belsen legt erschreckend einige Vermeidungsstrategien bloß, um – entgegen der Zielsetzung der Rede von Richard v. Weizsäcker am 8. 5. 1985 – gerade nicht „der Wahrheit ins Auge sehen“ zu müssen:

1. Im Vorfeld hatte der Vorsitzende der CDU-Bundestagsfraktion in seinem Brief an jene US-amerikanischen Senatoren, die Reagan vom Bitburg-Besuch abbringen wollten, daran erinnert, daß die Front, an der sein Bruder im Kampf gegen die Sowjetunion 1945 gefallen sei, denselben Gegner von damals und heute als bedrohende Gefahr kenne. Selten ist der Antikommunismus, der als politische und wissenschaftliche Marxismuskritik sein Recht hat, aber nicht als sinnstiftende Ideologie, so sinnenfällig als Kontinuum zwischen Nazi-Deutschland und einer bestimmten Auffassung westlicher Wertegemeinschaft herausgestellt worden. Die Berufung auf Bismarcks Reich impliziert auch die Berufung auf den Geist der Antisozialistengesetze von 1878. Und die Erinnerung an das Heilige Römische Reich deutscher Nation ruft es gerade als Corpus Christianum in Erinnerung, das für Juden (und Ketzer) keine oder eingeengte Lebensmöglichkeiten bot. Wo territoriale mit ideologischer Hoheit gekoppelt wird (sei sie christlicher, antikommunistischer, kommunistischer oder nationalsozialistischer Provenienz), da ist genau jene politische Kultur des Pluralismus, der Toleranz und der Demokratie gefährdet, für die Habermas streitet. Die politische Auseinandersetzung 50 Jahre nach dem Novemberpogrom 1938 und der Revisionismusstreit verlangen auch eine Überprüfung der historischen Argumente, die sich auf die vornazistische deutsche Geschichte beziehen.

2. Werden Opfer und Schuld in generalisierenden Ausdrücken benannt, so muß neben den Protest des Historikers im Namen differenzierender Genauig-

13 DTV-Wissenschaft, München 1983.

keit auch der Protest des Theologen treten, der Schuldbekenntnisse nicht denken kann ohne genaue Schulderkenntnisse und –benennungen. Es geht gerade nicht um jenes nichtssagende, weil generelle Schuldverständnis, das im Gefolge einer gedankenlosen Erbsündenlehre alle Katzen gleich grau sein läßt. Hans Filbinger hatte nach seinem durch den Schriftsteller Rolf Hochhuth (und andere) erzwungenen Rücktritt vom Amt des Ministerpräsidenten in Baden-Württemberg sich auf ein (mißverstandenes) Dostojewskij-Zitat gestützt, nach dem wir alle immer und überall irgendwie schuldig seien.[14]

3. In der Verteidigung des Staatsaktes auf dem Bitburger Militärfriedhof wurde z.B. von der Bundesregierung und in einem breiten Leserbriefecho in vielen Zeitungen, nicht selten unter Bezug auf P. Lapide als jüdischem „vergebungsbereiten" Publizisten, gesagt, daß im Tode alle gleich seien, als ob menschliche Urteile Urteile des jüngsten Gerichts oder personalisierte Freisprüche oder Verdammnisse sein könnten. Der Satz „Im Tode sind alle gleich" ist nur richtig, wenn er weder die ethische noch die wissenschaftliche Diskussion darüber abschneidet, warum diese Menschen Täter und jene Opfer wurden. Das Sterben eines jeden Menschen gehört zu seinem Leben. Leben wie Sterben der über 50 Millionen Toten der Nazizeit haben das Recht und die Würde, daß genau nach den Bedingungen und Taten ihres ganzen Lebens, also auch nach den Gründen ihres Todes gefragt wird. Im Interesse des Lebens ist das notwendig.

An einige US-amerikanische Kritiker des Reaganschen Staatsaktes ist die Frage zu richten, ob nicht die Konzentration auf die SS-Gräber eine Problemabblendung beinhaltet, die dem weitverbreiteten Bild der Wehrmacht entspricht, die sich auf Kosten der SS exkulpierte, wenn es um Einsatzkommandos und Massenmorde ging. Norbert Blüm hat recht: Die Konzentrationslager konnten nur so lange arbeiten, als die Front der Wehrmacht sie abschirmte. Die Forschungen des Freiburger militärhistorischen Instituts haben inzwischen die aktive Rolle – von einigen rühmlichen Verweigerungen abgesehen – der Wehrmacht bei der Verfolgung, Gefangennahme und Vernichtung des „jüdisch-bolschewistischen Untermenschen" – dieser Terminus taucht auch in den Tagesbefehlen von nichtnazistischen Generälen auf – belegt.

4. Bergen-Belsen und die dort gesprochenen Worte haben noch eine andere Art der Nichtwahrnehmung von Menschen und Realitäten deutlich gemacht. Reagan sprach in seiner Rede nur von „den Juden, die nur deshalb sterben mußten, weil sie Juden waren ... und zu ihrem Gott beteten. Sie liegen Seite an Seite mit vielen Christen." Keine Rede von den umgebrachten russischen Kriegsgefangenen, den Widerstandskämpfern aus allen besetzten Ländern Europas, keine Rede von Kommunisten, Agnostikern, Sozialisten oder Kon-

14 Frankfurter Allgemeine Zeitung vom 16. 5. 1978; Deutsches Allgemeines Sonntagsblatt vom 28. 5. 1978 und die ZEIT vom 14. 7. 1978.

servativen, Humanisten und Roma und Sinti. Die Konzentrationslager waren mehr als Todeslager für verfolgte Juden und Christen, die glaubten. In die Vernichtungslager schließlich kamen Juden ohne Rücksicht auf ihren Glauben, Nichtglauben oder ihre politische Überzeugung.[15] Sie mußten sterben, nur weil sie Juden waren, nicht weil sie Kriegsgegner oder Anhänger dieses oder jenes Glaubens waren.

Der durchaus rechts wie links üblichen Rede, daß die „Juden von heute" die Türken, die Palästinenser, die durch Abtreibung bedrohten Embryos u.a.m. seien, fügte Präsident Reagan in Erinnerung an Kennedy in Berlin 1963 illustrative Beispiele hinzu: „Heute müssen wir freiheitsliebenden Menschen überall auf der Welt sagen: Ich bin ein Berliner. Ich bin ein Jude in einer immer noch vom Antisemitismus bedrohten Welt. Ich bin ein Afghane, ich bin Gefangener im Gulag, ich bin ein Flüchtling in einem überfüllten Boot, das vor der Küste von Vietnam treibt, ich bin ein Laote, ein Kambodschaner, ein Kubaner und ein Miskito-Indianer in Nikaragua. Auch ich bin ein potentielles Opfer des Totalitarismus ... Das Gute muß immer stärker sein als das Böse." Dementsprechend erklärte Kohl in Bergen-Belsen, daß „deshalb Amerikaner und Deutsche in der Wertegemeinschaft und in der Verteidigungsallianz als Verbündete zusammenstehen, um die unbedingte und unantastbare Würde des Menschen in Freiheit und Frieden zu sichern".[16] Eine Instrumentalisierung der Geschichte lernt nicht aus ihr, sondern instrumentalisiert ihre wehrlosen Opfer.

5. Es ist heute noch beschämend festzustellen, daß gegen diese Form einer angewandten Totalitarismus-These und der Instrumentalisierung der Schoah die Kirchen schwiegen. Nicht ganz. Obwohl die Rabbiner in Bergen-Belsen (wegen Bitburg) wegblieben, fanden sich je ein katholischer und evangelischer deutscher Würdenträger, um eine pseudobiblische Totalitarismus-These anderer Art zu sprechen. Sie benutzten dazu das Gebet aus Psalm 85: „Du hast, o Herr, dein Land begnadet, hast Jakobs Geschicke gewendet. Du hast deinem Volk die Schuld vergeben, hast alle ihre Sünden bedeckt ... Stelle uns wieder her, Gott unseres Heils, laß ab von deinem Unmut gegen uns. Willst du denn ewig über uns zürnen? Deinen Zorn erstrecken von Geschlecht zu Geschlecht? Willst du uns nicht wieder beleben, daß sich dein Volk deiner freue?"

Von welchem Land und Volk ist hier die Rede? Von welcher Schuld in diesem Kontext? Was assoziieren andächtige Zuhörer (Millionen an den Rund-

15 Am Rande sei darauf verwiesen, daß das Standardwerk der „Reaganomics" eine andere Form der Generalisierung kennt, die sich selbst für die Opfer blind macht: „Auf allen Kontinenten und zu allen Zeiten werden die Menschen, die sich als Schöpfer des Volkswohlstandes hervortaten, mit der härtesten Grausamkeit verfolgt. Beispiele aus der jüngsten Geschichte sind die Judenvernichtungen in Deutschland, die Ausrottung der Kulaken und die Judenpogrome in Rußland ..." (G. Gilder, Reichtum und Armut, München 1983, 119).

16 Alle Zitate aus Bitburg und Bergen-Belsen nach: Deutschland-Berichte 21/6, hg. v. R. Vogel, Bonn (Juni) 1985.

funk- und Fernsehgeräten), wenn Gott gebeten wird, von seinem Unmut und Zorn gegen uns abzulassen? Vom deutschen Volk? Vom jüdischen Volk? Damals? Heute?

So wie Kohl und Reagan medienwirksam Juden und Judenverfolgung verharmlosend in die Reihe der armen Opfer des einzigen erwähnten noch existierenden totalitären Systems, nämlich des kommunistischen, eingereiht hatten, also auch nicht von Chile, Saudi-Arabien, Iran oder Südafrika sprechen mußten, so ungenau beteten die beiden Theologen, daß wieder – gegen den biblischen Wort- und Ortsinn – eine verharmlosende Gleichschaltung von Opfern und Tätern sich nahelegte. Die Toten blieben sprachlos, als sie benutzt wurden, die sozialdarwinistische Lehre von der notwendigen Stärke der Guten gegenüber den Bösen zu illustrieren. Und wer definiert, wer gut, wer böse ist?

V Gefährliche Kausalketten

1. Nolte hatte schon 1980 diesem aktuell-politischen Verwertungsinteresse am Holocaust mit einer Argumentationskette zugearbeitet, die sich so liest: Er definiert die Vernichtung der Juden als eine Antwort Hitlers (die Personalisierung des nationalsozialistischen Deutschlands ist bei Nolte, Stürmer und Fest leider gängiger, analytisch sich selbst verdunkelnder Wortgebrauch) auf „so etwas wie eine Kriegserklärung" der Juden durch Chaim Weizmann im September 1939. Diese „Kriegserklärung" der Juden „vermag die folgenreiche These zu begründen, daß Hitler die deutschen Juden als Kriegsgefangene behandeln und d.h. internieren durfte" (24). Im April 1986 schwächte Nolte diese These ab: „... oder genauer gesagt als Zivilinternierte nach dem Muster der Deutschen in England ab September 1939 oder der amerikanischen Staatsbürger japanischer Herkunft in den USA 1941-1945" (35). Auch die Interview-Rückfragen des Ha-Aretz-Interviewers vom 17. 4. 1987 klärten seine verschwommene Argumentation mit einer „jüdischen Kriegserklärung" nicht.[17]

Als Ausgangspunkt für „die notwendigste und schwierigste Aufgabe ..., wenn das Dritte Reich aus der Situation des Jahres 1980 heraus zu einer neuen und revidierenden Darstellung gebracht werden sollte", verwirft Nolte das Jahr 1919 oder die Weimarer Republik. Er wählt eine „Verlautbarung der sog. Nationalen Einheitsfront in Kambodscha, die Anfang Dezember 1978 im Neuen Deutschland abgedruckt wurde". Hier wird das Vernichtungsprogramm der Clique Pol Pot mit dem Ziel beschrieben, eine völlige „Reinheit der Gesellschaft" zu erreichen. Dieser Text „weckt Erinnerungen" (25f) bei Nolte.

Agrarreformer, Frühsozialisten, Kritiker der Industriegesellschaft, unfähig zu Therapien, befangen in ihrer „kleinen und kaum differenzierten Wohlfahrtsgemeinschaft", unfähig, die „anhebende Geld- und Verkehrswirtschaft

17 E. Nolte, Das Vergehen der Vergangenheit. Antwort an meine Kritiker im sogenannten Historikerstreit, Berlin 1988, 90ff.

mit ihrem Akkumulieren von Kapital und ihrer ungleichmäßigen und leidvollen Ersetzung manueller Arbeit durch Maschinen, mit ihren undurchsichtigen Kreditoperationen zu begreifen", können das nur als eine „lebensgefährliche Krankheit" betrachten (27f). „Der umwälzende und verstörende Vorgang der industriellen Revolution rief unter den am meisten betroffenen bzw. sensibelsten Schichten eine Interpretation hervor, die diesen Vorgang als Krankheitsprozeß verstand. Unter den Therapievorschlägen nahmen diejenigen einen prominenten, wenn auch nicht exklusiven Platz ein, welche eine Heilung durch Vernichtung ganzer gesellschaftlicher Gruppen postulierten" (31). Dann kommt Nolte rasch zum Schluß: „Auschwitz resultiert nicht in erster Linie aus dem überlieferten Antisemitismus und war im Kern nicht ein bloßer ‚Völkermord', sondern es handelte sich vor allem um die aus Angst geborene Reaktion auf die Vernichtungsvorgänge der russischen Revolution." Zwar spricht Nolte von „Singularität", aber nichts ändert sich „an der Tatsache, daß die sogenannte (sic!) Judenvernichtung des Dritten Reiches eine Reaktion oder verzerrte Kopie und nicht ein erster Akt oder das Original war" (33). „Befreiungsbewegung", „Verstaatlichung" und „kommunistische Weltbewegung" gehören in den Bedingungszusammenhang, in dem allein der Nationalsozialismus und die Judenvernichtung zu verstehen sind. Das hat auch zur Konsequenz, daß „der Instrumentalisierung des Dritten Reiches, welcher es einen guten Teil seiner Lebendigkeit verdankt, entgegengetreten werden sollte" (33). Es darf keine kritischen Maßstäbe für die Beurteilung gefährlicher Vorgänge in der Bundesrepublik liefern.[18]

Hier bleiben Fragen an Nolte und seine Verteidiger: So gewiß der Warnung auch vor dieser Instrumentalisierung zuzustimmen ist, so gewiß ist zu widersprechen, wenn die Vorgeschichte des Dritten Reiches, kanalisiert auf Protestbewegungen gegen die moderne Industriegesellschaft, weit zurückverfolgt wird und die Frage nach der Fortexistenz von nationalsozialistischem Erbe (in Theorie und Praxis) und seinen Förderern in der Bundesrepublik nicht gestellt werden darf. Die Opfer von damals – oder werden sie jetzt nur als Anklageliteratur zur Seite gelegt? – verlieren das Mitbestimmungsrecht über unsere Gegenwart und Zukunft, sie werden noch einmal getötet.

1985 wird Nolte seine Thesen bekräftigen und damit die unmittelbare publizistische Reaktion von J. Habermas in der ZEIT vom 11. 7. 1986 auslösen: „Eine Art Schadenabwicklung. Die apologetischen Tendenzen in der deutschen Zeitgeschichtsschreibung".[19] Nolte spricht vom „kausalen Nexus", der zwischen dem sowjetischen und deutschen Morden „wahrscheinlich" ist (46).

18 Im oben genannten Buch bleibt Nolte bei diesem Kausalzusammenhang. Er belegt ihn ausführlich in seiner jüngsten wissenschaftlichen Veröffentlichung: Der europäische Bürgerkrieg 1917-1945. Nationalsozialismus und Bolschewismus, Frankfurt a. M./Berlin (West) 1987.

19 Er hielt – vgl. H. Hofmann (Hg.), Gegen den Versuch, Vergangenheit zu verbiegen, Frankfurt a. M. 1987, 13ff – aus eigener Entscheidung nicht den in der Frankfurter Allgemeinen Zeitung vom 6. 6. 1985 abgedruckten Vortrag.

Die Entlastung der Deutschen gerät trotz einer personalisierenden Zuspitzung auf Hitler auch zu dessen Entlastung. Nolte stellt fest: „Es ist ein auffallender Mangel der Literatur über den Nationalsozialismus, daß sie nicht weiß oder wahrhaben will, in welchem Ausmaß all dasjenige, was die Nationalsozialisten später taten, mit alleiniger Ausnahme des technischen Vorgangs der Vergasung, in einer umfangreichen Literatur der frühen zwanziger Jahre bereits beschrieben war: Massendeportationen und –erschießungen, Folterungen, Todeslager, Ausrottungen ganzer Gruppen nach bloß objektiven Kriterien, öffentliche Forderungen nach Vernichtung von Millionen schuldloser, aber als ‚feindlich' erachteter Menschen". Es „muß die folgende Frage als zulässig, ja als unvermeidbar erscheinen: Vollbrachten die Nationalsozialisten, vollbrachte Hitler eine ‚asiatische' Tat vielleicht nur deshalb, weil sie sich und ihresgleichen als potentielle oder wirkliche Opfer einer ‚asiatischen' Tat betrachteten? War nicht der Archipel Gulag ursprünglicher als Auschwitz? War nicht der ‚Klassenmord' der Bolschewiki das logische und faktische Prius des ‚Massenmords' der Nationalsozialisten" (45)?

Muß zu dieser Argumentationskette von Nolte nicht aber gefragt werden: Ein Antikommunismus als Ideologie, der sich weigert, ungelöste soziale Fragen, d.h. auch die Suche nach mehr Gerechtigkeit, in jenen sozialistischen Gesellschaftsentwürfen zu sehen, die zur herrschenden Wirtschaftsordnung kritisch stehen, ist analytisch blind.[20]

Es bleibt aber zu fragen, ob ein wenig mehr sozialgeschichtliche historische Forschung die mehr ideengeschichtliche Ableitung von Hitlers Judenvernichtung auch zu einer detaillierten Untersuchung der Rolle von Wirtschaftsprozessen und Wirtschaftsunternehmen zwänge. Ziel dieser Frage ist, die angebliche Gefeitheit linker Positionen gegen Antisemitismus wie die alles und nichts sagende Aussage, Antisemitismus gäbe es immer und überall, als unwissenschaftlich beiseite zu legen. Zu fragen ist verstärkt nach der Rolle der Konservativen und der großen Institutionen in der Gesellschaft. Zu fragen ist, warum, wann, wo, in welcher Form Antisemitismus auftritt. Totalitarismusthesen erklären wenig bis nichts, schon aus dem Grund, daß die Mehrzahl der politischen Systeme heute sich nicht in dieses Schema pressen läßt. Um Antizionismus in der DDR, Syrien oder Griechenland, Benachteiligung von Juden in der Sowjetunion oder Ägypten, Judenfeindschaft in der Bundesrepublik oder Argentinien zu benennen und zu bekämpfen, gilt es, das Spezifische, nicht das Generelle herauszuarbeiten.

2. Nolte vergewissert seine Leser, daß seine Thesen und Fragen „auf schlichten Wahrheiten" beruhen (45). „Wahrheiten willentlich auszusparen, mag moralische Gründe haben, aber es verstößt gegen das Ethos der Wissenschaft" (45).

Hier wird das Ethos der Wissenschaft ausgespielt – als letztes Kriterium – gegen „moralische Gründe", die sich dadurch disqualifizieren, daß sie „Wahrheiten willentlich aussparen". Ein partikulares Ethos – das einer Fachwissenschaft – hat höheren Rang als Moral. Keiner der Gegner von Nolte will „willentlich Wahrheiten aussparen". Er will sich ein solches Tun doch auch nicht unterstellen lassen. Also: Was sind die moralischen Gründe bei der Analyse und Deutung der Geschichte? Doch wohl jenes „Nie wieder", das die Überlebenden der Massenmorde schworen, im Namen der Toten, in ihrem Namen und für die Nachgeborenen. Insofern gibt es keine Historisierung der nationalsozialistischen Geschichte Deutschlands in einer Ablage durch Akten und Bücher über die Vergangenheit. Vielleicht reduziert sich die ganze „Moral" der Geschichte auf Fragen wie: Warum geschah, was geschah, gerade in Deutschland, nach einer langen Geschichte der christlichen und nichtchristlichen Judenfeindschaft in ganz Europa, obwohl es Antisemitismus überall gab und gibt? Welche Rolle spielten Erziehungstraditionen und Systeme? Theologie und Kirche? Was bedeutet es für die Demokratien, daß Nazideutschland der erste Staat war, der Naturwissenschaft, Technik und Industrie voll, mit all ihren Kapazitäten, in den Dienst von Menschenvernichtung und Krieg stellte? Was bedeutet es für einen menschlich-demokratischen Umgang mit Naturwissenschaft, Technik und Industrie, daß diese historische Erfahrung vorliegt? Warum tauchen in den Arbeiten von J. Fest, A. Hillgruber, E. Nolte und M. Stürmer keine Analysen auf, wie sie Hannah Arendt über die Banalität des Bösen (Eichmann in Jerusalem), Raul Hilberg (Die Vernichtung des europäischen Judentums) über die Mechanismen der Machtapparate, des Fangens und Tötens exakt beschrieben oder wie sie Joseph Borkin in seiner Analyse der deutschen Industrie am Beispiel „Die unheilige Allianz der IG Farben. Eine Interessengemeinschaft im Dritten Reich" (Frankfurt a. M./ New York 1979)" durchführte oder wie sie über Juristen, Theologen, Naturwissenschaftler und Mitläufer inzwischen vorliegen?[21]

3. Nolte: „Die Rede von der ‚Schuld der Deutschen' übersieht allzu geflissentlich die Ähnlichkeit mit der Rede von der ‚Schuld der Juden' die ein Hauptargument der Nationalsozialisten war" (41). Hier soll die Legitimität einer Rede (Schuld der Deutschen, die damals lebten und dem Nationalsozialismus zuschauten oder dienten) mit der reinen Propagandainfamie der nazistischen Rede gegen die Juden verglichen und aus den Angeln gehoben werden! Wenn „die Juden"

21 Ausführlicher von Nolte thematisiert in: Wissenschaftliches Ethos und Historisierung, in: E. Nolte, Das Vergehen der Vergangenheit, a.a.O.; vgl. J. Friedrich, Freispruch für die Nazijustiz, Reinbek 1938; J. H. Schoeps/H. Hillermann (Hg.), Justiz und Nationalsozialismus, Sachsenheim-Hohenhaslach 1987; A. Herrmann, Wie die Wissenschaft ihre Unschuld verlor, Stuttgart 1982; H. G. Adler, Der verwaltete Mensch. Studien zur Deportation der Juden aus Deutschland, Tübingen 1974; I. Müller, Furchtbare Justiz. Die unbewältigte Vergangenheit unserer Justiz, München 1987; R. P. Ericksen, Theologen unter Hitler. Das Bündnis zwischen evangelischer Dogmatik und Nationalsozialismus, München 1986; R. J. Lifton, The Nazi Doctors. Medical Killing and the Psychology of Genocide, New York 1986; R. Schottlaender, Verfolgte Berliner Wissenschaftler, Berlin (West) 1988 und die dort jeweils angeführte Literatur.

nicht schuld waren, dann auch die Deutschen nicht? Will Nolte das andeuten? Die Frage der jungen Generation: Wie war es möglich, was geschah? wird von Nolte in den „uralten Kampf gegen die Väter“ eingereiht. Ähnlich ungeheuerlich werden die „Interessen der Verfolgten und ihrer Nachfahren als ein permanenter Status des Herausgehobenen und Privilegiertseins“ (41) charakterisiert. Die Nachbarschaft zur neonazistischen „Nationalzeitung“ mit ihrer These, daß Israel bzw. das „Weltjudentum“ die Bundesrepublik dauernd erpresse, die Nachbarschaft zu Kohls Regierungssprecher und Springers Bildzeitungsredakteur Boenisch, daß mit „Auschwitz keine Politik gemacht“ werden solle (Israel-Besuch 1984), legt sich nahe. Wie schützt sich Nolte dagegen, hier zum Argumentationslieferanten zu werden?

4. In seinem nachgelassenen Werk „Die Untergegangenen und die Geretteten“ (ital., Mailand 1986) spricht Primo Levi von der „Grauzone“, zu der nicht der Revisionismus der Neo- oder Altnazis führt, sondern der Revisionismus derer, die für die Existenz der Alt- und Neonazis dankbar sind. Sie erlauben ihnen jene Parallelisierungen und Generalisierungen, die den genauen Schmerz der Wahrnehmung und Erinnerung dessen, was geschah, jenen singulären Schmerz der Opfer und den Zukunft suchenden Schmerz der Selbstkritik und der Verantwortung einebnen in wissenschaftliche Kausalketten, pseudotheologische oder politische Erklärungsmuster, die die Stimmen der Opfer fremd und störend machen. Eine Komplizen suchende Ethik wird zur Ethik des Alibis und gibt sich damit als Ethik auf. Die Stimmen der Opfer werden, weil integraler Bestandteil der „negativen Lebendigkeit“ der Nazizeit und weil „Anklageliteratur“ (E. Nolte), dadurch revidiert, daß sie historisierend in einen Rahmen der Geschichte eingezeichnet werden, der ihnen das Spezifische nimmt. Nicht nur, daß die Schoah etwas wird, was immer und überall vorkommt – für anthropologische Skeptiker freigeistiger oder religiöser Argumentation auch immer wieder vorkommen muß –, so sind die Menschen halt: „Daß man den Opfern hier wie dort Erinnerung schulde und damit leben müsse“ (Fest, 111). Daß der Holocaust geschah als Duplikat und Antwort (E. Nolte), hat dann sogar eine gewisse Verständlichkeit, ja historische Notwendigkeit. So weit wird Nolte nicht gehen wollen. Aber er hat nichts gedacht, das andere hindern könnte, so weit zu gehen. Damit wäre eine moderne Analogie zu einem altbekannten Theologumenon in der aktuellen wissenschaftlichen und politischen Debatte aufgetaucht: Die Juden sind an ihrer Leidensgeschichte selbst schuld; haben sie doch eine Rolle spielen müssen als Antipoden des Christus und der Christen, auch wenn diese subjektiv ihre Leiden nicht wollten. Juden aber paßten als Desintegrierte im Namen der biblischen messianischen Hoffnung nicht zum christlichen Alleinvertretungsanspruch des Corpus Christianum, in dem diese Zukunft kirchlich schon Gegenwart geworden sei. In Noltes Erklärungsangebot müssen sie vernichtet werden, weil sie (wie andere Klassen, Gruppen oder Rassen) der Reinheit der Gesellschaft im Wege stehen.

5. Es muß darauf geachtet werden, daß das jüdische Volk nicht auf die Opferrolle festgeschrieben wird. Das hätten manche aus manchen Denklagern gerne, weil es eine vertraute Kategorie ist, die jüdische Geschichte in der Diaspora zu begreifen. Zur jüngsten Geschichte gehört aber auch die Neuentstehung Israels. Die jüdische Realisierung der widerstehenden Selbstbehauptung, wie sie J. Améry beschreibt, ist von der nichtjüdischen Umwelt noch zu lernen und zu akzeptieren. Améry schlug einen sadistischen SS-Mann in Auschwitz ins Gesicht und erinnert sich: „Ich war ich als ein Schlag – für mich selbst und den Gegner ... Jude sein, das war Annahme des Todesurteils durch die Welt als eben eines Welturteils, vor dem Flucht in die Innerlichkeit nur Schmach gewesen wäre, zugleich aber der physische Aufruhr dagegen. Ich wurde Mensch, nicht indem ich mich innerlich auf mein abstraktes Menschtum berief, sondern indem ich mich in der gegebenen gesellschaftlichen Möglichkeit als revoltierender Jude auffand und ganz und gar realisierte."[22]

Primo Levi, wie Paul Celan und Jean Améry ein Überlebender der Vernichtungslager, wie Améry zerbrochen am Überleben, schrieb: „Wir kamen im Turnsaal der Talmud-Thora zusammen ... und brachten uns gegenseitig bei, wie man in der Bibel Recht und Unrecht und die das Unrecht besiegende Kraft wiederfindet ... Der Himmel über uns war stumm und leer; er ließ zu, daß die polnischen Ghettos vernichtet wurden, und langsam, verworren brach sich bei uns der Gedanke Bahn, daß wir allein waren, daß wir keine Verbündeten hatten, auf die wir zählen konnten, weder im Himmel noch auf Erden, daß wir die Kraft zum Widerstand in uns selbst finden mußten."[23]

Wie verheerend die Projektion der Kategorie „Opfer" wirken kann, zeigt von außen jene antizionistische Kritik, die Israel jetzt als Täter, opferproduzierend, in die Nähe der Nazis rückt, und jener umgekehrte Vergleich, der Arafat an Hitlers Stelle treten läßt. Hier wird Geschichte im Rahmen einer dualen Kategorie Opfer-Täter konstruiert und Unvergleichliches verglichen. Eine Konsequenz aus diesen Verwirrungen sollte sein: die wirklichen Opfer nicht nur als Opfer zu definieren, sondern genau zu sehen, wer sie waren, was sie sagten und taten und warum geschah, was ihnen geschah.

22 J. Améry, Jenseits von Schuld und Sühne. Bewältigungsversuche eines Überwältigten, München 1970, 108.

23 Das periodische System, München 1987, 58.

Bonhoeffer antworten, nicht feiern! *

I

Eine der nächtlichen Stimmen in Tegel sagt als
„letztes Wort:
Bruder, wenn mir die Sonne verblich,
lebe Du für mich!“[1]

Wenn das „Gedächtnis, das Wiederholen empfangener Lehren, zum verantwortlichen Leben“ gehört,[2] wie antworte ich dem Imperativ derer, deren ich gedenke? „... lebe Du für mich!“ Ist das nur ein Appell an Einzelne und nicht an die Kirche, genauer an die Gemeinde, wie Bonhoeffer in seiner Ethik häufig das Subjekt verantwortlichen Handelns nennt? Hören wir dann nicht: „Kirche, Gemeinde heute, wenn mir, dem ohnmächtig, aber nicht stumm gemachten Zeugen, die Sonne verblich, lebe Du für mich!“ Die Gedenktage der Jahre 1994/95 stehen alle unter der Entscheidungsfrage: Legitimiere ich mich, meine Kirche oder gar Deutschland, durch die Märtyrer oder durch Hinweise auf ein besseres Deutschland? Oder legitimiere ich die, die ich nicht vergessen will, dadurch, daß ich ihr Erbe kritisch aufnehme und weiter daran arbeite?

Bonhoeffer fordert, sich authentisch den menschengefährdenden *und* der segensreichen Wirklichkeiten der jeweiligen Gegenwart zu stellen und zwar christlich-religionslos im harten Kern und nicht pfäffisch-fromm an den weichen Rändern des Lebens in der Neuzeit. *Vor* dem nachholenden, aber kein jüdisches Leben zurückholenden jüdisch-christlichen Dialog nach 1945 lernt und praktiziert er die Basis einer neuen Beziehung zwischen Kirche und Israel. Er entdeckt anstelle jener theologischen Kunstfiguren der gesetzlichen, pharisäischen, partikularistischen Juden zeitgenössische und konkrete Juden und in der ganzen Bibel einen befreienden Realismus der Wirklichkeitswahrnehmung und des Handelns, den spiritualistisch zu übersehen, das Christentum in die Sackgasse und das Judentum in die Todeskammern führte.

Jüdische, Bonhoeffer unbekannte Zeitgenossen zeigen eine erstaunliche Nähe zu seinem Handeln und Denken. Bonhoeffers Bitte, auch ihn vertretend

* Erstveröffentlichung. Vorgetragen vor der Internationalen Bonhoeffer-Gesellschaft, Sektion Bundesrepublik Deutschland. Jahrestagung vom 1.- 4. September 1994 in Hainstein bei Eisenach unter dem Thema „Teilnehmen an dem Schicksal Deutschlands“ – 50 Jahre 20. Juli 1944. Überarbeitete Fassung eines Votums zur Schlußdebatte.

1 Dietrich Bonhoeffer, Widerstand und Ergebung. Briefe und Aufzeichnungen aus der Haft, hg. v. Eberhard Bethge, Neuausgabe, München 1970 (abgekürzt: WEN), 388.

2 WEN, 11.

„weiter zu leben", ist kein Ruf, Bonhoeffer zu imitieren, sondern ein Ruf zur imitatio Christi. Es ist eine eigene, auch kirchliche Antwort mit dem gelebten Leben und mit jeder intellektuell verfügbaren Redlichkeit heute zu geben. Im Blick auf die anstehende Kirchenerneuerung ist der Zeitpunkt da: „Nicht das Beliebige, sondern das Rechte tun und wagen, nicht im Möglichen schweben, das Wirkliche tapfer ergreifen, nicht in der Flucht der Gedanken, allein in der Tat ist die Freiheit."[3] Wer mit der derzeit billigsten Form einer kritischen Haltung, mit der Kirchenkritik spielt, verweigert Disziplin und Tat als Stationen auf dem Weg zur Freiheit, biedert sich bei einem unernsten Leiden und allerlei Unbehagen an. Sie stellt sich nicht wirklich dem, was war, was ist und was sein soll, also auch nicht dem, der da ist, der da war und der da kommt.

Eine solche Haltung reproduziert kirchlich jene Ideologie der sogenannten Postmoderne, die den faktischen Zustand der Welt, auch der Kirche, als gegeben hinnimmt und jeden Protest ablehnt, der im Namen einer Hoffnung, eines Rechtes oder eines Wertes Gottes und der Menschen die Wirklichkeit transzendieren und verändern will, als autoritär, also fundamentalistisch, also zum Terror führend. Es ist die „Na und"-Philosophie, die in der Erziehung und Ausbildung in Schulen, Familien und Hochschulen verheerende Folgen hat. Was geht mich schon unbedingt an? Betroffenheit ist als autoritätshörig oder sentimental denunziert. „Anything goes" heißt der Wahlspruch. Diese Haltung verspielt das Erbe der Märtyrer. Sie nimmt ihnen das Mitspracherecht, unsere Gegenwart und Zukunft auch durch die Motive und Inhalte zu gestalten, für die sie standen und gemordet wurden. Jean Améry, aus Deutschland vertrieben, als Mitglied der belgischen Résistance nach Auschwitz verschleppt, beschreibt seine und ihre Erfahrung: „So oder so war ihnen ihr politischer oder religiöser Glaube in den entscheidenden Momenten eine unschätzbare Hilfe, während wir skeptisch-humanistischen Intellektuellen vergebens unsere literarischen, philosophischen, künstlerischen Hausgötter anriefen ... Der im weitesten Sinne gläubige Mensch, sei sein Glaube ein metaphysischer oder ein immanenzgebundener, überschreitet sich selbst. Er ist nicht der Gefangene seiner Individualität, sondern gehört einem geistigen Kontinuum an, das nirgends, und auch in Auschwitz nicht, unterbrochen wird. Er ist zugleich wirklichkeitsfremder und wirklichkeitsnäher als der Glaubenslose. Wirklichkeitsfremder, da er doch in seiner finalistischen Grundhaltung die gegebenen Realitätsinhalte links liegen läßt und seine Augen auf eine nähere oder fernere Zukunft fixiert; wirklichkeitsnäher aber, weil er sich aus eben diesem Grunde von den ihn umgebenden Tatbeständen nicht überwältigen läßt und darum seinerseits kraftvoll auf sie einwirken kann. Dem glaubensfreien Menschen ist die Wirklichkeit im schlimmen Fall eine Gewalt, der er

3 WEN, 403. Bonhoeffer fordert ein „moralisches Gedächtnis – scheußliches Wort!" Ihn nur zu feiern, könnte unmoralisch sein, wenn die Veränderungskapazität seiner gelebten Gedanken nicht ausprobiert wird. „Wer nicht eine Vergangenheit zu verantworten und eine Zukunft zu gestalten gesonnen ist, der ist ‚vergeßlich', und ich weiß nicht, wo man einen solchen packen, stellen, zur Besinnung bringen kann" (WEN, 228).

sich überläßt, im günstigen ist sie ihm Material für die Analyse. Dem Gläubigen ist sie Ton, den er formt, Aufgabe, die er löst."[4]

Ich fasse zusammen:

Auf dem Weg zur Freiheit, Verantwortung heute wahrzunehmen, stehen wir vor den beiden ersten Stationen „Zucht" und „Tat", der konzentrierten Entscheidung auf das Eine, das heute getan werden muß. Aber dort stehen wir. Bleiben wir (feiernd, akademisch oder privatistisch) stehen, bleibt die Kirche „doketisch" (E. Bethge). Sie ist dann als Leib Christi entweder als Scheinleib Christi nur in einer Scheinwelt oder nur scheinbar, weil weltflüchtig, in der Welt präsent. Sie wird „Komplizin" dessen, was um Gottes und der Menschen Willen nicht sein darf.[5]

II

Bonhoeffer hat die Reformationskapazität der reformatorischen Kirchen ebenso überschätzt wie das Protestpotential der Protestanten. Und die Evangeliumsgemäßheit der Evangelischen? Wie steht es damit, wenn die Bergpredigt in die „Teilnahme am Sein Jesu"[6], in die Teilnahme am Leiden der geringsten Geschwister Jesu (Mt 25, 31-46), in das „Teilnehmen am Leiden Gottes in der Welt"[7] einweist und diese Partizipation im Mittelpunkt der biblischen Botschaft steht, ist dann das letzte Wort Bonhoeffers über seine, über unsere Kirche der Satz: „Kirche in der Selbstverteidigung. Kein Wagnis für andere?" Im Taufbrief formuliert Bonhoeffer die feste Hoffnung: „... bis du groß bist, wird sich die Gestalt der Kirche sehr verändert haben."[8] Das ist jetzt 50 Jahre her. Die Gesellschaft veränderte sich radikaler als die Kirche – im Osten und im Westen gewiß unterschiedlich. Durchaus feststellbare kirchliche Veränderungen erweisen sich beim genauen Zusehen als Folgen gesellschaftlicher Veränderungen und entsprechender kirchlicher Anpassungsprozesse – dazu verführt oder gezwungen, kaum frei gewollt. Das Undenkbare ist gedacht: ecclesia semper reformanda, ausprobiert mit dem Mut des „Betens und Tuns des Gerechten unter den Menschen" ist es noch nicht.

Ich lese Bonhoeffers „Entwurf einer Arbeit" als eine Handlungsanweisung, die nur mit *guten* Gründen widerlegt werden kann *oder* schrittweise ausprobiert

4 Jenseits von Schuld und Sühne. Bewältigungsversuche eines Überwältigten, München 1970, 25.

5 E. Bethge in seinem Vortrag (u.ö.): Die Kirche und der einzelne Christ in der Wahrnehmung ihrer politischen Verantwortung, in: Dokumente, Texte und Tendenzen. Ökumenische Positionen, Ev. Akademie Bad Boll 1981, 41-48.

6 WEN, 414; Bonhoeffer-Zitate ohne Stellenangabe entstammen dem „Entwurf einer Arbeit" in: WEN, 413-416.

7 WEN, 382. 385f u.ö.

8 WEN, 321.

werden muß. Tertium non datur. Man kann sie nicht stehen lassen. Im Taufbrief wie im „Entwurf einer Arbeit" wird nicht vor dem Tun gewarnt, sondern vor dem kirchlichen Nichtstun. Seit Mai 1944 ist ein Doppeltes zu hören: Einmal wird vor der Versuchung gewarnt, der Kirche „vorzeitig zu neuer organisatorischer Machtentfaltung zu verhelfen", was trotzdem im Westen Deutschlands geschah. Zum anderen vor einem passiven Warten auf den Tag, „an dem wieder Menschen berufen werden, das Wort Gottes so auszusprechen, daß sich die Welt darunter verändert und erneuert". Bis zu jenem Tag der göttlichen Berufung bleibt den Menschen die doppelte Aktivität der gefalteten Hände und des Tuns des Gerechten.[9]

Hier nahm Bonhoeffer die Wirklichkeit der Gottesbeziehung ebenso ernst wie die Wirklichkeit der Welt. Damit steht er dem Gedanken von Manès Sperber ganz nahe, der seine religiöse Sozialisation so beschrieb: „Überall, in allem, was ich schon als Kleinkind hörte und was ich später lernte und las, war die Rede vom frevelhaften Übermut, mit dem die Mächtigen und die Reichen das Recht beugen, so daß die Machtlosen und Armen hilflos Unrecht erleiden. Und lange bevor ich die Reden des Propheten Jesaja übersetzen lernte, wußte ich, daß erst nach dem Kommen des Messias das Unrecht von der Erde verschwinden würde. Trotzdem war es inzwischen niemandem erlaubt, *untätiger* Zeuge eines Unrechts zu werden ..."[10] Müßte diese messianische Arbeit in Stellvertretung des Messias bei denen, die sich messianisch nach dem Maschiach, dem Christos, nennen, nicht noch viel leidenschaftlicher sein?

Ist es nicht der falsche Glaube an einen allmächtigen Gott (fleischgeworden in einem geschlossenen System), der lähmt, der ein Handeln nach einem wasserdichten Konzept, ja die Garantie des Erfolges bei der Mühsal der Kirchenerneuerung verlangt? Ist nicht jene biblische Dimension, die im Gespräch mit dem Judentum wiederentdeckt wurde, praktisch neu zu entdecken, daß es nicht nur das Hören und das Tun, sondern auch das Tun und das Hören gibt? Nach der Verlesung des Bundesbuches antwortet das Volk Gottes (Ex 24, 7): „Alles, was der Herr geboten hat, wollen wir *tun* und darauf *hören*". Die Erneuerung der Kirche ist kein naturwüchsiger Prozeß. Sie muß in Handlungsschritten wirklich riskiert und gegangen werden, soll sie nicht noch einmal, wie schon zu oft in der Geschichte des Protestantismus, verspielt werden:

– in der Reformationszeit an das landesherrliche Kirchenregiment;
– im Pietismus und in der Aufklärung an einen ekklesiologisch desinteressierten Individualismus;
– 1918 in der Revolution der Niederlage und der Niederlage der Revolution an eine völkisch denkende und Demokratie verachtende Kirche, der zwar ein Summus Episcopus, nicht aber die entsprechenden Konsistorien und Attitüden abhanden gekommen waren;
– 1945 in der Befreiung vom Nationalsozialismus durch die Armeen der Alli-

9 WEN, 328.

10 Manès Sperber, Die Wasserträger Gottes, Wien 1974, 98f.

ierten als Wiederherstellung der Strukturen von vor 1933, nicht ohne die Aufbrüche der Bekennenden Kirche, der Ökumene, des Kirchentages, der Studentengemeinden und Akademien zu integrieren;
– 1989 in Ostdeutschland und Westdeutschland als Anschluß an die reiche Kirche und Gesellschaft des Westens.

Wäre das nicht ein Gedenkjahr 1945-1995, wenn überall Bonhoeffers Vorschläge als Schritte diskutiert würden, aus einer „Kirche für sich" zu einer „Kirche für andere" weiterzukommen? Sind nicht auch hier verantwortungsvolle Taten von Menschen zu entscheiden und zu tun? Die Subjekte des Handelns sind da, lassen wir nicht noch weitere aus der Kirche auswandern oder resignieren. Wie antworten wir verantwortlich auf die Vorschläge?:[11]
– „Alles Eigentum den Notleidenden schenken". Eine Kirchengemeinde, die ein Grundstück oder einen Acker verkaufen will, um mit dem Erlös in Soweto oder Lima eine Schule zu bauen, strandet heute noch im Kirchenrecht. Es muß wieder eine gleichwertige Immobilie angeschafft werden. Ist die vorgeschriebene Besitzstandswahrung als ökonomisches Nullsummenspiel nicht auch ein ethisches Nullsummenspiel der Immobilität? War Besitzstandswahrung und das Behaupten von Rechtspositionen in einer kirchendiskriminierenden Gesellschaft in der DDR notwendig wie die theologische Kategorie des Rechtsverzichtes in einer die Kirche privilegierenden oder sie gleichgültig behandelnden Gesellschaft notwendig wird?
– „Pfarrer hätten von den Gaben der Gemeinden zu leben, evtl. in einem weltlichen Beruf zu existieren". Die sogenannte Pfarrerschwemme aber führt mit ihrer Stellenfixierung und dem Kostenfaktor zu einem ernsthaften, weil menschlichen Reformhindernis. Wozu braucht Westdeutschland im Vergleich zu Ostdeutschland so viele Pfarrer – bei ungefähr gleichen Zahlen von aktiven bzw. inaktiven Gemeindemitgliedern?
– Noch immer hält die Mehrheit der Presbyter und der Gemeinden die „Teilnahme an weltlichen Aufgaben des menschlichen Gemeinschaftslebens" für ein Adiaphoron, das Einzelne aufgreifen können, nicht aber das Kollektiv Gemeinde aufgreifen *muß*.
– Menschen aller Berufe ist zu sagen, „was ein Leben mit Christus ist, was es heißt, für andere dazusein". Scheitert das an der festgeschriebenen Arbeitsteilung, die dem Krankenhausarzt die Therapie, der Krankenhauspfarrerin die Sterbebegleitung zuschreibt, der Wirtschaft, daß sie in der Wirtschaft stattfindet (Wirtschaftsminister Rexrodt), also der Kirche, daß sie in der Kirche stattfindet etc.? Welche Gemeinde berät darüber, was für eine Verkäuferin, für einen Pfarrer, für eine Stadträtin, für eine Ärztin, für einen Schreiner, für eine Arbeitslose, für einen Polizisten, für eine Chemikerin „Leben mit Christus ist"? Tauchen die Probleme z.B. der örtlichen Kommune, der Sozialhilfeempfänger, des Nord-Süd-Konfliktes, der Arbeitslosen, der Asylsuchenden auf den Tagesordnungen der Presbyterien oder Gemeindeversammlungen notwendigerweise

11 WEN, 415f.

und regelmäßig auf? Das Lob der kleinen Zahl wird zum idyllisch-verlogenen Trost, wenn die vorhandenen kleinen Zahlen den Gottesdienst in der Kirche nicht als sachgemäßen Gottesdienst im Alltag fortsetzen. Welche Arbeits- und Kommunikationsformen entsprechen dem Lehrhaus der jüdischen Gemeinden und der halachischen Streitkultur in den christlichen Gemeinden?

Wenn – nach Bonhoeffer – „es niemals die Aufgabe der Kirche (ist), dem Staat den natürlichen Selbsterhaltungstrieb zu predigen, sondern allein den Gehorsam gegen das Recht Gottes“,[12] so gilt umgekehrt, daß der Staat auch nicht dazu da ist, dem natürlichen Selbsterhaltungstrieb der Kirche durch hoheitliche Akte (lebenskundlichen Unterricht durch staatlich angestellte Militärseelsorger, durch einen privilegierten Einzug der Kirchensteuer) zu dienen. Die völlige Religionslosigkeit des Staates ist „ein Sieg der Kirche über jeden grenzenlosen Anspruch des Staates“.[13] Staat und Kirche sind für die Menschen da. Beide sind zu entmythologisieren und zu trennen. Das könnte zur Folge haben, daß der Staat durch seine Servicemöglichkeiten, z.B. des Finanzamtes, allen Organisationen (Gewerkschaften, Bürgerinitiativen, Sportvereinen etc.) und nicht nur den Kirchen die Mitgliederbeiträge einzieht. Durch einen freiwilligen Beschluß könnte die Kirche die Ausweitung der Kirchensteuer zu einer Sozialsteuer fordern, sodaß wie in Italien alle BürgerInnen 10 % ihrer Lohn- oder Einkommenssteuer abgeben müssen, dabei aber frei bestimmen, ob es der Kirche zukommt, Amnesty International, Pro Asyl, einem Frauenhaus oder dem Roten Kreuz. Besserverdienende und LeistungsträgerInnen dürfen nach dem Sozialstaatsgebot nicht von ihren sozialen Pflichten durch Kirchenaustritt entbunden werden. Ein partieller Rechtsverzicht der Kirche als Privilegienverzicht heißt nicht, auf Aufgaben zu verzichten, sondern für neue Aufgaben freier zu werden.

Und dann stehen da bei Bonhoeffer die altmodischen Vokabeln (nicht ganz so altmodisch wie die biblischen Begriffe): Von „den Lastern der Hybris, der Anbetung der Kraft und des Neides und des Illusionismus als den Wurzeln allen Übels“ ist die Rede oder – in der Auslegung der 10 Gebote – von Kraftentfaltung, Macht, Erfolg. Ihnen soll die Kirche entgegentreten im Namen von „Maß, Echtheit, Vertrauen, Treue, Stetigkeit, Geduld, Zucht, Demut, Genügsamkeit und Bescheidenheit“. Die Politisierung dieser Tugenden – und sie waren bei Bonhoeffer nicht unpolitisch! – heißt doch unter anderem Machtkontrolle und keine Anbetung von Potenz und Erfolg als Kriterien für irgendeine Wahrheit. Daß die Kirche für die moralinhaltige Seite dieser Tugenden „predigend“ steht, ist opinio communis vieler Stammtische, Leitartikel und Talkshows. Daß die Kirche kritisch und offensiv sich aber mit der nachwirkenden Ästhetik Albert Speers und Arno Brekers, mit dem Illusionismus des Maifeldes und der Wahlkämpfe, mit der Scheinwelt in den elektronischen Medien und ihren Seifenopern, mit der Massensuggestion von Unterhaltung

12 Ethik (DBW 6), 361.

13 Protestantismus ohne Reformation, Gesammelte Schriften 1, hg. v. E. Bethge, München, [2]1965/66, 340.

und Konkurrenz, von Wachstumsfetischismus und Gesundheitskult, von Werbung und vor allem mit der Kommerzialisierung von Nachrichten, d.h. von Wahrheiten, auseinandersetzen muß, liegt auf der Hand. „Wer schützt uns gegen die Übermacht der Organisation? Der Mensch wird wieder auf sich selbst verwiesen.“ Wie stellt sich der Mensch? Wie lassen Organisationen den Menschen als ethisches Subjekt verschwinden? Gilt nicht längst der brutale Satz „Befehl ist Befehl“ auch in der sublimen Form, daß Verantwortung strukturell so atomisiert wird, daß sie bei Menschen weder abrufbar noch nachweisbar ist? Nicht ein Werteverlust ist zu beklagen – es verbraucht sich selbstredend, was konsumierend nur geerbt wird, aber produzierend und konsumierend entstehen neue Werte – sondern der Mut, konfrontativ und antizyklisch Werte gegen die immanenten und vitalen Werte einer Industriegesellschaft zu vertreten. Sie produziert Werte wie Wachstum und Fitness, Konkurrenz und Leistung. Sie verhilft ihnen souveräner zum Durchbruch als die Kirche ihren biblischen Werten. „Die Macht der einen braucht die Dummheit der anderen.“[14] Die Chance der anderen aber braucht die Weisheit der Bibel.

Bonhoeffers Erfahrung[15] zu Zeiten der Menschenvernichtung war auch das Erschrecken, wie rasch lange Zeiten einer Inkubationszeit von Menschenverachtung umschlagen in Menschenvernichtung. Was geschah, war vorher gedacht. Ideologische und auch theologische Endlösungen der Judenverachtung, der Euthanasie und des Krieges gab es als Volksweisheiten und in gelehrten Publikationen. Aber es war Bonhoeffers Einsicht – und das macht seinen Konservatismus aus –, daß unsere Gesellschaft auf einer Wertetradition aufbaut, die sich biblischem, aber auch antikem wie neuzeitlichem Erbe verdankt. Es ist ein Erbe von Weisheit und Recht, „das durch die Erfahrung vieler Generationen errungen wurde“.[16] Dieser Schatz an Weisheit und Recht ist bis heute noch keineswegs ausgeschöpft.

Ich fasse zusammen:

Die Reformation des Glaubens und der Theologie ist endlich auch als Reformation der Kirche nachzuholen, sonst bleibt unserer Gesellschaft eine Reformation ohne Kirche. Vorschlag: 1995 arbeiten – konkretisierend, korrigierend oder widerlegend – alle Gemeinden, Synoden, Fakultäten und kirchliche Medien an konkreten Schritten nach Bonhoeffers „Entwurf einer Arbeit“.

III

Bonhoeffers Auslegung der Bergpredigt „Nachfolge“ hat Luthers Satz, man erkenne den guten Theologen an der Fähigkeit, Gesetz und Evangelium zu

14 WEN, „Nach zehn Jahren“, 17.

15 In der „Ethik“ vor allem reflektiert in „Erbe und Verfall“ sowie „Nach zehn Jahren“ in WEN.

16 Ethik, 272.

unterscheiden, für heute zu einer Halbwahrheit gemacht, die in ihrem damaligen Kontext sicher eine ganz notwendige Wahrheit war. Hinter Bonhoeffers Bergpredigt-Auslegung steht eine doppelte Beobachtung:

Einmal ist es nicht nur das Gesetz, Gottes Weisung, die Tora, die durch menschliches Denken und Handeln ins Gegenteil verkehrt werden kann. Auch das Evangelium kann zur billigen Gnade, zum Gegenteil seiner selbst pervertieren, so daß die Sünde und nicht der Sünder gerechtfertigt ist. Mit einer „intakten" Lehre von sola gratia und einer falschen Toraverachtung wurden die Gewalttaten der Nazis gegenüber den Juden und anderen Minderheiten sowie der Krieg durch Kirchenmitglieder vorbereitet, hingenommen, legitimiert oder sogar getan. Elie Wiesel fragt mit Recht: „Falls ich versuchen könnte zu verstehen – aber das wird mir nicht gelingen –, weshalb mein Volk zum Opfer wurde, so werden andere Leute verstehen müssen, oder den Versuch machen müssen zu verstehen, warum die Mörder Christen – sicher schlechte Christen, aber doch Christen – waren? Irgend jemand wird erklären müssen, warum so viele Mörder Intellektuelle waren, Akademiker, Hochschulprofessoren, Rechtsanwälte, Ingenieure, Ärzte, Theologen ... Sie haben gezeigt, daß Wissen ohne Moral zerstört, daß Wissenschaft ohne ethisches Fundament zu einem Instrument der Unmenschlichkeit ausartet".[17]

Zum anderen begibt sich Bonhoeffer in seinem Versuch, die Verbindlichkeit des Glaubens nicht in der Lehre, sondern im Tun zu suchen und zu finden, in die entscheidende Nähe zur jüdisch-biblischen Tradition. Mitten im Diesseits, nicht an den Rändern des Lebens, z.B. auf den Arbeitsfeldern der Akademiker, an die E. Wiesel seine Frage richtet, geschieht Nachfolge. Der einfache Gehorsam, das Tun der Bergpredigt, die in den Seligpreisungen wie im Ersten Gebot mit einem Freispruch beginnt, zersetzt eine christliche Überlieferung, die von der Tora überwiegend negativ reden konnte. Die damit verbundene Verachtung des Alten Testamentes hat Bonhoeffer, je konsequenter er seinen Weg der Nachfolge ging, auch für sich überwunden.

Der biblische Freiheitsweg bedeutet im rabbinischen wie im heutigen Judentum (auch schon in der Bibel) nicht nur den Mut, sondern auch die Notwendigkeit einer fortschreitenden Auslegung der Tora, also zum Gerechtigkeitsfortschritt. Aus dem kleinen Gebot, den Sabbat zu heiligen, werden – provoziert aus der irdischen Mitte des jeweiligen Lebens – wirtschaftliche und soziale Konsequenzen gezogen, die z.B. alle sieben Jahre der Natur eine Brache, den Sklaven die Freiheit, den im Schuldgefängnis Sitzenden die Freiheit und alle sieben mal sieben Jahre die Restitution des Existenzminimums vorsieht. In dieser biblischen und rabbinischen Tradition legt Jesus die Zehn Gebote in der Bergpredigt aus und steht Paulus in Röm 12-13. Sie gehen weiter zu Neuem, ohne das Alte aufzugeben. Luther nannte das – von Bonhoeffer positiv zitiert „neue Dekaloge".[18] Keine Anti-Thesen, sondern mit dem Alten sich Neues sagen zu

17 In: E. Kogon/J. B. Metz (Hg.), Gott nach Auschwitz. Dimensionen des Massenmordes am jüdischen Volk, Freiburg 1979, 45.

18 Ethik, 93.

lassen auf die Frage: Herr, was willst Du, das ich tun soll? „Eine Verstoßung der Juden aus dem Abendland muß die Verstoßung Christi nach sich ziehen; denn Jesus Christus war Jude.“[19]

Ich fasse zusammen:

Die Verbindlichkeit des Glaubens und der Kirche liegt im Tun und nicht (nur) in der Lehre. Der Glaube ist keine Theorie, dem an zweiter Stelle die Praxis folgt. Praxis und Theorie interagieren in jener Lebendigkeit, in der Gesetz und Evangelium zwei jeweils notwendige Gestalten des einen Wortes Gottes und des Willens des einen Gottes sind. Bonhoeffers „Schreien für die Juden“ ist begleitet von einer (unbewußten) Annäherung an jüdisch-biblische Traditionen, die das Judentum bis heute prägen: Das Tun der Tora, die Diesseitigkeit, ein diskursives Verständnis von Theorie und Praxis, Leben und Denken.

IV

Willem Visser’t Hooft berichtet von Bonhoeffers Treffen im Hause des Flüchtlings und Flüchtlingsbeauftragten des Ökumenischen Rates der Kirchen, Adolf Freudenberg, im September 1941. Bonhoeffer wird gefragt: „Wie beten Sie in dieser Situation? Er antwortet ohne zu zögern: Da Sie mich fragen, gestehe ich, daß ich für die Niederlage meines Vaterlandes bete. Nur durch eine Niederlage können wir Sühne leisten für die furchtbaren Verbrechen, die wir gegen Europa und die Welt begangen haben.“[20]

Bonhoeffer hatte sich über Deportationen und Kriegsgefahr mit Hilfe von Hans von Dohnanyi und Friedrich Justus Perels sachkundig gemacht. Er hatte das Feld der „furchtbaren Verbrechen“ nicht aus dem Schicksal Deutschlands als notwendig abgeleitet, sie nicht Sachzwängen oder Eigengesetzlichkeiten zugeschrieben. Was er den ökumenischen Freunden in Genf, London, Stockholm und Rom mitteilte, war auch seine Sache, nicht nur, weil es auch in seinem Namen, im Namen des deutschen Volkes geschah, sondern weil es Gottes Geboten widersprach.

Wenn die heilige Schrift die „einzige Ebene der Begegnung“ in der ökumenischen Christenheit ist,[21] dann ist damit eine erste Loyalität gesetzt, die Gleichgültigkeit, Unzuständigkeit und Affirmation gegenüber dem Handeln des deutschen Staates theologisch ausschließt. Dann bedeutet „Teilnehmen“ Widerspruch und Widerstand in allen Formen und im internationalen Horizont. Dazu gehört dann das bewußt gesuchte und nicht ängstlich vermiedene sachkundige Wissen dessen, was geschieht, die bewußte Wahrnehmung der Opfer. Die Ökumene war nötig und hilfreich, weil es um das Heil der Welt geht, die auf Christus hin geschaffen ist, also auf eine alles transformierende

19 A.a.O., 95.

20 W. Visser’t Hooft, Die Welt war meine Gemeinde, Stuttgart 1972, 186.

21 Protestantismus ohne Reformation, a.a.O., 334.

messianische Zeit hin. Hier zeigt sich, daß der Christusglaube die Konfrontation mit den Thronen, Herrschaften und Gewalten (Kol 1, 16) in Freiheit aufnehmen kann.

Was wären die deutschen Kirchen ohne die Ökumene, auch wenn sie sich – nicht nur beim Antirassismusprogramm, bei einer Theologie mit der vorrangigen Option für die Armen und für die Gewaltfreiheit so schwer tun? Nicht zuletzt durch Eberhard Bethges eigenständige theologische Arbeit wurden die Folgen dieser Theologie in Südafrika z.B. sichtbar. Das Kairos-Papier nennt als einzigen theologischen Kronzeugen Dietrich Bonhoeffer und müßte zugleich Eberhard Bethge nennen. Bonhoeffer ist nicht ein „ethischer Grenzfall". Er widersteht einer Position, die sagt, es gebe keine „ethische Frage, und sei es eine auf Leben und Tod, die Anlaß sei, den status confessionis auszurufen".

Ich fasse zusammen:

Die nationale und schichtenspezifische Illoyalität der Kirchen und Christen gegenüber den Spielregeln von „Kraftentfaltung, Macht, Erfolg" liegt in der dreifachen Loyalität gegenüber den erfahrenen Wirklichkeiten von

– Gottes Wort und Wirken in Jesus Christus,
– der Verpflichtung, sachkundig wahrzunehmen, was in der Welt geschieht und
– der Ökumene als der nicht nur von der Christenheit bewohnten Erde.

V

In der Stellungnahme zur Judenfrage vom April 1933[22] spielt für Bonhoeffer das Recht eine dreifach wichtige Rolle:

1. Einmal als gemeinsamer Referenzrahmen von Kirche und Staat. Beide haben unterschiedliche Aufgaben, sind aber für Recht und Gerechtigkeit verantwortlich. Aus der gemeinsamen Verantwortung ist heute ein gegenseitiges Sich-in-Ruhe-Lassen geworden. Mich befriedigen die angebotenen Erklärungen dafür nicht. Ich höre, daß die Kirche nach der Legitimität des staatlichen Handelns zu fragen habe, sei nur in einer Diktatur notwendig; darüberhinaus habe die Kirche ja zwei totalitäre Regime stabilisiert, also ihr Recht verspielt, sich in politischen und demokratischen Fragen zu äußern. In einer rechtsstaatlichen Demokratie gehe alles seinen demokratischen Gang. Alle hätten die Chance, so heißt es weiter, mitzuwirken. Die Institute umfassender Partizipation seien nicht nur vorhanden, sondern auch allen zugänglich.

Gewiß ist das Grundgesetz die beste Verfassung, die es in Deutschland je gab. Aber daraus ein Dogma seiner Unverbesserlichkeit abzuleiten, wird weder der Verfassungswirklichkeit noch dem Auftauchen neuer Herausforderungen an eine gute Verfassung gerecht. Es ist daran zu erinnern, wie viele Gesetze das Bundesverfassungsgericht bereits als grundgesetzwidrig zur Verbesserung

22 Gesammelte Schriften 2, 44-53.

zurückverwiesen hat, also als nicht legitim. Viele Grundrechte und Artikel des Grundgesetzes, z.B. zur Sozialpflichtigkeit des Eigentums, zum Sozialstaatsgebot, zum Asylrecht sind nur stückweise ausgeschöpft und umgesetzt, andere eingeschränkt worden.

2. Die Juden sind – 1933 – gefährdet durch ein sie strangulierendes Zuviel an Ordnung und Recht und durch ein sie vogelfrei setzendes Zuwenig an Ordnung und Recht. Sie sind 1933 die exemplarisch gefährdete Minderheit. Ob sie zur Kirche gehören oder nicht, ändert nichts an der Verantwortung der Kirchen und Christen zu solidarischer Hilfe. Das Wort „Ordnung und Recht" ist nicht zuerst durch „Law and Order" zu übersetzen, sondern mit Martin Bubers gleichzeitig (Mai 1933) erschienener Beschreibung der Lage jüdischer Kinder: „Die Welt ist unzuverlässig geworden." Wer Freund zu sein schien, dessen spöttisch-gleichgültige Mundwinkel lassen fragen: „Hast du dir etwa eingebildet, ich machte mir wirklich etwas aus dir?"[23]

3. Es gibt nach Bonhoeffer einen Fortschritt in der Rechtsverwirklichung, hinter den zurückzufallen ein Rückfall in die Barbarei bedeutet. In dem erwähnten Aufsatz zur „Judenfrage" erinnert er an die Aufhebung der Leibeigenschaft in den Stein-Hardenbergschen Reformen 1807. Natürlich war Leibeigenschaft kein rechtloser Zustand, sowie das Zuviel oder Zuwenig an Recht für die Minderheit nicht totale Rechtlosigkeit bedeutete. Aber in dem nicht zu verachtenden Fortschritt des liberalen Rechtsstaates wäre nach Bonhoeffer eine Rückkehr zur Leibeigenschaft für die Kirche Ausdruck „eines rechtlosen Staates". Eine Rückkehr hinter die Judenemanzipation stellte für die Minderheit wieder einen rechtlosen Staat her. Und das für die Minderheit bestätigte Recht schädigt auch das der Mehrheit. Was bedeutet aus dieser Sicht die Rückgängigmachung des Asylrechtes (GG 16, 4)? Ein Rückschritt hinter die Lehren aus der Nazizeit, auch hinter die Erfahrungen und Rechte der aus Europa nach Amerika verjagten religiösen Dissidenten und auch der in den Anfängen der Vereinigten Staaten dort asylsuchenden Wirtschaftsflüchtlinge. Zurückgenommenes Recht bedeutet Rechtsverweigerung. Diese Grundlinie war für Bonhoeffer von Gewicht. In seinem Rechenschaftsbericht „Nach zehn Jahren" schreibt er: „Es braucht keine Heuchelei zu sein, wenn als Ziel politischen Handelns die Herstellung des Rechtes und nicht einfach die nackte Selbsterhaltung angegeben wird."[24] Bei seinem Besuch in Genf (Sept. 1941) liest er W. Patons Buch über die mögliche Nachkriegsentwicklung. In den Notizen zu diesem Buch hält er fest, daß eine staatliche Ordnung, die den Geboten Gottes entspricht, an folgenden Kriterien „sichtbar wird":
– restlose Beseitigung des nationalsozialistischen Regimes bzw. der Rechtlosigkeit der Gestapo;

23 Martin Buber, Der Jude und sein Judentum, Köln 1963, 583.

24 WEN, 20.

– Wiederherstellung der Hoheit des gleichen Rechtes für alle;
– eine Presse, die der Wahrheit dient;
– die Wiederherstellung der Freiheit der Kirche.[25]

Er ist sich mit Visser't Hooft einig, daß das noch nicht eine demokratische Ordnung ist, die „im angelsächsischen Sinne demokratisch ist". Aber es ist die Rechtstaatlichkeit, die D. Bonhoeffers Sensibilität für Recht und Gerechtigkeit zeigt, die sich im Alten Testament und im Gespräch mit den Juristen der Familie und des Bekanntenkreises schulte.

Ich fasse zusammen:

Recht ist eine wichtige Gestalt der biblischen Weisung, der Tora im Ersten und im Neuen Testament. Es ist für jede Konfliktregulierung die entscheidende Alternative zur Gewalt, gerade in einer Zeit, in der die Instrumente der Gewalt unkontrollierbar sind und ihr Gebrauch irreversible Folgen nach sich zieht. Als Völkerrecht und Menschenrecht, gerade in ihren Verwirklichungen von Gerechtigkeit, wartet es heute auf die Vergegenwärtigung biblischer Ansätze durch die Christenheit in einer nichtreligiösen Sprache, wie Hugo Grotius die Anfänge des Völkerrechts schuf, H. Dunant die Haager Landkriegsverordnung initiierte, A. von Harnack die Max-Planck-Gesellschaft gründete, A. Schweitzer Ehrfurcht vor dem Leben lehrte und N. Mandela Menschenwürde und Versöhnung umsetzt.

VI

Eberhard Bethge hat immer mit Recht davor gewarnt, die singuläre Situation der nationalsozialistischen Herrschaft und des Widerstandes allzu schnell und pausbäckig in heutige Situationen hierzulande einzutragen. Zu dem zweiten Versuch einer deutschen Demokratie kam es nach einem millionenfachen Massenmorden. Den Überlebenden und Nachgeborenen wurde die Demokratie geschenkt. Die Opfer zahlten mit ihrem Leben. Von uns ist für unser „Teilnehmen am Schicksal Deutschlands" heute nicht mehr verlangt als ein Engagement, das die Wirklichkeit und den Kontext unseres Lebens und des Lebens unseres Volkes schonungslos wahrnimmt, die Dinge beim Namen nennt, wo nötig widerspricht und sich selbst engagiert und exponiert – als Einzelne und als Gemeinde. „Teilnehmen am Schicksal Deutschlands" heißt heute auch Teilnehmen am Schicksal Deutschlands out of area. Wir sind Teil des reichen Blockes der Europäischen Union, gehören zu den kapitalistischen Ländern, die ihre Opfer dank einer ungerechten Weltwirtschaftsordnung und eines weithin ungezügelten Marktes in fremden Ländern produzieren – im Gegensatz zum Kommunismus, der seine Opfer im eigenen Lande schuf. Ob wir es wollen oder nicht, wir haben Teil an der „destruktiven Kreativität" (J. Schumpeter) des Marktes.

25 Vgl. Gesammelte Schriften 1, 356-360.

Der Bezug auf die Gemeinde ist an dieser Stelle noch einmal nötig, weil die Vereinzelung des aktiv Handelnden wie des Märtyrers Bonhoeffer sich auch der Passivität und der Alibisuche der Gemeinde verdankt. Wenn das Volk der Souverän ist, die Herrschaft des Volkes aber durch Gleichgültigkeit gegenüber dem Leiden der Ohnmächtigen und der Macht der Mächtigen tyrannisch wird, was heißt dann „Tyrannenmord"? Wie ist gegenüber diktatorischen Zeiten in demokratischen Zeiten das Bild vom Rad, dem in die Speichen zu greifen ist (bei Johannes Althusius (1603)[26] und bei Dietrich Bonhoeffer) heute zu verstehen? „Wenn ein Steuermann das Schiff mit Passagieren auf die Klippen auffahren lassen will, dürfen ihn die Passagiere etwa nicht daran hindern?" Nach Althusius und nach Bonhoeffer dürfen sie, notfalls mit Gewalt.

Was ist zu tun, wenn das Volk, von dem alle Gewalt ausgeht, die Gewalt in der lähmenden Form der Gleichgültigkeit stillstellt und damit einen Status quo in der herrschenden Ungerechtigkeit, in der herrschenden Friedenszerstörung und in der herrschenden Schöpfungsgefährdung festschreibt? Demokratien sind nicht dagegen gefeit, jenseits ihrer Grenzen tyrannische Auswirkungen ihrer Macht und ihrer Gleichgültigkeit zuzulassen, ja zu schaffen. Kollektive Passivität und ein Egoismus auf materialistischer Grundlage kennzeichnen nach dem letzten Bericht des Club of Rome die 80er Jahre; Ressourcenverschwendung durch Rüstung und Umweltzerstörung werden in einem erschreckenden Ausmaß passiv hingenommen.

Was ist zu tun, wenn die Alternativlosigkeit zum gegenwärtigen politisch-ökonomischen System als Voraussetzung und Leitziel ausgegeben wird, wie es J. Fest mit seiner Feststellung vom Ende der Utopien und Francis Fukuyama mit seiner Feststellung vom Ende der Geschichte tut? Wissenschaftlich ist hier erst einmal festzuhalten, daß die Alternativlosigkeit im Denken und Handeln die entscheidende Bedingung für Fundamentalismus ist. In der Perspektive des Bonhoefferschen Denkens ist die Frage nach der Wahrnehmung der Wirklichkeit des Menschen in hoffnungslosen Situationen, in Gewalt und Unrecht ebenso wichtig wie das Ernstnehmen der Gebote Gottes im Horizont seiner ganzen Kreatur, die doch auf seinen Messias hin geschaffen ist, damit die, die sich nach ihm nennen, die Kosten der Nachfolge übernehmen.

Martin Buber erklärte 1928, als die Fehlentwicklung der Sowjetunion und der Verrat am Sozialismus deutlich wurde, „es gehe nicht an, das als utopisch zu bezeichnen, woran wir unsere Kraft noch nicht erprobt haben."[27] Er analysierte mit seinen Freunden, darunter Paul Tillich, Adolf Löwe und Eduard Heimann, als die entscheidenden Defizite der Fehlentwicklung in der Sowjetunion eine nicht „menschengemäße Wirtschaft" und das Fehlen von Demokratie in „kleinen Einheiten". Die Thematik unserer Bonhoeffer-Jahrestagung fragt ja nicht nach der Verantwortung in einem nationalen, sondern in einem ökumenischen Rahmen. Heißt das heute nicht, daß der Stolz, ein Deutscher zu

26 Politica methodice degesta; Cap. 38: De tyrannide eiusque remediis.

27 Sozialismus aus dem Glauben, Zürich/Leipzig 1928, 93.

sein, auch der Stolz ist, zum siegreichen System zu gehören? Kann der Nationalismus nicht auch das Gewand eines Systemchauvinismus tragen, mit dem 20 % der Weltbevölkerung, die 80 % des Weltreichtums für sich verbrauchen, ihre Angst vor denen panzern, die als 80 % der Weltbevölkerung nur von 20 % des Reichtums leben oder sterben dürfen? Was heißt dann Teilnehmen am Schicksal des reichen Nordens?

Was ist zu tun, wenn es stimmt, daß Demokratien in demokratischen Gesellschaften und Zeiten verspielt werden? Die Menschen wählten formaldemokratisch eine große Koalition aus NSDAP und DNVP, die die Demokratie abschaffte.

Ich fasse zusammen:

Widerstehen in einer partizipatorischen und pluralistischen Gesellschaft fragt nach einer verbesserlichen Wirtschafts- und Gesellschaftsordnung gegen jeden alternativlosen Fundamentalismus. Der Horizont der Verantwortung ist nicht mehr nur das eigene Land, sondern auch die Rolle des eigenen Landes bzw. Kontinents in der Welt: Teilnehmen am Schicksal des bewohnten Erdkreises.

VII

Im Bericht über seinen Amerikaaufenthalt „Protestantismus ohne Reformation" hält Bonhoeffer zwei Auffassungen von Freiheit fest. Im Verständnis der Amerikaner ist die Freiheit einmal das „Recht des Individuums auf unabhängiges Denken, Reden und Handeln. In diesem Rahmen ist die Freiheit für die Amerikaner ein selbstverständlicher Besitz." Zum anderen ist Freiheit dort, „wo das Evangelium sich wirklich und in eigener Kraft Raum auf Erden schafft, auch und gerade wenn hier keine solche Möglichkeiten angeboten sind".[28] Es ist die Freiheit, von der J. L. Hromádka sagte, daß wir so viel von ihr haben, wie wir Mut haben, sie uns zu nehmen. Es ist jene Freiheit, über die die zehn Artikel über Dienst und Freiheit der Kirche in der DDR nachdachten. Und dieses zweite Verständnis von Freiheit ist es – da folgt Dietrich Bonhoeffer G. Jellinek und M. Weber –, das die Quelle jener amerikanischen Freiheitstraditionen ist. Die Asylsuchenden und dissentierenden Protestanten aus Europa schufen in Amerika aus jener Freiheit des Mutes die Freiheitsrechte – bis hin zu den Menschenrechtskatalogen der UNO, in die auch die humanistisch begründeten Menschenrechte der Französischen Revolution einmündeten, die ihrerseits als ein Protest gegen die Freiheitsgefängnisse der Großkirchen entstanden waren, von deren Botschaft man sich nichts mehr erhoffte.

Muß ich nicht weiterdenkend sagen, daß 1945 dem Westen Deutschlands in der Befreiung vom Nationalsozialismus Rechtsstaatlichkeit und Demokratie geschenkt wurden? Besteht jetzt (auch in der Kirche) wie in den USA die Gefahr, für eine geschenkte Freiheit als Honorar die Dankbarkeit gegen

28 Protestantismus ohne Reformation, in: GS 1, 337.

„oben“ zu verlangen? Sind wir nicht nach 1945 eben doch eine Kirche ohne Reformation geworden?

Ich plädiere nicht dafür, zwischen dieser oder jener Auffassung von Freiheit zu wählen. Die Freiheitsrechte für das Evangelium und die Freiheitspotentiale des Evangeliums zu suchen und zu leben, ist die Aufgabe jeder Kirche, gleichgültig, in welcher Gesellschaftsordnung sie lebt. Von diesem Verständnis der Freiheit des Evangeliums und für das Evangelium ergibt sich aber auch eine „methodische“ Konsequenz. Vielleicht sind wir mit der zögerlichen Einübung konziliarer Prozesse auf jenem Weg, der der Freiheit des Wortes Gottes entspricht und der rabbinischen Streitkultur als dem angemessenen Weg zur Ermittlung der Wahrheit vergleichbar ist. Hier sehe ich eine zu wenig aufgenommene Anregung Bonhoeffers. Ich spitze zu: Zur nichtreligiösen Interpretation des Evangeliums gehört auch der Mut, die Auffassung endlich zu verabschieden, es gäbe religiöse Fragen, und die Kirchen wie die Religionen seien dazu da, diese zu bedienen oder zu beantworten. Es gibt keine religiösen Fragen. Ihre ständige Formulierung ist pfäffisch, will Menschen Bedürfnisse andienen, die sie nicht haben wollen und nicht haben müssen. Franz Rosenzweig schreibt 1923 in seinem Aufsatz „Das neue Denken“, daß Judentum und Christentum „ursprünglich etwas nur ganz Unreligiöses“ waren.[29] Abraham J. Heschel kann ähnlich wie Luther gegen die antiken Götter feststellen: „Die Lehre des Judentums ist die Theologie des alltäglichen Handelns. Die Bibel betont immer wieder, daß Gott sich um das Alltägliche, um die Kleinigkeiten des Lebens kümmert. Die Sorge des Propheten gilt nicht den Geheimnissen des Himmels und dem Glanz der Ewigkeit, sondern den Schäden der Gesellschaft und Geschäften des Marktes“.[30]

Bonhoeffer fragt mit fordernder Hartnäckigkeit, was denn angesichts der realen Probleme zu tun sei: Judendeportation, Mythisierung der Geschichte durch Nationalismus, Machtpolitik, Krieg, Gewalt, Verführbarkeit der Massen, moderne Technik. Ich nenne weitere Probleme aus der Mitte des Lebens und des Sterbens von Menschen: Glück und Unglück, Überfluß und Armut, Leiden und Schuld, Tod und Wahrheit, Liebe und Recht, Erziehung und Politik, Befreiung und Flucht sind die Probleme aller Menschen und nicht nur die der Glaubenden. Und die Frage nach der Sozialgestalt der Kirche gehört auch zu diesen weltlichen Themen.

Ich fasse zusammen:

Es gibt keine religiösen Probleme. Es gibt nur die bis zur Vollendung der Welt durch Gott offenen Leiden und Hoffnungen aller Menschen, auf die die Kirche – unprivilegiert und in kritischer und dialogischer Auseinandersetzung mit allen Religionen und Weltanschauungen – zu antworten hat.

In seinem Rechenschaftsbericht „Nach zehn Jahren“ 1943 formuliert Dietrich Bonhoeffer: „Die letzte verantwortliche Frage ist nicht, wie ich mich heroisch aus der Affäre ziehe, sondern wie eine kommende Generation weiterleben soll.“[31]

29 Franz Rosenzweig, Gesammelte Schriften 3, Leiden 1984, 154.

30 A. J. Heschel, Die ungesicherte Freiheit, Neukirchen 1985, 86.

31 WEN, 16.

Darf nur der Helden gedacht werden? *

I

Säuberung und Gleichschaltung, Begriffe aus der Ungeziefervertilgung und einer Maschinenwelt, die die glatt funktionierenden Rädchen höher schätzt als den menschlichen Sand im Getriebe der Macht; Säuberung und Gleichschaltung trafen schon im Frühjahr 1933 das Deutsche PEN-Zentrum. Brutal wurden die jüdischen und/oder politisch mißliebigen Mitglieder entfernt.

Die Bücherverbrennung, schon immer ein Vorsignal der Menschenverbrennung, zeigte Ziele und Methode der neuen Machthaber, aber auch ihrer Jubler, Schläger und Mitläufer. Prof. Naumann (Bonn) sagte bei der Bonner Bücherverbrennung, in seiner Borniertheit hellsichtig, was das Weiterwüten des Feuers angeht: „Dies Feuer ist ein Symbol und es soll weiter wirken und brennen als eine Aufforderung an alle, ein Gleiches zu tun ... Von einer Besetzung des deutschen Geistes wollen wir uns befreien." Die Wahrheit war: Der zurückgebliebene deutsche Geist hatte sich von sich selbst befreit.

Die Sektion Dichtkunst der preußischen Akademie der Künste verlor ihren Präsidenten Heinrich Mann. Die Exilliteratur verkörpert mit ihm und mit vielen den deutschen Geist. Ich nenne einige Namen: Alfred Kerr, Thomas Mann, Ossip Kalenter, Richard Friedenthal, Gabriele Tergit, Emil Ludwig, Klaus Mann, Bruno Frank, Arnold Zweig, Bernard von Brentano, Ludwig Marcuse, Leopold Schwarzschild, Johannes R. Becher, Bertolt Brecht, Anna Seghers, Hubertus zu Löwenstein, Wieland Herzfelde, Hermann Kesten, Nelly Sachs, Alfred Döblin, Mosche Ben Gavriel, H. G. Adler, Walter A. Berendson, Ernst Bloch, Max Brod, Elisabeth Castonier, Karl Gerold, Oskar Maria Graf, Kurt R. Grossmann, Hans Habe, Sylvia von Harden, Kurt Hiller, Kurt Hirschfeld, Erika Mann, Mascha Kaleko, Heinz Liepmann, Peter de Mendelssohn, Walter Meckauer, Walter Mehring, Oskar Kokoschka, Annette Kolb, Carl Zuckmayer, Robert Weltsch, Ludwig Renn, Lisa Tetzner, Wilhelm Unger usw. usw.

Ende 1933 schon begannen die Bemühungen, beim internationalen PEN ein deutsches PEN-Zentrum im Exil einzurichten. Lion Feuchtwanger, Max Hermann-Neiße, Rudolf Olden und Ernst Toller wurden aktiv. 1934 wurde Heinrich Mann als erster Präsident gewählt, Rudolf Olden wurde Sekretär.

* Vorgetragen als Laudatio aus Anlaß der Verleihung der Walter-Meckauer-Plakette an das PEN-Zentrum deutschsprachiger Autoren im Ausland (Sitz London), Düsseldorf, Heinrich-Heine-Institut am 28. 11. 1989; zuerst veröffentlicht in: M. Marcus (Hg.), Israel und Kirche heute: Beiträge zum christlich-jüdischen Dialog. Festschrift für Ernst Ludwig Ehrlich, Herder, Freiburg u.a. 1991, 344-355.

Die Mitglieder waren in viele Länder vertrieben; hoffnungsvoll die einen, daß der braune Spuk bald vorüber sei, hoffnungslos die anderen, ob der nächste Winter zu überleben sei.

Berühmt die wenigen, unbekannt in ihren Gastländern die meisten. Wenige konnten publizieren, viele hatten kein Geld, keine Kontakte. Sie waren von heute auf morgen ihrer Zeitschriften, Verlage, Leser und Kritiker beraubt.

Hier bedeutete der deutsche PEN-Club im Exil Hilfe und Ermutigung. Er half bei der Suche nach Visa, Geld und Wohnungen. Kontakte zu Hilfsorganisationen und den neu aufzubauenden Exilverlagen und Veröffentlichungen wurden durch ihn leichter möglich.

II

Die Bücherverbrennung, keine brauchte auf Kulturpolitiker, Publikum und Wissenschaftler zu verzichten, war 50 Jahre später der Anlaß, die Walter-Meckauer-Plakette zu stiften. Sie ist ein kleines menschliches Zeichen der Dankbarkeit und zum Nachdenken, gegen Vergessen und Verdrängen dessen, was in Deutschland geschehen war und was an kultureller, liturgischer und menschlicher Arbeit deswegen außerhalb Deutschlands geschehen mußte.

Die Walter-Meckauer-Plakette erinnert aber auch an einen Autor, der genau vor 100 Jahren in Breslau geboren wurde. Er war, mit Millionen Angehörigen des jüdischen Volkes, öffentlich und selten widersprochen, zu einem lebensunwerten Untermenschen definiert worden. Allein sein Leben, seine Flucht, sein Exil, sein Überleben im Gefängnis, sein Trotz weiterzuschreiben waren Resistenz, weil sie die Weigerung einschloß, sich dem öffentlich beklatschten und gutachtlich legitimierten Todesurteil durch die herrschende Rasse zu beugen.

Meckauers Jahrgangsgenosse war Charlie Chaplin, der mit Intellekt und Witz den arischen Jahrgangsgenossen A. H. entzauberte. Daß die befreiende Macht des einen, wozu auch das PEN-Zentrum im Exil gehörte, der modernen Gewalt des anderen, wozu auch die Mehrheit des Deutschen Volkes gehörte, nicht völlig unterlag, ist auch dem Nonkonformismus derer zu danken, die sich weder gleichschalten noch sich Ethos und Verstand von den Gedanken der Menschenwürde, der Freiheit und der Toleranz, säubern ließen.

III

Präzise, aber unterschiedlich nehmen die Flüchtlinge ihre Verjagung in die Fremde und die neue Situation wahr:

Alfred Wolfenstein hält die Verzweiflung fest:

„Dunkel lag ich, unten bei mir liegt
die Verzweiflung, wir versteh'n uns gut;
Einsam aneinandergeschmiegt
in dem gleichen Leichenkleide."

Hilde Domin beschreibt die Schockerfahrung, nicht mehr zu denen zu gehören, die ein Recht auf Leben haben:

„Menschen wie wir – wir unter ihnen
standen an fremden Küsten
um Verzeihung bittend, daß es uns gab."

Walter Mehring schreibt im Emigrantenchoral:

„Werft eure Hoffnung über neue Grenzen!
Reißt euch die alte aus wie'n hohlen Zahn! ...
Die ganze Heimat und das bißchen Vaterland
und, wenn sein Lebensvisum abläuft,
von Mensch zu Mensch – landauf, landab
die trägt der Emigrant mit ins Grab."

Aber dann heißt es da bei Walter Mehring auch – ironisch oder listig?:

„Tarnt euch mit Scheuklappen und – mit Mönchskapuzen:
Ihr werd't euch doch die Schädel drunter beulen ...
Ihr seid gewarnt: das Schicksal läßt sich da nicht duzen ...
Wir wollen lieber mit Hyänen duzen
als drüben mit den Volksgenossen heulen ..."

Die Versuchung, mit einer Hyäne statt mit den Wölfen zu heulen, dem Teufel entflohen zu sein, um beim Beelzebul betteln zu müssen, war nicht nur eine reale Gefahr, sondern auch eine erniedrigende Verfremdung in der Fremde, zumal es Hyänen als partielle Bundesgenossen zu geben schien. Also neu anfangen? Neues anpacken? Alles anpacken? *Walter Bauer* beobachtet und fragt:

„Wenn die Leute essen, muß es Tellerwäscher geben,
Wie käme man sonst über den Winter?
Ich trat in die Küche ein und sagte: ‚Hallo'.
Wenn ich fortgehe im Frühjahr werde ich ‚Goodbye' sagen und vergessen sein.
Hier ist das so – und überall."

Und *Max Hermann-Neiße* bittet, die Henkersmahlzeit wenigstens noch zu genießen:

„Laß mich das Leben noch schmecken,
eh' die Vernichtung mich trifft:
Gaskrieg, Marter, Verrecken,
Bombe, Tückisches Gift.
Gönne mir noch diesen weichen,
kindlich verspielten Genuß,
morgen vielleicht trifft zur gleichen
Zeit mich der tödliche Schuß."

Max Hermann-Neiße hält eine andere Gefahr fest:

„Weder kann ich mich ergeben,
noch ausreichend widerstehen,
und so muß mein leeres Leben
schließlich wesenlos vergehen.“

Die Erbärmlichkeit und die Größe des Exils ist Alltag und Literatur. Zahllose Texte dokumentieren eine radikale Ehrlichkeit. Ernst Loewy, selbst vertrieben, stellt fest: „So bleibt die Geschichte der Exilliteratur vorwiegend eine – wenn auch durch großartige Einzelleistungen immer wieder unterbrochene – Kette von Hoffnungen, Irrtümern und Enttäuschungen.“

IV

Nichts ist normal. Ob ein Jude heute in Frankreich oder Israel, Island oder USA, Großbritannien oder Italien lebt, nie wird er dort so gefragt, wie er gefragt wird, wenn er in Deutschland lebt: Warum lebst du dort? Also hier, in Deutschland-Ost und in Deutschland-West, im Land der wissenschaftlich, religiös und öffentlich vorbereiteten Diffamierung und Ausgrenzung der Juden, der organisatorisch und industriell perfekt exekutierten Verbrennung von sechs Millionen Menschen? Warum? Das PEN-Zentrum deutschsprachiger Autoren im Ausland erinnert an den Menschen fressenden Abgrund, der Deutschland war. *Oskar Maria Graf* veröffentlichte 1934 den Vorabdruck seines Romans „Das war Deutschland“. Ein Flüchtling geht über die Berge, gerettet, blickt noch einmal zurück auf das unter und hinter ihm liegende Deutschland und atmet auf: „Ich muß sagen, ich hab' fast zurückgeschaut wie in einen gefährlichen Abgrund.“

Die Offenheit derer, die diesem Abgrund entkamen, die davon und dagegen, in vielen Stilen und aus unterschiedlichen Blickwinkeln, berichten, tut unserer Gegenwart not, deren Talent im Übersehen und Zuschütten von Abgründen manchmal faszinierend ist. Damit nicht offene Wunden von Menschen, tiefe Verletzungen der Humanität und bisher unbeantwortete Fragen an unsere Geschichte übersehen werden, brauchen wir die Einrichtungen, die bisher die Walter-Meckauer-Plakette erhielten und die ihnen verwandten Personen und Institutionen.

V

Wir brauchen das PEN-Zentrum deutschsprachiger Autoren im Ausland. Sein „Engagement für die Werke verfolgter oder vergessener Autoren“ verdient eine besondere Anerkennung. Es baute Brücken, über die Gejagte sich retten konnten. Es baut Brücken, die Autoren und Kulturen verschiedener

Sprachen und Länder heute verbinden. Es verteidigt aber auch diese fragilen Brücken. Es leistet den „wiederauflebenden neo-faschistischen Tendenzen in den Literaturen und Kulturen vieler Länder Widerstand" und wendet sich schon vor dem Historikerstreit, wachsam gegen die „dreisten Versuche, die nationalsozialistischen Verbrechen moralisch aufzuwerten, historische Fakten zu verfälschen und ehemalige Fürsprecher des Faschismus öffentlich zu belobigen."

Der Internationale PEN griff 1984 in Tokio diese Initiative einhellig auf. Sie formuliert auch für uns wichtige Alltagsaufgaben in unserer Republik.

VI

Wenn ich vom Brückenbau des Exil-PEN spreche, dann ist auch daran zu erinnern, daß von Deutschland aus, von keiner seiner neu sich aufbauenden Städte, Universitäten oder Regierungen eine Brücke zu den Geflüchteten gebaut wurde – in Gestalt einer Einladung zurückzukommen, in Gestalt einer Bitte um Entschuldigung oder einer Kontaktaufnahme. Die Brücken, die hier gebaut wurden, verdanken sich privaten Initiativen, Günter Weißenborn und Alfred Andersch sind als erste zu nennen.

Ich schweige von Walter von Molos leichtfüßigem Brief, aber nicht von Thomas Manns Antwort: „Sind diese 12 Jahre und ihre Ergebnisse denn von der Tafel zu wischen, als sei nichts gewesen?" Und Thomas Mann stellt fest: Sie haben „das Herzasthma des Exils, die Entwurzelung, die nervösen Schrecken der Heimatlosigkeit" nicht gekannt. „Wie anders hätte sich alles dargestellt, wäre es Deutschland gegeben gewesen, sich selbst zu befreien."

VII

Ich frage weiter: Wird nicht hinter der oft gehörten Ausrede für diese Unterlassung nach 1945 eine Vermutung versteckt: Die wären ja doch nicht gekommen? Der dem Nationalsozialismus vorauseilende Gehorsam in Form von Antisemitismus, Nationalismus, Militarismus und Demokratieverachtung in der wilhelminischen und in der Weimarer Zeit lebt nach 1945 im Fortsetzen eines nachhinkenden Gehorsams weiter, der die Opfer zum Grund dafür macht, einen eigenen Neuansatz zu verweigern.

Noch weiter gefragt: Gab es vielleicht eine latente Angst, in den überlebenden Opfern lebendige Vorwürfe und Anfragen an das eigene Versagen sehen zu müssen? Die Fortdauer des Exils, auch nach einer Rückkehr, ich denke z.B. an Alfred Döblin und auch an Walter Meckauer, könnte uns zwingen, diesen Fragen radikaler nachzugehen.

Warum – bis auf wenige Ausnahmen – blieben fremd, die in unserem Land zu Fremden draußen verurteilt worden waren?

Manès Sperber nennt Gründe für die Zurückhaltung: „Jedoch glaube ich in meinem tiefsten Inneren, daß es noch während zwei, drei Generationen für Juden meiner Art unwürdig bleiben wird, sich mit Deutschen zu identifizieren."

Er wurde ja nicht in Paris entwurzelt, wo er unglücklich war wie nirgendwo sonst, sondern: „Wichtiger ist, daß ich nicht hier entwurzelt worden bin, sondern dort, wo ich einmal ‚wie's Kind im Hause' war."

Jean Améry formuliert noch schärfer: „Wer einmal gefoltert wurde, bleibt gefoltert." Daraus folgt: „Einmal Emigrant, immer Emigrant ... Die Fremde entfremdet." Er erinnert an Joseph Roth, Wilhelm Reich, Walter Benjamin und Kurt Tucholsky, um bitter zu konstatieren: „Der beste Emigrant ist ein toter Emigrant." Bleibt das Exil?

VIII

In der biblischen Erzählung von Noahs Arche, in der die Kreatur überlebt, nachdem menschliche Bosheit und Gewalt eine vieles vernichtende Flut über die Welt gebracht hatten, wird erzählt: Noah schickt eine Taube aus. Sie soll erkunden, ob die tödliche Flut vorüber sei. Die Taube kommt zurück, weil sie „noch keine Stätte fand, wo ihr Fuß ruhen konnte." Erst beim zweiten Mal bringt sie einen Ölzweig im Schnabel zurück, ein Zeichen, daß das Leben sich zu erneuern beginnt. Vielleicht hat die Arche der Geretteten viele Tauben auszusenden, bis sie mehr Ölzweige auf dem einst überfluteten Gelände finden können als die hurtigen Zweige der Selbstrechtfertigung und die Totenblumen des Verdrängens?

Ich verstehe den Chor der Geretteten gut, wenn er ruft:

„Wir Geretteten
Aus deren hohlem Gebein der Tod schon seine Flöten schnitt,
Wir Geretteten,
bitten euch:
Zeigt uns langsam eure Sonne.
Führt uns von Stern zu Stern im Schritt.
Laßt uns das Leben leise wieder lernen. ...
Wir Geretteten
wir drücken eure Hand
wir erkennen euer Auge –
Aber zusammen hält uns noch der Abschied,
der Abschied im Staub
hält uns mit euch zusammen" (Nelly Sachs).

IX

Das PEN-Zentrum deutschsprachiger Autoren im Ausland, wie sich das deutsche PEN-Zentrum im Exil seit 1948 nannte, hat aber auch die Aufgabe, kosmopolitisch – hierzulande einst ein Schimpfwort! – heute schon zu leben, was von vielen noch gelernt werden will. Dazu gehört, „daß trotz schlecht bestandener Prüfung für Deutschland zu hoffen bleibt". So formulierte es Heinrich Mann in einer Anthologie deutschsprachiger Literatur (Aurora-Verlag, New York 1947).

Will Schaber sprach 1983 davon, daß Bücher nicht mehr „als Brennmaterial" dienen sollen, sondern „zur Heilung, zum Aufbau, zum Appell an das Gewissen". Die „Hoffnung für Deutschland" (H. Mann) bezog sich nicht auf einen schwadronierenden oder nur bruttosozialproduktiven Nationalismus, sondern auf die Erfahrung von Autoren, die aus Czernowitz oder Köln, Budapest oder Dessau, aus Prag oder dem Elsaß, aus Berlin oder Wien, aus Brünn oder den Niederlanden stammten, die aber die Sprache gemeinsam hatten und haben. Diese Gruppe begann als eine transnationale Kulturnation neuer Art zu leben, als die Länder, aus denen sie kamen, in Barbarei versanken. Und die ging von einem Land aus, das einmal von der Freiheit so hoch zu singen wußte, daß z.B. im unterdrückten osteuropäischen Judentum des vergangenen Jahrhunderts Friedrich Schiller den Ehrentitel Rebbe Schiller bekam, weil er „in tyrannos" und für Befreiung sprach. Aber, nachdem der „Nationalismus" einmal „sozialisiert" worden war, wie Albert Ehrenstein den Nationalsozialismus beschreibt, ist auch die Zeit der Nationalkultur, nationalbegrenzt und staatlich beflaggt, vorbei. Wer heute „prahlerisch patriotisch tut", so Heinrich Heine schon in seinen Reisebildern, den nimmt Heine so wahr, „als hörte ich einen Hering, der das Weltmeer für sein Vaterland und den Walfisch für seinen Landsmann ausgibt." In Lucca hat der Exil-PEN 1963 mit Recht Heine eine Tafel gewidmet.

X

Ein Bitburg- und Annaberg-besetztes Mißverständnis von „Versöhnung" droht Versöhnung auf herzeigbare Fotos, Männer, Gesten und Daten zu reduzieren. Es vergißt die Mühsal der Neubegegnung, des Kennenlernens, des Neubeginns, der Selbstkritik und vor allem die Tiefe der Verwundungen bei den Opfern, den Toten und ihren Nachkommen. Es ist gekoppelt mit der Sehnsucht nach „Normalisierung", die endlich aus dem Schatten Hitlers heraustreten will und im Interesse einer „normalen" politischen und wissenschaftlichen Arbeit die Kriegs- und Nachkriegszeit für beendet erklären will. Aber: Unsere Gesellschaft braucht die vielen kleinen Leute genauso wie die vielen kleinen Gesten und Schritte, wie die intensive und geduldige Arbeit des PEN-Zentrums deutschsprachiger Autoren im Ausland.

Und die geschieht 1985 im Protest gegen Bitburg am Holocaust-Denkmal in Londons Hydepark oder in unzähligen Lesungen und Symposien, die Exilautoren der Vergessenheit entreißen sollten. Immer melden sich Namen und Stimmen gegen die Einebnung der Geschichte zu Wort.

Die physische und psychische Unterstützung von Autoren, die publizistische, wissenschaftliche und politische Arbeit gegen Gedächtnisverlust und Erinnerungsschwund heute halfen und helfen seit 55 Jahren bekannten und unbekannten Menschen, großen und kleinen Lichtern, Meistern und Unvollendeten.

Ich trete den verjagten Schriftstellern nicht zu nahe, wohl aber jeder Prominentengeilheit, die Hierarchien unter den Opfern aufstellt, also sich selbst eine Platzanweisungskompetenz mit entsprechendem Höhengewinn für die eigene Person zuspielt, wenn ich mich weigere, die Autoren im Exil-PEN von ihren unbekannten, aber nicht namenlosen Opfern und Mitgejagten, dem Schneider aus Lemberg, dem Säugling aus Lyon, der Rentnerin aus Breslau zu trennen.

XI

Das Thema Exil und Asyl ist kein Thema der Vergangenheit, weder was die aus Deutschland vertriebenen Autoren noch was die menschliche und politische Verarbeitung dieser Erfahrungen angeht. Eine Konsequenz zog unser Grundgesetz, eine vorzügliche Verfassung für einen neuen Demokratieversuch. Es sagt lapidar (16, 2): „Politisch Verfolgte genießen Asylrecht."

Es gibt Leute, die noch immer von einer „steigenden Asylantenflut" (Ministerpräsident Streibl) oder von einer „durchrassten und durchmischten Gesellschaft" (Edmund Stoiber) sprechen und davon, daß wir uns beides nicht leisten könnten.

Jenseits von Festreden, im politischen Alltag, aus der Geschichte lernen zu wollen, ist schwer. Das Grundgesetz versucht es, viele Menschen und Gruppen versuchen es. Sie stehen heute gegen die sogenannten Republikaner und ihre Claqueure in vielen Schichten. Es darf nicht noch einmal passieren, was Ernst Toller 1933 die Auslieferung der Republik an ihre Gegner nannte. Bonn ist gewiß nicht Weimar, deswegen setzt die Wachsamkeit im Gegensatz zu Weimar mitten in Bonn und mitten in unserer demokratischen Gesellschaft ein. Was schon und noch eine Macht in vielen Köpfen und an vielen Stammtischen ist, darf keine Gewalt werden.

Der türkische, deutsch schreibende Flüchtling *Levent Aktoprak* nennt sein Gedicht „Entwicklung". Er fragt nach der Entwicklung unserer Gesellschaft:

„Hände lernen
das deutsche ABC
Lippen studieren
deutsche Geschichte

Und heute
an die Hauswand gekritzelt
lese ich:
‚Türken raus'
Meine Abiturfrage hieß:
‚Was
waren
die Ursachen des deutschen Faschismus'?"

Es gibt Zeiten, und sie sind mit dem Nationalsozialismus nicht vorüber, in denen ein Gespräch über Exil damals ein Verbrechen heute ist, wenn es das Schweigen über Exil heute einschlösse. Das PEN-Zentrum und der Exil-PEN schweigen nicht. Flüchtlingszahlen gehen in die Millionen, in allen Kontinenten. Autoren, bekannte und unbekannte, sitzen in Gefängnissen, sind geflüchtet, aus Chile, Rumänien, Südafrika; drei Länder, die um Dutzende zu ergänzen sind.

Und wieder – bleibe ich bei unserem Land – zeigt sich, daß auch Demokratien, wie die unsere, eine unsensible Öffentlichkeit haben können, wenn Türken, von Ausweisung bedroht, sich verbrennen oder aus dem Fenster des Ausländeramtes springen, wenn Gerichte es für rechtens befinden, Asylbewerber auch dann in ihre Heimatländer auszuweisen, wenn ihnen dort die Todesstrafe droht. Andere Länder, andere Sitten? Ich spreche vom eigenen Land und der eigenen Unsittlichkeit.

XII

Eine Typisierung des Widerstands wie des Exils gelingt nicht. Walter Berendsons Formel von einer „humanistischen Front" ist der geringste gemeinsame Nenner. Er sagt nicht viel, aber immerhin soviel, daß sie human war, also Menschen retten konnte, durch Freitod oder Flucht, durch politischen Widerstand aus klaren oder ungeklärten politischen Motiven, durch pure Selbstbehauptung oder Aggiornamento, durch Gegeninformation oder Angst. Ja, auch durch eine so menschliche Regung wie Angst, im Kontrast zu einem Übermaß an Heldentaten und tötenden Helden, gelang es, Menschlichkeit zu bewahren, durch soziale, menschliche, auch allzu menschliche Verhaltensweisen auf die singuläre Brutalität Nazideutschlands zu reagieren. Die Übermacht an terroristischer Staatsgewalt in Deutschland, mit ihrem Unterbau an Denunzianten und Mitläufern, läßt auch die sich rettende Menschenwürde nicht unbeschädigt. Bertolt Brecht wußte, warum er die Nachgeborenen um Nachsicht für die bat, die die Länder häufiger als die Schuhe wechseln mußten.

Wann verjährt die Nachsicht? Wenn die Geschichte zum Gegenstand von beschwörenden Reden, Aktenablage oder nur wissenschaftlicher Forschung wird?

Das Haus des Flüchtlings hat nach Brecht vier Türen. Vielleicht ist durch eine nur zu entkommen? Und wenn es, nach Meinung des Flüchtlings, die ist, die zur Rettung nur durch einen Bückling vor einem anderen Tyrannen zu benutzen ist?

Die jetzt eine Kampagne lostreten gegen Meckauer und seinen Kreis, machen eine seit Jahren bekannte Tatsache, die nie verhüllt oder bestritten wurde, zum Argument, auch gegen die bisherigen und den heutigen Preisträger.

Sie zitieren eine zweifache, bis 1945 nie veröffentlichte Hommage Meckauers an Mussolini, dessen Terrorregime einige Nischen mehr zum Unterschlüpfen bot als das so gründlich deutsche Deutschland. Die Widmungen waren Fehler oder Schlimmeres, hätten viele Mitexulanten gesagt, hätten sie damals davon gewußt. Sie sind Fehler, aber sind bis heute nie geleugnet worden. Mein Ethos kann auch hier nur klar verurteilen. Aber das zu sagen ist unendlich billig, so daß ich mich fast schäme es auszusprechen. Für mich steht heute nichts auf dem Spiel. Damals stand das Überleben einer Familie auf dem Spiel. Und heute Ruf und Arbeit der aus Lager oder Emigration Zurückgekehrten.

Die Gruppe der Revisionisten im Historikerstreit, Ernst Nolte, Michael Stürmer und Joachim Fest z.B., neigte zu einer „Historisierung" von Auschwitz. Und Historisierung schließt die wertfreie Archivierung und wissenschaftliche Verarbeitung der Schoah ein. Sie schließt aus, ethische Maßstäbe an die Vorgeschichte, Geschichte und Nachgeschichte der Schoah anzulegen. Und zur ganzen Geschichte gehören die Überlebenden, die zweite und dritte Generation der Opfer und der Täter.

Zur Erfahrung der überlebenden Opfer und ihrer Kinder gehört, daß die Schoah nicht verdrängbar ist. Bis in die Träume wird immer bedrängender erlebt: „Warum? Wer gab den Mördern und Mitläufern ein Recht zu töten? Warum habe ich überlebt?" Mehr als Historisierung und Verdrängung aller ist es, wenn das Engagement des Meckauer-Kreises als „harsche Überreaktionen", als „Selbststilisierung zum neuerlich Verfolgten", auf ein „schwiegerväterliches Über-Ich" oder „vielleicht auf einen Anflug schlechten Gewissens" zurückgeführt wird. Dem überlebenden Opfer wird sein neuerliches Gefühl, wieder verfolgt zu sein, schlicht als „überflüssig" verboten.

Nach Aktenlage entscheidet ein Forscher, daß für Meckauer, der in Italien 1938 verhaftet worden war und danach weiterfloh, keine Gefahr bestand, denn „es lag ja kein Auslieferungsbegehren der Gestapo vor". Quod non est in actis non est in mundo.

Ein anderer Zeitgenosse sieht Meckauer deswegen nicht gefährdet, weil er ja der Kommunist nicht war, als den die Gestapo ihn auf ihren Suchlisten führte. Die Aktenlage der Verfolger ist beweiskräftiger als Angst und Exil der Verfolgten. Es ist gut, daß die Exilforschung auch ihren Historikerstreit bekommt.

Meckauer ist weder der politischen noch der literarischen Kritik entzogen. Nur, es gibt eine Grenze: Dort, wo der Maßstab durch ein Reinheitsgebot für weiße Westen gesetzt wird, dem nur noch Helden und Heilige – und seien es solche des Antifaschismus – genügen können, dort tritt eine Selektion ein (ich benutze das Wort bewußt an dieser Stelle), die wieder Herren über Nachleben und Nachtod von Menschen auf Richterstühle setzt, wo ich nur Kritiker und

Selbstkritiker sitzen sehen möchte. Ihrer politischen und literarischen Kritik ist niemand entzogen oder zu entziehen. Weder Bert Brecht noch Lion Feuchtwanger, weder Walter Meckauer noch Thomas Mann. Eine andere Grenze aber ist überschritten, wenn die notwendige Kritik heutige Erinnerungsarbeit hinweg dekretieren will. Die Forderung, die heutige „Preisverleihung abzusagen und den Preis künftig nicht mehr zu vergeben", liegt auf dem Tisch. Sippenhaft. Und: Was interessieren Kontext und Konstitution von Walter Meckauer? Keine Fehlerfreundlichkeiten bitte, keine Sentiments! Darf nur der Vollkommenen gedacht werden? Die durch ihre Fehler Behinderten, die Kleinen, die Flüchtlinge in Freitod oder Nischen, die nicht an der klaren Front des Widerstandes kämpfen, sind die keiner öffentlichen Erinnerung mehr wert?

XIII

Niemand der Gejagten darf heute verloren gehen. Dabei mache ich, wie auch *Hans Keilson*, nicht die übliche makabre Gewinn- und Verlustrechnung auf, die z.B. an den jüdischen Nobelpreisträgern nachrechnet, wie Deutschland sich selbst schadete. Keilson spricht davon, wie durch Vertreibung und Exil unersetzlich und unauffindbar Menschen verloren und verloren gingen. Und die Flüchtlinge und Opfer von damals waren die Verlierer, niemand kann aus ihnen Sieger machen, weil der Verlust unverrechenbar und endgültig ist.

„... wir die nur
verlieren können
... nur verlieren können
was nie mehr
abgegeben wird
kein Fundbüro
bewahrt
... verlieren
... können."

Trotzdem haben wir Erinnerungsarbeit zu leisten, damit die Jäger und Mörder nicht den letzten Triumph behalten, sondern damit die leisen, die kämpferischen, die schönen, die verzweifelten, die mißlungenen oder schrillen Stimmen der Exulanten nicht verhallen.

Wie unendlich schwer die Aufgabe ist, ein Menschenleben auf der Flucht wahrzunehmen und ihm gerecht zu werden, zeigt das Gedicht von *Felix Pollak*:

„Refugee
Er ist in Wien geboren
er ist in Auschwitz gestorben
er lebt in New York
Er glaubt noch immer
alle Menschen seien Brüder
unter der Haut

aber er weiß auch
daß sie einander stets
bei lebendigem Leib
die Haut abziehen werden
auf daß sie
Brüder seien.“

„Ein Jahrhundert wird besichtigt“

Ernst Barlach und Zeitgenossen *

I

Die klassische Moderne ist die stärkste Dreinrede gegen jene Beliebigkeit, die sich postmodern nennt. Die hier ausgestellten Künstler – „Häufiger die Länder als die Schuhe wechselnd“ (B. Brecht) – auch wenn sie als „Artfremde“ und „Entartete“ im eigenen Land Fremde wurden – sie alle stehen weder mit ihrem Denken noch mit ihren Werken für beliebige Positionen. So unterschiedlich sie sind – die in dieser Region singuläre Ausstellung in der Galerie am Alten Garten beweist es – so gemeinsam verlangen sie eine Antwort auf die vielfältigen Stimmen und Stimmungen ihrer Formen, Farben, Fantasien, Botschaften – und Biographien! Ernst Barlach notiert 1903: „Wer Ästhetik um ihrer selbst willen betreibt, der tut etwas wie die Sünde wider den Heiligen Geist.“ Das Gesicht der Menschen zu sehen und ihm ehrlich standzuhalten, das bindet diese Künstler zusammen und hält sie lebendig, das verhindert, daß wir zu Voyeuren werden.

„So echt war mir noch nichts vorgekommen. Vor allem die Frau. Ich habe sie einfach auswendig gelernt.“ So beschreibt, im Zug von Charkow nach Kiew sitzend, Barlach den Beginn der Verwandlung, die mit ihm und seiner Kunst auf der Rußlandreise 1906 passiert (ähnlich wie vorher Rainer Maria Rilke). Noch bildet reisen.

„Ich darf mit gutem Recht von mir sagen: Ich habe meinen ganzen Krempel von der Straße geholt, nicht aus Museen oder von der Akademie“, betont Barlach. Wilhelm II. spricht verächtlich von „Rinnsteinkunst“, als Käthe Kollwitz ihren Zyklus „Der Weberaufstand“ nach Gerhart Hauptmanns „Die Weber“ beginnt. Max Liebermann muß sich einen „Apostel des Häßlichen“ nennen lassen. Der Kaiser ergötzt sich mit vielen an germanischen Sagengestalten. Historien läßt er malen. Kurt Tucholsky wird beim Anblick der Germania auf dem Niederwalddenkmal oder des Reiterstandbildes am Deutschen Eck von „gefrorenem Mist“ sprechen. Dort wird der Nachbar Frankreich, dem so viele der hier ausgestellten Künstler Inspirationen und Freundschaften verdanken, nicht gegrüßt, sondern als Erbfeind bedroht. Kommunen und Fürstenhäuser lassen durch Kompanien von Künstlern Krieger, Fürsten und Feldherren aufstellen. Die Befallsdichte an öffentlich-heldischer Kunst reicht an einen anderen Feldversuch staatlicher Kunstpflege-Vormundschaft heran, an die Multiplikation Lenins in Gips und Bronze.

* Erstveröffentlichung. Vorgetragen zur Einführung in die Ausstellung der Galerie am Alten Garten in Siegen am 2. Juni 1996.

II

Vom ältesten hier vertretenen Künstler, Max Liebermann, vom eigenständig entwickelten Impressionismus bis zum Expressionismus, z.B. der Mitglieder der 1905 in Dresden gegründeten „Brücke", von Mitgliedern des „Blauen Reiters" oder den sozialkritischen Künstlern und darüberhinaus reicht die Spannweite der Exponate bis 1967.

Sie widersprechen in ihrer Kunst, oft lernen sie es mühsam, den erwünschten Attitüden, die Wirklichkeit harmlos zu sehen und zu gestalten. Eine neue Epoche beginnt mit ihnen mitten in jener Zeit, die so mit sich selbst zufrieden schien, die sich „herrlichen Zeiten entgegen geführt" sah und auf den Schlachtfeldern von Verdun und Stalingrad, in den Vernichtungslagern von Auschwitz und in den Einsamkeiten des Exils erkennen mußte, daß die Führung Verführung gewesen war. Zur Verführung gehören immer zwei. Zuerst die, die sich verführen lassen; heute gesagt: Es sind alle, die kopfnickende Akzeptanz der eh laufenden Entwicklungen und Geschäfte nicht durch Widerspruch, kritische Zwischenfragen oder Nonkonformismus stören.

Heinrich Manns „Untertan" grüßt durch die Moderne bis in die Gegenwart. Der Schumacher Voigt beschlagnahmt als Hauptmann die Stadtkasse von Köpenick. Die Form als Uniform siegt über Ethos und den Geist, der die Welt und was dahinterliegt eigenständig sehen und gestalten will.

III

Der Krieg – noch 1914 empfanden ihn viele „als Erlösung", als religiöse Erregung – zeigt die Hohlheit jenes Fortschritts- und Heldenoptimismus. Die Brüche werden sichtbar – wenn auch nicht für Ernst Jünger oder Oswald Spengler. Sie sprechen weiter davon, daß es nicht darauf ankomme, wofür, sondern wie man kämpfe oder vom faustischen Menschen gegenüber Negern, Juden und Bolschewisten. Charles Péguy und Franz Marc – warum schießen sie sich in den Schützengräben Flanderns wie viele andere tot?

Karl Barth, einer der theologischen und kirchlichen Reformatoren am Beginn unseres Jahrhunderts, ist 1914 entsetzt über seine verehrten Lehrer, ja über die deutschen Intellektuellen, darunter Max Reinhard und Ulrich Willamowitz-Moellendorff, Franz von Liszt oder Hans Delbrück. Sie veröffentlichen einen Aufruf zum Kriegsbeginn, der nicht anders gelesen werden kann denn als eine Kapitulation des Geistes vor der Gewalt: „Jetzt wo der Krieg wie ein gigantisches Schicksal über uns gekommen ist ... überlassen wir das uralte ethische Problem des Krieges nach seiner rein gedanklichen Seite der Generation, die in diesem Kriegsjahr geboren wird ... mag sie dereinst wieder alles kostbare Gedankenmetall ..., den Stahl und das Gold Luthers, Kants, Bismarcks hineinwerfen in die brodelnde Masse der internationalen gelehrten Kriegsdiskussion." Also: Erst schlagen, dann denken! Die nächste Generation muß mit Todeslagern und mit dem Zweiten Weltkrieg bezahlen, daß „dieses uralte ethische Problem" von Gewalt und Unrecht zugunsten von braver Hörigkeit vertagt worden war.

Mit Barlach und Kollwitz sind viele der bildenden Künstler und Literaten gegen Krieg und Nationalismus aus bitterer Erfahrung immun und aktiv geworden. Die „Menschheitsdämmerung" (K. Pinthus 1919) wurde sichtbar. Paul Tillich sieht wie Karl Barth den „Götzen wackeln", jenen Götzen der unkritischen Hinnahme von Staat, Kirche, Wirtschaft und Medien wie sie sind. Beide sind nicht mehr bereit, das kritische Erneuerungspotential in Kirche und Gesellschaft ihren braven Verwaltern zu überlassen. Mit Martin Buber und anderen brechen sie auf, soziale Gerechtigkeit, Machtkritik und Freiheit mit anderen Menschen neu zu lernen.

Paul Tillich, mit vielen der hier Ausgestellten befreundet, schreibt aus dem Exil im Rückblick: „Die politischen Probleme bestimmten unsere Existenz, auch nach der Revolution und Inflation waren sie eine Frage auf Leben und Tod ... Die revolutionäre Kunst trat immer mehr in den Vordergrund, von der Republik unterstützt, von der Mehrheit des Volkes angegriffen." Diese Mehrheit verweigert die Verantwortung für die sozialen Probleme, sie schiebt sie „starken Männern", denen „da oben" zu. Heinrich Zille malt ein Kind, das eine tote Ratte auf seinem Wägelchen zum Friedhof zieht: „Woran ist sie denn gestorben?" – „Unsere Wohnung ist zu naß."

IV

Die Angriffe mehren sich. Noch feiert man 1930 mit vielen Leuten aus dem Scheunenviertel in Berlin Heinrich Zilles 70. Geburtstag. Sein Freund und Lehrer aus Prag, Emil Orlik, Bühnenbildner bei Max Reinhard, Max Liebermann, M. Slevogt, K. Kollwitz und viele andere singen das Geburtstagslied:

> „Alle reichen sich die Hände,
> Unpro- und auch Prominente,
> Den Geburtstag zu begehen.
> Es ist, um auf dem Kopp zu stehen!"

Kaum jemand sonst steht dem gegenüber auf dem Kopf, was bevorsteht. Das Einziehen der Köpfe scheint angesagt.

Abgeräumt wird bald, was z.B. Ernst Barlach 1928 in der Plastik „Der Geistkämpfer" für die Kieler Universität geschaffen hat. Der Geist in seiner Freiheit kämpft nicht für seine Freiheit, schon gar nicht für die der anderen, es sei denn um Stellen und Budgets. Das Ehrenmal im Magdeburger Dom: Ein Kreuz, trauernde Menschen, Tote, eigene und feindliche Soldaten, untergegangen, – unerhört, auch noch slawisch-bolschewistische Untermenschen im Magdeburger Dom! – es soll umgehend entfernt werden. 1929 schon verlangen das unisono Domprediger und Museumsdirektor in Magdeburg. Sie teilen die Meinung von Alfred Rosenberg, dem Naziideologen: „Kleine halbidiotisch ausschauende Mixvariationen und undefinierbare Menschen mit Sowjethelmen."

Es war das Jahr, in dem Günter Dehn, Karl Barths Freund, als Pazifist verschrien wurde, weil er die verlogene Sprache auf den Kriegerdenkmalen kritisiert hatte. Nein, die gemordete Jugend des Ersten Weltkrieges starb nicht für „Volk und Vaterland". Sie starb umsonst! Umsonst! Der schon nationalsozialistische Allgemeine Studentenausschuß der Universität Halle beschloß, mit dem Einzelhandelsverband der Stadt, die Universität von Halle nach Leipzig zu verlegen, wenn ein solcher Jugendverführer wie Dehn an die Martin-Luther-Universität berufen würde. Er wurde nicht berufen. Kommerz und akademischer Patriotismus hatten sich vereint durchgesetzt.

Die Risse gehen durch die gesamte Gesellschaft. Die Eliten in ihrer Mehrheit stehen asozial und undemokratisch rechts. Am Anfang der Weimarer Republik lud der neue, demokratisch gewählte Staatspräsident Friedrich Ebert die Rektoren der deutschen Universitäten ein. Sie lehnten die Einladung ab. Man geht nicht zu einem Sattlergesellen. Der Riß geht auch durch die Kirche. Der Güstrower Domprediger Johannes Schwartzkopf, 1933 Mitglied der Bekennenden Kirche, 1934 im Schweriner Pastorenprozeß verurteilt, gewinnt 1926 Ernst Barlach für das Güstrower Ehrenmal: „Der Schwebende". Barlach: „Im Traume fliege ich oft!" Wer den Toten und den Lebenden sich ehrlich stellt, muß über die Wirklichkeit, ihren Status und ihre Grenzen hinausgehen – und fliegen.

Die nazihörigen Christen in seiner Gemeinde haben 1933 aber die Mehrheit im Gemeindekirchenrat. Der Schwebende wird vernichtet. Die Vernichtung kostet 124,01 Reichsmark. Anpassung dagegen ist kostenlos. Nonkonformismus ist teurer. Dieser bleibt wie bei Emil Nolde und Käthe Kollwitz, die nicht emigrierten, aber von der herrschenden Macht unter Verschluß gehalten wurden, auf wenige Freunde beschränkt, die zu den Verfemten halten.

Sieben Tage vor der Machtübergabe des Deutschen Volkes an die Koalition aus DNVP und NSDAP spricht Barlach im Rundfunk. Er spricht von der Erniedrigung des Künstlers, der „etwas nicht gestalten darf" *und* von der Erniedrigung der „Entscheidungsinstanzen", die dergleichen erzwingen. Drei Wochen später wird man Dietrich Bonhoeffer im Berliner Sender das Mikrofon abschalten, als er in einer Livesendung vor dem „Führer" warnt, der zum „Verführer" wird.

V

Ernst Barlach, erfüllt von tiefer Religiosität, wenn auch nicht Kirchlichkeit – was bei der deutsch-nationalen Prägung des Protestantismus, auch seiner Kirchengemeinde in Güstrow, nicht verwunderlich ist – antwortet seiner Kirchengemeinde 1932: „Ich habe mir oft vorgenommen, das Wort ‚Gott' nicht zu gebrauchen, denn ich fühle vernichtend den Unterschied zwischen dem menschlichen Empfindungs- und Anschauungsvermögen und dem alles Sein und Geschehen einschließenden Begriff.“ Die „Wandlungen Gottes“ (1920) sind für ihn Wandlungen Gottes zum Menschen und zur Menschlichkeit.

Hier will ich noch ein wenig genauer hinschauen. Max Liebermann schrieb 1930: „Predigen nicht alle seine Werke das Evangelium der Lebensbejahung ... in der Trauer, in dem Schmerz, in der Verzweiflung führt er uns vor Augen: Ecce homo!“ Seht, welch ein Mensch der Mensch ist. Max Beckmann hat die Verhörszenen des leidenden Menschen von Nazareth oft vor Augen, den van Gogh den „größten aller Künstler“ nennt, weil er „den Marmor, den Ton und die Farbe verschmähend und im lebendigen Fleisch arbeitend ... lebendige Menschen macht.“ Ein römischer Soldat der folternden Soldateska zeigt auf ihn, den exemplarischen Menschen: Ecce homo! Schaut den Menschen an! Beckmann malt Pontius Pilatus mit unendlich brutalem Gesicht, dessen ganze Körperhaltung zynisch fragt: „Was ist Wahrheit?“ Machterhalt und Selbstbehauptung, das ist Wahrheit. Hier geht es nicht um eine philosophische Frage, sondern um die Erledigung des Menschen und der Menschlichkeit.

VI

Und dann kommt der Zeitpunkt 1933, von dem Heinrich Mann sagt, daß „die Willkür zur Norm wurde“. Die Macht jener Machthaber veranlaßte Max Liebermann zu seinem berühmten Diktum, „er könne gar nicht soviel essen, wie er kotzen möchte“.

Max Planck, der Physiknobelpreisträger und mit Albert Einstein in der Zeit des künstlerischen Aufbruchs einer der Innovatoren der modernen Naturwissenschaft, wird 1934 von Hitler angebrüllt, als er um Berufschancen für die jüdischen Wissenschaftler an der Kaiser-Wilhelm-Gesellschaft bat. „Dann kommt Deutschland eben 100 Jahre ohne Physik aus!“ Max Planck hatte Barlach in den Orden „Pour le merite“ berufen. Und Martin Niemöller mußte sich beim Protestbesuch in der Reichskanzlei ebenso anschreien lassen, er solle sich gefälligst um den Himmel kümmern und ihm, dem Führer, die Sorge für die Erde überlassen – ein Satz, den viele Unfromme und Fromme bis heute glatt unterschreiben.

VII

Wie verhalten sich dic Institutionen? Sind sie für die Menschen da? Nein. Max Pechstein muß wie Käthe Kollwitz und Heinrich Mann und der tapfer protestierende Ernst Barlach 1933 die Preußische Akademie der Künste verlassen. „Kunst“, so hatte er gesagt, „ist keine Spielerei, sondern Pflicht dem Volk gegenüber. Sie ist eine öffentliche Angelegenheit.“ Einige der hier Ausgestellten waren der Versuchung der volkstümlichen Verwertung ausgesetzt. Emil

Nolde, frühes NSDAP-Mitglied, am stärksten. Aber sie alle widerstanden. Auch Nolde erhielt 1941 Malverbot. Siegfried Lenz schildert seine Zeit und Geschichte in „Deutschstunde"(1968). Die Augen der hier ausgestellten Künstler sehen vom Volk aber die Menschen, wo die Mächtigen und die Zyniker nur eine Masse sehen. Bitter registriert Käthe Kollwitz im Frühjahr 1933, als ihre erst zugelassenen, dann mit drei Werken von Ernst Barlach ins Magazin geräumten Werke nicht gezeigt werden dürfen: „Dieses Magazin ist für altes Gerümpel." Die Bücherverbrennung und die Beschlagnahme, Vernichtung oder Verschleuderung Tausender von Werken der bildenden Kunst als entartet und artfremd trifft fast alle hier ausgestellten Künstler. In allen Universitätsstädten lodern die Feuer, in denen die Bücher jüdischer oder sozialistischer Autoren, „undeutsch" genannt, verbrannt wurden. Heinrich Heines Wort geht schauerlich in Erfüllung, daß da, „wo man Bücher verbrennt, man auch Menschen verbrennt".

Aber es gab auch die Künstler, die, wie Gottfried Benn anfangs oder Gerhard Hauptmann bis zu seinem Tod, sich mit dem Regime arrangierten. 1933 wurde das Drama „Schlageter" von Hanns Johst aufgeführt. Gottfried Benn war eingeladen; bei dem anschließenden bierseligen Abend sprach einer der Machthaber das Wort: „Wenn ich das Wort Kultur höre, entsichere ich meine Browning." Gottfried Benn wischt die Menschen weg: „Wo die Geschichte spricht, haben die Personen zu schweigen." Die neue Idee, „läßt nicht abstimmen, sondern sie schickt den neuen biologischen Typ vor ... gegen die zerfallende europäische Demokratie." 1936 wird Benn schreiben: „Eine tolle Lage! Wo halten wir eigentlich? Furtwängler dirigiert nicht mehr. Hindemith ist in Ankara. Der Architekt Polzig geht nach Ankara. Ein Buch über Barlach wurde verboten. Ich bin ein öffentliches Ferkel."

VIII

Schauen wir uns um: Wer gehört zur Menschenfamilie? Max Beckmann zeichnet 1950 im Exil, kurz vor seinem Tode, in New York ein Bild: Adam, Eva und Kain, das Opfer Abel fehlt – das ist die Menschenfamilie. Der Mörder ist unter uns. Es ist ein Triptychon der Wahrheit.

Ich schließe mit einem Wort, mit dem Käthe Kollwitz am 15. Oktober 1911 die Eröffnung einer Ausstellung in Berlin beschreibt. Ich wünsche mir, daß morgen von der Galerie am Alten Garten alle sagen: „Gestern war ein fröhlicher Tag. Es wurde die ‚Juryfreie' eröffnet unter entsetzlichem Andrang des Publikums ... ein rasendes Gedränge. Die Ausstellung macht einen sehr guten Eindruck. Es scheinen, so weit ich gesehen habe, viele gute und interessante Sachen dazusein."

„Doch schuldig bin ich anders ...“

Erinnern für die Zukunft *

Wir trauern heute um die Toten in dieser Stadt. Unser Mitgefühl gilt den Angehörigen der Opfer, wie unsere Verantwortung den kommenden Generationen gilt. Die Toten sind nicht stumm, auch nicht unsere Kinder und Enkel. Sie fragen uns nach einer Welt ohne Bomben, Minen und Raketen. In sieben Minuten kann man eine Stadt zerstören und Hunderte von Menschen töten – aber nicht die Erinnerung an das Leid. Und die Konsequenzen für eine friedlichere Zukunft haben wir noch kaum gezogen.

Wir dürfen den Toten nicht über den zerfetzten Mund fahren, nicht über ihre geschundenen Leiber hinwegsehen, als ruhten sie nicht in dieser Stadt, mitten in unserem Volk, als mahnten nicht Kreuze und Tafeln, die alle fragen, *warum* sie starben und ob wir heute genug gegen Gewalt und Unrecht tun, damit nicht noch einmal Menschen brutal sterben müssen. Trauer kann Augen und Herzen öffnen, um Resignation und Gleichgültigkeit auszutreiben.

Wer Leid verdrängt und Schmerz verharmlost, bringt sich um das, was Menschlichkeit ausmacht: Aufmerksamkeit und Sensibilität für das Leid anderer. Trauer macht nachdenklich – und ehrlich. Das sind wir den Toten schuldig.

Wer vergißt, was geschah, reißt den Wegweiser für einen Weg in eine bessere Zukunft aus. Wer nicht weiß, wo er oder sie herkommt, drückt sich um die Frage, wie es weitergehen soll. Wer das Gedächtnis verliert, verliert die Orientierung.

I

Aber hören wir zuerst den Stimmen der Überlebenden zu. Sie haben uns *heute* etwas zu sagen.

Eine Mutter mit drei Kindern berichtet aus dem Bunker in der Burgstraße: „Der Bunker bebte, und die Geräusche, die durch die Eisenbetonkonstruktion drangen, waren so gewaltig, daß ich sie bis heute nicht vergessen kann. Der obere Aufbau, die Wohnung auf dem Bunker, war getroffen und brannte. Diese Augenblicke drücken sich bei jedem Menschen anders aus. Der eine schreit, der andere betet ... ‚Lieber Gott im Himmel, laß mir meine Kinder!‘... Die Schicksale, dic ich in jener Nacht erlebt habe, haben mich um Jahre älter werden lassen.

Ein Mann schiebt sein Fahrrad über den Trümmerschutt und keucht: ‚Und das im 20. Jahrhundert!‘ Angesichts der brennenden Stadt schreit er: ‚O Herr

* Eine Gedenkrede 50 Jahre nach der Zerstörung der Stadt Siegen, vorgetragen am 16. Dezember 1994; in gekürzter Fassung auch veröffentlicht in: Junge Kirche 56 (1995) 149-154.

des Himmels, sieh' darein und laß es dich erbarmen!' Wo blieb sie denn, die zweitausend Jahre gepredigte christliche Nächstenliebe? ... Das Leben scheint seinen Sinn verloren zu haben. Unstet und flüchtig sind wir geworden. Sirenengeheul treibt uns in Erdlöcher ..."

In extremen Situationen zeigt sich, wozu Menschen fähig sind – im Guten wie im Bösen: „Die Stollen waren eng. Man saß zu beiden Seiten fast Knie an Knie, oft so, daß mitten zwischen den Sitzenden sich Menschen legten, die schliefen, weil sie tagsüber ihrer aufreibungsvollen Arbeit in Fabriken und Gruben nachkommen mußten ... Zwei Menschentypen zeigten sich in der Hauptsache bei diesem Gemeinschaftsleben im Bunker: Auf der einen Seite die Selbstlosen, Hilfsbereiten, den Nächsten liebenden kameradschaftlichen Menschen, auf der anderen Seite die lieblosen, ja krassen Egoisten, die Ich-Menschen ... Kam ein Fremder in den Stollen, so zeigten sich beide Menschentypen. Die einen plädierten dafür, daß er in einen anderen Bunker hineingehöre, während die anderen Verständnis dafür zeigten, daß sich der Betreffende im letzten Augenblick in den ihm nächstliegenden Bunker geflüchtet hatte."
„Unauslöschlich steht mir das schaurige Bild des brennenden Dachstuhls am Oberen Schloß vor Augen. Überall gehetzte und geängstete Menschen, die rannten und jagten. Not und Tod, Angst und Entsetzen."

„Man könnte glauben, es sei alles nur ein böser Traum gewesen, was hinter uns liegt."

Ein abgeschossener Pilot der englischen Bomberflotte schreibt nach dem Krieg: „Krieg ist eine Tragödie. Ich kann nur hoffen, daß wir niemals mehr durch solch eine Qual hindurch müssen."

Eine Tagebuchschreiberin notiert: „Das verdanken wir dem Führer," der bekanntlich gesagt hatte, „in zehn Jahren werdet ihr Deutschland nicht mehr wiedererkennen." In der Tat: Siegen ist am 3. Advent 1944 nicht mehr wiederzuerkennen.

„Gern will ich auf alles verzichten, wenn erst Frieden wäre."

„Wie schmählich, daß man den Feind als Befreier herbeisehnt."

II

Ein Krieg zerstört nicht nur Millionen von Häusern und Menschenleben, er stranguliert auch Schönheit und Reichtum des menschlichen Lebens. Die Berichte der Verwundeten, der Überlebenden, der Flüchtenden zeigen deutlich: aufs schiere Überleben für sich selbst, für die Kinder, für die Nächsten wird das Menschsein eingeschnürt. Leben in Menschlichkeit und Würde, in Recht und Freiheit, in Frieden und Gerechtigkeit, Leben miteinander, nicht gegeneinander, das ist der Sinn des menschlichen Lebens – sowohl der Sinn wie das Leben schrumpft im Krieg bis zur Sinnlosigkeit und zum Tod.

Eine Überlebende aus den lebensrettenden Bunkern berichtet von deutschen Soldaten, die plündern, und von Pierre, dem französischen Zwangsarbeiter, der

Leben retten hilft, obwohl die rettenden Bunker nur für Deutsche, nicht für Ausländer bestimmt waren. Die Menschlichkeit kennt keine Nationalitäten. Die Unmenschlichkeit auch nicht. Der Krieg bringt an den Tag, wozu Menschen in der Lage sind. Diese tödliche Fähigkeit des Krieges genügt schon als Grund, gegen den Geist, die Logik und die Praxis von Kriegsführung und all das aufzutreten, was ihn vorbereitet: Nationale Überheblichkeit gegenüber allen Fremden, Vertrauen auf Waffen und Militär, Rassismus und Perversion des Rechtes.

Die Toten und die Überlebenden damals waren sich einig: Nie wieder Krieg! So etwas lassen wir nie wieder zu! Damit mischen sie sich bis heute ein in Gleichgültigkeit, in unser beliebtes „Weiter so“, in die Routine von Produzieren und Konsumieren, von Freizeit und Arbeit, von Verdrängen und Überlastung – auch in alle Gedenkveranstaltungen.

Der schwer verwundete Wolfgang Borchert (geb. 1921), als Wrack aus dem Krieg heimgekehrt, schrieb einen Tag vor seinem frühen Tod 1947 in die Lesebücher der kommenden Generation:

> „Du. Mann an der Maschine und Mann in der Werkstatt. Wenn sie dir morgen befehlen, du sollst keine Wasserrohre und keine Kochtöpfe mehr machen – sondern Stahlhelme und Maschinengewehre, dann gibt es nur eins: SAG NEIN!
> Du. Forscher im Laboratorium. Wenn sie dir morgen befehlen, du sollst einen neuen Tod erfinden gegen das alte Leben, dann gibt es nur eins: SAG NEIN!
> Du. Pfarrer auf der Kanzel. Wenn sie dir morgen befehlen, du sollst den Mord segnen und den Krieg heilig sprechen, dann gibt es nur eins: SAG NEIN!
> Du. Mutter in der Normandie und Mutter in der Ukraine, du, Mutter in Frisko und London, du, am Hoangho und am Mississippi, du, Mutter in Neapel und Hamburg und Kairo und Oslo – Mütter in allen Erdteilen, Mütter in der Welt, wenn sie morgen befehlen, ihr sollt Kinder gebären, Krankenschwestern für Kriegslazarette und neue Soldaten für neue Schlachten, Mütter in der Welt, dann gibt es nur eins: SAGT NEIN! Mütter, sagt NEIN!
> Denn wenn ihr nicht NEIN sagt, wenn IHR nicht NEIN sagt, Mütter, dann ...
> ... dann wird der letzte Mensch, mit zerfetzten Gedärmen und verpesteter Lunge, antwortlos und einsam unter der giftig glühenden Sonne und unter wankenden Gestirnen umherirren, einsam zwischen den unübersehbaren Massengräbern und den kalten Götzen der gigantischen betonklotzigen verödeten Städte, der letzte Mensch, dürr, wahnsinnig, lästernd, klagend – und seine furchtbare Klage: WARUM? wird ungehört in der Steppe verrinnen, durch die geborstenen Ruinen wehen, versickern im Schutt der Kirchen, gegen Hochbunker klatschen, in Blutlachen fallen, ungehört, antwortlos, letzter Tierschrei des letzten Tieres Mensch –

all dieses wird eintreffen, morgen, morgen vielleicht, vielleicht heute nacht schon, vielleicht heute nacht, wenn – – wenn – – wenn ihr nicht NEIN sagt."

Erlauben uns die Opfer des Krieges zu sagen, davon wollen wir nichts mehr hören? Das sei vorbei? Können die Toten uns Überlebenden und Nachgeborenen nicht anerkennend auf die Schulter klopfen und sagen: Toll, wie ihr alles wieder aufgebaut habt!? Nichts erinnert mehr an den Krieg. Wirklich Nichts? Erwarten die Opfer des Krieges nicht zu Recht, daß wir verantwortlicher und phantasievoller als frühere Generationen an der Entfeindung der Welt arbeiten? Oder ist der Krieg, solange er woanders stattfindet, Teil des täglichen Unterhaltungsprogramms, das mir zugleich bescheinigt, ich könne doch nichts machen?

III

Den Toten ins Gesicht zu schauen, ist nicht einfach, weil sie zuerst Menschen und nicht Untermenschen, Feinde oder Fremde sind.

Als die Bombenangriffe sich 1944 häuften, wurden wir, 10- bis 12jährige Jungen, losgeschickt, abgeschossene Flieger und die kostbare Seide ihrer Fallschirme zu suchen. Wir tobten wie bei einem Indianerspiel durch den Wald. Ein Toter machte uns stumm. Wir fanden einen englischen Piloten. Er saß am Fuß einer dicken Tanne, in den Ästen hing sein Fallschirm. Er hatte die Beine angezogen. In den starren Händen hielt er ein Foto. Seine toten Augen blickten auf eins der üblichen Familienfotos: Eine junge Frau und vier Kinder. Wir waren ausgezogen, Feinde zu suchen und hatten einen Menschen gefunden. Tot. Seitdem läßt mich die Frage nicht mehr los: Wie gelingt es uns eigentlich, im anderen den Menschen zu entdecken, bevor er tot ist?

Wenig später hatten wir Fahrschüler von Herborn nach Dillenburg schulfrei, eine Brücke war zerstört. Um den Endsieg zu sichern, hatte uns der Schulleiter abkommandiert, Spitzwegerich und Kamille für verwundete Soldaten zu sammeln, Splittergräben auszuheben und bombardierte Häuser zu räumen. Das war unser Kriegs-„Schauplatz", für uns Kinder ein aufregender Schauplatz, auch wenn wir manchmal vor den Tieffliegern wie Hasen rennen mußten. Wir wußten warum: Die nahe Bahnlinie führte auf den Westerwald, von wo die V 1, von Siegen aus gesteuert, ihre todbringende Fracht nach England trug. Dort auf den Westerwaldhöhen beobachteten wir die Kondensstreifen, viele brachen ab, taumelten in die Tiefe. Fehlzündung. Keine toten Kinder in London oder Antwerpen.

Am 6. Dezember 1944 sahen wir von den Höhen über Herborn den tiefroten Himmel. Gießen brannte. 10 Tage später in der anderen Richtung dunkle Wolken: Am frühen Abend spiegelte der Himmel das brennende Siegen. Wir bewunderten die eigenen Todesmaschinen. Panzer und Flugzeuge trugen Mädchen- oder Tiernamen. Cookies, Plätzchen, nannten die Piloten die Luftminen, die Häuser und Lungen wie Papier zerrissen. Christbäume hießen die 60 über Siegen gesetzten Beleuchtungskörper, die das Feld der Zerstörung absteckten. So liebevoll die Todesmaschinen und Todesmittel benannt wurden auf allen Seiten, so brutal sprach man über die Feinde, die Terrorflieger. Gelernt hatten wir, von den Maschinen des Todes fasziniert zu sein. Gelernt hatten wir zu singen: „siegreich wollen wir Frankreich schlagen, sterben als ein tapferer Held“. Und: „Es zittern die morschen Knochen der Welt vor dem großen Krieg. ... Wir werden weitermarschieren, bis alles in Scherben fällt. Denn heute gehört uns Deutschland und morgen die ganze Welt.“ Wir begannen uns zu wundern, als die Welt zuhause wirklich in Scherben fiel und so viele Menschen, Nachbarn, Ausländer, Zivilisten, Soldaten unter sich begrub. Gelernt hatten wir, der Krieg sei der Vater aller Dinge. Später erst ging mir auf, daß der Krieg viele Väter hat: Verlogene Sprache, Anpassung und Gehorsam.

IV

Das alte, schöne Siegen ist in Flammen aufgegangen, in Flammen, die seit 1933 gezündelt worden waren. Zum ersten Mal schossen sie in unserer Stadt am 10. November 1938 hoch. Die Heimatzeitung berichtet darüber: „Das Volk hat geantwortet. Die Siegener Synagoge ist nicht mehr! Sie liegt in Schutt und Asche. Wo einst die jüdische Mischpoche ihrem fremdländischen Ritus huldigte, liegen heute verkohlte Balken und zertrümmertes Gemäuer ... Hunderte, ja Tausende von Volksgenossen standen auf den anliegenden Straßen, als endlich der Judentempel im Feuermeer verbrannte. Der Judasstern ist gefallen. Nie wieder werde er aufgerichtet.“

Ich schaue von dem jubelnden Zeitungsbericht weg auf die Bibel, was denn im jüdischen Gottesdienst damals im November 1938 gelesen wurde. Es war der Prophet Obadja. Er wendet sich gegen alle Mächtigen und Gewalttäter und erinnert daran, daß alle Herrschaft Gott gehört. Und Gott ist ein Liebhaber des Lebens und nicht des Todes und der Zerstörung. Da heißt es: „Weide dich nicht an deinem Bruder am Tage seines Unglücks, freue dich nicht über die Söhne Judas am Tag ihres Untergangs und reiße dein Maul nicht auf am Tage ihrer Not. Dringe nicht ein in das Tor meines Volkes am Tage seines Verderbens ... Strecke die Hand nicht aus nach seinem Gut am Tage seines Verderbens. Stelle dich nicht an den Scheideweg, um seine Flüchtlinge niederzumachen, und liefere seine Entronnenen nicht aus am Tage der Not. Wie du getan hast, wird dir geschehen. Die Tat fällt auf dein Haupt zurück.“

Die Zerstörung der Stadt Siegen begann wie in vielen Städten und Dörfern mit der Zerstörung eines Gotteshauses, der Synagoge – ein Haus, wo der eine Gott der Bibel angebetet wurde und auf sein Wort gehört wird. Die stehengebliebene Wand mit dem Gottesnamen wurde eingerissen, auf dem Platz ein Bunker gebaut.

V

So wie Kasernenbau und Hochrüstung der Reichsregierung Arbeitsplätze schufen, so retteten die Bunker viele Menschen. Das ist wahr. Aber es ist nur die halbe Wahrheit. Natürlich gibt es auch im Krieg Rettungsgeschichten. Der Krieg ernährt auch seine Leute – aber am Ende und anderswo schlägt er fürchterlich zu. Er schlägt tot.

Er fällt auf die zurück, die ihn anfingen. Zu den toten Siegener Bürgern und zu den über 700 toten Russen, die in Zwangsarbeit und ohne Lohn hier arbeiten mußten, manchmal umgebracht und auf dem Firmengelände verscharrt wurden, gehören die über 50 Millionen Toten des Zweiten Weltkrieges. Dieser Krieg lief mit dem Ziel ab, das Hitler, und nicht nur er, vor 1933 bekanntgegeben hatte: Deutschland, Deutschland über alles.

Die Werkszeitung „Waldrich" beschrieb die wirtschaftspolitische Seite des Krieges so:

> „Als die nationalsozialistische Regierung im Jahre 1933 die Führung des Reiches übernahm, wurden der deutschen Wirtschaft neue Ziele gesetzt und bisher nicht geahnte Wege der Wirtschaftsankurbelung gefunden. Das deutsche Volk, zum großen Teil nationalsozialistisch geschult und mitgerissen vom Glauben seines Führers an die Zukunft Deutschlands, fand wieder Kraft und Willen zum Einsatz, was sich bald auf die Belebung der Wirtschaft auswirkte."

Friedrich Flick und Bernhard Weiss sagten später beim Kriegsverbrecherprozeß in Nürnberg, was viele Menschen zu ihrer Rechtfertigung sagten: Man könne sich nicht genau erinnern. Man habe nur mit den Wölfen geheult, man habe nur mitgemacht, um Schlimmeres zu verhüten. Was gibt es aber Schlimmeres als die Zerstörung Europas?

VI

Aber vergessen wir die Kirchen nicht. Die Toten zwingen zur radikalen Ehrlichkeit, auch wenn sie den Lebenden manchmal weh tut. Wir müssen nachfragen, warum der Tod eine solche blutige Chance in unserem Land bekam.

Der staatstreue Kirchenausschuß der zerrissenen evangelischen Kirchen erklärte nach dem Ermächtigungsgesetz, nach der Außerkraftsetzung der Weimarer Verfassung, nach dem Boykott jüdischer Geschäfte und nach dem Berufsverbot für Juden und Kommunisten im öffentlichen Dienst: „Zu dieser Wende der Geschichte sprechen wir ein dankbares Ja. Gott hat sie uns geschenkt. Ihm sei Ehre."

Der Vatikan schloß mit der Reichsregierung am 20. Juli 1933 ein Konkordat, das die ersehnte politisch-moralische Anerkennung für die Nazis brachte. Die deutsche, katholische Bischofskonferenz bejahte im Jahre 1933 ausdrücklich „die Ziele, die die neue Staatsautorität für die Freiheit unseres Volkes erhebt".

Der Vorsitzende des Gnadauer Gemeinschaftsverbandes schrieb: „Die Zerstreuung Israels unter die Völker ist Gottes Fluch über die Juden ... Nun will die neue Regierung den Einfluß der Juden zurückdämmen ... Wenn ein Volk den Israeliten als Israeliten in seinen Rechten vom Deutschen unterscheidet, so haben wir von der Bibel aus keinen Einwand dagegen zu erheben.“

Wir sagen ja! Wir haben keinen Einwand, wenn zweierlei Recht für Menschen in derselben Stadt gilt. Wir bauen und produzieren, was wir verkaufen können. Wir haben es nicht gewußt.

Die beiden von den Nazis ermordeten Widerstandskämpfer Pater Alfred Delp und der evangelische Theologe Dietrich Bonhoeffer haben noch vor Ende des Krieges auf diese Schuld der Kirche hingewiesen, die sie – mit vielen anderen – mit dem Leben bezahlen mußten: „Die künftige deutsche Geschichte wird das bittere Kapitel zu schreiben haben über das Versagen der Kirche“ (Delp).

1940 hatte Dietrich Bonhoeffer schon geschrieben: „Die Kirche bekennt, die willkürliche Anwendung brutaler Gewalt, das leibliche und seelische Leiden unzähliger Unschuldiger, Unterdrückung, Haß und Mord gesehen zu haben, ohne ihre Stimmen für sie zu erheben, ohne Wege gefunden zu haben, ihnen zu Hilfe zu eilen. Sie ist schuldig geworden am Leben der schwächsten und der wehrlosesten Brüder Jesu Christi.“ Und die Geschwister des Juden Jesus waren die Juden.

Als die neue Leitung der evangelischen Kirche 1945 im August zusammenkam, erklärte sie: „Wer die Liebe verachtet, kämpft nicht für das Recht der anderen. Er kümmert sich nicht um Verführung von Menschen und hört nicht die Stimmen ihrer Qual. Er lebt und redet, wie wenn dergleichen nicht geschähe. Er scheut die Verantwortung, wie es Christen und Nichtchristen getan haben. Er versteckt sich hinter Befehlen von Menschen, um Gottes Gebot zu entgehen. Diese Lüge ist unser Tod geworden. Scheu vor Leiden hat das maßlose Leid über uns gebracht.“ Das Stuttgarter Schuldbekenntnis bekräftigte diese Einsicht. Steht das in unserem politischen, kirchlichen, wirtschaftlichen und publizistischen Aufgabenheft für den Alltag: Kämpfen für das Recht des anderen? Nicht hinter Anweisungen anderer und hinter Verantwortungsscheu sich verstecken?

Die katholische Bischofskonferenz erklärte: „Viele Deutsche, auch aus unseren Reihen, haben sich von den falschen Lehren des Nationalsozialismus betören lassen, sind bei den Verbrechen gegen menschliche Freiheit und Würde gleichgültig geblieben; viele leisteten durch ihre Haltung den Verbrechen Vorschub, viele sind selber Verbrecher geworden.“

VII

Was von der Industrie und was von der Kirche gilt, gilt auch von der Wissenschaft und von den Medien, von der Kultur und der Verwaltung, von der Frau und von dem Mann auf der Straße: Sie ließen sich gleichschalten in ihrer übergroßen Mehrheit. Sie funktionierten weithin ohne Widerspruch. Große Namen aus Kunst und Wissenschaft huldigten dem Nationalsozialismus. Noch mehr meinten, unpolitisch zu sein, doch gerade dadurch waren sie aufs Äußerste politisch. Sie ließen geschehen, was geschah. Man schaute weg oder schaute zu, wenn anderen Unrecht geschah. Der Kriegs-„Schauplatz“ wird auf dem Friedens-„Schauplatz“ vorbereitet, wenn ich Unrecht und Gewalt gegenüber passiv bleibe und der Politik nur zuschaue, statt mich zu engagieren.

Eine typische Stimme ist die Stimme des Rektors der Technischen Hochschule Stuttgart. Er sagte 1933: „Daß die Technische Hochschule Stuttgart im Jahre 1933 die Schwelle zum neuen Reich ohne große Erschütterung überschreiten konnte, zeugt für ihren auch rassisch gesunden Aufbau.“ Derselbe Professor wurde 1946 wieder Rektor und sagte nach der Zerstörung der Stadt und der Hochschule: „Die Technischen Hochschulen sind ihrem inneren Gefüge nach ganz unpolitische Körperschaften ... In der strengen Zucht der Naturgesetze, die unabhängig von den politischen Stömungen des Tages und Jahrhunderts ihre Bahnen in der geistigen Welt ebenso unbeirrbar ziehen, wie die Gestirne ihre ewigen Bahnen gelassen im Weltall durchschreiten“ (Prof. Grammels).

Man mußte nicht Nazi sein, um die Nazi-Herrschaft zu stärken. Es genügte, unpolitisch zu sein. Es genügte, gegen Nichtdeutsche, gegen Juden, gegen Homosexuelle, gegen sogenannte Zigeuner, gegen Pazifisten, gegen Behinderte, gegen Russen, gegen Kommunisten, gegen „Neger“ negativ eingestellt zu sein. Es genügte, sich 1933 nicht von der Zerstörung der rechtsstaatlichen Weimarer Demokratie beirren zu lassen und „gelassen“ gegenüber dem Leid anderer seine „Bahn“ zu gehen.

Wenn ich frage, wie es zu Krieg und Zerstörung kam, so muß ich sagen: auch durch das politische Desinteresse, das den politisch herrschenden Kräften freie Bahn ließ. Hier reicht nicht das Entsetzen, hier reicht auch nicht die Frage: Wie hätte ich mich in einer solchen Situation damals verhalten, eine Frage, in die schon eine Entschuldigung eingebaut ist. Hier reicht nur die Untersuchung, wie stark die nicht nationalsozialistischen Anteile am Nationalsozialismus sind. Dazu gehören:

– Ein Freund-Feind-Denken;
– ein Nationalismus, der vom eigenen Volk höher denkt als von anderen Völkern;
– eine Verachtung der Demokratie mit ihrer Verantwortung aller und mit ihrem Schutz für Minderheiten;
– eine Bereitschaft zur Anpassung;
– ein Vertrauen in militärische Gewalt statt in Recht und Gerechtigkeit;
– ein Ausblenden ethischer Maßstäbe aus der Arbeit der Medien, der Kirchen, der Industrie, der Wissenschaft, des Alltagslebens.

VIII

In einem Gespräch mit Albert Speer fragte eine Schülerin den früheren Rüstungsminister Hitlers, verantwortlich für Westwall und Konzentrationslager, für Rüstung und neue Architektur: „Sie sind doch ein gebildeter und kultivierter Mann. Wie konnten sie eigentlich einem solchen Regime dienen?“ Und Albert Speer, einer der wenigen hohen Nazis, der über seine Rolle ein wenig nachgedacht hatte, antwortete sehr direkt: „Ich konnte es immer nur schwer ertragen, eine abweichende Position zu vertreten.“

Gegen den Strom schwammen wenige. Mit dem Strom viele. Dadurch erst wurde er reißend und tödlich für viele.

Aber es gab sie, die ein abweichendes, ein lebenförderndes Verhalten zeigten. Hier sollen aus Siegen stellvertretend für andere die Namen der Pastoren Ochse und Noa genannt werden, die verhaftet oder in den Tod getrieben wurden, der Name des kommunistischen Landtagsabgeordneten Walter Krämer, den die Häftlinge im KZ Buchenwald den „Engel von Buchenwald“ nannten, weil er half, wo er konnte, bis man ihn totschlug. Ich nenne den Namen von Wilhelm Fries, der als einziger die todgeweihten Juden auf dem Weg nach Auschwitz bis auf den Siegener Bahnhof, Bahnsteig 3 und 4, begleitete. Vor allem aber ist zu erinnern – und hier sind keine Namen überliefert – an die nicht wenigen tapferen Frauen, die Nächstenliebe und Feindesliebe praktizierten, indem sie Zwangsarbeitern und Kriegsgefangenen Essen zusteckten, was lebensgefährlich war.

Sich an die Vergangenheit im Interesse einer besseren Zukunft zu erinnern, heißt auch festzustellen: Der Schritt zur Anpassung ist genauso klein wie der Schritt, sich nicht anzupassen, also zu widersprechen, Unrecht Unrecht zu nennen, Verachteten und Ausgegrenzten mit Liebe und Respekt zu begegnen. Im Gefängnis in Moabit schrieb kurz vor seiner Hinrichtung der Widerstandskämpfer Albrecht Haushofer sein Gedicht „Schuld“:

> „Ich trage leicht an dem, was das Gericht
> mir Schuld benennen wird: An Plan und Sorgen
> Verbrecher wär' ich, hätt' ich für das Morgen
> des Volkes nicht geplant aus eigener Pflicht.
> Doch schuldig bin ich anders als ihr denkt,
> ich mußte früher meine Pflicht erkennen,
> ich mußte schärfer Unheil Unheil nennen –
> mein Urteil hab ich viel zu lang gelenkt ...
> Ich klage mich in meinem Herzen an:
> Ich habe mein Gewissen lang betrogen,
> ich hab' mich selbst und andere belogen –
> ich kannte früh des Jammers ganze Bahn –
> ich hab' gewarnt – nicht hart genug und klar!
> Und heute weiß ich, was ich schuldig war.“

IX

Adolph Diesterweg, nebenan, auf dem Dachboden der Nikolaikirche ging er zur Schule, schrieb 1850 seine Hoffnung auf die Lernfähigkeit der Menschen auf:

> „Einstens – nach vielen Jahrhunderten und, der Natur der Menschen gemäß, die es nicht anders wollen, nach schreckensvollen Ereignissen – wird eine Zeit kommen, in der man die Schwerter wirklich in Pflugscharen verwandeln wird, d.h. eine Zeit, welche allen den Millionen, die jetzt auf Krieg verwandt werden, die Bestimmung geben wird, die Bildung des Menschen zum Menschen zu fördern ... daß die Menschen aufhören, mit Worten ihren Nächsten zu lieben, um es dann mit der That zu thun."

Am Dicken Turm mahnen uns die Toten „Verweile und gedenke". Das ist, wie Schweigemarsch und Kundgebung der Friedens- und Ausländergruppen, die Einladung, die Toten nicht zu vergessen und, ihrer gedenkend, darüber nachzudenken, wie künftige Tote hierzulande und anderswo verhindert werden können. 13 Millionen Kinder starben 1994 an Hunger und in mörderischen Kriegen. Das Gedenken schließt ein Nachdenken darüber ein, was aus dem schrecklichsten aller Kriege zu lernen ist.

Ich wäre unehrlich, wenn ich beim Gedanken an Krieg und Kriegsopfer das Nachdenken abschaltete. Erst nachzudenken, wenn der Tod *uns* erreicht, ist zu spät. Wie aber denken wir nach, in einem Land, das zur Zeit Weltmeister im Waffenexport ist, das mit Rußland, Italien, China und USA etwa 120 Millionen Landminen verkauft hat – Arbeitsplätze wurden dadurch gesichert bei uns, Tausende von Kindern verstümmelt und getötet in anderen Ländern? Zu der schrecklichen Erfahrung gehört auch, daß es undenkbar schien, ganze Städte wie 1940 Rotterdam und Coventry und im Rückschlag auch Siegen auszuradieren. Aber es war nicht undenkbar. Es war längst gedacht, ehe es getan wurde. Und es wurde getan, weil das, was an Unmenschlichem gedacht ist, *nicht* mit unpolitischer Tatenlosigkeit, sondern nur mit der Tapferkeit menschlicher Menschen verhindert werden kann.

Einer der Überlebenden des Feuersturms in Siegen schrieb später: „Bauen wir statt in unsere mühsam wieder aufgebauten Brücken Sprengkammern in unsere Trägheit und Gedankenlosigkeit, die ruhig zusieht, wie wir, langsam aber sicher, einem neuen Inferno entgegengehen." Hugo Hermann, einer der Überlebenden der in Siegen ausgelöschten jüdischen Gemeinde erinnert sich: „Im Durchschnitt war die Angst größer als die Zivilcourage."

Am 40. Jahrestag der mörderischen Zerstörung Dresdens (1985) sagte der anglikanische Bischof Gibbs von Coventry in Dresden, daß er gegenüber Dresden das Gefühl der Scham und der Hoffnung habe. Scham über die Zerstörung einer Stadt und Hoffnung aufgrund des gemeinsamen Glaubens, der Brücken der Versöhnung zwischen Coventry und Dresden geschlagen habe. Junge Deutsche und Engländer halfen gemeinsam beim Wiederaufbau der Kathedrale von Coventry, heute ein Friedenszentrum, und beim Wiederaufbau des Dresdener Diakonissen-Krankenhauses.

Es gibt immer nur wenige Agenten und Täter des Todes. Aber es sind viele Gleichgültige, die ihnen das Geschäft des Todes nicht verwehren. Es sind wenige, die am Werk des Friedens und der Versöhnung arbeiten. Auf ihnen ruht die Hoffnung, daß die laufenden Kriege zugunsten von Gerechtigkeit und Frieden, zugunsten von Millionen Kindern, Männern und Frauen vermindert oder gar beendet werden. Der Krieg rechnet mit uns und spekuliert auf unsere Gleichgültigkeit. Der Frieden aber rechnet erst recht mit uns, daß wir die Erinnerung an die Toten in Arbeit für die Lebenden und vom Tode Bedrohten umsetzen. Dazu sind wir fähig.

Geh und lerne!

Epilog

Sieben Schritte zur Gerechtigkeit und zur Menschlichkeit

Bibelarbeit zu Ex 23, 1-13 *

I

Sieben Schritte zur Gerechtigkeit und zur Menschlichkeit zu lernen – dazu lädt uns heute morgen der Bibeltext ein. Er stammt aus einem der ältesten Teile der Bibel. Doch veraltet ist er nicht und fertig erst recht nicht. Jede und jeder von uns hat die Fähigkeit, ihn zu vollenden: durch Tun. Gerechtigkeit und Menschlichkeit sind unter den Menschen noch nicht so zuhause, daß alle Menschen ein schützendes Haus hätten, das aus Gerechtigkeit und Menschlichkeit erbaut ist. Vielen fehlt es. Vielen ist es zerstört oder verbrannt worden wie Häuser im Krieg, in Verfolgungen oder Pogromen.

Die Bibel ist erst dann „fertig", wenn ihre Botschaft so viele Botschafterinnen und Botschafter gefunden hat, daß niemand mehr unter Unrecht und Unmenschlichkeit leiden muß. Also heißt es zuhören. Einmal hören auf jene Aussagen für Gerechtigkeit und Menschlichkeit und zum anderen auf jene Menschen, die unter Unrecht und Unmenschlichkeit leiden.

Zwei Ohren hat der Mensch und zwei Augen: So werden wir zu einer doppelten Offenheit ermuntert: Offensein für das Leiden der Geschöpfe des einen Schöpfers und offen sein für das Leiden Gottes. Er leidet daran, daß vielen Menschen das Leid anderer gleichgültig ist. Er leidet an dem, was Menschen mit Menschen machen.

Deshalb mischt er sich ein. Er hat die Menschen zur Freiheit bestimmt. Deshalb informiert er in seinem menschenfreundlichen Wort, wie Gerechtigkeit und Menschlichkeit zu leben sind. Wissenschaft und Politik wissen das nicht automatisch. Aber sie sind gut beraten, sich an Gerechtigkeit und Menschlichkeit zu orientieren. „Wir sind das Volk", für eine menschlichere und gerechtere Wissenschaft und Politik.

Die Verfasser der Bibel haben gute Erfahrungen mit Gottes Wort gemacht. Deshalb haben sie es aufgeschrieben. Deshalb können wir heute auch wieder gute Erfahrungen damit machen. Deshalb beginnt jeder Tag des Kirchentages mit Nachdenken über eine Wegweisung zum Leben. So etwas heißt Tora, Weisung, Gebot im Volk Israel, dem wir den größten Teil unserer Bibel und die Gestalt und das Wort Jesu verdanken. Er, ein Flüchtling zwischen dem armse-

* Lerntag Sinti und Roma beim Ev. Kirchentag in München 1993, veröffentlicht in: Deutscher Evangelischer Kirchentag 1993, München: Dokumente, hg. im Auftrag des Deutschen Evangelischen Kirchentages von K. von Bonin, Gütersloh 1993, 85-96.

ligen Stall in Bethlehem und dem elenden Kreuz auf Golgatha. Sein Volk Israel lebt häufig in Angst und Flucht vor mächtigen Mehrheiten.

Die Bibel erzählt Geschichten von Armen und Reichen, von Mächtigen und Ohnmächtigen, von Flüchtlingen und Gleichgültigen. Und diese Geschichten werden mit einem einzigen und eindeutigen Ziel weitergesagt: Die Armen sollen nicht in Armut verkommen. Hungrige sollen nicht länger hungern, Flüchtlinge sollen ein Zuhause finden. Kranke sollen gesund werden. Unterdrückte sollen frei werden. Ohnmächtige dürfen nicht verzweifeln. Schuldiggewordene müssen nicht in ihrer Schuld ersticken. Sie können befreit werden.

Die ganze Bibel ist ein einziger Widerspruch gegen Rechtlosigkeit. Damit das Recht auf die Welt kommt, muß es mehr Menschen geben, Männer und Frauen in diesem Falle, die mit Gottes Recht schwanger gehen, es austragen, es zur Welt bringen, es nicht vernachlässigen, sondern großziehen und in die Welt von heute mit ihren Problemen einführen. Das schafft Freude und Gewinn bei denen, die unter Rechtlosigkeit leiden.

II

1. Erster Schritt: Gerüchten, Vorurteilen und Lügen widerstehen, denn sie produzieren Gewalt.

„(1) Du sollst kein schädliches Gerücht aufnehmen. Erhebe deine Hand nicht gemeinsam mit einer schuldigen Person, so daß durch die Zeugnisaussage Gewalt unterstützt wird."

„(7) Von betrügerischem Wort halte dich fern. Und töte nicht Unschuldige und Gerechte; denn ich lasse die schuldige Person nicht als gerecht dastehen."

„Du sollst kein schädliches Gerücht aufnehmen" und „vom betrügerischen Worte halte dich fern." So legt unser heutiger Bibeltext das neunte Gebot der Bibel aus, das heißt: „Du sollst kein falsch Zeugnis reden gegen deinen Nächsten" (Ex 20, 16).

Das bedeutet ja nicht nur: Sag nicht, die Asylanten wollten alle nur unsere D-Mark. Veröffentlicht keine falschen Statistiken, mit denen der Eindruck erweckt wird, als würde Deutschland von Flüchtlingen und Einwanderern überschwemmt. Macht aus Menschen keine „Scheinasylanten", keine „Asylbewerber", keine „Asylantenflut", keine „Flüchtlingsströme". Da kommen Menschen. Das bedeutet aber auch: Achtet sorgfältig darauf, wie ihr – auch wir hier! – über andere Menschen und Minderheiten redet – gleichgültig, ob sie nun denselben Lebensstil und denselben Glauben haben wie ich oder ob sie anders leben, singen, beten, kochen, denken als ich.

So wie das Grundgesetz mit dem Grundrecht beginnt: Die Würde des Menschen ist unantastbar (und nicht nur die Würde der Deutschen!), so schützt die Bibel nicht nur das Recht der Juden und Christen, nicht nur die Interessen der gläubigen Menschen, sondern aller Menschen.

Das hängt damit zusammen, daß nicht allein die Deutschen oder die Christen Gottes Ebenbilder sind. Jeder Mensch ist ein kostbares, unersetzliches Ebenbild Gottes. Hier sind Menschenwürde und Menschenrechte der Gegenwart verankert.

So wie Gott ein Gott der Wahrheit ist, so will er auch, daß über seine Ebenbilder wahrhaftig gesprochen wird. So wie wir uns von Gott keine Bilder machen sollen, so auch nicht vom Menschen. Sonst sperren wir Gott und die Menschen in die Gefängnisse unserer Bilder oder Vorurteile ein. Notwendig ist aber die lebendige Begegnung mit dem lebendigen Gott und mit seinen lebendigen Menschen.

Die Wahrheit ist eine Schwester des Rechts. Kommt die Wahrheit unter die Räder, so ist auch das Recht gefährdet. Wird falsch geredet, gedruckt, gesendet, wird diffamierend über einen Menschen oder eine Menschengruppe berichtet, so wird das Recht zerstört. Mehr noch, es wird Gewalt gesät. In unseren Städten werden wir wie in Los Angeles und Südafrika erleben, daß Gewalt entsteht, wo jahrzehntelang Recht und Wahrheit von Menschen mißachtet wurden, wo übersehen wurde, daß wir längst ein Einwanderungsland sind, wo Rassismus aus Discos, Bürgerzimmern, Kneipen, Hörsälen, Rathäusern und Werbespots in die Öffentlichkeit fließt.

In der deutschen Geschichte gibt es schreckliche Beispiele. Wie über Juden, Roma und Sinti geredet wurde, so wurden sie auch behandelt. Man nannte sie „Artfremde", „Asoziale und Arbeitsscheue", „minderwertige Rasse", man nannte sie – wie Schwerbehinderte, die man auch umbrachte – „lebensunwertes Leben". „Ballastexistenzen", so schrieben die Professoren Hoche und Binding schon 1920. Die Endstufe des Diffamierens wird zur Vorstufe des Tötens.

Der Völkermord an Juden, Roma und Sinti in der nationalsozialistischen Zeit wurde auch durch die Sprache im Alltag, in der Wissenschaft, in der Politik und auch in der Kirche vorbereitet.

1953 erließ der Freistaat Bayern eine Anordnung gegen „Landfahrer", dort war von der „nomadisierenden Lebensweise" solcher „Horden" zu lesen. Im Gesetz wurde auch festgelegt, schon eine Vereinigung von zwei Personen gelte als „Horde". Die Landfahrerordnung wurde erst 1970 aufgehoben. Damit ist der Geist noch lange nicht aus unserem Lande verschwunden. In der Volksmeinung und in vielen Presseberichten leben solche Gerüchte über ein ganzes Volk weiter. 1991 schrieb die Hamburger Stadtentwicklungsgesellschaft: Weil Roma und Sinti ihre „traditionelle Händlermentalität" in Deutschland „nicht ausleben können", kommt es zu „häufigem Sozialhilfebezug". Dort ist auch zu lesen, daß Angehörige dieses Volkes deswegen so viele Kinder haben, „weil sie dann viel Kindergeld kriegen".

Roma und Sinti führten 1980 im Lager Dachau einen Hungerstreik durch. Sie wollten auf den Völkermord an ihren Völkern, auf die verweigerte Wiedergutmachung und Anerkennung des Unrechts und auf die fortdauernde Diffamierung in unserer Gesellschaft aufmerksam machen. Der Zigeunerforscher Prof. Arnold, der vor 1945 dasselbe dachte und schrieb wie nach 1945, wo er Berater der Bundesregierung in „Zigeuner"-Fragen war, warnt die bayerische Landesregierung mit folgenden Worten: „Auch im Hinblick auf die zu Ostern geplante Demonstration in Dachau dürfte Ihnen diese Information dienlich sein, nämlich daß die Vertretung der Roma und Sinti kommunistisch unterwandert ist." Wie heißt es in der Bibel: „Du sollst kein schädliches Gerücht aufbauen"?

Was Ignatz Bubis als deutscher Jude in Rostock von einem Abgeordneten hören mußte, sagten Politiker auch von Roma-Flüchtlingen in Rostock: Die gehören nicht hierher. Die gehören nicht zu uns.

„Betrügerische Worte", genauer übersetzt „Lügensachen", über Gruppen und Minderheiten vergewaltigen den konkreten Menschen – den, über den sie gesagt sind, und den, der sie sagt. Auch er muß von der Lüge und der Gewalt befreit werden.

Luthers Kleiner Katechismus erklärt das neunte Gebot so: „Wir sollen von unserem Mitmenschen Gutes reden und alles zum besten kehren". Die Wahrheit soll dem Leben, nicht der Ausgrenzung von Leben dienen. Der Heidelberger Katechismus unterstreicht noch, daß ich kein Urteil über einen anderen Menschen fällen darf, ohne daß ich ihn angehört habe.

Wie viele Menschen in unserem Lande, wie viele Journalisten und Politiker haben mit Flüchtlingen zusammengesessen, um genau die Menschen kennenzulernen, über die sie berichten oder für bzw. gegen die sie Gesetze machen? Hat der Innenminister unseres Landes mit Vertretern der vielen Romaorganisationen in Rumänien gesprochen, hat er ihre niedergebrannten Siedlungen besucht, den Leidensgeschichten ihrer verjagten oder geschlagenen Bewohner zugehört, ehe er einen Vertrag über die Abschiebung (gegen Geld) mit der rumänischen Regierung abschloß?

2. Mitläufertum verbiegt das Menschenrecht auf menschliches Leben.

„(2) Du sollst dich nicht der Mehrheit anschließen zum Bösen. Auch sollst du nicht im Rechtsstreit aussagen, um der Mehrheit entsprechend das Recht zu beugen, es zu biegen."

Es gibt wenig Extremisten in unserer Gesellschaft, aber viele Mitläufer. Die Nazis hatten in demokratischen Wahlen nie eine Mehrheit, aber sie bekamen durch Mitläuferinnen und Mitläufer eine Mehrheit zum Bösen. Mitläufer sind wie Treibholz, das mit dem Strom schwimmt, den Strom gefährlich macht. Gesteuert wird eine gedankenlose, mitlaufende Mehrheit von wenigen. „Du sollst dich nicht der Mehrheit zum Bösen anschließen!"

Was macht uns zu Mitläufern? Wenn ich darauf verzichte, Urteile über andere Menschen selbst zu prüfen, wenn ich über andere rede, statt mit ihnen. Wenn ich aus Angst den Mund halte, wo ich protestieren müßte. Wenn ich zwar ein Gewissen habe, es aber nicht benutze – dann werde ich zum Mitläufer. Ich muß gestehen, Anpassung ist in vielen Fällen bequemer als einen eigenen Standpunkt zu erarbeiten und zu vertreten.

Es ist doch nicht so, daß eine Mehrheit recht hat, bloß weil sie eine Mehrheit ist. Auch hier bindet die Bibel die richtige Haltung der Menschen an das Recht. Das Recht Gottes ist ein menschenfreundliches Recht. Dieses Recht darf nicht gebeugt werden. Es dient nicht dem Gesetzgeber, sondern dem Menschen und dem menschlichen Zusammenleben.

Wird das Recht von den Stimmungen der Massen abhängig, dann wird es verbogen und verlogen. Sicher ist die Lynchjustiz hierzulande keine Gefahr – aber zwei Haltungen, die Lynchjustiz in der Vergangenheit immer ermöglicht haben:

a) Die eine Haltung denkt so: Ich tue ja, was die Mehrheit eigentlich will, sich aber nicht zu tun getraut. Viele der Anschläge gegen Ausländer, gegen Juden, gegen Flüchtlinge in unserem Lande werden von einzelnen Gruppen ausgeführt, von denen sich die Öffentlichkeit schnell distanziert. Das sind sowieso unsympathische Skinheads und Spießbürger. Und wer von uns will schon mit ihnen etwas zu tun haben? Wir selber schreiben nicht „Juden raus" oder „Türken raus" an die Mauern. Die aber solche Parolen schreiben, schreien oder sogar mit Messern, Benzin oder Steinen in Taten umsetzen, die haben das Gefühl: „Wir tun etwas, was die Mehrheit eigentlich auch will. Wir tun, was viele denken."

b) Ein zweites Problem gibt es: Politiker und Medien schielen oft auf den Markt. Was kommt an bei den Leuten? Was bringt Stimmen? Was bringt Einschaltquoten? Was bringt Kunden? Umfrageergebnisse bestimmen dann die Politik und die Wirtschaft. Wenn 70 % der Deutschen der Meinung sind, daß wir zuviel Geld für Ausländer ausgeben, daß es zu viele in unserem Lande sind, dann verbiegt diese Mehrheit das Recht dadurch, daß sie zuerst die Einstellungen vieler Medien und vieler Politiker verbiegt. Sie sind dann nicht mehr ihrem Gewissen, dem Recht oder der Wahrheit, sondern dem Trend gehorsam.

Der Satz in unserem Bibeltext „Du sollst dich nicht der Mehrheit zum Bösen anschließen" ist keine Absage an die Demokratie, wohl aber eine Absage an die Gefälligkeitsdemokratie, an eine marktorientierte Gesellschaft, die das Recht im Interesse der Mehrheit modelliert. Unser Bibeltext will kein Recht gegen die Mehrheit, wohl aber ein Recht, das Fremde und Arme mit Recht und Gerechtigkeit zum Leben ausstattet. Demokratie ist nicht nur die Orientierung an der Mehrheit. Demokratie heißt genauso leidenschaftlich Schutz und Recht für die Minderheiten, heißt soziale Gerechtigkeit für die, die unten, ganz unten sind.

Der israelische Schriftsteller Ascher Reich schreibt: „Auf dem Planeten Erde wächst ein Menschentier. Sein Name ist: Die schweigende Mehrheit. Seine erworbenen Eigenschaften machen klar, daß es so nicht von Gott geschaffen wurde. Im allgemeinen ist es ein Haustier, ruhig und in seiner Bescheidenheit sympathisch – solange ihm seine Nahrung sicher ist. Es frißt alles, was man ihm hinwirft – solange es nicht in einem Einwanderungsland lebt. Dann entwickelt es starke Instinkte, den Fremden zu hassen, die Fremdheit verängstigt es ... Dieses Tier leidet meistens an einer bösartigen Krankheit, genannt Denkfaulheit ...

In Deutschland ist dieses Menschentier furchterregender als jede gewalttätige Gruppe von Skinheads."

3. Rechtsbeugung zerstört Recht und Gerechtigkeit.

„(3) Auch Geringe sollst du nicht verherrlichen in ihrem Rechtsstreit."
„(6) Du sollst das Recht deiner Armen nicht beugen in ihrem Rechtsstreit."

Die Armen in dieser Welt liegen in einem Rechtsstreit mit den Reichen, die Hungrigen mit den Satten. Es geht um das Recht auf Leben, auf Arbeit, auf Gesundheit, auf Freiheit. 20 % der reichen Minderheit unserer Welt verbrauchen 80 % des Reichtums und der Energie, die es auf diesem Globus gibt. Für die 80 % der Armen bleiben nur 20 % der Lebenschancen. Um diese Ungerechtigkeit verschärft sich weltweit ein Rechtsstreit. Einige Arme können fliehen. Sie sind Botschafter der Anklage gegen eine satte, reiche Gesellschaft: Die sichert lieber für sich selbst ab, was sie hat, als mit denen zu teilen, die nichts oder wenig haben.

Und in diesem Rechtsstreit ruft die Bibel: „Du sollst das Recht deiner Armen nicht beugen in ihrem Rechtsstreit". Die Armen gehören den Reichen nicht als Sklaven, sondern als Kritiker und Ankläger, als Botschafter unhaltbarer Zustände in unserer Welt. Es sind „unsere Armen" in dem Sinne, als ihre Armut auch eine Folge unseres Wohlstandes ist.

Dieser Rechtsstreit muß öffentlich geführt werden. So wurde im biblischen Israel eingerichtet, das Recht öffentlich im Tor zu suchen. Dort wurde Recht gesprochen. Das ist ein menschliches Geschenk des jüdischen Volkes an die Welt.

Daß das Recht gesucht und gefunden wird, ist eine öffentliche Aufgabe der ganzen Gesellschaft, auch wenn damals wenige Älteste, heute Berufsrichter und Geschworene, als Vertreter der ganzen Gesellschaft und der Öffentlichkeit eine besondere Verantwortung tragen.

Alle sind verantwortlich für Recht und Gerechtigkeit. Deshalb ist es konsequent, daß die EKD-Studie „Roma und Sinti" (1991) „gerechte Lebensbedingung" und „Chancengleichheit" für Roma und Sinti fordert. Dazu gehört auch ein „Europapaß", damit nicht nur die reichen Europäer, sondern auch die armen etwas vom grenzenlosen Fortschritt und von der grenzüberschreitenden Freiheit Europas haben können.

„Auch Geringe sollst du nicht verherrlichen (wörtlich beschönigen) in ihrem Rechtsstreit!"

Offensichtlich gibt es die Gefahr, daß arme Menschen beschönigt, das heißt instrumentalisiert werden. Angeblich wird etwas in ihrem Namen getan, was in Wahrheit im eigenen Interesse liegt. Da sagt man zum Beispiel: „Wir wollen den Menschen in Somalia zu Recht und Brot verhelfen." In Wirklichkeit aber will man in der Militärfamilie der Welt wieder mitmischen.

Könnte den Armen nicht viel besser durch Öffnung unserer Märkte für ihre Produkte und durch faire Preise geholfen werden, statt sie zu Kunden unserer

Wirtschaft und zu Empfängern unserer Almosen zu machen? So werden die Armen beschönigt, aber nicht ernstgenommen. Weigerte sich unser Land, Rüstungsgüter in alle Welt zu liefern (Platz 3 der Weltrangliste!), so lebten viele Arme noch, vor allem Kinder. Vielen wäre nicht durch Minen die Beine und durch Hunger das Leben abgerissen worden. Immer wieder werden Waffenexporte damit gerechtfertigt, daß man die Arbeitsplätze für Arme und Arbeitslose vorschiebt. Wäre es nicht besser, den Handel mit Todesmitteln einzustellen und den mit Lebensmitteln auszubauen? Würden so nicht viele Fluchtursachen wie Hunger, Krieg und Menschenrechtsverletzungen verschwinden? Wer geht schon freiwillig und gern auf die Flucht?

In den 70er Jahren gab es ein ironisches Theaterstück des chilenischen Schriftstellers Lehmann-Jakob. Sein Vater war vor den Nazis ins demokratische Chile geflohen. Der Sohn, Schriftsteller und Schauspieler, floh vor der Diktatur Pinochets ins demokratisch gewordene Deutschland. Er schildert in diesem Theaterstück, wie deutsche Wissenschaftler, deutsche Behörden, deutsche Journalisten mit Ausländern umgehen. Aber er schildert auch, wie deutsche Solidaritätsgruppen mit Ausländern umgehen können: Ausländer werden manchmal idealisiert. Man schmückt sich mit ihnen. Sie werden als Beweise dafür benutzt, wie richtig die eigene Theorie und wie schlecht oder faschistoid unser System sei. Man leugnet das Unrecht, das z.B. Befreiungsbewegungen tun. Es geht dann manchmal nicht mehr um die Menschen, sondern um Rechthaben. Und das ist etwas anderes als Recht zu suchen und Recht zu bekommen.

Eine andere Form, Arme oder Ausländer zu „verherrlichen“, verbucht sie als „unsere Bereicherung“. Man sagt dann, was wären wir ohne ausländische Folklore und ohne ausländische Restaurants. Man denkt dabei ans eigene Essen und die eigene Unterhaltung. Aber Arme oder Fremde sollst du nicht beschönigen.

Die Armen haben nicht einfach recht, weil sie arm sind, die Fremden nicht einfach recht, weil sie fremd sind. Das Recht, das ihnen zusteht, ist ein Recht, das alle Menschen verändert und nicht die einen einfach bestätigt und die anderen ins Unrecht setzt.

4. Gutes zu tun führt Feinde zusammen.

„(4) Wenn du von einer Person, mit der du verfeindet bist, ein Rind oder einen Esel verirrt findest, sollst du es ihr unbedingt zurückbringen.“

„(5) Wenn du von einer Person, die dich haßt, einen Esel unter seiner Last liegen siehst, sollst du davon Abstand nehmen, ihn sich selbst zu überlassen; du sollst unbedingt gemeinsam mit ihr das Tier aufrichten.“

Viele Christinnen und Christen denken, die Feindesliebe sei die Besonderheit des Christentums. In der Tat, die radikale Absage an Gewalt und Haß ist das entscheidende Kennzeichen der Botschaft Jesu. Nur, er hat sie schon in seiner Bibel gelernt, in der jüdischen Bibel, die wir oft verächtlich Altes Testament nennen. Neben anderen Stellen in der jüdische Bibel zeigen unsere Verse 4 und

5, wo er gelernt hat, was er weitersagt. Die Frage an die Christenheit bleibt, ob sie von dem lernt, nach dem sie sich nennt.

Ist nicht sehr viel Feindschaft – besonders gegen Juden, Roma und Sinti – nicht auch „christlich“ begründet worden? Oder, wenn nicht begründet, so doch verstärkt und geduldet worden? Die evangelische Kirche in Deutschland hat in ihren Denkschriften über die Beziehungen zu den Juden (1975 und 1991) sowie zu den Roma und Sinti (1991) deutlich gesagt, wie sehr Kirchen, Christinnen und Christen sich schuldig gemacht haben durch Feindschaft gegen Juden – und wie man so sagte – gegen „Zigeuner“.

Ein neuer Weg ist eingeschlagen. Und unser heutiger Lerntag ist wie der ganze Kirchentag unter dem Motto „Nehmet einander an“ ein kleiner Schritt auf dem langen Weg zu besseren Beziehungen zu den Geschwistern, die aus den Völkern der Juden, der Roma oder der Sinti kommen.

Mit diesen Überlegungen habe ich nicht gesagt, daß diese Völker Feinde sind. Ich habe gesagt: Wir, die deutsche, christlich geprägte Gesellschaft hat sie allzu oft zu Feinden gemacht. Und sie dann so behandelt, wie man üblicherweise Feinde behandelt: Sie wurden in ihren Rechten eingeschränkt; sie wurden verfolgt; sie wurden ausgegrenzt, schließlich deportiert und vernichtet.

Noch einmal: Wir sollen nicht in Illusionen flüchten, es gibt Feindschaft und Fremdheit. Aber notwendig und allein hilfreich ist es, gemeinsam zu tun, was der geschundenen Kreatur Befreiung bringt.

Wir leben heute nicht in der Nazizeit. Es bestehen keine Vernichtungspläne. Aber die Gedanken der Ausgrenzung, der Abschiebung, der Diskriminierung sind mit dem Erlöschen der Gaskammern in Auschwitz nicht alle erloschen. Man muß kein Nazi sein, um Juden oder Roma zu verachten.

Diese Geschichte einer gewalttätigen Mehrheit darf nicht vergessen werden. Unser Bibeltext legt es aber auch nahe, Feindschaft und Fremdheit dadurch zu überwinden, daß Brücken der Hilfe und der Solidarität gebaut werden. So wird entfeindet, was verfeindet war.

5. Sich durch bestechenden Wohlstand nicht blind machen lassen!

„(8) Und Bestechungsgeld sollst du nicht annehmen, denn das Bestechungsgeld macht Klarsichtige blind, und verdreht die Sache der Gerechten.“

Bestechung geht auf Kosten der Armen oder, wie es hier heißt, der Gerechten. „Gerecht“ ist kein moralisches Werturteil, das die hervorragende Qualität der Recht suchenden Menschen beschreibt. Es sind Menschen mit ihren Fehlern und Schwächen. Aber die Bibel bezeichnet sie mit dem, was ihnen zusteht: Gerechtigkeit (das ist dasselbe wie die Bezeichnung der christlichen Gemeinde als „Gemeinschaft der Heiligen“). In beiden Bezeichnungen steckt eine Vorwegnahme dessen, was den Menschen zukommt: Gerechtigkeit und Heiligkeit. “Werde, was du bist“ – das ist die Konsequenz, die in solchen großen Titeln für ungerechte, scheinheilige oder unheilige Menschen steckt. Die Armen sind die

Gerechten, nicht weil sie bessere Menschen sind, sondern weil die Sache der Armen die Sache der Gerechtigkeit ist. Und Gerechtigkeit ist die Sache Gottes und aller Menschen, die ihn hören.

Gerechtigkeit wird aufs höchste gefährdet durch Bestechung. Da gibt es Menschen, die haben Geld und Macht, damit können sie sich Einfluß, Recht, ja sogar Menschen kaufen.

Nun ist es nicht falsch, sofort an Flick und die Parteispendenaffäre zu denken. Aber wir sind hier weder bestochene Parteifunktionäre noch bestechende Industriefunktionäre.

Mich beschäftigt die Frage, wieweit wir Deutschen als Angehörige eines der reichsten Völker der Erde nicht schon längst alle bestochen sind. Ist der Reichtum, an dem zwei Drittel unserer Gesellschaft teilhaben, nicht bestechend in dem Sinn des Wortes? Wir sind stolz auf das Wirtschaftswunder – trotz aller Krisen, die im Vergleich zu Rumänien, Guatemala oder Bangladesch Kleinigkeiten sind. Aber bedeutet das nicht auch, daß die materielle Ausstattung des Lebens uns blind macht für Flüchtlinge, Krieg, Hunger und Menschenrechtsverletzung als Ursache von Flucht?

Alle haben Augen. Aber warum sehen nicht alle Augen, was vor aller Augen liegt? Wodurch werden wir blind? Eine solche Blindheit ist kein privates Schicksal. Wer so bestochen ist durch Wohlstand, verdreht die Sache der Gerechten. Sie wird dann unlösbar. Das Unrecht bleibt.

Ist die Regierung bestochen durch den Gedanken: Wenn nur die Wirtschaft wächst und blüht, dann lösen sich alle Probleme mehr oder weniger von selbst? Ist die Bevölkerung bestochen durch die Erfahrungen nach dem 2. Weltkrieg – und es ist ja auch eine gute Erfahrung – daß Wohlstand zwar nicht für alle, aber doch für viele Wirklichkeit wurde? Ich habe auch Anteil an diesem Wohlstand. Wie bestechlich bin ich eigentlich?

6. Keine fremden Götter lieben, aber fremde Menschen!

„(9) Fremde sollt ihr nicht bedrängen, weil ihr selbst das Leben von Fremden kennt, denn ihr seid im Lande Ägypten Fremde gewesen."

„(13) In bezug auf alles, was ich euch gesagt habe, nehmt euch in acht! Doch den Namen anderer Gottheiten sollt ihr nicht anrufen. Er werde nicht gehört aus deinem Mund."

Mir fällt in der Bibel auf, wie radikal zwei Aussagen durchgehalten werden: Einmal die Ablehnung fremder Götter und zum anderen die Verantwortung für fremde Menschen. Manche Leute denken egoistisch oder nationalistisch: Gott bedeutet mein Gott, der Gott meines Volkes, der Gott meiner Rasse, der Gott meiner Klasse, der Gott des Bürgertums, der Gott der Kirche. Die Bibel legt Wert darauf, daß Gott sich dem jüdischen Volk und durch Israel allen Völkern bekanntgemacht hat. Er ist der Gott Abrahams, Isaaks und Jakobs und zugleich Gott aller Völker. Er darf nicht nach den Interessen einiger weniger manipuliert werden.

Unser ganzer Text zeigt: Gott ist zunächst einmal ein besonderer Freund der Armen und Fremden, ein Gott mit besonderer Liebe zu denen, denen Recht und Gerechtigkeit, Freiheit und Menschenrechte vorenthalten werden.

Das wird in Vers 9 betont: „Fremde sollt ihr nicht bedrücken, weil ihr selbst das Leben (oder: die Seele) von Fremden kennt, denn ihr seid im Lande Ägypten Fremde gewesen." Wie Sklaven wurde das Volk Israel in Ägypten gehalten. Als Hungerflüchtlinge, als Wirtschaftsflüchtlinge war man dorthin gekommen. Gefüttert wurde man, aber gleichberechtigt war man nicht. Leben konnte man einigermaßen, aber unter entwürdigenden Umständen. Man wurde Normen unterworfen.

Bis eines Tages Gott sagte: „Ich habe acht gehabt auf euch und auf das, was euch in Ägypten passiert ist. Da beschloß ich, euch aus dem Land Ägypten herauszuführen in das Land der Kanaaniter ..." (Ex 3, 16f).

Und immer wieder verstehen Unterdrückte diese Geschichte des Auszugs aus Ägypten als inspirierendes Modell von Befreiung und Gerechtigkeit. Nur ein solches Verständnis hat Folgen. Menschen werden befreit und sind doch nicht dagegen abgesichert, die Erfahrung der Gerechtigkeit und Befreiung wieder zu vergessen. Deshalb sagt es Gott immer wieder: Ihr wißt doch, was Unterdrückung ist, was Fremdsein bedeutet – also unterdrückt niemanden, behandelt Fremde befreiend und nicht einschränkend.

Israel hat Propheten, die diese Konsequenz immer wieder deutlich aussprechen. Was haben wir? Wir haben die Bibel mit den Geschichten von Flüchtlingen und Unterdrückung. Unser Volk war nicht in Ägypten. Aber lernen können wir aus dieser Geschichte auch. Woraus sind wir konkret befreit worden? Vom Antisemitismus und Rassismus der Naziherrschaft. Das ist auch ein Stück Befreiungserfahrung, die viele vergessen, weil sie lieber vom Zusammenbruch sprechen. So ganz ist diese Befreiung noch nicht gelungen.

Für Christen ist die entscheidende Befreiungserfahrung mit dem Namen Jesus verbunden. Er befreit von Schuld und Hunger, von Krankheit und Obdachlosigkeit, er befreit von Gefangenschaft und Unrecht. Und was er tut, gibt er als Gaben und Aufgaben an die weiter, die sich nach seinem Namen nennen. Er handelt durch uns.

Aber wir sollten an dieser Stelle auch nicht vergessen, daß wir eine Befreiungserfahrung den Emigranten und Flüchtlingen verdanken, die ihr Leben vor Nazideutschland retten mußten. Es ist der Artikel 16 im Grundgesetz: Politisch Verfolgte genießen Asylrecht. Nun wissen wir alle, von „genießen" kann kaum eine Rede sein. Obwohl es sicher deutsche und ausländische Geschäftemacher gibt, die am Flüchtlingselend verdienen. Obwohl unsere ganze Politik Wirtschaftspolitik ist, wird gesagt: Wer aus wirtschaftlichen Gründen in unser Land kommt, kommt nicht aus politischen Gründen. Als ob Armut, Hunger und Krieg nicht auch die Folgen von Politik, von schlechter Politik wären. Wenn wir die Erfahrung von Flüchtlingen und die Erfahrung unserer Befreiung vom staatlichen Rassismus nicht vergessen dürfen, so müssen wir leidenschaftlich in der Öffentlichkeit und in der Politik fragen:

Was sind die Konsequenzen
– für ein Einwanderungsland Deutschland?
– für die Änderung unseres völkisch geprägten Staatsangehörigkeitsgesetzes?
– für Ausländerwahlrecht?
– für einen Erhalt des Asylrechtes?
– für ein Bleiberecht der von der Abschiebung nach Makedonien bedrohten Roma?

7. Sabbat – Das Gebot der Freiheit.

„(10) Und sechs Jahre lang sollst du dein Land besäen und seinen Ertrag einsammeln,

(11) im siebten aber sollst du es sich selbst überlassen und es brach liegen lassen, daß die Armen deines Volkes essen können, und was sie übrig lassen, soll das Getier des Feldes fressen. Ebenso sollst du es mit deinem Weinberg machen, (und) deiner Olivenpflanzung.

(12) Sechs Tage sollst du deine Arbeit tun, aber am siebten Tag sollst du aufhören, damit dein Rind und dein Esel ruhen und damit aufleben das Kind deiner Sklavin und die Fremden."

Bei den Völkern und Religionen in Israels Nachbarschaft gab es auch die Einrichtung eines siebten Ruhetages, des Sabbattages. Aber sie galt nur für den König und seine Hofschranzen. Auch wurden dort gelegentlich Schulden erlassen oder Sklaven freigelassen. Aber es waren Gnadenakte des Königs, für wenige, je nach Lust und Laune des Königs ausgeteilt.

Im biblischen Gottesvolk sah das anders aus. Anrecht auf einen Ruhetag hatte das ganze Volk, die Frauen und die Männer, die Großen und die Kleinen, die Mägde und Knechte, die Einheimischen und die Fremden. Und auch die Tiere. Der Gott, der alle Kreaturen geschaffen hatte, will auch gleiches Recht und gleiche Freundlichkeit für alle. Am Sabbatgebot kann man sehr schön lernen, wieviel unausgeschöpfte Energie zur Vermenschlichung des Lebens in den Geboten steckt. Sie sind weder in der Bibel noch heute fertig. Sie sind wie lebendiges Wasser, vorwärtstreibend, erfrischend, belebend, zielgerichtet. Der Prophet Amos sagt es deutlich: Es ströme wie Wasser das Recht und die Gerechtigkeit wie ein unversieglicher Bach (Amos 5, 21ff). Und der Mensch, der über die Tora, die Gebote nachdenkt, der ist wie ein Baum an Wasserbächen gepflanzt, der nie verdorrt, der für andere etwas bringt (Psalm 1).

Wie lebendig, entwicklungsfähig und entwicklungsbedürftig die Gebote sind, kann man an dem Sabbatgebot sehen. Da ging es zunächst in Erinnerung an Gottes Schöpfung um einen Ruhe- und Lerntag. Dann wurde das Gebot weiterentfaltet, weil die Verhältnisse sich geändert hatten. Es wurde überlegt, daß die Erde – auch sie Gottes Schöpfung! – auch einen Ruhetag braucht. So entstand ein Ruhejahr, wo der Boden, die Weinberge und die Ölbäume nicht geerntet wurden. Alles was wuchs, gehörte den Armen und zweitens den Tieren.

Wir rechnen heute nur noch betriebswirtschaftlich. Da wird alles vermarktet, Mensch, Natur, Tier, Pflanze. Nicht so in der Bibel. Da gehört die erste Ernte und die Erstgeburt Gott und den Armen. Ihm gehört die Zeit wie das Land. Er hat weder die Zeit noch das Land den Menschen gegeben, damit sie machen können, was sie wollen. Zeit wie Land, Arbeit wie Ruhe gehören allen Menschen und nicht nur wenigen Privilegierten.

Eine Gesellschaft ist dann voller Recht und Gerechtigkeit, wenn alle, das heißt vor allem die Armen, die Fremden, die Flüchtlinge, die Ausgegrenzten Anteil haben an dem, was Gott für alle geschaffen und zur Verfügung gestellt hat. Und so wird aus dem Sabbatgebot „Du sollst den Sabbat heiligen" die Konsequenz gezogen, daß auch alle sieben Jahre die Sklaven freizulassen sind. Generationen später, nach der Rückkehr aus der babylonischen Gefangenschaft, waren so ungerechte Eigentumsverhältnisse entstanden, daß das Sabbatgebot noch einmal für die konkrete Situation verschärft werden mußte. Alle sieben mal sieben Jahre gab es ein sogenanntes Halljahr. Hier wurde der Boden wieder gerecht verteilt. Jede Familie, wenn sie verarmt oder verschuldet war, bekam wieder ihre Existenzgrundlage.

III

Ich kann jetzt nicht auf weitere Einzelheiten eingehen. Wichtig ist mir nur dreierlei:

1. Die Gebote Gottes sind nicht fertig. Sie warten darauf, von uns in unsere Gegenwart und in unsere wirtschaftliche und politische Lage hinein ausgelegt und aktualisiert zu werden.

2. Wir können in einer Industriegesellschaft nicht einfach die Spielregeln einer biblischen, antiken Bauerngesellschaft kopieren. Aber wir können den Geist, das Ziel und die Maßstäbe dieser alten Gebote aufnehmen. Und sie sind gekennzeichnet durch die vorherrschende Option für Arme, Fremde und Feinde. Kurz: Es geht um Recht und Gerechtigkeit für die besonders geschundene Kreatur.

3. Die Wissenschaft, die Medien, die Politik – sie alle bemühen sich in den meisten Fällen um eine menschliche Gesellschaft. Die Gemeinde in der biblischen Tradition, die Juden und die Christen, sollten hier nicht abseits stehen. In unserem Grundgesetz, in der Bibel, sind Konzepte und Erinnerungen der Gerechtigkeit und des Rechts, der Befreiung und des Friedens aufbewahrt, die ins Spiel der Öffentlichkeit eingebracht werden müssen. Solche Konzepte, wie das Leben und die Gesellschaft zu gestalten sind, können nicht anders eingebracht werden, als durch Menschen, die sie persönlich vertreten, durch Kirchengemeinden, die sie praktizieren.

Weder die Erfahrung der Ungerechtigkeit ist zu vergessen noch die Erfahrung geglückter Gerechtigkeit. Dann kommen wir auch heute an unserem Lerntag, und wenn wir wieder zu Hause sind, ein Stück weiter. Dann gilt nicht mehr, was das Duo Z vor einigen Jahren sang:

„Lustig ist das Zigeunerleben,
faria faria ho.
Staat braucht uns keine Rechte zu geben,
faria faria ho.
Warum sich denn fürchten vor Dachau mit Graus?
Als Mensch kamste rein, und als Rauch kamste raus."

Das kommt hoffentlich nie wieder. Belehrt durch die Bibel arbeiten wir an dem, was im letzten Vers vom Duo Z gesungen wird:

„Lustig wär das Zigeunerleben,
würd ihm der Staat seine Rechte geben,
schön wär es in einem Staat,
der aller Menschen Rechte wahrt!"